Natur und Technik

Biologie 7–10

Cornelsen

NATUR UND TECHNIK

Biologie 7–10 Rheinland-Pfalz

Didaktischer Berater:
Norbert Schröder (Koblenz)

Autorinnen und Autoren:
Sandra Krechel (Bassenheim), Sabine Ohliger (Landau i. d. Pfalz), Judith Röder (Nickenich),
Franz Walz (Billigheim), Ribana Weickenmeier (Speyer),
Ulrike Austenfeld (Münster), Anja Faehndrich (Baden-Baden), Oliver Hintzen (Baden-Baden),
Dr. Erich Kretzschmar (Dortmund), Cornelia Pätzelt (Borgholzhausen),
Reinhard Sinterhauf (Hof), Dr. Matthias Stoll (Tübingen)

Beraterinnen und Berater:
Anne Weiler (Deidesheim), Franz Walz (Billigheim)

Redaktion:
Martin Vatter, Christine Amling, Florian Schäfer, Juliane Maaß, Aljoscha Metz

Grafik und Illustration:
diGraph, Rainer Götze, Esther Gollan, Karin Mall, Tom Menzel, Matthias Pflügner,
Detlef Seidensticker, newVISION! GmbH, Bernhard A. Peter, Pattensen

Umschlaggestaltung:
SOFAROBOTNIK GbR, Augsburg & München

Layout und technische Umsetzung:
Typo Concept GmbH, Hannover

www.cornelsen.de

Dieses Werk enthält Vorschläge und Anleitungen für Untersuchungen und Experimente.
Vor jedem Experiment sind mögliche Gefahrenquellen zu besprechen. Beim Experimentieren
sind die Richtlinien zur Sicherheit im naturwissenschaftlichen Unterricht einzuhalten.

1. Auflage, 3. Druck 2016

Alle Drucke dieser Auflage sind inhaltlich unverändert und können
im Unterricht nebeneinander verwendet werden.

Druck: Firmengruppe APPL, aprinta Druck, Wemding

ISBN 978-3-06-015460-9

PEFC zertifiziert
Dieses Produkt stammt aus nachhaltig
bewirtschafteten Wäldern und kontrollierten
Quellen.

PEFC/04-32-0928

www.pefc.de

Inhaltsverzeichnis

Versorgung mit Stoffen und Energie 116

Licht ermöglicht Stoffaufbau 184

Ökosysteme im Wandel

Erwachsen werden

Informationen empfangen und verarbeiten 286

Sport und Ernährung 330

Krankheitserreger erkennen und abwehren 350

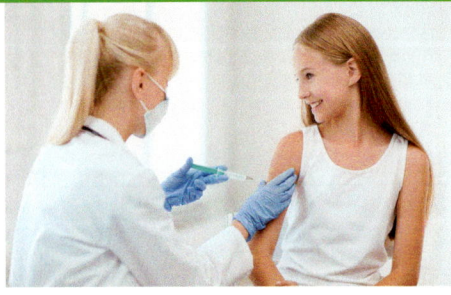

Individualität und Entwicklung

Biowissenschaften

Biologische Anthropologie

Vielfalt

Jeder kennt ihn – keiner sieht ihn! Der Luchs ist in unsere Wälder zurückgekehrt. Er ist ein Säugetier und die größte Raubkatze unserer Wälder. Er lebt wie die meisten Lebewesen im Verborgenen.

Eine Wespenspinne jagt eine Libelle. Beide zählen zu den Wirbellosen. Wie kann man Wirbellose ordnen?

„Vor lauter Bäumen sieht man den Wald nicht mehr!" Bei einem Spaziergang durch den Wald kann man sehr viele verschiedene Pflanzen entdecken. Welche Pflanzen gibt es?

Kennzeichen des Lebendigen

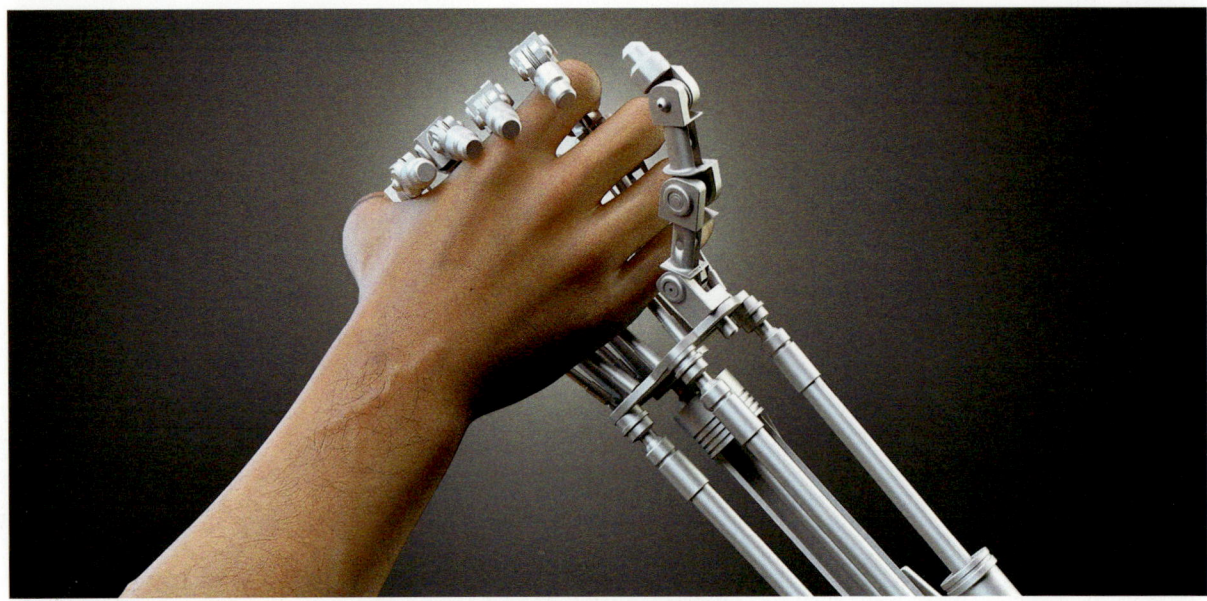

1 Handschlag zwischen einem Mensch und einem Roboter

Ein Roboter dreht sich zu dir um, schaut dich an und gibt dir zur Begrüßung die Hand. Alles wirkt so lebendig und doch merkwürdig. Du zweifelst. Was sind die
5 **Kennzeichen des Lebendigen?**

Energie- und Stoffwechsel • Tiere und Menschen nehmen zum einen Wasser und energiereiche Stoffe mit der Nahrung auf, zum anderen atmen sie Sau-
10 erstoff ein. Der Körper baut diese Stoffe um und scheidet energiearme Stoffe aus. Durch diese Stoffwechselvorgänge gewinnt der Körper Energie. Pflanzen besitzen die Fähigkeit, das Sonnenlicht
15 als Energiequelle zu nutzen. Ihre Wurzeln nehmen Wasser und Mineralstoffe auf. Die Blätter nehmen energiearmes Kohlenstoffdioxid auf und bilden energiereiche Stoffe. Dabei geben sie Sauer-
20 stoff ab. Diesen Vorgang bezeichnet man als Fotosynthese. ⇢ 3

Wachstum und Entwicklung • Ein Buchenkeimling wächst bei günstigen Umweltbedingungen zu einem hohen,
25 breiten Baum. ⇢ 3 Babys wachsen zu Kindern heran, diese entwickeln sich zu jungen Erwachsenen. Pflanzen, Tiere und Menschen verändern sich in Größe und Gestalt. Sie wachsen und
30 verändern sich im Laufe ihres Lebens.

Fortpflanzung und Vermehrung • Erwachsene Menschen gründen eine Familie und bekommen eigene Kinder. Auch Jungtiere werden fortpflan-
35 zungsfähig und zeugen eigene Nachkommen. Pflanzen bilden Samen, aus denen sich neue Pflanzen entwickeln. Diese bringen wiederum Samen für die nächste Generation hervor. Lebe-
40 wesen pflanzen sich fort.
Sie vermehren sich und sichern so das Fortbestehen ihrer Art.

Reizbarkeit • Menschen und Tiere nehmen Reize über ihre Sinne auf.
45 Sie riechen, hören, sehen, schmecken und fühlen.
Pflanzen reagieren zum Beispiel auf Licht. Lebewesen stehen durch die Aufnahme von Reizen in ständigem
50 Kontakt mit ihrer Umwelt. Sie können ihr Verhalten, aber auch ihre Stoffwechselvorgänge regulieren und ihrer Umwelt anpassen.

Bewegung • Lebewesen kriechen,
55 laufen, springen, fliegen oder schwimmen. → 2 Auch Pflanzen bewegen sich aktiv. Sie richten ihre Blätter und Blüten nach der Sonne aus. Dadurch können sie so viel Energie wie nötig
60 aufnehmen.

Zusammenspiel der Kennzeichen • Der Biologe spricht nur dann von einem Lebewesen, wenn es alle 5 Kennzeichen des Lebendigen aufweist. Fehlt
65 nur ein einziges Kennzeichen, handelt es sich nicht um ein Lebewesen. Man spricht von der unbelebten Natur. Hierzu zählen zum Beispiel Steine, Flüssigkeiten oder auf technischem
70 Weg hergestellte Gegenstände, die manchmal einzelne dieser Kennzeichen aufweisen können.

Lebewesen zeigen immer alle 5 Kennzeichen des Lebendigen. Hierzu zählen Energie- und Stoffwechsel, Wachstum und Entwicklung, Fortpflanzung und Vermehrung, Reizbarkeit und Bewegung.

2 Lebewesen reagieren und bewegen sich.

Kohlenstoffdioxid

Kohlenstoffdioxid

Sauerstoff

Sauerstoff

Wasser und Mineralstoffe

Wasser und Mineralstoffe

3 Der Buchenkeimling und die Buche betreiben Stoffwechsel und wachsen.

Aufgaben

1 ○ Nenne die Kennzeichen des Lebendigen.

2 ◗ Erkläre mithilfe der Kennzeichen, ob ein Roboter ein Lebewesen ist.

3 ● Erläutere die Kennzeichen des Lebendigen am Beispiel der Buche.

Kennzeichen des Lebendigen

Material A

Lebt der Käfer?

Der VW Käfer bewegt sich. Er braucht Treibstoff zum Fahren. Der Treibstoff wird verbrannt, Abgase werden ausgestoßen.

Der Marienkäfer krabbelt auf Nahrungssuche über die Blätter. Als Reaktion auf Fressfeinde gibt er eine gelbe Flüssigkeit ab. Die Weibchen legen etwa 800 Eier, aus denen Larven schlüpfen.

⌷1⌷ VW Käfer und Marienkäfer

1 ◯ Beschreibe die Kennzeichen des Lebendigen für die „Käfer". Ergänze die Tabelle. → ⌷1⌷ ⌷2⌷

2 ◖ Begründe, welcher Käfer ein Lebewesen ist.

Bewegung	aktiv (wird gesteuert)	aktiv (krabbeln, fliegen)
Reizbarkeit	...	...
Energie- und Stoffwechsel	...	...
Wachstum/Entwicklung	...	...
Fortpflanzung/ Vermehrung	...	...

⌷2⌷ Vergleich von VW Käfer und Marienkäfer

Material B

Mimose

Man bezeichnet manchmal Menschen als Mimose, die besonders empfindlich auf etwas reagieren. Diese Bezeichnung stammt von einer Pflanze, der Mimose. Diese tropische Pflanzenart kommt in den Wäldern Südamerikas vor.

1 ◯ Beschreibe den in den Bildern 3 und 4 dargestellten Vorgang in wenigen Sätzen.

2 ◯ Nenne die Kennzeichen des Lebendigen, die die Mimose bei diesem Vorgang zeigt.

3 ◖ Stelle Vermutungen an, welchen Nutzen dieser Vorgang für die Mimose hat.

⌷3⌷ Mimose vor der Berührung

⌷4⌷ Mimose nach der Berührung

Pantoffeltierchen

Kannst du bei einem Pantoffeltierchen alle Kennzeichen des
Lebendigen finden?

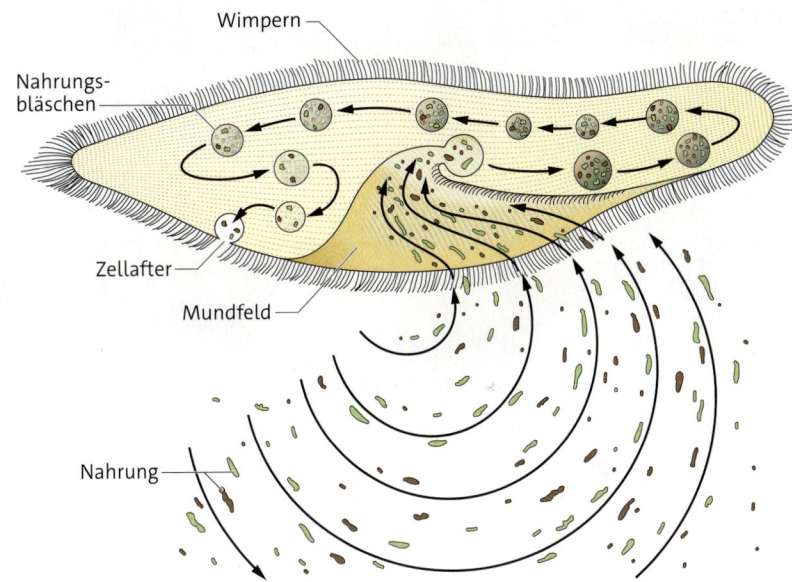

Das Pantoffeltierchen ist ein
Einzeller. Es vermehrt sich
durch Längsteilung.
Aus einem Pantoffeltierchen
werden zwei kleinere, die
dann wieder zu ihrer endgültigen Größe heranwachsen.
→ 7 Ein Pantoffeltierchen
nimmt chemische Stoffe
wahr und schwimmt aktiv zu
seiner Nahrung. Durch das
Schlagen mit den Wimpern
strudelt es Nahrungspartikel
herbei, die über das Mundfeld aufgenommen und in
Nahrungsbläschen verdaut
werden. Unverdauliche Reste
werden über den Zellafter
ausgeschieden.

5

6 Ernährung des Pantoffeltierchens

1 🔵 Beschreibe, wie sich das
Pantoffeltierchen ernährt.

2 ⬤ Stelle anhand des Textes
und der Bilder tabellarisch
heraus, dass ein Einzeller
alle Kennzeichen des Lebendigen zeigt.

3 In den Bildern 8 und 9 ist
einmal ein Pantoffeltierchen
in Wasser und in saurem
Essig dargestellt.
⬤ Vergleiche die Wimpern
in Bild 8 und 9 und begründe die Reaktion mithilfe der
Kennzeichen des Lebendigen.

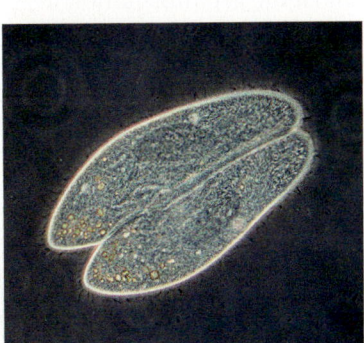

7 Pantoffeltierchen teilt sich

8 Pantoffeltierchen in Wasser

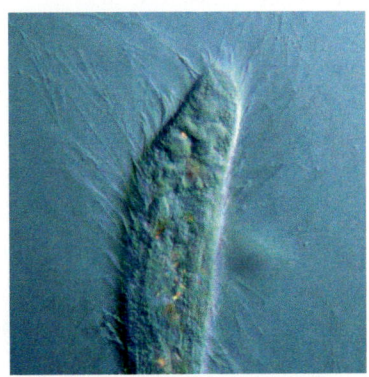

9 Pantoffeltierchen in Essig

Vielfalt der Lebewesen

1 Schülerinnen und Schüler bei Waldjugendspielen

**Vielleicht hast du schon an Wald-
jugendspielen teilgenommen oder
kennst dich auch so gut im Wald aus.
Es gibt dort eine große Vielfalt an**
5 **Lebewesen. Wie kann man sich einen
Überblick verschaffen?**

Ein Blick in den Wald • Ein Wald mit
seinen Baumarten wie Buche oder
Eiche bietet vielen Lebewesen einen
10 Lebensraum. In Baumkronen leben vor
allem Vögel wie der Buchfink oder der
Waldkauz, aber auch Säugetiere wie
der Baummarder und das Eichhörnchen suchen dort nach Nahrung.
15 Auf dem Waldboden kann man verschiedene Kräuter finden. An Baumstämmen wachsen Pilze. Zwischen
den Kräutern jagt der Igel Insekten.
In einem Moospolster leben Einzeller
20 wie das Pantoffeltierchen. Im Boden
zersetzen Pilze und Bakterien abgestorbene Tier- und Pflanzenreste.

Kurz zusammengefasst, das Leben in
einem Wald ist sehr vielfältig. Biologen
25 sprechen von Artenvielfalt.

Biologische Vielfalt • Jeder Wald ist
anders. Daher ist auch die Artenvielfalt
von Wald zu Wald verschieden. Man
spricht von der Vielfalt der Lebens-
30 räume. Der Fachbegriff für biologische
Vielfalt lautet Biodiversität.

Ordnung schaffen • Menschen vergleichen gerne Dinge nach besonderen
Merkmalen. Ist ein Lebensmittel süß
35 oder sauer, ein Kleid schwarz oder
weiß? Auch die Vielfalt der Lebewesen
kann man nach bestimmten Merkmalen ordnen. Dadurch kann man die Lebewesen in fünf Reiche einteilen. → 2
40 In einem ersten Schritt unterscheidet
man einzellige und mehrzellige Lebewesen.

Bakterien und Einzeller • Zu den einzelligen Lebewesen gehören die pflanz-
45 lichen und tierischen Einzeller und die
Bakterien. Bei Bakterien liegt die Erbinformation frei im Innern der Bakterienzelle. Bei Einzellern wie dem Pantoffeltierchen ist die Erbinformation in
50 einem Zellkern eingeschlossen. Man
unterteilt daher die einzelligen Lebewesen in zwei Reiche. → 3

Pflanzen, Tiere und Pilze • Zu den mehr-
zelligen Lebewesen gehören die Pflan-
55 zen, Tiere und Pilze. Pflanzen wie die
Buche gewinnen ihre Energie durch
Fotosynthese. Sie haben in ihren Zellen
grüne Chloroplasten, die Chlorophyll

2 Vertreter der Reiche der Lebewesen mit Artenzahl (Deutschland)

Bildbeschriftungen:
Amöbe
Pantoffel-tierchen
Baum-marder
Eich-hörnchen
Buchfink
Habicht
Zunder-schwamm
Wald-kauz
Borken-käfer
Fichte
Vogel-beere
Stein-pilz
Regenwurm
Eiche
Reh
Rot-fuchs
Igel
Wald-meister

Pflanzen
ca. 8 000
Arten

Tiere
ca. 45 000
Arten

Pilze
ca. 20 000
Arten

Einzeller
ca. 80 000
Arten

Bakterien
ca. 150 000
Arten

enthalten. Damit können sie aus Kohlenstoffdioxid, Wasser und Licht Traubenzucker herstellen. Tiere wie das Reh
besitzen in ihren Zellen keine Chloroplasten. Sie ernähren sich, indem sie
Pflanzen beziehungsweise andere Tiere
fressen. Pilze haben in ihren Zellen
keine Chloroplasten. Jedoch besitzen
sie wie die Pflanzen eine Zellwand und
eine Vakuole. Sie zersetzen abgestorbene Tier- und Pflanzenreste und nehmen somit energiereiche Stoffe auf.
Pilze sind weder Pflanzen noch Tiere
und bilden somit ein eigenes Reich.

Die Lebewesen können in fünf
Reiche eingeteilt werden:
Bakterien, Einzeller, Pflanzen,
Pilze und Tiere.

Aufgaben

1 ◐ Erkläre mithilfe von Bild 2, was
man unter Biodiversität versteht.

2 ● Betrachte die Zellen von Pflanze
und Pilz. Erläutere die unterschiedliche Ernährungsweise.

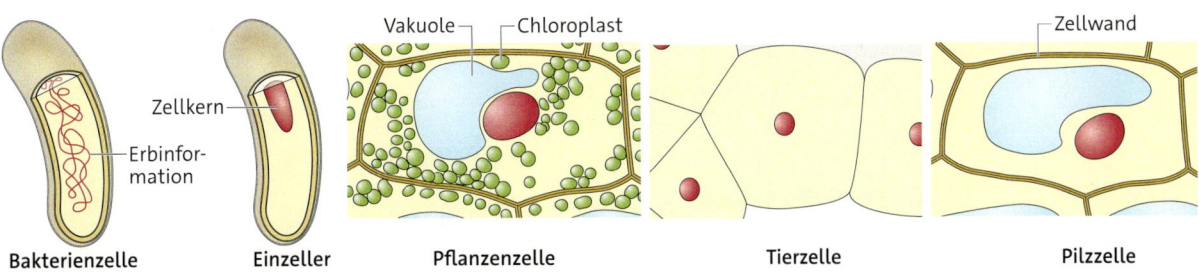

Zellkern
Erbinfor-mation
Vakuole
Chloroplast
Zellwand
Bakterienzelle
Einzeller
Pflanzenzelle
Tierzelle
Pilzzelle

3 Vielfalt der Zellen

Vielfalt der Lebewesen

Kriteriengeleitetes Ordnen

Damit man nicht den Überblick verliert, ordnet man Lebewesen in Gruppen. Ein gutes Beispiel sind die Tiere im Wildpark: Bei der Unterscheidung von Tieren kann

1 Hirsch im Wildpark

man beispielsweise die Körperbedeckung vergleichen, denn ein ähnlicher Aufbau liefert oft einen Hinweis zur Verwandtschaft von Tieren. Tiere, die ein Fell besitzen, gehören zu den Säugetieren. Alle Tiere, die kein Fell, sondern Federn besitzen, sind Vögel. Das Merkmal Körperbedeckung ist nun ein Vergleichskriterium. → 2
So gehst du vor, wenn du Lebewesen ordnen willst:

1. Welche Lebewesen willst du ordnen?
Überlege dir, welche Lebewesen du nach Gruppen ordnen möchtest.
Beispiel: Du willst verschiedene Tiere aus dem Wildpark ordnen.

2. Kriterium festlegen Suche ein Merkmal, das bei den Tieren unterschiedlich ist. Dieses Merkmal ist dein Vergleichskriterium.
Beispiel: Du legst die Art der Körperbedeckung der Tiere als Vergleichskriterium fest. → 2

3. Nach dem Kriterium ordnen Bringe nun die Lebewesen zusammen, die sich in dem Vergleichskriterium ähneln und trenne sie von jenen, die sich darin unterscheiden. Du kannst bei beiden Gruppen weitere Vergleichskriterien hinzufügen und so die Lebewesen immer genauer ordnen. Dieses Sortieren nennt man kriteriengeleitetes Ordnen.
Beispiel: Fasse alle Tiere mit Fell zu einer Gruppe zusammen und alle mit Federn zu einer anderen.

4. Kriterien hinzufügen Suche nach weiteren Kriterien, indem du Schritt 2 und 3 für jede deiner Gruppen nochmals ausführst. Beachte bei deinem Ordnungssystem, dass du ein Kriterium nur einmal benutzen darfst. → 2
Beispiel: Fasse alle Säugetiere mit Hufen zu einer Gruppe zusammen und alle mit Krallen zu einer anderen.

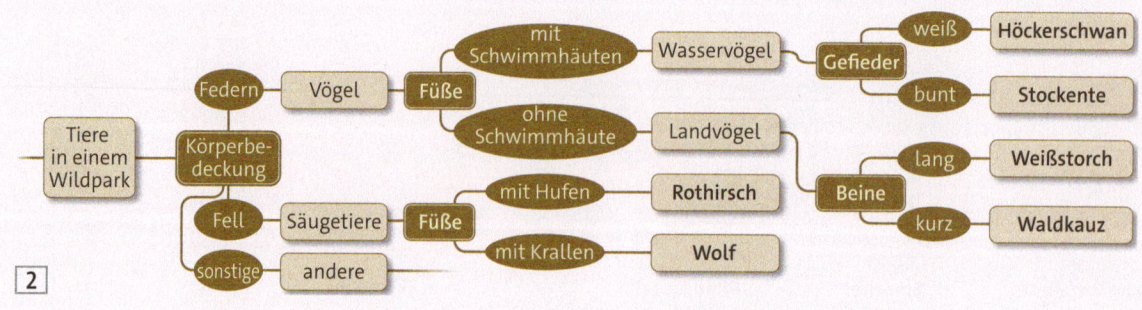

2

Material A

Wer hat richtig geordnet?

Lea und Finn ordnen im Biologieunterricht Tiere nach Kriterien und präsentieren ihre Ergebnisse an der Tafel.

gefährlich	Krokodil
klein	Regenwurm, Schmetterling, Kreuzspinne, Weinbergschnecke
fliegend	Fledermaus, Amsel
Wassertier	Grasfrosch, Delfin, Karpfen, Stockente

Ergebnis von Lea:

keine Beine:	Regenwurm, Delfin, Karpfen, Weinbergschnecke
zwei Beine:	Amsel, Fledermaus, Stockente
4 Beine:	Grasfrosch, Krokodil
6 Beine:	Schmetterling
8 Beine:	Kreuzspinne

Ergebnis von Finn:

3 | Wer hat richtig geordnet?

1 🝮 Erkläre, was man unter kriteriengeleitetem Ordnen versteht.

2 ● Beurteile, ob Lea und Finn kriteriengeleitet geordnet haben.

3 ● Ordne die Tiere nach einem anderen, von dir festgelegten Kriterium. Begründe deine Entscheidung.

Material B

Lebewesen ordnen

Fledermaus Augentierchen Uhu
Kohlmeise
Ringelnatter Luchs
Pfifferling Rotbuche Ameise Waldmeister

4 | Verschiedene Lebewesen

1 ○ Ordne die abgebildeten Lebewesen den Reichen zu, denen sie angehören. → 4

2 🝮 Ordne die abgebildeten Tiere nach der Art ihrer Körperbedeckung. → 4 Nutze die Tabelle. → 5

Fell	Federn	Andere Körperbedeckung
...	...	...
5		

3 ● Nutze die drei Kriterien. → 6 Ordne alle Lebewesen aus Bild 4. Erstelle ein Ordnungssystem. → 7

K1 Mehrzelligkeit

K2 Zelle ohne Chloroplasten

K3 Zelle mit Zellwand und Vakuole

6 | Kriterien

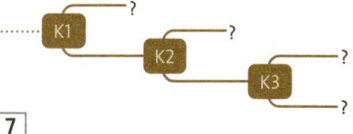

7 |

Vielfalt der Wirbellosen

1 Leben im Waldboden

In einem Waldboden kann man viele verschiedene Wirbellose finden.
Wie schafft man Ordnung in die Vielfalt der Wirbellosen?

Vielfalt im und auf dem Waldboden • Jedes Jahr fallen mehrere Tonnen Laub pro Hektar auf den Waldboden. Trotzdem sammeln sich keine riesigen Laubberge im Wald an. Dafür sorgt eine Vielzahl von Wirbellosen, die vor allem in der Laubstreuschicht und der Humusschicht leben. Sie graben sich durch die warme, feuchte Umgebung und ernähren sich von abgestorbenen Pflanzen. Zu ihnen gehören Springschwänze, Milben, Käfer und Käferlarven, Tausendfüßer, Regenwürmer und auch Schnecken. Es gibt auch räuberische Insekten wie den Laufkäfer.

Ordnungssystem • Um die Vielfalt der Tiere besser zu überblicken, vergleicht man sie nach bestimmten Kriterien. Jede Verzweigung im Ordnungssystem entspricht einem Merkmalsunterschied zwischen den Tieren. → 3 Das Fehlen einer Wirbelsäule und eines Knochenskeletts ist Merkmal aller Wirbellosen. Wirbeltiere wie Fische und Säugetiere besitzen eine Wirbelsäule und ein Knochenskelett. Mithilfe dieses Merkmalsunterschieds lässt sich das Tierreich in zwei Gruppen einteilen: die Wirbeltiere und die Wirbellosen.

Gruppen von Wirbellosen • Nacktschnecken zählen zu den Weichtieren. Ihr Körper ist nicht in Abschnitte gegliedert. Dagegen sind die Körper der Honigbiene und des Regenwurms deutlich in Abschnitte gegliedert. Man zählt sie daher zu den Gliedertieren.

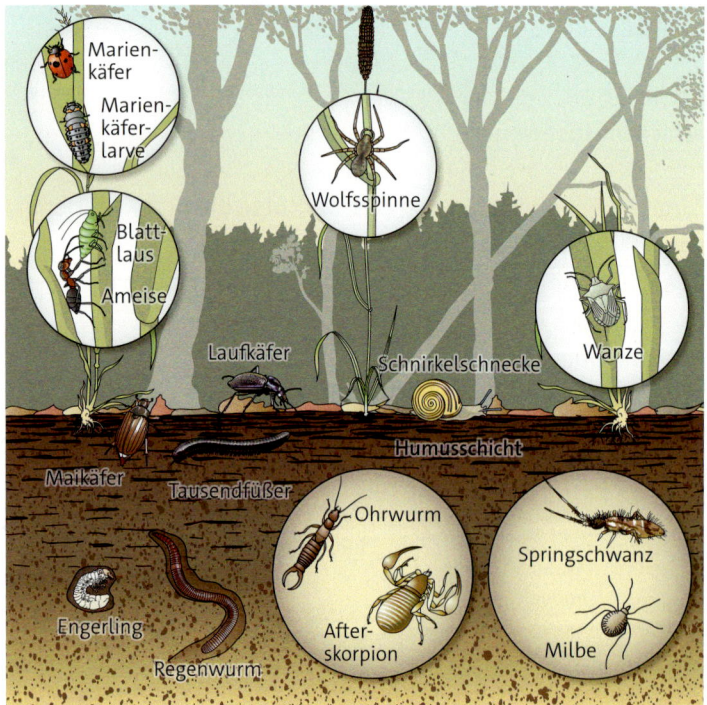

2 Wirbellose im und auf dem Waldboden

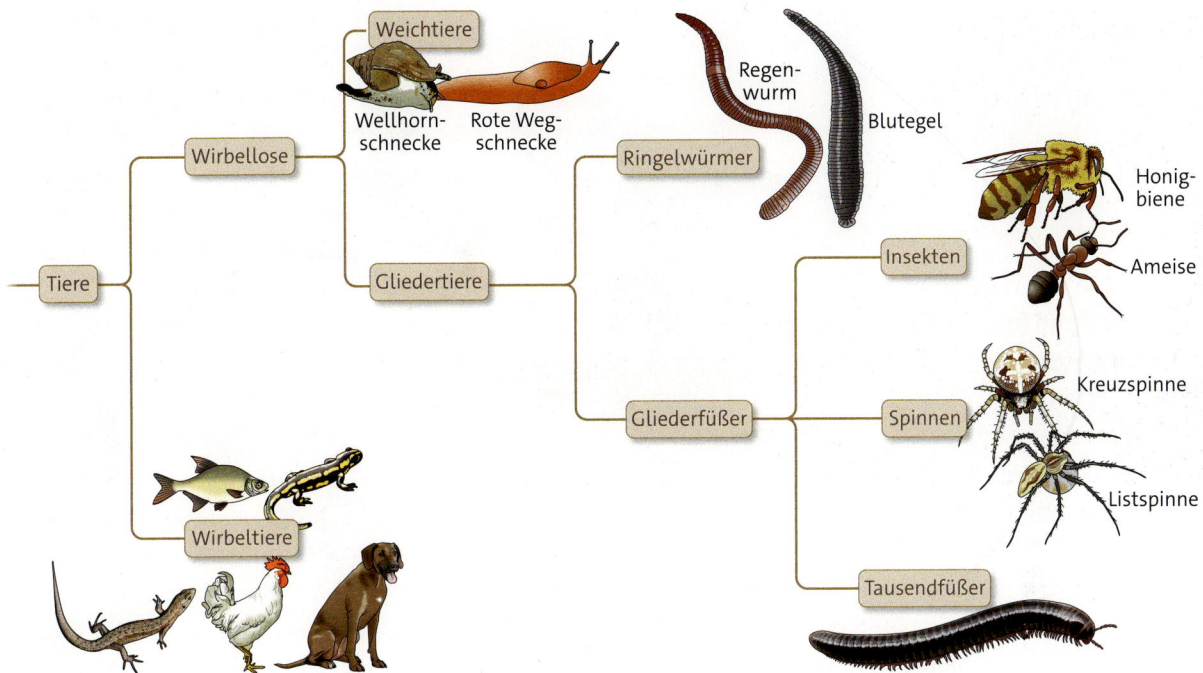

3 Ordnungssystem der Tiere

Auch der Regenwurm und die Honigbiene als Gliedertiere unterscheiden
45 sich voneinander: Der Regenwurm
besitzt keine Beine. Da sein Körper in
gleichmäßige Körperringe gegliedert
ist, zählt man ihn zu den Ringelwürmern. Die Honigbiene besitzt geglie-
50 derte Beine und zählt daher zu den
Gliederfüßern. Für die Gliederfüßer
ist vor allem die Anzahl der Beine ein
wichtiges Merkmal zur Unterscheidung. Die Honigbiene als Insekt hat
55 6 Beine. Die Kreuzspinne hat dagegen
8 Beine, Tausendfüßer haben mehr
als 8 Beine. → 3

Verwandtschaft bestimmen • Je mehr
Merkmale zwischen zwei Tieren über-
60 einstimmen, desto näher sind diese
miteinander verwandt.

Die Honigbiene ist also mit der Kreuzspinne näher verwandt als mit der
Roten Wegschnecke.

Wirbellose sind Tiere ohne Knochen
und Wirbelsäule.

Aufgaben

1 ◐ Nenne für jede im Ordnungssystem → 3 dargestellte Verzweigung
die Merkmalsunterschiede. Zeichne
das Ordnungssystem mit den Merk-
malsunterschieden in dein Heft.

2 ● Ordne zwei Lebewesen aus Bild 2
in das Ordnungssystem der Wirbellosen. → 3 Begründe deine Zuordnungen.

Vielfalt der Wirbellosen

Wir ordnen Wirbellose

In Bild 1 sind verschiedene Wirbellose dargestellt.

1 ○ Ordne die abgebildeten Wirbellosen folgenden Gruppen zu:
   a) Insekten
   b) Spinnen
   c) Gliederfüßer
   d) Gliedertiere
   e) Ringelwürmer
   f) Weichtiere

2 ◖ Ordne die abgebildeten Wirbellosen nach zwei von dir festgelegten Merkmalen.

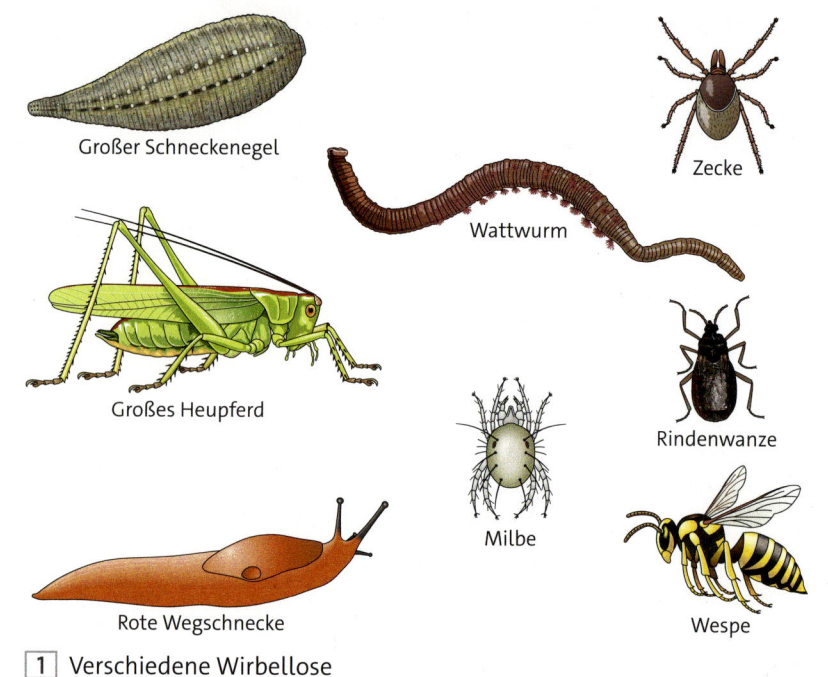

1 Verschiedene Wirbellose

Großer Schneckenegel
Zecke
Wattwurm
Großes Heupferd
Rindenwanze
Milbe
Wespe
Rote Wegschnecke

Sind sie miteinander verwandt?

1 ○ Ordne die Tiere 2–5 folgenden Gruppen der Wirbellosen zu: Gliederfüßer, Gliedertiere, Weichtiere, Ringelwürmer, Insekten, Spinnen.

2 ◖ Begründe deine Zuordnungen.

3 ● Erkläre, warum der Marienkäfer näher verwandt mit der Zitterspinne als mit der Weinbergschnecke ist.

2 Regenwurm

3 Zitterspinne

4 Weinbergschnecke

5 Marienkäfer

Laubstreuuntersuchung

Die oberste Schicht eines Waldbodens nennt man Laubstreuschicht.

Materialliste: Laubstreu, Messbecher (500 mL), Binokular und Lupe, weiße Schale, Petrischale, Pinsel, Einweghandschuhe

1 Fülle einen Messbecher mit 500 mL Laubstreu. Gib die Laubstreu in eine weiße Schale und verteile die Laubstreu großflächig. Suche nach kleinen Lebewesen in der Laubstreu. Nimm dazu den Pinsel.

2 Setze die gefundenen Tiere vorsichtig in die Petrischale.

3 Betrachte nun die Tiere mit der Lupe. Bei ganz kleinen Tieren kannst du auch ein Binokular benutzen.
○ Bestimme die Bodenlebewesen mithilfe von Bild 6.

4 ● Ermittle die Häufigkeit der einzelnen Tiere in deiner Probe. Zähle sie aus. Erstelle ein Säulendiagramm.

5 Betrachte Bild 7 und lies den Text.
a ◐ Beschreibe den Stoffkreislauf im Waldboden.
b ● Erläutere die Bedeutung der Bodenlebewesen für das Ökosystem Waldboden.
c ● Erkläre, warum man den Stoffkreislauf auch als Recycling bezeichnen kann.

> 8 Beine			Tausendfüßer
8 Beine			Spinnentiere
6 Beine	Körper wurmartig langgestreckt		Larven von Insekten
	Körper in 3 Teile gegliedert		Insekten, Springschwänze
0 Beine	gegliederter Körper		Ringelwürmer
	ungegliederter Körper	keine Fühler	Fadenwürmer
		mit Fühlern	Schnecken

6

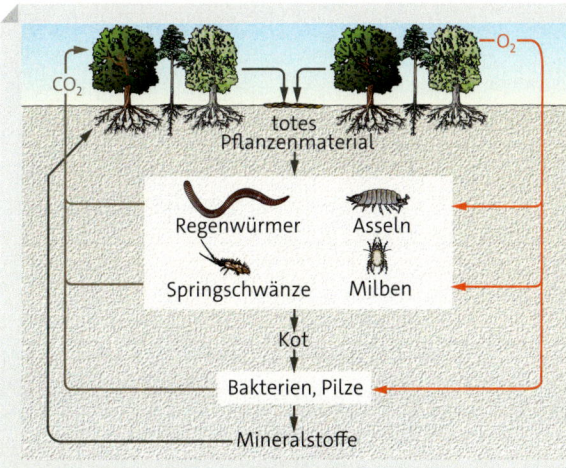

7 Stoffkreislauf

Jedes Jahr fallen pro Hektar (100 m x 100 m) Waldboden mehrere Tonnen Laub. Der Abbau der Laubblätter erfolgt durch die große Zahl an Bodenlebewesen. Schnecken, Asseln und Regenwürmer ernähren sich von den heruntergefallenen Blättern. Sie scheiden kleine Blattreste vermischt mit Bodenteilchen wieder aus. Die im Kot der Tiere enthaltenen Stoffe werden von Bakterien und Pilzen unter Verbrauch von Sauerstoff (O_2) abgebaut. Sie setzen Kohlenstoffdioxid (CO_2) frei und Mineralstoffe bleiben im Boden zurück. Die Mineralstoffe können nun von den Pflanzen über ihre Wurzeln aus dem Boden aufgenommen werden.

Körperbau der Insekten

1 Kleiner Fuchs und Honigbiene

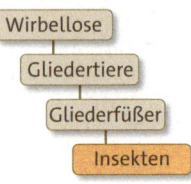

Wirbellose
Gliedertiere
Gliederfüßer
Insekten

Eine Honigbiene und ein Kleiner Fuchs wurden durch die Farbe und den Duft der Wiesenblume angelockt. Trotz ihres unterschiedlichen Aussehens gehören
5 **beide zur Tiergruppe der Insekten. Welche Gemeinsamkeiten haben Insekten?**

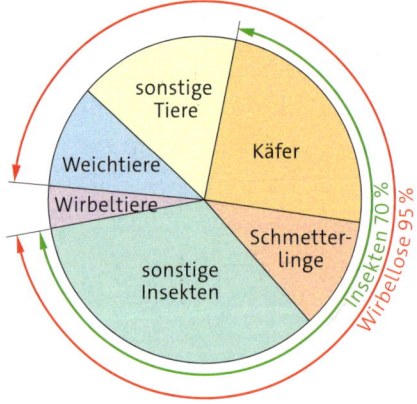

2 Verteilung der Tierarten

Vielfalt der Insekten • Insekten gehören zu den wirbellosen Tieren. Sie bilden mit etwa 70 % die artenreichste Gruppe
10 des gesamten Tierreichs. → 2
Der Kleine Fuchs gehört zur Gruppe der Schmetterlinge. Mit weltweit mehr als 150 000 Arten stellen sie eine große Gruppe innerhalb der Insekten dar.
15 Die Gruppe der Hautflügler, zu der die Honigbiene zählt, umfasst weltweit ca. 20 000 verschiedene Arten. Hautflügler haben sehr dünne, häutige Flügel.

Körperbau der Insekten • Am Beispiel
20 der Honigbiene kann man den typischen Bauplan eines Insekts gut erkennen. Der Körper der Biene ist in drei Abschnitte gegliedert: Kopf, Brust und Hinterleib. → 4 Am Kopf haben
25 Insekten zwei Augen, zwei Fühler und die Mundwerkzeuge. Mit den Fühlern kann die Biene tasten und riechen. Mit den Mundwerkzeugen leckt und saugt sie Nahrung auf. An der Brust
30 sitzen 3 für Insekten typisch gegliederte Beinpaare und die beiden Flügelpaare. Der Hinterleib ist durch mehrere bewegliche Ringe geschützt, die den Körper der Insekten schützen.
35 Das Außenskelett der Insekten besteht nicht aus Knochen, sondern aus Chitin – einer harten, aber elastischen Substanz.

Facettenaugen • Den größten Teil des
40 Insektenkopfes nehmen die mehr oder weniger gut entwickelten Augen ein. Jedes Auge ist aus sehr vielen Einzelaugen zusammengesetzt. Man bezeichnet es als Facettenauge. → 3

Tracheenatmung • Durch kleine Atemöffnungen an den Seiten der Brust und
des Hinterleibs wird Luft ins Körperin-
nere aufgenommen. Feine Röhren, die
Tracheen, durchziehen den Körper, leiten die Luft direkt zu den Organen und
versorgen sie so mit Sauerstoff. → 5

Nervensystem • Im Körper der Biene
befinden sich einzelne Nervenknoten,
die durch Nervenstränge miteinander
verbunden sind. Da es aufgrund seiner
Form an eine Strickleiter erinnert, bezeichnet man es als Strickleiternerven-
system. Am Kopf befindet sich ein ver-
dickter Nervenknoten, der die Funktion
eines Gehirns übernimmt.

Offenes Blutkreislaufsystem • Bei Insekten kann das Blut farblos, grün, gelb
oder rot gefärbt sein. Das Blutgefäßsystem wird aus einem muskulösen,
röhrenförmigen Herzen und kurzen Sei-
tengefäßen gebildet. Sowohl Herz als
auch Seitengefäße besitzen Öffnungen.

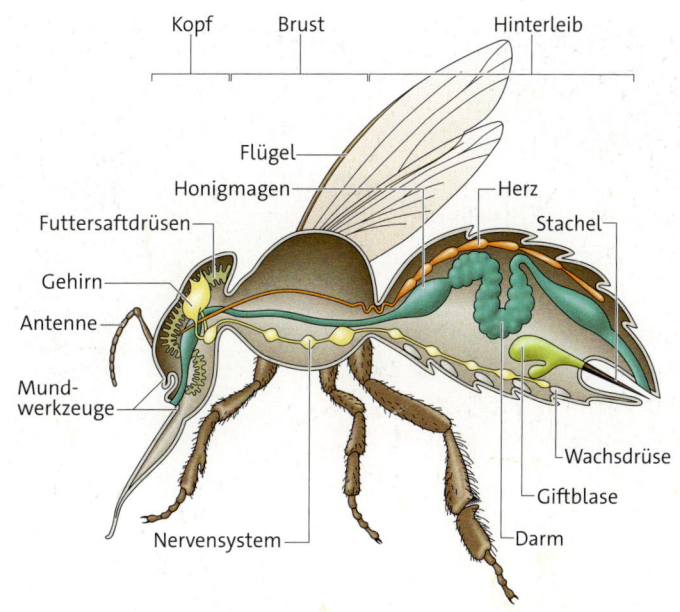

Kopf   Brust   Hinterleib

Flügel
Honigmagen
Futtersaftdrüsen
Gehirn
Antenne
Mund-
werkzeuge
Herz
Stachel
Wachsdrüse
Giftblase
Nervensystem
Darm

4 Körperbau der Honigbiene

Dadurch wird das Blut in die Körper-
höhle gepumpt, wo es die Organe
umspült und mit Nährstoffen versorgt. Das Blut fließt durch die Öffnungen wieder zum Herzen zurück.
Es handelt sich um einen offenen
Blutkreislauf.

Typische gemeinsame Merkmale
aller Insekten sind die Gliederung
in Kopf, Brust und Hinterleib, ein
Außenskelett und Facettenaugen.
Sie haben sechs Beine und oft Flügel.

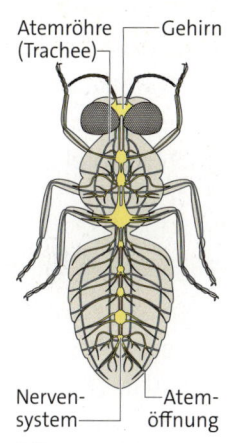

Atemröhre   Gehirn
(Trachee)

Nerven-   Atem-
system   öffnung

5 Tracheen und
Nervensystem

Einzelauge

3 Facettenauge

Aufgaben

1 ◐ Erkläre, warum die Insekten zu
den Gliedertieren zählen.

2 ● Nenne die Merkmale aus Bild 4,
die nur die Biene aufweist.

Körperbau der Insekten

Untersuchung von Honigbienen

Materialliste: tote Bienen von einem Imker, feine Schere, spitze Pinzette, Präparier- nadeln, Lupe (bis zu 10-fache Vergrößerung), Binokular (bis zu 20-fache Vergrößerung), Zeichenpapier, Millimeter- papier, Bleistift

1 Zerlegte Honigbiene

1 Lege eine Biene auf das Zeichenpapier, indem du sie mit den Fingerspitzen am Hinterleib anfasst. Drücke den Hinterleib vorsichtig leicht zusammen und lass wieder los.
○ Beschreibe deinen Ein- druck vom Körper der Biene.

2 Betrachte eine Biene seitlich, von oben und von unten mit der Lupe. Vergleiche den Auf- bau des Bienenkörpers mit Bild 4 auf Seite 23.
○ Zähle die Ringe am Hinter- leib.

3 Trenne mit der Pinzette vor- sichtig die Bein- und Flügel- paare ab. Trenne anschlie- ßend mit der Schere Kopf, Brust und Hinterleib. Lege alle Teile wie in Bild 1 geord- net auf dein Zeichenpapier.

4 Lege ein Vorderbein auf ein Stück Millimeterpapier und betrachte es unter dem Binokular. Durch das Milli- meterpapier bekommst du eine Vorstellung von der tatsächlichen Größe.

◐ Betrachte die einzelnen Beinglieder genau. Fertige eine Skizze eines Vorderbeins an.

5 Betrachte einen Flügel unter dem Binokular.
a ○ Beschreibe mit eigenen Worten, wie der Flügel aussieht.
b ◐ Zeichne einen Flügel.

6 Betrachte den Kopf der Biene unter dem Binokular.
a ○ Beschreibe den Aufbau eines Fühlers.
b ◐ Betrachte die Augen und beschreibe deine Beobach- tungen.
c ○ Bestimme die Anzahl der Punktaugen auf der Stirn. Bienen erkennen damit Unterschiede in der Hellig- keit.

7 ○ Benenne die Teile des Bienenkörpers. → 2 – 4

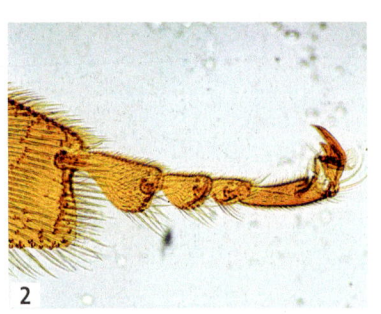

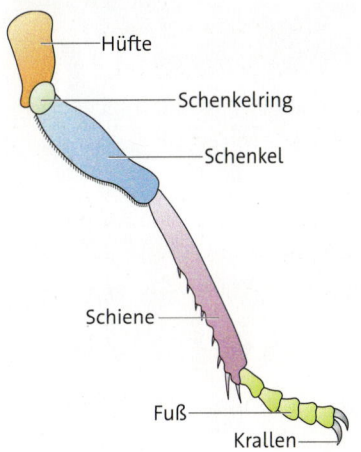

Hüfte
Schenkelring
Schenkel
Schiene
Fuß
Krallen

5 Grundbauplan eines Laufbeins

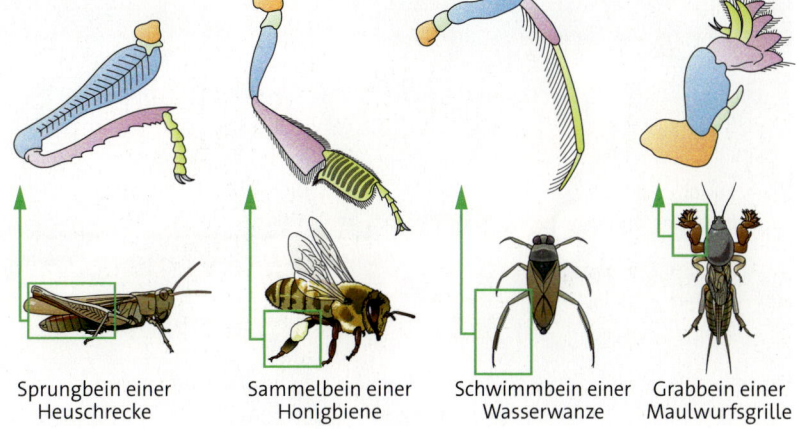

Sprungbein einer Heuschrecke

Sammelbein einer Honigbiene

Schwimmbein einer Wasserwanze

Grabbein einer Maulwurfsgrille

6 Umwandlungen von Insektenbeinen

Gegliederte Beine

Der Grundbauplan der Insektenbeine ist bei allen Insekten gleich. Bei manchen Insekten ist ein Beinpaar besonders an ihre Lebensweise angepasst.

1 ○ Beschreibe den Aufbau eines Laufbeins. → 5

2 In Bild 6 sind verschiedene Umwandlungen von Insektenbeinen abgebildet.
◐ Ordne den verschiedenen Insektenbeinen → 6 die passenden Beschreibungen a–d zu.

3 ● Vergleiche jeweils die Beinglieder Fuß, Schiene und Schenkel der abgebildeten Insektenbeine → 6 mit dem Laufbein → 5 .

(a) Es besitzt eine Vertiefung ähnlich wie ein Körbchen.

(b) Es ist verbreitert und verstärkt wie eine Schaufel.

(c) Es ist verlängert und wirkt wie ein Katapult.

(d) Es trägt Borsten und wirkt wie ein Paddel.

4 ● Erläutere anhand zweier Beispiele, wie Insekten an ihren Lebensraum angepasst sind. → 6

5 ◐ Benenne die Beintypen der in den Bildern 7 und 8 dargestellten Insekten.

6 Ein Floh kann bis zu 3 mm groß werden. Er kann 50 cm weit und 30 cm hoch springen.
● Berechne, wie weit und wie hoch eine Schülerin oder ein Schüler mit einer Größe von 150 cm bei ähnlichen Voraussetzungen springen könnte.

7 Katzenfloh

8 Gelbrandkäfer

Wie Insekten sich ernähren

1 Ein Taubenschwänzchen auf Nektarsuche

Durch seinen langen Saugrüssel ist dieser Nachtfalter bei der Nahrungssuche an besondere Blütenformen hervorragend angepasst. Welche weiteren Angepasstheiten kann man bei Insekten finden?

Mundwerkzeuge • Insekten nehmen ihre Nahrung mit Mundwerkzeugen zu sich. Diese befinden sich an der Unterseite des Kopfs vor der Mundöffnung. Die Mundwerkzeuge der Insekten haben alle den gleichen Grundbauplan. Sie können aber sehr unterschiedlich geformt sein.

Bei Schmetterlingen wie dem Taubenschwänzchen ist der Unterkiefer zu einem langen, schlauchförmigen Saugrüssel umgeformt. ➤ 1 Damit können sie Nektar aus Blüten mit tiefem Blütenboden saugen.

Viele Insekten oder ihre Larven besitzen zum Zerkleinern und Kauen von harter Nahrung kräftig beißende Mundwerkzeuge mit großen Beißzangen. Diese findet man besonders bei räuberischen Insekten wie Käfern, Ameisen und Heuschrecken, die damit ihre Beute töten und zerlegen. Blutsaugende Insekten wie Stechmücken besitzen dagegen einen Stechrüssel. Ihre Mundwerkzeuge sind nicht zum Zerkleinern fester Nahrung geeignet. Die Mundwerkzeuge der Insekten sind ihrer Ernährungsweise angepasst.

> Insekten sind auf eine bestimmte Nahrung spezialisiert. Ihre Mundwerkzeuge sind an diese Nahrung angepasst. Sie können daher sehr unterschiedlich gebaut sein.

Aufgabe

1 ○ Nenne die im Text genannten Mundwerkzeuge der Insekten mit je einem Beispiel.

Material A

Mundwerkzeuge

1 ⬭ Ordne die Mundwerkzeuge 3–6 dem jeweiligen Insekt A–D zu.

2 ⬤ Erkläre den Zusammenhang zwischen Art der Ernährung und dem Bau der Mundwerkzeuge.

3 ◓ Vermute, warum die Mundwerkzeuge der Eintagsfliege verkümmert sind. → 2

Die Larve der Eintagsfliege lebt bis zu 3 Jahre im Wasser. Sie ernährt sich von Pflanzen. Aus der Larve schlüpft ein geflügeltes Vollinsekt, die Eintagsfliege. Sie lebt nur einige Tage. In dieser Zeit findet die Paarung statt und die Weibchen legen ihre Eier ab. Die Mundwerkzeuge der Eintagsfliege sind stark verkümmert.

2 Die Eintagsfliege

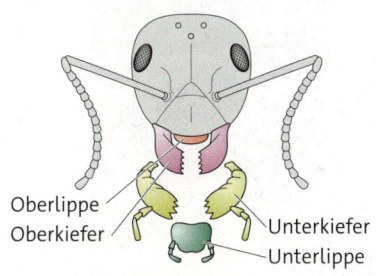

Oberlippe
Oberkiefer
Unterkiefer
Unterlippe

3 beißend

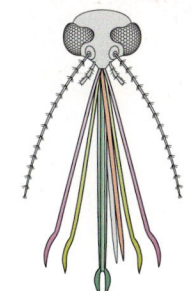

4 stechend

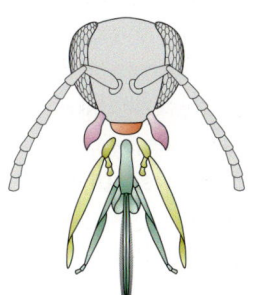

5 saugend-leckend

6 saugend

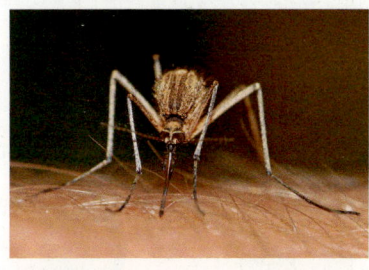

A Mücke

B Schmetterling

C Ameise

D Biene

Entwicklung von Insekten

1 Brutzellen mit Larven, Puppen und einer Honigbiene

Vom Ei zur Biene • Wie die Honigbiene entwickeln sich alle Insektenarten in
10 mehreren Entwicklungsstadien. Die Königin des Bienenstaates legt in sogenannte Brutzellen bis zu 2 000 Eier pro Tag ab. Aus den befruchteten Eiern schlüpfen nach drei Tagen Larven.
15 Kurz bevor sich die Larve verpuppt, wird die Zelle mit einem Wachsdeckel verschlossen. Die Larve beginnt kurz darauf mit dem Spinnen eines Kokons. Nach 21 Tagen ist die Entwicklung zur
20 Honigbiene abgeschlossen und sie schlüpft aus ihrer Brutzelle.

Vollkommene Metamorphose • Im Gegensatz zu den Bienen klebt das Schmetterlingsweibchen des Tag-
25 pfauenauges bis zu 200 Eier an die Unterseite geeigneter Futterpflanzen, meistens Brennnesseln. Dort sind sie geschützt. Nach etwa zwei Wochen schlüpfen aus den Eiern kleine, be-
30 haarte schwarze Raupen, die Larven der Schmetterlinge. Sie fressen Brennnesselblätter und wachsen schnell. Wie bei den Bienen auch kann die feste Hülle des Körpers nicht mitwachsen.
35 Deshalb reißt sie mehrmals auf und ihr entschlüpft die größere Raupe. Wenn die Raupe des Schmetterlings ausgewachsen ist, heftet sie sich mit dem Hinterende an eine geeignete
40 Stelle und verpuppt sich. Nach einigen Wochen Puppenruhe schlüpft der Schmetterling aus der Puppenhülle. Aus einer wurmförmigen Larve wurde bei beiden ein erwachsenes Fluginsekt.
45 Aufgrund dieser Veränderungen wird diese Entwicklung vom Ei über die

Eine Ansammlung von Larven und eine Honigbiene – auf den ersten Blick zwei völlig unterschiedliche Lebewesen. Doch Insekten sind wahre Verwand-
5 lungskünstler, denn es handelt sich um ein und dasselbe Tier. Wie läuft diese Verwandlung ab?

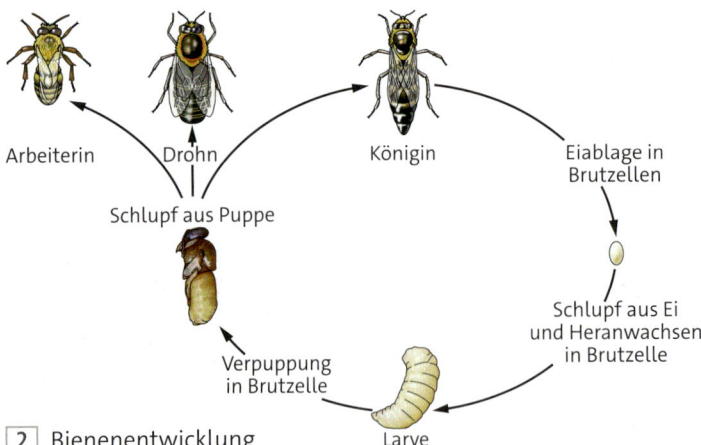

Arbeiterin   Drohn   Königin   Eiablage in Brutzellen

Schlupf aus Puppe

Schlupf aus Ei und Heranwachsen in Brutzelle

Verpuppung in Brutzelle

2 Bienenentwicklung   Larve

3 Ein Tagpfauenauge schlüpft aus der Puppe.

Larve und Puppe zu einem Vollinsekt als vollkommene Verwandlung oder vollkommene Metamorphose be-
50 zeichnet. → 2 3

Unvollkommene Metamorphose •
Nicht alle Insekten verändern ihr Aussehen nach dem Schlupf aus dem Ei bis zum fertigen Vollinsekt. Manche
55 Insekten wie die Heuschrecke bilden keine Puppe. Aus einem Heuschreckenei schlüpft eine winzige, ungeflügelte Larve, die der erwachsenen Heuschrecke schon sehr ähnlich ist.
60 Nach 5 Häutungen hat sie die Größe des Vollinsekts erreicht. Diese Entwicklungsform wird als unvollkommene Metamorphose bezeichnet. → 4

Die meisten Insekten entwickeln sich vom Ei über Larve und Puppe zum Vollinsekt. Diese Entwicklung nennt man vollkommene Metamorphose. Bei der unvollkommenen Metamorphose fehlt das Puppenstadium.

Aufgabe

1 Vergleiche mithilfe der Bilder 3 und 4 die Metamorphosen von der Heuschrecke und vom Tagpfauenauge.
a ◐ Nenne die Gemeinsamkeiten.
b ◐ Nenne die Unterschiede.

4 Unvollkommene Metamorphose einer Heuschrecke

Entwicklung von Insekten

Entwicklung von Schmetterlingen

1 ○ Nenne das Entwicklungsstadium, das zu einer vollkommenen Verwandlung in den Bildern fehlt.

2 ◐ Betrachte die Bilder 4 A und 4 B. Beschreibe die Entwicklung der Mundwerkzeuge von der Larve zum Vollinsekt.

3 ● Erläutere, welche Auswirkungen diese Entwicklung auf die Nahrungsaufnahme des Distelfalters hat.

1 Die Distelfalterlarve

2 Die Eier

3 Der Distelfalter

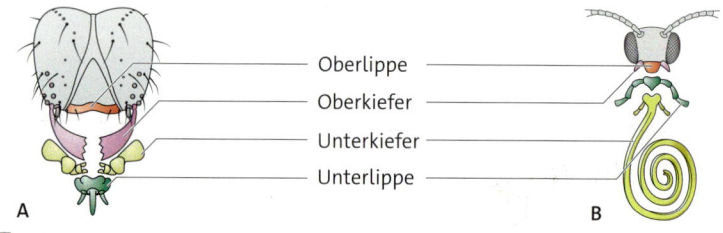

Oberlippe
Oberkiefer
Unterkiefer
Unterlippe

A   B

4 Mundwerkzeuge **A** der Larve und **B** des Vollinsekts

Befall durch Schmetterlinge

Die Larven des Kohlweißlings ernähren sich hauptsächlich von Wildkohlblättern, aber sie fressen auch angebaute Kohlpflanzen auf Feldern.

1 ◐ Erkläre an einem Beispiel die Bedeutung von Wildpflanzen für das Überleben mancher Schmetterlingsarten.

2 Ein Landwirt und ein Naturschützer unterhalten sich über die Gefährdung von heimischen Schmetterlingsarten.

◐ Überlege, welche Positionen die beiden Personen einnehmen würden. Notiere.

3 ● Überlege, welche Lösungsansätze denkbar wären.

5 Larvenbefall von Kohlpflanzen

6 Kohlweißling

Vom „Mehlwurm" zum Mehlkäfer

Materialliste: großes Einmachglas, Gazetuch, Gummi, Lupe, Sieb, Zeitungspapier, Kleie, Mehl, 20 Mehlwürmer, trockenes Brot, Apfelscheiben, feuchtes Tuch für die Hände

Achtung • Behandle lebende Tiere vorsichtig!

1 Fülle in das Einmachglas etwas Kleie, Mehl und Brotreste als Nahrung für die Mehlwürmer ein.

2 Mehlwürmer brauchen wenig Wasser. Ihnen genügt es, wenn du wöchentlich eine Scheibe Apfel in das Glas legst. Entferne die Apfelreste sorgfältig, damit sich kein Schimmel bildet.

3 Gib 20 Mehlwürmer in das Glas und verschließe es mit dem Gummi und dem Gazetuch. → 7

4 Untersuche das Zuchtgefäß wöchentlich. Lege dazu das Zeitungspapier auf den Tisch und siebe den Inhalt deines Zuchtgefäßes so lange, bis nur noch Tiere und Brotreste in deinem Sieb sind.

7 Zuchtgefäß für Mehlkäfer

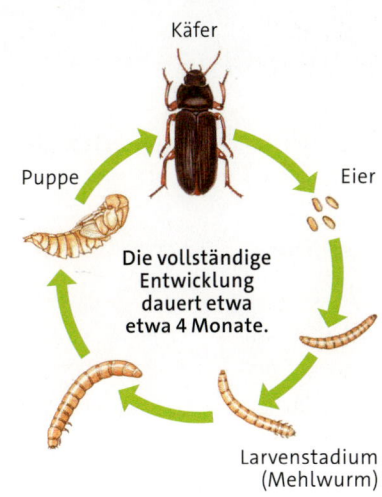

9 Entwicklung des Mehlkäfers

Käfer

Puppe

Eier

Die vollständige Entwicklung dauert etwa etwa 4 Monate.

Larvenstadium (Mehlwurm)

Beobachtungstabelle: Mehlkäferzucht					
	1. Woche	2. Woche	3. Woche	4. Woche	5. Woche
lebende Larven	20	…	…	…	…
tote Larven	0	…	…	…	…
Larvenhüllen	0	…	…	…	…
Puppen	0	…	…	…	…
lebende Käfer	0	…	…	…	…
tote Käfer	0	…	…	…	…

8 Beispiel für eine Beobachtungstabelle

5 ⚪ Zähle Larven, Puppen und Käfer aus und halte das Ergebnis in deiner Beobachtungstabelle fest. → 8

6 Betrachte eine Puppe und einen Mehlkäfer mit der Lupe. ⚪ Welche Körperteile des Käfers deuten sich bei der Puppe an? Nenne sie.

7 ◣ Erkläre die Entwicklung des Mehlkäfers. → 9

8 ◣ Ist der Mehlwurm ein Wurm? Nimm Stellung zum Begriff Mehlwurm.

Spinnen – Bewohner des Waldes

1 Die Kreuzspinne in ihrem Radnetz

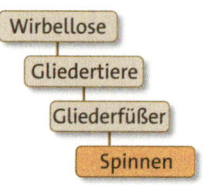

Wirbellose
Gliedertiere
Gliederfüßer
Spinnen

Viele Menschen haben Angst vor Spinnen. Dabei sind Spinnen wie die Kreuzspinne faszinierende Tiere mit besonderen Jagdstrategien. ₅ Was zeichnet Spinnen aus?

Körperbau der Spinnen • Spinnen besitzen wie die Insekten gegliederte Laufbeine. Deshalb zählen die Spinnen zu den Gliederfüßern. Sie besitzen ein ₁₀ Außenskelett aus Chitin. Bei den Spinnen sind Kopf und Brust verwachsen. Am vorderen Teil dieses Kopf-Brust-

Stückes befinden sich 8 Punktaugen. Vor dem Mund besitzt die Kreuzspinne ₁₅ Kieferzangen mit Giftklauen. Im Hinterleib der Spinne befindet sich ein schlauchförmiges Herz, das das Blut durch den Körper pumpt. Auf der Bauchseite liegen Atemöffnungen, ₂₀ über die die Atemluft zu Hohlräumen mit lamellenartigen Einstülpungen, den Fächerlungen, gelangt. → 2

Spinnen sind Jäger • Mit ihren Spinndrüsen am Ende des Hinterleibs erzeugt ₂₅ die Kreuzspinne Spinnfäden, die aus den Spinnwarzen austreten. Damit baut die Spinne ihr Netz. Insekten verfangen sich in diesem Netz der Spinne. Die Beute wird durch einen ₃₀ Biss mit den Giftklauen gelähmt oder getötet. Durch ihren Mund gibt die Spinne Verdauungssäfte in ihr Beutetier. So wird das Innere der Beute verflüssigt und die Spinne kann ihre ₃₅ Nahrung aufsaugen. Dies bezeichnet man als Außenverdauung.

> Spinnen gehören wie die Insekten zu den Gliederfüßern. Ihr Körper ist gegliedert: Kopf und Brust sind zu einem Kopf-Brust-Stück verwachsen.

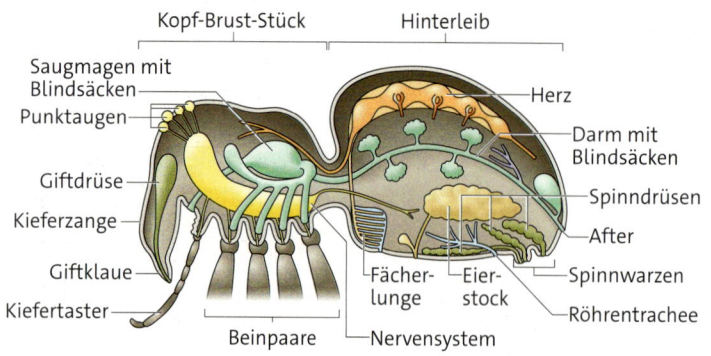

2 Körperbau der weiblichen Kreuzspinne

Aufgaben

1 ◐ Erkläre den Vorgang der Außenverdauung.

2 ● Begründe die Zugehörigkeit der Spinnen zu den Gliedertieren und Gliederfüßern.

Material A

Vergleich Insekten – Spinnen

Insekten und Spinnen sind eng miteinander verwandt.

1 ◐ Vergleiche den Körperbau von Insekten und Spinnen.

2 ● Begründe, warum Spinnen enger mit den Insekten verwandt sind als mit den Ringelwürmern.

3 Insekt und Spinne

Material B

Jagdformen der Spinnen

Die veränderliche Krabbenspinne baut keine Netze, sondern lauert ihren Beutetieren auf Blüten auf. Um besser getarnt zu sein, können die Weibchen ihre Körperfarbe der Blütenfarbe anpassen.

Springspinnen jagen aktiv Insekten, indem sie sie aus mehreren Zentimetern Entfernung anspringen, sie festhalten und ihr Gift injizieren. Sie besitzen kräftige Sprungbeine und ein sehr gutes Sehvermögen.

4 Veränderliche Krabbenspinne

1 ◐ Erkläre, welche Angepasstheiten Spinnen an ihr Jagdverhalten besitzen.

5 Springspinne

Der Regenwurm

1 Regenwurm zieht ein Blatt in seine Röhre.

Wirbellose
Gliedertiere
Ringelwürmer

Klein, zart und für die meisten Menschen ziemlich abstoßend: der Regenwurm. Und doch ist seine Arbeit im Verborgenen ungemein wichtig.
5 Welche Bedeutung hat der Regenwurm für unseren Boden?

Körperbau • Ein Regenwurm kann bis zu 30 cm lang werden. Sein Körper besteht aus bis zu 180 Ringen, die auch
10 Segmente genannt werden. ➞ 2 Deshalb gehört er zu den Ringelwürmern. Eine Unterscheidung von vorne und hinten ist bei einem Regenwurm auf den ersten Blick schwer, denn jedes
15 seiner Körpersegmente ist ähnlich aufgebaut. Am vorderen Ende ist der Regenwurm etwas schmaler und runder als am hinteren Ende. Im vorderen Drittel befindet sich der Gürtel, eine
20 hell gefärbte Verdickung, an der sich die Regenwürmer bei der Paarung aneinander legen. ➞ 3 D

Fortbewegung • Die feuchte Haut bildet zusammen mit den darunterlie-
25 genden Längs- und Ringmuskeln einen Hautmuskelschlauch. Regenwürmer bewegen sich durch das abwechselnde Anspannen dieser Muskeln ziehharmonikaartig fort. Durch das Zusam-
30 menziehen der inneren Längsmuskelschicht kann sich der Wurm verkürzen, der Körper wird dicker.

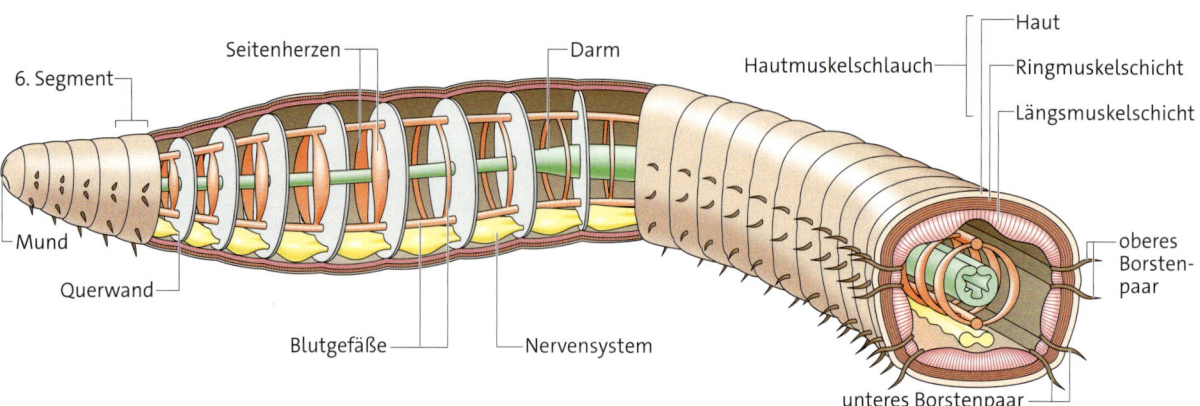

2 Bau des Regenwurms

Zieht sich die äußere Ringmuskel-
schicht zusammen, wird er lang und
35 dünn. An jedem Segment befinden
sich acht Borsten, die sich im Boden
verhaken und ein Zurückrutschen verhindern. So ist es dem Regenwurm
möglich, sich auch senkrecht in seinem
40 Röhrenlabyrinth zu bewegen. → 3A

Atmung • Der Regenwurm atmet über
die Haut. Diese muss dafür immer
feucht sein, da nur unter diesen Bedingungen Sauerstoff aufgenommen
45 werden kann. Ein Austrocknen führt
zum Erstickungstod. Regenwürmer
sind Feuchtlufttiere.

Entwicklung • Regenwürmer sind Zwitter. Sie produzieren sowohl männliche
50 Spermienzellen als auch weibliche Eizellen und befruchten sich gegenseitig.
Sobald die Eizellen reif sind, beginnt
der Wurm eine am Gürtel entstandene
schleimige Manschette mitsamt den
55 Eiern abzustreifen. Dabei gelangen die
zuvor gespeicherten Spermienzellen
des anderen Regenwurms zu den Eiern
und diese werden befruchtet. An der
Luft härtet die Manschette zu einem
60 Kokon aus und nach wenigen Wochen
schlüpfen die etwa einen Zentimeter
langen Würmchen. → 3C 3E

Bedeutung • Je nach Bodenart leben
bis zu 400 Regenwürmer unter einem
65 Quadratmeter Wiese und graben ihre
engen Röhren durch die Erde. Dabei
wird der Boden gelockert, durchlüftet
und Wasser kann besser gespeichert
werden. Regenwürmer ernähren sich

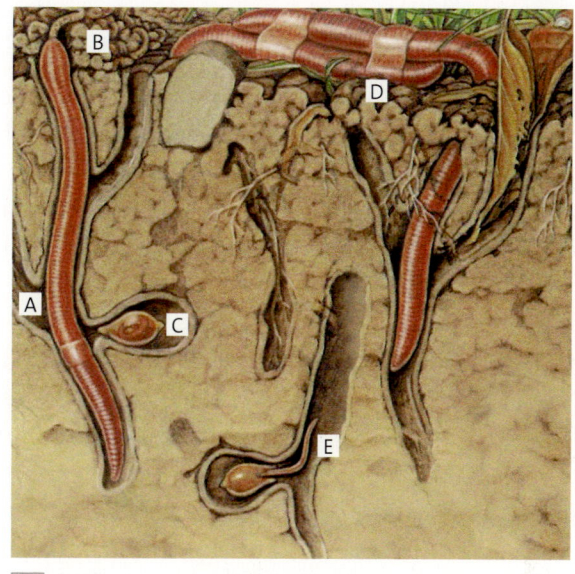

3 Regenwurm im Lebensraum

70 von auf der Erde liegendem pflanz-
lichem Material, welches sie in ihre
Röhren ziehen → 1 und von im Boden
lebenden Bakterien und Einzellern, die
sie beim Graben durch Erde aufneh-
75 men. Die unverdaulichen Stoffe scheiden sie als sehr mineralhaltige Kot-
häufchen aus. → 3B Diese dienen der
Düngung des Bodens und bewirken
so ein besseres Pflanzenwachstum.

Der Regenwurm ist ein Feucht-
lufttier und Zwitter. Er ist an das
Leben im Boden angepasst und hat
eine große biologische Bedeutung
für die Bodenqualität.

Aufgabe

1 ◓ Erkläre, warum der Regenwurm
sich auch senkrecht im Boden fortbewegen kann.

Der Regenwurm

Material A

Klingende Ziehharmonika

Versuche mit Regenwürmern
verlaufen langsam.
Du brauchst Ruhe und Geduld.

Achtung • Behandle lebende
Tiere vorsichtig und mit Respekt! Halte sie feucht!

Materialliste: Glasplatte, Papier,
Lupe, Alufolie, Sprühflasche

1 Lege einen Regenwurm auf
eine Glasplatte. Verhalte
dich möglichst ruhig und
beobachte genau, wie sich
die Körperform und seine
Lage verändern, wenn sich
der Regenwurm vorwärts
bewegt.

a ○ Beschreibe die verschiedenen von dir beobachteten
Bewegungen.

b ◗ Erkläre deine Beobachtung
mithilfe des Körperbaus des
Regenwurms. → 1

2 Lege die Alufolie auf den
Tisch und setze den Regenwurm vorsichtig darauf.
Halte dein Ohr ganz dicht
an den Regenwurm, sobald
er beginnt, sich zu bewegen.

a ○ Notiere das Geräusch,
das der Regenwurm beim
Kriechen auf der Alufolie
macht.

b ◗ Erkläre deine Beobachtung
mithilfe des Körperbaus des
Regenwurms.

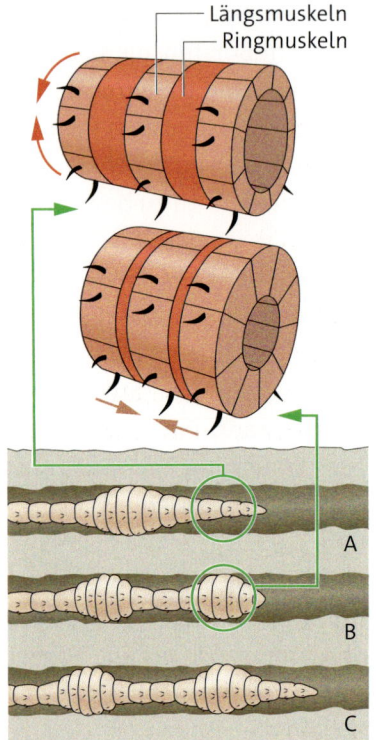

Längsmuskeln
Ringmuskeln

1 Bewegung des Regenwurms

Material B

Hell oder dunkel

Materialliste: Regenwurm,
Petrischale, leere Streichholzschachtel, Schere, Taschenlampe

1 Entferne zunächst das Innenteil der Streichholzschachtel und schneide auf
einer der kurzen Seiten wie
im Bild zu sehen von oben
eine Öffnung hinein.

Schiebe die Schachtel wieder
zusammen und lege sie
neben einen Regenwurm in
eine Petrischale. Beleuchte
das Ganze mit einer Taschenlampe. → 2

2 ○ Beobachte das Verhalten
des Regenwurms.

3 ◗ Erkläre deine Beobachtung
im Hinblick auf den Lebensraum des Regenwurmes.

2 Versuchsaufbau

Material C

Bedeutung des Regenwurms

Der Regenwurm hat auch für den Menschen eine wichtige Bedeutung.

3 Regenwurm auf dem Boden

1 ◐ Vergleiche die Werte in der Tabelle und ziehe eine Schlussfolgerung.

2 ◐ Erläutere die Bedeutung des Regenwurms für die Landwirtschaft mithilfe seiner Lebensweise.

	Ertrag von Böden ohne Regenwürmer	Ertrag von Böden mit Regenwürmern
Masse an Getreidekörnern pro Halm	6 g	12 g
Zahl der Getreidekörner pro Halm	57	107

4 Ertrag von Böden

Material D

Jahresaktivität des Regenwurms

Forscher haben die Kotmenge von Regenwürmern auf einem Quadratmeter Bodenoberfläche innerhalb eines Jahres monatlich ermittelt. Die Ergebnisse sind im Säulendiagramm dargestellt. → 5

1 ◯ Beschreibe das Säulendiagramm. → 5

2 ◐ Lies den Text. → 6 Erkläre die Ergebnisse der Untersuchung für die Wintermonate. → 5

3 Finde eine Erklärung für die Ergebnisse der Untersuchung.

a ● Erkläre die beide Anstiege der Kotmenge im Frühjahr und im Herbst. → 5
b ● Erkläre den Abfall der Kotmenge im Sommer. → 5

4 ● Stelle Vermutungen an, weshalb der Regenwurm in Kältestarre fällt.

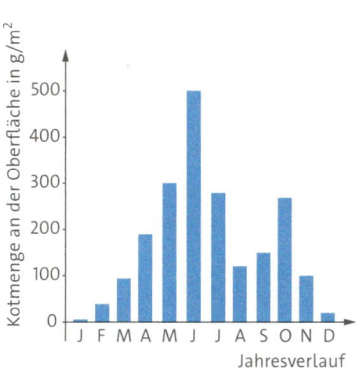

5 Kotmenge des Regenwurms im Jahresverlauf

Regenwürmer verbringen den Winter in 40 bis 80 cm Bodentiefe in Kältestarre. Die Regenwürmer liegen zu einem Knoten eingerollt und bewegungslos in einer höhlenartigen Erweiterung tief unten in ihrer Wohnröhre. Diese Ruhehöhlen werden mit Kot und schleimigen Absonderungen ausgekleidet und verfestigt. Auch in heißen Trockenperioden ruht der Regenwurm.

6

Die Schnecken

1 Rote Wegschnecke und Weinbergschnecke

Viele Schnecken haben ein hartes, stabiles Gehäuse. Warum gehören sie trotzdem zu den Weichtieren?

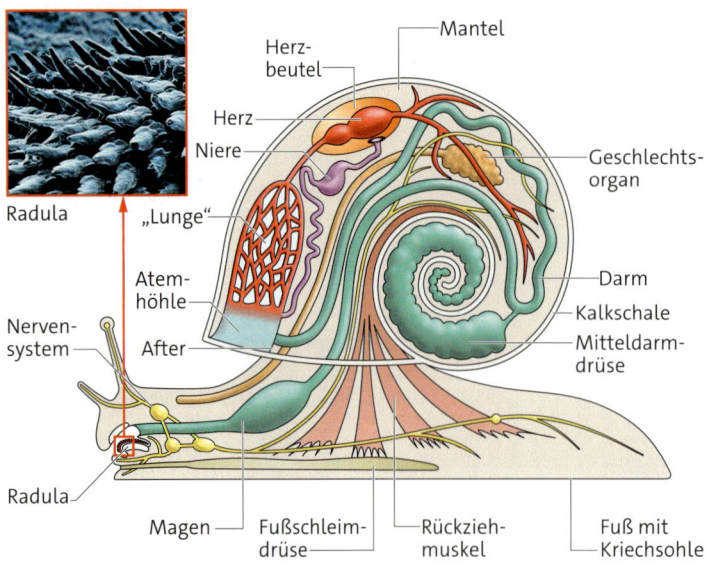

2 Körperbau der Weinbergschnecke

Schnecken • Schnecken brauchen viel ⁵Feuchtigkeit, deshalb kann man sie vor allem bei Regen, in der Dämmerung oder nachts entdecken. Schnecken brauchen eine feuchte Umgebung, sie sind Feuchtlufttiere. Beim Umher-¹⁰kriechen hinterlassen sie glänzende Schleimspuren. Eine große Fuß-schleimdrüse ➔ 2 gibt bei der Be-wegung der Schnecke ständig einen Schleimteppich ab, auf dem die ¹⁵Schnecke geschützt vorwärtsgleitet. Schnecken haben weder ein Innenske-lett aus Knochen noch ein stützendes Außenskelett wie Insekten. Sie zählen daher zu den Weichtieren. Das Ge-²⁰häuse einiger Arten dient als zusätz-licher Schutz der Organe. Die Wein-bergschnecke ➔ 1 ist die größte heimische Gehäuseschnecke.

Körperbau • Unter der harten Kalk-
25 schale, die als Schutz dient, sind der
Mantel und die weichen inneren
Organe verborgen. ➜ 2 Von außen
ist der längliche, muskulöse Fuß der
Schnecke sichtbar, an dessen Unter-
30 seite sich die Kriechsohle befindet.
Am Kopf sitzt ein langes Fühlerpaar,
an dessen Spitzen sich die Augen befinden. Mit ihnen kann die Schnecke
hell und dunkel unterscheiden. Ein
35 kleineres Fühlerpaar dient der Rich-
tungsorientierung. Bei Gefahr zieht
das Tier die Fühler ein. Zur Nahrungsaufnahme besitzen Schnecken eine
muskulöse Raspelzunge, auch Radula
40 genannt. Sie ist mit feinen Chitinzähnchen besetzt, mit denen die Schnecke
Pflanzenteile abraspelt. ➜ 2

Atmung • Schnecken atmen mithilfe
eines Atemlochs im Mantel, das sie
45 über einen Ringmuskel öffnen und
schließen können. ➜ 4 Um ein- und
auszuatmen, senkt und hebt die Weinbergschnecke bei geöffnetem Atemloch den Boden ihrer Mantelhöhle.
50 Luft kann ein- und ausströmen. Der
Gasaustausch findet in der Lunge
statt. ➜ 2

Entwicklung • Weinbergschnecken
sind Zwitter. Das bedeutet, dass je-
55 des Tier männliche und weibliche
Geschlechtsorgane besitzt. Nach der
Paarung und gegenseitiger Befruchtung legen die Tiere etwa 50 Eier in
eine Erdhöhle ab. ➜ 3 Nach wenigen
60 Wochen schlüpfen die Jungtiere, die
bereits ein Schneckenhaus tragen.

3 Weinbergschnecke bei der Eiablage

4 Atemloch der Weinbergschnecke

Weinbergschnecken sind Weichtiere
und gehören zu den wirbellosen
Tieren. Sie sind Feuchtlufttiere,
Zwitter und besitzen eine Radula
zur Nahrungsaufnahme.

Aufgabe

1 ◐ Erkläre, warum die Schnecken zu
den Weichtieren zählen.

Die Schnecken

Material A

Bewegung der Schnecke

Materialliste: Glasplatte, scharfes Messer, Weinberg- oder Schnirkelschnecken

1 Kriechsohle von unten

1 Der Fuß der Schnecke besteht hauptsächlich aus Muskeln. Er ist an der Unterseite zu einer Kriechsohle abgeplattet.

Setze eine Schnecke auf eine Glasplatte. Betrachte sie von unten und beobachte, wie sie sich fortbewegt. → 1

a ⬡ Beschreibe deine Beobachtungen.

b ◗ Erkläre deine Beobachtungen mithilfe des Modells. → 3

2 Lass die Schnecke über eine Messerklinge kriechen. → 2

a ⬡ Beschreibe das Aussehen der Klinge nach dem Versuch.

b ◗ Setze die Schnecke erneut auf die Glasplatte, betrachte sie von unten und beschreibe, ob sie sich verletzt hat.

2 Gleiten über die Klinge

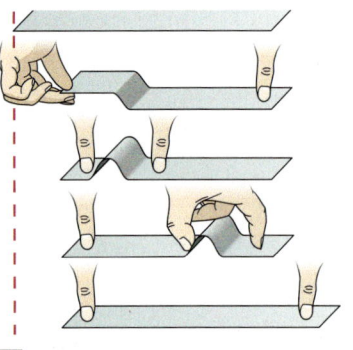

3 Modell der Kriechbewegung

Material B

Radula

Materialliste: Salatblätter

1 Hebe die Schnecke vorsichtig und nur seitlich von der Glas-

platte ab, um ihren Rückziehmuskel nicht zu verletzen. Nimm die Schnecke auf die Hand und biete ihr ein Salatblatt an. Beobachte, wie das Tier das Salatblatt frisst.

a ⬡ Beschreibe, was du hören kannst.

b ◗ Erkläre die Nahrungsaufnahme einer Schnecke mithilfe deiner Beobachtung und der Bilder 4 und 5.

4 Vergrößerung der Radula

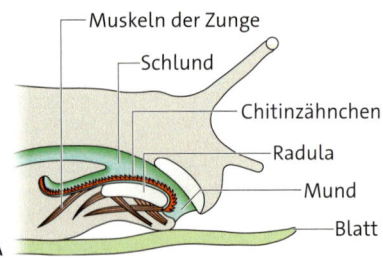

Muskeln der Zunge
Schlund
Chitinzähnchen
Radula
Mund
Blatt
A

5 Nahrungsaufnahme der Schnecke

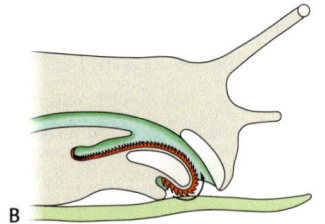

B

Muscheln und Tintenfische

Muscheln

Der Eingeweidesack der Muscheln, in dem sich alle Organe befinden, wird durch zwei aus Kalk bestehende, aufklappbare Schalenhälften geschützt. In ihrer Atemhöhle erzeugen Muscheln mithilfe Millionen kleiner Wimperhärchen einen Wasserstrom. So gelangt Wasser von der Einströmöffnung zu den Kiemenblättern, mit denen die Muschel atmet. Mit dem Wasser gelangen auch Kleinstlebewesen und abgestorbene Pflanzenteile in die Muschel, die auf dem Schleimfilm der Kiemen kleben bleiben. Von dort aus werden sie zum Mund befördert und in Magen und Darm verdaut. Wegen dieser Ernährungsweise zählen Muscheln zu den Filtrierern.

6 Teichmuschel

Tintenfische

Hinter dem Kopf des Tintenfischs befindet sich der von einem Mantel umschlossene Rumpf, in dem sich die Organe befinden. Im Rücken umgibt der Mantel eine Kalkplatte, den Schulp. Er stabilisiert den Körper des Tintenfischs. Die mit Saugnäpfen ausgestatteten Tentakel befinden sich um den Mund. Mit ihnen fängt der Tintenfisch Krebse, Fische und Weichtiere. Gefangene Beutetiere werden mit den Tentakeln zum Mund geführt, der von harten, an einen Papageienschnabel erinnernden Kiefern gesäumt ist. Die im Magen verdaute Beute wird in die Mantelhöhle ausgeschieden. In dieser befinden sich auch die Kiemen, mit denen der Tintenfisch atmet.

7 Tintenfisch

4 5 3 2 1

A

Tentakel 2 1

4 3

B

1
2
3
4
5

C

8 Weichtiere im Vergleich

1 ◯ Ordne den Zahlen → 8 die entsprechenden Fachbegriffe zu.

2 ◐ Vergleiche die Atmung und die Ernährung der dargestellten Tiergruppen.

3 ● Erläutere, warum alle drei dargestellten Tiergruppen zu den Weichtieren gezählt werden.

Merkmale der Fische

1 Bachforelle

Die Bachforelle lebt in Bächen mit schnell fließendem, klarem Wasser. Trotz der starken Strömung bewegt sie sich kaum. Blitzschnell ergreift
5 **sie dann zwischen den Kieselsteinen Insektenlarven. Welche Fähigkeiten hat die Bachforelle, um im Wasser leben zu können?**

Skelett • Wie alle Wirbeltiere besitzen
10 Fische ein Innenskelett mit Wirbel-säule und Rippen. Die Rippen werden

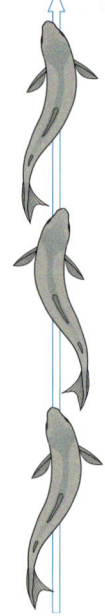

2 Wie Fische
schwimmen

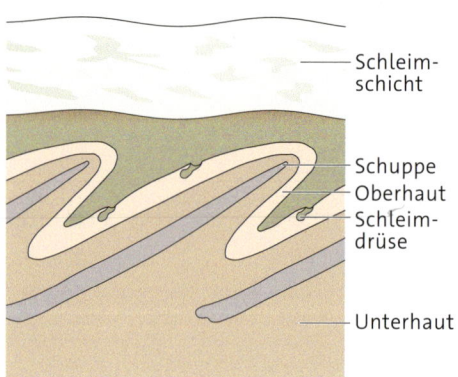

3 Querschnitt durch die Haut

— Schleim-schicht

— Schuppe
— Oberhaut
— Schleim-drüse

— Unterhaut

auch „Gräten" genannt. Fische haben keine Gliedmaßen wie Arme und Beine. Dafür haben sie Flossen, die
15 aus den sogenannten Flossenstrahlen bestehen. Dies sind ganz feine und bewegliche Knochenstäbe, an denen eine weiche Flossenhaut gespannt ist.

Haut • Die Haut der Bachforelle be-
20 steht aus mehreren Schichten. → 3
In den unteren Hautschichten sind die Schuppen verankert. Sie überlappen sich wie Dachziegel und bedecken die gesamte Oberfläche des Fischs. Die
25 dünne Oberhaut bedeckt die Schup-pen. Die Drüsenzellen in der Oberhaut bilden Schleim, sodass die Haut der Bachforelle glitschig wird. Das Wasser gleitet so leicht am Körper vorbei. So-
30 mit bietet er dem Wasser nur wenig Widerstand.

Fortbewegung • Die Bachforelle be-wegt sich mithilfe ihrer Muskeln. An der Wirbelsäule ansetzende Muskeln
35 bewegen den Fischkörper wellenartig. Die ebenfalls mit der Wirbelsäule ver-bundene Schwanzflosse ist dabei das Hauptantriebsorgan. Sie drückt den Fischkörper mit kräftigen, seitlichen
40 Schlägen nach vorn durch das Wasser. Brustflossen und Bauchflossen dienen der Steuerung. Mithilfe der Rücken-flosse und der Afterflosse hält sich die Forelle senkrecht im Wasser. Ihr Körper
45 läuft am Kopf und am Schwanz spitz zu. Diese Körperform nennt man Stromlinienform. So kann sich die Bachforelle leicht durch das Wasser bewegen. → 2

Sinnesorgane • Die Bachforelle kann
mit ihren Augen unter Wasser gut
sehen. Das Gehör liegt geschützt im
Schädel. Die Bachforelle besitzt wie
alle Fische ein besonderes Sinnesorgan,
das Seitenlinienorgan. Damit erkennt
sie feine Wasserströmungen, die beispielsweise von Hindernissen oder
Beutetieren ausgelöst werden. So kann
sich die Forelle auch bei schlechter
Sicht und Dunkelheit orientieren.

Schwimmblase • Die Dichte des Fisch-
körpers ist größer als die des Wassers.
Deshalb würde eine Forelle absinken.
Gas hat eine geringere Dichte als Wasser und steigt nach oben. Durch Aufnahme oder Abgabe von Gas in die
Schwimmblase kann sich die Forelle
an die Druckverhältnisse in unterschiedlichen Wassertiefen anpassen
und schweben.

Atmung • Fische atmen mit Kiemen.
Sie liegen an den Seiten des Kopfes
und sind durch einen harten Kiemendeckel geschützt. Die Kiemen bestehen
aus Kiemenbögen. An jedem Kiemen-
bogen sitzen Kiemenreusen und Kiemenblättchen. → 5 Die Kiemenreusen filtern Schmutzteilchen aus dem
Wasser. An den dünnhäutigen, gut
durchbluteten Kiemenblättchen findet der Gasaustausch statt. Sauerstoff
wird aus dem Wasser aufgenommen
und Kohlenstoffdioxid abgegeben.
Bei hoher Aktivität benötigt ein Fisch
mehr Sauerstoff, da sein Stoffwechsel
mehr Energie für Bewegungen bereit-
stellen muss.

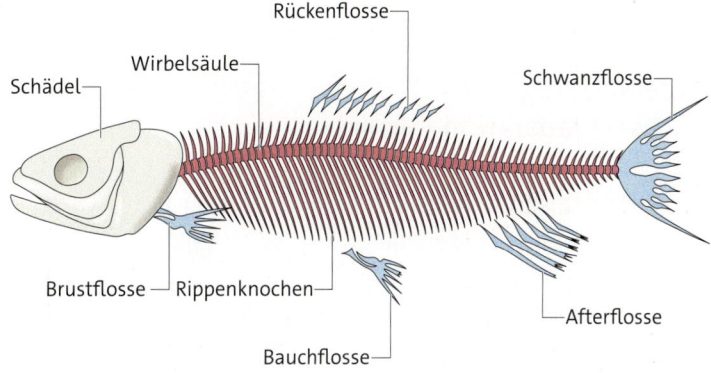

4 Skelett eines Fisches

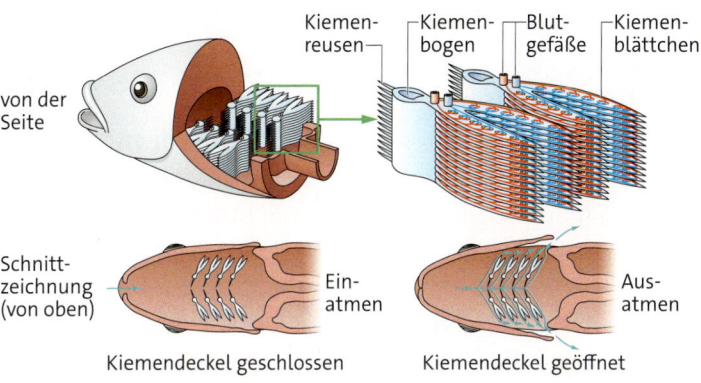

5 Bau der Kiemen

Fische sind wechselwarm • Fische sind
wechselwarm. Ihre Körpertemperatur
entspricht der sie umgebenden Wassertemperatur. Die Aktivität eines
Fisches ist bei hohen Wassertemperaturen höher als bei niedrigen.

> Fische sind Wirbeltiere. Sie atmen
> mit Kiemen und sind an ein Leben
> im Wasser angepasst.

Aufgabe

1 ◯ Nenne Angepasstheiten der
Fische an ein Leben im Wasser.

Merkmale der Fische

Untersuchung eines Fischs – Präparation

Materialliste: eine noch nicht ausgenommene Forelle, Präparierschale, Schere, Pinzette, Präpariernadel, Papiertücher, Lupe, weißes Papier, Bleistift
→ 1

1 Betrachte zunächst den Fisch von außen.
○ Zeichne den Umriss des Fischs.

2 Suche Maul, Augen, Schwanzflosse, Rückenflosse, Afterflosse, Brustflossen, Bauchflossen, After, Seitenlinienorgan und Fettflosse.
🖌 Zeichne diese Körperteile in den Fischumriss ein und beschrifte die Zeichnung.

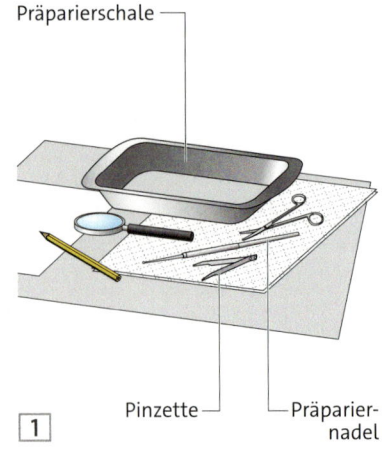

Präparierschale

Pinzette — Präpariernadel

1

3 Schneide mit der Schere ein Stück einer Flosse und ein Stück der Fettflosse ab. Betrachte beide Stücke.
○ Beschreibe, wodurch sich die Flossen unterscheiden.

4 Hebe mit der Pinzette den Kiemendeckel an.
○ Notiere, was du darunter erkennst.

5 Schneide mit der Schere den Kiemendeckel ab.
🖌 Verfolge mit der Präpariernadel den Weg des Wassers und beschreibe ihn.

6 Trenne mit der Schere ein Kiemenblättchen ab.
🖌 Betrachte es mit der Lupe und zeichne es.

7 Schneide mit der Schere vom After bis zu den Kiemen.
→ 2 (A) Schneide dann weiter in Richtung Rücken. (B) Setze neu am After an und schneide bis zur Wirbelsäule. (C) Klappe die Haut auf. Hebe sie über der Seitenlinie ab. (D)
Tipp: Führe die Schere sehr flach, damit du die inneren Organe nicht verletzt. Klappe die abgetrennten Teile hoch. So siehst du, wie du weiterschneiden musst.
a 🖌 Vergleiche die Lage der inneren Organe mit Bild 2.
b 🖌 Fertige eine weitere Umrisszeichnung der Forelle an. Zeichne die inneren Organe ein und beschrifte sie.

8 Nach der Untersuchung:
• Arbeitsplatz aufräumen
• Präparierbesteck reinigen
• Tische reinigen
• Hände waschen

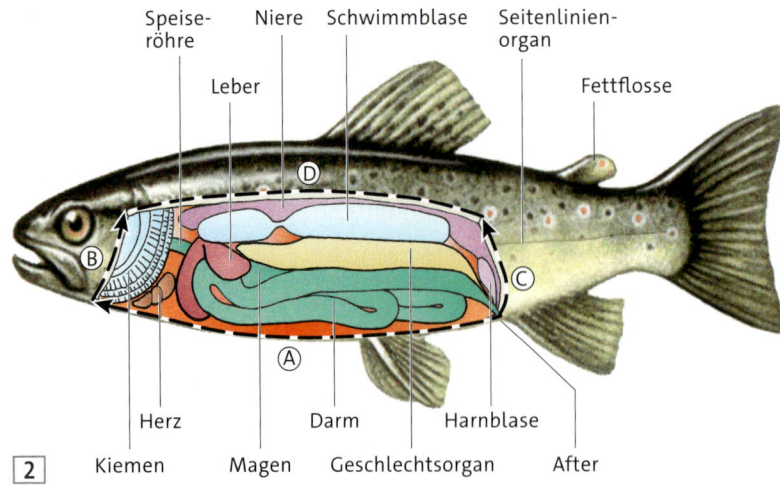

Speiseröhre — Niere — Schwimmblase — Seitenlinienorgan

Leber

Fettflosse

Herz — Darm — Harnblase

2 Kiemen — Magen — Geschlechtsorgan — After

Material B

Orientierung in der Dunkelheit

Fische orientieren sich in dunklem und trübem Wasser mit dem Seitenlinienorgan:

An jeder Seite des Fischs verläuft ein Kanal. Kleine Röhrchen verbinden ihn mit der Außenwelt. Am Grund der Kanäle sitzen Gruppen von Sinneszellen. Strömungen im Wasser biegen sie zur Seite. Dabei entsteht ein Signal, das über einen Nerv ins Gehirn geleitet wird.

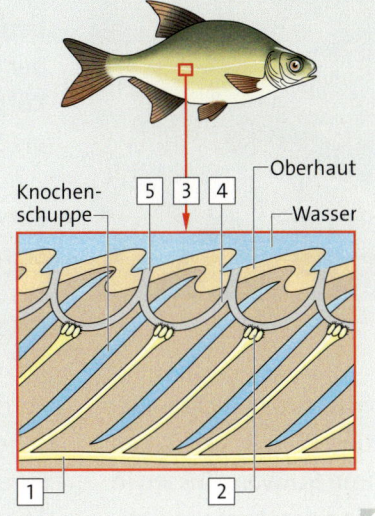

Knochenschuppe | 5 | 3 | 4 | Oberhaut

Wasser

1 | 2

3 Orientierung mit dem Seitenlinienorgan

Das Seitenlinienorgan

1 ◗ Schreibe die Zahlen im Bild in dein Heft und ordne ihnen die Begriffe Seitenlinienorgan, Kanal, Röhrchen, Sinneszellen und Nerv zu.
→ 3

2 ◗ Beschreibe die Funktion des Seitenlinienorgans.

Material C

Körperform

In einem Versuch wurden vier gleich schwere Körper an einer Schnur durch ein Wasserbecken gezogen. Alle Körper waren unterschiedlich geformt. Man hat die Zeit gemessen, die jeder einzelne Körper vom Start bis zum Ziel benötigte. Die Ergebnisse sind in der Tabelle dargestellt. → 5

1 Betrachte Bild 4.
a ○ Beschreibe den Aufbau des Versuchs.
b ◗ Erkläre die Versuchsergebnisse. → 5

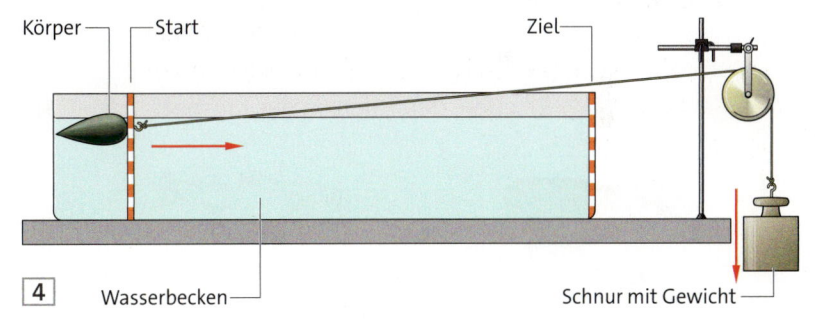

Körper — Start   Ziel

4 Wasserbecken   Schnur mit Gewicht

c ● Ziehe Rückschlüsse aus den Versuchsergebnissen auf die Körperform von Fischen.

2 ● Erläutere zwei weitere Angepasstheiten der Fische an ein Leben im Wasser, die nicht mit dem Versuch untersucht wurden.

Zugrichtung →		Zeit
spindelförmiger Körper	◗	4 s
Zylinder	▬	7 s
tropfenförmig	◀	6 s
Würfel	■	11 s

5 Tabelle

Fortpflanzung der Fische

1 Äußere Befruchtung bei Forellen

Zwei Forellen schwimmen dicht nebeneinander über Kies. Plötzlich schlagen sie heftig mit ihren Schwanzflossen in den Kiesboden und das Wasser trübt
5 **sich für einen Moment. Was genau ist passiert?**

Paarung • Während der Paarung schwimmen Fische paarweise dicht über dem Untergrund. Nach kurzer
10 Zeit gibt das Forellenweibchen seine Eizellen, den Laich, in das Kiesbett

eines Baches ab. Sofort darauf gibt das Männchen eine Flüssigkeit mit Spermienzellen über den Laich und
15 befruchtet diesen so. Die Befruchtung der Eizellen findet außerhalb des Körpers statt. Man bezeichnet dies als äußere Befruchtung.

Entwicklung • In den befruchteten
20 Eiern entwickeln sich Embryonen. Man bezeichnet dies als Embryonalentwicklung. Nach etwa 2,5 Monaten schlüpfen die winzigen, fast durchsichtigen Forellenlarven. → **2** Sie leben zwi-
25 schen den Steinen des Kiesbetts. Eine Forellenlarve trägt am Bauch einen Teil ihres Eies, den Dottersack. Dieser dient der Ernährung. Wenn der Dottersack aufgebraucht ist, verlässt die
30 Jungforelle ihre geschützte Umgebung und sucht im Bach nach Nahrung. Sie wächst bis zum Ende des ersten Jahres auf bis zu 12 Zentimeter Länge. Nach etwa 3 bis 4 Jahren ist die Forelle ge-
35 schlechtsreif und kann sich fortpflanzen. Forellen betreiben wie die meisten Fische keine Brutpflege. Sie schützen ihren Nachwuchs nicht und versorgen ihn auch nicht mit Nahrung.

> Fische paaren sich durch äußere Befruchtung. Die Fischlarve ernährt sich in der Anfangsphase von einem Dottersack.

Larve mit Dottersack nach 2,5 Monaten

nach 3,5 Monaten

Spermien
Eier

Ei

junger Keim

Embryo

nach 6 Monaten Jungforelle

Oktober bis Januar

nach 3 bis 4 Jahren erwachsene Forelle

2 Fortpflanzung der Bachforelle

Aufgabe

1 ○ Erkläre, warum Fische zur Paarung ganz dicht zusammen schwimmen.

Material A

Entwicklung der Forelle

1 ○ Ordne die Entwicklungsstadien der Bilder 3–6 folgenden Begriffen zu: Jungfisch,
Larve (jung), befruchtete
Eizelle, Larve (alt).

2 ◐ Erkläre, weshalb sich der
Dottersack während der Entwicklung zurückbildet.

3 ● Entscheide dich, welches
der 4 Bilder die Embryonalentwicklung zeigt, und begründe deine Entscheidung.

Material B

Fischfarmen

1 ◐ Vergleiche die beiden
Kreisdiagramme in Bild 7.
Stelle dar, welche Schlüsse
du daraus ziehst.

2 Lies den Text.
a ◐ Beschreibe Chancen und
Risiken von Fischfarmen.
b ● Beurteile, ob Fischfarmen
eine Alternative zum Fisch-
fang sind.

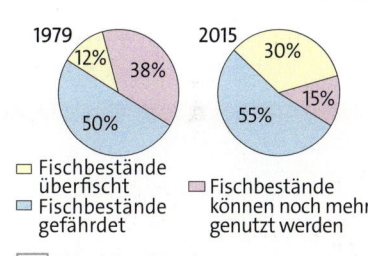

1979: 12%, 38%, 50%
2015: 30%, 15%, 55%

☐ Fischbestände überfischt
☐ Fischbestände gefährdet
☐ Fischbestände können noch mehr genutzt werden

7 Fischbestände

Fischfarmen Fische liefern einen wertvollen Bei-
trag für die Ernährung des Menschen. Fischfleisch
ist reich an Eiweißstoffen. Der Ausbau der Fischerei
in vielen Regionen führte zur Überfischung. Es wurden viele Fische gefangen, sodass die Bestände ständig zurückgingen. Ein Ausweg könnten Fischfarmen
sein: Fische werden dort in großen Käfigen gehalten,
die im Wasser stehen. Jungfische werden so vor
Raubfischen geschützt.

Damit die Farmen gewinnbringend sind, werden
sehr viele Fische in einem Käfig gehalten. Krankheiten können sich unter den Fischen ausbreiten. Es
werden viele Medikamente eingesetzt, die aber in
umliegende Gewässer gelangen können. Diese können das natürliche Gleichgewicht stören und auch
zur Entwicklung neuer Krankheitserreger führen.
Heute stammt fast jeder 2. gekaufte Fisch von einer
Farm.

Amphibien – im Wasser und an Land

1 Schwimmender Teichfrosch

Der Begriff Amphibium kommt aus dem Griechischen: amphi – beides und bios – Leben.

Am Rande von Gewässern kann man Frösche beobachten. Sie schwimmen, tauchen und bewegen sich auch am Ufer fort. Wie schaffen es Frösche, sich 5 **sowohl im Wasser als auch an Land zurechtzufinden?**

Amphibien • Frösche können sowohl an Land als auch im Wasser leben. Sie gehören zu den Amphibien oder 10 Lurchen. Frösche, Unken und Kröten besitzen keinen Schwanz. Sie heißen Froschlurche. Daneben gibt es auch Amphibien mit Schwanz, die Molche und Salamander. Sie heißen Schwanz- 15 lurche.

Fortbewegung • Froschlurche bewegen sich an Land oft mit weiten Sprüngen fort. Sie besitzen lange und kräftige Hinterbeine. Im Wasser schwimmen 20 sie, indem sie die Hinterbeine kräftig nach hinten stoßen. Schwanzlurche kriechen an Land schlängelnd vorwärts. Im Wasser dient ihr Schwanz als Ruder.

25 **Ernährung •** Der Teichfrosch ernährt sich von Insekten, Spinnen und anderen kleinen Tieren. Manchmal fängt er seine Beute im Sprung mit offenem Maul. Häufig schleudert er seine 30 klebrige Zunge heraus. Mit seiner Schleuderzunge zieht er die Beute ins Maul und schluckt sie unzerkaut runter. ⟶ **2**

Skelett • Das Skelett des Teichfroschs 35 besteht aus dem Schädel, der Wirbelsäule und dem Gliedmaßenskelett. ⟶ **3** Beckengürtel und Schultergürtel verbinden die Gliedmaßen mit der Wirbelsäule. Der erwachsene Frosch 40 besitzt keine Schwanzwirbelsäule und hat einen kräftigeren Knochenbau als Fische. Das stabile Innenskelett trägt den Körper des Froschs an Land.

2 Frosch bei der Jagd

der **Frosch**lurch
der **Schwanz**lurch
die **Amphibie**
die **Hautatmung**
wechselwarm

Haut und Atmung • Frösche atmen mit
45 der Lunge, aber auch durch die Haut.
So können sie Sauerstoff sowohl an
der Luft als auch unter Wasser aufnehmen. Die Schleimdrüsen halten die
Haut mit einer Schleimschicht feucht
50 und ermöglichen so die Hautatmung
auch an der Luft. Unter der Haut befindet sich ein dichtes Netz aus Blutgefäßen. Die Haut des Froschs ist also
sehr gut durchblutet. Der Sauerstoff
55 dringt durch die dünne, feuchte Haut
und wird vom Blut weitertransportiert.
Frösche leben in feuchter Umgebung,
sodass ihre Haut nicht austrocknet.
Bei Austrocknung würde der Frosch
60 sterben. Im Winter können Frösche
ausschließlich mit Hautatmung am
Grund von Seen überleben. Die Haut
besitzt außerdem Giftdrüsen. Diese
schützen vor Fressfeinden und vor
65 Bakterien. ➔ 4

Amphibien sind wechselwarm • Frösche
können keine eigene Körperwärme erzeugen. Ihre Körpertemperatur ist daher genauso hoch wie die Umgebungs-
70 temperatur. Wie alle Amphibien sind
Frösche wechselwarme Tiere. Bei
sinkenden Umgebungstemperaturen
in Herbst und Winter bewegt sich der
Teichfrosch langsamer. Er sucht im
75 Bodenschlamm von Gewässern einen
Überwinterungsplatz. Dort fällt er in
Winterstarre und verbringt dort die
kalte Jahreszeit geschützt vor Fressfeinden. Da er sich in der Winterstarre
80 kaum bewegt, braucht er auch nur
wenig Sauerstoff.

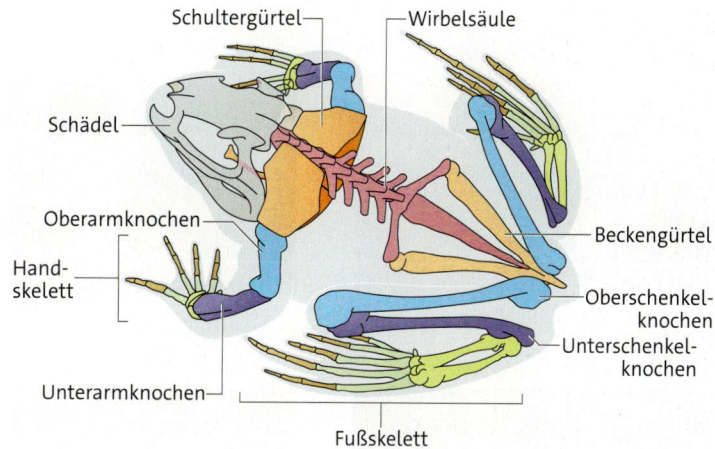

3 | Skelett eines Froschs

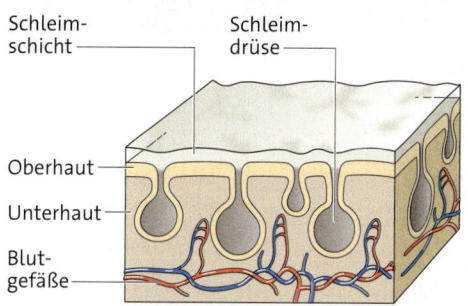

4 | Querschnitt durch die Haut

**Frösche gehören zu den Amphibien.
Diese besitzen ein kräftigeres
Skelett als Fische. Amphibien sind
wechselwarm und atmen über
Haut und Lunge.**

Aufgaben

1 🍃 Erkläre, welche Merkmale dem
Frosch ein Leben an Land ermöglichen.

2 🍃 Begründe, weshalb ein Frosch in
Wüstenregionen nicht leben kann.

Amphibien – im Wasser und an Land

1 Feuersalamander

2 Laubfrosch

3 Gelbbauchunke

4 Bergmolch

5 Moorfrosch

6 Erdkröte

Heimische Amphibien

1 In Deutschland leben 21 Arten von Amphibien. Man unterscheidet dabei zwischen Frosch- und Schwanzlurchen.

a ○ Ordne die Kurzbeschreibungen A–F den Vertretern 1–6 zu.

b ◗ Ordne die Amphibien 1–6. Erstelle ein Ordnungssystem.
→ 7 8

2 ◗ Der Bergmolch lebt überwiegend im Wasser, der Laubfrosch überwiegend an Land. Er klettert oft an Stängeln von Pflanzen hoch.
◗ Erkläre anhand der Bilder, wie der Bergmolch und der Laubfrosch an ihren Lebensraum angepasst sind.

A Farbe schwarz mit gelben Flecken oder Streifen, Schwanz rund und ohne Flossensaum

B Farbe blau-grau, Unterseite orange, Schwanz abgeplattet mit Flossensaum

C Farbe blau-grau, Bauchunterseite ohne Flecken, Haut glatt

D Farbe braun, Bauchunterseite ohne Flecken, Haut mit Warzen

E Farbe grün, Bauchunterseite ohne Flecken, Haut glatt, Finger mit Saugnäpfen

F Farbe grau-braun, Bauchunterseite schwarz-gelb gefleckt, Haut mit Warzen

K1 Schwanz vorhanden

K2 Schwanz abgeplattet

K3 Bauch mit Flecken

K4 Finger mit Saugnäpfen

K5 Haut mit Warzen

7 Kriterien

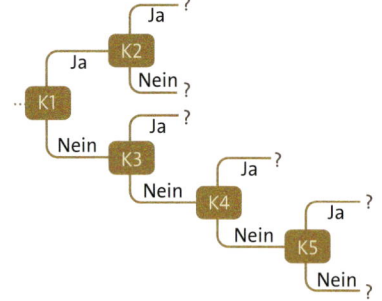

8 Ordnungssystem

Material B

Atmung bei Amphibien

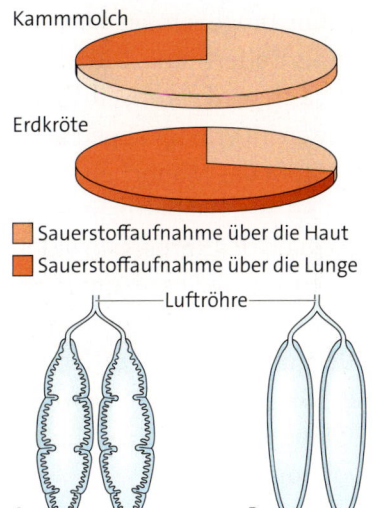

Kammmolch

Erdkröte

■ Sauerstoffaufnahme über die Haut
■ Sauerstoffaufnahme über die Lunge

Luftröhre

A   B

9 Sauerstoffaufnahme von Kammmolch und Erdkröte

In den Kreisdiagrammen ist der Anteil an der Sauerstoffaufnahme über die Haut im Vergleich zur Lunge bei Kammmolch und Erdkröte dargestellt.

1 ○ Beschreibe die beiden Kreisdiagramme. → 9

2 ◖ Ordne die in A und B dargestellten Lungen dem Kammmolch oder der Erdkröte zu. Begründe deine Zuordnungen.

3 ● Leite aus Bild 9 ab, welche Lebensräume Kammmolch und Erdkröte vorwiegend aufsuchen.

Material C

Fisch und Frosch

Frösche können an Land springen. Sie sind aber auch gute Schwimmer. In Bild 10 sind der Körperbau und die Merkmale von Fischen und Fröschen schematisch dargestellt.

1 Betrachte die Skelette von Fisch und Frosch.
◖ Vergleiche die Gliedmaßen von Fisch und Frosch.

2 Der Frosch ist ein guter Schwimmer.

a ○ Beschreibe die Fortbewegung von Fisch und Frosch im Wasser.

b ◖ Erkläre, wie Fisch und Frosch an eine Fortbewegung im Wasser angepasst sind.

3 Das Wort Amphibien stammt aus dem Griechischen: amphi – beides und bios – Leben.
● Begründe aufgrund der Merkmale des Froschs seine Zugehörigkeit zu den Amphibien.

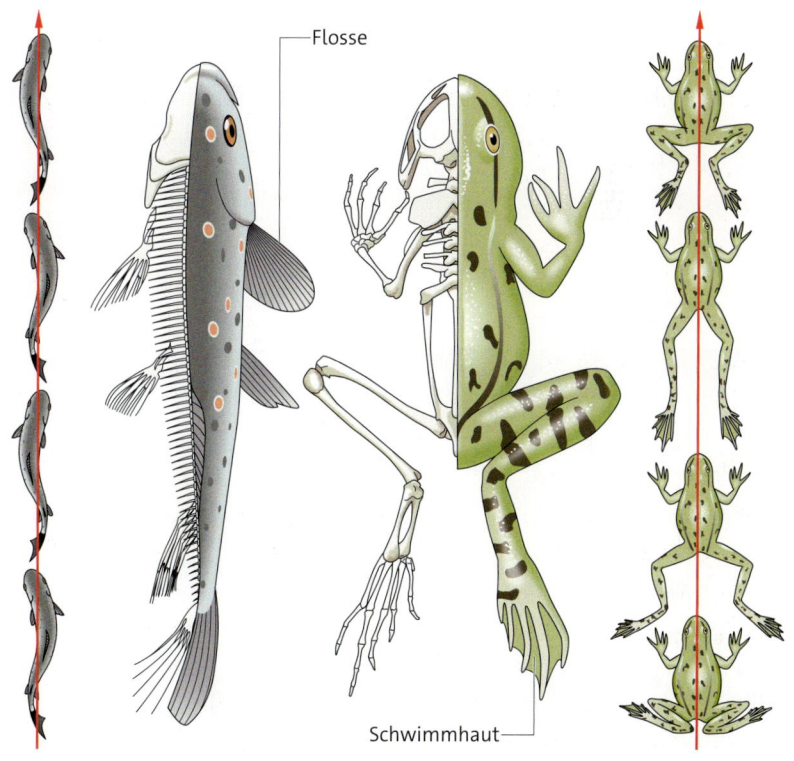

Flosse

Schwimmhaut

10 Fisch und Frosch im Vergleich

Entwicklung der Froschlurche

1 Quakender Teichfrosch auf einem Weibchen

Im Frühjahr hört man oft das laute Quaken der männlichen Frösche. Wozu dient das Quakkonzert?

Paarung • Zur Paarungszeit locken
5 die Männchen der Frösche mit ihrem Quaken die Weibchen an. Sie besitzen Schallblasen, die das Quaken verstärken. → 1 Sobald Männchen und Weibchen zueinanderfinden, klam-
10 mert sich das Männchen mit seinen Vorderbeinen auf dem Rücken des Weibchens fest. Sie trägt ihn zum Wasser, wo sie sich später paaren.

Am Laichgewässer • Während der Paa-
15 rung gibt das Weibchen Tausende von schwarzen Eizellen ins Wasser ab. Diese sind mit einer dickflüssigen Hülle aus Nährstoffen umgeben. Man bezeichnet sie als Gallerthülle. Dieser
20 sogenannte Laich wird vom Weibchen als große Ballen im Wasser abgelegt. Gleichzeitig stößt das Männchen seine Spermienzellen aus. Die Befruchtung erfolgt außerhalb des Körpers im Was-
25 ser. Dabei dringen nun Spermienzellen in die Eizellen ein und befruchten diese. Die Gallerthülle sammelt die Sonnenstrahlen wie eine Lupe. So werden die Eier erwärmt und die Entwicklung
30 des Embryos angeregt.

Vom Laich zur Kaulquappe • Aus den Eiern schlüpfen nach zwei bis vier Wochen junge Larven: die Kaulquappen. Sie besitzen einen langen
35 Ruderschwanz, mit dessen Hilfe sie sich fortbewegen. Zu Beginn atmen sie mithilfe von äußeren Kiemen. Dieses erste Larvenstadium endet nach etwa 10 Tagen. Danach werden

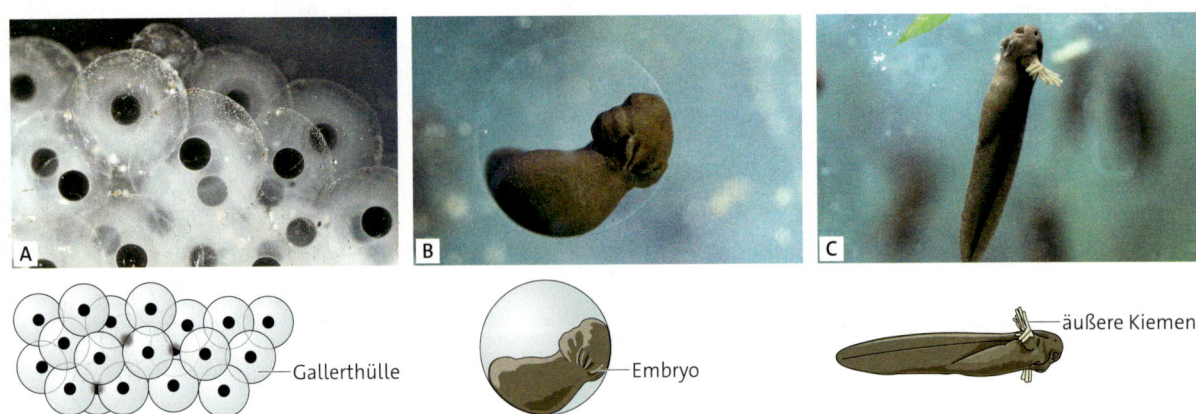

Gallerthülle

Embryo

äußere Kiemen

2 Froschentwicklung: **A** befruchtete Eier **B** Embryo im Ei (etwa 8. Tag), **C** geschlüpfte Kaulquappe (etwa 10. Tag)

40 die Kiemen von einer Hautfalte über-
wachsen und sind von außen nicht
mehr zu sehen. Etwa 40 Tage dauert
dieses zweite Larvenstadium. Danach
beginnen die Hinterbeine zu wachsen.
45 Die Vorderbeine entwickeln sich in
einer Hauttasche und kommen erst
später zum Vorschein. Mit ihrem
Mund raspeln die Kaulquappen Algen
ab. Sie fressen noch keine tierische
50 Nahrung. Die Kaulquappen schwimmen nun auch oft zur Wasseroberfläche, um Luft zu holen. Ihre Lunge
beginnt zu wachsen und ihre Funktion
aufzunehmen. Das dritte Larvensta-
55 dium endet nach weiteren 20 Tagen.

Von der Kaulquappe zum Frosch • Bei
der Umwandlung von der Kaulquappe
zum Frosch bildet sich nach mehreren
Wochen der Ruderschwanz fast voll-
60 ständig zurück. Man spricht dann vom
Jungfrosch. → 2F Er atmet nun nicht
mehr mit Kiemen, sondern durch die
neu gebildete Lunge und die Haut.
So kann er an Land gehen und bewegt
65 sich mit seinen inzwischen großen

Sprungbeinen und den Vorderbeinen
fort. Diese Verwandlung der Tiere
wird als Metamorphose bezeichnet.
Es ist jetzt Juni oder Juli. Die gesamte
70 Entwicklung vom Ei bis zum jungen
Frosch dauert etwa 3 bis 4 Monate.

> Frösche legen ihren Laich im Was-
> ser ab. Die Befruchtung erfolgt
> außerhalb des Körpers. Aus den
> Eiern schlüpfen die Kaulquappen.
> Während der Metamorphose
> wandeln sie sich zu Fröschen um.

Aufgaben

1 ○ Betrachte Bild 2. Beschreibe die
Entwicklung folgender Merkmale:
a) Kiemen
b) Gliedmaßen
c) Ruderschwanz

2 ◐ Erläutere zwei notwendige
Bedingungen für die Embryonalentwicklung der Amphibien.

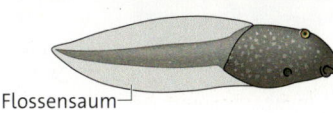

D zweites Larvenstadium (etwa 20. Tag), **E** drittes Larvenstadium (etwa 60. Tag), **F** Jungfrosch (etwa 80. Tag)

Entwicklung der Froschlurche

Krötenwanderung

1 Erdkrötenpaar bei der Wanderung

2 Kröten im Eimer

Frühjahrswanderung • Erdkröten überwintern frostgeschützt unter Baumstümpfen, größeren Steinen, im Laub oder in Erdlöchern. In den ersten warmen, feuchten Nächten des Früh-
5 jahrs beginnen Erdkröten ihre Laichwanderung. Kommt ein Weibchen vorbei, klammert sich das kleinere Erdkrötenmännchen auf den Rücken des Weibchens und lässt sich zum Laichgewässer tragen. Manchmal schleppt
10 eine Krötendame sogar mehrere Männchen. Erdkröten suchen meist die Gewässer auf, in denen sie selbst als Kaulquappen lebten. Die Geschwindigkeit der wandernden Kröten beträgt rund 600 Meter pro Tag, wobei die Tiere
15 vor allem nachts unterwegs sind. Insgesamt legen die Weibchen bei ihrer Wanderung eine Strecke von bis zu fünf Kilometern zurück.

Gefährdung und Schutz • Der Straßenverkehr stellt für die wandernden Tiere dabei die
20 größte Gefahr dar, da viele von ihnen überfahren werden. Im Frühjahr werden daher Zäune aufgebaut. Somit wird verhindert, dass Erdkröten die Straßen überqueren. Engagierte Naturschützer bauen Fallen, zum Beispiel Eimer,
25 die in der Nähe von Straßen in den Boden eingegraben werden. Regelmäßig werden die Tiere mit den Eimern auf die andere Straßenseite gebracht. An manchen Nächten können sich in einem Eimer bis zu 100 Tiere befinden.
30 An manchen Straßen werden sogar Tunnel für die Kröten gebaut.

Aufgabe

1 🖊 Zwischen zwei Ortschaften soll eine Straße gebaut werden. → **3** Entscheide, wie und wo du die Straße im Hinblick auf die Frühjahrswanderung der Kröten naturverträglich bauen würdest. Begründe.

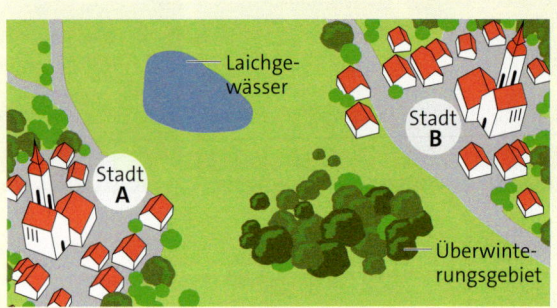

3 Wie soll die Straße gebaut werden?

Material A

Entwicklung

1 ○ Ordne den Ziffern 1–7 folgende Entwicklungsstadien zu: erstes Larvenstadium, Jungfrosch, Laichschnüre, geschlechtsreifer Froschlurch, drittes Larvenstadium, befruchtetes Ei mit Embryo, zweites Larvenstadium.

2 ◗ Beschreibe in Stichworten die dargestellte Entwicklung der Erdkröte.

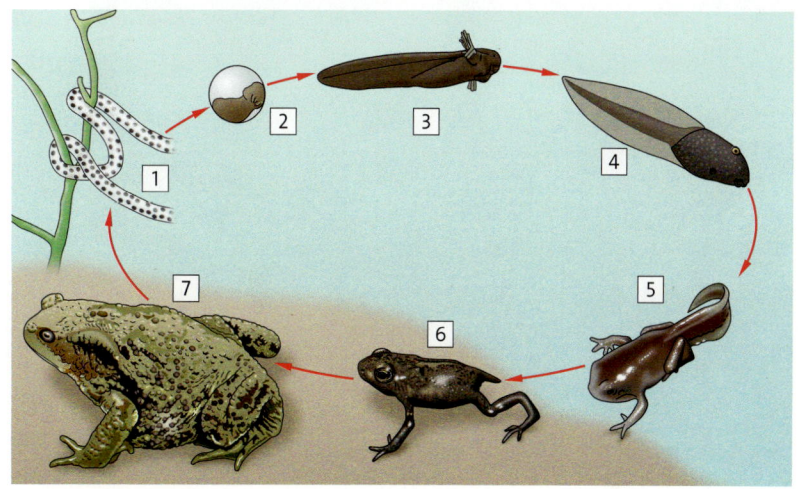

4 Metamorphose

Material B

Blutkreisläufe

Bei der Entwicklung von der Kaulquappe zum Frosch wird auch der Blutkreislauf umgestellt. Während der Umwandlung zum Frosch verlieren einige Blutgefäße ihre Funktion. Beim Frosch gelangt das sauerstoffarme Blut aus dem Körper und das sauerstoffreiche Blut von den Lungen in eine gemeinsame Herzkammer. Es entsteht Mischblut mit verringertem Sauerstoffgehalt, das durch den Körper gepumpt wird.

1 ◗ Vergleiche die Blutkreisläufe von Kaulquappe und Frosch.

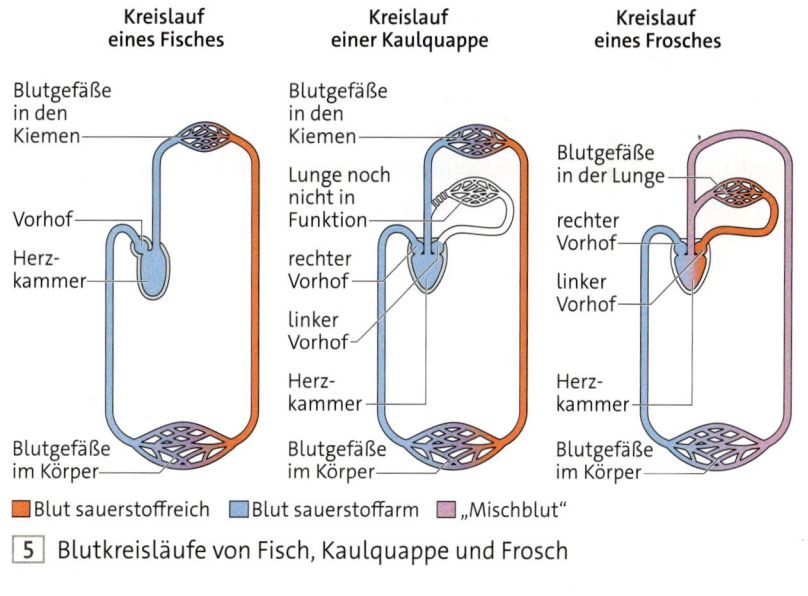

Kreislauf eines Fisches — Kreislauf einer Kaulquappe — Kreislauf eines Frosches

■ Blut sauerstoffreich ■ Blut sauerstoffarm ■ „Mischblut"

5 Blutkreisläufe von Fisch, Kaulquappe und Frosch

2 ● Erläutere mithilfe von Bild 5 die Besonderheiten des Blutkreislaufs des erwachsenen Froschs.

3 ● Stelle Vermutungen an, warum die Hautatmung für den Frosch lebensnotwendig ist.

Merkmale von Reptilien

1 Eine Smaragdeidechse sonnt und häutet sich.

**Grün leuchtet der Körper der Smaragdeidechse in der Morgensonne.
Warum leben sie bei uns nur in warmen Gegenden?**

Reptilien • Smaragdeidechsen und
Zauneidechsen haben eine Wirbelsäule
und zählen daher zu den Wirbeltieren.
Seitlich an den Schulterblättern und
dem Beckengürtel setzen die Knochen
der kurzen Beine an. Sie werden über

Kreuz bewegt, dies führt zu einer
schlängelnden Bewegung. → **2**
Weil Eidechsen bei der Fortbewegung
ihren Körper nicht weit vom Boden ab-
heben, bezeichnet man sie als Kriech-
tiere oder Reptilien (lateinisch reptilis –
kriechend). Neben Eidechsen gehören
auch Krokodile, Schlangen und Schild-
kröten zu den Reptilien.

Reptilien sind wechselwarm • Die Körpertemperatur der Reptilien wechselt
mit der Umgebungstemperatur. Sie
sind wechselwarme Tiere. Die für den
Stoffwechsel benötigte Wärme erhalten sie durch stundenlanges Sonnen-
baden. Die Wintermonate verbringen
sie in Höhlen und Felsspalten in Winterstarre. Das Herz schlägt langsam und
die Atmung ist reduziert. Die meisten
Reptilien leben in den wärmeren Gegenden der Erde. Im kühlen Deutschland kommen deshalb nur wenige Arten vor. Kälteempfindliche Arten wie
die Smaragdeidechse leben nur in den
wärmsten Gegenden Deutschlands,
zum Beispiel im Rheintal und an der
Mosel in Rheinland-Pfalz.

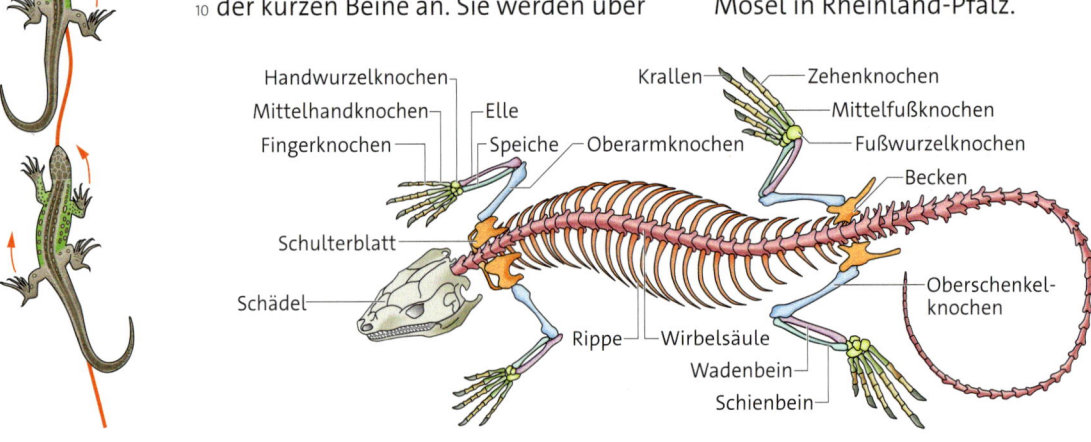

Handwurzelknochen
Mittelhandknochen — Elle
Fingerknochen — Speiche — Oberarmknochen
Schulterblatt
Schädel
Rippe — Wirbelsäule
Krallen — Zehenknochen
Mittelfußknochen
Fußwurzelknochen
Becken
Oberschenkel-knochen
Wadenbein
Schienbein

2 Fortbewegung **3** Skelett einer Eidechse

Körperbedeckung • Die Haut der Reptilien besteht aus Hornschuppen. Sie ist
40 trocken und starr. Sie schützt die Tiere
vor Austrocknung und Verletzungen.
Reptilien wachsen ihr ganzes Leben
lang. Sie müssen ihre Haut daher immer wieder erneuern, da sie nicht
45 mitwächst. Dieser Vorgang wird als
Häutung bezeichnet. Zurück bleiben
trockene Hautfetzen. → 1 4

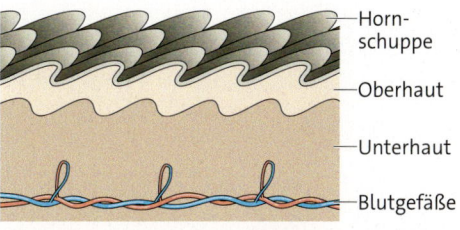

4 Querschnitt durch die Haut

Horn-
schuppe
Oberhaut
Unterhaut
Blutgefäße

5 Schlüpfende Zauneidechse

Atmung • Durch die Hornschuppen
kann von der Haut kein Sauerstoff, wie
50 etwa bei den Amphibien, aufgenommen werden. Reptilien sind daher auf
Lungenatmung angewiesen. Dafür ist
die Oberfläche der Lunge im Vergleich
zu Amphibien durch Einfaltungen mehr
55 vergrößert, was eine höhere Sauerstoffaufnahme aus der Luft ermöglicht.

Fortpflanzung und Entwicklung • Im
Frühling suchen die Eidechsenweib-
chen einen Fortpflanzungspartner.
60 Männchen verteidigen ihr Revier in oft
heftigen Kämpfen gegen männliche
Gegner. Im Juni findet die Paarung zwischen Männchen und Weibchen statt.
In ihrem trockenen Versteck gräbt das
65 Weibchen ein Erdloch, vergräbt ihre
Eier und verlässt das Gelege. Nur durch
die Wärme der Sonnenstrahlung werden die weichschaligen Eier ausge-
brütet. Schlüpfen die Jungtiere, sind
70 sie sofort selbstständig. Die Eidechsen
betreiben also keine Brutpflege. → 5

Gefährdung • Zauneidechsen und
Smaragdeidechsen stehen unter Natur-
schutz. Durch zunehmende Bebauung

75 mit Straßen und Gebäuden verkleinert
sich ihr Lebensraum stetig. In Rheinland-Pfalz sind acht Arten von Reptilien gefährdet.

Eidechsen gehören zu den Reptilien.
Ihre trockene Haut besteht aus
Hornschuppen. Reptilien sind
wechselwarme Tiere. Sie atmen
mit Lungen.

Aufgaben

1 ○ Beschreibe die Fortbewegung
der Eidechsen mithilfe der Bilder 2
und 3.

2 ◗ Begründe, warum man Eidechsen
häufig auf Steinmauern oder Felsen
sehen kann.

Merkmale von Reptilien

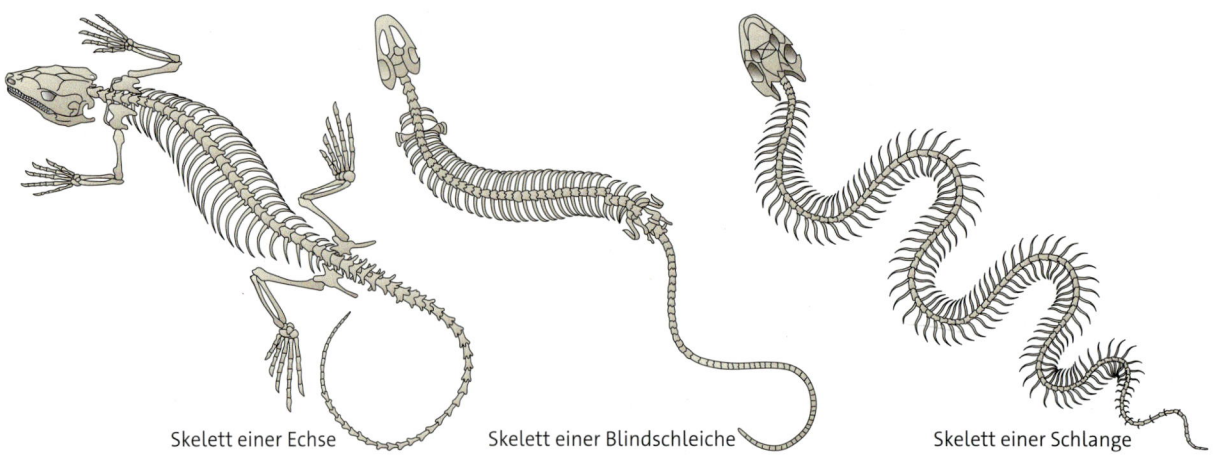

Skelett einer Echse   Skelett einer Blindschleiche   Skelett einer Schlange

1 Skelette von verschiedenen Reptilien

Sind Blindschleichen Schlangen?

Blindschleichen sind beinlose Reptilien, die in Laubwäldern leben. Mit ihrem schlangenähnlichen Körper bewegen sie sich schlängelnd fort.

1 ○ Vergleiche die drei Skelette. → **1**

2 ◐ Begründe mithilfe von Bild 1, ob es sich bei der Blindschleiche um eine Schlange oder eine Echse handelt.

2 Blindschleiche

Atmung

1 ○ Ordne die abgebildeten Lungen A–C der Zauneidechse, der Erdkröte oder dem Kammmolch zu. Begründe deine Zuordnungen.

2 ◐ Erkläre die Vorteile, die sich durch den Aufbau der Lunge bei der Zauneidechse ergeben.

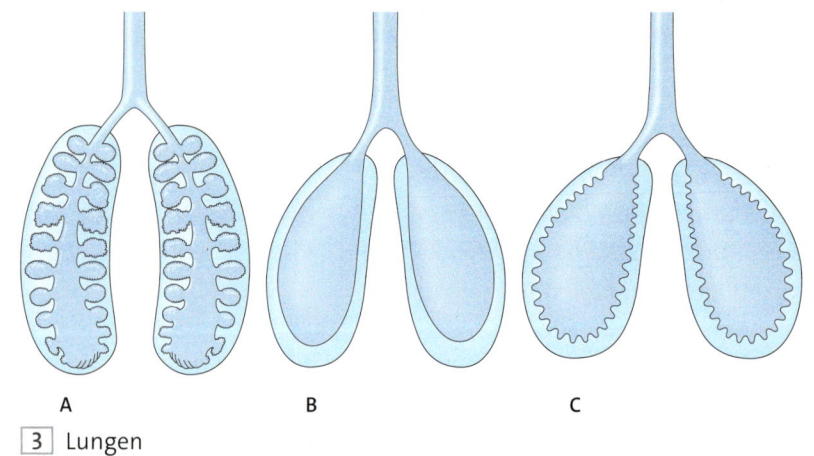

A   B   C

3 Lungen

Material C

Eier von Amphibien und Reptilien

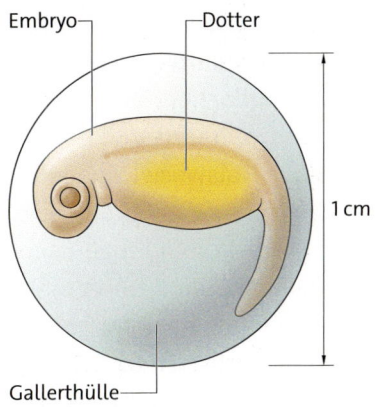

4 cm label region:

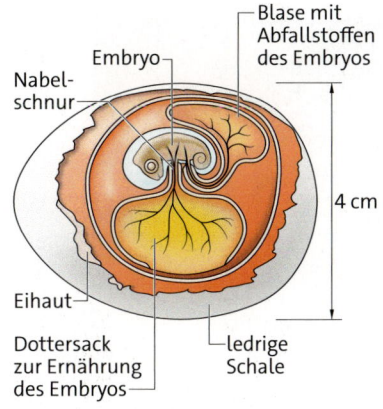

Embryo — Dotter

1 cm

Gallerthülle

4 Ei eines Froschs

Embryo
Nabel-
schnur

Blase mit
Abfallstoffen
des Embryos

4 cm

Eihaut

Dottersack
zur Ernährung
des Embryos

ledrige
Schale

5 Ei einer Zauneidechse

In den beiden Bildern ist der schematische Aufbau von befruchteten Eiern bei Amphibien und Reptilien dargestellt.
→ 4 5

1 ◖ Vergleiche den Bau der befruchteten Eier von Amphibien und Reptilien.

2 ◖ Erkläre, weshalb durch den besonderen Bau der Reptilieneier eine Eiablage an Land möglich ist.

Material D

Aktivität

Eidechsen sind wie alle Reptilien wechselwarme Tiere. In den kalten Wintermonaten verringert sich ihr Stoffwechsel. Das Herz schlägt nur ein- bis zweimal pro Minute. Durch die wärmende Sonne im Frühjahr steigt ihre Körpertemperatur. Die Eidechsen werden aktiv. Unter Aktivität versteht man alle natürlichen Verhaltensweisen eines Tieres wie Fortpflanzung, Nahrungssuche oder auch Stoffwechsel. Jedes Tier hat einen Vorzugsbereich, in dem es gut leben kann. Der Vorzugsbereich richtet sich nach den Umweltfaktoren.

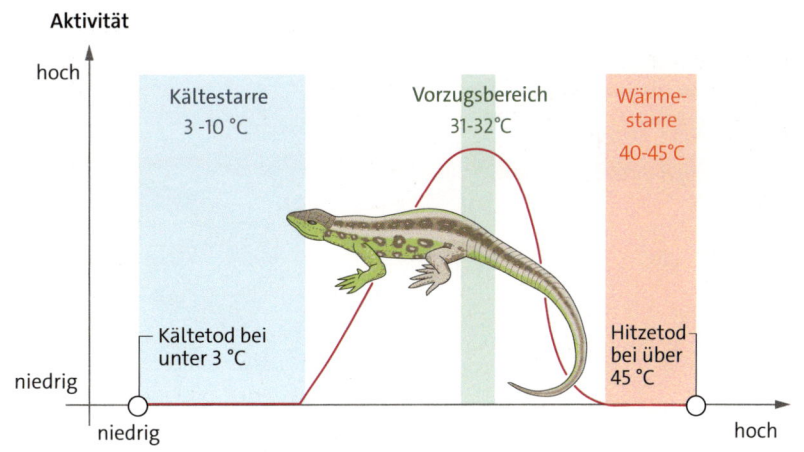

Aktivität

hoch

Kältestarre
3 -10 °C

Vorzugsbereich
31-32°C

Wärme-
starre
40-45°C

Kältetod bei
unter 3 °C

Hitzetod
bei über
45 °C

niedrig

niedrig

hoch

Umgebungstemperatur in °C

6 Aktivität der Zauneidechse bei verschiedenen Temperaturen

1 ◖ Beschreibe das Diagramm.

2 ◖ Werte das Diagramm in Bezug auf die Aktivität aus.

3 ◗ Begründe mithilfe des Diagramms, warum Reptilien nur in den wärmsten Gegenden Deutschlands vorkommen.

Merkmale der Vögel

1 Eine Taube und eine Krähe streiten um Futter.

Tauben und Krähen kann man oft auf
öffentlichen Straßen und Plätzen beobachten. Sie sind wahre Flugkünstler.
Mit wenigen Flügelschlägen erheben
5 sie sich in die Lüfte. Was zeichnet die
Vögel aus?

Körperbau • Vögel besitzen wie alle
Wirbeltiere ein innenliegendes Skelett
mit einer Wirbelsäule. Die Vordergliedmaßen
10 maßen der Vögel sind zu Flügeln um-
gebildet. Mit ihnen können die meisten
Vögel fliegen. Die Federn der Flügel bilden dabei die Tragflächen. Sie stecken
in der Haut des Unterarms und der
15 Hand. Bis auf die Halswirbel sind alle
Wirbel der Wirbelsäule miteinander
verwachsen. Starre Verbindungen der
Rippen untereinander und zum großen
Brustbein sorgen für eine hohe Festig-
20 keit des Knochengerüsts. Dadurch wird
verhindert, dass sich der Rumpf beim
Fliegen verbiegt. Bei den Vögeln sind
die beiden Schlüsselbeine zu einem
V-förmigen Knochen, dem Gabelbein,
25 verwachsen. Dieses hält die beiden
Schultergelenke beim Fliegen auseinander. Die Knochen der Vögel sind
hohl. Dadurch ist der Vogelkörper sehr
leicht. → **2**

30 **Fortpflanzung und Entwicklung** • Vögel
haben am hinteren Körperende nur eine Öffnung, in die der Darm, das Harn-
system und die Geschlechtsorgane
münden. Dieser Bereich wird Kloake
35 genannt. Bei der Begattung steigt das
Männchen auf den Rücken des Weibchens und beide pressen ihre Kloaken
aufeinander. Die in den Hoden des
Männchens produzierten Spermien-
40 zellen fließen in die Kloake des Weibchens. Die vom Eierstock produzierte
Eizelle wird befruchtet und auf dem
Weg durch den Eileiter und die Gebärmutter mit Eigelb, Eiweiß, den Eihäu-
45 ten und der Kalkschale versehen.

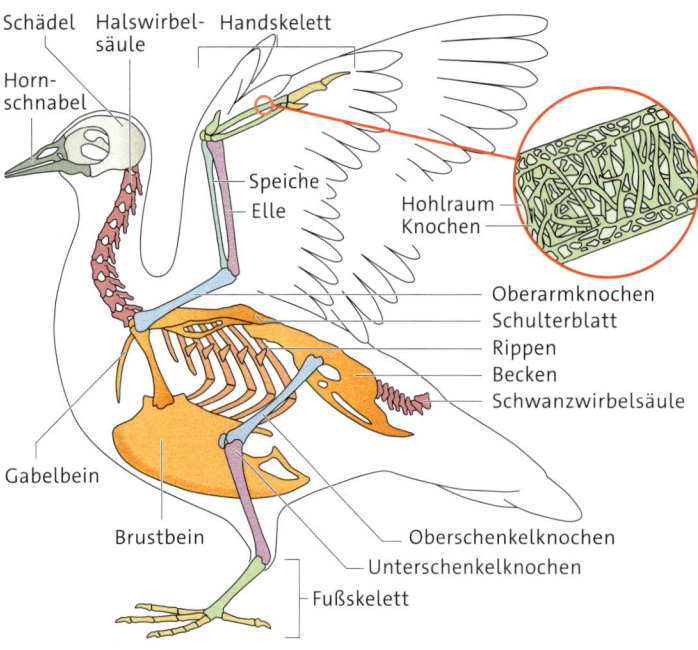

2 Skelett eines Vogels

Schädel
Halswirbelsäule
Handskelett
Hornschnabel
Speiche
Elle
Hohlraum Knochen
Oberarmknochen
Schulterblatt
Rippen
Becken
Schwanzwirbelsäule
Gabelbein
Brustbein
Oberschenkelknochen
Unterschenkelknochen
Fußskelett

Vögel sind gleichwarm • Ein Vogel nimmt viel Nahrung auf, da der Energiebedarf beim Fliegen sehr hoch ist. Mithilfe der großen Menge an auf-
50 genommenen Nährstoffen kann der Vogelkörper genügend Energie produzieren, um eine konstante Körpertemperatur aufrechtzuerhalten. Die zerfransten Daunenfedern schützen
55 den Vogel vor Auskühlung. Zwischen den Daunenfedern bildet sich ein isolierendes Luftpolster. Bei niedrigen Temperaturen spreizen sie ihre Federn ab, wodurch das isolierende Luftpols-
60 ter vergrößert wird. ➞ 4 Vögel sind unabhängig von der Umgebungstemperatur und daher gleichwarm. Ihre Körpertemperatur ist mit etwa 42 °C die höchste aller heute lebenden Tiere.

65 **Atmung •** Vögel atmen mit Lungen. Zusätzlich besitzen sie Luftsäcke, die mit der Lunge verbunden sind. Wie Blasebälge pumpen sie Luft durch die Lunge, die sich selbst nicht zusammen-
70 ziehen oder ausdehnen kann. Die Luft gelangt durch die Lunge in die Luftsäcke und auf dem Rückweg nochmals durch die Lunge. In großer Höhe können Vögel den dort geringeren Luft-
75 sauerstoffanteil besser nutzen.

„Fliegendes Reptil" • Bei näherer Betrachtung erkennt man bei Vögeln auch Reptilienmerkmale: So sehen die schuppigen Füße mit ihren Krallen
80 denen einer Eidechse sehr ähnlich. Da Vögel und Reptilien keine Harnblase haben, werden sämtliche Ausscheidungen in der Kloake gesammelt. Zwar

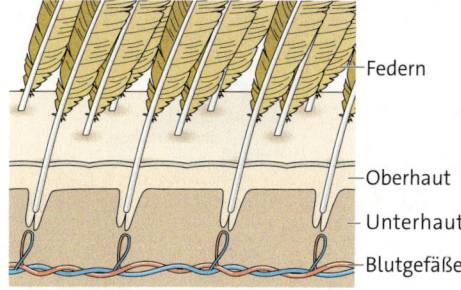

Federn

Oberhaut

Unterhaut

Blutgefäße

3 Querschnitt durch die Haut

A   B

4 Blaumeise: **A** bei hohen und **B** bei niedrigen Temperaturen

legen beide Tiergruppen Eier, doch bei
85 Vögeln haben diese eine harte Kalkschale und werden bebrütet. Die vielen Gemeinsamkeiten beweisen, dass sich Vögel aus Reptilien entwickelt haben.

> **Vögel entwickeln sich in Eiern mit Kalkschalen. Der Vogelkörper ist mit Federn bedeckt, die Vordergliedmaßen sind zu Flügeln umgebildet. Vögel sind gleichwarm. Sie atmen mit Lungen und besitzen Luftsäcke.**

Aufgabe

1 ○ Vergleiche mithilfe einer Tabelle Atmung, Körperbedeckung und Entwicklung von Vögeln und Reptilien.

Merkmale der Vögel

Schnäbel von Vögeln

Die Schnäbel vieler Vögel sind an eine spezialisierte Ernährungsweise angepasst.

1 In Bild 1 sind verschiedene Vogelköpfe abgebildet.
○ Ordne den verschiedenen Vogelschnäbeln die passenden Beschreibungen A–E zu.

2 ◐ Erläutere anhand von zwei Beispielen den Zusammenhang zwischen Struktur und Funktion der Schnabelform.

Gänsesäger
Stockente
Schnepfe
Kernbeißer
Seeadler

1 Vögel mit verschiedenen Schnabelformen

A Er ist massiv und dient dem Knacken von Nüssen und Kernen.
B Er ist scharfkantig mit einem spitzen Haken zum Zerreißen von Fleisch.
C Er hat viele Zähnchen, mit denen er glitschigen Fisch festhalten kann.
D Er ist kammartig und kann so kleine Lebewesen aus dem Wasser filtern.
E Seine Spitze ist sehr sensibel und spürt so kleine Tiere tief im Schlamm auf.

Halten Federn warm?

1 ○ Beschreibe den Versuchsaufbau.

2 ◐ Erkläre, welche Teile des Versuchsaufbaus dem Vogelkörper und welche der Umwelt des Vogels entsprechen.
Beachte: Das Becherglas dient lediglich der Versuchsdurchführung.

3 ◐ Werte die Tabelle aus. Erläutere anhand der Versuchsergebnisse, wie Vögel sich vor Wärmeverlust schützen.

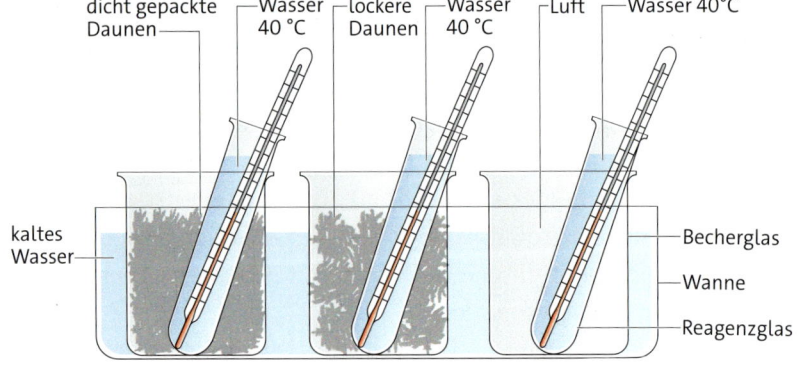

dicht gepackte Daunen — Wasser 40 °C — lockere Daunen — Wasser 40 °C — Luft — Wasser 40°C

kaltes Wasser

Becherglas
Wanne
Reagenzglas

2 Versuchsaufbau

	Beginn	5 min	10 min	15 min	20 min
Daunen, dicht	40 °C	32,2 °C	27,1 °C	23,9 °C	23,4 °C
Daunen, locker	40 °C	35,1 °C	29,8 °C	27,1 °C	24,7 °C
Luft	40 °C	29,5 °C	26,3 °C	22,3 °C	19,5 °C

3 Wassertemperaturen in den Reagenzgläsern

Angepasstheiten an den Flug

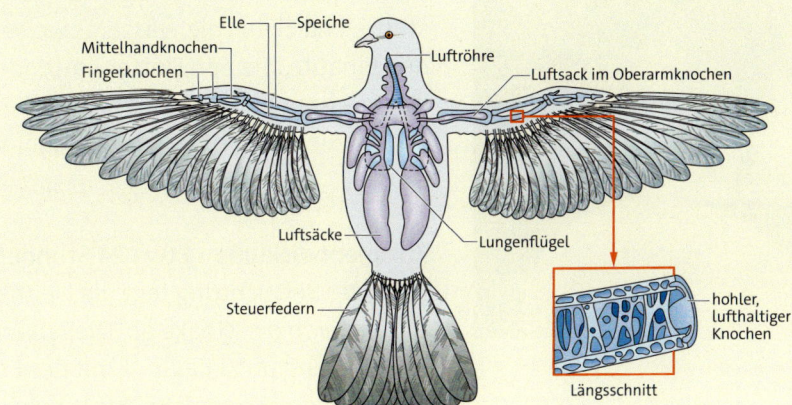

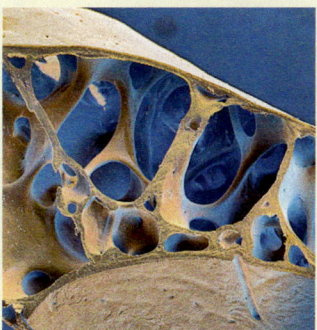

Vogelknochen (angeschnitten)

4 Leichtbauweise eines Taubenkörpers

Leichtbauweise • Leichte Körper können mit weniger Anstrengung bewegt werden als schwere. Deshalb haben Vögel einen vergleichsweise leichten Körperbau. Die Knochen
5 der Vögel sind dünnwandig und hohl. Statt mit Knochenmark wie bei anderen Tieren sind einige Knochen mit Luftsäcken gefüllt. Diese sind mit der Lunge verbunden und ermöglichen dort eine bessere Sauerstoffaufnahme,
10 da die Luft so die Lunge mehrmals durchströmt. Dadurch sind Vögel beim anstrengenden Flug nicht so schnell außer Atem. Zudem kommen sie so in großer Höhe mit dem dort geringeren verfügbaren Sauerstoffanteil in
15 der Luft aus. Auch die Federn sind innen hohl. Sie sind wie der Schnabel aus Horn aufgebaut, was ein leichtes, aber trotzdem stabiles Material ist. Durch eine schnelle Verdauung und fehlende Harnblase sparen Vögel eben-
20 falls Gewicht. Die Kombination dieser Merkmale, die den Vogel „federleicht" machen, bezeichnet man als Leichtbauweise.

Stabiler Körper • Trotz der Leichtbauweise ist der Vogelkörper stabil. Dafür ist die Wirbel-
25 säule versteift und bildet zusammen mit den Rippen eine starre Einheit. Am großen Brustbein setzt die kräftige Flugmuskulatur an.

Federn • Bis auf Schnabel und Füße ist der komplette Körper der Vögel mit Federn be-
30 deckt. Vor allem die dachziegelartig angeordneten Deckfedern schützen vor Schmutz, Regen und Wind. Die Schwungfedern an den Flügeln bilden die Tragflächen, die Steuerfedern am Schwanz dienen dem Manövrieren.

Der Körper der Vögel hat eine stabile Leichtbauweise.

Aufgabe

1 ○ Nenne die Merkmale der Vögel, die den Vogelflug ermöglichen.

Vögel entwickeln sich in Eiern

Aus Eiern, die wir im Laden kaufen, schlüpfen keine Küken. Manchmal kann man jedoch auf einem Bauernhof oder im Zoo beobachten, wie Küken ⁵ **aus einem Ei schlüpfen. Wie kommt das Küken in das Ei?**

Eientwicklung • Die Entwicklung eines Hühnereies beginnt im Eierstock der Henne. Dort reifen einige winzige Ei- ¹⁰ zellen zu großen Dotterkugeln heran. Auf ihrer Oberfläche liegt die Keimscheibe, die auch den Zellkern der Eizelle enthält. ➛ 2 Einzeln lösen sich die reifen Dotterkugeln vom Eierstock ¹⁵ und wandern durch den Eileiter.

Befruchtung • Während der Paarung gibt der Hahn Spermienzellen in die Kloake der Henne ab. Diese schwimmen im Eileiter bis zur Dotterkugel. ²⁰ Ein Spermium dringt in sie ein und die Zellkerne der Spermienzelle und der Eizelle verschmelzen. Dies ist die Befruchtung.

Eierstock mit Eizellen

Dotter mit Eiklar

Dotterkugel

Eileiter

Ei mit Kalkschale

Darm

Kloake

Harnleiter

2 Ein unbefruchtetes Ei entsteht.

Das Hühnerei • Die befruchtete Eizelle ²⁵ wandert im Eileiter bis zur Kloakenöffnung. Dabei werden die restlichen Eibestandteile hinzugefügt: das nährstoffreiche Eiklar, die wasserabweisenden Eihäute, die den Dotter haltenden ³⁰ Hagelschnüre und schließlich die Kalkschale. Sie entsteht durch die Schalendrüse.

Kükenentwicklung • Etwa 24 Stunden nach der Befruchtung legt die Henne ³⁵ das Ei durch die Kloake ab. Die Kükenentwicklung im Ei beginnt mit der Entwicklung der Blutgefäße. Sie umziehen den Dotter. Der Embryo entsteht im Bereich der Keimscheibe. Für seine Ent- ⁴⁰ wicklung benötigt er Nährstoffe aus dem Dotter und Eiklar. Durch die Kalkschale gelangt Sauerstoff in das Ei. Bald sind Kopf, Beine und Flügel beim Embryo erkennbar. Nach 21 Tagen ist ⁴⁵ die Entwicklung abgeschlossen. Das Küken bricht die Schale mit seinem Eizahn auf und schlüpft.
Wird eine Eizelle nicht befruchtet, legt die Henne ein unbefruchtetes Ei. Diese können wir im Laden kaufen.

> Vögel legen dotterreiche Eier. Die Befruchtung erfolgt im Inneren des weiblichen Körpers. Das Ei enthält alle für die Entwicklung des Vogelembryos notwendigen Stoffe.

Aufgabe

1 ○ Beschreibe mithilfe von Bild 2 die Entwicklung des Eies in der Henne.

Material A

Blick in ein rohes Ei

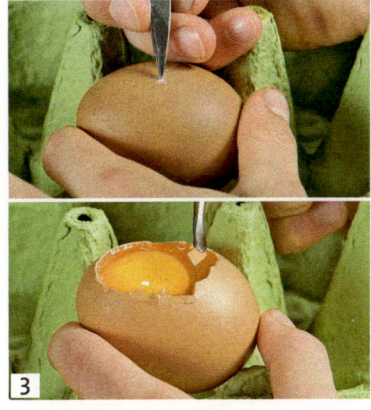

3

Materialliste: rohes Ei, spitze Schere, Pinzette, Eierkarton, Petrischale, Küchenpapier, Lupe

1 Lege ein rohes Ei längs auf die Vertiefung eines Eierkartons. Kratze vorsichtig mit der Schere eine Kerbe in die Schale des Eies. Hebe nun mit der Pinzette die Eierschale stückchenweise ab, sodass eine Öffnung entsteht, die etwa so groß wie ein 2-Euro-Stück ist.

a ○ Notiere die Bestandteile des Eies, die du erkennen kannst.
b ◗ Vergleiche deine Beobachtung mit Bild 4.

2 Betrachte das Innere des Eies mit der Lupe.
a ○ Beschreibe die Oberfläche des Dotters.
b ○ Notiere deine Beobachtungen.

3 Gieße den Inhalt des Eies in die Petrischale. Ziehe mit der Pinzette an den Hagelschnüren.
a ○ Notiere deine Beobachtung.
b ○ Beschreibe, welche Aufgabe die Hagelschnüre im Ei haben.

4 Nach der Untersuchung: Sammle die Eier für den Kompost. Räume auf und reinige Schere, Pinzette, Petrischale und deinen Tisch. Wasche dir die Hände.

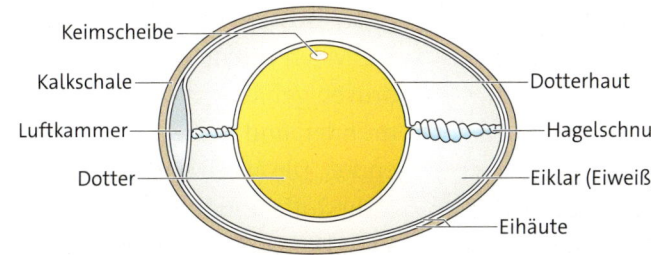

Keimscheibe — Kalkschale — Luftkammer — Dotter — Dotterhaut — Hagelschnur — Eiklar (Eiweiß) — Eihäute

4 Aufbau eines Hühnereies

Material B

Kükenentwicklung

1 Ordne folgende Begriffe den Ziffern in Bild 5 zu: Kopf, Schnabel, Kalkschale, Dotter, Embryo mit Kopf und Herz, Küken kurz vorm Schlüpfen, Blutgefäß, Flügel.

2 ◗ Erkläre die Bedeutung des Dotters für die Kükenentwicklung.

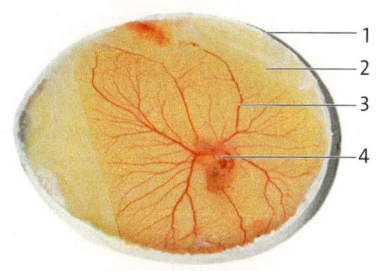

1
2
3
4

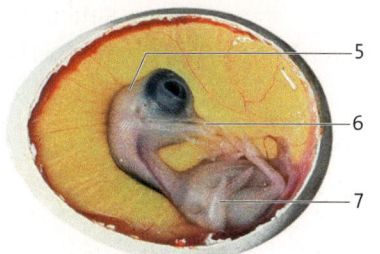

5
6
7

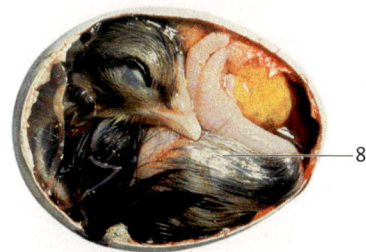

8

5 Entwicklung des Kükens im Ei

Merkmale der Säugetiere

1 Säugende Katze mit Jungtieren

Entspannt liegt die Katze auf der Seite und säugt ihre Jungen mit Milch. Das kennt man auch von Hunden, Kaninchen und vielen anderen Tieren.
5 Was verbindet all diese Tiere zur Gruppe der Säugetiere?

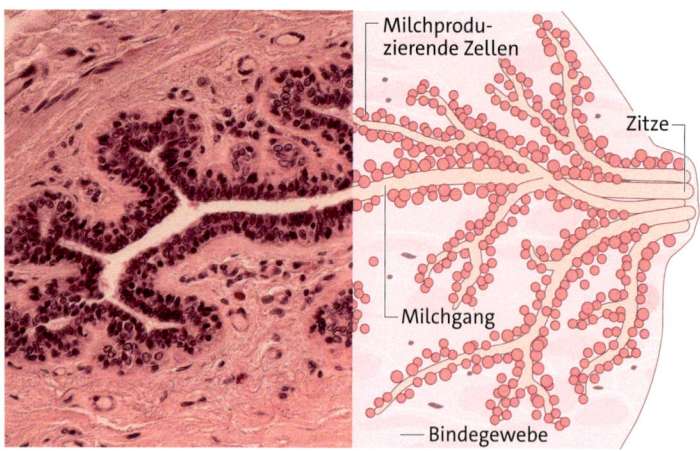

Milchprodu-zierende Zellen

Zitze

Milchgang

Bindegewebe

2 Milchdrüsen (mikroskopisch, Schema)

Fortpflanzung • Bei der Paarung dringen männliche Säugetiere in den Körper des Weibchens ein. Dort geben sie
10 ihre Spermienzellen ab, die die Eizellen der Weibchen befruchten. Da dieser Vorgang im Körper stattfindet, nennt man ihn innere Befruchtung. Die Jungtiere entwickeln sich bis zur Geburt im
15 Körper der Weibchen.

Säugen • Säugetiere gebären Jungtiere. Nach der Geburt werden Säugetiere von ihren Müttern mit Milch gesäugt. → 1 Die Milch wird in speziellen Milch-
20 drüsen gebildet, die in Milchgänge münden und schließlich in einer Zitze enden. Die Milch enthält viele wichtige Nährstoffe und Stoffe, die das Wachstum der Jungtiere fördern und solche
25 die vor Krankheiten schützen. → 2

Körperbau • Säugetiere besitzen ein innenliegendes Skelett mit einer stützenden Wirbelsäule. → 3 Das Gebiss ist an die jeweilige Ernährung ange-
30 passt. Hunde und Katzen sind Fleischfresser, Kühe und Pferde dagegen gehören zu den Pflanzenfressern. Schweine und Menschen ernähren sich sowohl von Pflanzen als auch
35 von Tieren. → 3

Körperbedeckung • Die Haut von Säugetieren ist behaart. Zwischen den Haaren ist ein Luftpolster, was Säugetiere gut isoliert. Bei Kälte stellen sich
40 die Haare auf, um das Luftpolster zu vergrößern. Bei zu starker Hitze sondern viele Säugetiere Schweiß aus, was den Körper abkühlt. Säugetiere haben eine von ihrer Umwelt unab-
45 hängige, gleichbleibende Körpertemperatur. Man nennt das gleichwarm.

Atmung • Säugetiere atmen mithilfe von Lungen. Hier erfolgt ein Gasaustausch: Das Blut nimmt Sauerstoff
50 aus der Luft auf und gibt Kohlenstoffdioxid an die Luft ab.

Merkmale der Säugetiere • Einige der genannten Merkmale haben auch andere Tiere. Allerdings säugen nur
55 Säugetiere ihre Jungtiere mit Milch.

> Säugetiere gebären ihre Jungtiere. Diese säugen sie mit Milch aus ihren Milchdrüsen. Säugetiere sind gleichwarm. Sie haben eine behaarte Haut und atmen mithilfe von Lungen.

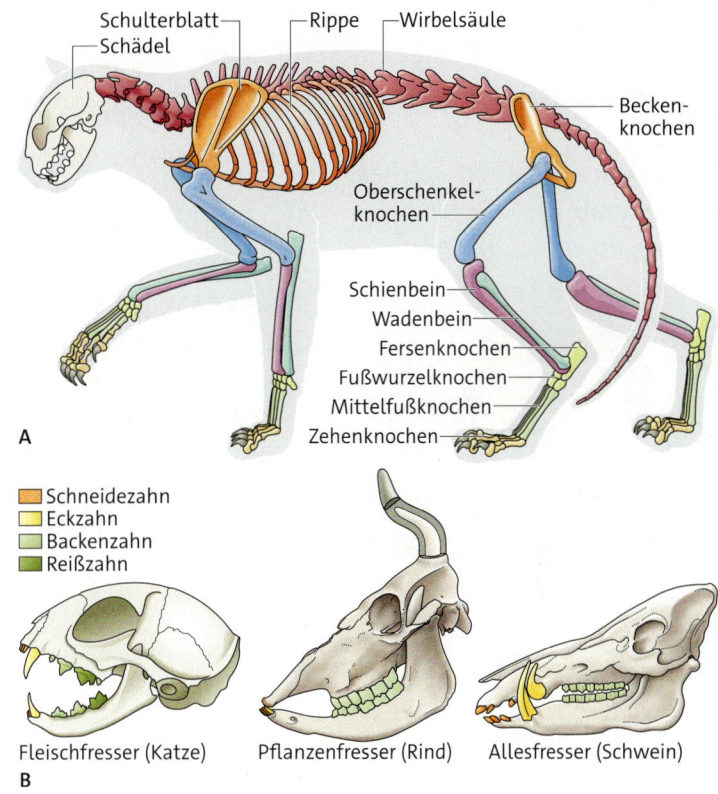

Schulterblatt — Rippe — Wirbelsäule
Schädel
Beckenknochen
Oberschenkelknochen
Schienbein
Wadenbein
Fersenknochen
Fußwurzelknochen
Mittelfußknochen
Zehenknochen

A

■ Schneidezahn
■ Eckzahn
■ Backenzahn
■ Reißzahn

Fleischfresser (Katze)   Pflanzenfresser (Rind)   Allesfresser (Schwein)
B

3 **A** Skelett einer Katze, **B** Gebisstypen bei Säugetieren

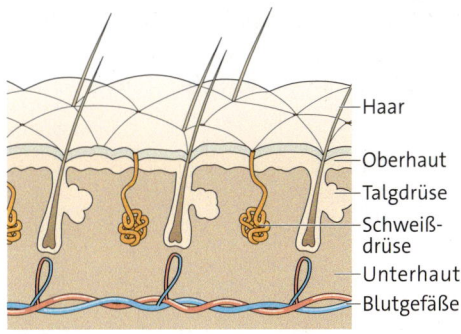

Haar
Oberhaut
Talgdrüse
Schweißdrüse
Unterhaut
Blutgefäße

4 Querschnitt durch die Haut

Aufgabe

1 🖋 Nenne die zwei typischen Merkmale der Säugetiere und begründe deine Aussage.

Merkmale der Säugetiere

Material A

Das Rote Riesenkänguru

1 ● Erkläre, aufgrund welcher Merkmale das Rote Riesenkänguru ein Säugetier ist.

1

Das Rote Riesenkänguru hat ein kurzes, raues Fell. Es kann bis zu 1,80 Meter groß und 90 Kilogramm schwer werden. → 1 Aber selbst bei dieser größten Känguruart der Welt ist das frisch geborene Jungtier nur so groß wie ein Gummibärchen. Das Jungtier wird 20 bis 40 Tage nach der Paarung sehr wenig entwickelt geboren. Innerhalb weniger Minuten krabbelt es selbstständig von der Geburtsöffnung in den Beutel der Mutter. Dort saugt es sich an einer der vier Zitzen fest. Nach einem halben Jahr verlässt das Jungtier zum ersten Mal den Beutel. Bis es acht Monate alt ist, kriecht es aber immer wieder zurück. Danach ist es zu groß und steckt nur noch den Kopf zum Saugen in den Beutel. Oft ist zu diesem Zeitpunkt schon das nächste Jungtier im Beutel. Kängurus gehören wie die Koalas zu den Beuteltieren.

Material B

Bedrohte Säugetiere

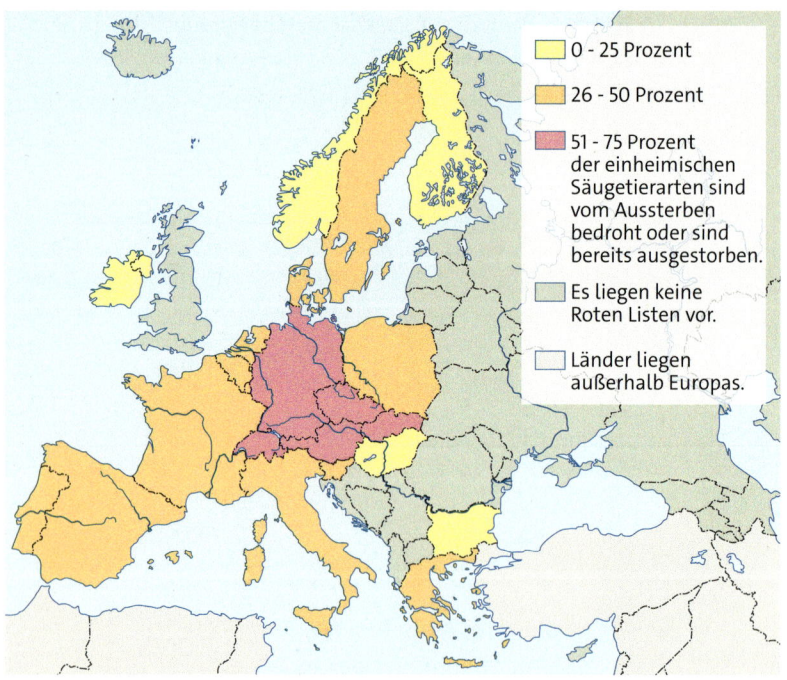

0 - 25 Prozent

26 - 50 Prozent

51 - 75 Prozent der einheimischen Säugetierarten sind vom Aussterben bedroht oder sind bereits ausgestorben.

Es liegen keine Roten Listen vor.

Länder liegen außerhalb Europas.

2 Anteil der bedrohten und ausgestorbenen Säugetiere in Europa

Auf den Roten Listen werden regelmäßig die gefährdeten und bereits ausgestorbenen Tier- und Pflanzenarten veröffentlicht. Die Karte zeigt die Anzahl der Säugetierarten, die bereits in den einzelnen Ländern Europas auf den Roten Listen stehen.

1 ○ Nenne die Länder Europas, in denen über die Hälfte der heimischen Säugetierarten vom Aussterben bedroht oder schon ausgestorben ist. Du kannst einen Atlas zu Hilfe nehmen.

2 ◗ Stelle Vermutungen an, weshalb die Säugetiere gefährdet sind.

Material C

Fortpflanzung

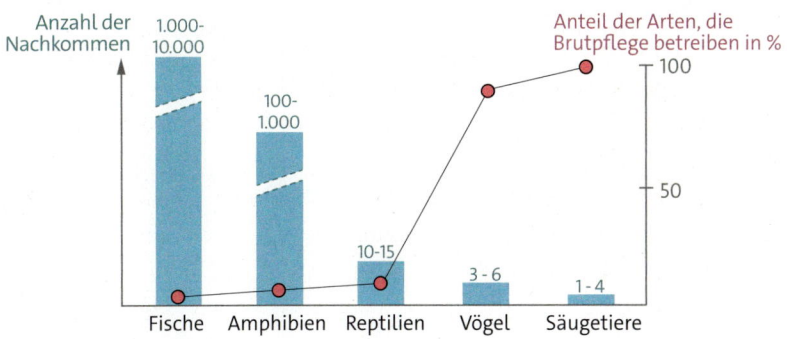

Anzahl der Nachkommen

Anteil der Arten, die Brutpflege betreiben in %

3 Zusammenhang zwischen Anzahl der Nachkommen und Brutpflege

1 ○ Beschreibe das Diagramm. → 3

2 ◐ Stelle den Zusammenhang zwischen der Anzahl der Nachkommen und der Brutpflege der Tiergruppen heraus.

3 ● Finde eine Erklärung für die Werte von Fischen und Säugetieren.

Material D

Stoffwechsel

1 Betrachte Bild 5.

a ○ Beschreibe die Diagramme.

b ◐ Entscheide, welche der Kurven einem gleichwarmen und welche einem wechselwarmen Tier zuzuordnen sind. Begründe deine Entscheidung.

2 ◐ Betrachte die Werte der Tabelle. → 6

a ◐ Was fällt dir bei den Werten auf? Berechne das Verhältnis von Nahrungsaufnahme und Körpergewicht.

b ◐ Vergleiche deine errechneten Werte.

c ● Erkläre, warum wechselwarme und gleichwarme Tiere unterschiedliche Mengen an Nahrung aufnehmen müssen.

Aktivität Säugetiere und Vögel haben eine gleichbleibende Körpertemperatur, sie sind gleichwarm. Für die Aufrechterhaltung ihrer Körpertemperatur benötigen sie viel Energie. Sie nehmen daher viel Nahrung auf. Dafür sind sie immer aktiv. Wechselwarme Tiere wie Eidechsen sind auf Aufnahme von Wärme aus ihrer Umwelt angewiesen. An einem warmen Sommertag erreicht eine Eidechse ihre höchste Aktivität. Wird es kälter, wird sie dagegen träge. Ab einer bestimmten Temperatur fällt sie in Kältestarre.

4

Aktivität

A

Aktivität

B

5

	Körpergewicht (g)	Nahrungsaufnahme pro Jahr (g)
Karpfen	7 000	5 000
Erdkröte	60	100
Ringelnatter	2 000	7 000
Weißstorch	3 500	180 000
Maus	15	2 200

6

Wirbeltiere im Überblick

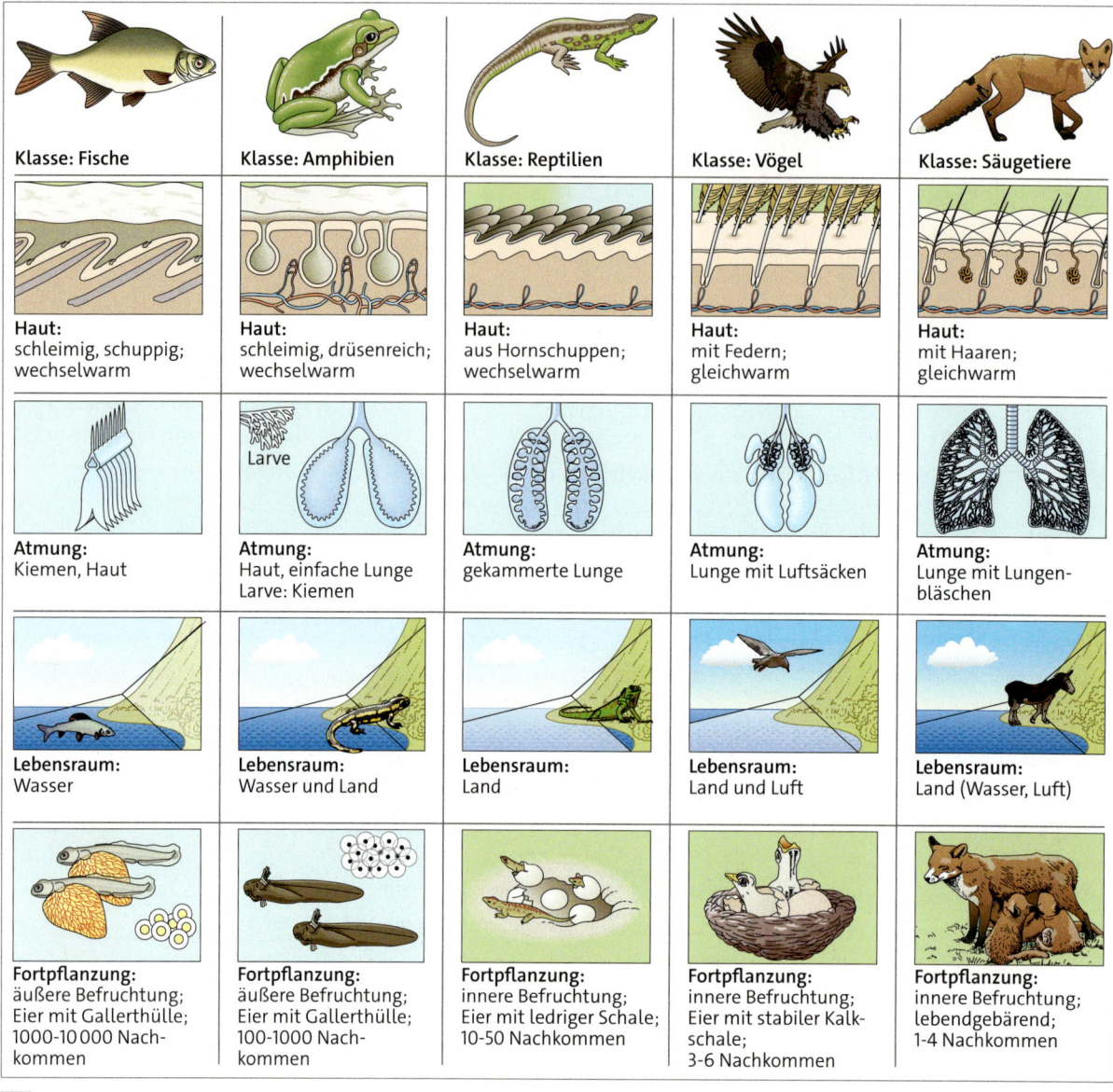

Klasse: Fische	Klasse: Amphibien	Klasse: Reptilien	Klasse: Vögel	Klasse: Säugetiere
Haut: schleimig, schuppig; wechselwarm	**Haut:** schleimig, drüsenreich; wechselwarm	**Haut:** aus Hornschuppen; wechselwarm	**Haut:** mit Federn; gleichwarm	**Haut:** mit Haaren; gleichwarm
Atmung: Kiemen, Haut	**Atmung:** Haut, einfache Lunge Larve: Kiemen	**Atmung:** gekammerte Lunge	**Atmung:** Lunge mit Luftsäcken	**Atmung:** Lunge mit Lungenbläschen
Lebensraum: Wasser	**Lebensraum:** Wasser und Land	**Lebensraum:** Land	**Lebensraum:** Land und Luft	**Lebensraum:** Land (Wasser, Luft)
Fortpflanzung: äußere Befruchtung; Eier mit Gallerthülle; 1000-10 000 Nachkommen	**Fortpflanzung:** äußere Befruchtung; Eier mit Gallerthülle; 100-1000 Nachkommen	**Fortpflanzung:** innere Befruchtung; Eier mit lediger Schale; 10-50 Nachkommen	**Fortpflanzung:** innere Befruchtung; Eier mit stabiler Kalkschale; 3-6 Nachkommen	**Fortpflanzung:** innere Befruchtung; lebendgebärend; 1-4 Nachkommen

1 Wirbeltiere im Überblick

Wirbeltiere • Alle Tiere mit einem Innenskelett aus Knochen und einer Wirbelsäule werden als Wirbeltiere bezeichnet. Allen Wirbeltieren ge-
5 meinsam ist die Gliederung ihres Körpers in Kopf, Rumpf, zwei Paar Gliedmaßen oder Flossen. Sie besitzen alle ein geschlossenes Blutkreislaufsystem. Aufgrund von Merkmalsunter-
10 schieden werden die Wirbeltiere in fünf Klassen eingeteilt: die Fische, die Amphibien, die Reptilien, die Vögel und die Säugetiere. → 1

Fische • Sie leben im Wasser. Zur Fortbewegung benutzen sie je zwei Bauch- und Brustflossen sowie ihre Schwanzflosse. Die Körpertemperatur der Fische hängt von ihrer Umgebungstemperatur ab. Sie sind also wechselwarm. Mit ihren Kiemen atmen sie im Wasser. Ihre schleimige Haut mit Knochenschuppen erleichtert das Gleiten im Wasser und schützt vor Verletzungen. Fische pflanzen sich durch äußere Befruchtung fort. Aus den befruchteten Eizellen entwickeln sich Larven.

Amphibien • Sie leben im Wasser und an Land, jedoch sind sie auf eine feuchte Umgebung angewiesen. Amphibien sind wechselwarm. Die erwachsenen Tiere atmen über Lungen und die Haut. Ihre feuchte Haut mit Schleimdrüsen schützt vor Krankheitserregern und ermöglicht erst die Hautatmung unter Wasser. Die Fortpflanzung findet im Wasser durch äußere Befruchtung statt. Die Larven (Kaulquappen) atmen noch mit Kiemen, die sich während ihrer Entwicklung zurückbilden.

Reptilien • Sie bewegen sich meist kriechend an Land fort und atmen mit ihren Lungen. Ihre Haut bildet Hornschuppen aus, die vor Austrocknung schützen. Sie sind wechselwarm. Die weiblichen Tiere legen nach innerer Befruchtung Eier ins Erdreich ab. Aus den Eiern mit dünner Schale schlüpfen selbstständige Jungtiere.

Vögel • Ihre Vordergliedmaßen sind zu Flügeln umgewandelt. Sie atmen mit Lungen, die durch Luftsäcke erweitert sind. Ihre Haut trägt Federn. Sie sind gleichwarm. Ihre Körpertemperatur ist von der Umgebungstemperatur unabhängig. Nach innerer Befruchtung legen die Weibchen Eier mit einer festen Kalkschale, die bebrütet werden.

Säugetiere • Sie können schwimmen, laufen und sogar fliegen. Die Säugetiere atmen mit Lungen. Ihre Haut ist von Fell bedeckt. Sie sind gleichwarme Tiere. Nach innerer Befruchtung entwickeln sich die Jungtiere im Mutterleib. Bis auf wenige Ausnahmen wie das Schnabeltier bringen Säugetiere lebende Jungtiere zur Welt. Nach der Geburt säugen die Muttertiere ihre Jungtiere.

> Fische, Amphibien, Reptilien, Vögel und Säugetiere gehören zu den Wirbeltieren.

Aufgaben

1 🍃 Erläutere die Aufgaben der verschiedenen Körperbedeckungen der Wirbeltiergruppen.

2 🍃 Erläutere die Bedeutung des Wassers bei der äußeren Befruchtung und Emryonalentwicklung bei Fischen und Amphibien.

Auch Pflanzen lassen sich ordnen

1 Blumenstrauß

Ähnlich wie im Tierreich gibt es auch bei den Pflanzen eine riesige Vielfalt. Ein Blumenstrauß ist dafür ein tolles Beispiel. In welche Gruppen lassen
5 sich die Pflanzen einteilen?

Moose • An Bäumen, heruntergefallenen Ästen und Stämmen im Wald oder auch auf Steinen findet man großflächige Moospolster. Ein Moos-
10 polster ist aus vielen kleinen, fast unscheinbar wirkenden Moospflänzchen zusammengesetzt. Ein einzelnes Moospflänzchen ist viel einfacher gebaut als zum Beispiel die Raps-
15 pflanze. Echte Leitungsgefäße zum

Transport von Wasser, Mineralstoffen und Nährstoffen fehlen.
Sie besitzen keine „echte" Wurzel, sondern nur Wurzelhärchen, mit denen
20 sie sich im Boden verankern. Über ihre zarten Blättchen nehmen sie Wasser auf. Dadurch können Moose auch an Steinen leben.

Gefäßpflanzen • Der Wurmfarn und die
25 Rapspflanze besitzen den gleichen Grundbauplan. Sie bestehen aus Wurzel, Sprossachse und die Blättern. Die Sprossachse und die Blätter bilden zusammen den Spross.
30 Die Wurzeln verankern die Pflanze im Boden und geben ihr somit den nötigen Halt. Über die Wurzeln nimmt die Pflanze Wasser und die lebensnotwendigen Mineralstoffe auf.
35 Der Spross ist für die Gestalt und die Festigkeit der Pflanze verantwortlich. In den Leitgefäßen werden Mineralstoffe und Wasser von der Wurzel über die Sprossachse zu den Blättern gelei-
40 tet.
In den grünen Blättern baut die Pflanze mithilfe des Sonnenlichts aus Kohlenstoffdioxid und Wasser Nährstoffe auf, die sie zum Wachstum
45 benötigt. Sie werden durch die Leitgefäße von den Blättern zur Wurzel von oben nach unten transportiert und dort gespeichert.

Farne • Die Gefäßpflanzen werden
50 nach der Art ihrer Vermehrung nochmals unterteilt. Farne besitzen keine Blüten. Der Wurmfarn besitzt auf der Unterseite seiner Blätter Sporen-

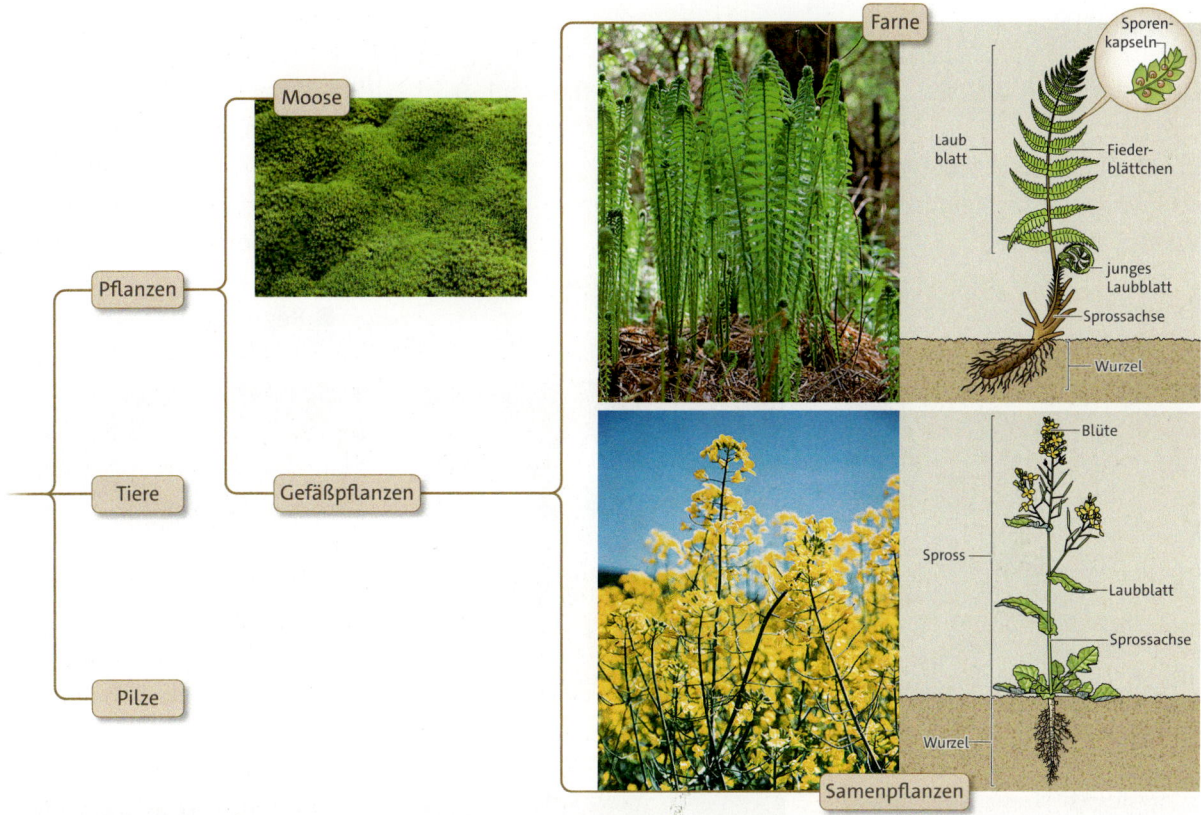

2 Pflanzen lassen sich ordnen

kapseln, in denen sich Sporen
55 befinden. Mithilfe dieser kleinen
Körnchen vermehren sich die Farne.
Fallen die Sporen auf den feuchten
Waldboden, entwickeln sich wieder
junge Farnpflanzen.

60 **Samenpflanzen** • Sie pflanzen sich
mithilfe von Samen fort. Diese bilden
sich nach der Befruchtung und mit der
Entwicklung ihrer Blüten zur Frucht.
Aufgrund der Umwandlung mancher
65 Blätter zu sogenannten Blütenblät-
tern und somit zur Blüte werden
Samenpflanzen umgangssprachlich
auch als Blütenpflanzen bezeichnet.

Pflanzen lassen sich aufgrund ihrer
Merkmale in verschiedene Gruppen
einteilen: die Moose und die
Gefäßpflanzen.

Aufgaben

1 ◐ Vergleiche den Bau von Farnen
und Samenpflanzen. → **2**

2 ● Mit welchen Merkmalen kann
man das Pflanzenreich ordnen?
Nenne zu jeder Verzweigung im
Ordnungssystem die Merkmalsunterschiede. → **2**

Auch Pflanzen lassen sich ordnen

Material A

Pflanzenreich ordnen

In den Bildern 1–9 sind typische Vertreter der heimischen Wälder abgebildet.

1 ○ Ordne die Pflanzen 1–9 nach den Pflanzengruppen:
a) Moose
b) Gefäßpflanzen
c) Farne
d) Samenpflanzen

2 ◗ Begründe deine Zuordnungen.

3 „Die Farne sind näher verwandt mit den Samenpflanzen als mit den Moosen."
● Begründe diese Aussage.

1 Rippenfarn

2 Märzenbecher

3 Drehzahnmoos

4 Streifenfarn

5 Waldmeister

6 Waldveilchen

7 Zaunwinde

8 Frauenfarn

9 Sternmoos

Nackt- und Bedecktsamer

Auch die Samenpflanzen lassen sich nochmals in zwei Gruppen ordnen. Bei der einen Gruppe sind die Samen der Pflanze nicht von einem Fruchtknoten umschlossen, man bezeichnet sie deswegen als Nacktsamer. Zu ihnen gehören die Nadelbäume. Alle übrigen Pflanzen gehören zu den Bedecktsamern, bei ihnen ist die Samenanlage von einem Fruchtknoten umschlossen. In Bild 10 sind der weibliche Blütenstand der Kiefer und eine Einzelblüte des Wiesenschaumkrauts schematisch dargestellt.

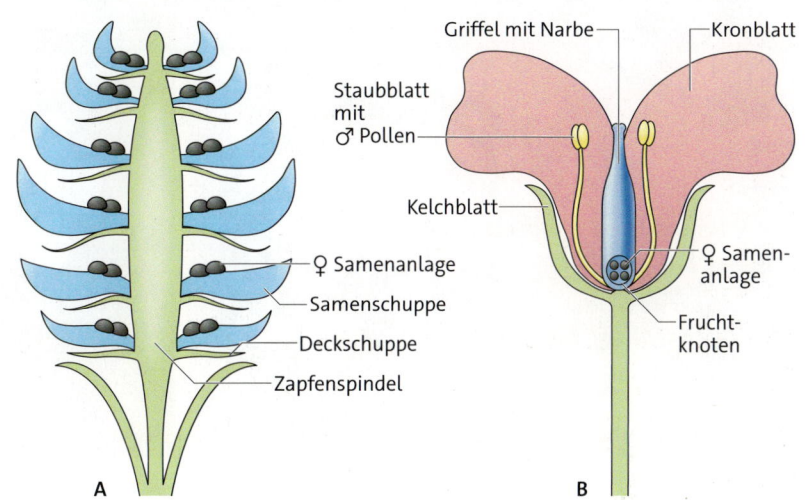

10 Nackt- und Bedecktsamer: **A** Kiefer, **B** Wiesenschaumkraut

1 ⭘ Beschreibe den Blütenaufbau des Wiesenschaumkrauts. → 10

2 ◗ Beschreibe den Aufbau des weiblichen Blütenstandes der Kiefer. → 10

3 ◗ Erkläre, weshalb man bei der Kiefer von einem Blütenstand spricht.

4 ● Erkläre mithilfe von Bild 10, weshalb man die Kiefer zur Gruppe der Nacktsamer und das Wiesenschaumkraut zur Gruppe der Bedecktsamer zählt.

11 Blütenstand der Kiefer

12 Blütenstand des Wiesenschaumkrauts

Blütenstände und Samenanlagen

Blüten können sich entweder einzeln an einer Pflanze befinden oder ganz dicht beieinanderstehen, sodass es manchmal schwer ist, sie als einzelne Blüten zu erkennen. In diesem Fall spricht man von einem Blütenstand.

Aus der von Pollen befruchteten Blüte entstehen die Samen. Bei den Nacktsamern befinden sich die Samen frei auf der Samenschuppe, die Samen der Bedecktsamer sind von einem Fruchtknoten umgeben. Dieser Fruchtknoten wird bei einigen Arten nach der Befruchtung dick und fleischig, man nennt ihn Frucht.

13

Pflanzenfamilien

1 Apfelbaum

2 Erdbeere

Ein Apfelbaum und eine Erdbeerpflanze haben auf den ersten Blick nur wenige Gemeinsamkeiten. Trotzdem sind beide Pflanzenarten eng miteinander
5 **verwandt. Woran kann man diese Verwandtschaft erkennen?**

Pflanzenfamilien • Ein wichtiges Unterscheidungsmerkmal bei der Bestimmung von Pflanzen ist der Bau ihrer
10 Blüten. Dabei spielen Anzahl, Farbe und Form der Blütenblätter eine entscheidende Rolle. Pflanzen mit ähnlichen Merkmalen fasst man zu Pflanzenfamilien zusammen. Der Name der
15 Pflanzenfamilie gibt oft Rückschlüsse auf die Merkmale der Pflanzenfamilie oder ist nach einem bekannten Vertreter benannt. Weitere spezielle Merkmale von Pflanzenfamilien können
20 nen die Position der Blüten und der Blätter an der Pflanze, die Form der Blätter, die Form der Früchte und ihr Standort sein.

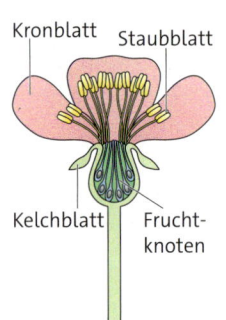

Kronblatt Staubblatt

Kelchblatt Fruchtknoten

3 Blütenschema eines Rosengewächses

Rosengewächse • Vergleicht man die
25 Blüten der Erdbeere und des Apfelbaumes miteinander, so fällt auf, dass sie fünf Kronblätter, fünf Kelchblätter und viele Staubblätter haben. →‿1 – 3 Die Übereinstimmung dieser Merk-
30 male zeigt die Verwandtschaft beider Arten. Diese Merkmalskombination ist kennzeichnend für alle Pflanzenarten der sehr vielfältigen Familie der Rosengewächse. Zu ihr gehören auch die
35 Himbeere, der Frauenmantel sowie Kirsch-, Pflaumen- und Mandelbäume.

Lippenblütengewächse • Taubnesseln haben Blüten, die ganz anders aussehen als die der Rosengewächse. Die
40 rechte und die linke Seite der Blüten der Taubnessel sehen gleich aus. Jedoch unterscheidet sich ihre Ober- und Unterseite. Die Kelch- und die Kronblätter sind am Grund miteinander zu
45 einer Röhre verwachsen. Diese bildet eine obere helmartig verlängerte Ober-

lippe und eine untere flache Unterlippe. Man zählt die Taubnesseln daher zu den Lippenblütengewächsen. → 6

50 Im Inneren der Blüte der Taubnessel findet man 4 Staubblätter und den Stempel. Es gibt jedoch auch Lippenblütengewächse wie den Günsel, die eine sehr kurze Oberlippe und weniger

55 als 4 Staubblätter besitzen. Viele unserer Gewürzpflanzen wie Minze, Salbei, Basilikum und Oregano zählen zu den Lippenblütengewächsen. Alle besitzen einen 4-kantigen Stängel.

60 **Schmetterlingsblütengewächse** • Die Erbse besitzt fünf ungleich große Kronblätter, die miteinander verwachsen sind. Das größte Kronblatt ist nach oben verlängert und bildet die Fahne,

65 die beiden seitlichen Kronblätter bilden Flügel. Zwischen der Fahne und den Flügeln sind zwei weitere Kronblätter verwachsen. Durch die seitlich abstehenden Flügel erinnert die Form

70 der Blüte an einen Schmetterling. Man zählt die Erbse daher zu den Schmetterlingsblütengewächsen. Neun von zehn Staubblättern der Erbse sind zu einer Röhre verwachsen. Sie umgeben

75 den Stempel. Die Erbse bildet sehr eiweißhaltige Hülsenfrüchte. Zu den Schmetterlingsblütengewächsen zählen viele Nahrungspflanzen wie die Linse und die Bohne.

> Alle Pflanzen, die den gleichen Blütenaufbau und andere Merkmale gemeinsam haben, sind miteinander verwandt und gehören deshalb zur selben Pflanzenfamilie.

4 Taubnessel

5 Erbse

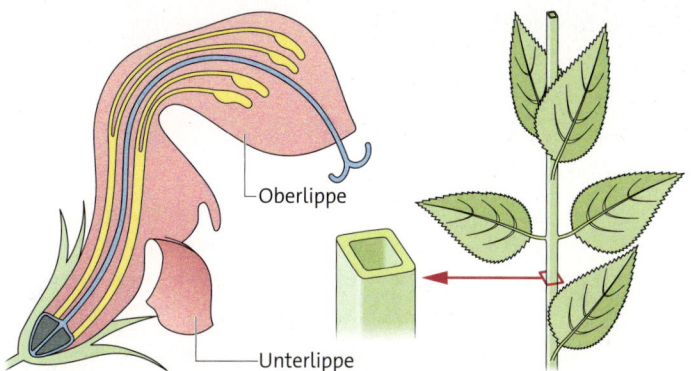

Oberlippe

Unterlippe

6 Blütenschema eines Lippenblütengewächses

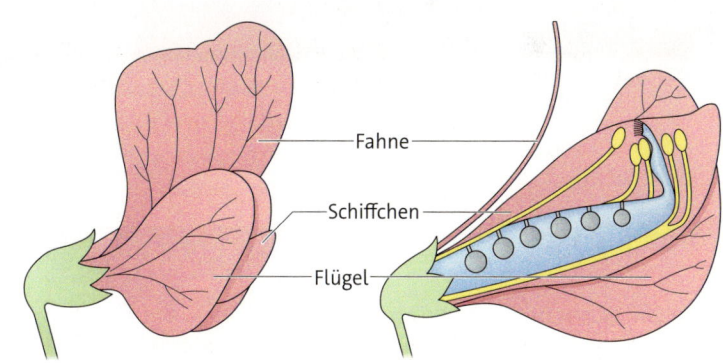

Fahne

Schiffchen

Flügel

7 Blütenschema eines Schmetterlingsblütengewächses

Aufgabe

1 ○ Nenne die wichtigsten Merkmale, die für die Zuordnung einer Pflanze zu einer Pflanzenfamilie wichtig sind.

Pflanzenfamilien

Lippenblütengewächse

Die Kronblätter der Lippenblütengewächse bestehen aus
einer Oberlippe und einer Unterlippe, die am Ende zu einer
Röhre verwachsen sind. Im Inneren der Blüte liegen meist vier
Staubblätter und ein Stempel.

1 ◯ Bestimme mithilfe des Be-
stimmungsschlüssels in Bild 1
die abgebildeten Lippenblütengewächse. → 2 – 5

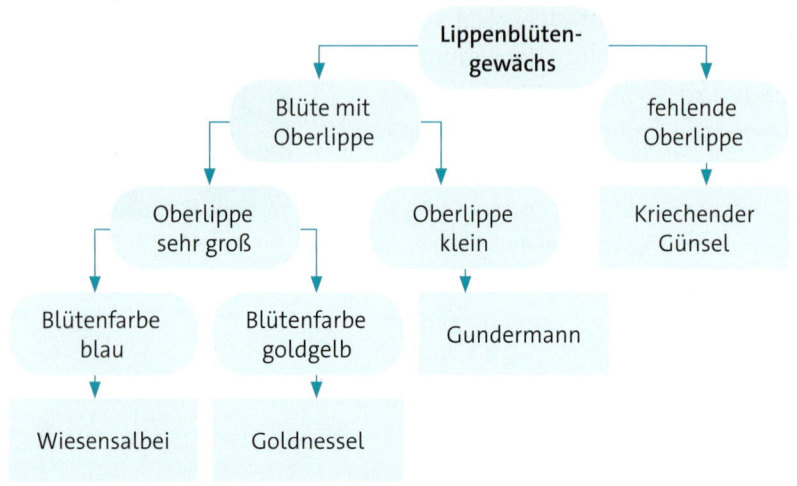

1 Bestimmungsschlüssel für Lippenblütengewächse

Korbblütengewächse

1 ◗ Die Blüte der Sonnenblu-
men scheint riesig zu sein.
Das täuscht. Beschreibe mithilfe von Bild 6 den
typischen Aufbau eines
Korbblütengewächses.

2 ● Begründe die Bezeichnung
Korbblütengewächs für diese Pflanzenfamilie.

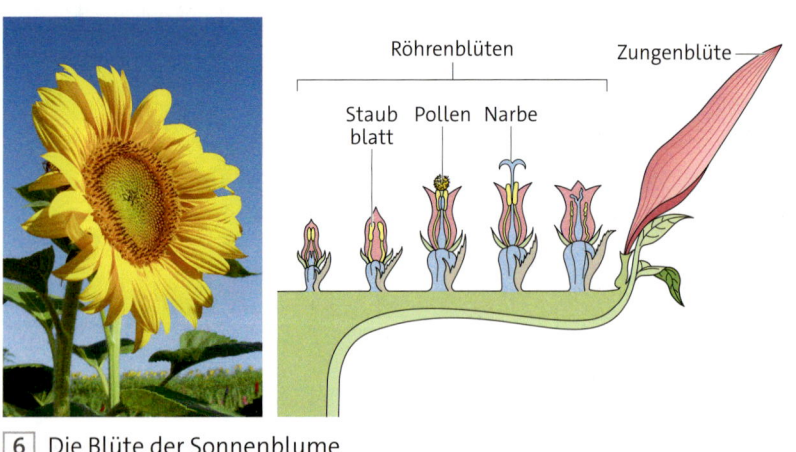

6 Die Blüte der Sonnenblume

Kreuzblütengewächse

Zu dieser Pflanzenfamilie zählen viele wichtige Nutzpflanzen. Dazu gehören Raps, Rettich, Senf, Radieschen und alle Kohlsorten wie Kohlrabi oder Blumenkohl.

1 🖸 Leite aus dem Legebild die Blütenmerkmale der Kreuzblütengewächse ab. → 7

2 Obwohl die abgebildeten Pflanzen in einigen Blütenmerkmalen den Blüten der Kreuzblütengewächse sehr ähneln, gehören nur zwei in diese Familie. → 8

a 🖸 Nenne die Pflanzen, die zu den Kreuzblütengewächsen gehören.

b 🖸 Begründe den Ausschluss der vier anderen Pflanzenarten.

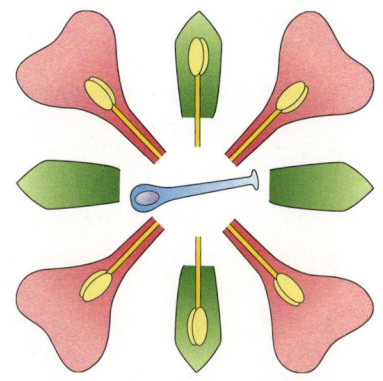

7 Legebild einer Kreuzblüte

Knoblauchsraucke   A

Schöllkraut   B

Erdbeere   C

Gamander-
Ehrenpreis   D
8

Acker-
Hellerkraut   E

Erbse   F

Pflanzenfamilien

Nutzpflanzen

1 Weizenfeld

2 Verschiedene Küchenkräuter

Pflanzen sind nützlich • Schon seit über 10 000 Jahren ist den Menschen bekannt, dass viele Pflanzen nicht nur schön anzusehen, sondern auch äußerst nützlich sind. Alle Pflanzen,
5 die in irgendeiner Form vom Menschen genutzt werden, bezeichnet man als Nutzpflanzen. Der Großteil dieser Pflanzen dient der Ernährung. Weiterhin zählen Heil- und Giftpflanzen, Gewürzpflanzen, Faserpflanzen und Genuss-
10 mittelpflanzen zu den Nutzpflanzen.

Pflanzen ernähren Menschen • Getreidearten wie Roggen, Weizen, Gerste, Hafer, Mais und Reis gehören zu den Gräsern. Von ihnen ist Weizen → 1 weltweit die wichtigste Nutz-
15 pflanze und dient vor allem der Herstellung von Brot und anderen Backwaren. Das aus den Weizenkörnern hergestellte Mehl besteht fast ausschließlich aus dem für uns wichtigen Nährstoff Stärke. Ein weiterer Stärkelieferant und
20 wichtiges Grundnahrungsmittel ist die Kartoffel. Einen hohen Eiweißgehalt besitzen die Samen vieler Hülsenfrüchte wie beispielsweise Linsen, Erbsen und Bohnen.

Gewürzpflanzen • Verschiedene Bestandteile
25 zahlreicher Pflanzen werden wegen ihres Aromas in der Küche oder in der Nahrungsmittelindustrie als Gewürze verwendet. Dabei haben neben den einfachen Küchenkräutern wie Petersilie, Dill oder Basilikum → 2 auch einige tropi-
30 sche Pflanzen wie der Pfefferstrauch, verschiedene Paprikasorten, Safran oder der Zimtbaum große Bedeutung für das Würzen von Speisen. Gewürzpflanzen sind in einigen Pflanzenfamilien gehäuft vertreten. Beispielsweise sind ty-
35 pische Vertreter der Lippenblütengewächse Salbei, Majoran, Minze und Zitronenmelisse. Weiterhin sind Doldenblütengewächse wie Kümmel, Anis, Dill, Koriander und Lauchgewächse wie Knoblauch, Schnittlauch und Bär-
40 lauch vertreten. Verschiedene ätherische Öle geben diesen Pflanzen ihr typisches Aroma.

3 Hildegard von Bingen

4 Klostergarten

Heilpflanzen • Schon im 11. Jahrhundert befasste sich Hildegard von Bingen, Nonne und später Äbtissin im Kloster Rupertsberg, mit der heilen-
45 den Wirkung von Pflanzen. ➔ 3 Sie verfasste neben zahlreichenden Büchern über 2 000 Rezepte mit Anleitungen zur Herstellung von Ölen, Tees oder Salben und beschrieb über 1 000 Heilpflanzen und deren Wirkung. Lange Zeit inte-
50 ressierte sich niemand für ihr Wissen, bis ihre Aufzeichnungen Mitte des 20. Jahrhunderts wiederentdeckt wurden. Die Naturmedizin findet seitdem immer mehr Beachtung und Bedeutung. Auch heute noch werden in Klostergärten
55 viele Heilpflanzen angepflanzt. ➔ 4

Heilpflanzen haben unterschiedliche Wirkungen • Einige Heilpflanzen wie Baldrian, Hopfen oder Johanniskraut werden als mildes Beruhigungs- oder Schlafmittel eingesetzt. Auch sollen sie
60 wirksam bei Depressionen oder Angstzuständen sein. Die Wirkstoffe in den Blüten der Arnikapflanze wirken entzündungshemmend,

abschwellend und antibakteriell und werden daher bei Prellungen, Verstauchungen oder
65 Blutergüssen eingesetzt. Weitere bekannte Heilpflanzen sind Brennnessel, Fenchel, Ingwer, Holunder, Kamille, Beinwell und Pfefferminze.

> Nutzpflanzen haben für den Menschen eine enorme Bedeutung. Sie dienen hauptsächlich als Nahrungsmittellieferanten. Sie finden aber in der Medizin als Heilmittel zunehmend Beachtung.

Aufgabe

1 🖉 Ergänze die unten stehende Vorlage der Mindmap zu Nutzpflanzen.

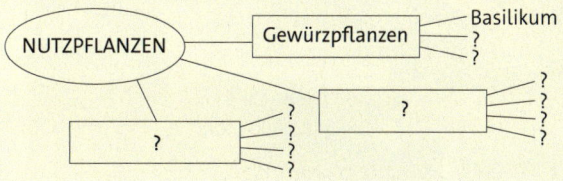

Vielfalt

Zusammenfassung

Kennzeichen des Lebendigen • Jedes Lebewesen zeigt die fünf Kennzeichen des Lebendigen: Energie- und Stoffwechsel, Wachstum und Entwicklung, Fortpflanzung und Vermehrung, Reizbarkeit und Bewegung. Man unterteilt die Lebewesen in fünf Reiche: Bakterien, Einzeller, Pflanzen, Pilze und Tiere.

Pflanzen • Landpflanzen werden in Moose und Gefäßpflanzen unterteilt. Moose sind viel einfacher aufgebaut als Gefäßpflanzen. Zu den Gefäßpflanzen gehören Farne und Samenpflanzen. Die meisten Samenpflanzen bilden Blüten. Pflanzen mit gleichem Blütenaufbau sind miteinander verwandt und gehören zur selben Pflanzenfamilie.

Wirbellose • Unter den Wirbellosen fasst man alle Tiere ohne Knochen und Wirbelsäule zusammen.

Insekten sind in Kopf, Brust und Hinterleib gegliedert. An der Brust sitzen sechs Beine und oft Flügel. Insekten haben ein Außenskelett und Facettenaugen. Die Mundwerkzeuge der Insekten sind an die jeweilige Nahrung angepasst. Bei vielen Insekten entwickelt sich die Larve nach dem Schlupf aus dem Ei über ein Puppenstadium zum Vollinsekt. Man bezeichnet dies als vollkommene Metamorphose. Einige Arten besitzen kein Puppenstadium. Sie durchlaufen eine unvollkommene Metamorphose.

Wie die Insekten gehören auch die Spinnen zu den Gliederfüßern. Sie besitzen acht Beine und acht Punktaugen. Der Kopf und die Brust sind bei Spinnen zu einem Kopf-Brust-Stück verwachsen.

Ebenfalls zu den Wirbellosen gehören die Regenwürmer. Sie sind auf eine feuchte Umgebung angewiesen. Zudem besitzen Regenwürmer stets beide Geschlechter, sie sind Zwitter. Regenwürmer haben eine große Bedeutung für die Bodenqualität.

Schnecken zählen wie auch Tintenfische und Muscheln zu den Weichtieren. Sie sind wie Regenwürmer Zwitter. Man unterscheidet Gehäuseschnecken, die ein Haus aus Kalk mit sich tragen, und Nacktschnecken. Zur Nahrungsaufnahme besitzen Schnecken eine Radula.

[1] Marienkäfer frisst Blattläuse.

[2] Weinbergschnecke

Wirbeltiere • Fische, Amphibien, Reptilien, Vögel und Säugetiere besitzen als gemeinsames Merkmal ein Innenskelett aus Knochen und eine Wirbelsäule. Man bezeichnet sie daher als Wirbeltiere.

Fische leben im Wasser und atmen mit Kiemen. Sie pflanzen sich durch äußere Befruchtung fort. Die aus Eiern schlüpfenden Fischlarven ernähren sich in der Anfangsphase von einem Dottersack.

Amphibien atmen über Haut und Lunge. Sie legen ihren Laich im Wasser ab. Es erfolgt eine äußere Befruchtung. Aus den Eiern schlüpfen die Kaulquappen, die sich später während der Metamorphose zu erwachsenen Amphibien umwandeln.

Reptilien haben eine trockene Haut aus Hornschuppen. Wie die Fische und Amphibien sind auch Reptilien wechselwarme Tiere. Sie atmen mit Lungen und legen hartschalige Eier an Land, aus denen bereits vollständig entwickelte Reptilien schlüpfen.

Vögel haben Federn und besitzen Flügel. Die meisten Vogelarten sind flugfähig. Vögel sind gleichwarm und atmen mit Lungen. Vögel entwickeln sich in Eiern mit dicker Kalkschale. Die Befruchtung findet im Körper des Weibchens statt.

Säugetiere haben in der Regel eine behaarte Haut und atmen mithilfe von Lungen. Sie bringen lebendige Junge zur Welt, die sie mit Milch aus ihren Milchdrüsen säugen. Wie Vögel sind auch Säugetiere gleichwarm.

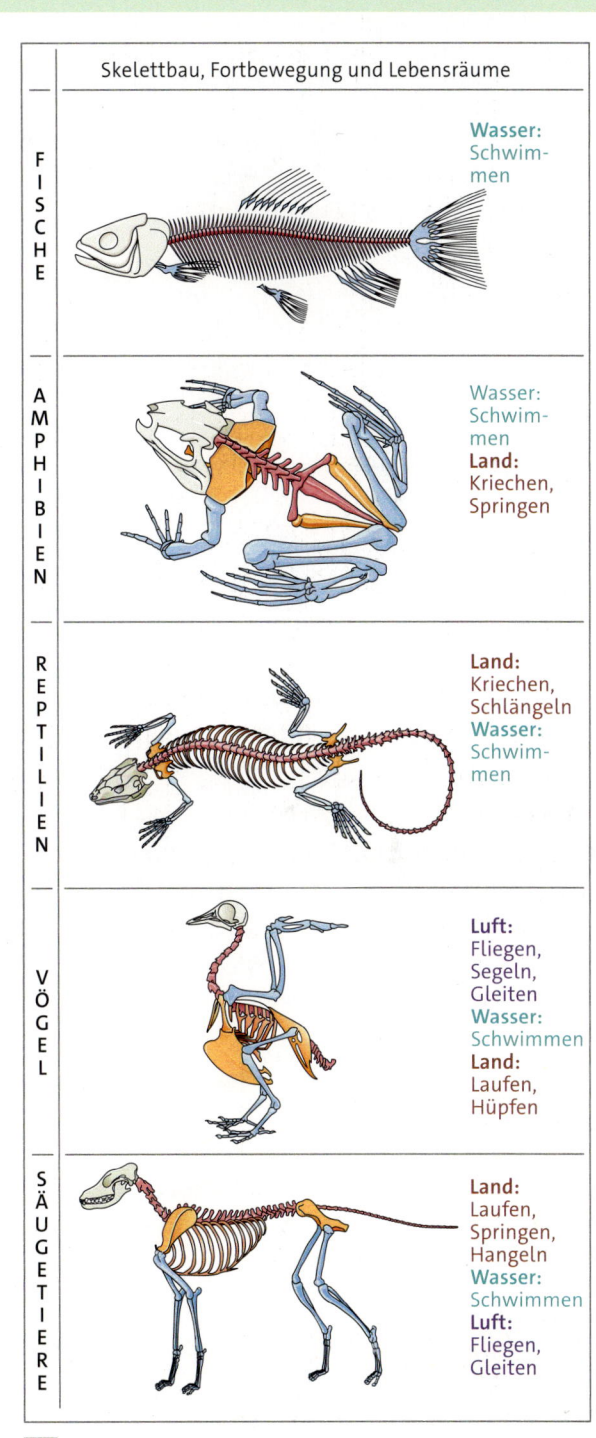

Skelettbau, Fortbewegung und Lebensräume

FISCHE
Wasser: Schwimmen

AMPHIBIEN
Wasser: Schwimmen
Land: Kriechen, Springen

REPTILIEN
Land: Kriechen, Schlängeln
Wasser: Schwimmen

VÖGEL
Luft: Fliegen, Segeln, Gleiten
Wasser: Schwimmen
Land: Laufen, Hüpfen

SÄUGETIERE
Land: Laufen, Springen, Hangeln
Wasser: Schwimmen
Luft: Fliegen, Gleiten

3 Skelett der Wirbeltiere

Teste dich! (Lösungen: www.cornelsen.de/teste-dich)

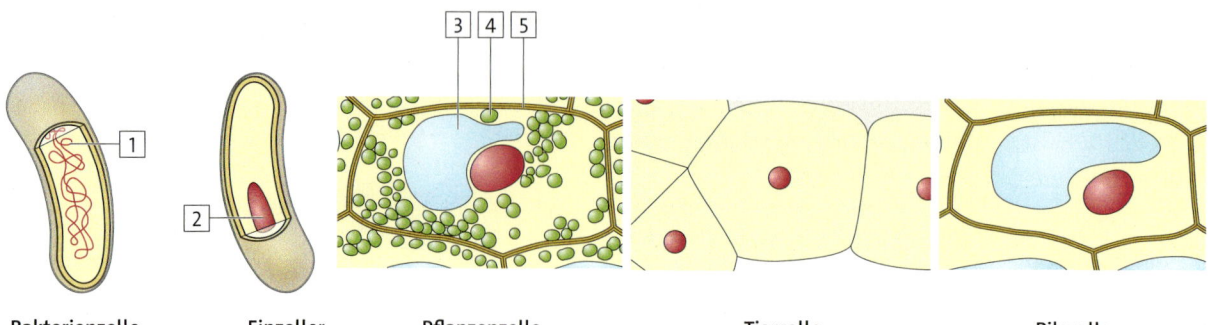

| Bakterienzelle | Einzeller | Pflanzenzelle | Tierzelle | Pilzzelle |

1 Zellvergleich

Reiche der Lebewesen

1 Man kann mithilfe des Aufbaus der Zellen die fünf Reiche der Lebewesen unterscheiden.

a ○ Benenne die in Bild 1 nummerierten Zellbestandteile.

b ◐ Vergleiche den Aufbau der Zellen von Pflanzen, Tieren und Pilzen miteinander.

Wirbellose

2 ○ Ordne die in Bild 2 dargestellten Wirbellosen folgenden Gruppen zu: Gliedertiere, Ringelwürmer, Gliederfüßer, Insekten und Weichtiere. Begründe deine Zuordnungen.

3 ○ Ordne den Nummern in Bild 3 folgende Begriffe zu: Brust, Hinterleib, Flügel, gegliederte Beine, Fühler, Kopf, Facettenauge.

4 ○ Erkläre, was man unter Außerverdauung der Spinnen versteht.

5 ◐ Erkläre, warum sich Regenwürmer auch senkrecht im Boden bewegen können.

6 ◐ Regenwürmer werden in der Landwirtschaft sehr geschätzt. Begründe diesen Sachverhalt.

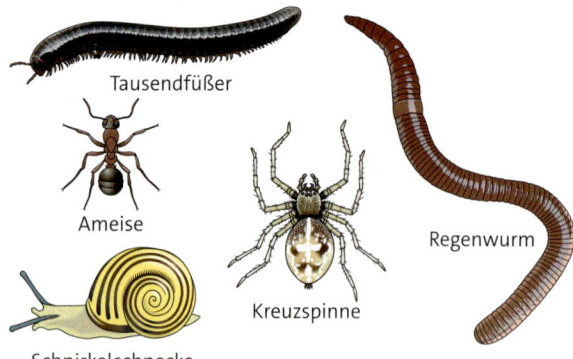

2 Wirbellose

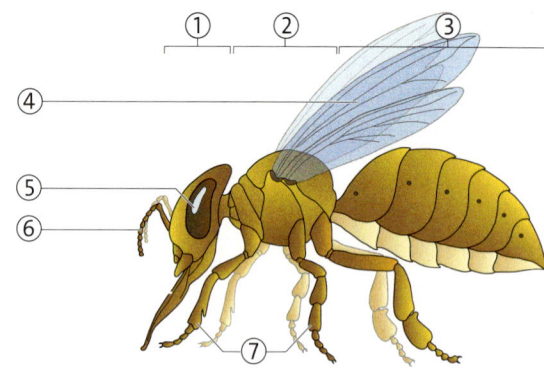

3 Körperbau eines Insekts

Eier

Larve

Marienkäfer

Puppe

4 Entwicklung des Marienkäfers

7 🖉 Begründe, ob es sich bei der Entwicklung des Marienkäfers um eine vollständige oder unvollständige Metamorphose handelt. → 4

Wirbeltiere

8 ○ Nenne das Merkmal, das alle Wirbeltiere gemeinsam haben.

9 🖉 Erkläre die Begriffe äußere Befruchtung und innere Befruchtung.

10 🖉 Vergleiche die Wirbeltiere bezüglich folgender Punkte: Befruchtung, Ort der Eiablage und Entwicklung der Jungtiere. Nutze die Tabelle.

	Befruchtung	Ort der Eiablage	Entwicklung der Jungtiere
Fische	...	...	...
Amphibien	...	...	...
Reptilien	...	...	...
Vögel	...	...	...
Säugetiere	...	...	...

11 🖉 Erkläre, wie Fische im Wasser atmen.

12 🖉 Erkläre, weshalb die Amphibien auf ein Gewässer in ihrem Lebensraum angewiesen sind.

13 ○ Nenne Gründe, weshalb die Amphibien besonders gefährdet sind.

14 🖉 Begründe, weshalb Reptilien weniger auf Wasser angewiesen sind als Amphibien.

15 🖉 Erkläre, warum sich Eidechsen häufig auf warmen Steinen sonnen.

16 🖉 Erläutere, welche Merkmale Vögeln das Fliegen ermöglichen.

17 🖉 Erkläre, weshalb Vögel im Vergleich zu den anderen Wirbeltieren einen sehr hohen Nahrungsbedarf haben.

18 ○ Nenne die zwei typischen Merkmale der Säugetiere.

Pflanzen

19 ○ Nenne die Bestandteile einer Samenpflanze.

20 🖉 Erläutere mithilfe von zwei Beispielen, wie man die Samenpflanzen unterteilen kann.

21 ○ Nenne fünf verschiedene Nutzpflanzen.

Vielfalt
und Veränderung

Ein Schnabeltier ist ein Säugetier, besitzt aber auch Merkmale der Reptilien. Es legt Eier. Warum ist das wichtig für Wissenschaftler?

In einem Naturkundemuseum kann man viele Skelette ausgestorbener Tiere wie Dinosaurier betrachten. Woraus bestehen eigentlich diese „Knochen"?

Eine Fledermaus und ein Schmetterling besitzen Flügel und können mit diesen fliegen. Sind sie deshalb miteinander verwandt?

Fossilien – Spuren der Vergangenheit

1 Ausgrabung eines Fossils

Mit Pickel, Schaufel und Pinsel bewaffnet startet die Reise in die Vergangenheit. Schicht für Schicht werden weitere Fossilien freigelegt. Aber was 5 genau sind Fossilien?

Fossilien • Als Fossilien bezeichnet man Überreste von meist ausgestorbenen Pflanzen und Tieren, die vor langer Zeit gestorben sind. Nur wenige 10 Lebewesen, die jemals gelebt haben, werden als Fossilien überliefert.

Forscher der Vergangenheit • Paläontologen beschäftigen sich mit Überresten und Spuren ausgestorbener 15 Lebewesen. Aus ihren Ergebnissen können sie Rückschlüsse auf die erdgeschichtliche Entwicklung und die Veränderung von Lebewesen ziehen.

Leitfossilien • Manche Fossilien findet 20 man nur in bestimmten Gesteinsschichten. Sie werden Leitfossilien genannt, da sie für diese spezielle Gesteinsschicht typisch sind. Kennt man das Alter der Gesteinsschicht und 25 des dazugehörigen Leitfossils, so kann man das Alter der anderen Funde derselben Schicht bestimmen. → 2

Alter in Millionen Jahren

2 Leitfossilien in Gesteinsschichten

Mumifizierung • Ein totes Lebewesen wird in Eis oder Sand eingeschlossen. Dies verhindert die Verwesung des Körpers. So bleiben auch die Weichteile erhalten. Ein Beispiel für Mumifizierung ist der berühmte „Ötzi". ➡ 3

Abdruck • Ein Lebewesen stirbt und wird von umliegendem Schlamm eingebettet. Mit der Zeit zerfällt der Körper, sein Abdruck im Schlamm aber bleibt erhalten. So entstand auch der Abdruck eines Ammoniten. Sie sind die ausgestorbenen Verwandten unserer heutigen Tintenfische. ➡ 4

Versteinerung • Zunächst werden die Weichteile eines toten Lebewesens, das schnell mit Sand oder Schlamm überdeckt wurde, zersetzt. Die harten Teile wie Knochen bleiben erhalten. Darüber setzen sich mehrere Schichten aus Sand, Schlamm oder Lava ab, die im Laufe der Zeit erhärten. Unter dem daraus entstandenen Druck werden die Knochen des Lebewesens in ihrer Struktur verändert und zu Stein umgewandelt. ➡ 5

Inkohlung • In Zeiträumen von mehreren Millionen Jahren entstanden aus abgestorbenen Pflanzenteilen unter Druck, Luftabschluss und hoher Temperatur Braun- und Steinkohle. Heute nutzen wir diese als Energiequelle, zum Beispiel für die Stromerzeugung. ➡ 6

> Erhaltene Überreste von Lebewesen, die vor langer Zeit gestorben sind, bezeichnet man als Fossilien.

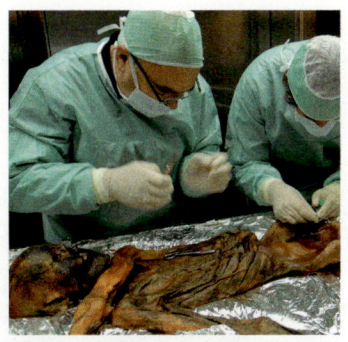

3 | Mumie „Ötzi"

4 | Abdruck eines Ammoniten

5 | Versteinerung eines Fischsauriers

Aufgaben

1 ○ Erkläre, weshalb Leitfossilien für Paläontologen wichtig sind.

2 ◑ Nenne die unterschiedlichen Entstehungsformen von Fossilien und beschreibe ihre Unterschiede.

3 ● Erläutere, woraus in Museen ausgestellte Skelette von Dinosauriern bestehen.

6 | Inkohlung eines Farnblatts

89

Fossilien – Spuren der Vergangenheit

Ein lebendes Fossil

Der Fisch Latimeria, ein Quastenflosser, galt lange Zeit als ausgestorben. Als „lebendes Fossil" überlebte er Millionen Jahre ohne größere Veränderungen. Die heute lebenden Quastenflosser sind Verwandte von Quastenflossern, die vermutlich Vorfahren der ersten Landwirbeltiere waren. Diese schwammen und konnten sich auch mit muskulösen Flossen über den Meeresboden bewegen.

1 Latimeria

1 ◐ Vergleiche die Merkmale von Latimeria mit denen eines heute lebenden Fischs. → [2] [3]

2 ◐ Erkläre den Begriff „lebendes Fossil".

3 ● Erläutere anhand der Merkmale die Bedeutung von Latimeria.

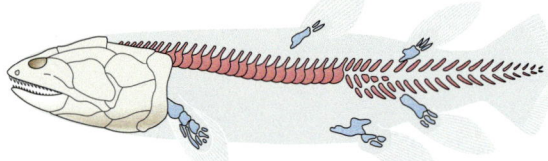

2 Skelett von Latimeria

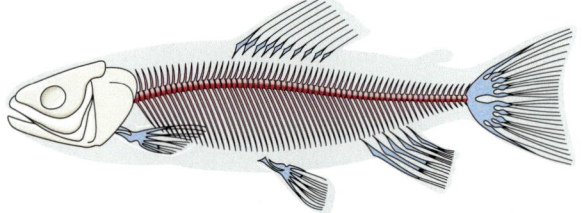

3 Skelett eines heute lebenden Fischs

Entstehung von Fossilien

1 ○ Ordne die Bilder A–D in der richtigen Reihenfolge.

2 ◐ Beschreibe die Entstehung des Fossils in Bild 4.

3 ◐ Erkläre, weshalb es sich bei diesem Fossil nicht um einen Abdruck, sondern um eine Versteinerung handelt.

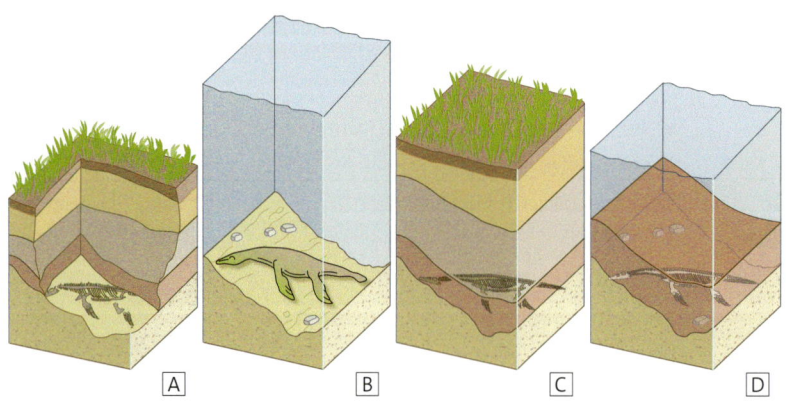

A   B   C   D

4 Entstehung von Fossilien

Fossilien entstehen – ein Modellversuch

Materialliste: Schere, Löffel, Hammer, leere Milchpackung, Becherglas, Trinkbecher, Handcreme, Wasser, Sand, feiner Kies, Gips, „Fossilien" wie Schneckengehäuse, kleine Äste oder Hühnerknochen

1 Schneide zunächst den oberen Rand einer leeren Milchpackung ab. Anschließend bestreichst du dein Fossil mit Handcreme.

2 Rühre in deinem Becherglas einen halben Trinkbecher kaltes Wasser mit Gips im Verhältnis 1:1 an. Mische einen halben Trinkbecher Kies hinzu und gieße die Mischung in die Milchpackung.

3 Lege dein „Fossil" auf die Mischung und drücke es leicht hinein.

4 Mische anschließend einen halben Trinkbecher Wasser mit Gips wie in Schritt 2 und gib einen halben Becher Sand hinzu. Rühre die Mischung gut um und gieße sie ebenfalls in deine Milchpackung.

5 Lass deine Mischung gut trocken. Dies kann eine Woche dauern.

6 Nun kannst du deine Milchpackung aufschneiden und den Block herausnehmen.

7 Zerschlage vorsichtig den Block mithilfe des Hammers. Nun kannst du die einzelnen „Schichten" und dein darin liegendes „Fossil" sowie seinen Abdruck erkennen.

8 In deinem Modellversuch gibt es einige Unterschiede zur Wirklichkeit.
a ◨ Übernimm die Tabelle in dein Heft und ergänze sie, indem du sie mit der Wirklichkeit vergleichst.
b ◨ Nenne die Materialien, die in der Wirklichkeit nicht vorkommen.

Modellversuch	Wirklichkeit
Gips-Kies-Mischung	?
Gips-Sand-Mischung	?
Austrocknung 1 Woche	?
Abdruck	?
Dein „Fossil"	?

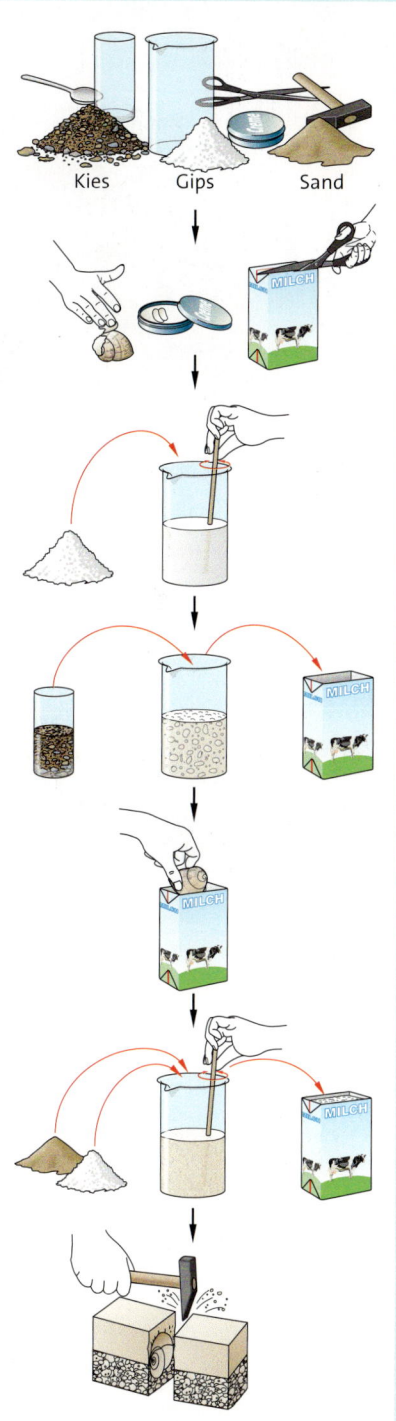

Kies   Gips   Sand

5 Fossilien selbst gemacht

Reise in die Vergangenheit – Erdzeitalter

1 Überblick über die Entwicklung der Lebewesen im Laufe der Erdgeschichte

Mit dem Urknall vor etwa 14 Milliarden Jahren entstand das Universum. Unsere Erde ist etwa 4,6 Milliarden Jahre alt. Existierte das Leben von Anfang an
5 **auf der Erde? Wann lebten die ersten Dinosaurier und wann entwickelte sich der Mensch?**

Die Erde • Zuerst entstand die Sonne, dann unser Sonnensystem und mit
10 diesem auch unsere Erde. Der Grundkörper unserer Erde entstand aus einer Wolke aus Gas und Staub. Sie wuchs durch Zusammenstöße mit Gesteinsbrocken bis zu ihrer vorläufigen Form.
15 Erst als sie die richtige Größe hatte, der Abstand zur Sonne und die chemische Zusammensetzung der Atmosphäre stimmte, begann die Entwicklung der Lebewesen, die Evolution.

20 **Die Erdzeitalter** • Mithilfe der Erdzeitalter gliedert man wichtige Zeitabschnitte in der Entwicklungsgeschichte der Erde.

Jedes Erdzeitalter lässt sich wiederum
25 in verschiedene Zeitabschnitte unterteilen. ➔ 2

Erdfrühzeit • Forscher nehmen an, dass der Beginn des Lebens auf der Erde vor etwa 3,5 Milliarden Jahren in
30 der Tiefsee stattfand. Erste organische Verbindungen bildeten sich, aus diesen dann erste Einzeller und später höher entwickelte Lebewesen. ➔ 2

Erdaltertum • Die Zeitabschnitte
35 Kambrium, Ordovizium, Silur, Devon, Karbon und Perm zählen zum Erdaltertum. Zunächst beschränkte sich das Leben auf den Ozean. Erste mehrzellige Lebewesen wie Algen und Würmer ent-
40 wickelten sich. Später lebten die ersten Fische im Ozean. Auch erste Pflanzen besiedelten das Land. Im Silur und Devon lebten die ersten Vorfahren der Landwirbeltiere, die Quastenflosser.
45 Im Verlauf des Devons wurde das Land von den Amphibien erobert. ➔ 2

Erdmittelalter • Das Erdmittelalter gliedert sich in Trias, Jura und Kreide. Die Saurier entstanden, eroberten
50 fliegend, laufend und schwimmend die Erde und starben wieder aus. Die ersten Säugetiere, die ersten Vögel und die Samenpflanzen entwickelten sich weiter. → 2

55 **Erdneuzeit** • Die Zeitabschnitte Tertiär und Quartär werden der Erdneuzeit zugeordnet. Durch das Aussterben der Dinosaurier konnten sich die noch kleinen Säugetiere zu großer Artenvielfalt
60 entwickeln und besiedelten bald alle Lebensräume der Erde. Am Ende des Tertiärs entstanden die ersten menschenähnlichen Vorfahren. Vor etwa 6 Millionen Jahren entwickelten sich
65 unsere ersten direkten Vorfahren. → 2

> Mithilfe der Erdzeitalter gliedert man wichtige Zeitabschnitte in der Entwicklungsgeschichte der Erde. Sie sind durch das Vorhandensein unterschiedlicher Gruppen von Pflanzen und Tieren gekennzeichnet.

Aufgaben

1 ○ Nenne Voraussetzungen für die Entstehung von Leben auf der Erde.

2 ◐ Übernimm folgende Tabelle in dein Heft und vervollständige sie:

Erdzeit-alter	Zeitab-schnitte	Dauer	Vertreter
Erdfrühzeit	?	?	?

Erdzeitalter		v. Mio. Jahren	Lebensformen
Erdneuzeit	Quartär		
		2,5	
	Tertiär		
		65	
Erdmittelalter	Kreide		
		145	
	Jura		
		200	
	Trias		
		250	
Erdaltertum	Perm		
		300	
	Karbon		
		360	
	Devon		
		415	
	Silur		
		445	
	Ordovizium		
		490	
	Kambrium		
		540	
	Erdfrühzeit		
		2500	

2 Verschiedene Erdzeitalter

Reise in die Vergangenheit – Erdzeitalter

Material A

Evolution in einem Jahr

Erdzeitalter	Zeitraum	Vertreter
Erdneuzeit	31. Dezember , gegen 19:30 Uhr entstanden	Mensch
	17. Dezember	Vögel
	11. Dezember	Säugetiere
Erdmittelalter	8.–25. Dezember	Dinosaurier
Erdaltertum	19. November	Fische, Lurche
Erdfrühzeit	1. Januar–19. November	Entstehung des Lebens; Bakterien, Algen

Man kann den Zeitverlauf der Evolution auf ein Jahr übertragen.

1 ○ Gestalte einen Kalender mit 12 Monaten.

2 ◗ Trage die Angaben der Tabelle in den Kalender ein.

3 ● Berechne, vor wie vielen Jahren Fische, Dinosaurier und Säugetiere entstanden sind. Beachte, dass ein Tag 10 Millionen Jahren entspricht.

Material B

Erdzeitalter

Im Laufe der Evolution entstanden immer neue Arten und viele starben wieder aus. Bild 1 zeigt die Entwicklung der Artenzahl der Wirbeltiergruppen im Laufe der Erdzeitalter. Die verschiedenen Zeitabschnitte sind durch das Vorherrschen neuer Tiergruppen und den Rückgang oder Aussterben von älteren Tiergruppen gekennzeichnet.

1 ○ Beschreibe die Grafik in Bild 1.

2 ◗ Vergleiche die Entwicklung der Artenvielfalt im Verlauf der Erdgeschichte bei Reptilien und Säugetieren.

3 ● Erläutere am Beispiel der Grenze zwischen Kreide und Tertiär, weshalb man die Erdgeschichte in verschiedene Zeitabschnitte gliedert.

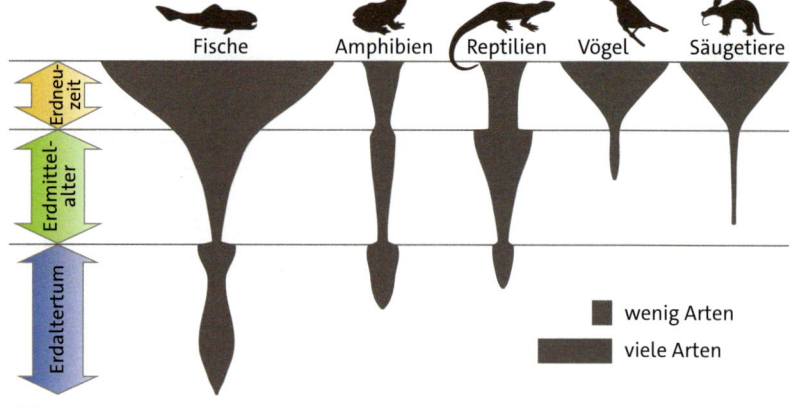

1 Artenvielfalt der Wirbeltiere im Laufe der Erdzeitalter

Ichthyostega

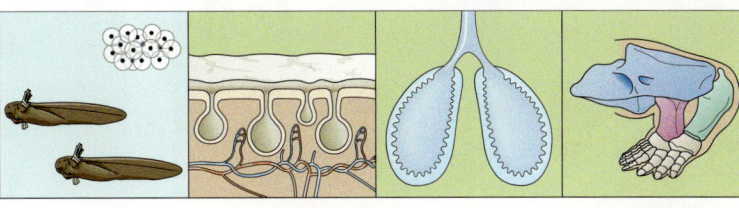

Eier und Kaulquappen · Haut mit Schleimdrüsen · Lunge · Extremitätenskelett

2 Ichthyostega

Wirbeltiere besiedeln das Land

1 ◐ Nenne die Angepasstheiten von Ichthyostega an ein Leben im Wasser und an Land. Erstelle dazu eine Tabelle.

2 Ichthyostega war wahrscheinlich der erste Vertreter einer bestimmten Wirbeltiergruppe.
◐ Begründe anhand seiner Merkmale, zu welcher Wirbeltiergruppe er gehörte.

3 Tiktaalik war eine Übergangsform zwischen Fischen und Amphibien. → 4 5
◐ Vergleiche die Merkmale von Tiktaalik und Ichthyostega.
● Erkläre, welche Merkmale eine Voraussetzung für den Landgang waren.

4 ● Erläutere die Entwicklung der Wirbeltiere vom Leben im Wasser zum Leben an Land.

Ichthyostega Erst durch unterschiedliche Angepasstheiten wurde ein Leben an Land möglich. Ichthyostega, eines der ersten bekannten Landwirbeltiere, lebte vor etwa 365 Mio. Jahren. Er lebte sowohl an Wasser als auch an Land und besaß eine Lunge. Die Eiablage war noch an das Wasser gebunden. Er besaß eine Schwanzflosse und einen stromlinienförmigen Körper. Er hatte kräftige Gliedmaßen mit strahlenförmigen, kleinen Zehen, gut entwickelte Muskeln und einen für Landtiere typischen Becken- und Schultergürtel.

3

Wissenschaftler entdeckten 2004 im nördlichen Kanada ein bedeutendes Fossil. Es besaß Flossen, Schuppen und einen einfachen Kiefer wie Fische. Hals, Rippen und vor allem die Gliedmaßen sahen aber aus wie bei einem Landtier. Seither gilt es als Bindeglied zwischen Fischen und Amphibien. Man gab ihm den Namen Tiktaalik.

4

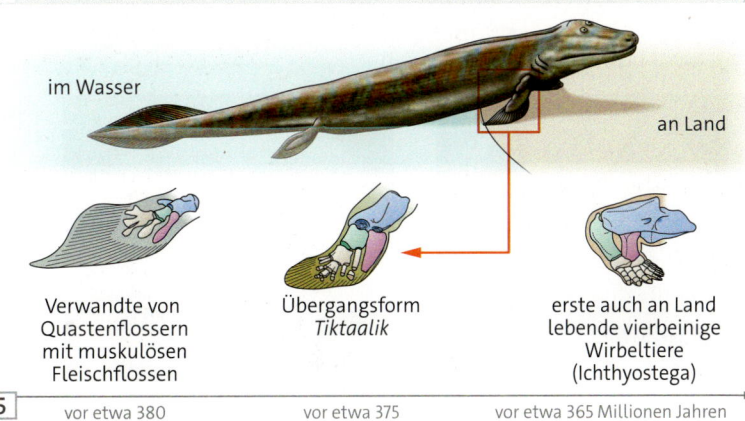

im Wasser

an Land

Verwandte von Quastenflossern mit muskulösen Fleischflossen · Übergangsform *Tiktaalik* · erste auch an Land lebende vierbeinige Wirbeltiere (Ichthyostega)

5 vor etwa 380 · vor etwa 375 · vor etwa 365 Millionen Jahren

Entstehung der Vielfalt des Lebens

1 Grünspecht

2 Grauspecht

Grünspecht und Grauspecht sind zwei heimische Spechtarten. Sie haben viele Gemeinsamkeiten und kommen im selben Lebensraum vor. Warum sind
5 **sie sich so ähnlich und wie sind ihre Unterschiede zu erklären?**

Art • Biologen verstehen unter einer Art Individuen, die sich unter natürlichen Bedingungen miteinander fort-
10 pflanzen können und fortpflanzungsfähige Nachkommen hervorbringen. Neue Arten können auf natürlichem Weg durch Mutation, Selektion und Isolation entstehen. Eine Gruppe von
15 Individuen der gleichen Art wird als Population bezeichnet.

Mutation • Die Erbinformation eines Lebewesens kann sich zufällig und ungerichtet verändern. Man spricht von
20 einer Mutation. Sie ist eine wichtige Voraussetzung für die Veränderung von Arten. Oftmals sind Mutationen für Lebewesen unvorteilhaft. Diesen Nachteil geben sie an ihre Nachkom-
25 men weiter. ➔ 4 Kommt es jedoch vor, dass ein Lebewesen neue Merkmale aufweist, sodass es besser an seine Umwelt angepasst ist, so sind auch seine Nachkommen besser an
30 die Umweltbedingungen angepasst.

3 Igel

4 Weißer Igel (Mutation)

Selektion • Ob ein neu entstandenes Merkmal durch eine Mutation von Vorteil für ein Lebewesen ist, entscheidet allein die Selektion. Sie ist die natürli-

35 che Auslese durch die Umwelt. So wird beispielsweise ein weißer Hase von seinen Fressfeinden schneller entdeckt als ein normal gefärbter Artgenosse. ➔ 5A In seiner kürzeren Lebenszeit

40 bringt der weiße Hase auch weniger Nachkommen hervor. Die ungünstigen Merkmale können sich somit nicht durchsetzen und verschwinden nach einiger Zeit ganz. ➔ 5

45 **Isolation** • Aufgrund einer geografischen Barriere können sich Individuen einer Art nicht mehr miteinander fortpflanzen. Man spricht dann von Isolation. Die so getrennten Individuen der

50 Ursprungspopulation entwickeln sich aufgrund der anderen Lebensräume unterschiedlich. Im Laufe der Zeit werden diese Unterschiede so groß, dass Individuen der beiden getrennten

55 Populationen keine zeugungsfähigen Nachkommen hervorbringen oder sich nicht mehr miteinander fortpflanzen können. Aus ursprünglich einer Art sind zwei neue Arten entstanden.

60 Ein Beispiel stellen die Kaibab- und Abert-Hörnchen dar, deren Ausgangspopulation durch den Grand Canyon getrennt wurde. Ein weiteres Beispiel dafür sind der Grauspecht und der

65 Grünspecht. Diese entwickelten sich aus einem gemeinsamen Vorfahren.

| Neue Arten entstehen durch Mutation, Selektion und Isolation.

... ➔ wird gefressen von ...
Wald   Feld   Hochgebirge

5 Selektion

6 Isolation

Aufgaben

1 ◯ Erkläre, was man unter einer Art und was man unter einer Population versteht.

2 ◐ Erkläre mithilfe von Bild 5, was man unter Selektion versteht.

3 ● Erläutere den Faktor Isolation am Beispiel der Hörnchen. ➔ 6

Entstehung der Vielfalt des Lebens

Material A

Fressen und gefressen werden – Selektion im Spiel

1 Selektionsspiel

Einen wichtigen Faktor der Evolution, die Selektion, kann man in einem Modellversuch simulieren. Das Spiel wird in Gruppen zu dritt gespielt. Einer ist Spielleiter, zwei spielen.

Materialliste: grüner Stoff (ca. 50 cm × 50 cm), Wollfäden in fünf verschiedenen Farben: rot, gelb, blau, grün und braun (Wichtig: Ein Faden sollte die Farbe des Stoffs haben.)

1 Der grüne Stoff wird auf einem Tisch ausgebreitet. Schneidet von jeder Farbe 10 gleich lange Fäden (ca. 10 cm), sodass insgesamt 50 Fäden vorhanden sind. Zwei Spieler stellen sich mit dem Rücken zum Tisch, sodass sie die Fläche nicht sehen.

2 Auf das Kommando des Spielleiters drehen sich die beiden Spieler um und nehmen so schnell wie möglich 20 einzelne Fäden auf. → 1 Anschließend werden die Fäden nach Farbe getrennt sortiert.

○ Stellt Vermutungen über den Ausgang des Spiels an und haltet sie schriftlich in eurem Heft fest.

3 Der Spielleiter sammelt die verbleibenden Fäden ein und zählt sie nach Farben aus. Das Ergebnis wird notiert.

4 Die übrigen Fäden werden um jeweils zwei in der gleichen Farbe ergänzt. Der Spielleiter verteilt sie erneut auf dem Stoff.

5 Die zweite Runde wird wie die erste gespielt. Das Ergebnis wird ebenfalls notiert.

6 🖎 Protokolliert den Spielverlauf mit allen Zahlen und Ergebnissen. Übernehmt hierfür die Tabelle in euer Heft und vervollständigt sie.

7 ● Vergleicht eure Ergebnisse des Spiels mit den Vorgängen in der Natur.

8 ● Formuliert einen Merksatz für die Ergebnisse des Spiels. Verwendet dabei die Begriffe Räuber, Beute, Selektion und Angepasstheit.

Farbe der Wollfäden	Anzahl der Wollfäden zu Beginn	Anzahl der Wollfäden nach 1. Durchgang	Anzahl der Wollfäden nach 2. Durchgang
rot	10	?	?
gelb	10	?	?
blau	10	?	?
grün	10	?	?
braun	10	?	?

Artbildung

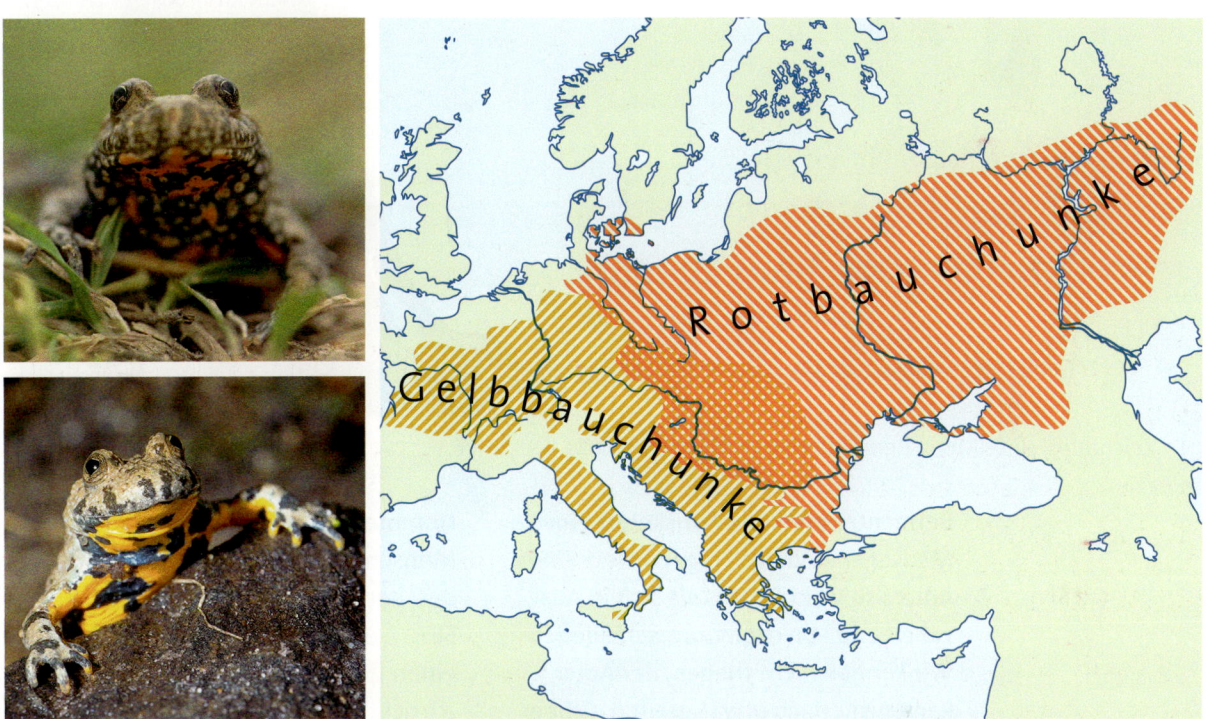

2 Verbreitungsgebiete der Rot- und der Gelbbauchunke

Die letzte Eiszeit endete vor etwa 12 000 Jahren. Währenddessen waren große Teile Mitteleuropas von Eis bedeckt. Dies hatte zur Folge, dass viele Tier- und Pflanzenarten in den etwas wärmeren Süden zurückgedrängt wurden. So kam es, dass sich eine Tierart wie die Unke bei ihren Wanderungen in eine westliche und in eine östliche Teilpopulation teilte. Sie hatten keinen Kontakt mehr miteinander. Als das Eis langsam verschwand, breiteten sich beide Teilpopulationen wieder aus. Die Gelbbauchunke breitete sich in Richtung Westeuropa und die Rotbauchunke in Richtung Osteuropa aus. Es bildeten sich hierbei Überlappungsgebiete, in denen beide Arten vorkamen. Diese lagen zwischen den Verbreitungsgebieten beider Unken. Die verschiedenen Unken können sich zwar miteinander paaren und haben Nachkommen, diese sind jedoch unfruchtbar.

3

1 ○ Beschreibe die Verbreitungsgebiete beider Unken.

2 ◐ Erkläre, welcher Evolutionsfaktor an diesem Beispiel besonders deutlich wird.

3 ● Begründe, ob es sich bei den beiden Unken um zwei getrennte Arten handelt.

Belege für die Evolution

1 Zeichnung eines Menschen- und eines Adlerarmskeletts

Betrachtet man das Armskelett eines Menschen und das Flügelskelett eines Adlers so ist klar, dass sie sich in Aussehen und Funktion unterscheiden: ₅ **Wir können nicht fliegen, der Adler kann nicht nach etwas greifen. Gibt es trotzdem Ähnlichkeiten?**

Homologien • Neue Arten entstehen aus Vorfahren, das heißt aus vorheri- ₁₀ gen Arten. Immer mehr Veränderungen kommen hinzu, weil sich Arten an neue Umwelten anpassen. Die so neu entstandenen Merkmale sind aber nicht etwas völlig Neues, sondern sie ₁₅ sind eine veränderte Version von bereits bei den Vorfahren vorhandenen Merkmalen. Das heißt, sie lassen sich auf einen gemeinsamen Grundbauplan zurückführen. Solche Merkmals- ₂₀ ähnlichkeiten, die durch eine gemeinsame Abstammung entstanden sind, bezeichnet man als Homologien.

Homologe Organe • Der Arm eines Menschen, das Vorderbein eines Hun- ₂₅ des, der Flügel eines Vogels und die Flosse eines Wals → **2** gehen auf einen gemeinsamen Grundbauplan zurück. Sie sind unterschiedliche Variationen von diesem. Das heißt, dass ₃₀ der Grundbauplan jeweils verändert wurde, da er bei jeder Art eine andere Funktion erfüllt. Als homologe Organe bezeichnet man demnach Organe mit gleichem Grundbauplan. Sie sind ein ₃₅ Beleg für die Verwandtschaft von Lebewesen.

Analoge Organe • Betrachtet man die Grabhände beim Maulwurf → **3** und die Grabbeine bei der Maulwurfsgrille ₄₀ → **4** , fällt auf, dass sie ähnlich aussehen und eine ähnliche Funktion haben. Doch die Grundbaupläne der Säugetierhand und des Insektenbeins unterscheiden sich sehr.

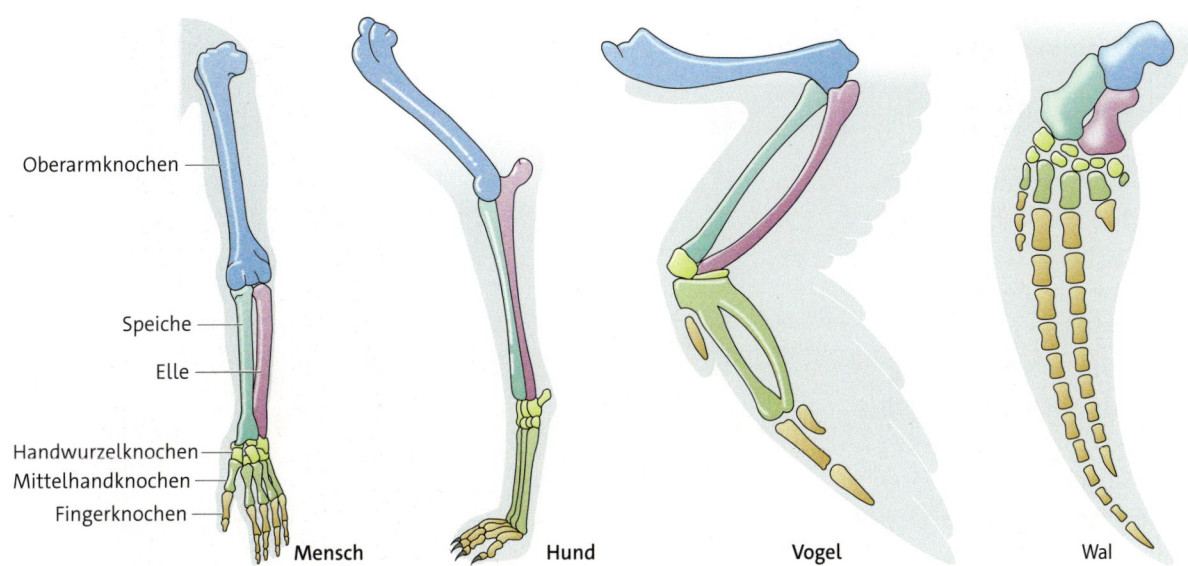

Oberarmknochen

Speiche

Elle

Handwurzelknochen
Mittelhandknochen
Fingerknochen

Mensch   Hund   Vogel   Wal

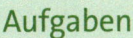 **2** Vordergliedmaßen von Wirbeltieren

45 Die Grabbeine sind im Gegensatz zu den Grabhänden des Maulwurfs nicht aus Knochen aufgebaut. Sie sind sich zwar ähnlich in ihrer Funktion, sind aber nicht gleich aufgebaut. Somit 50 sind sie kein Beweis für Verwandtschaft. Man spricht dann von analogen Organen.

3 Maulwurf mit Grabhänden

4 Maulfwurfsgrille mit Grabbeinen

Aufgaben

1 ○ Erkläre am Beispiel von Bild 2, was man unter Homologien versteht.

2 ◐ Erläutere an einem Beispiel den Unterschied zwischen homologen und analogen Organen.

3 ● Begründe, warum analoge Organe kein Beleg für Verwandtschaft sind.

Als Homologien bezeichnet man Merkmalsähnlichkeiten infolge gemeinsamer Abstammung. Homologe Organe weisen einen gleichen Grundbauplan auf, unterscheiden sich jedoch in ihrer Funktion. Analoge Organe ähneln sich in Gestalt und Funktion, gehen aber nicht auf einen gemeinsamen Grundbauplan zurück.

Belege für die Evolution

Wirbeltiergliedmaßen

1 In Bild 1 sind verschiedene Vordergliedmaßen von Wirbeltieren dargestellt.

a ○ Benenne die mit 1–6 gekennzeichneten Teile des Grundbauplans.

b ○ Ordne den unterschiedlichen Gliedmaßen A–G die Fortbewegungsweisen Schwimmen, Laufen, Hangeln und Fliegen zu.

c ○ Ordne den Gliedmaßen A–F die Tiere Katze, Taube, Delfin, Schimpanse, Fledermaus und Pferd zu.

2 Der Grundbauplan veränderte sich bei den Lebewesen hinsichtlich der Angepasstheit an den jeweiligen Lebensraum. ◐ Begründe diese Aussage mithilfe zweier Beispiele von A–F und gehe dabei auf die unterschiedlichen Armskelette ein.

3 Die Gliedmaße G zeigt die Brustflosse einer Forelle.

a ◐ Vergleiche die Brustflosse der Forelle mit einem Tier, das eine ähnliche Angepasstheit zeigt. → 1

b ● Entscheide, ob es sich dabei um eine Homologie oder eine Analogie handelt und begründe deine Entscheidung.

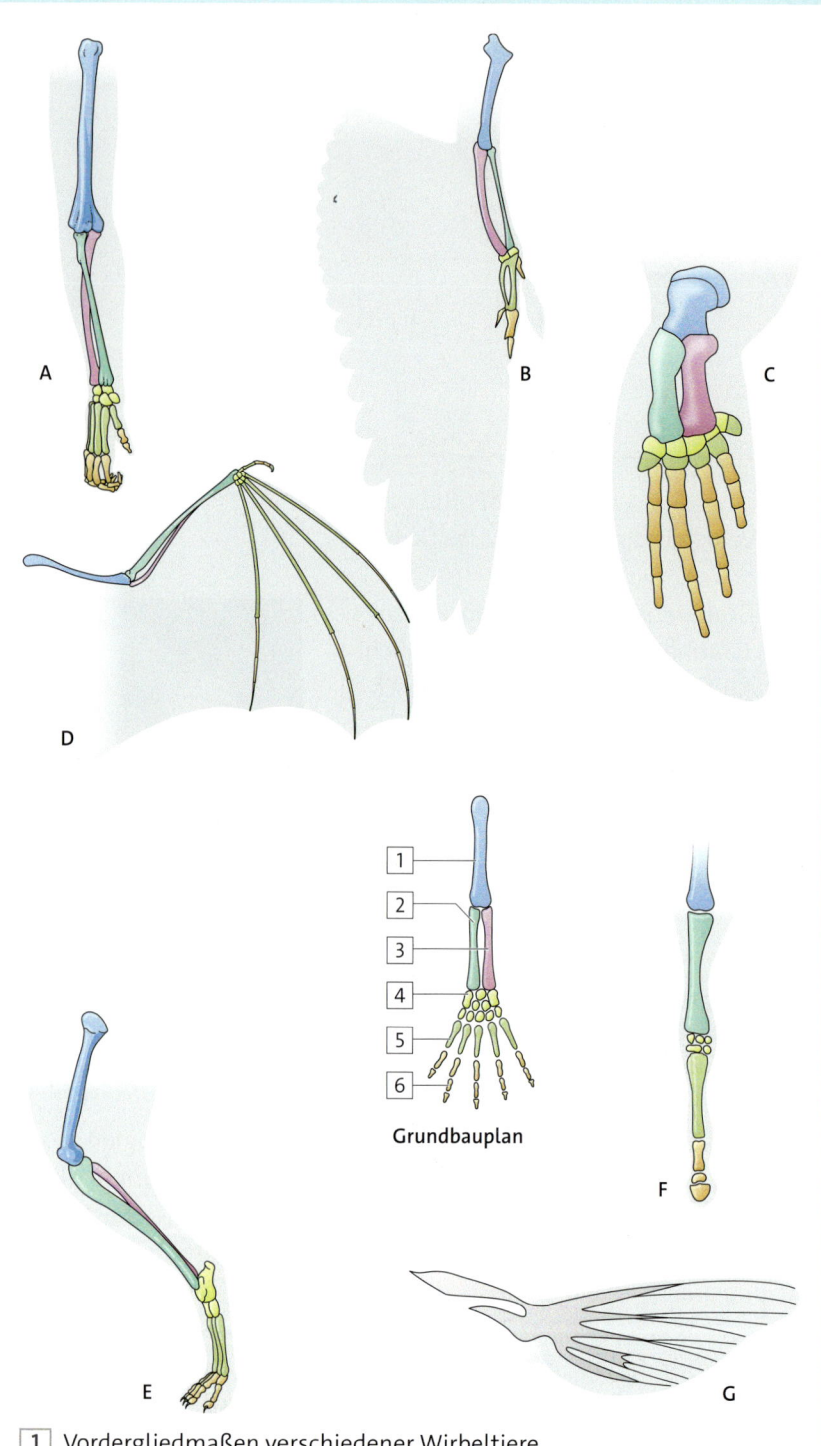

1 Vordergliedmaßen verschiedener Wirbeltiere

Konvergenz

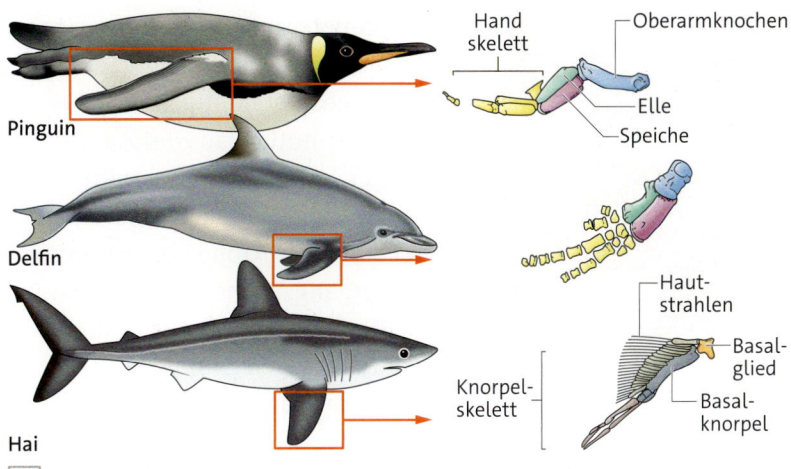

Pinguin
Delfin
Hai

Handskelett
Oberarmknochen
Elle
Speiche

Hautstrahlen
Basalglied
Basalknorpel
Knorpelskelett

2 Konvergenz

Unter Konvergenz versteht man eine Parallelentwicklung zweier nicht nah miteinander verwandter Arten. Sie sind ähnlich an ihren Lebensraum angepasst.

1 ◗ Beschreibe die Ähnlichkeiten der abgebildeten Körperformen. → 2

2 ● Entscheide, ob es sich um eine Analogie oder eine Homologie handelt, und begründe deine Entscheidung.

Pflanzenorgane

Auch die Samenpflanzen besitzen einen Grundbauplan. Sie besitzen die Grundorgane Blatt, Spross und Wurzel.

1 ● Entscheide, ob es sich bei den Ranken → 3 um eine Analogie oder eine Homologie handelt. Begründe deine Entscheidung.

Rankpflanzen – Die Erbse und die Weinrebe besitzen Fortsätze. Beide nutzen diese Ranken als Kletterhilfe, um an Bäumen und Sträuchern hochzuwachsen. Bei der Erbse erkennt man, dass es sich um umgewandelte Blätter handelt. Die Weinrebe bildet ihre Ranken aus dem Spross. → 3

4 Erbse

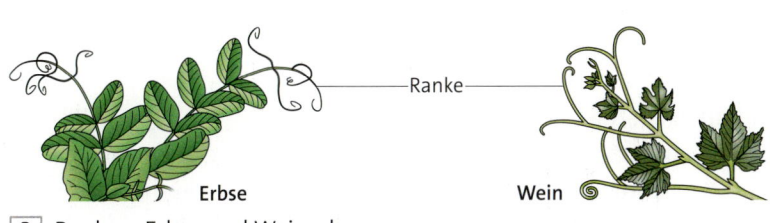

Erbse
Wein
Ranke

3 Ranken: Erbse und Weinrebe

5 Weinrebe

Archaeopteryx – ein Brückentier

1 Fossil von Archaeopteryx

Archaeopteryx lebte vor etwa 150 Mio. Jahren im Erdmittelalter und sah wie ein Vogel und wie ein Reptil zugleich aus. Warum bezeichnet man ihn als
5 Brückentier?

Brückentier • Ein Brückentier ist in der Biologie ein Tier, das Merkmale zweier unterschiedlicher Tiergruppen aufweist. Es stellt eine Übergangsform
10 dar. Sie sind von großer Bedeutung, da sie die Verwandtschaft zweier Gruppen von Lebewesen belegen. So sind sie ein wichtiger Beleg für die Evolution.

„Alte Feder" • Einen ersten fossilen
15 Abdruck einer Feder entdeckte man 1860 im bayerischen Solnhofen. Später entdeckte man ein fast vollständig erhaltenes versteinertes Skelett, das sowohl reptilienähnliche als auch
20 vogeltypische Merkmale zeigt. Das Tier bekam den Namen Archaeopteryx, was „alte Feder" bedeutet. Es konnte wahrscheinlich nicht richtig fliegen, sondern

2 Ginkgo

kletterte auf Bäume und ließ sich von
25 dort heruntergleiten oder erklomm Hindernisse, indem es beim schnellen Rennen seine Flügel ausbreitete. Archaeopteryx war die erste Übergangsform, die entdeckt wurde und gilt als
30 Vorfahre unserer heutigen Vögel. Er hat sich vermutlich aus dinosaurierähnlichen Vorfahren entwickelt. Archaeopteryx ist der Beweis dafür, dass es bei der Entwicklung neuer Tiergrup-
35 pen Übergangsformen gibt, die sowohl Merkmale der alten als auch der neu entstandenen Gruppe besitzen. Das bezeugt auch eine Verwandtschaft der beiden Tiergruppen.

40 **Lebende Übergangsformen** • Nicht alle Brückentiere sind ausgestorben. Auch heute leben noch Übergangsformen. Hierzu zählt beispielsweise das in Australien lebende Schnabeltier. Es legt
45 wie Reptilien Eier, säugt aber seine Jungen mit Milch. Auch bei Pflanzen gibt es noch heute lebende Verwandte von Übergangsformen. So hat der Ginkgobaum sowohl Merkmale von
50 Nackt- als auch Bedecktsamern. → 2

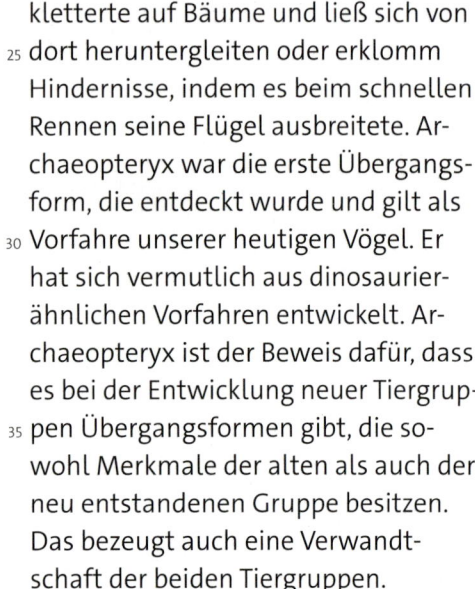

> Übergangsformen zeigen Merkmale zweier unterschiedlicher Gruppen von Lebewesen und belegen somit die Verwandtschaft dieser Gruppen.

Aufgabe

1 ◐ Erläutere an einem Beispiel, was man unter einer Übergangsform versteht.

Material A

Kiefer

Schwanzwirbelsäule

Handskelett
Brustbein
Mittelfußknochen

A

C

Handskelett
Federn

Kiefer
Brustbein

Federn
Handskelett

Kiefer
Brustbein

Schwanzwirbelsäule

Mittelfußknochen

B

Mittelfußknochen
Schwanzwirbelsäule

3 Skelette: **A** Tyrannosaurus, **B** Taube, **C** Archaeopteryx

Vogel oder Reptil?

4 Rekonstruktion von
Archaeopteryx

1 ◐ Vergleiche die Skelette einer
Taube, eines Archaeopteryx
und eines Tyrannosaurus
miteinander. → 3 Übertrage
dafür die Tabelle in dein Heft
und vervollständige sie mithilfe der Abbildungen.

2 ● Erkläre anhand von Merkmalen, warum man Archae-
opteryx als Übergangsform
bezeichnet.

	Tyrannosaurus	Archaeopteryx	Vögel
Brustbein	klein	klein	groß
...	...	...	...

Erweitern und Vertiefen

Der Stammbaum der Wirbeltiere

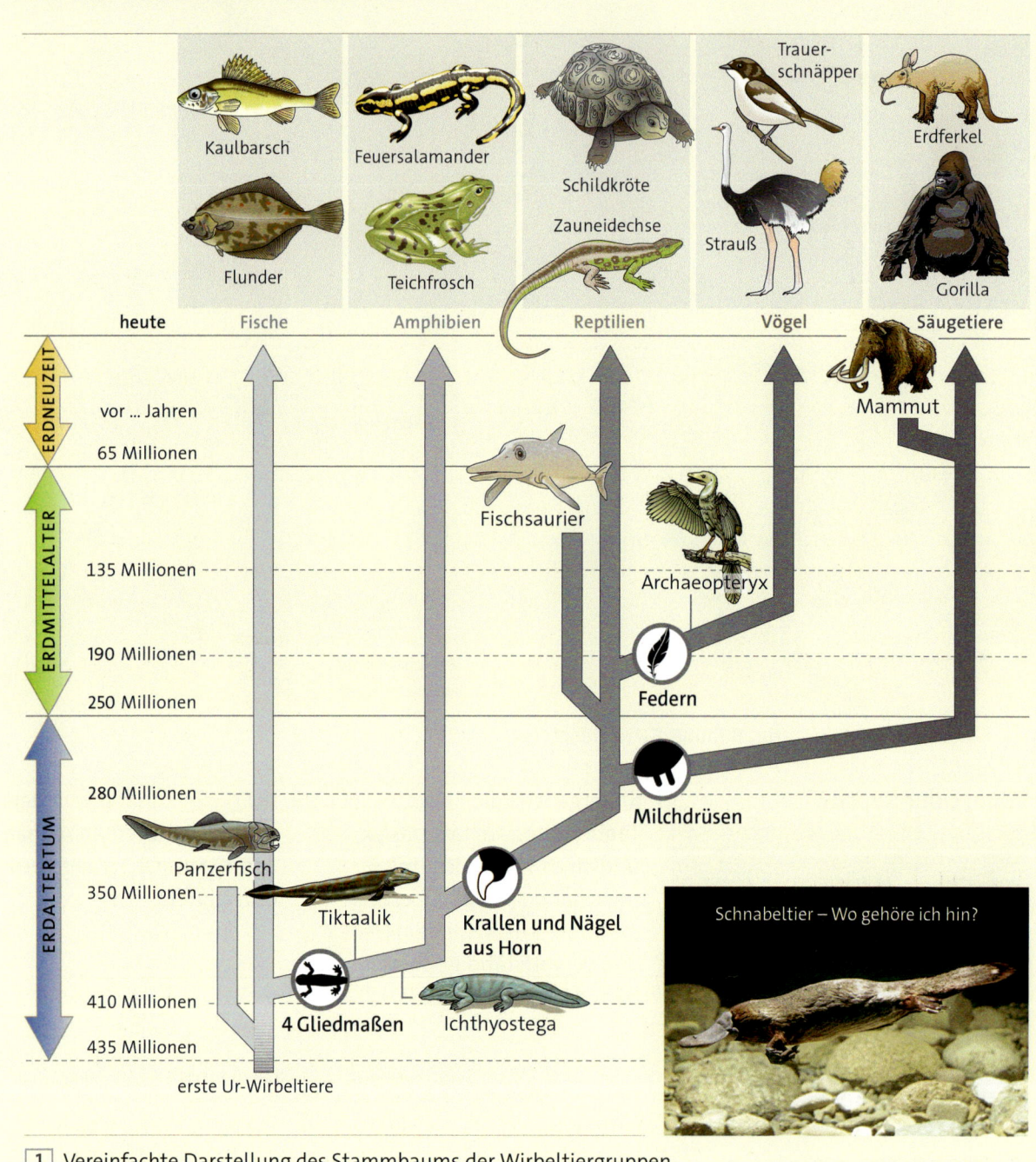

| heute | Fische | Amphibien | Reptilien | Vögel | Säugetiere |

Kaulbarsch
Feuersalamander
Schildkröte
Trauer-schnäpper
Erdferkel
Flunder
Teichfrosch
Zauneidechse
Strauß
Gorilla

ERDNEUZEIT

vor ... Jahren

65 Millionen

Mammut

ERDMITTELALTER

Fischsaurier

135 Millionen

Archaeopteryx

190 Millionen

Federn

250 Millionen

280 Millionen

Milchdrüsen

ERDALTERTUM

Panzerfisch

350 Millionen

Tiktaalik

Krallen und Nägel aus Horn

Schnabeltier – Wo gehöre ich hin?

410 Millionen

4 Gliedmaßen

Ichthyostega

435 Millionen

erste Ur-Wirbeltiere

1 Vereinfachte Darstellung des Stammbaums der Wirbeltiergruppen

Stammbaum • Mithilfe von Stammbäumen kann man die evolutionäre Entwicklung von Lebewesen und ihre Verwandtschaftsverhältnisse darstellen und ordnen. Beim Vergleich von Fossilien kann man diese aufgrund gemeinsamer Merkmale zu Tiergruppen zusammenfassen. Mit Informationen über das Alter lassen sich Fossilien auf einem Zeitstrahl ordnen. Entstehen neue Merkmale, die bei allen folgenden Lebewesen auftreten, wird dies durch eine Abzweigung dargestellt. Das neu entstandene Merkmal haben dann alle weiteren Lebewesen. ➝ 1 So entwickelt sich im Laufe der Zeit eine Gruppe von Lebewesen aus einer anderen. Durch die Darstellung kann man Rückschlüsse auf die zeitliche Entwicklung von Lebewesen schließen. Im Laufe der Evolution entstehen immer neue Abzweigungen. Viele Lebewesen starben bereits vor langer Zeit aus. Ihr Zweig endet an jener Stelle.

Entwicklung • Alle Wirbeltiere sind miteinander verwandt, denn sie haben einen gemeinsamen Vorfahren. Vermutlich lebten diese Ur-Wirbeltiere im Erdaltertum vor über 420 Millionen Jahren. Ihre fischartigen Skelettmerkmale deuten darauf hin, dass sie im Wasser lebten. Aus einem Teil der Ur-Wirbeltiere entwickelten sich im Laufe der Zeit amphibienähnliche, vierbeinige Arten. ➝ 1 Die ersten Fossilien, die dies belegen, sind etwa 380 Millionen Jahre alt. Ein anderer Teil der Ur-Wirbeltiere sah weiterhin fischähnlich aus und entwickelte sich zu den heutigen Fischen. Vor etwa 300 Millionen Jahren lebten die ersten reptilienähnlichen Tiere mit Krallen aus Horn. Maximal 275 Millionen Jahre alt sind säugetierähnliche Fossilien mit Fell, Milchdrüsen und hornartigen Nägeln. Vogelähnliche Fossilien mit einem Gefieder sind nicht älter als 180 Millionen Jahre.

Übergangsformen • Die heutigen Wirbeltiergruppen unterscheiden sich sehr stark voneinander. Dies war aber im Laufe der Evolution nicht immer so. Es gibt viele gefundene Fossilien, die zwei Tiergruppen sehr ähnlich sehen. So hat beispielsweise der Archaeopteryx Merkmale sowohl von Reptilien als auch von Vögeln. Solche Übergangsformen zeigen, dass zwei Tiergruppen sehr nah miteinander verwandt sind. Sie sind deswegen ein wichtiger Beleg für die Evolution.

> Durch die zeitliche Einordnung jedes Fossils und mithilfe fossiler Übergangsformen zwischen Tiergruppen kann der Ablauf der Evolution nachvollzogen werden. Dies kann man in einem Stammbaum darstellen.

Aufgaben

1 ○ Nenne die Wirbeltiergruppen in der Reihenfolge ihrer Entstehung im Laufe der Erdgeschichte.

2 Betrachte Bild 1.
a ◗ Suche die Stelle im Stammbaum, an der du das Schnabeltier einordnen würdest.
b ◗ Begründe deine Entscheidung.
c ● Begründe, weshalb die einzelnen Äste als Pfeile dargestellt sind.

Charles Darwin – Evolutionstheorie

1 „Darwinfinken"

2 Charles Darwin (1809–1882)

Als junger Mann bekam Charles Darwin die Gelegenheit, an einer Forschungsreise auf einem Schiff teilzunehmen. Während dieser Reise sammelte er sehr
5 viele Pflanzen und Tiere. Er entwickelte seine Evolutionstheorie, die für seine Zeit bahnbrechend war, aber auch viel Empörung auslöste. Was war so bahnbrechend an seiner Theorie?

10 **Galapagos-Inseln •** Vor der südamerikanischen Küste, etwa 1000 km westlich vom heutigen Land Ecuador, liegen die Galapagos-Inseln. Diese aus 13 Inseln bestehende Inselgruppe besitzt viel-
15 seitige Lebensräume: Neben trockenen Wüstenregionen findet man auch ausgedehnte Waldgebiete und Gebirge. Hier leben viele verschiedene Tier- und Pflanzenarten. Man kann dort auch
20 Arten finden, die es nur auf den Galapagos-Inseln gibt, wie den Galapagos-Pinguin oder die Meerechse.

„Darwinfinken" • Während seiner Forschungsreise von 1831 bis 1836 führte
25 Charles Darwin Naturstudien auf den Galapagos-Inseln durch. Ihm fielen vor allem bestimmte Vogelarten auf, die den Arten auf dem Festland sehr ähnlich waren. Zu seiner Verwunderung
30 unterschieden sich aber die Vögel auf den einzelnen Inseln voneinander. Besonders in der Körpergröße und der Form und Größe der Schnäbel konnte er Unterschiede feststellen. Die Vögel
35 mit einem kurzen und kräftigen Schnabel ernährten sich von hartschaligen Samen, die mit einem schmalen und spitzen Schnabel von Insekten. Die erforschte Vogelgruppe bekam später
40 den Namen Darwinfinken.

Die Theorie • Aus seinen Beobachtungen der Vögel auf den Galapagos-Inseln entwickelte Darwin seine Evolutionstheorie: Eine Gruppe der Vögel vom

45 Festland ist, vermutlich durch einen Sturm, zufällig auf die Inseln gekommen. Da es dort keine vergleichbaren Vögel und keinerlei Räuber gab, hat sich die Gruppe anschließend stark ver-
50 mehrt. Je mehr Darwinfinken auf den Inseln lebten, umso mehr konkurrierten sie schließlich miteinander um Nahrung. Nur die Finken, die in den jeweiligen Inselregionen gut an das
55 dortige Nahrungsangebot angepasst waren, fanden genug zu fressen. Darwinfinken mit einem kräftigeren Schnabel konnten besser Nüssen knacken als solche mit einem spitzeren Schnabel.
60 Diese konnten dagegen besser Insekten jagen. Aus der ursprünglichen Gruppe von Finken entwickelten sich durch Mutationen nach und nach Finken mit unterschiedlichen Schnäbeln, die ver-
65 schiedene Lebensräume auf den Inseln besiedelten. Im Laufe der Zeit entwickelten sich so neue Arten.

Variabilität • Darwin kam aufgrund seiner Beobachtungen zu dem Schluss,
70 dass sich Lebewesen im Laufe der Zeit verändern. Dies stand im absoluten Widerspruch zur Schöpfungsgeschichte der Religionen und löste in der damaligen Gesellschaft Empörung aus.
75 Der von Darwin beschriebene Prozess beruht auf zufälligen Veränderungen der Erbinformation von Lebewesen. Man bezeichnet dies heute als Mutation. Deshalb unterscheiden sich alle
80 Nachkommen in ihren Merkmalen und ihrer Erbinformation ein wenig von den Eltern. Diese Merkmalsveränderungen werden durch sexuelle Fortpflanzung

3 Darwinfinken auf den Galapagos-Inseln

an die Nachkommen weitergegeben.
85 Deshalb ist jedes Lebewesen in seinen Merkmalen und Erbinformation einzigartig. Langfristig verändern sich die Arten so in vielen kleinen Teilschritten.

Darwin stellte anhand der Darwinfinken seine Evolutionstheorie auf. Laut dieser sind die Arten veränderlich und passen sich ihrer Umwelt an.

Aufgabe

1 ◔ Erläutere mithilfe von Bild 3 die Evolutionstheorie Darwins am Beispiel der Darwinfinken.

Charles Darwin – Evolutionstheorie

Evolutionstheorien

Jean-Baptiste de Lamarck • **(1744–1829)** Noch vor Darwin legte er eine ausformulierte Evolutionstheorie vor. Seine Theorie: Lebewesen erwerben im Laufe ihres Lebens Eigenschaften, die sie durch Fortpflanzung an ihre Nachkommen weitergeben. Dabei lösen veränderte Umweltbedingungen in den Tieren ein inneres Bedürfnis zur Anpassung aus. Durch Verhaltensänderungen können Tiere ihre Merkmale aktiv verändern, damit sie besser an ihre Lebensräume angepasst sind. Seine Theorie gilt heute als falsch, da Lebewesen ihre Erbinformation nicht aktiv durch Anpassung an Umweltbedingungen verändern können. Folglich können sie dies auch nicht an Nachkommen weitergeben.

1

Lamarck		Darwin
Lamarck betrachtet bei seiner Theorie einzelne Tiere einer Art.	**Die Umwelt verändert sich: Saftige Blätter wachsen an immer größeren Bäumen.**	Darwin betrachtet bei seiner Theorie ganze Populationen einer Art.

Wollen kurzhalsige Giraffen an die Blätter von Bäumen kommen, so müssen sie sich strecken.

Innerhalb einer Art gibt es durch Mutationen kleine Unterschiede. So gibt es Giraffen mit kurzem Hals und mit etwas längerem Hals. Das bezeichnet man als Variabilität.

dieselben Tiere etwas später

Durch das ständige Strecken wird der Hals bei jedem Tier länger.

Die Giraffen mit einem etwas längeren Hals kommen an die Blätter von Bäumen. Giraffen mit einem kurzen Hals erreichen die Blätter nicht und verhungern. (Selektion)

Diesen erworbenen, längeren Hals gibt jede Giraffe an ihre Nachkommen weiter. Sind die Bäume noch größer geworden, müssen sich auch diese Giraffen zu den Blättern strecken.

dieselben Tiere etwas später

Die Erbinformation einzelner Tiere ändert sich zufällig. Tiere mit noch längerem Hals kommen auch an Blätter noch größerer Bäume. Diesen Vorteil vererben sie an ihre Nachkommen. (Mutation)

Alle Giraffen haben einen langen Hals, mit dem sie auch an hoch gelegene Blätter kommen.

Anpassung durch: **Änderung der Gewohnheiten**

Alle Giraffen haben einen langen Hals, mit dem sie auch an hoch gelegene Blätter kommen.

Anpassung durch: **Variabilität aufgrund von Mutationen**

A | B

2 Evolutionstheorien im Vergleich

1 ○ Beschreibe die beiden Theorien. → ⬚2

2 ◗ Erkläre mithilfe von Bild 2, wie Charles Darwin sich die Entstehung der langen Hälse bei den Giraffen vorgestellt hat.

3 ● Erkläre, warum Lamarck mit seiner Theorie unrecht hatte.
Tipp: Wenn sich der Vater 3 Jahre vor der Geburt seines Sohns einen Finger durch einen Unfall abgeschnitten hatte, hat der Sohn dann einen Finger weniger?

Buntbarsche in Afrika

3

4

In afrikanischen Seen lebt eine Vielzahl von nur dort vorkommenden Buntbarscharten. → 3 4 Wissenschaftler haben herausgefunden, dass alle Buntbarscharten eines Sees aus einer einzigen Ursprungsart hervorgegangen sind. Diese lebte in Flüssen, die mit den Seen verbunden waren. Die Kopfform und die Art der Nahrungsaufnahme der Ursprungsart waren noch wenig spezialisiert. Durch verschiedene Mutationen in der Erbinformation wurden die ursprünglichen Merkmale verändert und es bildeten sich Spezialisierungen der Nahrungsaufnahme heraus. → 5

1 ◖ Ordne die Beschreibungen der Nahrungsaufnahme A–D den Buntbarschen in Bild 5 zu.

2 ◖ Erläutere an zwei Beispielen, wie die Kopfform und der Mund an die Aufgabe der Nahrungsaufnahme angepasst sind.

3 ● Begründe mitilfe des Beispiels der Buntbarsche, ob Darwin mit seiner Theorie recht hatte.

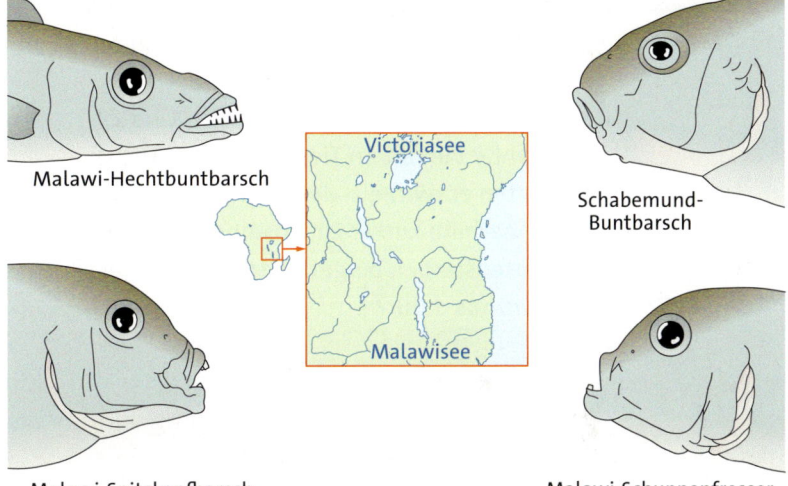

Malawi-Hechtbuntbarsch

Victoriasee

Malawisee

Schabemund-Buntbarsch

Malawi-Spitzkopfbarsch

Malawi-Schuppenfresser

5 Angepasstheiten der Buntbarsche in Afrika

A Er hat ein langgezogenes Maul mit vielen dünnen, spitzen Zähnen. Damit kann er gut Fische festhalten.

B Er hat ein kräftiges Maul, in das stabile Knochenfortsätze ragen. Damit kann er die harten Schalen von Muscheln knacken.

C Er hat ein kleines rundes Maul mit scharfen Kanten. Damit kann er Algen von Steinen kratzen.

D Er hat ein kräftiges Maul mit einer scharfkantigen Unterlippe. Damit fährt er unter die Schuppen anderer Fische und zieht diese heraus.

Verantwortung des Menschen

1 Der Fischotter ist in Deutschland vom Aussterben bedroht.

Im Laufe der Evolution hat sich eine große Vielfalt an Tier- und Pflanzenarten entwickelt, doch der Mensch hat innerhalb kurzer Zeit zu einem enormen
5 **Artensterben beigetragen. Was sind die Gründe dafür?**

Weltbevölkerung • Durch die immer bessere medizinische Versorgung und die Steigerung des Nahrungsangebots
10 stieg die Weltbevölkerung stark an. Seit 1950 hat sich die Weltbevölkerung fast verdreifacht. Heute leben fast 8 Milliarden Menschen auf unserer Erde. Die große Anzahl an Menschen
15 braucht für ihr tägliches Leben Wohnraum, Nahrung, Trinkwasser und Energie. Für diese Bedürfnisse werden vor allem landwirtschaftliche Flächen, Wasser und Bodenschätze benötigt.
20 Dafür passt der Mensch die Umwelt an seine Bedürfnisse an. Die Folgen sind eine steigende Umweltbelastung, Verschmutzung von Gewässern und Zerstörung von Lebensräumen.

25 **Artensterben •** Oft nutzt der Mensch Tier- und Pflanzenarten für seine Bedürfnisse so stark, dass die Anzahl der Arten immer weiter abnimmt. Ein Beispiel hierfür ist die Überfischung der
30 Meere. Durch Bebauung, Abholzung, intensive Landwirtschaft oder Umweltverschmutzung werden Lebensräume zerstört. Ökosysteme wie Moore und Regenwälder, die über Jahrhunderte
35 entstanden, sind dann für immer verloren. Populationen von Lebewesen können durch Zerstörung ihres Lebensraums verkleinert oder zerteilt werden. Dies erhöht das Aussterberisiko. Auch
40 vom Menschen zufällig oder absichtlich eingeführte Arten verdrängen häufig einheimische Arten aus ihren Lebensräumen. Alle diese Faktoren werden durch die wachsende Weltbevölkerung
45 und ihre Bedürfnisse weiter verstärkt.

Klimawandel • Die aktuell stattfindende Klimaveränderung trägt ebenfalls zur Bedrohung der Artenvielfalt bei. Lebewesen, die Klimaveränderungen
50 nicht schnell ausweichen können, sind dabei besonders stark bedroht.

> Der Mensch passt die Umwelt seinen Bedürfnissen an. Dabei werden immer mehr Tier- und Pflanzenarten bedroht, da der Mensch auch ihre Lebensräume zerstört.

Aufgabe

1 ◐ Erläutere, wie der Mensch das Artensterben verschuldet.

Material A

Bedrohung von Arten

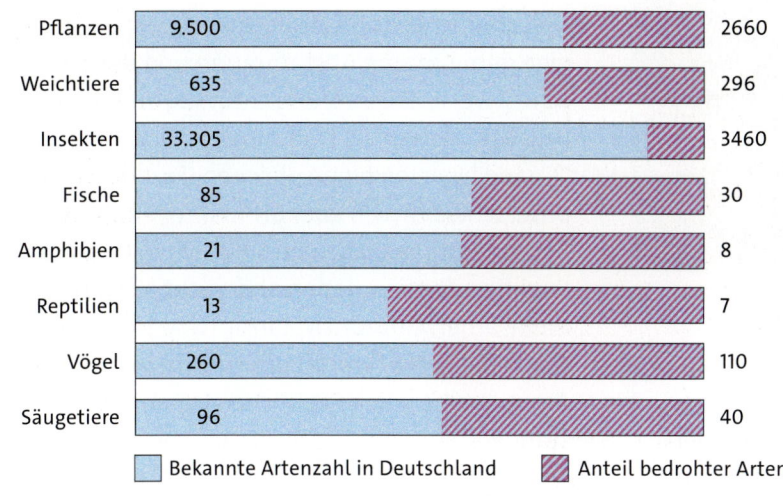

	Bekannte Artenzahl	Anteil bedrohter Arten
Pflanzen	9.500	2660
Weichtiere	635	296
Insekten	33.305	3460
Fische	85	30
Amphibien	21	8
Reptilien	13	7
Vögel	260	110
Säugetiere	96	40

■ Bekannte Artenzahl in Deutschland   ▨ Anteil bedrohter Arten

2 Bedrohung der Artenvielfalt in Deutschland

In Bild 2 sind die Zahlen der in Deutschland vorkommenden Arten unterschiedlicher Tiergruppen und Pflanzen dargestellt. Aus dem Bild kannst du entnehmen, wie hoch der Anteil der bedrohten Arten an der jeweiligen Gruppe ist.

1 ○ Nenne die vier Gruppen von Lebewesen, die besonders bedroht sind.

2 ◖ Stelle Vermutungen an, weshalb diese vier Gruppen besonders gefährdet sind.

Material B

Artenvielfalt von Vögeln

In den beiden Kartenausschnitten → 3 4 sind zwei verschiedene Lebensräume zu sehen. Vögel, die in ihren Lebensräumen auf ein spezielles Nahrungsangebot und Brutplätze angewiesen sind, sind stark gefährdet.

1 Betrachte die beiden Kartenausschnitte.
a ◖ Vergleiche die beiden Kartenausschnitte miteinander.
b ◖ Welche Rückschlüsse kannst du über die Artenvielfalt aus den beiden Kartenausschnitten ziehen? Notiere.

2 Stell dir vor, du bist ein Stadtplaner.
a ● Überlege dir, wie du eine Stadt gestalten würdest, wenn du die Anzahl an Vogelarten in der Stadt steigern möchtest.
b ● Begründe deine Überlegungen.

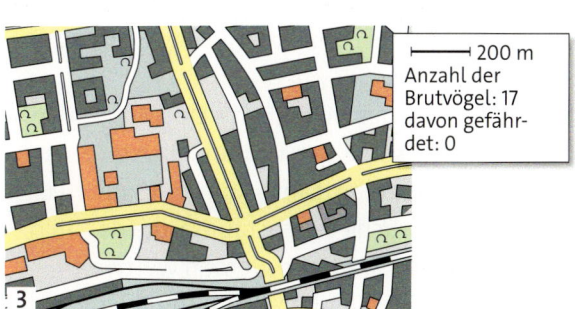

200 m
Anzahl der Brutvögel: 17 davon gefährdet: 0

3

200 m
Anzahl der Brutvögel: 38 davon gefährdet: 14

geplanter Strommast

4

Vielfalt und Veränderung

Zusammenfassung

1 Trilobit

Fossilien • Die erhaltenen Überreste von Pflanzen und Tieren, die vor langer Zeit gestorben sind, bezeichnet man als Fossilien. Es gibt verschiedene Arten von Fossilien wie Versteinerungen, Mumien und Abdrücke. Fossilien zeigen, wie sich Tier- und Pflanzenarten im Laufe der Erdgeschichte verändert haben.

Artentstehung • Im Laufe der Evolution entstanden verschiedene Arten von Lebewesen. Zu einer Art gehören Lebewesen, die sich untereinander fortpflanzen und dabei fruchtbare Nachkommen zeugen können. In der Evolution spielen bei der Entstehung neuer Arten drei wichtige Faktoren eine Rolle. Mutationen sind zufällige Änderungen der Erbinformation, sodass sich auch Merkmale verändern. Sind diese Merkmale für das Lebewesen vorteilhaft, so hat es eine höhere Chance, zu überleben und sich fortzupflanzen. Man bezeichnet dies als natürliche Auslese oder Selektion. Werden Gruppen einer Art dauerhaft getrennt, spricht man von Isolation. Der Austausch von Erbinformationen zwischen den getrennten Gruppen ist nicht mehr möglich und so können im Laufe der Zeit durch Mutation und Selektion zwei neue Arten entstehen.

Belege für die Evolution • Die Entwicklung neuer Arten geht in sehr kleinen Schritten voran. Merkmalsähnlichkeiten zweier Lebewesen, die auf eine gemeinsame Abstammung und eine solche schrittweise Abänderung zurückzuführen sind, bezeichnet man als Homologien. Homologe Organe besitzen einen gleichen Grundbauplan, unterscheiden sich aber oft in ihrer Funktion. Analoge Organe dagegen sind sich in Gestalt und Funktion ähnlich, gehen aber nicht auf einen gemeinsamen Grundbauplan zurück. Sie kommen durch die Entwicklung zweier nicht verwandter Arten in einem sehr ähnlichen Lebensraum zustande.

Evolutionstheorie • Charles Darwin konnte an den Darwinfinken belegen, dass alle Arten veränderlich sind und in Folge der Evolution an ihre jeweiligen Umweltbedingungen angepasst sind.

2 Darwinfink

Verantwortung des Menschen • Der Mensch beeinflusst aktiv seine Umwelt und passt sie seinen Bedürfnissen an. Dabei kommt es oft zu Eingriffen in natürliche Lebensräume, die dadurch zerstört werden. Dadurch werden weltweit immer mehr Tier- und Pflanzenarten bedroht.

Fossilien

1 🔒 Nenne die in den Bildern 3, 4 und 5 dargestellten Fossilformen und beschreibe ihre jeweilige Entstehung.

Artentstehung

2 🔒 Erkläre, weshalb man die Mutation, die Selektion und die Isolation auch als Motor der Evolution bezeichnet.

3 🔒 Beschreibe natürliche Möglichkeiten, wie Arten räumlich voneinander getrennt werden können.

Belege für die Evolution

4 ⚪ Erkläre die Begriffe Homologie und Analogie.

5 🔒 Begründe, ob es sich beim Flügel einer Fledermaus und eines Vogels um eine Homologie oder eine Analogie handelt.

6 🔒 Finde in den Bildern 6 bis 9 je zwei Beispiele für eine Homologie und eine Analogie zwischen zwei Arten und begründe deine Auswahl.

Evolutionstheorie

7 🟢 Erkläre, warum Darwin anhand der Darwinfinken seine Evolutionstheorie aufstellen konnte.

Verantwortung des Menschen

8 ⚪ Nenne vier Beispiele für die Beeinflussung der Umwelt durch den Menschen.

9 🔒 Erkläre, weshalb der Mensch die Artenvielfalt gefährdet.

Versorgung mit Stoffen und Energie

Wir nehmen Nährstoffe mit der Nahrung auf und atmen Sauerstoff ein. Nur so erhalten wir genügend Energie für alle geistigen und körperlichen Tätigkeiten. Doch wie erschließt sich der Körper Energie?

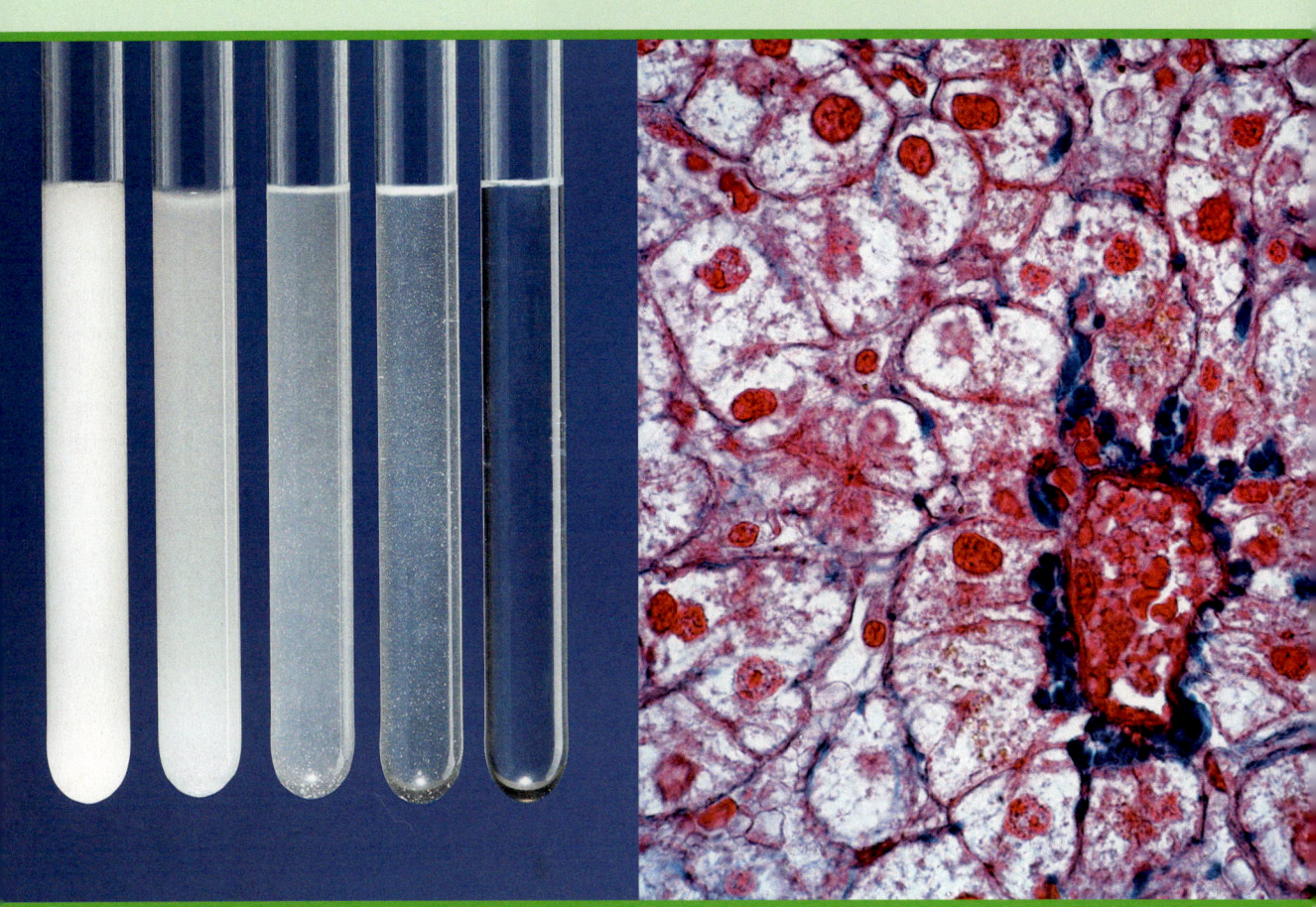

Gibt man Quark in Wasser, entsteht eine milchig-trübe Lösung. Ein Stoff der Bauchspeicheldrüse bewirkt, dass die Trübung binnen 10 Minuten verschwindet. Was hat das mit Verdauung zu tun?

Lebewesen sind äußerst vielgestaltig. Alle Lebewesen bestehen aus Millionen ganz kleiner Einheiten, den Zellen. Wie kann aus Zellen ein so komplexer Organismus wie der Mensch entstehen?

Der Blutkreislauf

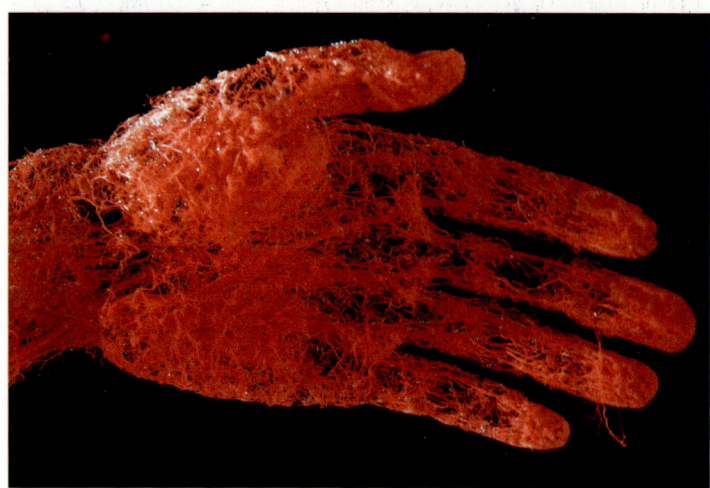

1 Präparierte Blutgefäße der Hand

Die Blutgefäße durchziehen den Körper wie ein Straßennetz. Nimmt man alle Blutgefäße zusammen, ergibt sich eine Strecke von etwa 100 000 km. Wie ist
5 **dieses System aufgebaut?**

Arterien • Das Blut mit den darin gelösten Stoffen wird in den Arterien vom Herzen weg zu den Organen befördert. Sie bestehen aus drei Schichten.
10 Die mittlere Schicht ist eine dicke Mus-

kelschicht. Die Arterienwand ist stark dehnbar und widersteht dem hohen Blutdruck, der bei jedem Herzschlag entsteht. Auf dem Weg durch den Kör-
15 per verzweigen sich die Arterien. Dabei werden sie mit jeder Verzweigung dünner. Man bezeichnet sie als Arteriolen. Sie bilden den Übergang zu den Kapillaren.

20 **Venen •** Das Blut wird in den Venen zum Herzen hin transportiert. Sie bestehen auch aus drei Schichten. Jedoch sind die Venenwand und die Muskelschicht dünner als bei einer
25 gleich großen Arterie, weil der Blutdruck hier viel niedriger ist. Die Venen besitzen sogenannte Venenklappen. Diese wirken wie ein Ventil und öffnen sich nur in eine Richtung. Sie verhin-
30 dern so den Rückfluss des Blutes.

Kapillaren • Die Kapillaren bilden den größten Teil des Blutkreislaufs. Sie werden auch als Haargefäße bezeichnet. Die Kapillaren sind nur 0,01 mm dick

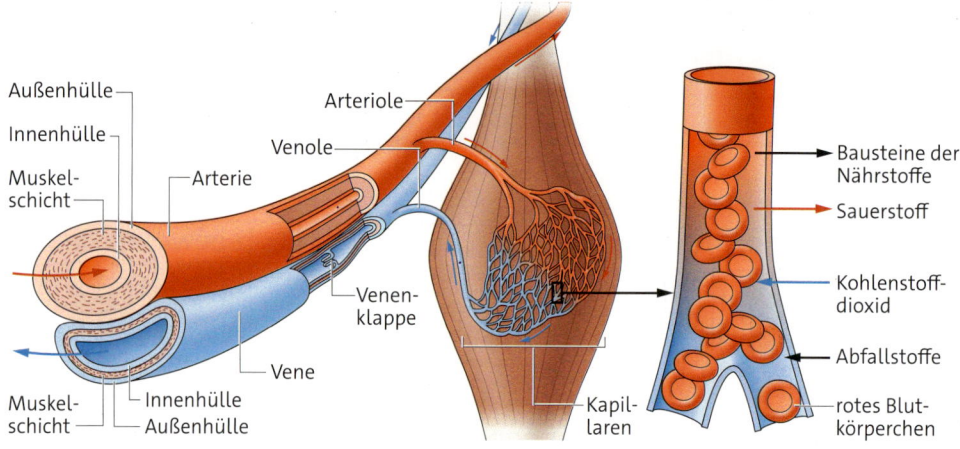

2 Blutgefäße und Stoffaustausch am Muskel

und umschließen die Organe vollständig. Hier findet der Stoff- und
Gasaustausch statt. Dafür besitzen
sie eine dünne Kapillarwand.

Körperkreislauf • Der Blutkreislauf im
menschlichen Körper besteht aus zwei
getrennten Kreislaufsystemen, dem
Körper- und dem Lungenkreislauf. Das
Herz pumpt das sauerstoffreiche Blut
in die Hauptschlagader, die Aorta. Sie
leitet das Blut über weitere Arterien
und dünnere Arteriolen zu den Kapillaren, wo der Gas- und Stoffaustausch
stattfindet. Sauerstoff und Nährstoffbausteine gelangen in die Zellen, Kohlenstoffdioxid und Abfallstoffe entge-
gengesetzt ins Blut. → 2 Das nun
sauerstoffarme Blut mündet über die
abführenden Kapillaren in die Venolen,
fließt von hier aus weiter in die obere
und untere Hohlvene und dann schließlich aus dem Körperkreislauf zum Herzen zurück. Durch diesen Kreislauf wird
auch Wärme im Körper verteilt.

Lungenkreislauf • Das Herz pumpt
sauerstoffarmes Blut in die Lungenarterie, die das Blut weiter in die
Kapillaren der Lunge leitet, wo der
Gasaustausch stattfindet. Sauerstoff
wird aufgenommen und Kohlenstoffdioxid wird abgegeben und ausge-
atmet. Die Lungenvene transportiert
das sauerstoffreiche Blut zurück zum
Herzen. → 3

> Der Blutkreislauf des Menschen ist
> in den Körper- und Lungenkreislauf
> getrennt.

die Arterie
die Vene
die Kapillare
der Körperkreislauf
der Lungenkreislauf

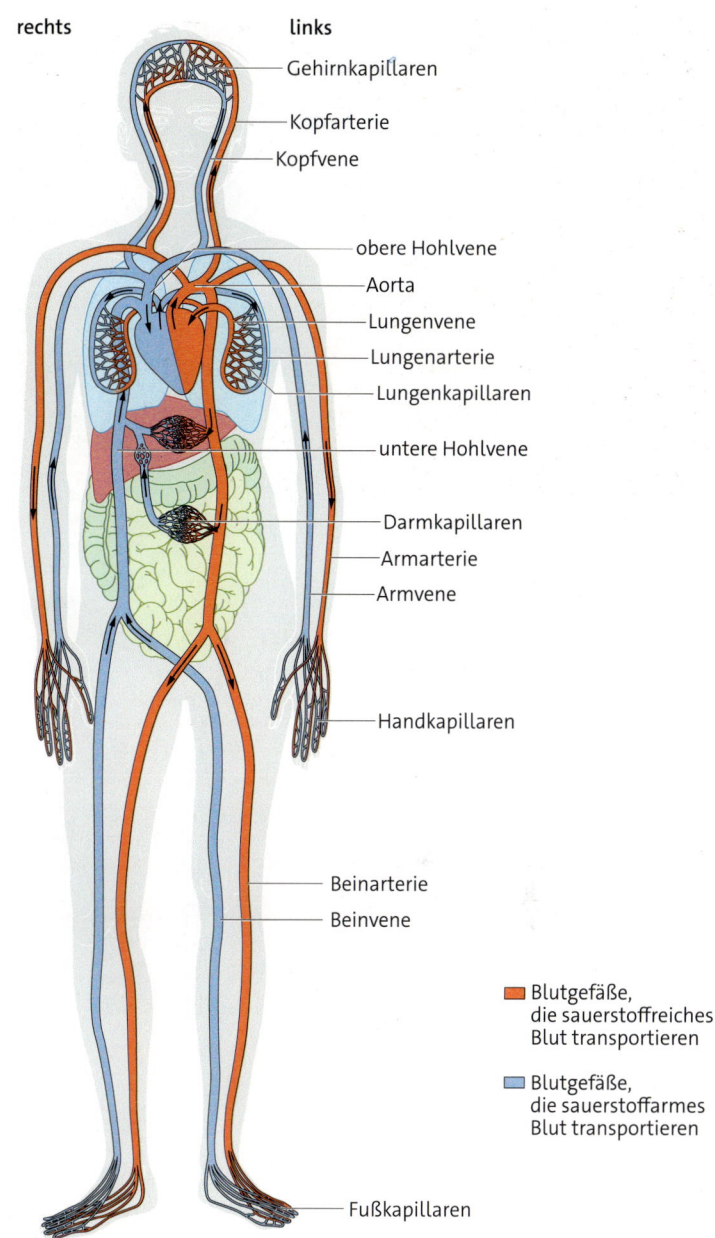

rechts   links

Gehirnkapillaren
Kopfarterie
Kopfvene

obere Hohlvene
Aorta
Lungenvene
Lungenarterie
Lungenkapillaren

untere Hohlvene

Darmkapillaren
Armarterie
Armvene

Handkapillaren

Beinarterie
Beinvene

■ Blutgefäße,
die sauerstoffreiches
Blut transportieren

■ Blutgefäße,
die sauerstoffarmes
Blut transportieren

Fußkapillaren

3 Der Blutkreislauf des Menschen

Aufgabe

1 🖉 Beschreibe mithilfe von Bild 2
den Stoffaustausch am Muskel.

Der Blutkreislauf

Der Blutkreislauf

1 ○ Nenne die Funktionen des Blutkreislaufs.

2 ○ Benenne die mit den Ziffern 1–5 gekennzeichneten Teile des Blutkreislaufs.

3 ◐ Fertige mithilfe von Bild 1 ein Flussdiagramm an, das den Weg eines Blutkörperchens durch den Blutkreislauf abbildet. (Beachte dabei, dass an einer Stelle im Kreislauf mehrere Wege möglich sind.)

4 In Bild 1 ist auch die durchschnittliche Durchblutung einzelner Organe in Litern pro Minute dargestellt. Die Werte gelten bei einem ruhenden Körper.

a ◐ Erstelle aus den Werten ein Säulendiagramm.

b ◐ Stelle Vermutungen für den hohen Wert der Lunge an.

c ● Stelle eine Vermutung an, wie sich die Werte der Durchblutung bei einem Fußballspiel und bei einer Klassenarbeit verändern.

d ● „Ein voller Bauch studiert nicht gern." Erkläre diesen Sachverhalt.

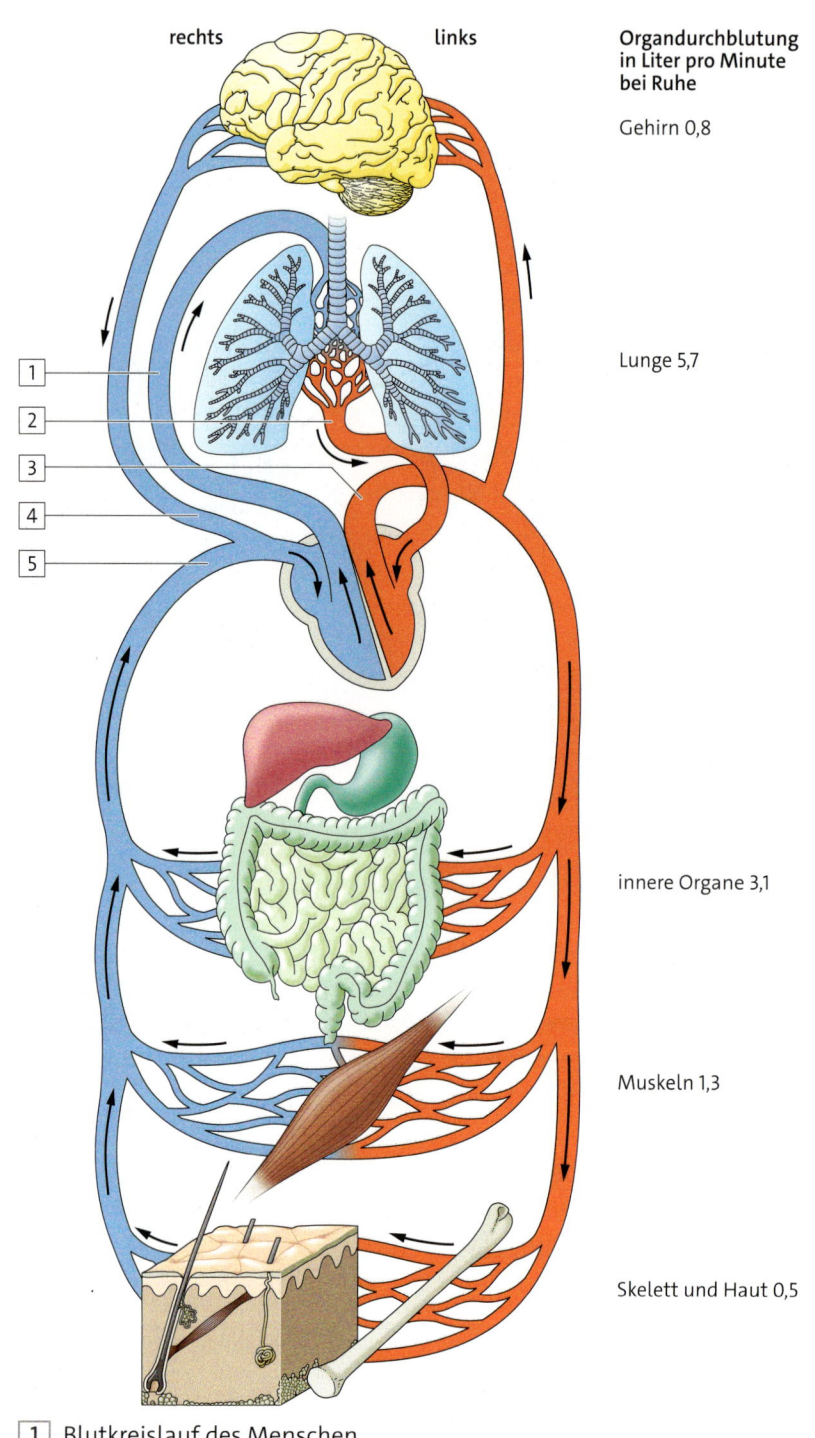

rechts links

Organdurchblutung in Liter pro Minute bei Ruhe

Gehirn 0,8

Lunge 5,7

innere Organe 3,1

Muskeln 1,3

Skelett und Haut 0,5

1 Blutkreislauf des Menschen

Material B

Armkreisen

1 Beginne mit einem Arm zu kreisen und lass den zweiten locker hängen.

a ○ Beschreibe, was du spürst.

b ○ Vergleiche deine Beobachtung mit den Wärmebildaufnahmen. → 2

2 Finde eine Erklärung für deine Beobachtung mithilfe von Bild 4.

a ◐ Vergleiche die im Schema dargestellten Durchmesser der Blutgefäße.

b ● Erkläre mithilfe der beiden Schemata, wie es zu den Ergebnissen deines Selbstversuchs kommt.

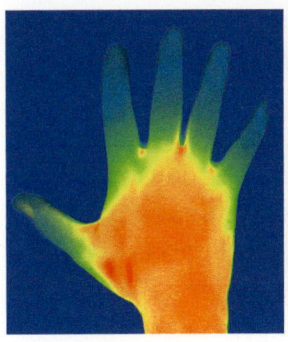

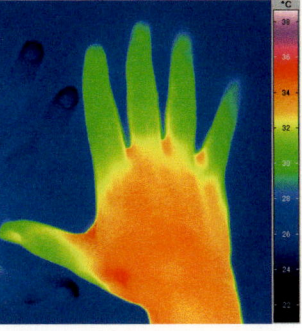

2   vor dem Versuch

3   nach dem Versuch

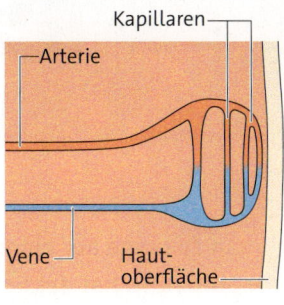

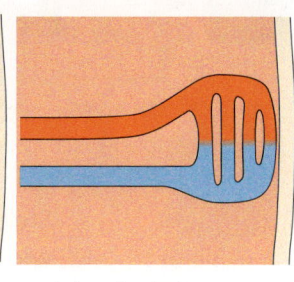

Kapillaren

Arterie

Vene   Hautoberfläche

vor dem Armkreisen   nach dem Armkreisen

4   Durchblutung an der Hautoberfläche der Hand

Material C

Blutgefäße

Die Blutgefäße sind unterschiedlich aufgebaut.

1 ○ Benenne die mit Ziffern gekennzeichneten Teile der Blutgefäße.

2 ◐ Erkläre, weshalb Arterien und Venen unterschiedlich gebaut sein müssen.

3 ◐ Vermute, wodurch der Stoffaustausch an der Kapillare ermöglicht wird. → 5

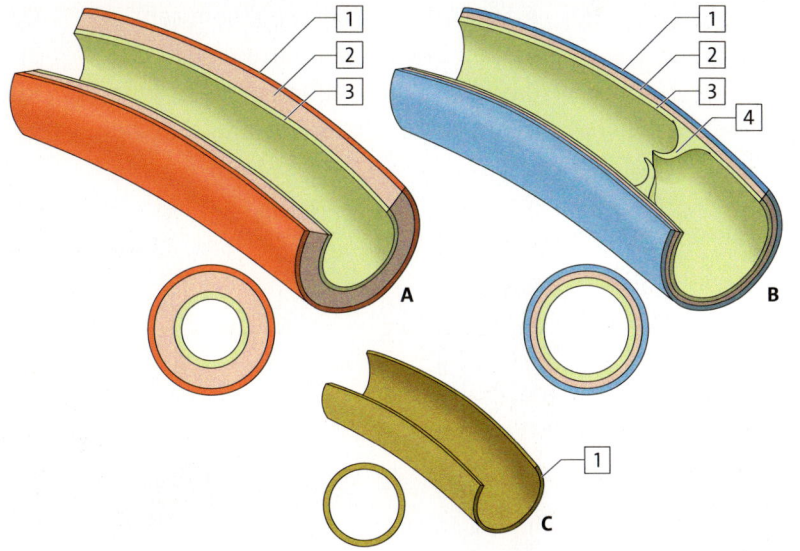

5   Blutgefäße: **A** Arterie, **B** Vene, **C** Kapillare

Blutfluss in Arterien und Venen

1 Bewusstloser Wachsoldat

Steht man zu lange auf einer Stelle, wie der Soldat, so hat das Folgen. Warum wurde er bewusstlos?

Arterienpumpe • Die Arterien zeichnen
5 sich durch ihre besonders dicke Muskelschicht aus. Wenn sich das Herz zusammenzieht, presst es das Blut in die Arterien. Diese müssen einem sehr großen Druck standhalten. Während
10 das Blut in die Arterien gepresst wird, dehnt sich die Arterienwand für einen kurzen Moment aus. Kurz danach zieht sie sich wieder zusammen und drückt so das Blut weiter durch die Arterie.
15 Dadurch wird ein ununterbrochener, gleichmäßiger Blutfluss ermöglicht. Man bezeichnet dies als Arterienpumpe. Oft liegen die Venen direkt neben den Arterien. Wenn sich die
20 Arterie durch die Druckwelle des Pulses ausdehnt, drückt die ausdehnende Arterienwand auf die Vene und drückt so das Blut in den Venen weiter. ➙ 2

Muskel-Venen-Pumpe • Je weiter sich
25 das Blut auf dem Weg durch den Körper vom Herzen weg bewegt, desto schwächer wird der Blutdruck. Auf seinem Rückweg von den Füßen durch die Venen muss es zusätzlich gegen
30 die Schwerkraft arbeiten, weshalb die Venen über Venenklappen verfügen. Durch An- und Entspannung der benachbarten Muskeln wird das Blut Stück für Stück nach oben geschoben.
35 Die Venenklappen öffnen sich nur in eine Richtung und verhindern so einen Rückfluss des Blutes. Dieses Prinzip wird als Muskel-Venen-Pumpe bezeichnet. Bewegungen unterstützen
40 den Bluttransport. Bleibt man jedoch zu lange stehen, befindet sich zu viel Blut in den Beinen. Das Herz hat zu wenig Blut für die Versorgung des Gehirns zur Verfügung – Bewusstlosig-
45 keit kann eintreten. ➙ 1

> **Arterienpumpe und Muskel-Venen-Pumpe ermöglichen einen gleichmäßigen Blutfluss.**

Arterienwand

Druck

Fließrichtung des Blutes

geöffnete Venenklappe

geschlossene Venenklappe

A　　**B**

2 A Arterienpumpe, **B** Muskel-Venen-Pumpe

Material A

Erkrankungen des Herz-Kreislauf-Systems

A Krampfadern Bei Bewegungsmangel kann der Blutfluss in den Venen so gering sein, dass in den Unterschenkeln nicht viel Blut bewegt wird und daher in den Venen bleibt. Die Venen erweitern sich so stark, dass die Venenklappen nicht mehr dicht schließen. Man erkennt die Vene als dicke, geschlängelte bläuliche Ader, die durch die Haut schimmert.

B Thrombose Das Blut kann in den Krampfadern feste Verklumpungen, die Blutgerinnsel, bilden, weil das Blut nicht schnell genug fließt. Dies führt zu einer Verstopfung der Vene. Man spricht von einer Thrombose. Wenn sich die Blutgerinnsel ablösen und mit dem Blutstrom in die Kapillarnetze gelangen, kann dies zu lebensgefährlichen Durchblutungsstörungen von Organen führen.

C Arteriosklerose An den Arterienwänden kann es zu Kalk- und Fettablagerungen kommen. Die Ablagerungen verhärten die Arterien. Diese Erkrankung der Arterienwände nennt man Arterienverkalkung oder Arteriosklerose. Vor allem Raucher stellen eine Risikogruppe dar. Die Arterienwände können spröde werden und einreißen. Verkalkungen der Herzkranzgefäße sind besonders gefährlich. Verstopft ein Herzkranzgefäß, erhält der Teil des Herzens kein Blut und damit keinen Sauerstoff. Die betroffenen Muskelzellen sterben ab. Man spricht dann von einem Herzinfarkt.

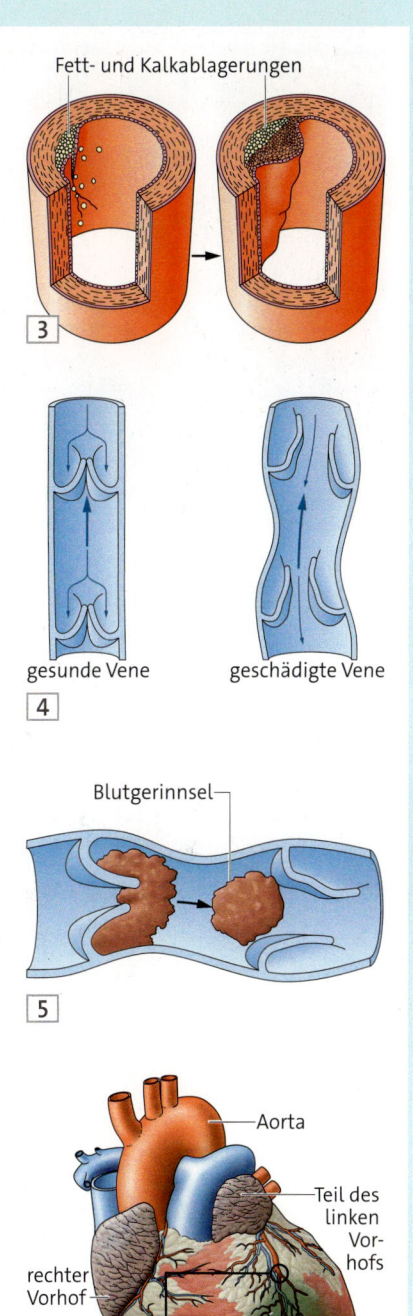

Fett- und Kalkablagerungen

3

gesunde Vene   geschädigte Vene

4

Blutgerinnsel

5

Aorta

Teil des linken Vorhofs

rechter Vorhof

abgestorbener Bereich

6

Viele Menschen in Deutschland leiden an Erkrankungen des Herz-Kreislauf-Systems. Häufige Ursachen sind falsche Ernährung, mangelnde Bewegung oder auch Rauchen.

1 ○ Lies die Texte A–C. Ordne die beschriebenen Erkrankungen den Bildern 3–6 zu.

2 ◐ Erkläre, ob in Krampfadern Blut aus den Beinen nach oben befördert werden kann.

3 ◐ Erkläre, wie es zu einem Herzinfarkt kommt.

4 ◐ Überlege dir Maßnahmen, um den beschriebenen Erkrankungen vorzubeugen.

Das Herz – Motor des Menschen

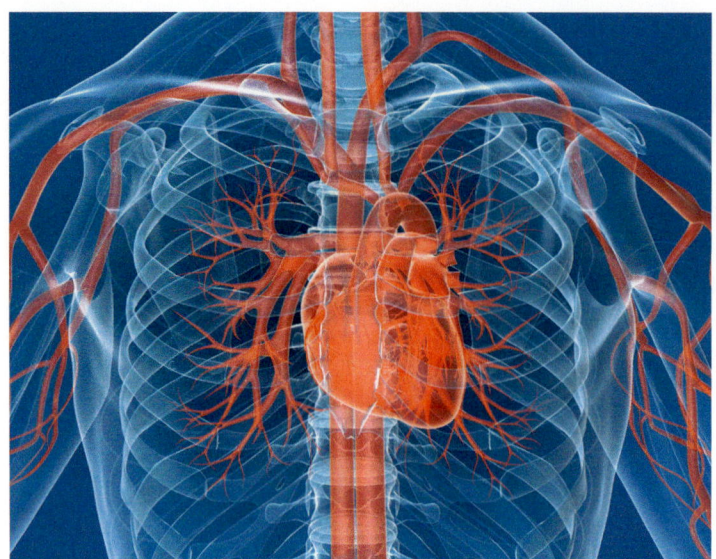

1 Das Herz im Brustraum

Das Herz pumpt das Blut durch den Körper und versorgt dadurch unseren Körper mit allen wichtigen Stoffen. Es schlägt etwa 100 000-mal am Tag.
₅ **Wie wird der Herzschlag gesteuert?**

Bau des Herzens • Das etwa faustgroße Herz liegt im Brustkorb zwischen und teilweise unter den Lungenflügeln. Es ist ein muskulöses Hohlorgan, das
₁₀ durch die Herzscheidewand in zwei Herzhälften getrennt ist. Jede Hälfte besteht aus einem Vorhof und einer Herzkammer, die über Herzklappen verbunden sind. Wie jeder Muskel be-
₁₅ nötigt auch das Herz Energie, um seine Arbeit zu verrichten. Daher ist es von einem Geflecht aus Blutgefäßen durchzogen. Man bezeichnet sie als Herzkranzgefäße. Sie bringen Sauerstoff
₂₀ und Nährstoffe zum Herzen und führen Kohlenstoffdioxid und Abfallstoffe weg. Für den Körperkreislauf muss

mehr Druck erzeugt werden als für den Lungenkreislauf. Das Blut muss
₂₅ durch die Aorta in den ganzen Körper gepumpt werden. Der Herzmuskel ist daher auf der linken Seite stärker und dicker als auf der rechten.

Herzschlag • Das Herz ist der „Motor"
₃₀ des Blutkreislaufs. Ein Herzstillstand führt daher zu einem Kreislaufstillstand. Das ist lebensgefährlich. Deshalb muss das Herz ununterbrochen arbeiten und darf nicht ausfallen. Das Herz schlägt in
₃₅ Ruhe etwa 70-mal pro Minute. Es pumpt dabei etwa 70 mL Blut pro Herzschlag. Man bezeichnet dies als Herzschlagvolumen. So werden jeden Tag etwa 7 000 Liter Blut durch die beiden Herz-
₄₀ kammern bewegt.

Herzfrequenz • Die Häufigkeit der Herzschläge pro Minute bezeichnet man als Herzfrequenz. Bei körperlicher Belastung muss das Herz häufiger
₄₅ schlagen, da die Muskeln mehr Sauerstoff und Nährstoffe benötigen.

Natürlicher Herzschrittmacher • Ein Teil des Herzens, der sogenannte Sinusknoten, ist in der Lage, elektrische
₅₀ Impulse selbst zu erzeugen. Diese Impulse werden dann über den AV-Knoten zu den Herzmuskeln geleitet, die sich daraufhin zusammenziehen. Der Sinusknoten gibt so die Taktung des
₅₅ Herzschlags vor. Er ist also ein natürlicher Herzschrittmacher. Die Steuerung der Herztätigkeit ist nicht dem bewussten Willen unterworfen und wird aber vom Nervensystem beeinflusst.

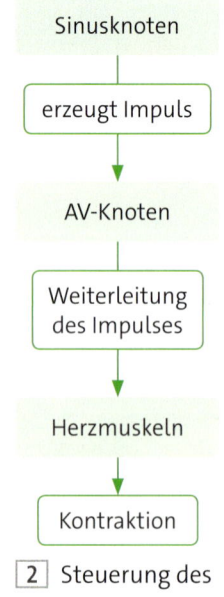

Sinusknoten

↓

erzeugt Impuls

↓

AV-Knoten

↓

Weiterleitung des Impulses

↓

Herzmuskeln

↓

Kontraktion

2 Steuerung des Herzschlags

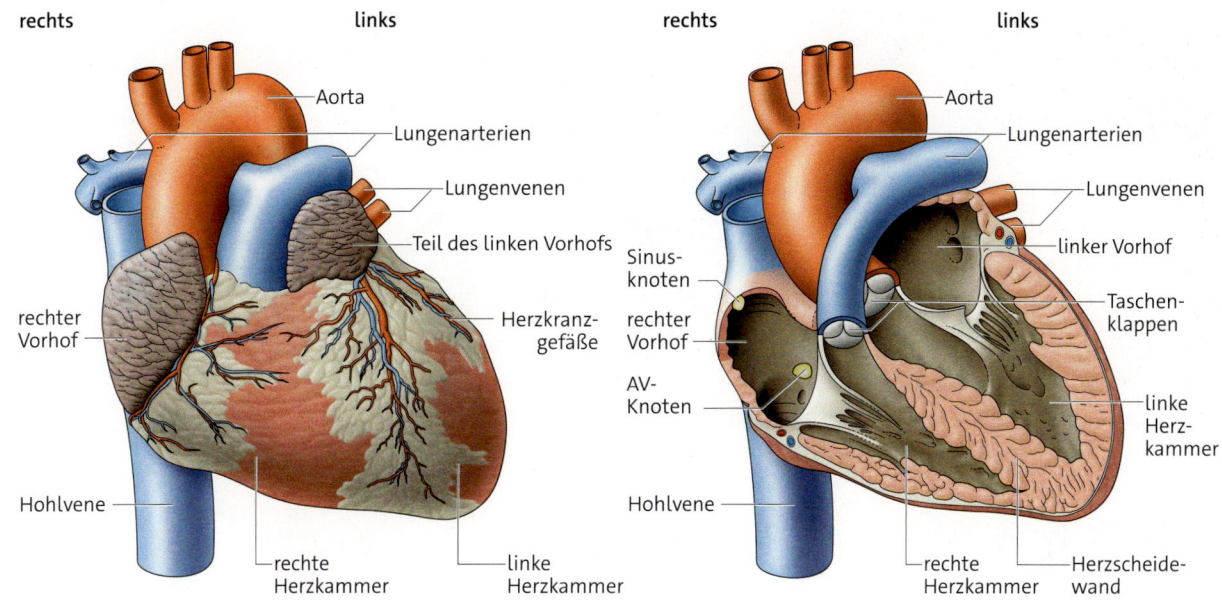

rechts · links · rechts · links

Aorta
Lungenarterien
Lungenvenen
Teil des linken Vorhofs
Sinus-knoten
rechter Vorhof
Herzkranz-gefäße
AV-Knoten
linker Vorhof
Taschen-klappen
linke Herz-kammer
Hohlvene
rechte Herzkammer
linke Herzkammer
Herzscheide-wand

3 Aufbau des Herzens: **A** von außen, **B** von innen

60 **Der Weg des Blutes durch das Herz •**
Über die Hohlvene wird das sauerstoffarme Blut aus dem Körper in den rechten Vorhof gesaugt. Von dort gelangt
das Blut in die rechte Herzkammer.
65 Beim Zusammenziehen der rechten
Herzkammer wird das dort enthaltene
Blut über die Lungenarterie in die Lunge gedrückt und dort mit Sauerstoff
angereichert. Die Lungenvene trans-
70 portiert das nun sauerstoffreiche Blut
in den linken Vorhof des Herzens. Von
dort gelangt das Blut in die linke Herzkammer. Die linke Herzkammer zieht
sich zusammen und drückt dadurch
75 das Blut in die Aorta und von hier in
den ganzen Körper.
Die Saugwirkung der Vorhöfe und die
Druckwirkung der beiden Herzkammern laufen jeweils gleichzeitig ab.
80 Das Herz arbeitet daher wie eine doppelte Saug-Druck-Pumpe.

Herzklappen • Damit das Blut immer
nur in eine Richtung fließt, gibt es im
Herzen 4 Ventile, die Herzklappen.
85 Die beiden Segelklappen befinden
sich zwischen den Vorhöfen und den
Herzkammern. Die beiden Taschen-
klappen befinden sich zwischen den
Herzkammern und ihrer jeweiligen
90 Ausströmöffnung. Sie verhindern ein
Zurückfließen von Blut ins Herz.

Das Herz besteht aus zwei Herzhälften und stellt das Zentrum des Kreis-
laufsystems dar. Es arbeitet ununterbrochen, um den Körper durch das
Blut mit Sauerstoff zu versorgen.

Aufgabe

1 ◐ Beschreibe anhand von Bild 2,
wie der Herzschlag gesteuert wird.

Das Herz – Motor des Menschen

Blutfluss im Herz

> **A** Vom rechten Vorhof gelangt das Blut zur rechten Herzkammer.
>
> **B** Sauerstoffarmes Blut wird aus dem gesamten Körper aus den Venen in den rechten Vorhof gesaugt.
>
> **C** Über die Lungenarterie kommt das Blut in die Lunge, wo es mit Sauerstoff angereichert wird.
>
> **D** Über die Aorta gelangt das sauerstoffreiche Blut in den gesamten Körper.
>
> **E** Sauerstoffreiches Blut wird aus der Lungenvene in den linken Vorhof gesaugt.
>
> **F** Vom linken Vorhof gelangt das Blut zur linken Herzkammer.

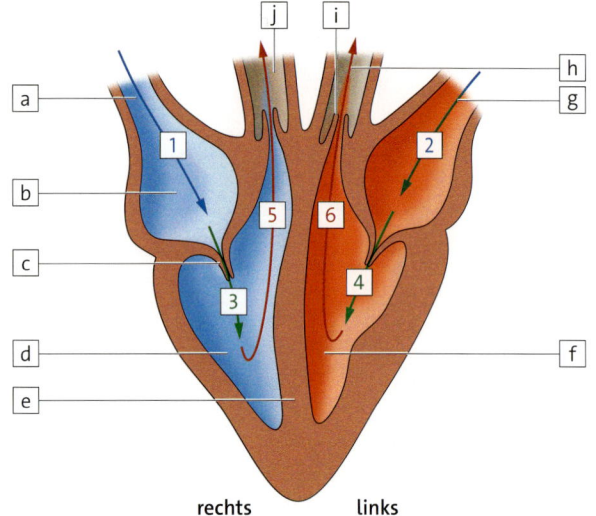

1 Der Weg des Blutes durch das Innere des Herzens

1 Betrachte Bild 1.

a ○ Benenne die Teile a–j des Herzens.

b ○ Ordne den Pfeilen die entsprechenden Beschreibungen A–F zu.

c ◐ Erkläre, welche Vorgänge im Herzen gleichzeitig ablaufen.

Herz von innen

1 ○ Benenne die mit Ziffern gekennzeichneten Teile des Herzens. → **2**

2 ◐ Erläutere die Funktionen der Herzklappen.

3 Einige Menschen haben von Geburt an ein Loch in der Herzscheidewand.

a ◐ Beschreibe mögliche Folgen für den Blutkreislauf.

b ● Stelle Vermutungen an, welche Auswirkungen das auf ihren Alltag hat.

4 ◐ Erkläre, weshalb der Muskel der linken Herzwand dicker ist als der Muskel der rechten.

5 ● Erläutere, welche Folgen auftreten, wenn die Segelklappen nicht mehr richtig schließen.

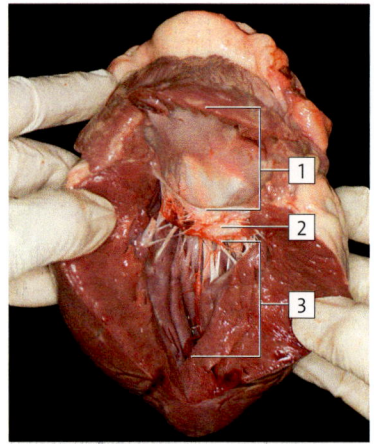

2 Herzhälfte seitlich aufgeschnitten

Auswirkungen von Sport auf das Herz

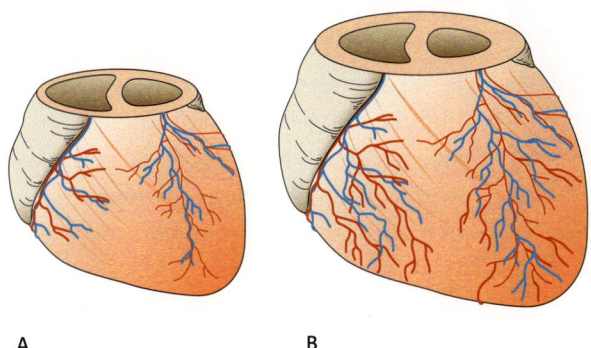

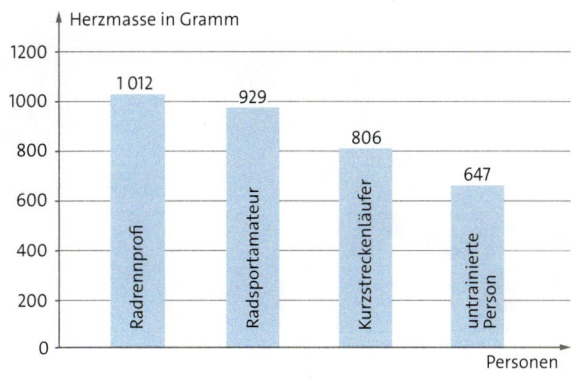

3 Herzmuskel von **A** Untrainierten und **B** Trainierten

4 Herzmassen verschiedener Personen

1 ○ Vergleiche die beiden Herzmuskeln. → 3

2 ◑ Vergleiche die Herzmassen der verschiedenen Personen. → 4

3 ◑ Erkläre, was man unter Herzschlagvolumen versteht.

4 ◑ Berechne das Herzminutenvolumen bei einer untrainierten Person im ruhenden Zustand und bei Belastung. Beachte den Hinweis. → 5

5 ◑ Berechne das Herzminutenvolumen bei einem Leistungssportler im ruhenden Zustand und bei Belastung. → 5

6 Vergleiche deine errechneten Werte.
a ◑ Ergänze die Tabelle in deinem Heft, indem du die verschiedenen Herzminutenvolumina einträgst.
b ◑ Werte die Tabelle aus.

7 ● Erkläre, warum das Herz des Radrennprofis in Ruhe weniger häufig schlägt als bei einem Untrainierten.

8 ● Erkläre, welche Auswirkungen die erhöhte Herzmasse auf die Sauerstoffversorgung des Leistungssportlers hat.

Hinweis: Herzminutenvolumen (Milliliter pro Minute) = Herzschlagvolumen in Milliliter × Herzschläge pro Minute

	Untrainierte Person		Leistungssportler	
	ruhend	belastet	ruhend	belastet
Herzschlagvolumen in Milliliter	70	70	125	125
Herzschläge pro Minute	70	130	40	130
Gesamtes Blutvolumen in Liter	6	6	6	6
Herzminutenvolumen in Milliliter pro Minute	...	...	...	...

5 Werte des Herzen bei einem Untrainierten und einem Leistungssportler im Vergleich

Der Herzzyklus – so arbeitet das Herz

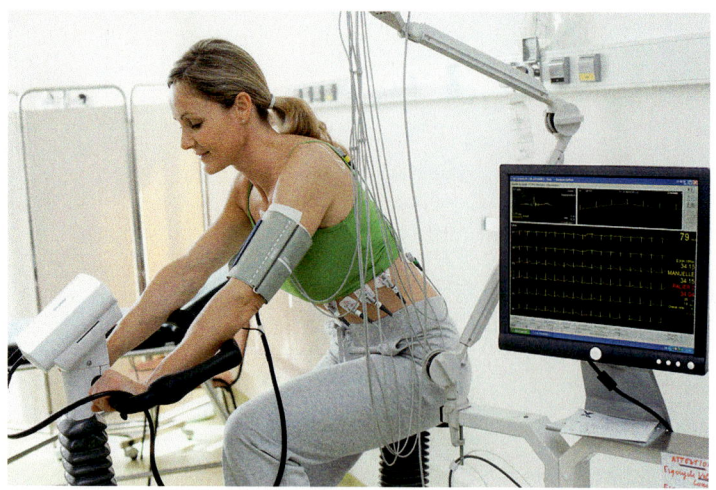

Patientin beim EKG (Elektrokardiogramm)

Mithilfe von Elektroden, die während eines EKG auf die Haut geklebt werden, kann das Herz untersucht werden. Wie funktioniert das?

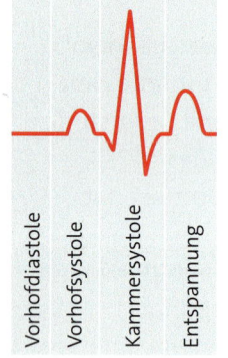

Vorhofdiastole | Vorhofsystole | Kammersystole | Entspannung

[2] Schema eines EKG

5 **EKG** • Die Abkürzung EKG steht für den Begriff Elektrokardiogramm. Das ist die Aufzeichnung der sich wiederholenden elektrischen Aktivität des Herzens. Dieser Herzzyklus läuft in beiden Herz-10 hälften gleichzeitig ab und dauert nur eine Sekunde. Jedem Zusammenzie-hen der Herzmuskeln geht dabei ein elektrischer Impuls voraus, der sich in bestimmten Herzregionen ausbreitet. 15 Diese Impulse sind als Zacken im EKG zu sehen.

Füllungsphase • Die beiden entspann-ten Vorhöfe füllen sich mit Blut. Dabei fließt Blut aus der Hohlvene in den 20 rechten Vorhof und Blut aus der Lun-genvene in den linken Vorhof. Das Fachwort für das Entspannen der bei-den Vorhöfe ist Vorhofdiastole.

Anspannungsphase • Elektrische Im-25 pulse vom Sinusknoten bewirken ein Zusammenziehen der beiden Vorhöfe. Dadurch wird das Blut aus dem rechten Vorhof in die rechte Herzkammer, das Blut aus dem linken Vorhof in die linke 30 Herzkammer gepresst. Der elektrische Impuls in den beiden Vorhöfen ist im EKG als erste kleine Zacke zu sehen.
→ [2] Das Zusammenziehen der bei-den Vorhöfe nennt man Vorhofsystole.

35 **Austreibungsphase** • Die vom Sinus-knoten und AV-Knoten abgegebenen Impulse breiten sich großflächig über alle Muskelfasern beider Herzkammern in alle Richtungen aus. Deshalb sind sie 40 im EKG als mehrere Zacken zu sehen, die nach oben und unten zeigen. Diese Impulse bewirken ein kräftiges Zusam-menziehen der beiden Herzkammern. Dadurch wird das Blut aus der rechten 45 Herzkammer in die Lungenarterie, das Blut aus der linken Herzkammer in die Aorta gepresst. Das Fachwort für das Zusammenziehen der beiden Herz-kammern ist Kammersystole. Die an-50 schließende schnelle Entspannung der Herzmuskeln der Herzkammern ist als letzte Zacke im EKG zu sehen.

> Der Herzzyklus kann in Vorhof-diastole, Vorhofsystole und Kammersystole unterteilt werden.

Aufgabe

1 ● Erkläre, warum die Füllungsphase nicht als Zacke im EKG erscheint.

Material A

Herzzyklus

1 🖋 Betrachte das Bild und ordne die Beschreibungen A–D den Phasen des Herzzyklus zu.

2 Die Arbeitsphasen des Herzens laufen parallel in beiden Herzhälften ab. 🖋 Erkläre die Bedeutsamkeit dieses Ablaufs.

3 🖋 Zeichne das EKG vollständig ab und beschrifte es mit den Fachbegriffen der drei Phasen.

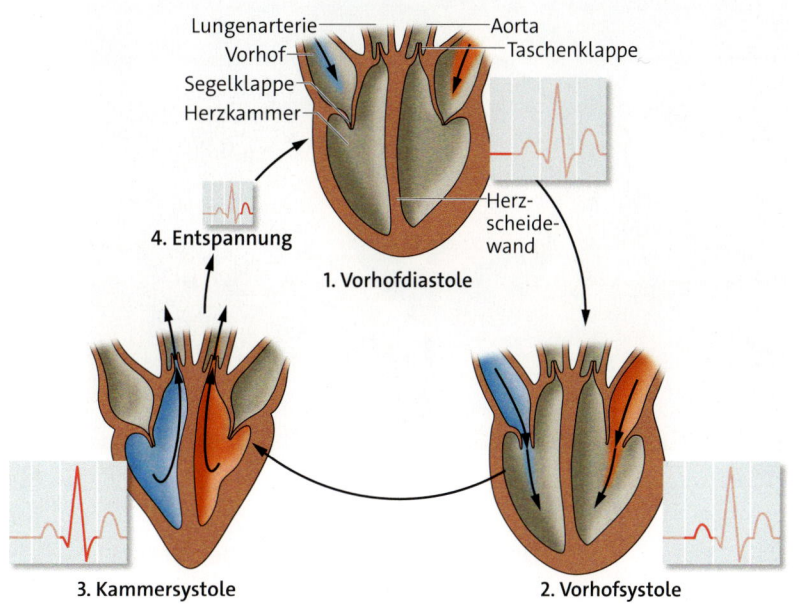

1. Vorhofdiastole

2. Vorhofsystole

3. Kammersystole

4. Entspannung

Lungenarterie — Aorta — Taschenklappe — Vorhof — Segelklappe — Herzkammer — Herzscheidewand

3 Herzzyklus

A Blut wird von den Vorhöfen in die Herzkammern gepresst.	**B** Durch das Schließen der Taschenklappen wird ein Rückfluss in die Herzkammern verhindert.
C Blut wird von den Herzkammern in Aorta und Lungenarterie gepresst.	**D** Blut gelangt von Körper und Lunge in die Vorhöfe.

Material B

Kammerflimmern

1 🖋 Vergleiche die beiden Elektrokardiogramme.

2 ● Stelle Vermutungen an, wie es zu einem Kammerflimmern kommt.

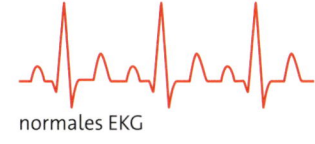

normales EKG

Kammerflimmern

4 Elektrokardiogramme

Kammerflimmern ist eine Herzrhythmusstörung, bei der der Herzmuskel nicht mehr richtig kontrahiert. Die Pumpleistung des Herzens sinkt. Unbehandelt führt es zum Kreislaufstillstand.

5

Das Blut und seine Bestandteile

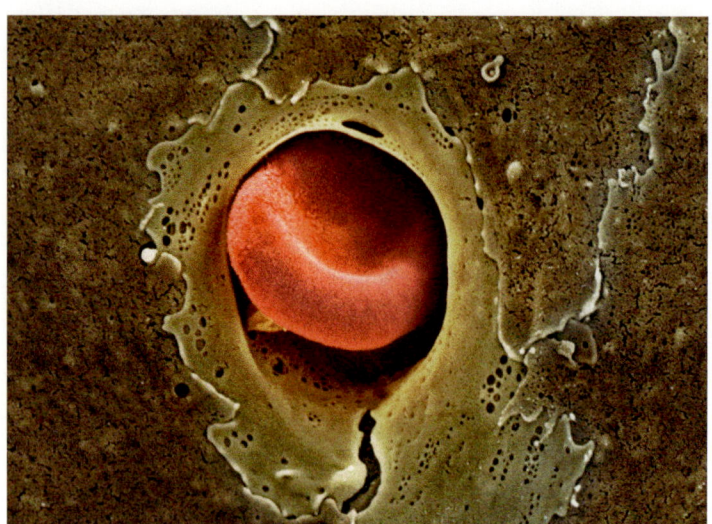

1 Erythrozyt auf dem Weg durch eine Kapillare

Der Körper eines Erwachsenen besitzt etwa 6 Liter Blut. Es übernimmt viele Aufgaben im Körper. So ist es sowohl für den Stofftransport, die Abwehr von
5 Krankheitserregern als auch für den Wundverschluss zuständig. Wer genau übernimmt all diese Aufgaben?

Wärmetransport • Auf dem Weg durch den Körper fließt das Blut immer wie-
10 der durch die Leber. Dort ist die Temperatur etwa 1 bis 2 °C höher als im restlichen Körper. Dadurch wird das Blut erwärmt. Auch in den Muskeln wird Wärme erzeugt. Die in der Leber und
15 in den Muskeln aufgenommene Wärme wird dann durch den Körper transportiert. Durch die Zirkulation des Blutes im Blutkreislauf erhält sich der Körper seine gleichbleibende
20 Körpertemperatur von etwa 37 °C.

Blutplasma • Blut ist ein Gemisch aus flüssigen und festen Bestandteilen. Lässt man frisches Blut eine Zeit lang stehen, so setzen sich die festen Be-
25 standteile, die Blutzellen, nach unten ab. Sie bilden eine feste dunkelrote Masse. Darüber befindet sich das leicht gelbliche Blutplasma. → 2 Das Blutplasma besteht zum größten
30 Teil aus Wasser. Es hat die Aufgabe, Nährstoffe, Vitamine, Mineralstoffe, Hormone, Gerinnungsstoffe und Abfallstoffe des Körpers zu den Zielorten zu befördern. Im Blutplasma schwim-
35 men die Blutzellen. Man kann drei Typen von Blutzellen unterscheiden.

Rote Blutzellen • Sie werden auch Erythrozyten genannt und zeichnen sich durch ihre scheibenförmige Ge-
40 stalt aus. Sie sind sehr verformbar und können so auch durch die kleinsten Blutgefäße, die Kapillaren, transportiert werden. → 1 Sie werden im roten Knochenmark gebildet und haben
45 eine Lebensdauer von etwa 120 Tagen.

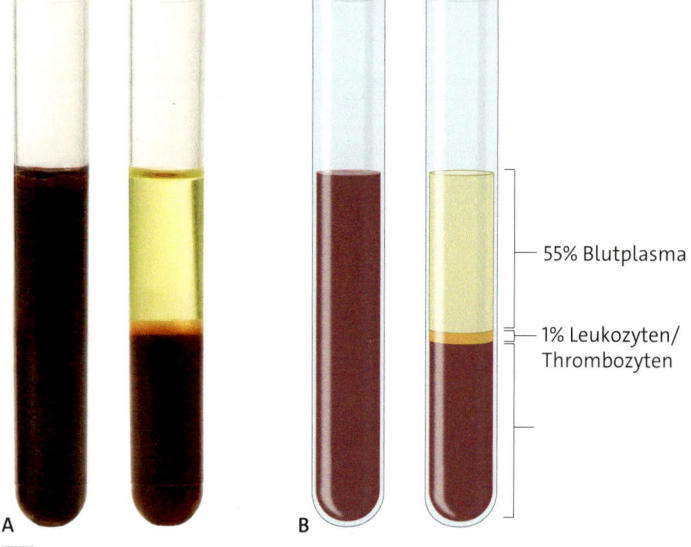

55% Blutplasma

1% Leukozyten/ Thrombozyten

A   B
2 Blutsenkung: **A** Echtbild, **B** schematisch

Ihre Hauptaufgaben sind der Transport von Sauerstoff von den Lungenbläschen in die Zellen sowie der Transport von Kohlenstoffdioxid von den Zellen in die Lunge.

Hämoglobin • Für die rote Färbung der Erythrozyten ist ihr roter Blutfarbstoff, das Hämoglobin, verantwortlich. Der Sauerstoff bindet sich an das Hämoglobin und kann so zu den Zellen transportiert werden. Durch ihre eingedellte Form haben die Erythrozyten eine große Oberfläche. Da ihnen auch ein Zellkern fehlt, haben sie in ihren Zellen zusätzlich Platz für Hämoglobin. Somit kann viel Sauerstoff aufgenommen und zu den Zellen transportiert werden. Auf dem Weg durch den Körper passieren die Erythrozyten regelmäßig die Milz, wo gealterte Blutzellen abgebaut werden.

Die weißen Blutzellen • Diese Blutzellen werden auch als Leukozyten bezeichnet. Sie zeichnen sich durch ihre kugelförmige und unregelmäßige Gestalt aus. Sie werden im roten Knochenmark, in der Milz und in den Lymphknoten gebildet. Ihre Lebensdauer beträgt wenige Tage bis Jahre. Die Hauptaufgabe der Leukozyten besteht in der Bekämpfung von eingedrungenen Krankheitserregern. Sie sind Teil unseres Abwehrsystems. Gelangen zum Beispiel Bakterien durch offene Wunden in den Körper, können Leukozyten durch die Kapillaren in die benachbarten Gewebe eindringen und die Bakterien vernichten. ➔ 3 A

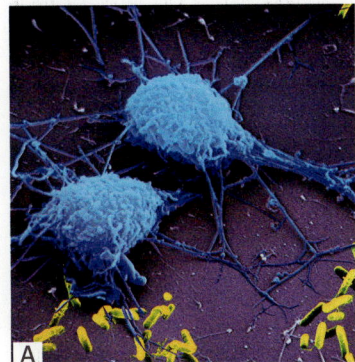 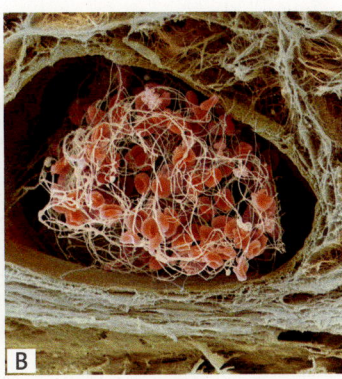

3 **A** Leukozyten bekämpfen Bakterien, **B** Blutpfropf

Die Blutplättchen • Die kleinsten Blutzellen werden auch als Thrombozyten bezeichnet. Sie besitzen eine unregelmäßige Gestalt und werden im roten Knochenmark gebildet. Sie haben nur eine kurze Lebensdauer von etwa 7 Tagen. Die Thrombozyten sorgen dafür, dass sich eine Wunde schließt. Sie sorgen für die Bildung eines Blutpfropfs, der aus Eiweißfäden und angelagerten Erythrozyten besteht. So wird ein verletztes Blutgefäß verschlossen, damit ein starker Blutverlust vermieden wird. ➔ 3 B

Das Blut besteht aus dem Blutplasma, den Erythrozyten, den Leukozyten und den Thrombozyten.

Aufgaben

1 ○ Nenne die Hauptaufgaben des Blutes.

2 ◐ Erkläre mithilfe von Bild 2, aus welchen Blutbestandteilen das Blut besteht.

Das Blut und seine Bestandteile

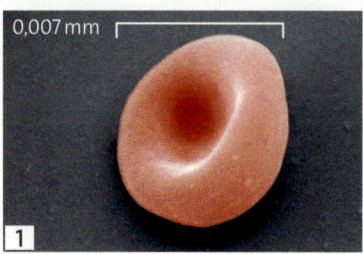

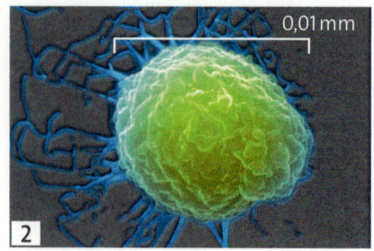

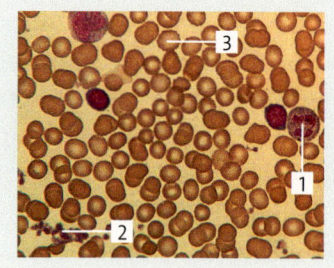

Die Blutzellen

1 Welche Blutzellen erkennst du in den elektronenmikroskopischen Bildern?
○ Benenne die Bilder 1–3 mit dem deutschen Begriff und dem Fachbegriff.

2 ○ Fertige Steckbriefe zu den einzelnen Blutbestandteilen an. Verwende dabei die Begriffe: Form, Bildungsort, Aufgabe und Lebensdauer.

3 ○ Betrachte Bild 4. Benenne die mit Ziffern gekennzeichneten Blutzellen und beschreibe das Blutbild. Beachte die Anzahl der Blutzellen.

4 ● Erkläre den Zusammenhang zwischen Struktur und Funktion der roten Blutzellen.

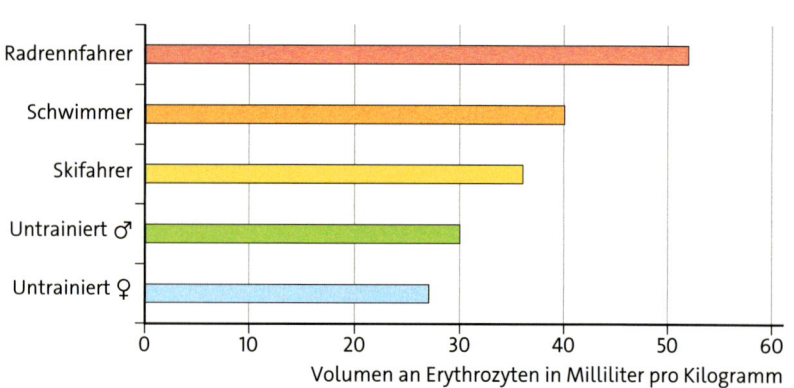

Ein Blutausstrich ist eine Methode zur mikroskopischen Untersuchung von Blut. Das Blut wird ganz dünn auf einem Objektträger ausgestrichen und angefärbt. Somit kann man die einzelnen Blutzellen unter einem Mikroskop betrachten.

4

Leistungssport

1 Betrachte Bild 5.
a ○ Beschreibe das Erythrozytenvolumen der unterschiedlichen Personen.
b ◖ Erkläre, welche Auswirkungen das Erythrozytenvolumen auf das Leistungsvermögen des Radrennfahrers hat.

5 Erythrozytenvolumen bei unterschiedlich trainierten Personen

Die Anzahl der Blutzellen

Bei einem gesunden Menschen befinden sich ungefähr 5 bis 8 Millionen Leukozyten, 4 bis 6 Milliarden Erythrozyten und 200 bis 300 Millionen Thrombozyten in einem einzigen Milliliter Blut.
In der Tabelle sind Werte für verschiedene Testpersonen dargestellt.

Anzahl der Blutzellen im Blut in Millionen pro Milliliter			
	Leukozyten	Erythrozyten	Thrombozyten
Person A	15,5	4 900	280
Person B	6,0	5 200	250
Person C	5,8	3 100	270
Person D	7,5	5 800	84

7 Anzahl von Blutzellen

Anzahl der Leukozyten

In der Medizin wird oft zur Diagnose von Krankheiten die Anzahl an Leukozyten gemessen. Eine erhöhte Anzahl an Leukozyten deutet auf das Eindringen von Krankheitserregern hin.

6

1 ◐ Ermittle aus den Werten der Tabelle die gesunde Person. → 7

2 ◐ Ordne den anderen drei Testpersonen folgende Krankheitsbilder zu: Blutarmut, Blutgerinnungsstörung und Lungenentzündung. Begründe deine Entscheidung.

Blutarmut

Unter Blutarmut versteht man eine verringerte Hämoglobinkonzentration des Blutes. Oft ist die Anzahl der Erythrozyten verringert. Das Blut kann weniger Sauerstoff zu den Organen und Muskeln transportieren. Typische Krankheitserscheinungen sind Müdigkeit und Luftknappheit bei körperlicher Belastung.

8

3 ◐ Erkläre mithilfe der Blutzellen, weshalb ein Patient, der unter Blutarmut leidet, im Sport weniger leistungsfähig ist als eine gesunde Person.

4 ● Stelle Vermutungen an, weshalb ein Arzt mithilfe der Häufigkeit von weißen Blutzellen das Eindringen von Krankheitserregern erkennen kann.

5 Ein sehr starker Verlust an Erythrozyten, zum Beispiel bei einem Verkehrsunfall, führt zum sofortigen Tod. ◐ Erkläre diesen Sachverhalt.

6 ◐ Erläutere mögliche Schwierigkeiten, mit denen eine Person mit Blutgerinnungsstörung zu kämpfen hat.

Eine Wunde schließt sich

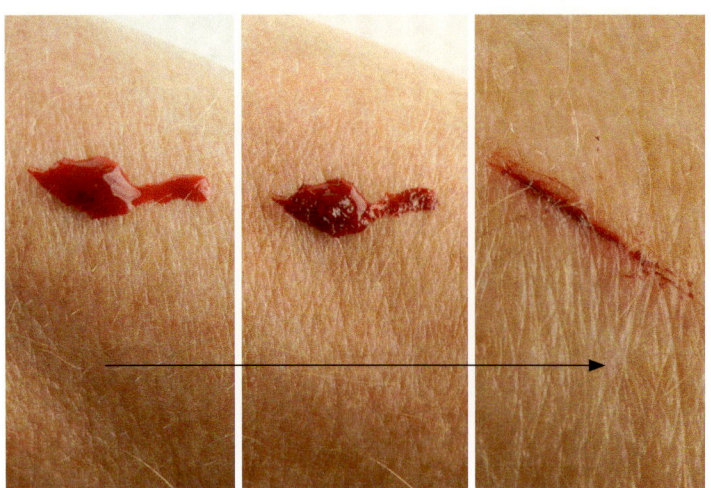

1 Wundverschluss

weniger Blut kann aus der Wunde treten. Anschließend lagern sich die Blutplättchen, die Thrombozyten, an den Wundrändern der verletzten Stelle an und verstopfen so die Wunde.

Blutgerinnung • An das verletzte Gewebe lagern sich Blutplättchen an, die dann aufreißen und Stoffe freisetzen. Diese Stoffe wandeln den Gerinnungsstoff Fibrinogen aus dem Blutplasma in Fibrin um. Das fadenförmige Fibrin bildet ein Netz, das die Wunde überzieht. Rote und weiße Blutzellen verfangen sich im Fibrinnetz. → **2** Die Fibrinfäden ziehen sich zusammen, wodurch sich die Wundränder des Hautgewebes zusammenziehen. Ein Pfropf aus den verschiedenen Blutbestandteilen entsteht und verschließt die Wunde. Die Bildung des Pfropfens bezeichnet man als Blutgerinnung. Nach der Blutgerinnung werden die verletzten Hautgewebe und das Blutgefäß erneuert. Im Laufe der Zeit wird der Pfropf fest und trocken, man spricht dann vom Wundschorf. Die Wundheilung ist vollzogen und der Schorf fällt ab.

Du hast dir bestimmt schon mal in den Finger geschnitten oder dein Knie bei einem Sturz aufgeschürft. Innerhalb weniger Minuten schließt sich die Wunde wie durch Zauberhand. Wie genau funktioniert der Wundverschluss?

Blutstillung • Nach einer Verletzung gelangt Blut aus der Wunde an die Hautoberfläche. Bestimmte chemische Stoffe im Blut bewirken, dass sich das verletzte Blutgefäß verengt. Dadurch wird der Blutfluss reduziert und

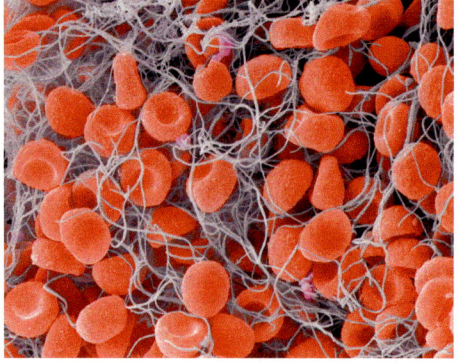

2 Fibrinfäden mit Blutzellen

Der Wundverschluss läuft in zwei Phasen ab: Blutstillung und Blutgerinnung.

Aufgabe

1 ○ Nenne die Phasen des Wundverschlusses und beschreibe sie jeweils in einem Satz.

Material A

Wundverschluss

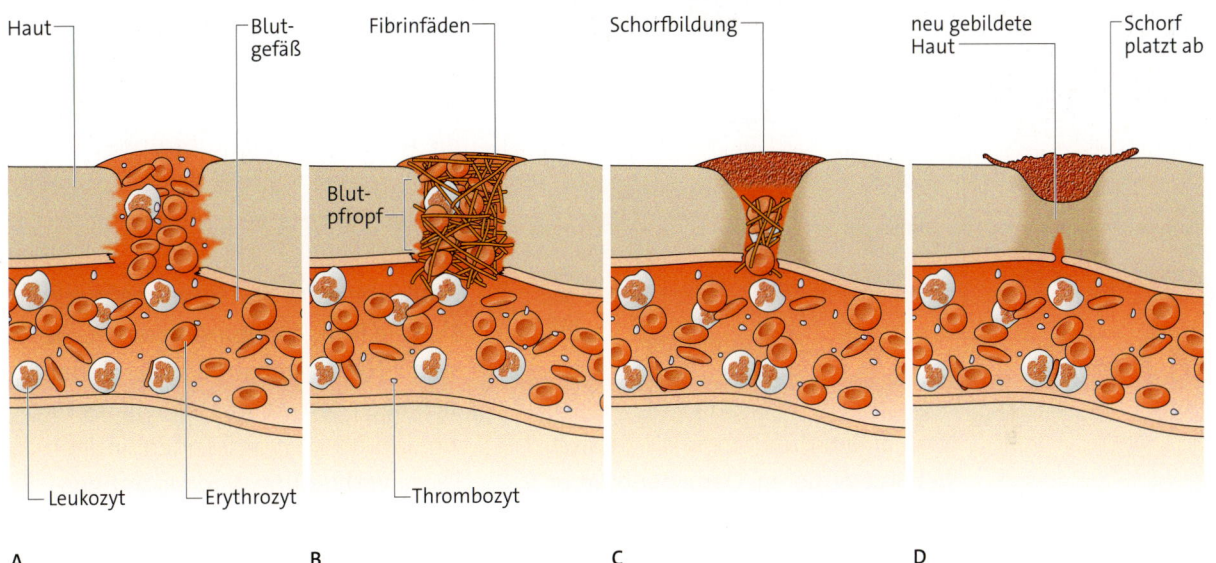

Haut — Blut-gefäß — Fibrinfäden — Schorfbildung — neu gebildete Haut — Schorf platzt ab

Blut-pfropf

Leukozyt — Erythrozyt — Thrombozyt

A   B   C   D

3 Eine Wunde schließt sich.

1 ◗ Beschreibe mithilfe von Bild 3 den Ablauf der Blutstillung und der Blutgerinnung. Fertige dazu ein Fließschema an.

2 ◗ Eine Wunde schließt sich innerhalb weniger Minuten. Erkläre, welche Bedeutung diese kurze Zeitdauer für den Körper hat.

3 ◗ Erkläre den Unterschied zwischen Pfropf und Wundschorf.

Material B

Bluterkrankheit

Die Bluterkrankheit, die Hämophilie, ist eine Erbkrankheit, bei der die Blutgerinnung gestört ist. Selbst kleine Wunden bluten sehr stark und führen zu einem hohen Blutverlust, da bestimmte Gerinnungsstoffe wie Fibrinogen fehlen.

1 ◗ Erkläre, welche Auswirkungen das Fehlen der Gerinnungsstoffe auf den Wundverschluss hat.

2 ◗ Erkläre, welchen Gefahren ein Patient mit Bluterkrankheit im Vergleich zu einem gesunden Menschen ausgesetzt ist.

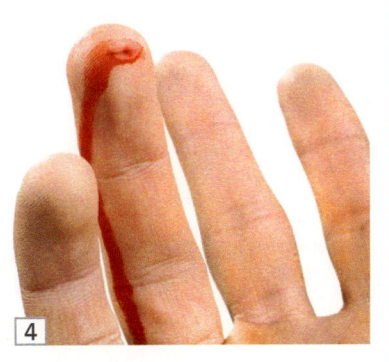

4

Blutgruppen

	Blutgruppe A	Blutgruppe B	Blutgruppe AB	Blutgruppe 0
Erythro-zyten mit Anti-genen	Erythrozyt mit Antigen A	Erythrozyt mit Antigen B	Erythrozyt mit Antigen A und B	Erythrozyt ohne Antigene
Anti-körper im Serum	Antikörper gegen Antigen B	Antikörper gegen Antigen A	keine Antikörper	Anti-körper gegen Anti-gen A / Anti-körper gegen Anti-gen B

1 Blutgruppen

Blutgruppen	
A	43 %
B	11 %
AB	5 %
0	41 %

2 Häufigkeit der Blutgruppen in Deutschland

Blutserum = Blutplasma ohne Gerinnungsstoffe

Nach einem Unfall kann ein Mensch viel Blut verlieren. Dann benötigt er eine Bluttransfusion, also die Über-tragung von Blut eines Spenders an 5 **einen Empfänger. Wurde einer Person vor dem Jahr 1900 Blut übertragen, ver-klumpte oft das Blut und die Person starb. Warum?**

Antigene • Auf der Zellmembran der 10 Erythrozyten befinden sich unter-schiedliche Kohlenhydratgruppen.

Sie bestimmen die Oberflächenstruk-tur der Erythrozyten. Man bezeichnet sie als Antigene. Je nachdem, welche 15 Antigene die Erythrozyten haben, kommen unterschiedliche Blutgrup-pen zustande. So hat die Blutgruppe A die Antigene A. Die Blutgruppe B hat die Antigene B, die Blutgruppe AB hat 20 die Antigene A und B. Keine Antigene hat die Blutgruppe 0 (null). → **1**

Antikörper • Im Blutserum befinden sich die Blutgruppen-Antikörper. Sie sind Y-förmig gebaut und verbinden 25 sich nach dem Schlüssel-Schloss-Prin-zip nur mit dem passenden Antigen. Diese Verbindung wird als Antigen-Antikörper-Komplex bezeichnet. → **3** Jede Blutgruppe hat die Antikörper im 30 Blutserum, deren Antigene nicht auf der Erythrozytenmembran vorhanden sind. So besitzt die Blutgruppe A auf der Erythrozytenmembran Antigen A und Anti-B-Antikörper. Die Blutgruppe 35 B besitzt das Antigen B und Anti-A-Antikörper. Die Blutgruppe AB hat keine Antikörper. Die Blutgruppe 0 hat keine Antigene auf der Erythrozyten-membran, besitzt aber Anti-A- und 40 Anti-B-Antikörper. → **1**

Verklumpung • Überträgt man Blut unterschiedlicher Blutgruppen, ver-klumpt das Blut. Die Antikörper bilden zusammen mit den Antigenen der Ery-45 throzyten von der jeweils anderen Blut-gruppe einen Antigen-Antikörper-Kom-plex. Es kann zu lebensgefährlichen Blutgefäßverschlüssen, Herzinfarkten und Schlaganfällen kommen. → **3**

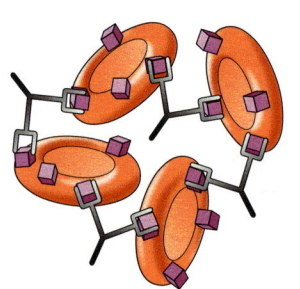

Erythrozyten der Blutgruppe A mit Blutserum der Blutgruppe B → Antigen-Antikörper-Komplex

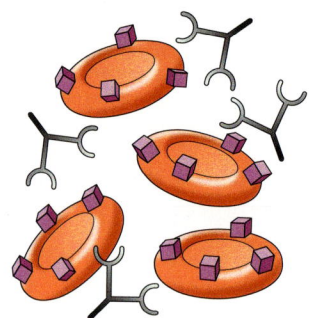

Erythrozyten der Blutgruppe A mit Blutserum der Blutgruppe A → keine Verklumpungen

3 Antigen-Antikörper-Komplex

Blutspende • Der Ausgleich hohen Blutverlusts nach einem Unfall und viele Operationen sind nur möglich, wenn menschliches Blut in ausreichender Menge zur Verfügung steht. Täglich werden hierfür allein in Deutschland rund 20 000 Blutspenden benötigt.

Erythrozytenspende • Die Erythrozytenspende ist eine häufig verwendete Variante der Blutspende. Durch spezielle Verfahren wird das Blut in seine Bestandteile getrennt. Nur die benötigten Bestandteile, die Erythrozyten, werden verwendet. Alle übrigen Bestandteile werden dem Patienten wieder zugeführt. Dadurch kann eine große Menge an Erythrozyten gewonnen werden.

Universalspender • Eine Person mit der Blutgruppe 0 kann bei der Erythrozytenspende allen anderen Blutgruppen Erythrozyten spenden, da auf ihrer Membran keine Antigene sind und so kein Antigen-Antikörper-Komplex entstehen kann. Ein Mensch mit der Blutgruppe 0 bezeichnet man daher als Universalspender für Erythrozyten. Personen mit der Blutgruppe AB können Erythrozyten aller Blutgruppen empfangen, da sie keine Antikörper im Blutplasma haben und so ebenfalls kein Antigen-Antikörper-Komplex entsteht. → 5

Vollblutspende • Bei der Vollblutspende werden dem Spender etwa 500 mL Blut abgenommen. Danach wird das Blut auf Krankheitserreger untersucht. Sind keine vorhanden, so wird das Blut

4 | Blutspenden rettet Leben.

zur Spende freigegeben. Ein Empfänger muss jedoch die gleiche Blutgruppe wie der Spender haben.

Wer darf Blut spenden? • Ab dem 18. Lebensjahr darf man in Deutschland Blut spenden. Ein Arzt untersucht vorher, ob man gesund und auch fit genug ist, Blut zu spenden. Vor einer Blutspende sollte man genügend essen und trinken. Zwischen zwei Spenden sollten mehrere Wochen liegen, damit sich der Körper wieder erholen kann.

> Das Blut wird aufgrund verschiedener Antigene auf der Erythrozytenmembran in die Blutgruppen A, B, AB und 0 unterteilt.

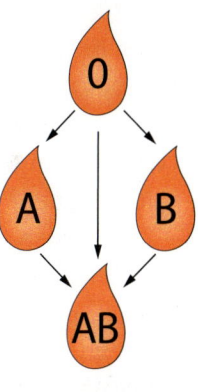

→ ...kann spenden an...

5 | Universalspender

Aufgaben

1 ○ Wähle zwei Blutgruppen aus Bild 1 und beschreibe die Merkmale der beiden Blutgruppen.

2 ◗ Erkläre, welche Blutgruppe bei der Erythrozytenspende der Universalspender und welche der Universalempfänger ist. → 5

Blutgruppen

Material A

Kreuzprobe

Um die Blutgruppe eines Patienten zu bestimmen, wird eine Kreuzprobe durchgeführt.
Mithilfe von zwei Blutseren, eines mit Anti-A-Antikörpern und eines nur mit Anti-B-Antikörpern, wurde die Blutgruppe der Patienten ermittelt.

Person	Blut-gruppe	Serum mit Anti-A-Antikörpern	Serum mit Anti-B-Antikörpern
Jacqueline	?	Verklumpung	Verklumpung
Torsten	?	Verklumpung	keine Verklumpung
Johannes	?	keine Verklumpung	keine Verklumpung
Meeriah	?	keine Verklumpung	Verklumpung

= keine Verklumpung
= Verklumpung

1 Kreuzprobe

1 Welche Blutgruppen haben die Personen?
a ○ Ordne den 4 Personen von Bild 1 die passenden Blutgruppen zu.
b ◐ Begründe deine Zuordnungen.

2 ◐ Erkläre, warum es bei manchen Proben in Bild 1 zu Verklumpungen kommt.

3 ◐ Erläutere mögliche Folgen einer Verklumpung des Blutes im Körper.

4 Jonas kann innerhalb einer Erythrozytenspende weder die Blutgruppe B noch AB erhalten. Blutgruppe A und 0 können jedoch problemlos gespendet werden.
● Erkläre, welche Blutgruppe Jonas hat.

Material B

Plasmaspende

Im Blutplasma werden lebenswichtige Stoffe wie Vitamine und Nährstoffe transportiert. Bei der Plasmaspende wird durch ein spezielles Verfahren das Blutplasma von den restlichen Blutbestandteilen getrennt und gesammelt. Bei dieser Spendenart werden die Antikörper mitgespendet.

1 ◐ Erkläre mithilfe von Bild 2, welchen Personen die einzelnen Blutgruppen Plasma spenden können.

2 ● Erkläre mithilfe von Bild 2, warum man die Blutgruppe AB als Universalspender und die Blutgruppe 0 als Universalempfänger für Blutplasma bezeichnet.

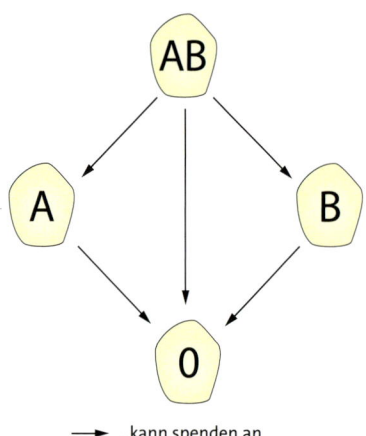

──▶ ...kann spenden an...

2 Wer ist Universalspender?

Blutspende ist wichtig!

3,8 Millionen Menschen spenden jährlich in Deutschland Blut. → 3 Dies reicht nur aus, um die akuten Notfälle zu versorgen. Blut wird aber für viele Verletzte und Kranke gebraucht. → 4 Es gibt zu wenig junge Blutspender und viele ältere Menschen sind nicht mehr als Spender geeignet, da ab einem gewissen Alter zu viele Medikamente genommen werden. Viele Menschen haben Vorurteile gegenüber Blutspenden. Sie haben Angst, bei ihrer Blutuntersuchung auf Krankheiten oder Mangelerscheinungen aufmerksam gemacht zu werden. Anderen ist es zu umständlich, zur Blutspende zu gehen. Außerdem verträgt es nicht jeder Körper, wenn große Mengen Blut entnommen werden. Es kann zu Schwindelgefühlen und Unwohlsein kommen.

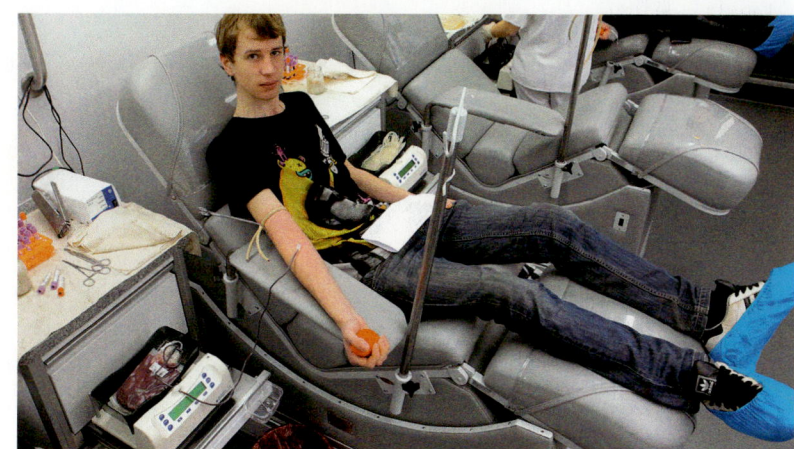

3 Junger Erwachsener bei der Blutspende

Krebserkrankungen **19%** **18%** weitere Einsatzgebiete

Herzerkrankungen **16%** **16%** Magen- u. Darmkrankheiten

Leber- und Nierenkrankheiten **6%** **12%** Verletzungen aus Straßen-, Sport-, Berufs- und Haushaltsunfällen

Blutarmut, Blutkrankheiten **5%**

4% Komplikationen bei Geburten

Knochen- und Gelenkkrankheiten **4%**

4 Verwendung von Spenderblut zur Behandlung von Krankheiten und Verletzungen

1 In einer Umfrage wurden Menschen befragt, wie sie zu Blutspenden stehen. → 5
● Überlege dir Ursachen für das Ergebnis der Umfrage.

2 Unsere Gesellschaft wird immer älter. Es gibt anteilmäßig immer weniger junge Menschen.

● Erläutere mögliche Probleme für die zukünftige Versorgung von Bedürftigen mit Spenderblut.

3 ● Nimm Stellung zu der Tatsache, dass Institutionen wie das Deutsche Rote Kreuz (DRK) vermehrt Werbung über Internet und Plakate für das Blutspenden machen.

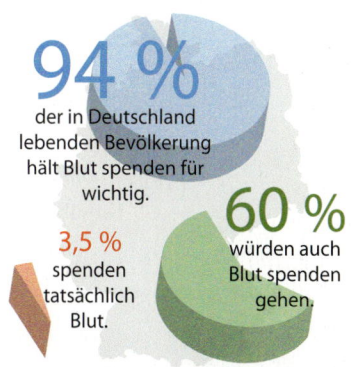

94 % der in Deutschland lebenden Bevölkerung hält Blut spenden für wichtig.

3,5 % spenden tatsächlich Blut.

60 % würden auch Blut spenden gehen.

5 Umfrage zur Blutspende in Deutschland

Atmung und Gasaustausch

1 Schwimmer

Das Schwimmbad ist ein toller Ort, um mit seinen Freunden Spaß zu haben und um die Wette zu schwimmen. Wegen der Anstrengung muss man
5 **dann tief einatmen, um seinen Körper mit Sauerstoff zu versorgen. Wie genau funktioniert die Atmung?**

Der Weg der Atemluft • Beim Einatmen strömt die Luft durch den Mund und
10 die beiden Nasenlöcher ein. Die Nasenhöhle ist wie alle Atmungsorgane mit einer Schleimhaut überzogen, auf der winzige Flimmerhärchen sitzen. Dadurch wird die einströmende Luft an-
15 gefeuchtet, gereinigt und erwärmt. Anschließend gelangt die Luft in den Nasen-Rachen-Raum, welcher die Verbindung von Nasen- und Mundhöhle ist. Von hier aus strömt die Luft weiter
20 durch den Kehlkopf in die Luftröhre. Der Kehldeckel trennt die Luftröhre von der Speiseröhre. Die Luftröhre stellt die Verbindung zur Lunge her. Sie ist 12 cm lang und besteht aus Knorpelspangen,
25 die dafür sorgen, dass die Luftröhre nicht zusammengedrückt werden kann. Nur so kann genügend Luft in den Körper strömen. Die Luftröhre verzweigt sich am unteren Ende in die beiden
30 Hauptbronchien, von denen jede in einen der beiden Lungenflügel führt. Die Luft durchströmt die Bronchien und danach die Bronchiolen, welche die kleinsten Atemkanälchen sind. Dann
35 strömt die Luft in die Lungenbläschen, die man auch Alveolen nennt. In ihnen findet der Gasaustausch statt.

Diffusion • Stoffe, in unserem Beispiel die Gase Sauerstoff und Kohlenstoff-
40 dioxid, verteilen sich im ihnen zur Verfügung stehenden Raum gleichmäßig. Ist beispielsweise an einer Stelle eine höhere Konzentration an Sauerstoff vorhanden, so strebt dieser in den
45 Bereich mit niedrigerer Konzentration. Dies funktioniert genauso auch über dünne Häutchen, sofern diese für alle beteiligten Stoffe durchlässig sind. Auf diese Weise funktioniert auch der
50 Austausch der Gase in der Lunge. ➜ **4**

Flimmerhärchen

Rachen — Nasenhöhle
— Mundhöhle
Speiseröhre — Kehlkopf
— Luftröhre
Hauptbronchie
— Lungenflügel
Bronchie
Bronchiole
Lungen-
bläschen
— Zwerchfell

2 Atmungsorgane

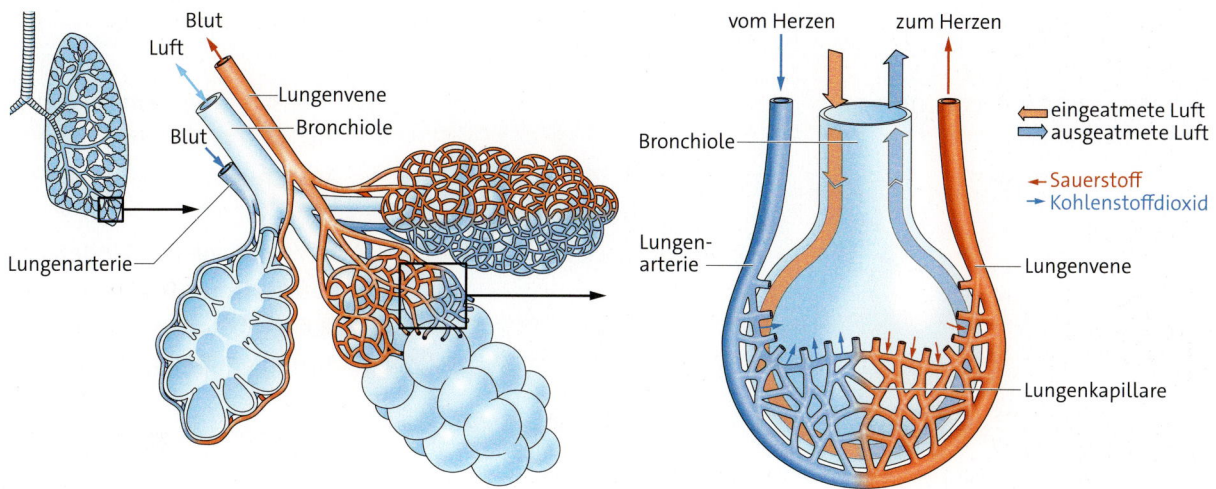

3 Gasaustausch

Gasaustausch durch Diffusion • Die
Wände der Alveolen sind sehr dünn
und von einem dichten Netz aus Blutkapillaren umgeben. Der in der Luft
55 enthaltene Sauerstoff gelangt von den
Alveolen über die Blutgefäße ins Blut.
Durch die Diffusion wird die hohe
Konzentration von Sauerstoff in der
Alveole und die geringe Sauerstoff-
60 konzentration im Blut ausgeglichen.
Durch den Abtransport des Sauerstoffs
wird eine geringe Sauerstoffkonzen-
tration in den Blutkapillaren der Alveolen aufrechterhalten. So kann der
65 Körper ständig Sauerstoff einatmen.
Kohlenstoffdioxid gelangt vom Blut
über die Kapillaren in die Alveolen.
Durch das Ausatmen wird das Kohlenstoffdioxid aus dem Körper gebracht.
70 Dadurch wird eine geringere Kohlenstoffdioxidkonzentration in den Alveolen der Lunge aufrechterhalten. So
kann der Körper ständig Kohlenstoffdioxid ausatmen.

Die Luft gelangt über Mund oder
Nase, Rachen, Luftröhre und
Bronchien in die Lunge. In den
Alveolen findet der Gasaustausch
von Sauerstoff und Kohlenstoff-
dioxid durch Diffusion statt.

Aufgaben

1 ○ Erläutere die Funktion der Flimmerhärchen. → 2

2 ◐ Erkläre den Begriff Diffusion. → 4

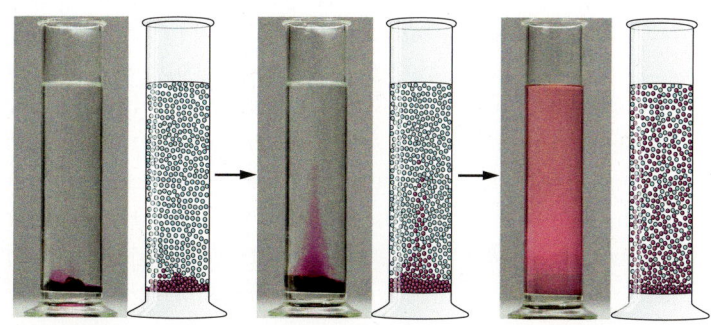

4 Diffusion

Atmung und Gasaustausch

Einatmen und Ausatmen

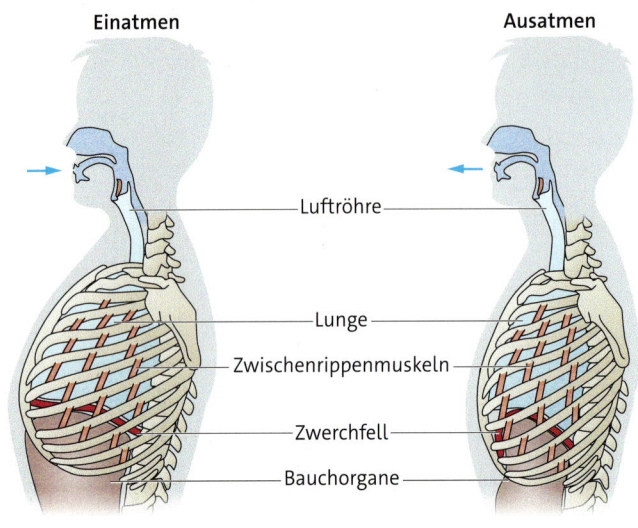

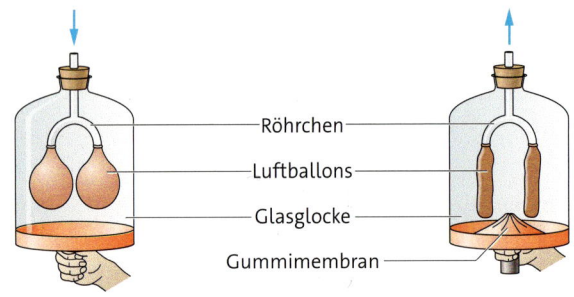

1 A Ein- und Ausatmen, B Modell der Bauchatmung

Atemmuskulatur

Erst die Aktivität der Atemmuskulatur ermöglicht das Einatmen. Zur Atemmuskulatur gehören die Zwischenrippenmuskeln und das Zwerchfell. Zieht sich das Zwerchfell zusammen, wird es flacher. Bei dieser Bauchatmung vergrößert sich der Brustkorb nach unten in Richtung des Bauchraums. Es entsteht ein Unterdruck, wodurch die Luft einströmt. Bei der Brustatmung heben die Zwischenrippenmuskeln die Rippen an. Der Brustkorb wird nach vorne vergrößert, dadurch strömt Luft ein. Bauch- und Brustatmung bewirken zusammen eine Erweiterung des Brustkorbs. Die Lunge folgt passiv der Erweiterung des Brustkorbs und füllt sich so mit Luft.

1 ○ Beschreibe mithilfe von Bild 1A das Einatmen und Ausatmen.

2 ◩ Vergleiche das Modell der Bauchatmung mit der Wirklichkeit beim Körper. Ergänze dazu die Tabelle. → 2

Modell	Wirklichkeit
Glasglocke	Brustkorb
...	...

2

3 ◩ Betrachte die beiden Tabellen 3 und 4. Begründe, warum man auch mit der Ausatemluft einen Notfallpatienten während der Ersten Hilfe beatmen kann.

Stickstoff	78 %
Sauerstoff	21 %
Kohlenstoffdioxid	0,04 %
andere Gase	< 1 %

3 Zusammensetzung der Einatemluft

Stickstoff	78 %
Sauerstoff	17 %
Kohlenstoffdioxid	4 %
andere Gase	< 1 %

4 Zusammensetzung der Ausatemluft

Die Luftmenge in der Lunge

In Bild 5 sind die Luftmengen dargestellt, die die Lunge einer bestimmten Person enthält. Die Wellen der Kurve zeigen das Ein- und Ausatmen.

1 ○ Beschreibe das Diagramm in Bild 5.

2 ◐ Ermittle die Luftmenge, die mit einem Atemzug bei ruhendem Körper und die Luftmenge, die bei großer Belastung maximal aufgenommen werden kann.

3 ◐ Erkläre, warum man bei körperlicher Belastung eine höhere Luftmenge benötigt als bei ruhendem Körper.

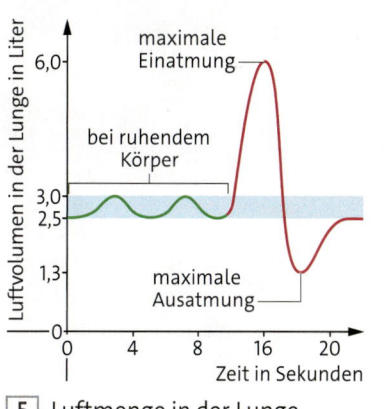

5 Luftmenge in der Lunge

Gasaustausch

In Bild 6 ist ein vereinfachter Längsschnitt durch ein Lungenbläschen dargestellt.

1 ◐ Beschreibe mithilfe von Bild 6 den Gasaustausch an einem Lungenbläschen.

2 ● Erkläre, welche Voraussetzungen die Kapillaren und Lungenbläschen im Aufbau haben, damit ein schneller Stoffaustausch möglich ist.

3 ● Erkläre die Diffusion am Beispiel des Sauerstoffs und Kohlenstoffdioxids am Lungenbläschen.

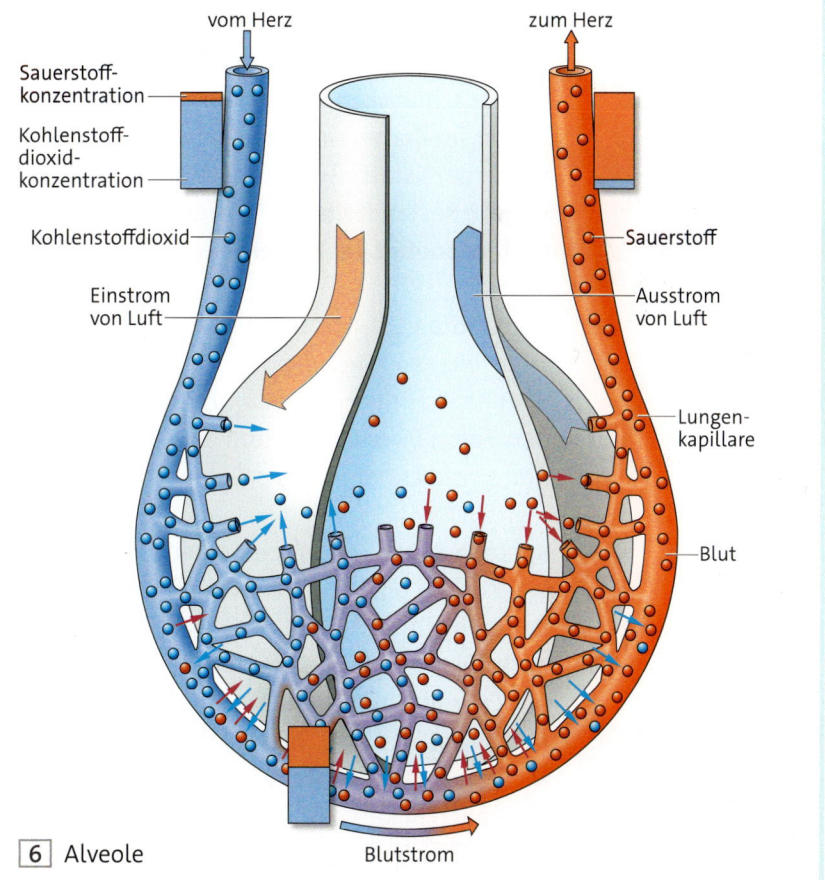

6 Alveole

Lebensmittel enthalten Nährstoffe

1 Festliches Mahl mit unterschiedlichen Speisen

Besonders zu festlichen Anlässen gibt es unterschiedliche Speisen. Kuchen und Eis schmecken süß und enthalten Zucker. Im Braten sind Eiweißstoffe
5 und in der Salatsoße Fette zu finden. Welche Bestandteile der Nahrungsmittel benötigt der Körper?

Nährstoffe • Sie sind für Menschen und Tiere lebensnotwendig und müssen
10 über die Nahrung aufgenommen werden. Fette, Eiweißstoffe und Kohlenhydrate bezeichnet man als Nährstoffe.

Kohlenhydrate • Süße Lebensmittel wie Kuchen und Kekse enthalten
15 Kohlenhydrate in Form von Zucker. Kartoffeln und Getreide sowie alle aus Getreide hergestellten Lebensmittel wie Brot und Nudeln enthalten Kohlenhydrate in Form von Stärke.
20 Aber auch in Reis, Bohnen und Obst sind Kohlenhydrate enthalten.

Einfach, zweifach, vielfach • Kohlenhydrate kommen zum Beispiel in Form von Einfachzuckern wie dem
25 Traubenzucker vor. Dieser wird auch als Glukose bezeichnet. Wenn Einfachzucker miteinander verbunden werden, entstehen Doppelzucker oder Vielfachzucker. → 3 Doppel-
30 zucker bestehen aus zwei Einfachzuckern wie beim Rohrzucker, den wir als Haushaltszucker verwenden. Auch Malzzucker im Bier und Milchzucker sind Doppelzucker.
35 In Vielfachzuckern wie der Stärke sind viele Einfachzucker miteinander verbunden. Stärke dient als Energiespeicher. Im Körper werden Stärke und Haushaltszucker in Einfach-
40 zucker umgewandelt. Die Glukose als Einfachzucker ist der wichtigste Energielieferant. Sie deckt mehr als die Hälfte des menschlichen Energiebedarfs.

A **B** **C**

2 Lebensmittel: **A** kohlenhydrathaltig, **B** fetthaltig, **C** eiweißstoffhaltig

45 **Fette** • Nüsse, Samen und einige Früchte enthalten Fette oder Öle. Wir verwenden sie in der Küche zum Braten oder für Salatsoßen. Fette be-stehen aus Glycerin und verschiede-
50 nen Fettsäuren. Ihr Abbau liefert dem Körper Energie. Fette sind für Tiere und Pflanzen wichtige Speicher- und Reservestoffe. Tiere und Menschen legen Fettpolster an, damit sie sich
55 vor Kälte schützen können.

Eiweißstoffe • Hülsenfrüchte wie Erbsen und Linsen, Käse, Wurst, Eier, Fleisch und Fisch enthalten Eiweiß-stoffe. Dies sind lange Ketten, die aus
60 verschiedenen Aminosäuren bestehen. Trotz der riesigen Anzahl unterschied-licher Eiweißstoffe im Körper sind am Aufbau nie mehr als 20 verschiedene Aminosäuren beteiligt. Eiweißstoffe
65 sind für den Aufbau unserer Haut-, Muskel-, Knorpel- und Nervengewebe

wichtig. Sie sind daher als Baustoffe lebensnotwendig. Deshalb müssen sowohl tierische als auch pflanzliche
70 Eiweißstoffe ständig mit der Nahrung aufgenommen werden.

> **Kohlenhydrate, Fette und Eiweiß-stoffe sind wichtige Nährstoffe für den Menschen.**

Aufgaben

1 ◯ Nenne die drei Nährstoffklassen und ordne in einer Tabelle jeder Gruppe drei Lebensmittel zu.

2 ◐ Vor einem Wettkampf essen Sportler bevorzugt Kohlenhydrate. Begründe.

3 ◐ Vergleiche die Aufgaben der Nährstoffe mithilfe einer Mindmap.

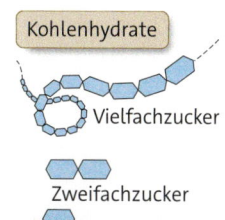

Kohlenhydrate
Vielfachzucker
Zweifachzucker
Einfachzucker

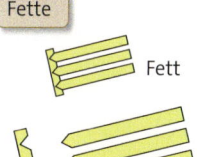

Fette
Fett

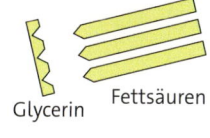

Glycerin Fettsäuren

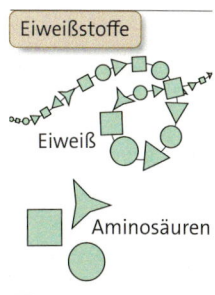

Eiweißstoffe
Eiweiß
Aminosäuren

3 Nährstoffe

Lebensmittel enthalten Nährstoffe

Fettfleckprobe

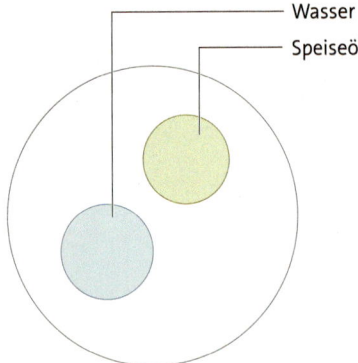

1 Fettfleckprobe

Materialliste: Rundfilterpapier, Pipetten, Speiseöl, Bleistift, Wasser, Obst, Käse, Wurst, Butter, weitere Lebensmittel

1 Zeichne mit dem Bleistift zwei gleich große Kreise auf den Rundfilter. → 1

2 Tropfe mit einer Pipette einen Tropfen Wasser in den einen und einen Tropfen Öl in den anderen Kreis.

3 Lass das Papier trocknen, halte es anschließend gegen das Licht.
○ Beschreibe, woran du erkennst, dass Fett enthalten ist.

4 Untersuche nun die Lebensmittel:

a Schneide die festen Lebensmittel mit einem Messer in kleine Stücke.
b Drücke nun die Lebensmittel auf das Filterpapier.
c Markiere die Stellen auf dem Filterpapier mit einem Bleistift.
d ○ Erstelle eine Tabelle, welche deiner untersuchten Lebensmittel Fett enthalten. → 2

Lebensmittel	Enthält Fett? (ja/nein)
Gurke	nein
2	

Eiweißstoffe gerinnen

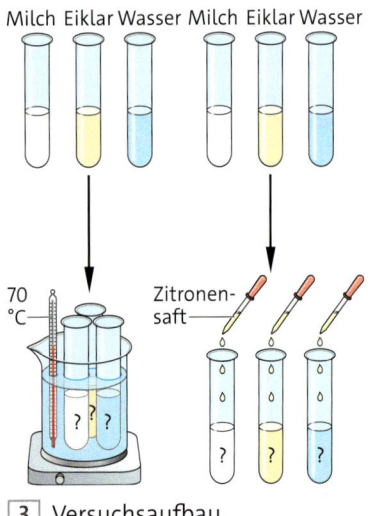

3 Versuchsaufbau

Materialliste: Schutzbrille, Heizplatte, Thermometer, 250-mL-Becherglas, Reagenzglasständer, 6 Reagenzgläser, Pipette, Milch, Eiklar, (frischer) Zitronensaft

1 Bereite das Wasserbad vor: Fülle etwa 150 mL Wasser ins Becherglas und erhitze es auf der Heizplatte auf 70 °C.

2 Stelle 6 Reagenzgläser in den Reagenzglasständer. Fülle je 2 Reagenzgläser halb voll mit Milch, Eiklar und Wasser.

3 Stelle je ein Reagenzglas mit Wasser, Milch und Eiklar mehrere Minuten in das Wasserbad.
○ Beschreibe deine Beobachtung.

4 Gib in die verbliebenen Reagenzgläser etwa 2 mL Zitronensaft. Schwenke diese dann vorsichtig.
○ Beschreibe deine Beobachtung.

5 ◣ Erkläre, warum man Wasser und Eiklar untersucht.

Material C

Glukose nachweisen

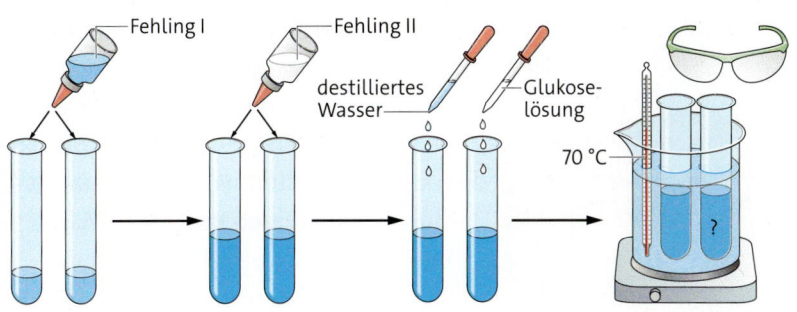

4 Glukosenachweis mit der Fehling-Probe

Materialliste: Schutzbrille, Heizplatte, Thermometer, Becherglas, Reagenzglasständer, Reagenzgläser, Pipetten, Fehling-I- und Fehling-II-Lösung, Glukose-Lösung, Pfefferminztee, heller Traubensaft, Zitronenlimonade, Wasser
Hinweis: Mithilfe der Fehling-Probe kann Glukose nachgewiesen werden. Die Lösung verfärbt sich von Blau zu Rot.

1 Fülle etwa 150 mL Wasser ins Becherglas und erhitze es auf der Heizplatte auf 70 °C.

2 Tropfe in jedes Reagenzglas je 20 Tropfen beider Fehling-Lösungen und schüttle sie. Gib in ein Reagenzglas 3 mL Wasser, in das andere Reagenzglas 3 ml Glukose-lösung. Schüttle beide Reagenzgläser vorsichtig und stelle sie in das Wasserbad.

○ Beschreibe, woran man erkennen kann, ob Glukose enthalten ist.

3 Wiederhole den Schritt 2 insgesamt dreimal und ersetze die Glukose-Lösung jeweils durch Traubensaft, Zitronenlimonade und Pfefferminztee.
○ Nenne die Getränke, die Glukose enthalten.

4 ◐ Erkläre, weshalb in einem Reagenzglas Wasser untersucht wird.

5 ◐ Erkläre, weshalb zunächst Glukose-Lösung untersucht wird.

6 ● Kannst du mithilfe der Fehling-Probe Aussagen über die Menge an Glukose in Lebensmitteln treffen? Begründe deine Antwort.

Material D

Stärke nachweisen

Materialliste: 6 Petrischalen, Spatel, Iod-Kaliumiodid-Lösung im Tropffläschchen, Schneidebrett, Messer, Stärke, Salz, Kartoffel, Apfel, Banane, Reis

1 Gib in eine Petrischale eine Spatelspitze Stärke, in eine andere Salz.

2 Zerschneide, falls nötig, die Lebensmittel in kleine Stücke und gib die Proben jeweils in eine andere Petrischale.

3 Tropfe auf die Stärke, auf das Salz und auf die Lebensmittelproben jeweils 3 Tropfen Iod-Kaliumiodid-Lösung.
○ Beschreibe, woran man erkennt, ob ein Lebensmittel Stärke enthält, und nenne sie.

4 ◐ Begründe, warum es wichtig ist, Stärke und Salz zu untersuchen.

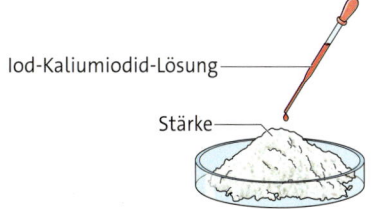

Iod-Kaliumiodid-Lösung

Stärke

5 Stärkenachweis

Verdauung von Kohlenhydraten

1 Fahrradfahrer

Sportler müssen kohlenhydratreiche Getränke oder Traubenzucker, die Glukose, zu sich nehmen. Sie benötigen Glukose, damit ihre Muskeln mit Ener-
5 gie versorgt werden. Wie kann der Körper Glukose ins Blut aufnehmen?

Glukoseaufnahme im Mund • Glukose ist ein so kleines Kohlenhydrat, dass es sogar die Zellen der Mundschleim-
10 haut und die dünnen Wände der Blutkapillaren durchdringen kann. Deshalb beginnt schon im Mund die Aufnahme von Glukose ins Blut. Über den Blutkreislauf wird Glukose zu
15 allen Organen des Körpers, so auch zu den Muskeln transportiert. Kohlenhydrate, die größer sind als Glukose, zum Beispiel Stärke, müssen zuvor in kleinere Bausteine zerlegt werden. Diesen
20 Vorgang bezeichnet man als Verdauung.

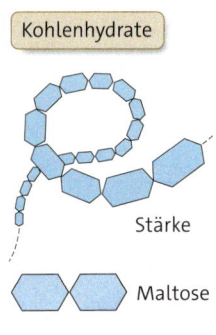

2 Kohlenhydrate

Stärke

Maltose

Glukose

Verdauung im Mund • Die Verdauung der in Brot, Reis und Nudeln enthaltenen Stärke beginnt bereits im Mund.
25 Die Mundspeicheldrüsen produzieren dazu täglich etwa 1,5 Liter Speichel. Im Speichel sind spezielle Werkzeuge der Verdauung, die Enzyme, enthalten. Sie zerlegen den Vielfachzucker Stärke
30 in kleinere Kohlenhydrate, die aus zwei Glukosebausteinen bestehen. Man nennt diesen Zweifachzucker Malzzucker oder Maltose. Jedoch ist die Maltose noch zu groß, um direkt ins
35 Blut aufgenommen zu werden.

Verdauung im Dünndarm • Die Maltose gelangt vom Mund über die Speiseröhre durch den Magen in den Dünndarm. Der vom Dünndarm gebildete
40 Dünndarmsaft enthält Enzyme, die die Maltose in zwei Glukosebausteine spalten. Diese gelangen durch die Dünndarmwand in die zahlreichen Blutkapillaren und somit ins Blut.

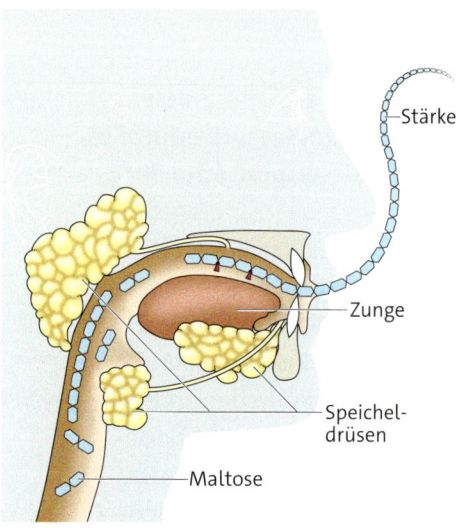

Stärke

Zunge

Speicheldrüsen

Maltose

3 Verdauung im Mund

45 Die Stärke, die im Mund aufgrund der Menge noch nicht vorverdaut wurde, wird über die Speiseröhre und durch den Magen unverändert in den vor- deren Teil des Dünndarms, den Zwölf-
50 fingerdarm, transportiert. Dort befindet sich der Ausführgang einer für die Ver- dauung sehr wichtigen Drüse, der Bauchspeicheldrüse. Sie produziert täg- lich bis zu 2 Liter Bauchspeichel. Dieser
55 enthält vor allem Enzyme, die Stärke zu Maltose spalten können. Anschließend kann so die Maltose im Dünndarm in ihre Glukosebausteine zerlegt werden.

Aufnahme ins Blut • Damit die Glukose
60 ins Blut aufgenommen werden kann, muss sie in Kontakt mit den Oberflä- chen der Verdauungsorgane kommen. Für eine möglichst große Kontaktflä- che ist die Dünndarmwand mehrfach
65 gefaltet. ➡ 4 Kleine Ausstülpungen der Darmwand ragen zudem in den Dünndarm hinein. Man bezeichnet diese als Darmzotten. Die Zellen der Darmzotten tragen auf der zum Darm-
70 innenraum ragenden Seite zahlreiche dünne Fortsätze. Diese bezeichnet man als Mikrovilli. ➡ 5 Die Oberfläche der Dünndarmwand wird dadurch viel größer. Diesen bei allen Lebewesen vor-
75 kommenden Aufbau bezeichnet man als Oberflächenvergrößerung. Die Dünndarmfalten, die Darmzotten und die Dünndarmzellen mit Mikrovilli er- geben insgesamt eine Fläche von etwa
80 200 Quadratmetern. Das entspricht fast dem 20-Fachen der gesamten Körper- oberfläche. So können gleichzeitig sehr viele Nährstoffbausteine mit der Dünn-

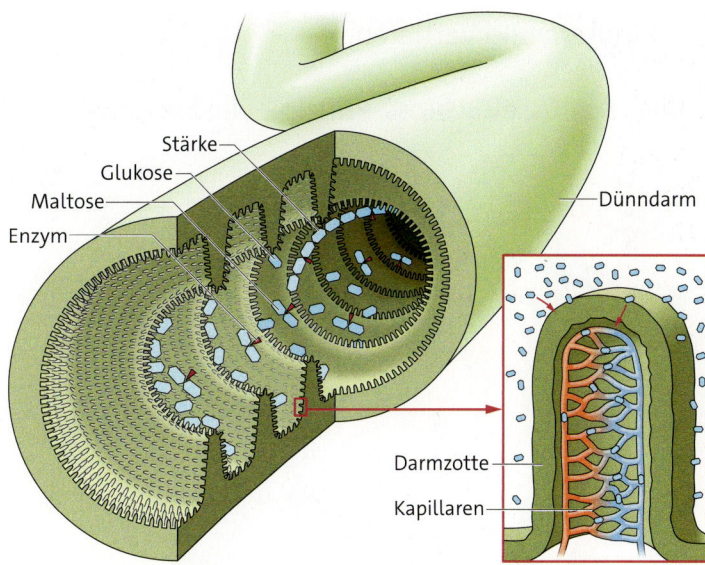

4 Verdauung der Kohlenhydrate im Dünndarm

darmwand in Kontakt kommen. Das
85 sehr dichte Kapillarnetz in der Dünn- darmwand ermöglicht die schnelle Aufnahme von Glukose ins Blut.

> Große Kohlenhydrate wie Stärke werden durch Enzyme im Mund- speichel und im Dünndarm zer- kleinert. Von der Mundschleimhaut und der Darmschleimhaut aufge- nommen werden nur kleine Koh- lenhydrate wie Glukose.

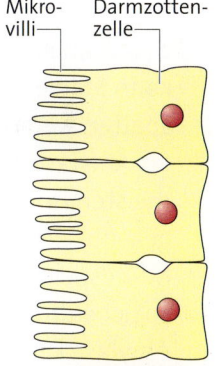

Aufgaben

1 ⬤ Erkläre die Wirkung des Bauch- speichels bei der Verdauung von Kohlenhydraten.

2 ⬤ Erkläre mithilfe der Bilder 4 und 5 die Vorteile, die sich durch den Auf- bau des Dünndarms ergeben.

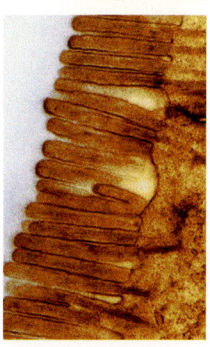

5 Mikrovilli

Verdauung von Kohlenhydraten

Das Schlüssel-Schloss-Prinzip – die Enzyme

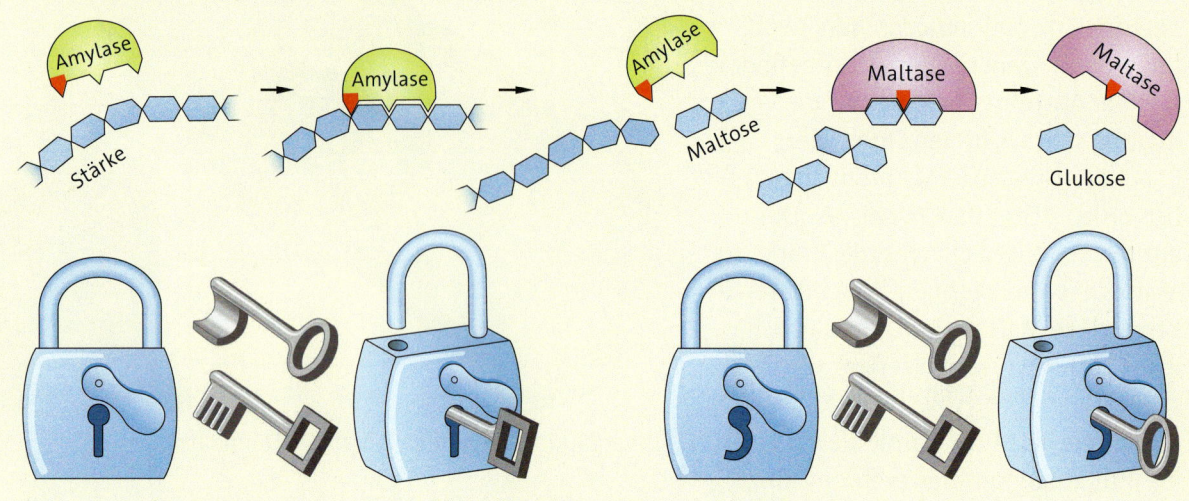

1 Enzyme arbeiten nach dem Schlüssel-Schloss-Prinzip.

Enzyme • Die Stärke in Reis, Nudeln oder auch in Backwaren ist aus mehreren Glukosebausteinen zusammengesetzt. Sie ist sehr stabil. Im Körper kann Stärke nur mithilfe eines Enzyms aufge-
5 spalten werden. Man bezeichnet dieses Enzym als Amylase. Enzymgruppen werden in den meisten Fällen durch die Wortendung -ase gekennzeichnet. Sie befindet sich sowohl im Mundspeichel als auch im von der Bauch-
10 speicheldrüse gebildeten Bauchspeichel. Die Amylase kann sich kurzzeitig an gewisse Stellen der Stärke heften. Sie trennt die Stärke an den Verbindungsstellen der Glukosebausteine. Daraus entstehen Kohlenhydrate aus zwei Glukose-
15 bausteinen. Es entsteht ein Zweifachzucker, die Maltose. Die Amylase löst sich wieder von der Stärke ab und wiederholt den Vorgang an einer anderen Stärke. Dadurch kann ein Amylase-Enzym mehrfach Maltose von der Stärke abspal-
20 ten. Bei diesem Spaltungsvorgang verändert sich die Amylase nicht. Sie kann für mehrere Spaltungsvorgänge eingesetzt werden. Die Amylase benötigt für ihre Funktion der Spaltung von Stärke jedoch eine gewisse Temperatur, nämlich
25 die Körpertemperatur. Dadurch kann der Körper mit einer kleinen Menge an Amylase-Enzymen große Mengen Stärke abbauen.
Enzyme sind selbst Eiweißstoffe. Sie können Stoffe bei Körpertemperatur umwandeln.
30 Enzyme spielen nicht nur bei der Verdauung eine wichtige Rolle, sondern sind auch für alle Lebensvorgänge in und außerhalb der Zellen erforderlich.

Schlüssel-Schloss-Prinzip • Die Amylase kann
35 nur Stärke spalten. Sie ist nicht in der Lage, Maltose oder andere Nährstoffe wie Fette oder Eiweißstoffe zu spalten. Für die Spaltung von Maltose in zwei Glukosebausteine ist ein anderes Enzym notwendig.

40 Man bezeichnet dieses Enzym als Maltase. Die Maltase kann sich an die Maltose anlagern und zerlegt diesen Zweifachzucker in zwei einzelne Glukosebausteine. Die Anlagerung eines Enzyms an einen Stoff ist vergleichbar
45 mit einem Schlüssel, der zu einem bestimmten Schloss passt. Die Maltase ist sozusagen der „Schlüssel", der genau zum „Schloss", der Maltose, passt. Diese Passgenauigkeit ist bei allen Enzymen vorhanden und auch die Vo-
50 raussetzung dafür, dass die Enzyme ihre Aufgabe, die Umwandlung von Stoffen, erfüllen können. Man bezeichnet dieses biologische Prinzip als Schlüssel-Schloss-Prinzip. Jedes Enzym hat eine festgelegte Aufgabe.
55 Maltase kann Maltose spalten, jedoch nicht wieder zusammenfügen.

> Enzyme bewirken die Umwandlung eines Stoffes. Sie wirken nach dem Schlüssel-Schloss-Prinzip. Jedes Enzym ist auf einen bestimmten Stoff und eine bestimmte Wirkung spezialisiert.

Aufgaben

1 ◐ Erkläre, was man unter einem Enzym versteht.

2 ◐ Beschreibe den Abbau der Stärke zu Glukose in Bild 1.

3 ◐ Erkläre mithilfe von Bild 1 das Schlüssel-Schloss-Prinzip.

4 Betrachte Bild 2.
a ○ Beschreibe den Versuchsaufbau.
b ◐ Formuliere mögliche Fragestellungen, die mit diesem Versuch überprüft werden sollen.

5 Finde eine Erklärung für die Ergebnisse des Versuchs. → 2
a ● Erkläre das Ergebnis für Versuch B.
b ● Erkläre, weshalb Versuch C nicht das Ergebnis von Versuch B hat.
c ● Begründe, warum es wichtig ist, Versuch A zu machen.

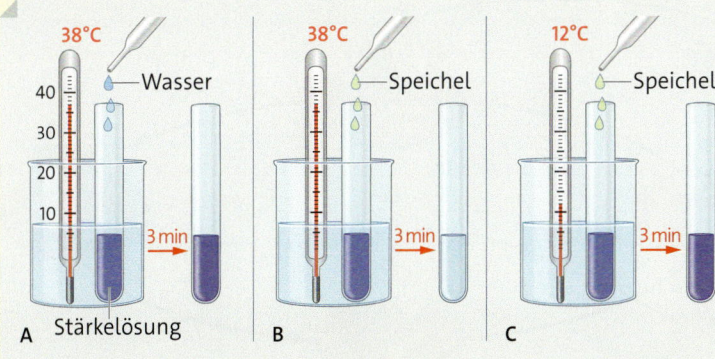

In einem Versuch wurde die Wirkung des Mundspeichels auf Stärke untersucht. In drei Ansätzen wurden unterschiedliche Versuchsbedingungen getestet. Mithilfe von Iod-Kalium-Iodid-Lösung kann man Stärke nachweisen. Stärke-Lösung wird durch die Lösung blauviolett gefärbt.

2 Wirkung von Mundspeichel auf Stärke

Verdauung von Kohlenhydraten

Material A

Amylase

In einem Versuch wurden 5 Reagenzgläser immer mit der gleichen Menge Stärke-Lösung, Iod-Kalium-Iodid-Lösung und Amylase befüllt. Die Reagenzgläser wurden in Wasserbäder mit unterschiedlichen Temperaturen gestellt. Anschließend wurde die Zeit bis zur völligen Entfärbung der verschiedenen Proben gemessen.

Hinweis: Mit Iod-Kalium-Iodid-Lösung kann man Stärke nachweisen. Stärkelösung färbt sich blauviolett.

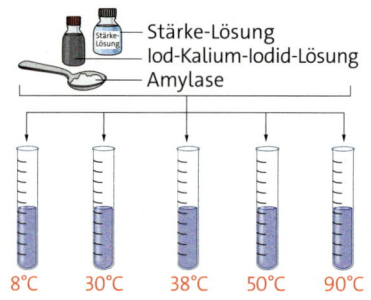

1 Versuchsaufbau

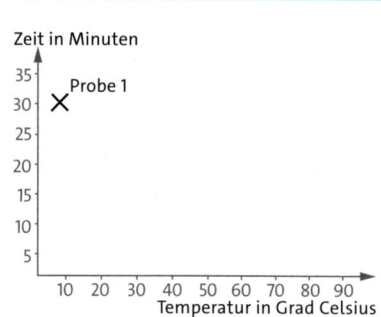

2 Vorlage Punktdiagramm

Probe	1	2	3	4	5
Temperatur in °C	8	30	38	50	90
Zeit bis zur Entfärbung in Minuten	30	3	1,5	6	keine Entfärbung

3 Ergebnisse des Versuchs

1 ○ Beschreibe den Versuchsaufbau.

2 Finde eine Erklärung für die Versuchsergebnisse.
a ◔ Erkläre, was die Entfärbung der Probe aussagt.
b ◔ Stelle die Ergebnisse des Versuchs in einem Punktdiagramm dar und werte das Diagramm aus.
c ◔ Ziehe aus den Ergebnissen des Versuchs Rückschlüsse auf die Wirkungsweise der Enzyme im Körper.

Material B

Schlüssel-Schloss-Prinzip

1 ◔ Beschreibe mithilfe von Bild 4 die Funktionsweise eines Enzyms.

2 ◔ Erkläre mithilfe von Bild 4 das Schlüssel-Schloss-Prinzip.

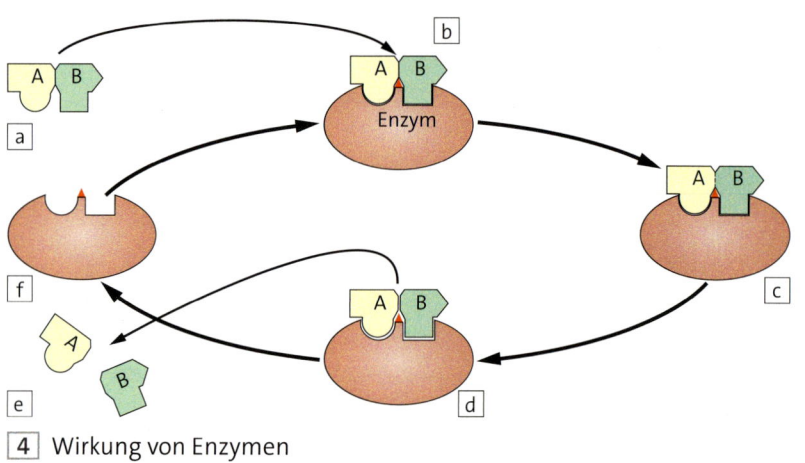

4 Wirkung von Enzymen

Material C

Eigenschaften von Enzymen

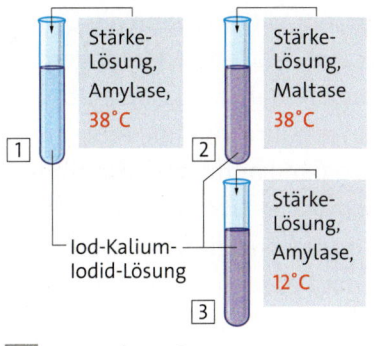

5 Versuchsaufbau

In einem Experiment wurde die Wirkung von Enzymen auf Stärke untersucht. Es wurden 3 Reagenzgläser mit unterschiedlichem Inhalt in ein Wasserbad gestellt.
Hinweis: Mithilfe von Iod-Kalium-Iodid-Lösung kann man Stärke nachweisen. Stärke-Lösung wird durch die Iod-Kalium-Iodid-Lösung blauviolett gefärbt.

1 ○ Beschreibe den Versuchsaufbau mithilfe von Bild 5.

2 Finde eine Erklärung für das Experiment.
a ● Erkläre die Versuchsergebnisse.
b ● Begründe, weshalb zwei Versuchsansätze nicht funktioniert haben.

Material D

Rohrzuckerunverträglichkeit

Zucker, den wir im Haushalt verwenden, wird aus Zuckerrohr und Zuckerrüben gewonnen. Man bezeichnet ihn als Rohrzucker oder Saccharose. Im Dünndarm wird Rohrzucker durch das Enzym Saccharase in seine Bausteine zerlegt.

Die entstehenden Einfachzucker werden über die Dünndarmwand ins Blut aufgenommen.

1 ◐ Vergleiche den Bau der Saccharose und der Maltose.

2 ● Erkläre, warum die Maltase nicht in der Lage ist, die Saccharase zu ersetzen.

3 ● Erkläre, weshalb die aus Stärke und Maltose stammende Glukose normalerweise nicht in den Dickdarm gelangt.

4 ● Überlege dir mögliche Ernährungsempfehlungen, wenn ein Mensch mit Rohrzuckerunverträglichkeit süße Sachen wie Kuchen essen möchte.

Rohrzuckerunverträglichkeit Einige Menschen leiden unter Rohrzuckerunverträglichkeit, weil ihnen das Enzym Saccharase fehlt. Stärke und Maltose können diese Menschen aber problemlos zu Glukose abbauen. Rohrzucker gelangt jedoch bei ihnen unverdaut in den Dickdarm. Im Dünn- und Dickdarm des Menschen leben Milliarden von Bakterien, die für uns nützlich sind. Sie zerstören z. B. Krankheitserreger und unterstützen die Verdauung. Bei Menschen mit Rohrzuckerunverträglichkeit zersetzen Bakterien den Rohrzucker im Dickdarm. Dies führt dann zu heftigen Bauchschmerzen und Durchfall, weil beim Abbau des Zuckers durch die Bakterien viele Gase und zusätzlich Wasser frei wird, was die Funktion des Dickdarms stört.

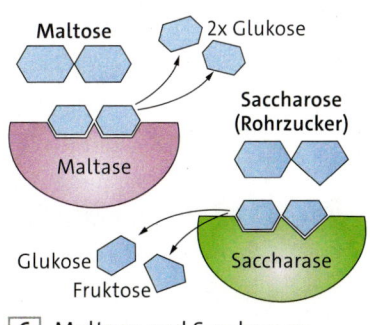

6 Maltase und Saccharase

Verdauung von Proteinen und Fetten

1 Fettige Bratwürste mit Senf und Ketchup

Wir nehmen mit unserer Nahrung viele Eiweißstoffe und Fette auf. Insbesondere in Fleisch und Wurst sind viele Fette und Eiweißstoffe vorhanden.
5 **Wie werden diese verdaut?**

Bedeutung der Proteine und Fette • Jede Zelle des Körpers braucht für ihren Stoffwechsel die auch als Proteine bezeichneten Eiweißstoffe und Fette.
10 Die bei der Verdauung von Proteinen entstehenden Bausteine werden zur Bildung körpereigener Proteine, zu denen auch die Enzyme zählen, benötigt. Fette dienen hauptsächlich als
15 Energiequelle.

Verdauung von Proteinen im Magen • Die mit der Nahrung aufgenommenen Proteine gelangen nach dem Schlucken in den Magen. Seine Schleimhaut bil-
20 det etwa 2 Liter Magensaft pro Tag. Im Magensaft ist ein Enzym, das Pepsin, enthalten. Es spaltet die langen Proteinketten in kürzere Ketten, die Aminosäureketten. Enzymgruppen werden nach
25 den Stoffen, die sie abbauen, benannt

Proteine

Protein

Aminosäurekette

Aminosäuren

Fette

Fett

Fettsäuren

Glycerin

2 Proteine und Fette

und meist durch die Endung -ase gekennzeichnet. Enzyme, die Proteine spalten, werden deshalb als Proteasen bezeichnet. Die Protease Pepsin kann
30 allerdings nur wirken, wenn die Umgebung sauer ist. Zellen der Magenwand sondern daher Salzsäure ab. Diese Magensäure lässt die Proteine aufweichen und aufblähen. Sie sorgt
35 so dafür, dass die Proteine vom restlichen Nahrungsbrei getrennt werden. So kann das Pepsin die Proteine besser in kürzere Aminosäureketten spalten.

Verdauung von Proteinen im Dünn-
40 **darm** • Die im Magen aus den Proteinen entstandenen Aminosäureketten gelangen dann in den Dünndarm. Sowohl die Bauchspeicheldrüse als auch die Dünndarmwand bilden Verdau-
45 ungssäfte, die weitere Proteasen wie das Trypsin enthalten. Diese Enzyme spalten dann die Aminosäureketten in ihre Bausteine, die Aminosäuren.

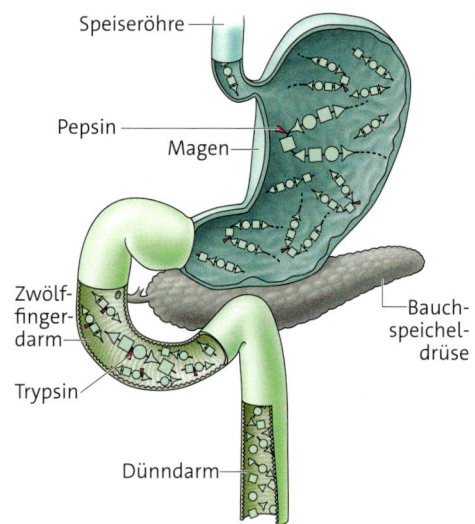

Speiseröhre

Pepsin

Magen

Zwölf-
finger-
darm

Trypsin

Bauch-
speichel-
drüse

Dünndarm

3 Verdauung von Proteinen

Diese werden über die Dünndarmzotten ins Blut aufgenommen.

**Vorbereitung der Verdauung von
Fetten** • Die in der Nahrung enthaltenen Fette werden auf ihrem Weg vom
Mund über die Speiseröhre in den Magen kaum verändert. Ihre Verdauung
beginnt erst im Zwölffingerdarm. Hier
befindet sich der Ausführgang des in
der Leber produzierten und in der Gallenblase gespeicherten Gallensafts.
Etwa einen halben Liter dieser gelb-
grünen Flüssigkeit gibt die Gallenblase
täglich in den Zwölffingerdarm ab. Der
Gallensaft zerteilt große Fetttropfen
in viele kleine Fetttröpfchen. Dadurch
wird die Oberfläche des Fetts stark vergrößert.

Verdauung von Fetten • In den Zwölffingerdarm mündet ebenfalls der Gang
der Bauchspeicheldrüse, die ihren Ver-
dauungssaft, den Bauchspeichel, ab-
gibt. Im Bauchspeichel befinden sich
auch Enzyme, die Fette spalten können.
Da man Fette auch als Lipide bezeichnet, nennt man fettspaltende Enzyme
auch Lipasen. Die Lipasen des Bauchspeichels und auch des Dünndarmsafts
spalten die Fette in ihre Bausteine Glycerin und Fettsäuren. Dadurch, dass der
Gallensaft die Fette der Nahrung in viele kleine Fetttröpfchen zerlegt, können
so die Lipasen an vielen Stellen des
Fetts gleichzeitig wirken. Nur so kann
die mit der Nahrung aufgenommene
Fettmenge schnell über die Dünndarmwand aufgenommen und die im Fett
gespeicherte Energie genutzt werden.

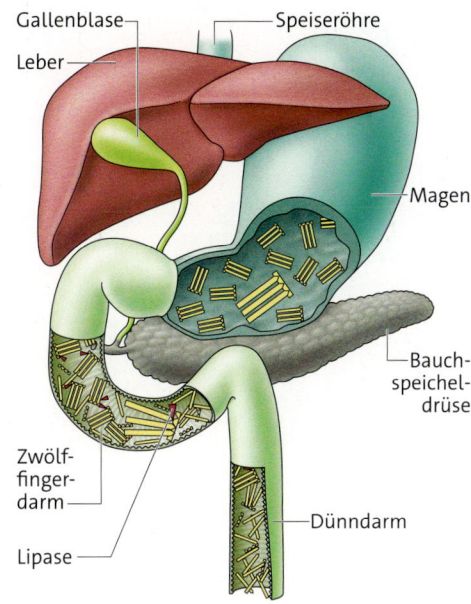

4 Fettverdauung

Die Verdauung von Proteinen und
Fetten funktioniert mithilfe von
Enzymen. Proteasen in Magen und
Dünndarm spalten Proteine in
kleinere Aminosäuren. Lipasen im
Dünndarm spalten Fette in Glycerin
und Fettsäuren.

Aufgaben

1 🔵 Beschreibe mithilfe von Bild 3,
wie Proteine verdaut werden.

2 🔵 Erstelle eine Tabelle mit den Ver-
dauungsorganen, die am Abbau von
Fetten beteiligt sind, und ergänze
ihre jeweiligen Aufgaben.

3 🟢 Beschreibe Bild 5 und erkläre
die Bedeutung der Galle für die
Fettverdauung.

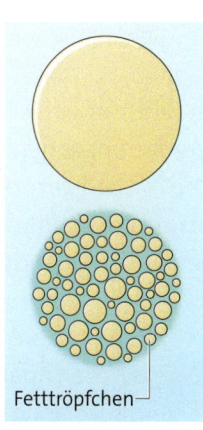

5 Wirkung des
Gallensafts

Verdauung von Proteinen und Fetten

Material A

Fette und Proteine

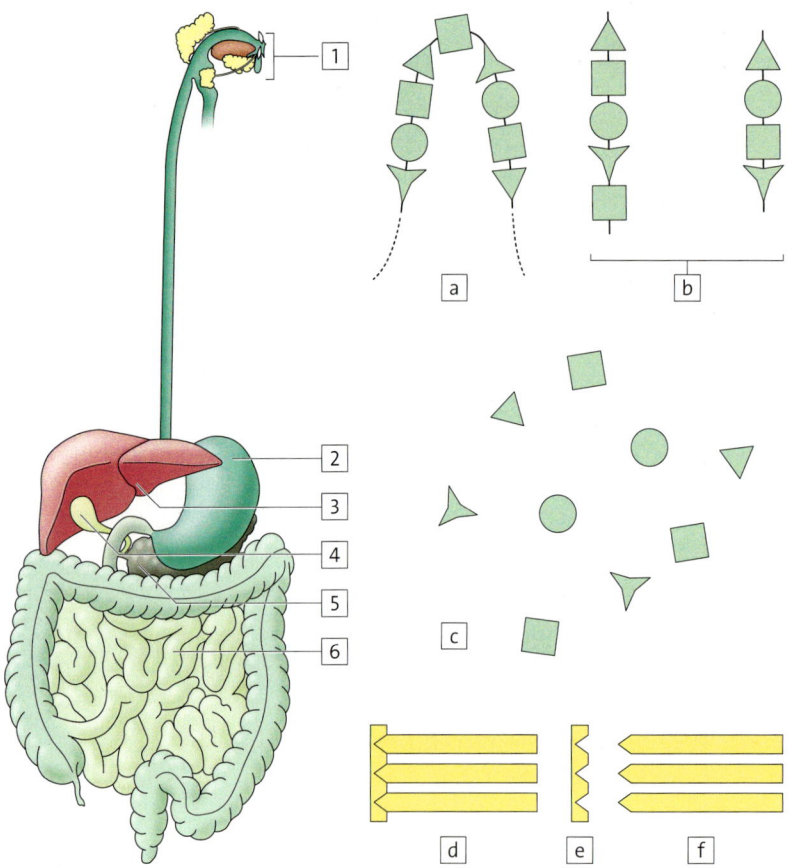

1 Verdauung von Proteinen und Fetten

In Bild 1 ist ein Schema der Verdauungsorgane gezeigt. Die mit a–f gekennzeichneten Strukturen stellen Nährstoffe und ihre Bestandteile dar.

1 ○ Benenne die mit 1–6 gekennzeichneten Teile des Verdauungssystems und die mit a–f dargestellten modellhaften Strukturen.

2 ◐ Ordne die Strukturen a–f den Stellen 1–6 im Verdauungssystem zu.

3 ◐ Die Teile 1–6 sind auch Bildungsorte von Enzymen. Ordne den Teilen folgende Enzyme zu: Lipasen, Proteasen, Amylasen und Maltasen.

Material B

Proteasen

In einem Versuch wurde die Wirkung von Pepsin untersucht. Die drei Reagenzgläser standen alle gleich lang in 38 °C warmem Wasser.

1 ◐ Beschreibe mithilfe von Bild 2 und der Tabelle 3 den Versuchsaufbau.

2 ◐ Beschreibe das Versuchsergebnis.

3 ◐ Erkläre mithilfe der Wirkung und des Wirkortes von Pepsin das Versuchsergebnis.

2 Versuch zur Wirkung von Proteasen

Reagenzglas	1	2	3
Wasser	+	+	+
Fleisch	+	+	+
Salzsäure	+	−	+
Pepsin	−	+	+

3 Tabelle

Material C

Die Wirkung der Galle

Materialliste: Reagenzglasständer, 2 Reagenzgläser, Stopfen, Pipette, Speiseöl, Ochsengalle-Lösung, Wasser

1 Gib in die beiden Reagenzgläser je 5 mL Wasser. Gib dann folgende Stoffe hinzu: In Reagenzglas 1: 5 mL Speiseöl, in Reagenzglas 2: 5 mL Speiseöl und 5 mL Ochsengalle-Lösung.

2 Verschließe beide Reagenzgläser mit einem Stopfen und schüttle das Gemisch der beiden Proben kräftig durch und stelle die Reagenzgläser zurück in den Reagenzglasständer. Warte dann etwa 5 Minuten.

a ○ Beschreibe deine Beobachtungen.

b ○ Skizziere deine Beobachtungen.

3 ◐ Erkläre aufgrund der Versuchsergebnisse die Funktion des Gallensafts bei der Verdauung.

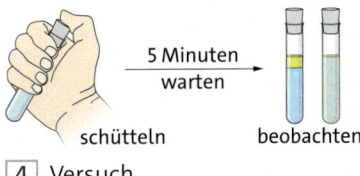

5 Minuten warten

schütteln → beobachten

4 Versuch

Material D

Lipasen

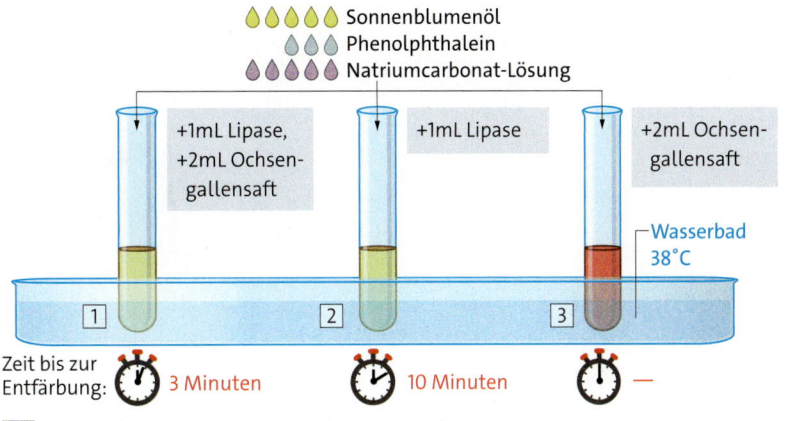

Sonnenblumenöl
Phenolphthalein
Natriumcarbonat-Lösung

+1mL Lipase, +2mL Ochsengallensaft

+1mL Lipase

+2mL Ochsengallensaft

Wasserbad 38°C

1   2   3

Zeit bis zur Entfärbung: 3 Minuten   10 Minuten   —

5 Versuch zur Wirkung von Lipasen und Fett

Im Bauchspeichel sind Lipasen enthalten. In einem Experiment wurde die Wirkung des Bauchspeichels auf Fette untersucht. Dazu wurden drei Reagenzgläser mit 5 Tropfen Sonnenblumenöl, 3 Tropfen Phenolphthalein und 5 Tropfen Natriumcarbonat-Lösung befüllt. → 5
Diesen Reagenzgläsern hat man unterschiedlich andere Stoffe hinzugegeben.
Danach wurden alle drei Reagenzgläser in ein 38 °C warmes Wasserbad gestellt.
Danach wurde die Zeit bis zur Entfärbung des Versuchsansatzes gemessen.

Hinweis: Phenolphthalein ist ein Farbstoff, mit dem man die Spaltung von Fetten nachweisen kann. Bei der Spaltung von Fett zu Glycerin und Fettsäuren färbt sich die Probe von Rot zu Gelb. Natriumcarbonat-Lösung ist wichtig, damit sich Phenolphthalein rot färbt.

1 ◐ Beschreibe mithilfe von Bild 5 den Versuchsaufbau.

2 ◐ Formuliere eine Fragestellung, die mit dem Versuch überprüft werden soll.

3 ● Erkläre die Versuchsergebnisse. Gehe dabei insbesondere auf das Zusammenspiel von Lipase und Gallensaft ein.

4 ● Ziehe vom Versuchsergebnis Rückschlüsse auf die Verdauung von Fetten im Körper.

Verdauung im Überblick

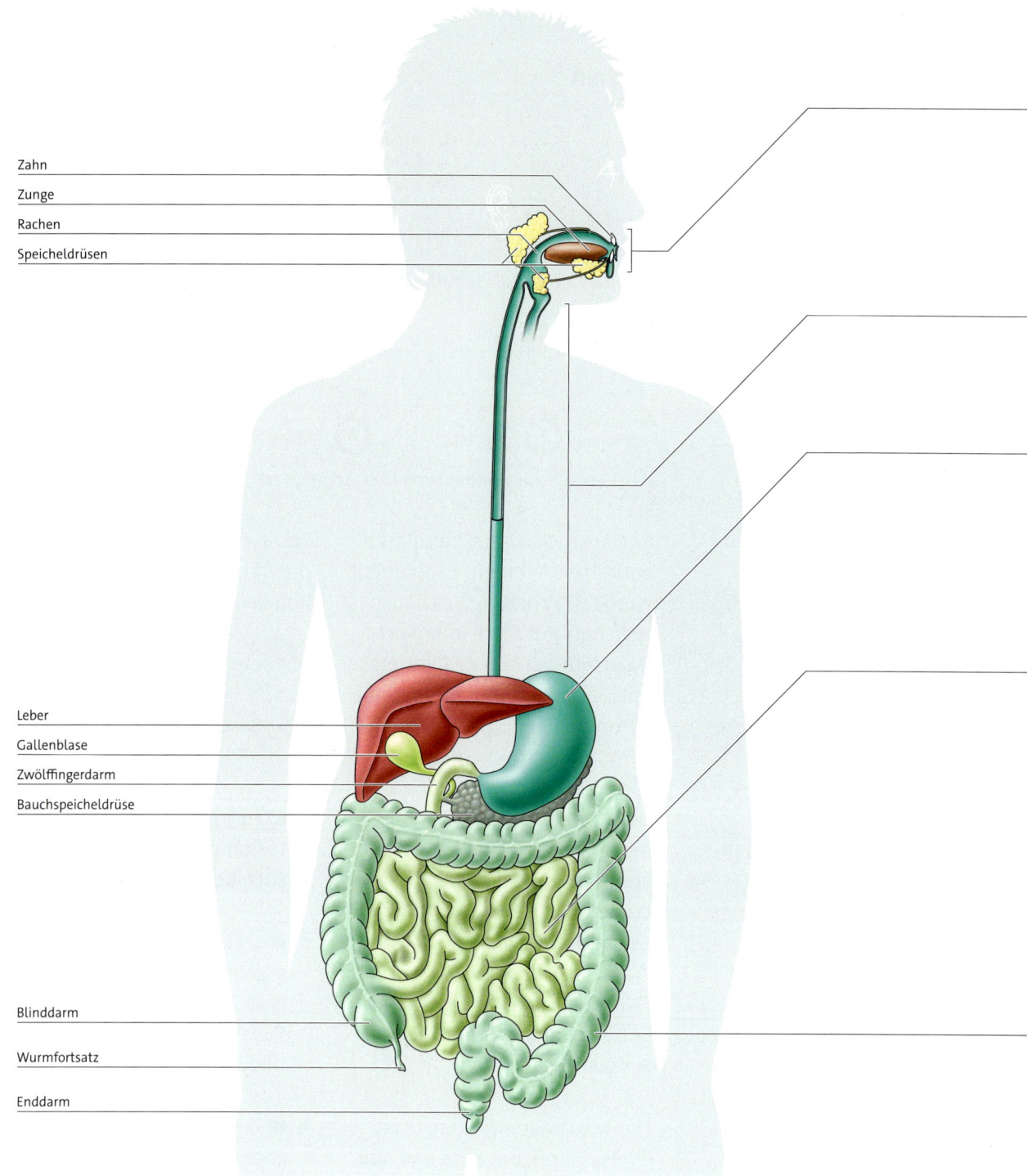

Zahn

Zunge

Rachen

Speicheldrüsen

Leber

Gallenblase

Zwölffingerdarm

Bauchspeicheldrüse

Blinddarm

Wurmfortsatz

Enddarm

1 Verdauungsorgane

Mundhöhle Mit den Zähnen wird die Nahrung zerkleinert und mit dem Mundspeichel vermengt. Speicheldrüsen produzieren täglich etwa 1,5 Liter Mundspeichel. Er enthält das Enzym Amylase. Dieses zerlegt einen Teil der in der Nahrung enthaltenen Stärke in Maltose. Fette und Proteine werden im Mund nicht abgebaut.

Speiseröhre Die Speiseröhre ist ein etwa 25 cm langer Muskelschlauch. Durch wellenartige Bewegungen wird der Nahrungsbrei vom Mund in den Magen transportiert.

Magen Der Magen ist ein sehr dehnbares Hohlorgan und hat ein Fassungsvermögen von etwa 1,5 Litern. Der Nahrungsbrei verleibt dort 1-5 Stunden. Die Magenschleimhaut produziert täglich bis zu 3 Liter Magensaft. In ihm sind Proteasen enthalten, die Proteine in kürzere Aminosäureketten zerlegen. Die Magenschleimhaut bildet zudem die Magensäure, die den Nahrungsbrei ansäuert und ihn so besser zugänglich für die eiweißspaltenden Enzyme macht. Kohlenhydrate und Fette werden im Magen nicht abgebaut.

Dünndarm Er ist etwa 3-4 Meter lang und besitzt eine Gesamtinnenfläche von etwa 200 m². In den ersten Abschnitt des Dünndarms, den Zwölffingerdarm, münden die Ausführgänge der Bauchspeicheldrüse und Gallenblase. Die Verweildauer des Nahrungsbreis beträgt etwa 2-4 Stunden. Der Dünndarmsaft und der Bauchspeichel enthalten Verdauungsenzyme. Amylasen und Maltasen spalten Kohlenhydrate in Glukose. Proteasen zerlegen die Aminosäureketten in Aminosäuren. Lipasen spalten die Fette in Glycerin und Fettsäuren. Glukose und Aminosäuren werden durch die Zellen der Darmwand ins Blut aufgenommen, Glycerin und Fettsäuren gelangen in Blut und Lymphe.

Dickdarm Im 1,5 m langen Dickdarm verweilen die Nahrungsreste zwischen 5 und 70 Stunden. Durch Wasserentzug werden die übrig gebliebenen Nahrungsbestandteile eingedickt und letztlich über den Enddarm ausgeschieden. Diese als Kot bezeichneten unverdauten Reste enthalten unter anderem Ballaststoffe, Pflanzenfasern und tote Darmbakterien.

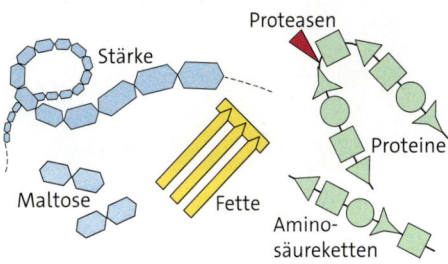

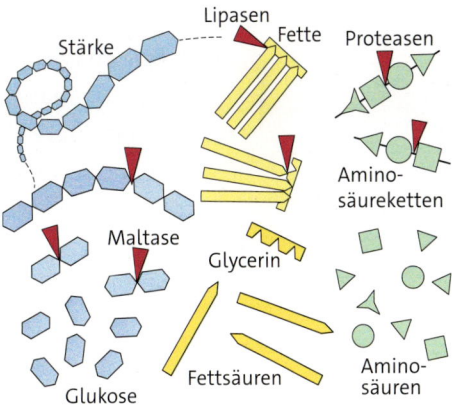

2 │ Verdauung von Nährstoffen

Die Niere – ein Ausscheidungsorgan

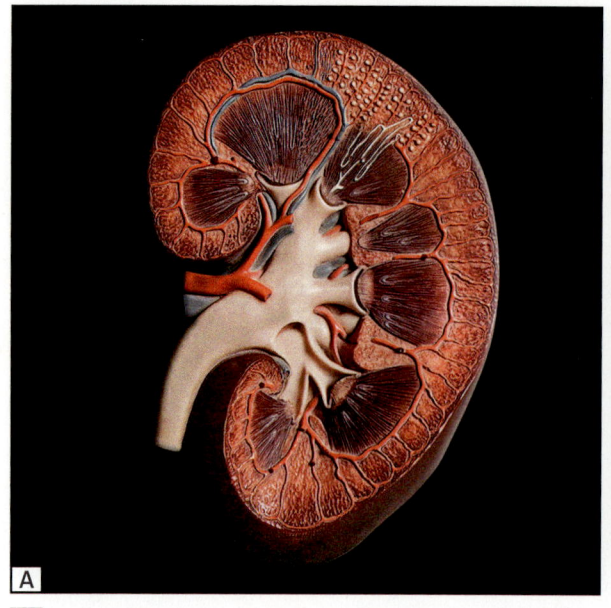

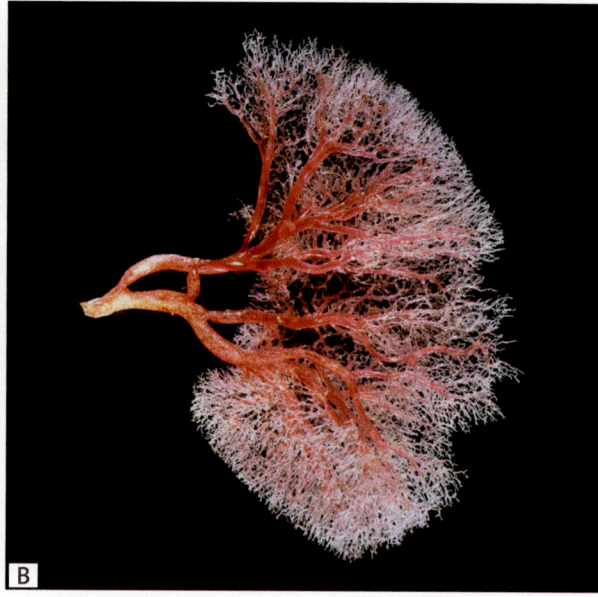

1 Niere: **A** Modell einer Niere, **B** Blutgefäße einer Niere (präpariert)

Bei der Atmung und der Verdauung werden lebenswichtige Stoffe in den Körper aufgenommen. In den Körperzellen werden diese abgebaut, um
5 Energie zu gewinnen und körpereigene Stoffe aufzubauen. Dabei entstehen Abfallprodukte, die zurück ins Blut gelangen. Doch wie werden diese Abfallstoffe aus dem Körper transportiert?

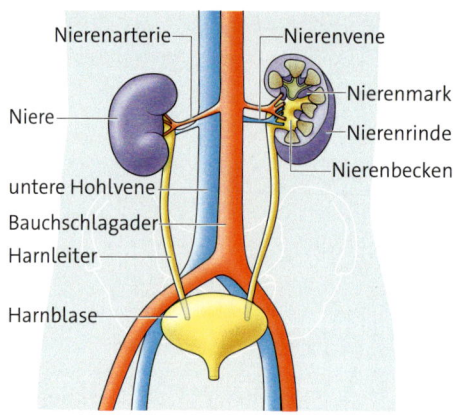

2 Bau und Lage der Nieren

Bau und Aufgaben der Nieren • Für die
10 Reinigung des Blutes von Abfallstoffen und deren Ausscheidung sind die beiden Nieren zuständig. Diese bohnenförmigen Organe sind etwa so groß
15 wie eine Faust und befinden sich oberhalb des Lendenbereichs auf beiden Seiten der Wirbelsäule. Die Nieren bestehen aus der äußeren Nierenrinde und dem Nierenmark im Inneren.
20 Über die beiden Harnleiter sind die Nieren mit der Blase verbunden. Da in den Zellen ständig neue Abfallstoffe wie Harnstoff entstehen, die dann in das Blut gelangen, wird die gesamte
25 Blutmenge am Tag bis zu 300-mal durch die Nieren befördert.
Die Abfallstoffe gelangen über die Harnleiter in die Blase und werden mit dem Harn ausgeschieden. Die Nieren
30 regulieren somit die Wasserabgabe des Körpers.

Nephron • Jede Niere besitzt etwa eine Million Untereinheiten, die aus dem Nierenkörperchen und dem Nieren-
35 kanälchen bestehen. Eine Untereinheit bezeichnet man als Nephron. Das Nierenkörperchen ist ein kleines Säckchen, in das eine Arterie hineinführt. Diese Arterie gliedert sich im Säckchen
40 in viele Kapillaren auf, die sich anschließend wieder zu einer Arterie vereinen.
Am Nierenkörperchen beginnt das Nierenkanälchen, das im Sammelröhr-
45 chen mündet. Im Nierenkörperchen entspringt eine Arterie, die mit dem Nierenkanälchen in engem Kontakt steht.

Die Filtration • Im Nierenkörperchen
50 werden aus den Kapillaren Wasser und gelöste Stoffe aus dem Blut abgegeben. Nur größere Bestandteile wie Blutzellen bleiben zurück. Diesen Vorgang nennt man Filtration. Hierbei entsteht
55 der Primärharn, der aus Wasser, Abfallstoffen, aber auch aus Glukose, Mineralstoffen und Vitaminen besteht.

Die Rückresorption • Die noch verwertbaren Bestandteile des Primärharns
60 wie Mineralstoffe, Vitamine und ein Großteil des Wassers gelangen aus den Nierenkanälchen wieder ins Blut. Man bezeichnet dies als Rückresorption. Somit werden die etwa 180 Liter
65 Primärharn, die am Tag in den Nieren entstehen, auf ein bis zwei Liter Endharn konzentriert. Über das Sammelröhrchen gelangt der Endharn in den Harnleiter und von dort in die Blase.

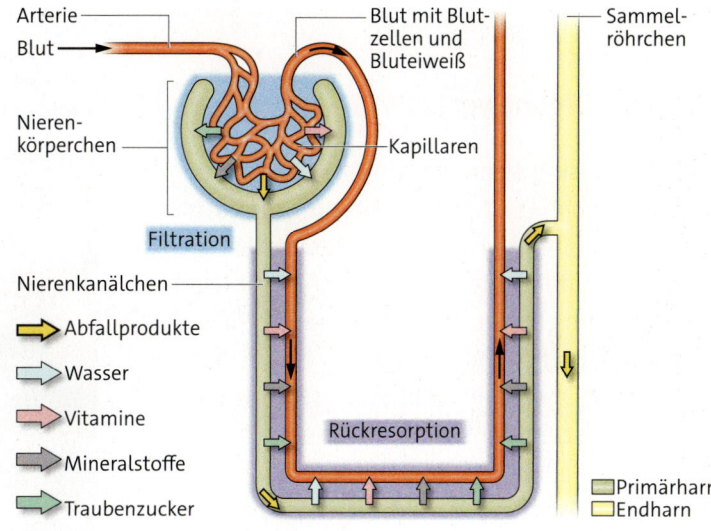

3 Filtration und Rückresorption

> Die Nieren reinigen das Blut. Dies geschieht in zwei Schritten. Bei der Filtration werden bestimmte Bestandteile des Blutes herausgefiltert. Bei der Rückresorption werden noch verwertbare Bestandteile wie Wasser, Mineralstoffe und Vitamine ins Blut zurückgeführt.

Aufgaben

1 ○ Beschreibe den Bau und die Lage der Nieren.

2 ◑ Erkläre die beiden Vorgänge, die in der Niere ablaufen.

3 ◑ Begründe, weshalb es notwendig ist, dass nach der Filtration noch die Rückresorption stattfindet.

4 ● Stelle Vermutungen an, weshalb die Niere stark durchblutet ist. → 1B

Die Niere – ein Ausscheidungsorgan

Wenn Organe versagen

Die Dialyse • Wenn die Funktion der Nieren beeinträchtigt ist oder vollständig eingestellt wird, spricht man von einem Nierenversagen. Abfallstoffe können dann nur noch schlecht
5 oder gar nicht aus dem Blut herausgefiltert werden und es kommt zu einer Vergiftung des Körpers. Ohne eine Behandlung führt dies zum Tod. Um Menschen mit einem Nierenversagen zu helfen, wird das Blut künstlich
10 von den Abfallstoffen befreit. Dieses Verfahren bezeichnet man als Dialyse. Der Blutkreislauf des Patienten wird hierbei an ein Dialysegerät angeschlossen, welches das Blut reinigt. Diese Behandlung dauert einige Stunden und
15 wird mehrmals in der Woche wiederholt.

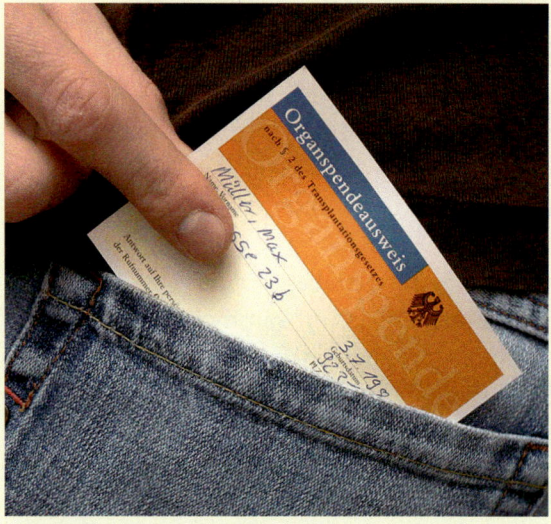

1 Organspendeausweis

Die Transplantation • Eine Dialyse kann einem Patienten für eine bestimmte Zeit ein normales Leben ermöglichen. Eine neue Niere kann auf Dauer helfen. Hierzu wird dem Patienten
20 eine gesunde Niere eines Spenders in den Körper eingesetzt. Die Übertragung eines Organs von einem Menschen auf den anderen bezeichnet man als Transplantation. In Deutschland werden jährlich etwa 4000
25 Transplantationen durchgeführt. In rund zwei Dritteln der Fälle wird eine Niere verpflanzt. Solche Transplantationen sind jedoch nicht ungefährlich. Jede Operation birgt Risiken, zudem kann es passieren, dass das transplan-
30 tierte Organ vom Körper des Empfängers als Fremdkörper angesehen und abgestoßen wird. Diese Abstoßungsreaktion ist umso schwächer, je näher Empfänger und Spender miteinander verwandt sind.

35 **Organspende** • Durch Organspenden werden jährlich viele Tausend Menschen in Deutschland gerettet. Organe wie die Niere oder Teile der Leber können einem lebenden Spender entnommen werden. Es ist jedoch auch mög-
40 lich, einem Menschen kurz nach dem Tod Organe zu entnehmen und zu verpflanzen. Um diese Entnahme zu gestatten, kann ein Organspendeausweis ausgefüllt werden.

Aufgabe

1 🖎 Plant zu zweit ein Rollenspiel eines Beratungsgesprächs beim Arzt zur Nierenspende mit folgenden Personen:
a Interessent zur Organspenderegistrierung
b beratender Arzt

Transplantationsstatistik

1 ○ Werte die Daten der Tabelle zur Entwicklung der
Organspenden aus.

2 ◐ Erläutere, warum heute
vermehrt für Organspenden
geworben wird.

3 ◐ Erkläre, warum gerade
die Niere häufig trans-
plantiert wird.

Organe	2008	2009	2010	2011	2012	2013	2014
Niere	2167	2144	2250	2036	1789	1512	1481
Herz	369	347	385	362	318	300	294
Leber	1007	1039	1114	1040	919	773	763
Lunge	265	254	290	313	339	327	330
Bauchspeichel-drüse	127	108	155	160	141	119	114
Dünndarm	10	5	11	6	5	4	7

2 Anzahl der transplantierten Organe von 2008 bis 2014

Wie funktioniert die Dialyse?

Dialyse Bei der Dialyse wird der Blutkreislauf des Patienten mit dem Dialysegerät verbunden. Das abgepumpte Blut wird zunächst mit Mitteln versetzt, die die Blutgerinnung verhindern.
Danach fließt das Blut an einer dünnen Filterschicht vorbei, auf deren anderer Seite sich die Dialyseflüssigkeit befindet.

Große Bestandteile des Blutes wie Blutzellen und Proteine können die Membran nicht durchdringen. Abfallstoffe, aber auch Vitamine und Mineralstoffe wandern durch die Filterschicht in die Dialyseflüssigkeit und werden somit aus dem Blut entfernt.
Das gereinigte Blut wird anschließend in den Körper des Patienten zurückgeführt.

1 ○ Fasse die einzelnen Schritte
der Dialyse zusammen.

2 ◐ Vergleiche die einzelnen
Dialyseschritte mit den Vorgängen in der Niere.

3 ● Begründe, warum Dialyse-
patienten unter Vitamin- und
Mineralstoffmangel leiden.

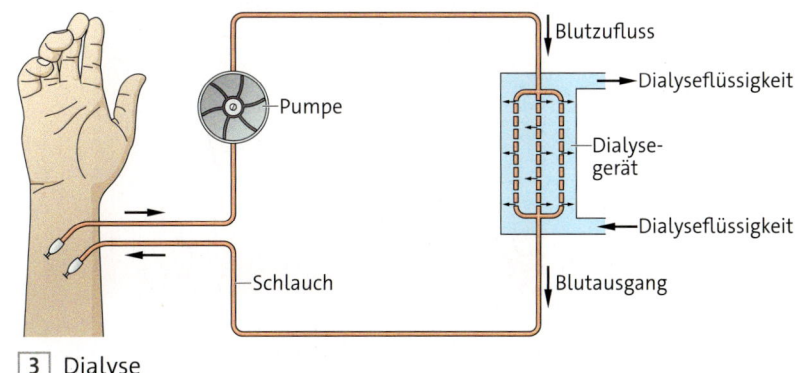

3 Dialyse

Vom Organ zur Zelle

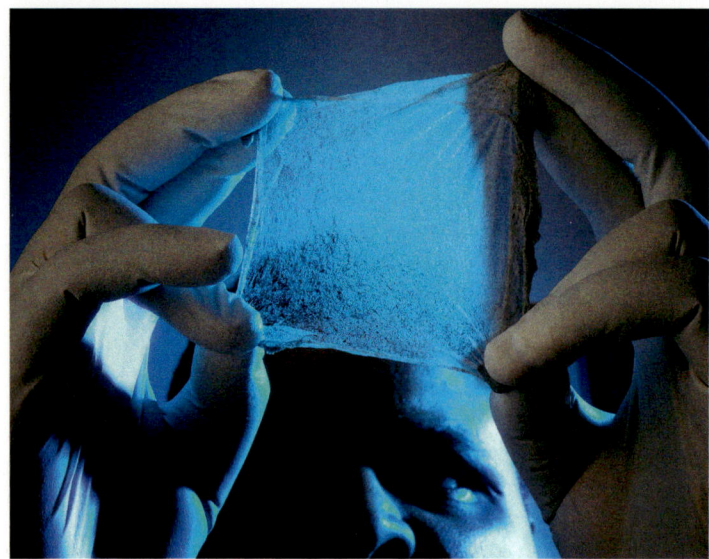

1 Künstlich hergestelles Oberhautgewebe

Bei einer Verbrennung der Haut besteht bei einem Erwachsenen bereits Lebensgefahr, wenn über 15 % des Körpers betroffen sind. Künstlich hergestelltes
5 Hautgewebe kann in diesem Fall lebensrettend sein. Aus ganz jungen Zellen kann junges Hautgewebe gebildet werden. → 1 Auch an künstlichen Organen wird intensiv geforscht. → 2
10 Was ist der Unterschied zwischen einem Organ und einem Gewebe?

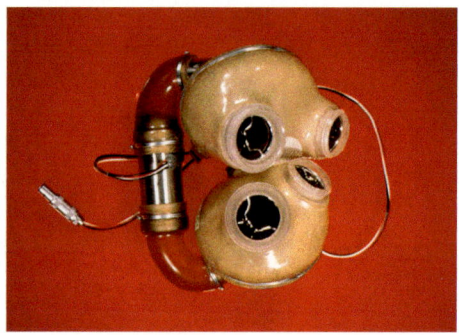

2 Organ aus dem Labor: künstliches Herz

Organsystem • Jeder Organismus besteht aus bestimmten Organsystemen. Diese sind aus mehreren Organen zu-
15 sammengesetzt. Die Gesamtheit aller Organe, die zum Beispiel an der Verdauung beteiligt sind, bildet das Verdauungssystem. Weitere Organsysteme wie das Nervensystem und das Herz-
20 Kreislauf-System ergänzen sich in ihren Aufgaben und gewährleisten die Leistungsfähigkeit des Organismus.

Organ • Mit einer Fläche von 1,5 bis 2 Quadratmetern ist die Haut das größte
25 Organ des menschlichen Körpers. Organe sind abgrenzbare Teile eines Lebewesens mit bestimmten Aufgaben. Sie sind an ihrer Form zu erkennen und liegen im menschlichen Körper immer am
30 gleichen Ort. Weitere Organe sind zum Beispiel der Magen, die Leber, der Dünndarm, die Bauchspeicheldrüse und der Dickdarm. Sie sind alle an der Verdauung beteiligt.

35 **Gewebe** • Ein Organ besteht aus verschiedenen Geweben. Sie bilden nach den Organen die nächste Organisationsstufe eines Lebewesens. Gewebe sind Ansammlungen von gleichartigen
40 Zellen. Sie zeigen den gleichen Aufbau und erfüllen die gleichen Aufgaben.

Gewebearten • Es lassen sich vier Grundgewebetypen unterscheiden: Deckgewebe, Bindegewebe, Muskelge-
45 webe und Nervengewebe. Deckgewebe sind eng gepackt. Sie grenzen einen Körper nach außen ab, umschließen innere Organe oder kleiden Hohlräume aus.

Sie ermöglichen den Stoffaustausch.
50 Das Bindegewebe schafft eine Verbindung zu anderen Geweben und hat eine wichtige Stützaufgabe. Sie sind in eine Grundsubstanz eingebettet, beispielsweise Fett- und Knochen-
55 gewebe. Muskelgewebe besteht aus langfaserigen Muskelzellen. Es kann sich zusammenziehen und ermöglicht damit Bewegungen. Das vierte Grundgewebe ist das für Weiterleitung und
60 Verarbeitung von Informationen verantwortliche Nervengewebe. Es ist ein Geflecht von Nervenzellen, das über Verästelungen miteinander in Verbindung steht.

65 **Zellen** • Eine Zelle ist die kleinste Organisationsstufe aller Organismen. Spezialisiert als Muskelzellen, Blutzellen, Nervenzellen oder Drüsenzellen erfüllen sie in Geweben die
70 verschiedensten Aufgaben.

> Im Organismus wirken alle Organe zusammen. Organe entstehen durch die Zusammenarbeit verschiedener Gewebe. Gleichartige Zellen mit derselben Aufgabe bilden Gewebe.

Aufgaben

1 🔵 Fertige eine Tabelle mit 4 Grundgewebetypen mit ihrem jeweiligen Aufbau und Aufgaben an.

2 🔵 Erläutere am Beispiel der Verdauung die Organisationsstufen eines Organismus.

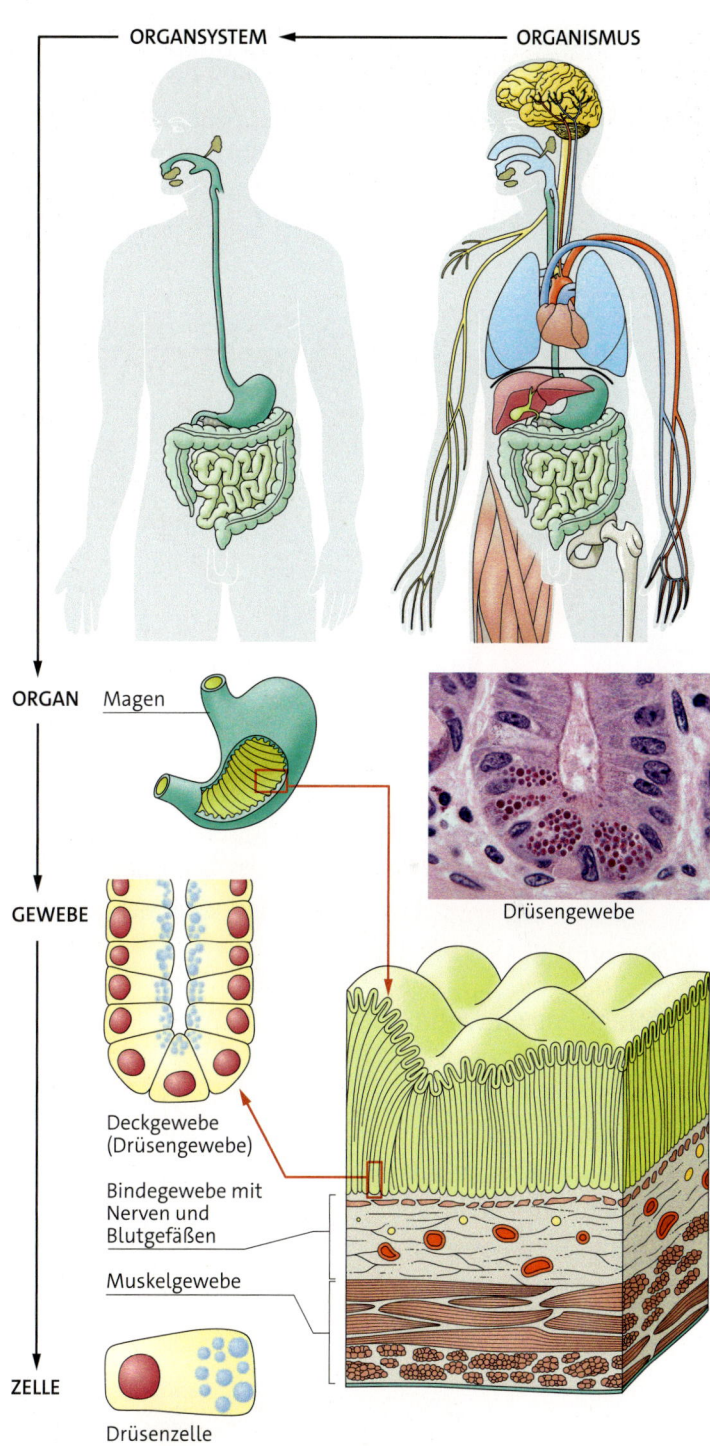

ORGANSYSTEM ← ORGANISMUS

ORGAN — Magen

Drüsengewebe

GEWEBE

Deckgewebe (Drüsengewebe)

Bindegewebe mit Nerven und Blutgefäßen

Muskelgewebe

ZELLE

Drüsenzelle

3 Organisationsstufen am Beispiel der menschlichen Verdauung

Vom Organ zur Zelle

Material A

Organisationsstufen beim Menschen

1 ○ Ordne die Bilder 1 A bis E nach ihrer Organisationsstufe und nenne den Fachbegriff jeder Stufe.

2 ○ Ordne den einzelnen Stufen die folgenden Fachbegriffe zu: Muskelzelle, Herz, Mensch, Herz-Kreislauf-System, Muskelgewebe.

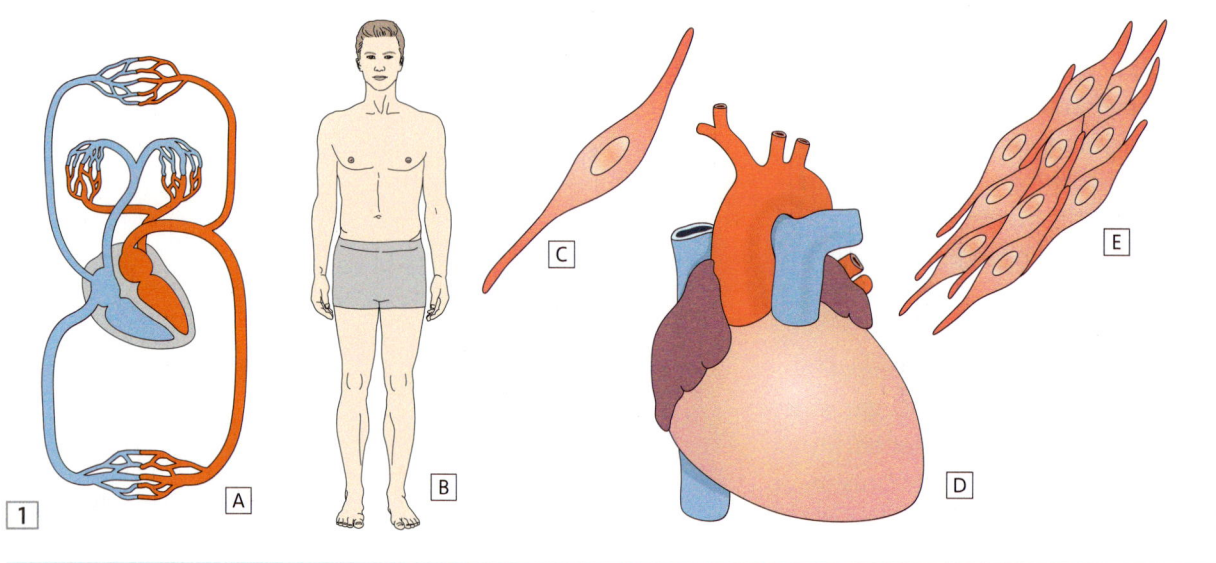

Material B

Verschiedene Gewebe

1 ○ Welche Gewebetypen kannst du entdecken?

a ◗ Ordne den mit a–e dargestellten Geweben die Grundgewebetypen zu.

b ◗ Begründe deine Zuordnungen.

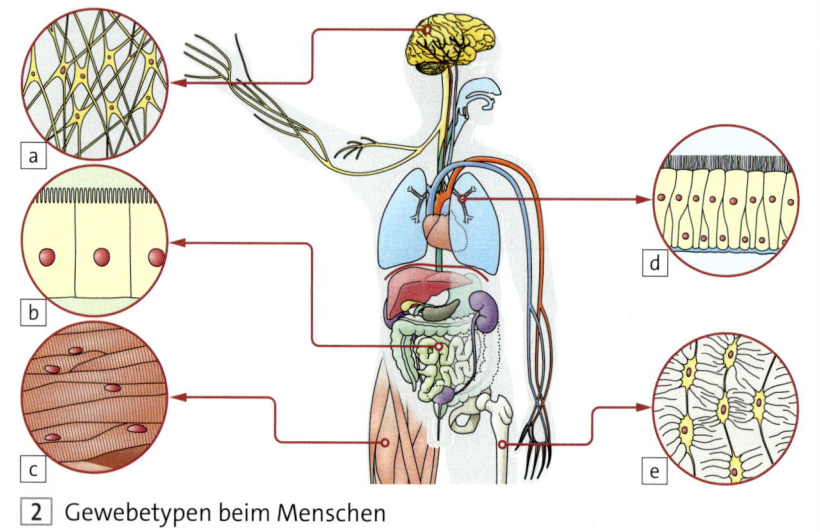

2 Gewebetypen beim Menschen

Gewebetypen

In den Bildern 3–5 sind drei verschiedene Grundgewebetypen dargestellt.

1 ⬭ Ordne den Bildern 3–5 folgende Grundgewebetypen zu: Muskelgewebe, Nervengewebe und Deckgewebe. Begründe deine Entscheidung.

2 ◖ Vergleiche die Struktur der dargestellten Gewebe miteinander. Stelle die jeweilige Besonderheit heraus.

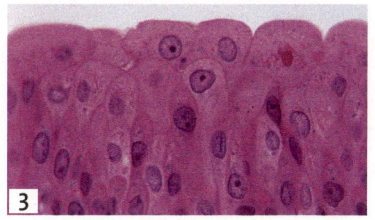

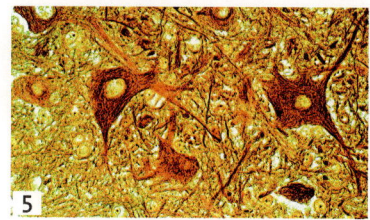

Gewebe der Haut

1 Betrachte Bild 6.

a ◖ Beschreibe den schichtweisen Aufbau der Haut.

b ● Ordne den Bildern A bis C einen Grundgewebetyp zu und begründe deine Entscheidung.

c ● Begründe, dass es sich bei der Haut um ein Organ handelt.

d ● Erläutere am Beispiel der Haut, dass die einzelnen Gewebe der Haut Arbeitsteilung betreiben.

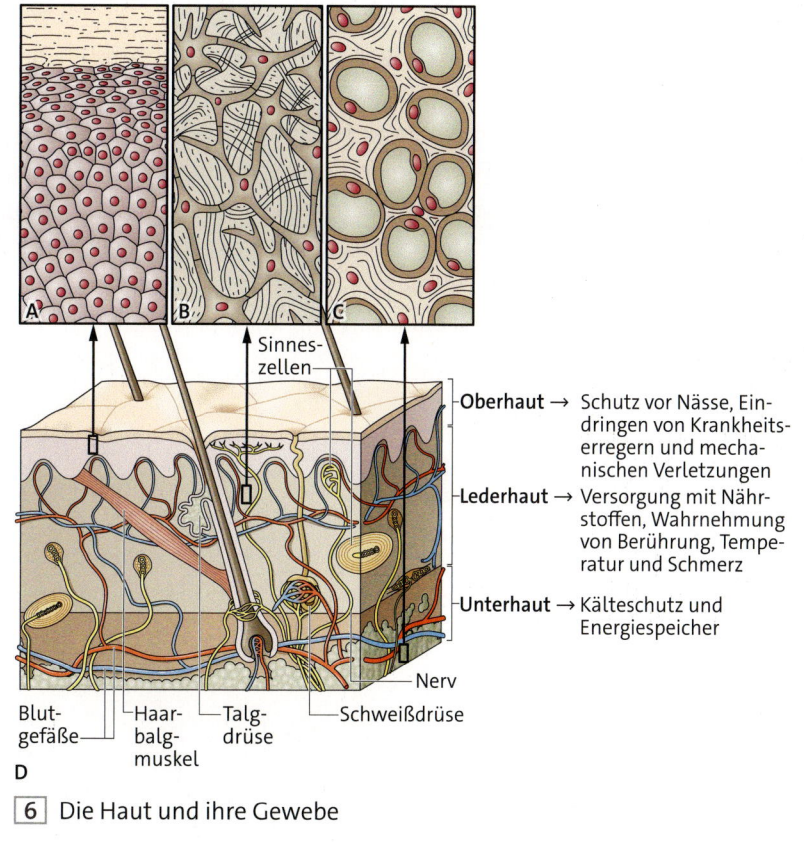

Oberhaut → Schutz vor Nässe, Eindringen von Krankheitserregern und mechanischen Verletzungen

Lederhaut → Versorgung mit Nährstoffen, Wahrnehmung von Berührung, Temperatur und Schmerz

Unterhaut → Kälteschutz und Energiespeicher

Sinneszellen

Blutgefäße — Haarbalgmuskel — Talgdrüse — Schweißdrüse — Nerv

D

6 Die Haut und ihre Gewebe

Bau der Tierzelle

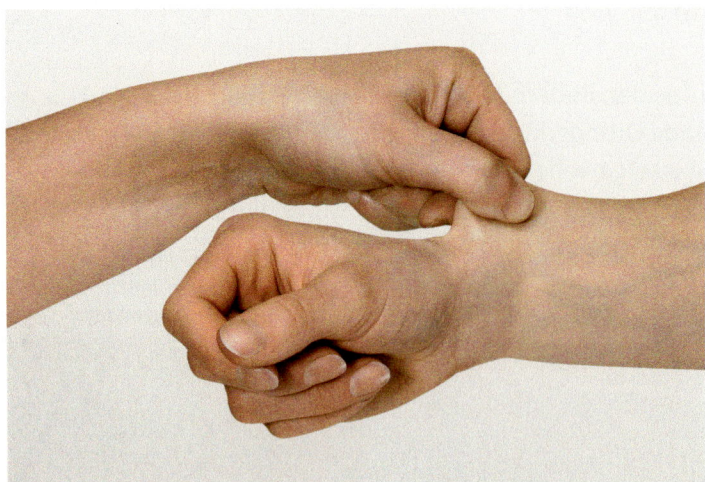

1 | Unsere Haut ist dehnbar.

Unsere Haut lässt sich sehr leicht dehnen, ohne dass sie reißt. Lässt sich dies mithilfe des Aufbaus der Zellen erklären?

Form und Größe • Alle Lebewesen bestehen aus Zellen. Im menschlichen Körper gibt es etwa 50 Billionen davon. Tierische und menschliche Zellen sind von einem dünnen, verformbaren Häutchen umgeben. Man bezeichnet es als Zellmembran. Die Zellen sind dadurch elastisch und ihre Form ist weniger festgelegt. Obwohl alle Zellen gemeinsame Merkmale haben, lassen sich insgesamt mehrere Hundert verschiedene Zelltypen unterscheiden, deren Form und Größe sich nach ihren Aufgaben richten. Mit einem Durchmesser von etwa nur 0,007 mm zählen Erythrozyten zu den kleinsten Zellen im Körper. Die Eizelle der Frau zählt mit einem Durchmesser von etwa 0,12 Millimeter zu den größten menschlichen Zellen. Manche Nervenzellen sind bis zu einem Meter lang, aber nur unter einem Millimeter dick.

Die Außenhaut • Die Zellmembran ist die Außenhaut der Zelle. Sie ist nur 1 millionstel Millimeter dick und damit 20000-mal dünner als ein Haar. Die Zellmembran kontrolliert den Stoffaustausch zwischen den Zellen. Solange die Zellen leben, füllt eine Grundsubstanz, das dünn- bis zähflüssige Zellplasma, den gesamten Innenraum der Zelle aus. Weil das Plasma ständig in Bewegung ist, kann es Stoffe durch die Zelle transportieren.

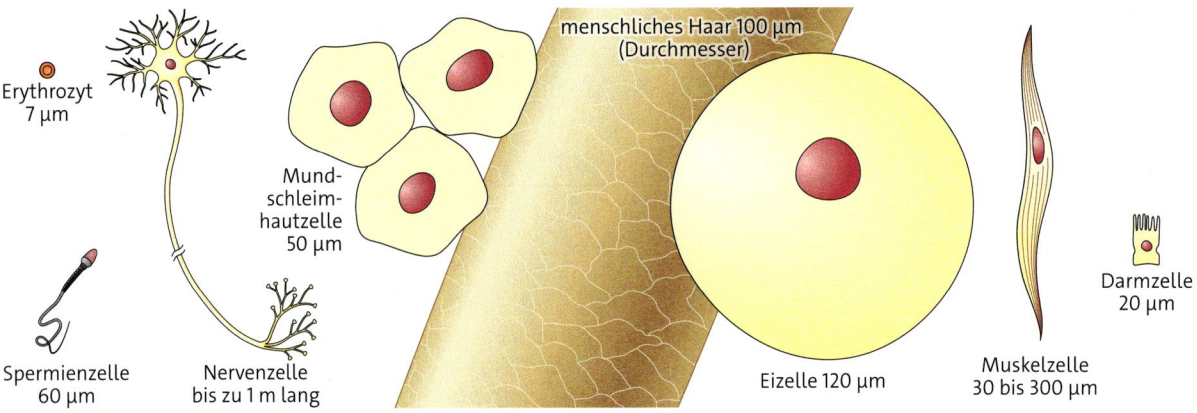

Erythrozyt
7 µm

Mund-
schleim-
hautzelle
50 µm

menschliches Haar 100 µm
(Durchmesser)

Darmzelle
20 µm

Spermienzelle
60 µm

Nervenzelle
bis zu 1 m lang

Eizelle 120 µm

Muskelzelle
30 bis 300 µm

2 | Größen verschiedener tierischer Zellen (in Mikrometer, 1 µm = 0,001 mm)

Die Produktionsstätten • Im Zellplasma befindet sich ein Netz von vielen
Kanälen. Darin können auf engstem
Raum viele Stoffe unabhängig voneinander auf- und abgebaut werden.
Dieses Stoffwechselsystem bezeichnet
man als Endoplasmatisches Retikulum, kurz ER. Am ER sind oftmals viele
kleine Enzymproduktionsstätten angelagert, die man Ribosomen nennt.
Von dem ER-ähnlichen Dictyosom
werden Stoffe, zum Beispiel Duftstoffe
im Schweiß, produziert. Sie schnüren
sich dann in kleinen Bläschen vom
Dictyosom ab und werden beispielsweise zur Zellmembran transportiert.

Die Steuerzentrale • Am auffälligsten
ist der häufig kugelförmige, von einer
Kernhülle umgebene Zellkern. Er enthält die Informationen über den Bauplan eines Lebewesens und steuert
alle Lebensvorgänge. Über Kernporen
können Stoffe mit den anderen Zellbestandteilen ausgetauscht werden.

Die Kraftwerke • Lebensnotwendige
Bestandteile der Zelle sind die Mitochondrien. Sie stellen durch die Zellatmung die für den Stoffwechsel benötigte Energie bereit. Sie sind ovale
Gebilde mit vielen Einstülpungen. So
erhöht sich die Reaktionsfläche und
sie können mehr Energie produzieren.

Zelle-Gewebe-Körper • Das Zusammenspiel der einzelnen Zellbestandteile
macht das Leben einer Zelle möglich.
Dadurch kann eine einzige Zelle, wie
das einzellige Pantoffeltierchen, leben.

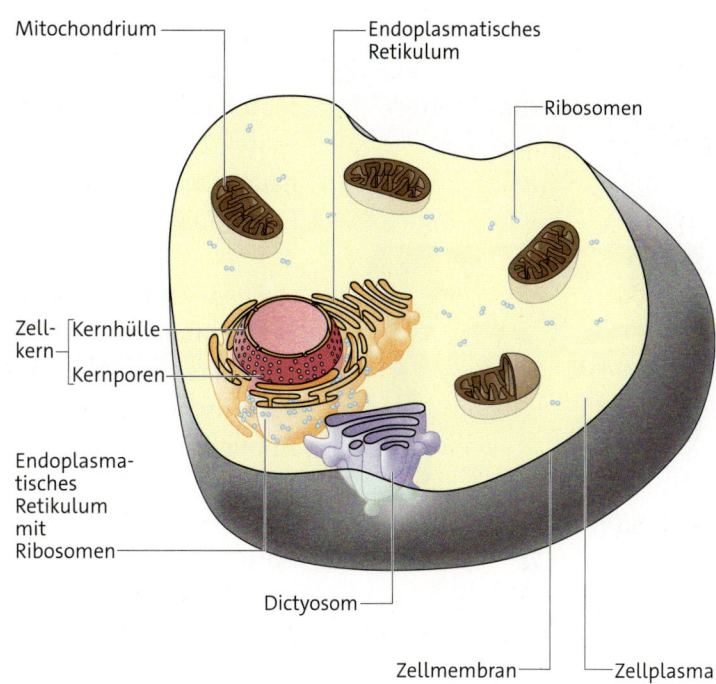

Mitochondrium
Endoplasmatisches Retikulum
Ribosomen
Zell-kern — Kernhülle
Kernporen
Endoplasma-tisches Retikulum mit Ribosomen
Dictyosom
Zellmembran
Zellplasma

3 Schema einer Tierzelle mit Zellbestandteilen

Die Zellen im Körper sind durch Kon-
taktstellen verbunden und bilden so
Gewebe, die bestimmte Funktionen
erfüllen. Erst das Zusammenspiel
vieler spezialisierter Gewebe macht
das Leben eines Organismus möglich.

> Bestandteile aller tierischen
> und menschlichen Zellen sind
> die Zellmembran, der Zellkern
> das Zellplasma, das ER und die
> Dictyosomen. Mitochondrien
> versorgen die Zellen mit Energie.

Aufgabe

1 🔍 Nenne die Zellbestandteile einer
Tierzelle und ihre jeweiligen Aufgaben. Erstelle dazu eine Tabelle.

Bau der Tierzelle

Mundschleimhautzellen unter dem Mikroskop

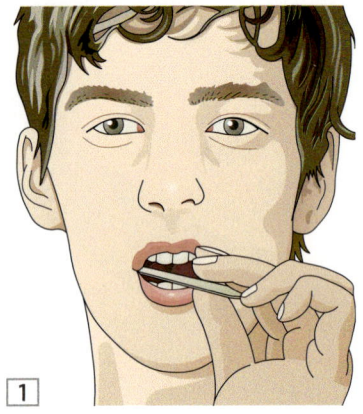

Materialliste: Mikroskop, Holzspatel, 2 Pipetten, Präpariernadel, Objektträger, Deckglas, Filterpapier, Methylenblau

Hinweis: Methylenblau ist eine Farbstofflösung, mit der man Präparate anfärbt. Es färbt aber auch Tische und Kleidung und ist nur sehr schwer wieder zu entfernen. Vermeide insbesondere einen Kontakt mit der Haut.

1 Schabe mit einem Holzspatel vorsichtig von der Innenseite deiner Wange oder vom Zungenbelag etwas Mundschleimhaut ab. → 1

2 Übertrage das abgeschabte Material auf einen Objektträger. Gib mit der ersten Pipette 2 Tropfen Wasser hinzu und verrühre das Ganze vorsichtig mit dem Holzspatel. → 2

3 Lege ein Deckglas mit einer Kante an den Rand der Flüssigkeit auf den Objektträger und senke es langsam mit einer Präpariernadel ab. → 3

4 Gib mit der zweiten Pipette einen Tropfen Metyhlenblau auf den Rand des Deckglases. → 4

5 Sauge mit einem Streifen Filterpapier vom gegenüberliegenden Rand her die Farblösung durch das Präparat. → 5

6 Mikroskopiere zunächst bei geringer Vergrößerung und steigere diese schrittweise.

7 ○ Fertige eine beschriftete Zeichnung von 3 bis 5 Mundschleimhautzellen an.

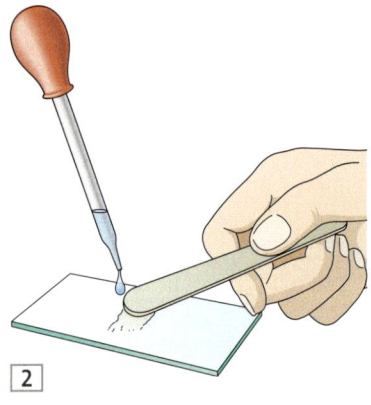

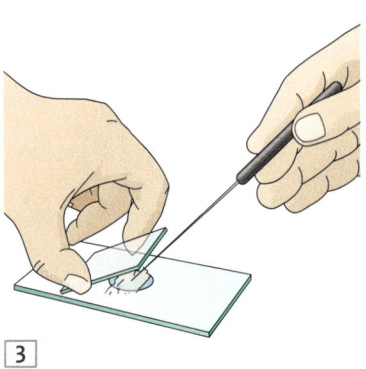

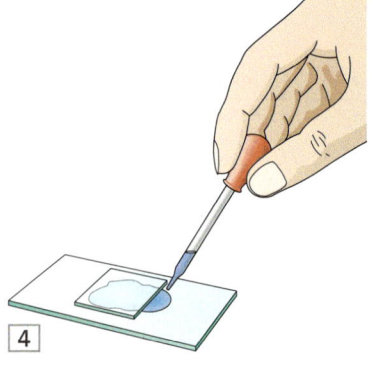

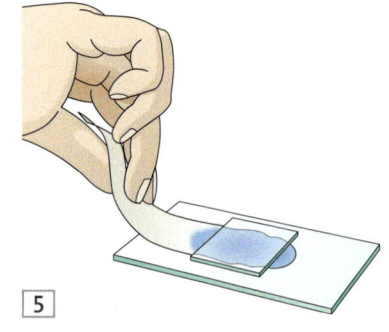

Material B

Die Zelle als Fabrik

Die Vorgänge in einer Zelle lassen sich modellhaft auf eine Fabrik übertragen.

1 ○ Nenne die mit Zahlen gekennzeichneten Teile der Tierzelle.

2 ◐ Vergleiche die Zelle mit dem Fabrikgelände.

a ◐ Ordne die einzelnen Teile der Tierzelle den entsprechenden Bereichen einer Fabrik zu.

b ● Begründe deine Zuordnungen.

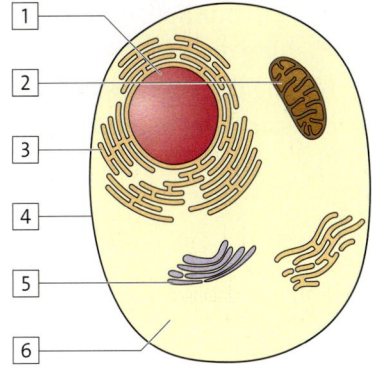

6 Schema einer Tierzelle

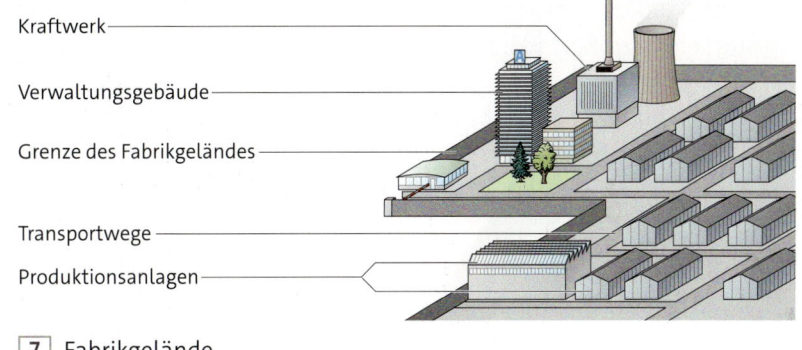

Kraftwerk

Verwaltungsgebäude

Grenze des Fabrikgeländes

Transportwege

Produktionsanlagen

7 Fabrikgelände

Material C

Spezialisierte Tierzellen

1 ○ Ordne je zwei Beschreibungen A–F den Zellen aus Bild 8 zu. Begründe deine Zuordnungen.

2 ◐ Erläutere an zwei Beispielen den Zusammenhang zwischen Struktur und Funktion der abgebildeten Zellen.

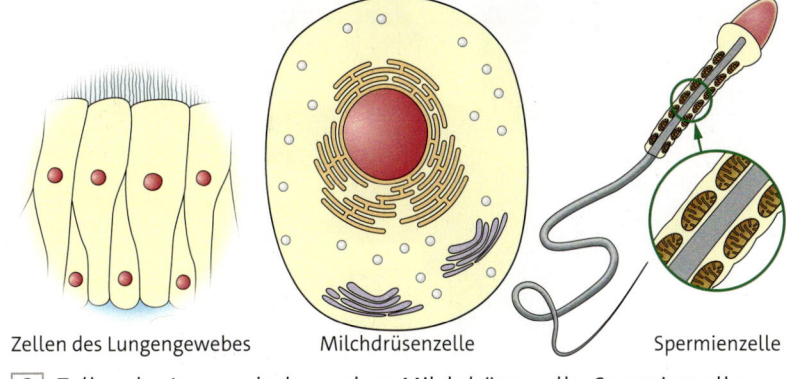

Zellen des Lungengewebes   Milchdrüsenzelle   Spermienzelle

8 Zellen des Lungendeckgewebes, Milchdrüsenzelle, Spermienzelle

A Sie haben viele ERs und Dictyosomen.

B Sie produzieren viele verschiedene Stoffe.

C Sie sind breite, flache Zellen.

D Sie haben einen großen Zellkern und viele Mitochondrien.

E Sie tauschen Stoffe mit ihrer Umgebung aus.

F Sie brauchen besonders viel Energie.

Bau der Tierzelle

Mikroskopieren

Lupen können Objekte bis zum 16-Fachen vergrößern, ein Binokular bis zum 100-Fachen. Das Wort Mikroskop ist aus zwei griechischen Wörtern zusammengesetzt. Sie bedeuten so viel wie „Kleines sehen". Mithilfe eines Mikroskops können sehr kleine Dinge noch viel stärker vergrößert werden. Schulmikroskope vergrößern in der Regel bis zu 400-fach.

Gesamtvergrößerung

Möchte man wissen, wie stark ein mikroskopisches Bild vergrößert ist, muss man die Gesamtvergrößerung berechnen. Dazu werden die Werte von Okularvergrößerung und Objektivvergrößerung miteinander multipliziert. Bei einer 10-fachen Vergrößerung des Okulars und einer 4-fachen Vergrößerung des Objektivs ergibt sich eine 40-fache Gesamtvergrößerung.

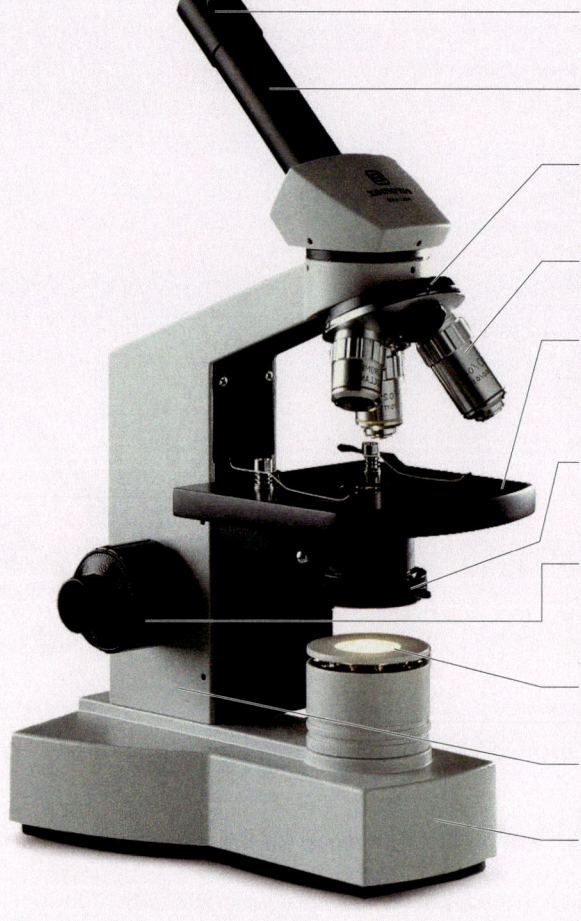

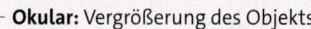

Okular: Vergrößerung des Objekts

Tubus: Verbindungsstück von Okular und Objektiv

Objektivrevolver: Halterung für mehrere Objektive mit unterschiedlicher Vergrößerung

Objektiv: Vergrößerung des Objekts

Objekttisch: Auflage für das Objekt, oft mit Objekthaltern, die das Objekt festklemmen

Blende: Bündelung des Lichts

Triebrad: Scharfstellen des Objekts durch Veränderung der Entfernung von Objekt und Objektiv, oft in Grob- und Feintrieb geteilt

Lichtquelle: Beleuchtung des Objekts

Stativ: Halterung für die Teile des Mikroskops

Fuß: Schweres Gehäuse zum sicheren Stand für das Mikroskop und Unterbringung der Technik der Lichtquelle

1 Bau eines Lichtmikroskops

Bedienung des Lichtmikroskops

Ein erfolgreiches Arbeiten mit dem Mikroskop setzt eine Vorgehensweise nach bestimmten Regeln voraus:

1. Transport Trage das Mikroskop immer mit einer Hand am Stativ und mit der anderen unter dem Fuß.

2. Vorbereitung Schließe die Stromversorgung an und schalte die Beleuchtung ein. Stelle durch Drehen am Objektivrevolver das Objektiv mit der geringsten Vergrößerung über die Öffnung im Objekttisch.

3. Auflegen des Objektträgers Lege das vorbereitete Präparat in den Lichtstrahl über die Öffnung im Objekttisch.

4. Scharfstellen des Bildes Fahre mit dem Grobtrieb den Objekttisch möglichst nahe an das Objektiv heran. Kontrolliere dabei von der Seite. ⮕ 2 Schaue durch das Okular und drehe zum Scharfstellen den Objekttisch mit dem Feintrieb nach unten. ⮕ 3

5. Helligkeit und Kontrast Stelle mit der Blende die Helligkeit und den Kontrast ein.

6. Suche nach geeigneten Stellen Lass beim Mikroskopieren möglichst beide Augen offen. Verschiebe den Objektträger, bis du einen geeigneten Bereich gefunden hast.

Ein Präparat zeichnen

1. Zeichnungen und Papier Zeichne immer auf einem leeren weißen DIN-A4-Blatt mit einem Bleistift. Achte darauf, dass deine Zeichnung etwa zwei Drittel des Blattes ausmacht.

2. Beschriftung Beschrifte die gezeichneten Strukturen an waagerechten Linien. Notiere ebenso deinen Namen, das Datum, die Vergrößerung und den Namen des Präparats.

2

3

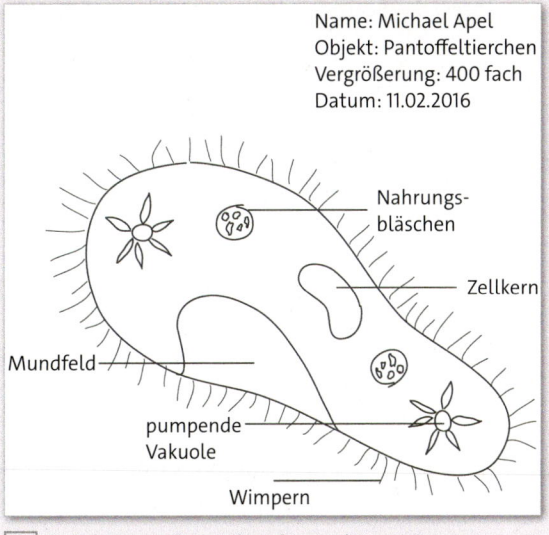

Name: Michael Apel
Objekt: Pantoffeltierchen
Vergrößerung: 400 fach
Datum: 11.02.2016

Nahrungs-bläschen

Zellkern

Mundfeld

pumpende Vakuole

Wimpern

4 Zeichnung des mikroskopischen Präparats

Zellen wachsen und differenzieren sich

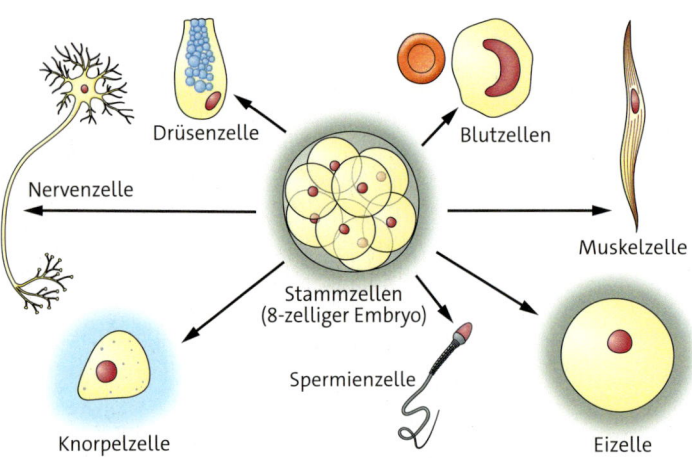

1 Zelldifferenzierung

Labels in figure 1:
- Nervenzelle
- Drüsenzelle
- Blutzellen
- Muskelzelle
- Stammzellen (8-zelliger Embryo)
- Spermienzelle
- Eizelle
- Knorpelzelle

Labels in figure 2:
- Zellmembran
- Zellkern
- Hülle des Zellkerns
- Zellplasma
- KERN-TEILUNG
- ZELL-TEILUNG
- ZELL-WACHSTUM

2 Zellteilung

Alle Billionen Zellen eines Lebewesens stammen von einer einzigen befruchteten Eizelle ab. Trotzdem findet man beim Menschen etwa 200 verschiedene
5 **Zelltypen. Wie lässt sich das erklären?**

Zellteilung • Große und kleine Lebewesen unterscheiden sich nicht in der Größe ihrer Zellen. Kleine Lebewesen haben nur weniger Zellen. Während
10 des Wachstums nimmt beim Menschen die Zahl der Zellen ungefähr um das Dreißigfache zu. Zellen haben also die Fähigkeit, sich zu vermehren. Dazu können sich Zellen teilen. Vor Beginn der
15 Zellteilung wird die Erbinformation im Zellkern kopiert. Es entsteht eine Kopie der Erbinformation. Die Membranen des Zellkerns lösen sich auf. Original und Kopie der Erbinformation trennen
20 sich voneinander und wandern in gegenüberliegende Bereiche der Zelle. Anschließend bilden sich neue Membranen, sodass zwei Zellkerne entstehen. Man nennt dies Kernteilung. Zwi-
25 schen den Zellbereichen, in denen die

Zellkerne liegen, bilden sich neue Zellmembranen. Die anderen Zellbestandteile teilen sich und wachsen ebenfalls. Es sind zwei Zellen entstanden, deren
30 Erbinformation identisch ist. Die kleinen Zellen wachsen durch Neubildung von Zellplasma zu ihrer endgültigen Größe heran. So entstehen aus der befruchteten Eizelle durch die ersten drei
35 Teilungen acht völlig gleiche Tochterzellen. Diese Stammzellen können sich zu unterschiedlichen Zelltypen weiterentwickeln. Im erwachsenen Organismus gibt es andere Stammzellen, zum Bei-
40 spiel im Knochenmark.

Zelldifferenzierung • Aus den Stammzellen gehen verschiedenartig gebaute Zellen hervor, die für bestimmte Aufgaben spezialisiert sind. Diesen Vorgang
45 nennt man Zelldifferenzierung. Entsprechend ihren Aufgaben kann man verschiedene Zelltypen unterscheiden. Drüsenzellen sind oft tropfenförmig und enthalten Flüssigkeit, die sie nach
50 außen abgeben können. Muskelzellen dagegen haben eine fadenartige Form und können sich verkürzen. → 1

Zellen vermehren sich durch
Teilung und differenzieren sich.

Aufgaben

1 Erkläre, was man unter einer Stammzelle versteht. → 1

2 Erläutere an einem Beispiel den Begriff Zelldifferenzierung. → 1

Material A

Zellteilungsstadien

1 ○ Ordne den Buchstaben A–C folgende Begriffe zu: Zellkern, Zellplasma, Zellmembran.

2 ◐ Ordne den Bildern 3–5 folgende Stadien zu: Ausgangszustand, Zellteilung und Kernteilung. Bringe die Bilder in die richtige Reihenfolge.

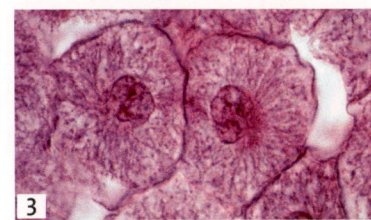

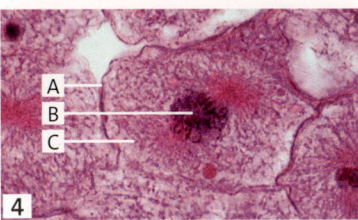

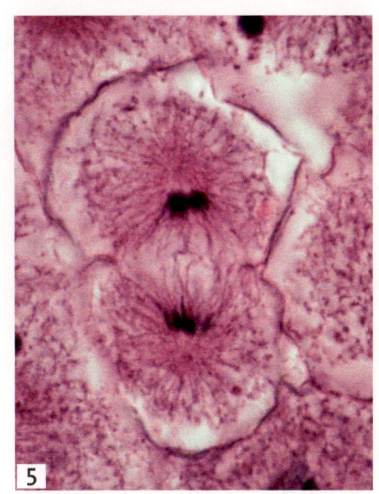

Material B

Erneuerung von Zellen

Fast alle Zellen des menschlichen Körpers haben eine begrenzte Lebenszeit. Schweißzellen zum Beispiel bilden hier eine Ausnahme. Sie halten ein Leben lang. Einen Beleg für die Zellerneuerung sehen wir an den Schuppen unserer Haut. Sie erneuern sich etwa alle 20 Tage.

1 ◐ Beschreibe die in Bild 7 dargestellte Erneuerung von Blutzellen.

2 ● Erkläre die Notwendigkeit einer schnellen Erneuerung von Blutzellen.

Zellen	Erneuerung nach
Leberzellen	222 Tagen
Eizellen	keine
Nervenzellen	keine
Schweißzellen	keine

6 Erneuerung von Zellen

3 ● Stelle Vermutungen an, welche Probleme entstehen, wenn sich Zellen nicht erneuern können.

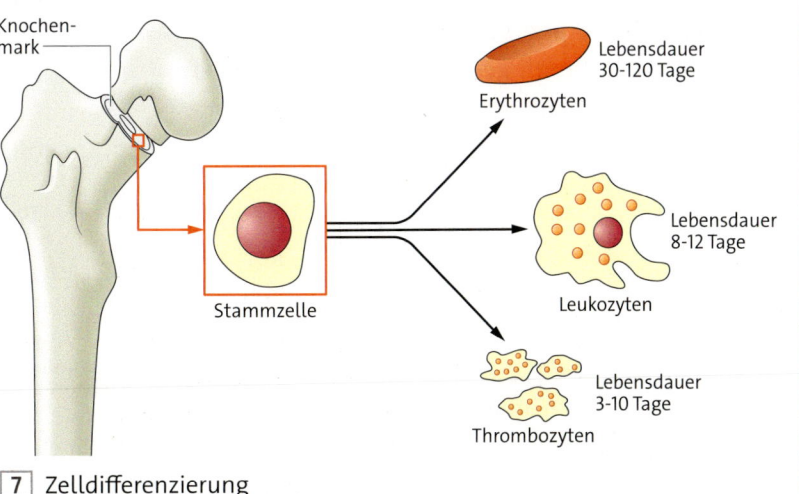

7 Zelldifferenzierung

Zellen wachsen und differenzieren sich

Krebs – Zellteilungen außer Kontrolle

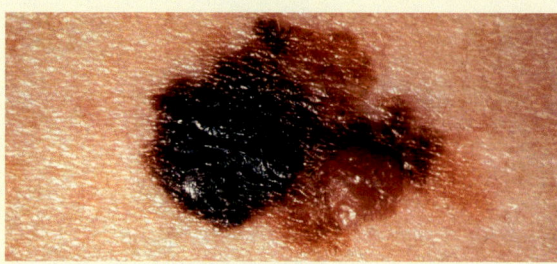

1 Schwarzer Hautkrebs

Was ist Krebs? • Krebs entsteht durch Veränderungen der Erbinformation in den Zellen. Diese
Veränderungen entstehen zufällig. Manche
Chemikalien oder auch Strahlung wie UV-Strah-
5 lung, Röntgenstrahlung oder radioaktive Strahlung führen jedoch vermehrt zu Veränderungen
der Erbinformation. Normalerweise sorgen
Reparaturvorgänge in der Zelle dafür, dass die
veränderte Zelle beseitigt wird. Jedoch funktio-
10 nieren die Reparaturvorgänge nicht immer feh-
lerfrei. Dies kann dazu führen, dass die Kontrolle
über die Zellteilung verloren geht und die veränderte Zelle sich immer weiter teilt. Es entstehen
Tumorzellen. → **2** Oft erkennt das Immun-
15 system des Körpers die gebildeten Tumorzellen
und kann sie beseitigen. Manchmal werden die
Tumorzellen aber nicht vom Immunsystem erkannt. Sie werden daher nicht beseitigt und vermehren sich unkontrolliert. Es entsteht eine
20 Gewebewucherung aus Tumorzellen, ein soge-
nannter Tumor. Dies kann beinahe jede Körperzelle betreffen. Gutartige Tumore zerstören das
umliegende Gewebe nicht. Bösartige Tumore
teilen sich im Vergleich dazu schneller, dringen
25 in benachbartes Gewebe ein und schädigen es
dabei. Man spricht dann von Krebs.

Krebs – eine Volkskrankheit • In Deutschland erkranken jedes Jahr rund 500 000 Menschen an
Krebs, darunter 1 800 Kinder und Jugendliche
30 unter 15 Jahren. Rund 224 000 Menschen sterben
jährlich daran. Damit ist Krebs nach den Herz-
Kreislauf-Erkrankungen die zweithäufigste
Todesursache in Deutschland. Prostatakrebs ist
die häufigste Krebserkrankung und die dritthäu-
35 figste Todesursache bei Männern in Deutschland. In den letzten Jahren ist die Zahl der Neuerkrankungen stetig gestiegen und wird für das
Jahr 2016 auf etwa 70 400 geschätzt. Mit schät-
zungsweise 75 200 Neuerkrankungen im Jahr ist
40 Brustkrebs die mit Abstand häufigste Krebserkrankung der Frau. Etwa eine von acht Frauen er-
krankt im Laufe ihres Lebens an Brustkrebs.

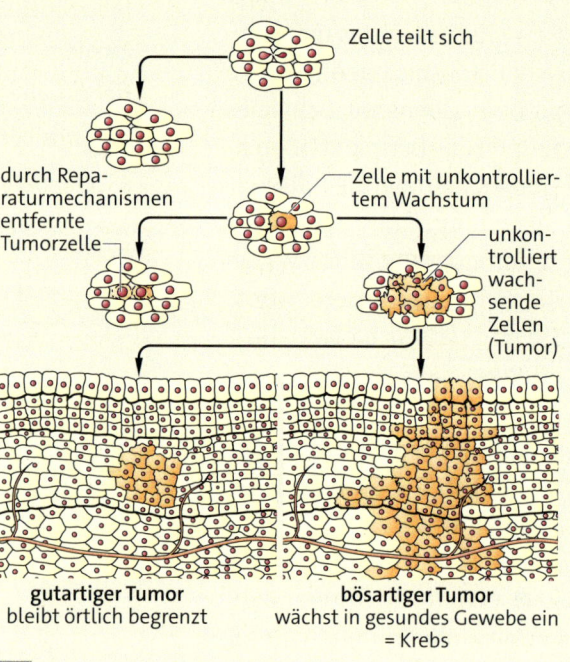

2 Entstehung von Krebs

Hautkrebs • In den letzten Jahren hat die Zahl der Erkrankungen drastisch zugenommen. Ins-
45 besondere der weitverbreitete Wunsch nach einer ganzjährig gebräunten Haut fördert die Entstehung von Hautkrebs. Wissenschaftliche Untersuchungen haben eindeutig gezeigt, dass bei der Hautkrebsentstehung die UV-Strahlung
50 eine entscheidende Rolle spielt. Übermäßige Sonnenbestrahlung ist der größte Risikofaktor für die Entstehung von Hautkrebs. Das Risiko, am besonders aggressiven schwarzen Haut-krebs zu erkranken, verdoppelt sich, wenn
55 Solarien bis zu einem Alter von 35 Jahren regel-mäßig genutzt werden. Bei dieser Krebsart ist die Möglichkeit der Früherkennung besonders gut. Veränderungen auf der Haut lassen sich schon mit bloßem Auge sehen. → 1

60 **Lungenkrebs** • Jährlich erkranken in Deutsch-land rund 55 600 Menschen an Lungenkrebs. Etwa 90 Prozent aller Lungenkrebsfälle sind auf das Rauchen zurückzuführen. Zigaretten-rauch enthält zahlreiche krebserregende Sub-
65 stanzen. Auch Passivraucher haben ein er-höhtes Risiko, an Lungenkrebs zu erkranken. Ärzte diagnostizieren Lungenkrebs mithilfe von Röntgenaufnahmen. → 3

Erkennung und Behandlung • Durch den Einsatz
70 von Medikamenten und Strahlentherapien wird versucht, das Wachstum von Tumoren und die Vermehrung von Krebszellen zu verhindern oder sie sogar zu zerstören. Zur erfolgreichen Bekämpfung von Krebs ist die Früherkennung
75 entscheidend. Je früher der Tumor erkannt wird,

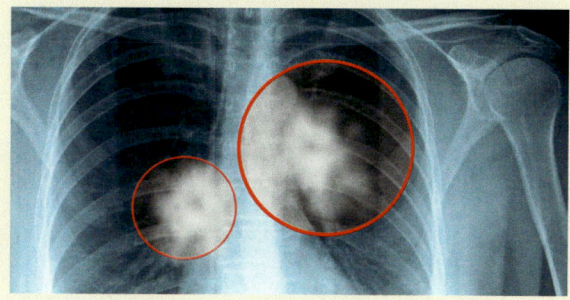

3   Röntgenaufnahme der Lungen

desto größer sind die Heilungschancen der meisten Krebsarten. So können über 90 % der Krebserkrankungen bei rechtzeitiger Erkennung vollständig geheilt werden. Daher sollten sich
80 Erwachsene regelmäßig untersuchen lassen.

Vorbeugung • Die Ursachen für Krebs sind sehr vielfältig. Jeder Mensch kann sein Risiko, an Krebs zu erkranken, durch eine gesunde Ernäh-rung und durch ausreichende Bewegung verrin-
85 gern. Vor allem sollte man auf große Mengen Alkohol, auf das Rauchen und sehr fettreiche Lebensmittel verzichten.

> Als Krebs bezeichnet man bösartige Tumore, die benachbarte Gewebe zerstören. Tumor-zellen sind veränderte Körperzellen, die sich unkontrolliert teilen.

Aufgaben

1 ◐ Beschreibe mithilfe von Bild 2, wie Krebs entsteht.

2 ◐ Erkläre, wie man Krebs vorbeugen kann.

Zellatmung

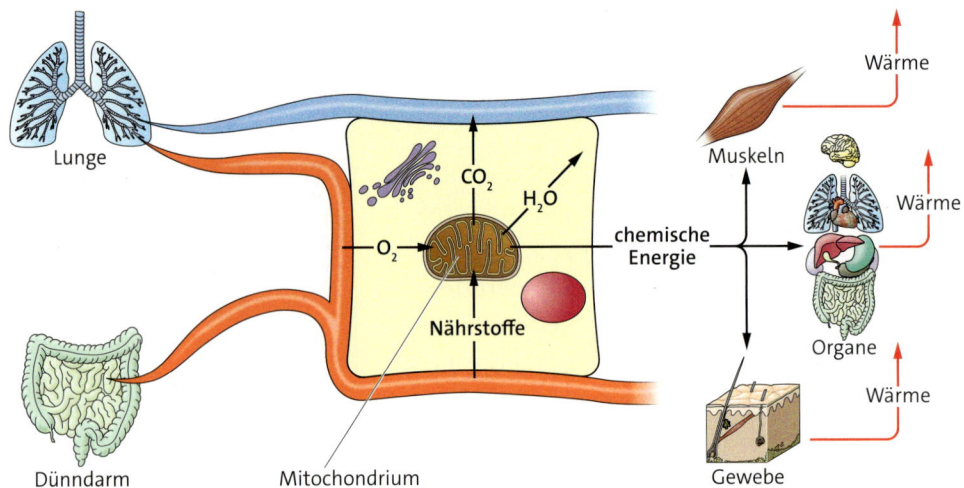

1 Zellatmung

Energie ist für jede noch so kleine Bewegung nötig. Selbst im Schlaf braucht unser Körper Energie. Wer sorgt für den ständigen Energienachschub?

5 **Zellatmung** • Grundlage für die Energiegewinnung sind die Nährstoffe, die wir täglich mit der Nahrung aufnehmen, vor allem Kohlenhydrate und Fette. Diese werden über das Blut an 10 die Zelle herangebracht und in die Zelle transportiert. In deren Mitochondrien reagiert Sauerstoff mit Nährstoffen wie Glukose. Dabei entstehen Kohlenstoffdioxid, Wasser und Energie. → 1 2 15 Dieser Prozess wird als Zellatmung bezeichnet. Die dabei gewonnene Energie wird nicht als Licht oder Wärme frei. Sie wird als chemische Energie gespeichert und steht nun für verschiedene

20 eigene Lebensvorgänge in der Zelle und für Muskel- und Organtätigkeiten bereit. Bei diesen Tätigkeiten wird der Großteil der chemischen Energie als Wärme frei und erhält dadurch die 25 Körpertemperatur von 37 °C.

Zellstoffwechsel • In den Zellen werden ständig Stoffe auf- oder abgebaut und wechseln dabei ihre Form – daher auch die Bezeichnung Zellstoffwech- 30 sel für diese Vorgänge in der Zelle.

> Lebewesen gewinnen bei der Zellatmung nutzbare Energie. Dazu werden Nährstoffe mit Sauerstoff zu Kohlenstoffdioxid und Wasser umgesetzt.

Aufgabe

1 🖊 Beschreibe die Vorgänge bei der Zellatmung in den Mitochondrien.
→ 1

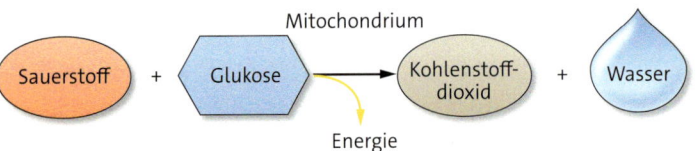

2 Wortgleichung der Zellatmung

Material A

Zellatmung

In Bild 3 ist ein vereinfachtes Schema der Zellatmung dargestellt. Die grünen Kreise stellen Organe, Zellen oder Zellbestandteile, die blauen verschiedene Stoffe dar.

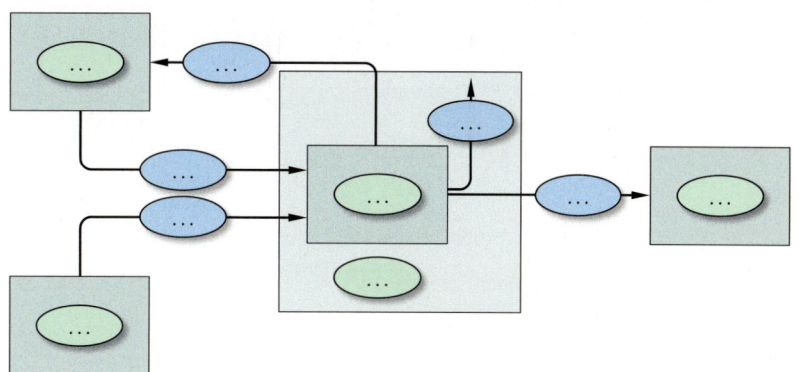

1 ◖ Ergänze das Schema mit folgenden Begriffen in deinem Heft:
Sauerstoff, Dünndarm, Wasser, chemische Energie, Organe und Muskeln, Zelle, Nährstoffe, Mitochondrium, Kohlenstoffdioxid, Lunge.

3 │ Schema der Zellatmung

2 ◖ Erkläre mithilfe deines Schemas, dass man die Mitochondrien als Kraftwerke der Zellen bezeichnet.

3 ◖ Erläutere mögliche Folgen für den Körper, wenn den Zellen nicht genügend Sauerstoff zur Verfügung steht.

Material B

Zellkraftwerk Mitochondrium

Mithilfe spezieller Stoffe auf der Oberfläche der Membranen können Nährstoffe in Energie umgewandelt werden.

1 ◖ Beschreibe den Bau eines Mitochondriums. → 4

2 ● Vergleiche den Bau des Mitochondriums mit dem Aufbau der Speiseröhre und des Dünndarms. → 5

3 ● Erläutere, welche Vorteile sich aus dem besonderen Bau des Mitochondriums ergeben. → 4 5

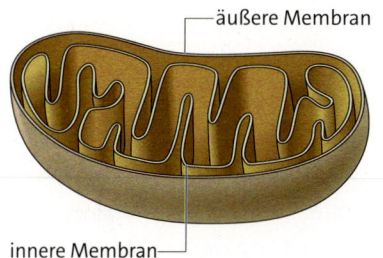

äußere Membran
innere Membran
4 │ Bau eines Mitochondriums

Teilung eines Würfels

keine Teilung

Aufbau

glatte Oberfläche, z.B. Speiseröhre

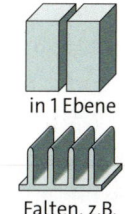

in 1 Ebene

Falten, z.B. Mitochondrien

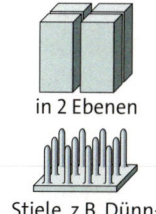

in 2 Ebenen

Stiele, z.B. Dünndarmzotten

5 │ Möglichkeiten der Oberflächenvergrößerung

Zusammenfassung

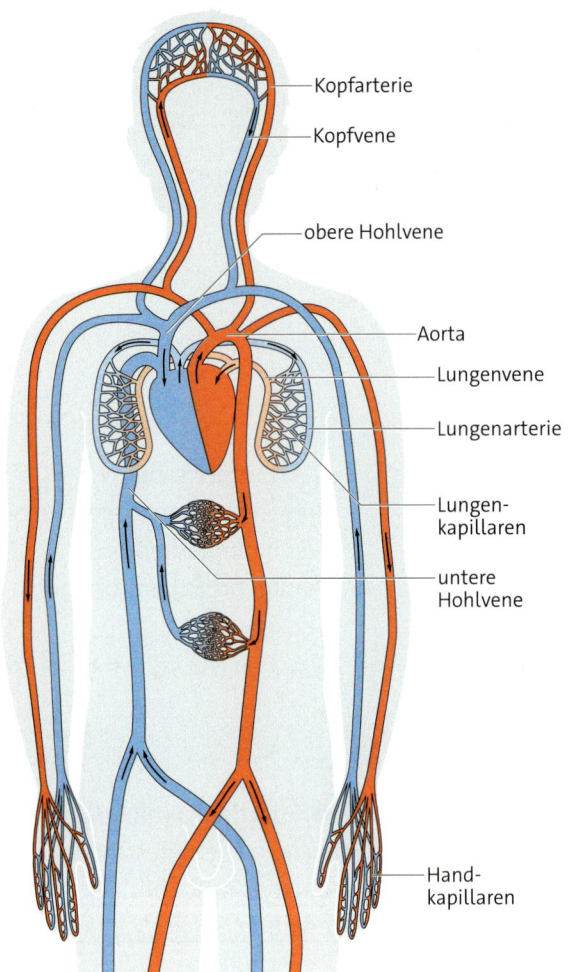

1 Herz-Kreislauf-System

Beschriftungen: Kopfarterie, Kopfvene, obere Hohlvene, Aorta, Lungenvene, Lungenarterie, Lungen-kapillaren, untere Hohlvene, Hand-kapillaren

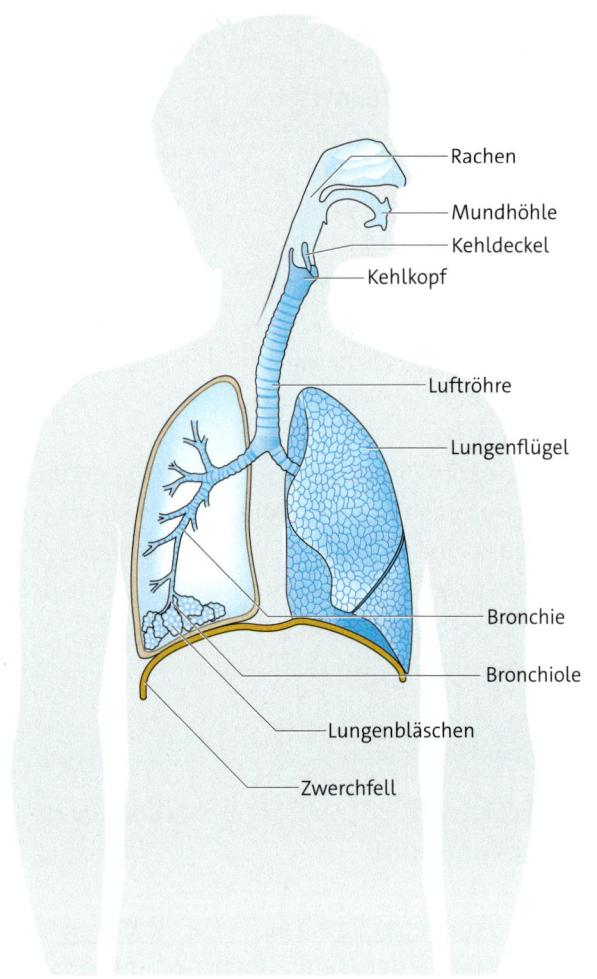

2 Atmungssystem

Beschriftungen: Rachen, Mundhöhle, Kehldeckel, Kehlkopf, Luftröhre, Lungenflügel, Bronchie, Bronchiole, Lungenbläschen, Zwerchfell

Organe und Bestandteile: Herz, Blut, Arterien, Venen und Kapillaren
Aufgaben: Transport von Stoffen wie Sauerstoff, Kohlenstoffdioxid, Nährstoffen und Abfall-stoffen, Transport von Zellen der körpereigenen Abwehr und Transport von Wärme
Besonderheiten: Blutmenge 5–7 L, etwa 100 000 Herzschläge pro Tag, Länge der Aorta etwa 40 cm, Gesamtfläche der Kapillaren im Körper etwa 300 Quadratmeter

Organe und Bestandteile: Mund, Nase, Rachen, Kehlkopf mit Kehldeckel, Luftröhre, Bronchien, Lunge und Zwerchfell
Aufgaben: Aufnahme von Sauerstoff aus der Luft und Abgabe von Kohlenstoffdioxid an die Luft
Besonderheiten: etwa 15 000 L Luft strömen täglich durch die Lunge, Länge der Luftröhre etwa 10–12 cm, Durchblutung der Lunge pro Minute etwa 6 L

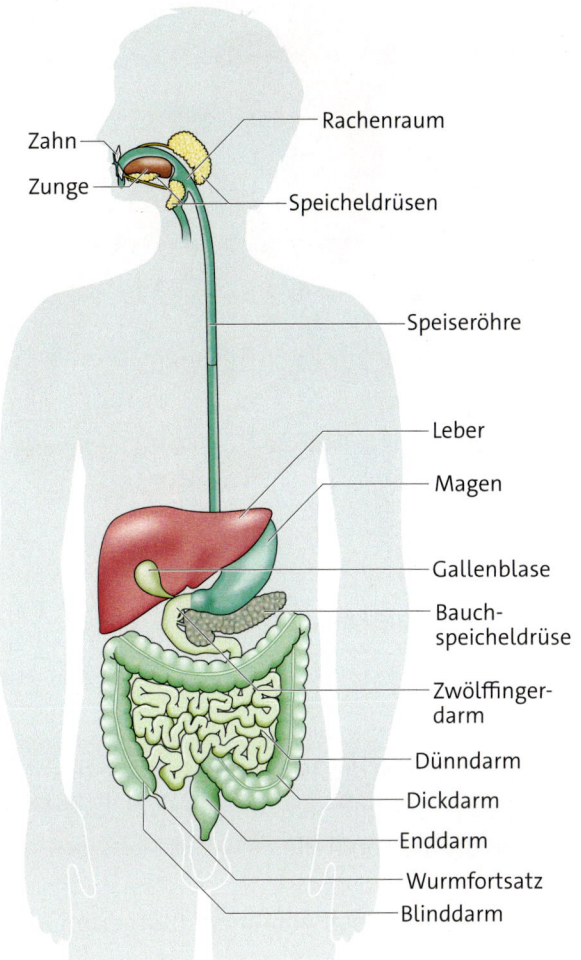

Zahn
Zunge
Rachenraum
Speicheldrüsen
Speiseröhre
Leber
Magen
Gallenblase
Bauchspeicheldrüse
Zwölffingerdarm
Dünndarm
Dickdarm
Enddarm
Wurmfortsatz
Blinddarm

3 Verdauungssystem

Organe und Bestandteile: Mund, Speiseröhre, Magen, Dünndarm, Dickdarm, Enddarm, Gallenblase und Bauchspeicheldrüse
Aufgaben: Zerlegung der Nährstoffe in kleinere Bausteine, Aufnahme von Wasser, Vitaminen, Nährstoffen und Mineralstoffen ins Blut
Besonderheiten: Länge der Speiseröhre etwa 25 cm, Länge des Dünndarms etwa 5 m, Verweildauer der Nahrung im Magen etwa 4–5 Stunden

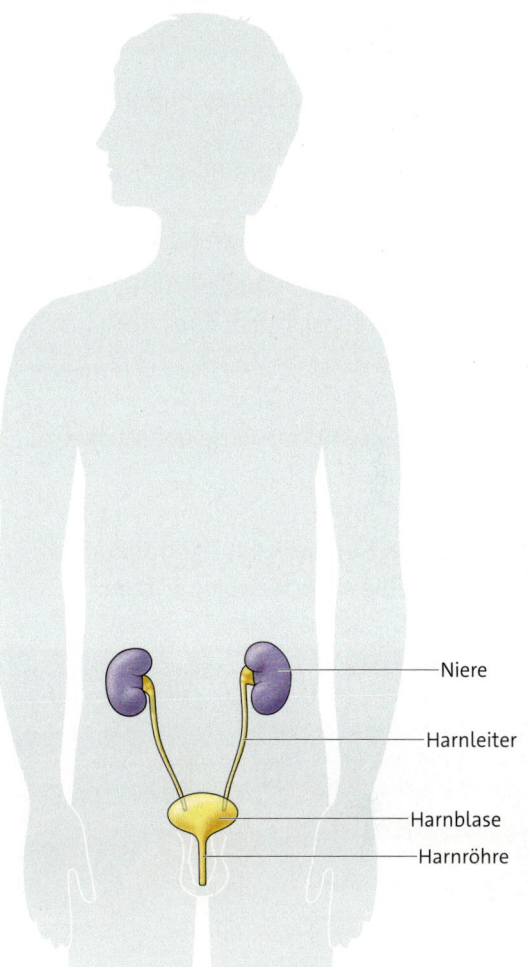

Niere
Harnleiter
Harnblase
Harnröhre

4 Ausscheidungssystem

Organe und Bestandteile: Nieren, Harnleiter, Harnblase, Harnröhre
Aufgaben: Filtern von aufgenommenen oder im Stoffwechsel entstandenen Abfallstoffen, Regulation des Wasser- und Mineralstoffhaushalts
Besonderheiten: Fassungsvermögen der Harnblase etwa 1 L, Blutfluss pro Tag durch die Niere etwa 1500 L, durchschnittliche Harnmenge eines Jugendlichen pro Tag etwa 500 mL

Der Blutkreislauf

1 ○ Nenne die beiden Teile des Blutkreislaufs.

2 ◐ Zeichne ein Schema des Blutkreislaufs und beschrifte dein Schema.

3 ◐ Vergleiche in einer Tabelle Arterien, Venen und Kapillaren hinsichtlich ihres Aufbaus und ihrer Funktion.

4 ◐ Erkläre die Funktionsweise der Muskel-Venen-Pumpe.

5 ○ Nenne drei Herz-Kreislauf-Erkrankungen und beschreibe sie in wenigen Sätzen.

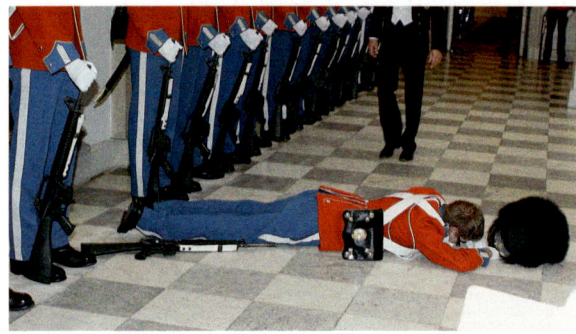

1 Wachsoldat

Das Herz

6 ○ Benenne die im Bild 2 nummerierten Teile des Herzens.

7 ○ Erläutere die Funktion des Herzens für den Körper.

8 ◐ Erkläre, warum der Herzmuskel der linken Herzhälfte dicker ist als auf der rechten Seite.

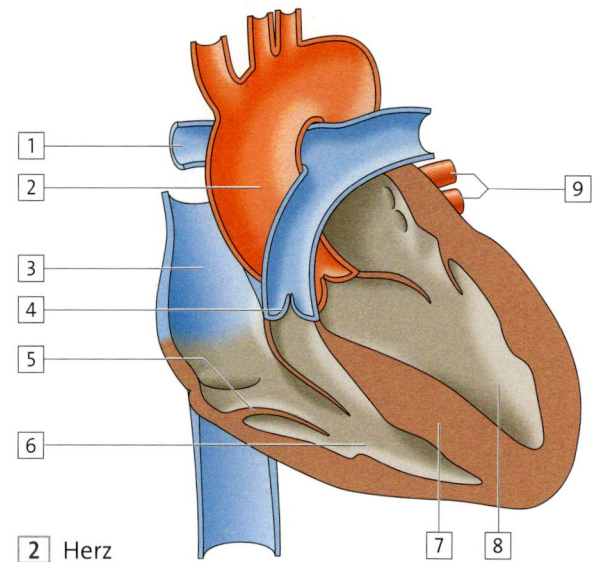

2 Herz

9 ◐ Erkläre die Funktion der Herzklappen.

Das Blut

10 ○ Beschreibe die Zusammensetzung des Blutes und nenne die Aufgaben der einzelnen Blutbestandteile.

11 ◐ Beschreibe den Ablauf der Blutgerinnung in Stichworten.

12 ◐ Nenne die Antigene und Antikörper folgender Blutgruppen:
a Blutgruppe AB
b Blutgruppe 0

13 ◐ Erläutere an einem Beispiel den Begriff Antigen-Antikörper-Komplex.

14 ◐ Erkläre, welche Blutgruppe bei einer Erythrozytenspende als Universalspender und welche als Universalempfänger gilt.

Die Atmung

15 ○ Benenne die in Bild 3 nummerierten Teile des Atmungssystems.

16 ◐ Stelle den Weg der Atemluft im Körper in einem Fließschema dar.

17 ◐ Erkläre den Gasaustausch in den Lungenbläschen.

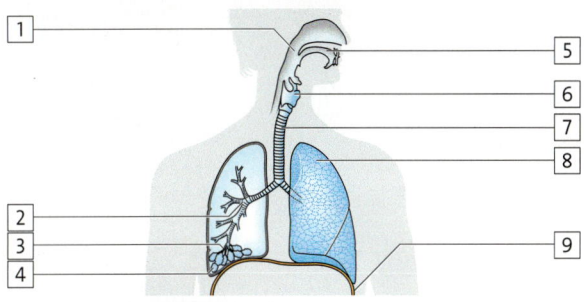

3 Atmungsorgane

Die Verdauung

18 ○ Beschreibe den Bau von Fetten, Kohlenhydraten und Proteinen. Zeichne die verschiedenen Nährstoffe als Symbole.

19 ○ Nenne jeweils für Fette, Kohlenhydrate und Proteine einen spezifischen Nachweis und beschreibe diesen in wenigen Sätzen.

20 ◐ Nenne die Funktion der verschiedenen Verdauungsenzyme im Körper und ihre jeweiligen Wirkorte.

21 ● Erläutere das Prinzip der Oberflächenvergrößerung am Beispiel der Aufnahme von Nährstoffen im Dünndarm.

Organe, Gewebe und Zellen

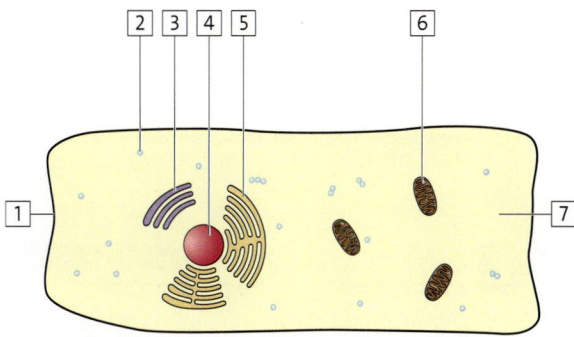

4 Tierzelle

22 ○ Ordne den Ziffern in Bild 4 folgende Begriffe zu: Dictyosom, Zellkern, Zellplasma, Mitochondrium, Ribosom, Endoplasmatisches Retikulum und Zellmembran.

23 ◐ Erkläre folgende Begriffe: Organsystem, Organ und Gewebe.

24 ○ Nenne die vier Grundgewebetypen.

25 ● Erkläre die Aufgabe von Stammzellen.

26 ○ Nenne die Stoffe, die ein Lebewesen bei der Zellatmung benötigt.

27 ○ Nenne die Stoffe, die bei der Zellatmung entstehen.

28 ○ Nenne den Zellbestandteil, in dem die Zellatmung abläuft.

29 ◐ Erkläre, wie der Mensch seine Körperwärme erzeugt.

30 ● Nenne die Wortgleichung der Zellatmung.

Licht ermöglicht Stoffaufbau

Wie alle Lebewesen bestehen auch Pflanzen aus Zellen. Die Zellen von Tieren und Menschen hast du bereits kennengelernt. Was zeichnet Pflanzenzellen aus?

Bäume können mehrere Meter hoch werden. Wie alle Lebewesen benötigen auch sie Wasser zum Leben. Wie kommt das Wasser vom Boden bis in die höchsten Blätter der Bäume?

Die meisten Menschen essen gerne zuckerhaltige Kirschen, Äpfel oder auch Birnen, weil sie angenehm süß schmecken. Wie gelingt es den Pflanzen, diesen Zucker zu bilden?

Wasser- und Stofftransport in Pflanzen

1 Pflanzen vertrocknen ohne Wasser.

Wenn Pflanzen einige Tage kein Wasser bekommen, dann welken sie, vertrocknen und sterben ab. Zimmerpflanzen müssen deshalb regelmäßig gegossen
5 werden. In der Natur übernimmt das der Regen. Aber wie gelangt das Wasser in die Pflanze?

Wasseraufnahme • Pflanzen nehmen Wasser und die darin gelösten Mine-
10 ralstoffe über die Zellen der zahlreichen und sehr dünnen Wurzelhaare auf. Dann dringt es durch verschiedene Zellen zum Inneren der Wurzel vor. Dort liegen im Zentralzylinder
15 Leitgefäße, über die das Wasser in die oberen Pflanzenteile gelangt und die Pflanze mit Mineralstoffen versorgt. Mithilfe dieser lebensnotwendigen Stoffe bildet die Pflanze neue Zellen
20 und neues Gewebe. Die verschiedenen Mineralstoffe unterstützen beim Stoffwechsel der Pflanze den Aufbau von Zellen und Gewebe. Die Mineralstoffe sind nur in winzigen Mengen
25 im Bodenwasser gelöst. Nur wenn die Pflanze viel Wasser aufnimmt, ist sie prall und erhält genügend Mineralstoffe. Die Aufnahme und der Transport von Wasser und Mineralstoffen
30 gehört zu den wichtigsten Lebensvorgängen einer Pflanze.

→ Nährstofftransport   → Wassertransport

Zentralzylinder

Nährstoffgefäß

Wassergefäß

Wurzelhaar

Wasser mit Mineralstoffen

Wurzelspitze

2 Wassertransport in der Wurzel

Wassertransport • Pflanzen besitzen für ihren Stofftransport Leitgefäße, die Wurzel, Sprossachse und Blätter
35 durchziehen. Diese kann man sich als dünne Röhren vorstellen. Wasser und darin gelöste Mineralstoffe werden über Wassergefäße von der Wurzel zu den Blättern geleitet. Die in den Blät-
40 tern gebildeten Nährstoffe werden über Nährstoffgefäße in die gesamte Pflanze transportiert. ➡ **3** Mehrere Wasser- und Nährstoffgefäße bilden zusammen ein Leitbündel. In Früchten
45 und in Speicherorganen wie Knollen und Rüben werden die Nährstoffe an-

gereichert. Deshalb enthalten Kartoffeln viel Stärke und Früchte viel Zucker.

50 **Wurzeldruck** • Pflanzen müssen das Wasser entgegen der Schwerkraft und bei Bäumen zudem in beträchtliche Höhen und in großen Mengen trans-
55 portieren. Das Wasser wird von den Wurzelzellen in die Wassergefäße und in diesen nach oben gedrückt. Man bezeichnet diesen Druck als Wurzeldruck. Anders als beim Menschen und bei Tieren, deren Blutkreislauf durch
60 ein pumpendes Herz angetrieben wird, steht den Pflanzen für den Wassertransport keine Pumpe zur Verfügung.

Verdunstungssog • Über Spaltöffnungen an der Unterseite verdunsten die
65 Blätter Wasser. Bäume können auf diese Weise an einem Tag mehrere Hundert Liter Wasser an die Luft abgeben. Durch diese Verdunstung entsteht in den Wassergefäßen eine
70 Saugwirkung, die das Wasser von den Wurzeln in die Blätter zieht und das verdunstete Wasser wieder ersetzt. Dadurch dass Wasser oben weggezogen wird, wird Wasser von unten
75 nachgeschoben. Aufgrund dieser Saugwirkung bezeichnet man diese Art des Wassertransports als Verdunstungssog. Der Wassertransport in der Pflanze ist eine Kombination aus dem
80 Verdunstungssog und dem Wurzeldruck. So kann ein Baum Wasser und die darin gelösten Mineralstoffe aus dem Boden bis in die höchsten Blätter transportieren.

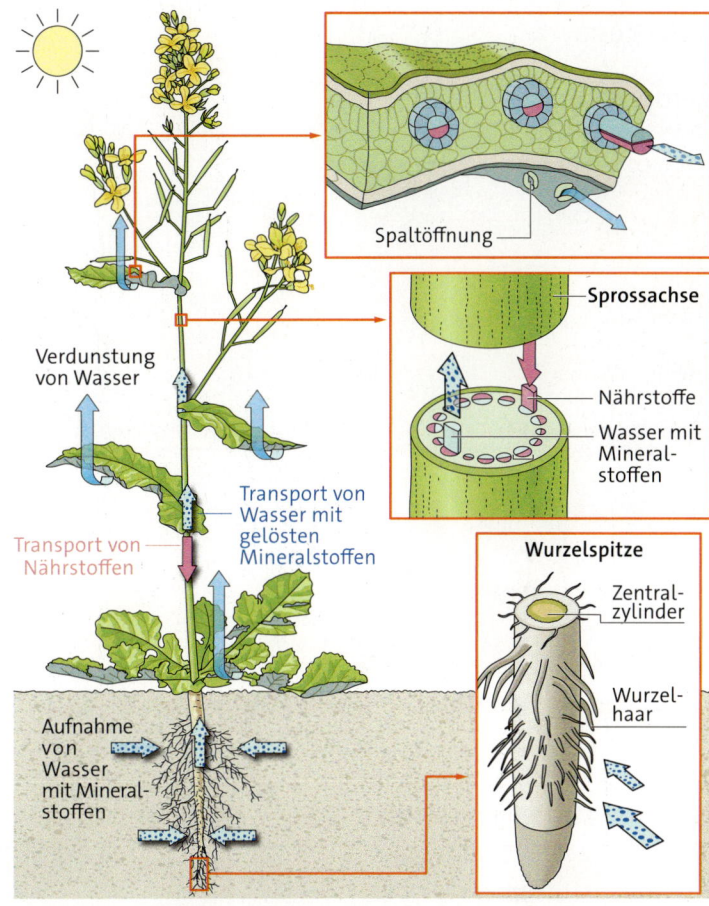

3 Wasser- und Nährstofftransport in der Pflanze

Leitbündel übernehmen den Wasser- und Stofftransport in der Pflanze. Wurzeldruck und Verdunstungssog sorgen dafür, dass das Wasser und die darin gelösten Mineralstoffe in alle Pflanzenteile gelangen.

Aufgabe

1 ◗ Erkläre mithilfe von Bild 2, wie das Bodenwasser und die darin gelösten Mineralstoffe in die Pflanze gelangen.

Wasser- und Stofftransport in Pflanzen

Verdunstungssog

1 Pflanze mit Plastiktüte

In einem Versuch wurde überprüft, ob Pflanzen Wasser an die Luft abgeben. Stülpt man eine Plastiktüte über die oberirdischen Teile der Pflanze und verschließt sie unten am Stängel, kann man am nächsten Tag kondensierte Wassertropfen innen an der Plastiktüte finden. In Bild 2 ist ein weiterer Versuch gezeigt.

6 Reagenzgläser wurden mit der gleichen Menge Wasser gefüllt. Der Wasserstand im Reagenzglas wurde mit einem wasserfesten Stift markiert. In drei Reagenzgläser wurden Pflanzenstängel mit Blättern und in drei ohne Blätter gestellt. Die Wasseroberfläche

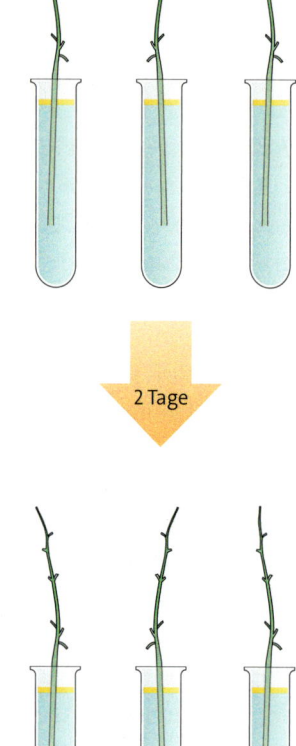

2 Versuchsaufbau und -ergebnisse

wurde mit einer Ölschicht bedeckt. Nach zwei Tagen hat man dann erneut den Wasserstand gemessen.

1 🖋 Formuliere eine Fragestellung, die mit dem Versuch überprüft werden soll. → 1

2 🖋 Erkläre das Ergebnis des Versuchs.

3 🖋 Erkläre, warum man in die Reagenzgläser eine dünne Ölschicht gegeben hat.

Material B

Verdunstungsleistung

Eine Rotbuche mit etwa 200 000 Blättern gibt an einem Sommertag rund 300 L Wasser an die Luft ab.

Materialliste: Zweig eines Fleißigen Lieschens mit 3–4 Blättern, Standzylinder, Speiseöl, kariertes Papier oder Millimeterpapier, Bleistift

1 ◐ Zeichne die Umrisse der einzelnen Blätter auf dein Papier und bestimme die ungefähre Gesamtfläche aller Blätter. → 3

2 Fülle einen Standzylinder mit 50 ml Wasser und stelle den Zweig hinein. → 4

3 Gieße vorsichtig auf die Oberfläche eine Schicht Speiseöl.

4 Stelle das Reagenzglas an einen sonnigen Ort.

5 Miss nach einem Tag die Wassermenge, die von den Blättern verdunstet wurde.

6 ◐ Berechne die Menge des Wassers, die 1 cm² Blatt an einem Tag verdunstet.

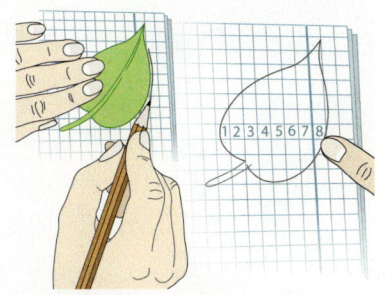

3 | Bestimmung der Blattfläche

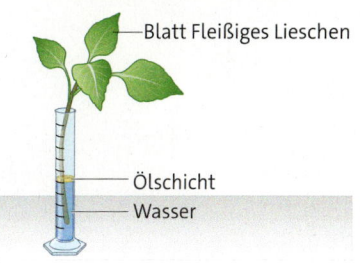

Blatt Fleißiges Lieschen
Ölschicht
Wasser

4 | Versuchsaufbau

Material C

Wurzelhaare

5 | Wurzel mit Wurzelhaaren

In Bild 6 sind verschiedene Figuren abgebildet. Sie sind aus der gleichen Anzahl von gleich großen Würfeln mit der Kantenlänge 1 cm zusammengesetzt.

1 ○ Ermittle die Oberfläche der 3 Figuren. Beachte: Zähle pro Würfel die freien Oberflächen und addiere alle von der Figur. → 6

2 ◐ Erläutere den Zusammenhang zwischen Oberfläche und Form der Figuren.

3 ◐ Vergleiche die Figuren mit der Form der Wurzel in Bild 5.

4 ● Erläutere die Vorteile, die sich aus der Anzahl der Wurzelhärchen ergeben.

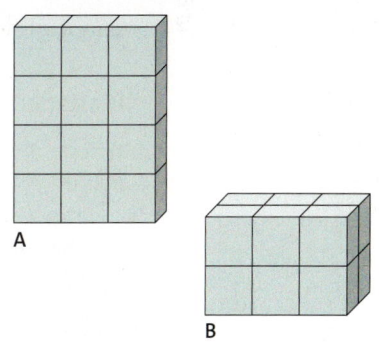

A

B

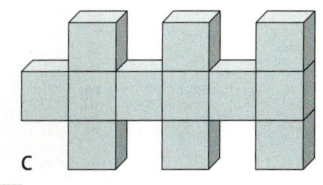

C

6 | Figuren

Laubblätter

1 Blätter der Rosskastanie

Pflanzen unterscheiden sich nicht nur anhand ihrer Blüten, sondern auch in der Gestalt ihrer Blätter. Wie ist ein solches Blatt aufgebaut und warum
5 benötigt die Pflanze so viele?

Blattadern • Betrachtet man ein Blatt genau, so erkennt man, dass die Blattfläche von Blattadern durchzogen ist, die sich immer feiner verzweigen. ➔ 1
10 Diese Adern sind Leitgefäße und sorgen innerhalb des Blattes für die Stoffverteilung. Das Wasser und die darin gelösten Mineralstoffe aus den Wurzeln können so in der gesamten
15 Blattfläche verteilt werden.

2 Frauenmantel

Abschlussgewebe • Der Glanz vieler Blätter wird durch eine aufgelagerte Wachsschicht, die Kutikula, verursacht. Diese dient als Verdunstungsschutz, in-
20 dem sie eine Barriere für Wasser bildet und so verhindert, dass zu viel Flüssigkeit über die Blätter verloren geht. Deshalb perlt Wasser auch von Blättern ab, wenn man sie benetzt. ➔ 2 Zu-
25 sammen mit den Zellen der Epidermis bildet die Kutikula auf der Blattober- und -unterseite das Abschlussgewebe.

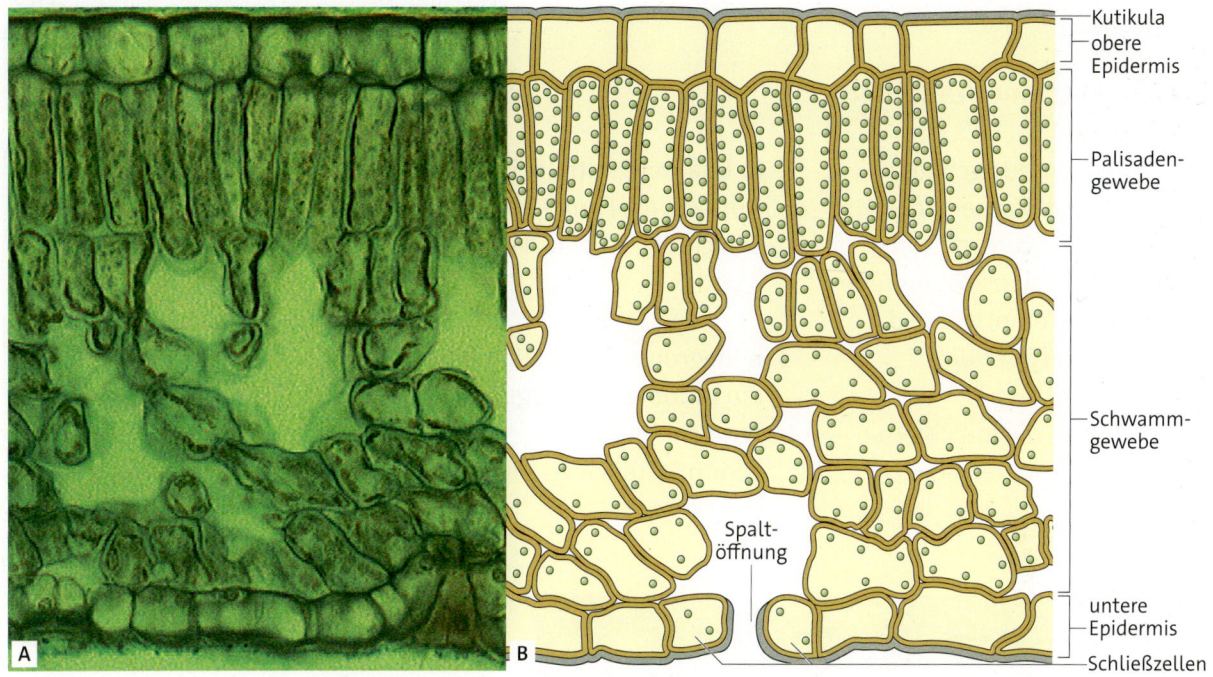

Kutikula
obere Epidermis

Palisaden-gewebe

Schwamm-gewebe

Spalt-öffnung

untere Epidermis

Schließzellen

3 Querschnitt durch ein Laubblatt: **A** mikroskopisches Bild, **B** Zeichnung eines Blattquerschnitts

Palisadengewebe • Betrachtet man den Querschnitt eines Laubblatts unter
30 dem Mikroskop, ist ein schichtenartiger Aufbau zu erkennen. → **3** Die auffäl-ligste Schicht ist durch lang gestreckte, wie Zaunlatten angeordnete Zellen ge-kennzeichnet. Aneinandergereihte
35 Zaunlatten bezeichnet man auch als Palisaden. Deswegen nennt man diese Blattschicht Palisadengewebe. In den einzelnen Zellen befinden sich sehr viele Chloroplasten. Diese enthalten
40 das Chlorophyll, das den Blättern ihre grüne Farbe verleiht.

Schwammgewebe • Unter dem Palisa-dengewebe liegt das Schwamm-gewebe aus unregelmäßig geformten
45 Zellen. Große Hohlräume sorgen für die Durchlüftung des Gewebes.

Spaltöffnungen • In der unteren Epider-mis findet man regelmäßige Öffnun-gen, die man Spaltöffnungen nennt.
50 Durch sie steuert die Pflanze den Ver-dunstungssog und so den Gasaus-tausch mit der umgebenden Luft. Bei zu hohen Temperaturen schließt die Pflanze mithilfe von Schließzellen ihre
55 Spaltöffnungen, damit nicht zu viel Wasser verdunstet. So verhindert die Pflanze ein Austrocknen.

Ein Laubblatt ist aus mehreren Schichten aufgebaut.

Aufgabe

1 ○ Nenne die Gewebe eines Laub-blatts mit ihren jeweiligen Aufgaben.

Laubblätter

Material A

Querschnitt eines Laubblatts

In Bild 1 ist ein Querschnitt durch ein Laubblatt einer Samenpflanze gezeigt. Damit man die einzelnen Bestandteile besser sehen kann, wurde das Präparat eingefärbt.

1 ○ Benenne die mit Ziffern gekennzeichneten Bereiche des Laubblatts.

2 ◔ Erläutere mithilfe ihres Aufbaus die Funktion der Schichten mit den Ziffern 2, 3 und 6.

3 ◔ Begründe, weshalb man ein Laubblatt als Organ bezeichnen kann.
Nimm Seite 164 zu Hilfe.

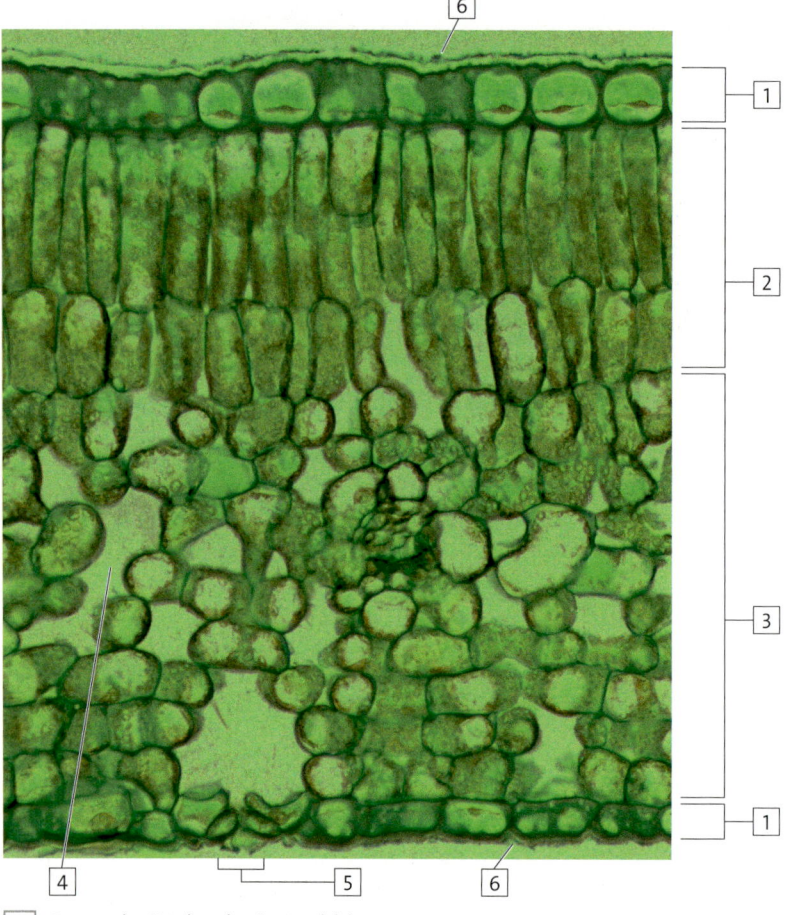

1 Querschnitt durch ein Laubblatt

Material B

Wasserpflanzen

Wasserpflanzen wie die Seerose sind in besonderer Weise an ihren Lebensraum angepasst. Sie besitzen Schwimmblätter. Diese sind meist großflächig und besitzen zusätzliche Festigungselemente.

1 ◔ Vergleiche mithilfe einer Tabelle den Aufbau der Laubblätter einer Seerose mit den Laubblättern einer Landpflanze.

2 ● Erläutere die Angepasstheiten der Seerose an ihren Lebensraum.

Blattquerschnitt — Spaltöffnung

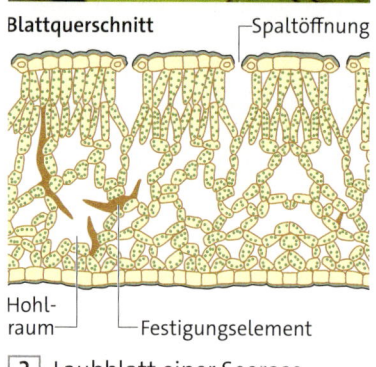

Hohlraum — Festigungselement

2 Laubblatt einer Seerose

Dornen und Stacheln

Dornen und Stacheln dienen manchen Pflanzen der Abwehr von Fressfeinden oder auch dem Festhalten an Bäumen, Sträuchern oder Gesteinen.

1 ◐ Ordne die Beschreibungen A und B den Bildern 3 und 4 zu. Begründe deine Zuordnungen.

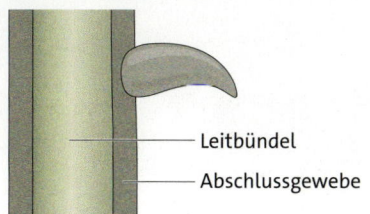

3 Rose – Dorn oder Stachel?

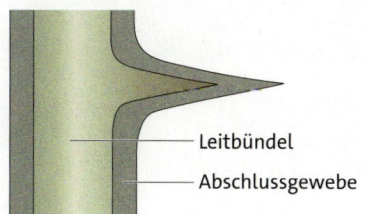

4 Kaktus – Dorn oder Stachel?

A Dornen Sie können aus Sprossachsen, Blättern oder Wurzeln umgewandelt sein. Dornen sind immer von Leitbündeln durchzogen.

B Stacheln Sie sind Auswüchse an der Sprossachse oder den Blättern. Bei der Bildung von Stacheln sind die Epidermis und darunterliegende Schichten beteiligt.

Angepasstheiten

Pflanzen an trockenen Standorten versuchen, sich vor starker Verdunstung zu schützen. Ihre Spaltöffnungen sind tief eingesenkt und mit Härchen ausgekleidet, damit sie Wasser zurückhalten. Pflanzen an feuchten Standorten müssen versuchen, möglichst viel Wasser zu verdunsten, damit sie einen Verdunstungssog erzeugen.

1 ◐ Stelle die Angepasstheiten der beiden Pflanzen an ihren Lebensraum heraus. Betrachte dafür die Querschnitte der Laubblätter.
→ 5 6

Oleander Dieser aus dem Mittelmeergebiet stammende Busch ist eine beliebte Zierpflanze. Er bevorzugt warme, trockene und helle Standorte.

5

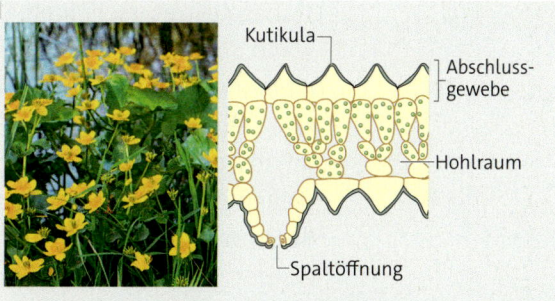

Sumpfdotterblume An sehr feuchten Orten wie Sumpfwiesen und an Gewässern kann man in Deutschland vielerorts diese giftige Pflanze finden.

6

Pflanzenzelle

1 Wasserpest: **A** Spross, **B** lichtmikroskopisches Bild einiger Laubblattzellen

Betrachtet man Blätter der Wasserpest unter dem Mikroskop, so kann man die einzelnen Zellen gut erkennen. Jede hat eine eigene Form, aber alle sind
5 **von einer Schicht umgeben und enthalten grüne Punkte. Was sind das für Strukturen und welche Aufgaben haben sie?**

Zellhülle • An den Zellen der Wasser-
10 pest lassen sich verschiedene Zellbestandteile unterscheiden. Die Zellwand umgibt die Pflanzenzelle und gibt ihr eine stabile Form. Über winzige Öffnungen, die unter dem Licht-
15 mikroskop nicht zu erkennen sind, stehen die einzelnen Zellen miteinander in Verbindung. Diese Öffnungen werden Tüpfel genannt. Zwischen zwei benachbarten Zellwänden liegt
20 die dünne Mittellamelle. Direkt unter der Zellwand liegt ein dünnes Häutchen, die Zellmembran.

Sie umschließt das Zellinnere und grenzt es nach außen ab. Die Zellmem-
25 bran ist für bestimmte Stoffe wie Wasser durchlässig und ermöglicht so den Stoffaustausch zwischen den Zellen.

Zellinneres • Die Zellmembran umschließt das Innere der Zelle, in dem
30 sich das Zellplasma befindet. Dies ist eine zähflüssige Substanz, die ständig in Bewegung ist. In ihr „schwimmen" die Zellbestandteile. Weil das Plasma ständig in Bewegung ist, kann es
35 Stoffe durch die Zelle transportieren. Außerdem laufen im Zellplasma wichtige Stoffwechselvorgänge ab. → 2

Zellbestandteile • Damit in einer Zelle viele Stoffwechselvorgänge ablaufen
40 können und sich diese nicht gegenseitig behindern, gibt es verschiedene Zellbestandteile. Jeder Zellbestandteil ist von einer eigenen Membran um-

schlossen. So entstehen viele vonei-
45 nander getrennte Reaktionsräume mit
unterschiedlichen Funktionen.

Zellkern • Die Erbinformationen der
Pflanzenzelle befinden sich im Zellkern. Er steuert alle Lebensvorgänge.
50 Über Kernporen können Stoffe mit den
anderen Zellbestandteilen ausgetauscht werden.

Mitochondrien • Wie bei Tierzellen versorgen Mitochondrien die Pflanzenzel-
55 le mit Energie. Sie bauen energiereiche
Stoffe zu energiearmen ab. ➔ 2

Produktionsstätten • Wie die Tierzellen
besitzen auch Pflanzenzellen in ihrem
Zellplasma ein Netz von Kanälen, mit
60 denen viele Stoffe auf- und abgebaut
werden können. Zu diesen Produktionsstätten gehören das ER, die Dictyosomen und die Ribosomen. ➔ 2

Vakuole • Als Wasser- und Stoffspei-
65 cher dient der Pflanzenzelle die Vakuole. Auch sie ist von einer Membran
umschlossen. Im Inneren der Vakuole
befindet sich eine Flüssigkeit, der Zell-
saft. Er besteht aus Wasser und darin
70 gelösten Stoffen. Zusammen mit der
Zellwand sorgt die Vakuole für die
Stabilität der Zelle. Nimmt der Wasser-
gehalt in der Vakuolen ab, verliert die
Pflanze an Stabilität und beginnt zu
75 welken. Vakuolen gibt es nur in Pflan-
zen- und Pilzzellen. Bei der Wasserpest ist die Vakuole im Mikroskop nur
schwer zu entdecken, da man durch
sie hindurchsieht.

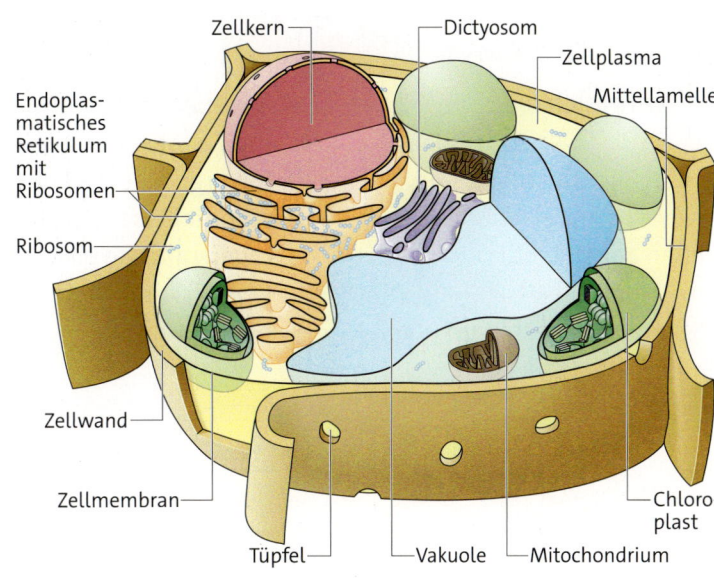

Zellkern — Dictyosom — Zellplasma — Mittellamelle — Endoplasmatisches Retikulum mit Ribosomen — Ribosom — Zellwand — Zellmembran — Tüpfel — Vakuole — Mitochondrium — Chloroplast

2 | Schema einer Pflanzenzelle

80 **Chloroplasten** • Eine genaue Betrachtung der Blattzellen zeigt, dass der
grüne Farbstoff in kleinen kugel- bis
linsenförmigen Körperchen vorliegt,
den Chloroplasten. Sie enthalten den
85 Farbstoff Chlorophyll, der den Blättern
ihre grüne Farbe verleiht. Mithilfe des
Sonnenlichts stellen sie energiereiche
Stoffe für die Zellen her. ➔ 1 2

Pflanzenzellen besitzen im Ver-
gleich zu Tierzellen zusätzlich
Chloroplasten, eine Zellwand mit
Tüpfeln und eine Vakuole.

Aufgabe

1 ○ Nenne die Bestandteile einer
Pflanzenzelle mit ihren jeweiligen
Aufgaben. Erstelle dazu eine Ta-
belle.

Pflanzenzelle

Material A

Zellvergleich

In den Bildern 1 und 2 sind zwei Schemazeichnungen von Zellen abgebildet.

1 Betrachte die Bilder 1 und 2.

a ◯ Benenne die nummerierten Zellbestandteile.

b ◖ Vergleiche die Zellbestandteile der beiden Zelltypen mithilfe einer Tabelle. Berücksichtige alle Zellbestandteile.

c ◯ Begründe, bei welcher der beiden Zellen es sich um eine Tierzelle oder Pflanzenzelle handelt.

2 ◖ Erkläre die Funktion der Zellbestandteile 8, 9, 10 und 11.

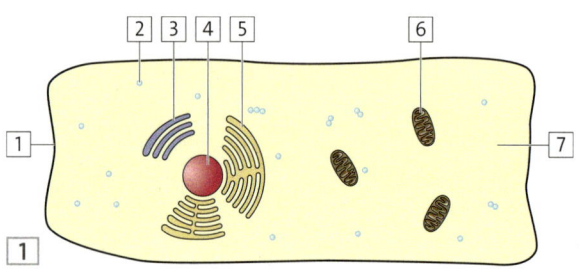

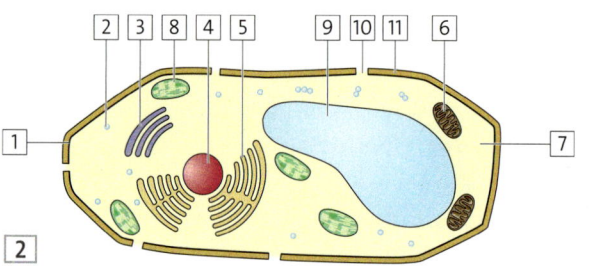

Material B

Spezialisierte Pflanzenzellen

1 ◯ Ordne die Beschreibungen a–c den Bildern 3–5 zu. Begründe deine Zuordnungen.

2 ◖ Erläutere an zwei Beispielen den Zusammenhang zwischen Struktur und Funktion der abgebildeten Zellen.

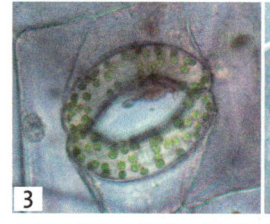

3

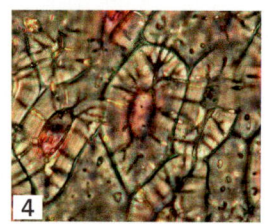

4

a Steinzellen Sie findet man zum Beispiel in Nussschalen. Sie besitzen verdickte Zellwände. So wird die Festigkeit der Nussschale erhöht.

b Spaltöffnungen Sie entstehen zwischen zwei speziellen Zellen, den Schließzellen. Sie sind länglich und nur an den Enden miteinander verbunden. Sie lassen sich öffnen und schließen.

c Wurzelhaarzellen Sie liegen im Abschlussgewebe der Wurzeln und bestehen aus einer Zelle, die sich haarförmig in den Boden erstreckt. Da sie eine sehr dünne Zellwand besitzen, können sie gut Wasser mit gelösten Mineralstoffen aus dem Boden aufnehmen.

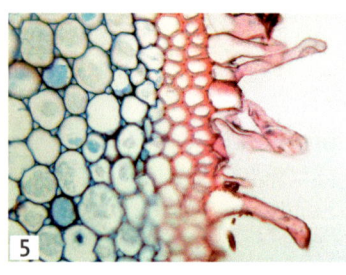

5

Osmose

6 Frisches Salatblatt

7 Lappige Salatblätter

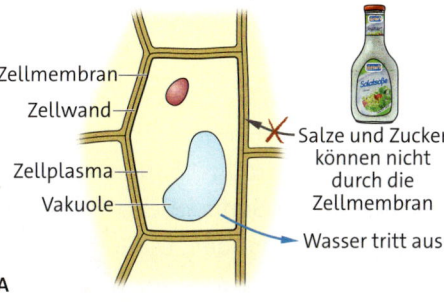

A

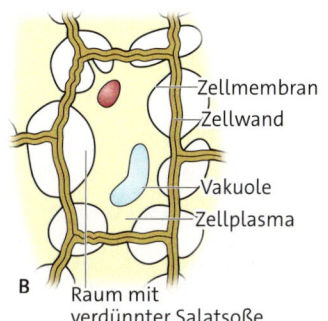

B

8 Schema der Osmose

In Bild 6 ist ein frisches Salatblatt zu sehen, wenn man es von einem Salatkopf entfernt. Beim Zubereiten eines Salats tunkt man Salatblätter in Salatsoße. Sie besteht oft neben Öl und Essig auch aus Zucker und Salz. Wenn ein Salatblatt längere Zeit in der Salatsoße lag, wirkt es oft lappig und nicht mehr frisch. → 7

1 ○ Vergleiche die Bilder 6 und 7 miteinander.

2 Lies den Text → 9 und betrachte Bild 8.
a ● Erkläre, warum das Salatblatt in Bild 7 lappig aussieht.
b ● Erläutere, was passiert, wenn man ein lappiges Salatblatt in salz- und zuckerfreies Wasser legt.

Osmose Ein Salatblatt besteht aus vielen Pflanzenzellen. Diese speichern den Großteil des Wassers und der darin gelösten Stoffe, vor allem Zucker und Salze, in der Vakuole. Wasser kann aufgrund seines Aufbaus durch die Membranen, insbesondere die Zellmembran, der Pflanzenzellen hindurchtreten. Die Salz- und Zuckerteilchen können dies nicht. Sie werden blockiert. Man bezeichnet die Membranen sozusagen als „Nicht-für-alles-durchlässige"-Membranen oder semipermeable Membranen. Wenn das Salatblatt in die Salatsoße gelegt wird, tritt das Wasser aus der Zelle heraus. Hier greift ein naturwissenschaftliches Prinzip: Alle Stoffe streben immer einen Konzentrationsausgleich an. Die Konzentration an Salz- und Zuckerteilchen ist in der Salatsoße höher als in der Zelle. Die Salz- und Zuckerteilchen können für einen Konzentrationsausgleich nicht in die Vakuole wandern, da die Membran sie nicht durchlässt. Das Prinzip der Diffusion greift nicht.

Da sich in der Salatblattzelle viel mehr Wasser befindet als in der Salatsoße tritt daher Wasser aus der Zelle in die Salatsoße heraus. Diese Form des Konzentrationsausgleichs nennt man Osmose.

9

Fotosynthese

1 Reife Kirschen

In jedem Frühjahr bilden Kirschbäume Blätter und Blüten. Im Sommer reifen die zuckersüßen Kirschen. Wie gelingt es den Bäumen, zu wachsen und zusätz-
5 **lich jedes Jahr süße Kirschen zu bilden?**

Fotosynthese • Die Strahlungsenergie des Sonnenlichts kann in andere Energieformen umgewandelt werden. So können die grünen Pflanzen bis zu
10 einer gewissen Menge Strahlungsenergie in chemische Energie umwandeln. Sie fangen die Strahlungsenergie mit dem grünen Blattfarbstoff Chlorophyll ein. Diese Strahlungsenergie wird dazu
15 genutzt, um aus Kohlenstoffdioxid und Wasser den energiereichen Traubenzucker, die Glukose, herzustellen. Dabei wird als Abfallprodukt Sauerstoff frei. Die Energie des Sonnenlichts ist nun in
20 der Glukose gebunden. Da dieser Vorgang nur bei Licht ablaufen kann, bezeichnet man ihn als Fotosynthese, was wörtlich Licht-Stoffaufbau bedeutet.

Ort der Fotosynthese • Nur Zellen, die
25 den grünen Blattfarbstoff Chlorophyll enthalten, betreiben Fotosynthese. Das Chlorophyll befindet sich in kleinen, runden Zellbestandteilen, den Chloroplasten. In diesen liegen viele Mem-
30 branen übereinander. Das Chlorophyll befindet sich in diesen Membranen. Sie sind flächig und aufeinandergestapelt. Dadurch wird die Oberfläche vergrößert, sodass sehr viel Chlorophyll in
35 den Chloroplasten Platz findet. → **4**

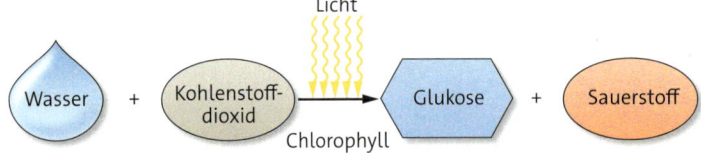

2 Gleichung der Fotosynthese

Stoffaufbau • Die Pflanze benötigt einen Teil der selbst hergestellten Glukose zur Herstellung von eigenen Bau-, Farb- und sonstigen Pflanzenstoffen.
40 Der Rest wird in die geschmacksneutrale, wasserunlösliche Stärke umgewandelt. Diese kann in Knollen wie den Kartoffeln gespeichert werden. In Samen wie den Weizenkörnern ist viel
45 Stärke enthalten, um den Samen die benötigte Energie zum Keimen bereitzustellen.

Transportwege • Das für die Fotosynthese benötigte Kohlenstoffdioxid
50 stammt aus der Luft. Durch die Spaltöffnungen in den Blättern gelangt es zu allen Blattzellen. Der freigesetzte Sauerstoff wird auf dem gleichen Weg an die Luft abgegeben. Wasser und
55 gelöste Mineralstoffe werden von der Wurzel durch die Wassergefäße der Leitbündel in die Blätter transportiert. Die dort gebildete Glukose wird über die Nährstoffgefäße der Leitbündel in
60 der ganzen Pflanze verteilt. Da sich die Glukose vor allem in Früchten ansammelt, schmecken Weintrauben, Erdbeeren und Kirschen süß.

Bedeutung der Fotosynthese • Pflanzen
65 sind die einzigen Lebewesen, die ihre Nährstoffe selbst herstellen. Nährstoffe und auch der von ihnen freigesetzte Sauerstoff nutzen alle anderen Lebewesen zum Leben. Die Vorgänge
70 in den grünen Blättern nutzen also auch den Menschen und Tieren.

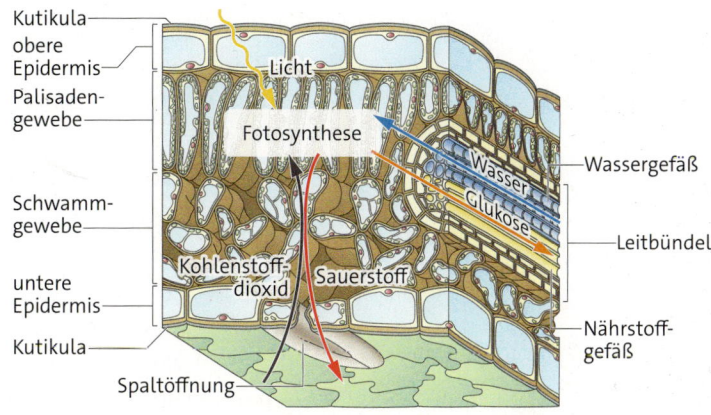

Kutikula
obere Epidermis
Palisadengewebe
Schwammgewebe
untere Epidermis
Kutikula
Licht
Fotosynthese
Kohlenstoffdioxid
Sauerstoff
Spaltöffnung
Wasser
Glukose
Wassergefäß
Leitbündel
Nährstoffgefäß

3 | Laubblatt

 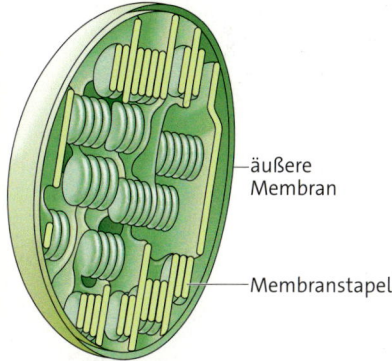

äußere Membran
Membranstapel

4 | Chloroplast

Pflanzen stellen mithilfe von Strahlungsenergie aus Kohlenstoffdioxid und Wasser energiereiche Glukose her. Bei dieser Fotosynthese wird Sauerstoff als Nebenprodukt frei.

Aufgaben

1 ○ Erkläre, warum der Stamm des Kirschbaums keine Fotosynthese betreiben kann.

2 ◐ Erkläre, warum Kirschen süß, Kirschblätter aber nicht süß schmecken.

Fotosynthese

Fotosynthese und Licht

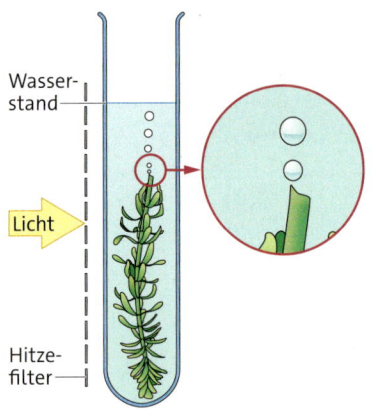

Wasser-stand

Licht

Hitze-filter

1 Reagenzglas mit Wasserpest

In einem Experiment wird in 7 mit Leitungswasser gefüllten Reagenzgläsern je eine Spross-achse der Wasserpest kopf-über eingesetzt. Die einzelnen Sprossachsen haben etwa die gleiche Länge und gleich viele Blätter. Jedes Reagenzglas wird anschließend mit einer anderen Beleuchtungsstärke belichtet. Die Tabelle zeigt die dabei abgegebene Anzahl der Sauerstoffbläschen.

1 ◗ Erstelle ein Diagramm aus den Werten der Tabelle. → [2]

2 ◗ Beschreibe den Verlauf der Kurve in deinem Dia-gramm.

3 ◗ Erkläre das Versuchs-ergebnis.

Reagenzglas	1	2	3	4	5	6	7
Beleuchtungsstärke in lux	200	1 000	4 000	8 000	16 000	24 000	32 000
Sauerstoffbläschen pro Minute	0	0	4	8	12	13	13

2 Versuchsergebnis

Wachstum

Bei einem Versuch wurde ein Weidenbäumchen in 90 kg ge-trocknete Erde gepflanzt. Fünf Jahre später wurden die Weide und die Erde wieder gewogen.

1 ○ Beschreibe das Versuchs-ergebnis.

2 ◗ Begründe, warum die Erde vor und nach dem Ver-such getrocknet wurde.

3 Finde eine Erklärung für das Versuchsergebnis:

a ● Erläutere das Versuchser-gebnis mit deinem Wissen

über die Vorgänge der Foto-synthese.

b ● Erkläre das geringere Gewicht der Erde. → [3B]

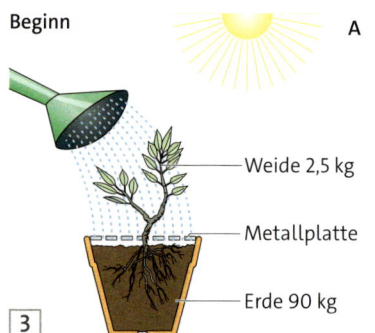

Beginn A

Weide 2,5 kg

Metallplatte

Erde 90 kg

3

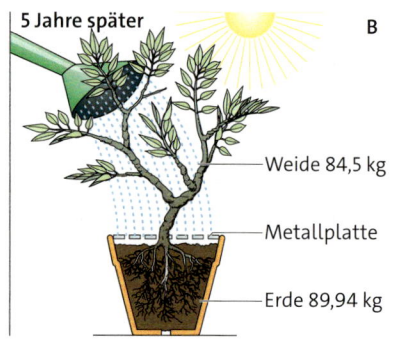

5 Jahre später B

Weide 84,5 kg

Metallplatte

Erde 89,94 kg

Fotosyntheseleistung und Kohlenstoffdioxid

Mit Versuchen kann man die Fotosyntheseleistung bei unterschiedlichen Bedingungen messen. Bei einem dieser Versuche wurde die Kohlenstoffdioxidkonzentration verändert.

1 ◐ Beschreibe das in dem Diagramm dargestellte Versuchsergebnis.

2 ◐ Deute das im Diagramm dargestellte Versuchsergebnis.

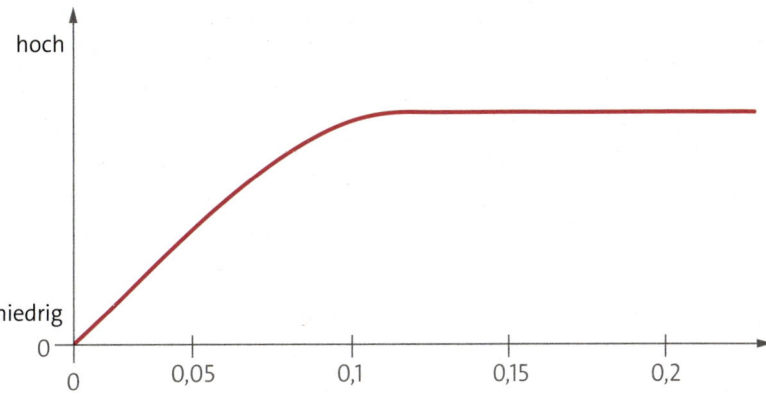

4 Fotosyntheseleistung und Kohlenstoffdioxidmenge

Fotosyntheseleistung und Temperatur

In einem Versuch wurde der Einfluss der Temperatur auf die Fotosyntheseleistung untersucht. Das Ergebnis ist im Diagramm dargestellt.

1 ◐ Beschreibe das im Diagramm dargestellte Ergebnis.

2 ◐ Erkläre das im Diagramm dargestellte Versuchsergebnis.

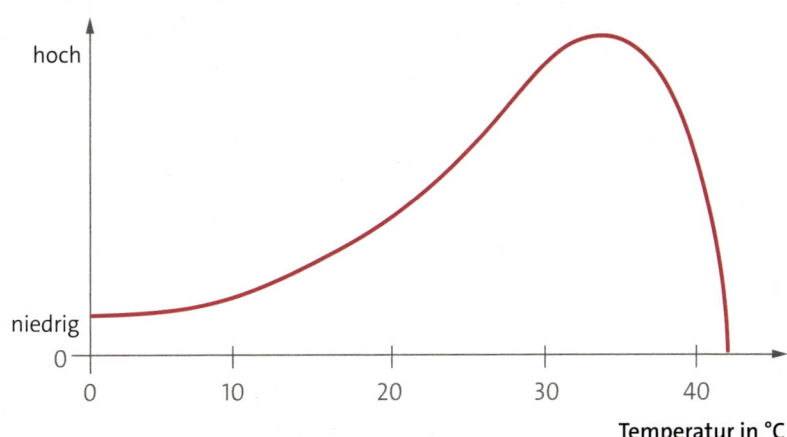

5 Fotosyntheseleistung und Temperatur

3 ● Vermute, warum die Fotosyntheseleistung bei etwa 42 °C auf null sinkt.

4 ◐ Fasse zusammen, welche Faktoren die Fotosyntheseleistung beeinflussen.

Pflanzen atmen auch

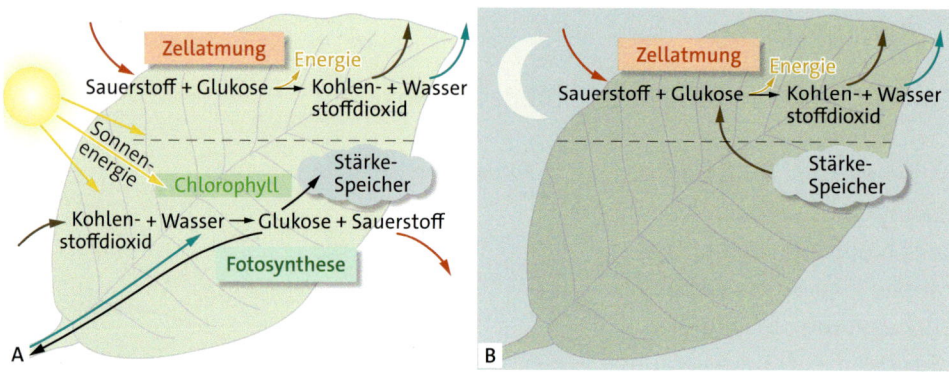

1 Stoffkreislauf bei Pflanzen: **A** am Tag, **B** bei Nacht

„Stell dir nicht so viele Grünpflanzen ins Schlafzimmer, sie verbrauchen nachts Sauerstoff!" Diesen Ratschlag hört man immer wieder. Dabei sind

5 diese es doch Pflanzen, die durch ihre Fotosynthese Sauerstoff herstellen. Was stimmt denn nun?

Energiegewinnung • Das Austreiben der Blätter und Blüten im Frühjahr

10 oder die Erhaltung der Körpertemperatur bei gleichwarmen Lebewesen sind Lebensvorgänge, die sehr viel Energie benötigen. Die Energie für alle Lebensvorgänge der Tiere und

15 Pflanzen stammt aus der Zellatmung.

Zellatmung • Bei der Zellatmung wird in den Mitochondrien die energiereiche Glukose mithilfe von Sauerstoff in die energiearmen Endprodukte Koh-

20 lenstoffdioxid und Wasser umgewandelt. Pflanzen nehmen deshalb nachts

Sauerstoff durch ihre Spaltöffnungen auf und nutzen ihn für die Zellatmung. Bei Sonnenlicht am Tag stellen

25 sie mehr Glukose und Sauerstoff her, als sie bei der Zellatmung verbrauchen.

Zwischen der Zellatmung und der Fotosynthese besteht ein enger

30 Zusammenhang. → 1 Die Ausgangsstoffe des einen Vorgangs sind die Endprodukte des anderen. Die bei der Zellatmung freigesetzte Energie kann nun für alle Lebensvorgänge wie das

35 Wachstum und den Stoffwechsel genutzt werden. Ein Teil der Energie wird in Form von Wärme abgegeben.

> Bei der Zellatmung werden energiereiche Verbindungen abgebaut, um Energie für alle Lebensvorgänge der Pflanze zu erhalten.

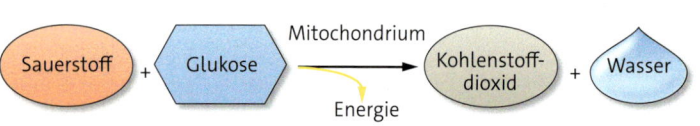

2 Zellatmung

Aufgabe

1 ◐ Erkläre mithilfe von Bild 1, wann Pflanzen Fotosynthese und wann Zellatmung betreiben.

Material A

Die Versuche von Priestley

Im Jahre 1771 untersuchte der Engländer Joseph Priestley mithilfe von Glasglockenversuchen → 3 , wie Pflanzen und Tiere sich gegenseitig beeinflussen.

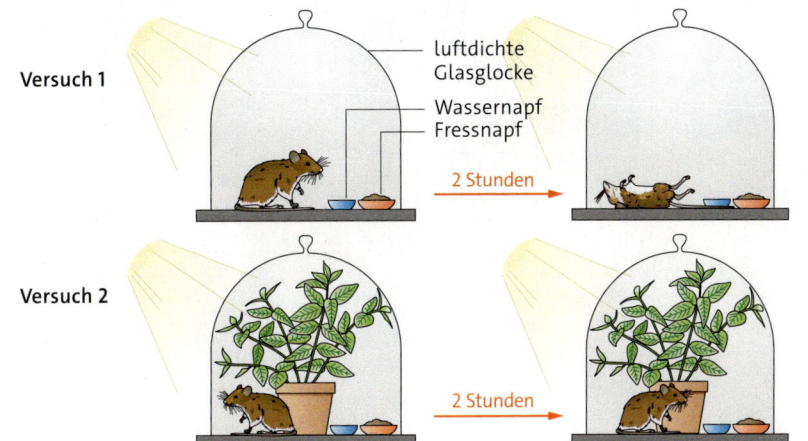

3 Priestleys Versuche mit Pflanzen und Mäusen

1 ○ Beschreibe die abgebildeten Versuche in Bild 3.

2 ◐ Finde eine Erklärung, warum die Maus in dem Gefäß ohne Pflanze schon nach 2 Stunden gestorben ist.

3 ● Stelle eine Vermutung über das Versuchsergebnis an, wenn der Versuch 2 nachts stattfinden würde.

Material B

Keimende Erbsen

In einem Experiment wurden gequollene Erbsensamen in ein Glasgefäß mit einem Thermometer gefüllt. Das Gefäß wurde anschließend mit einer feuchten Watteschicht verschlossen und mit einer Aluminiumfolie umwickelt. → 5 In Abständen von zwei Stunden wurden die abgelesenen Temperaturwerte notiert. → 4

1 ◐ Überlege dir einen geeigneten Maßstab und stelle das Ergebnis in einem Liniendiagramm dar.

2 ◐ Beschreibe das Liniendiagramm und den Kurvenverlauf.

3 ◐ Erkläre das Versuchsergebnis.

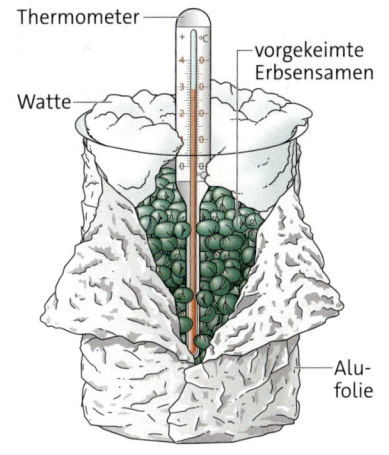

5 Versuchsaufbau

Zeit in Stunden	0	2	4	6	8	10	12	14
Temperatur in Grad Celsius	22	23,5	25,4	26	26,8	27,2	27,8	28,4

4 Temperaturwerte

Vielfalt der Pflanzenstoffe

1 Am Obst- und Gemüsestand

Pflanzen bauen durch die Fotosynthese Glukose auf. In der Pflanze befinden sich aber noch viele weitere Stoffe wie Öle, Duft- und Farbstoffe, Holz oder
5 auch Vitamine. Wie entstehen aus Glukose so viele unterschiedliche Stoffe?

Vielfalt der Bausteine • Wie in allen anderen Zellen auch laufen in einer Pflanzenzelle in jeder Sekunde Hun-
10 derte Stoffwechselvorgänge ab. Dabei werden aus dem Fotosynthese-Endprodukt Glukose und den mit dem Bodenwasser aufgenommenen Mineralstoffen langkettige Stoffe. Aus den
15 Zwischenprodukten und verschiedenen Abbauprozessen entstehen wieder kleine Verbindungen. So hat die Pflanze eine Vielzahl von Bausteinen unterschiedlicher Größe und Gestalt,
20 aus denen sie die verschiedensten Stoffe aufbauen kann.

Farbstoffe • Der grüne Blattfarbstoff, das Chlorophyll, ist für Pflanzen überlebenswichtig. Er wandelt die Energie
25 des Sonnenlichts um, wodurch diese für die Pflanzen nutzbar wird. Blütenfarbstoffe locken Bestäuber wie Bienen an, Farbstoffe in Früchten machen diese auffälliger für Tiere wie Vögel,
30 die die enthaltenen Samen mitfressen und mit ihrem Kot verbreiten.

Festigungsstoffe • Zur Festigung sind Pflanzenzellen von einer Zellwand umgeben. Diese besteht aus dem
35 Vielfachzucker Zellulose und ist Grundlage für die Faser- und Papierherstellung. Bäume lagern in die Zellwände ihrer Sprossachse komplexe Stoffe ein, die die gesamte Pflanze
40 festigen. Einer dieser Stoffe heißt Lignin und ist der Hauptbestandteil von Holz.

Schutzstoffe • Eine Vielzahl unterschiedlicher Schutzstoffe halten die
45 Lebensprozesse der Pflanzen aufrecht. So bildet das in die Kutikula der Blätter eingelagerte Cutin einen Verdunstungsschutz. Öle, wie sie in Pflanzen wie Raps und Oliven vorkommen,
50 bieten einen Schutz vor Sonnenlicht. Bekommt die Pflanze nämlich zu viel davon, kann es sie schädigen. Vitamine unterstützen Stoffwechselvorgänge in der Pflanzenzelle. Farbstoffe wie Caro-
55 tine sind wahre Alleskönner: Sie schützen vor zu viel Sonnenlicht, unterstützen Stoffwechselvorgänge und bieten in Wurzeln wie der Karotte einen gewissen Schutz vor Krankheiten.

60 **Abwehrstoffe** • Zur Abwehr von Fraßfeinde haben einige Pflanzen Bitter-
und Giftstoffe entwickelt. Bitterstoffe
haben einen kräftigen, abstoßenden
Geschmack. Giftstoffe töten Fraßfeinde
65 wie Insekten, haben aber in geringen
Mengen weitere Wirkungen auf Menschen. So dienen sie wie das in Zigaretten enthaltene Nikotin und das Koffein
des Kaffees als Rauschmittel.
70 Viele Rauschmittel können süchtig
machen. Die Wirkung einiger Giftstoffe
ist Grundlage für die Herstellung von
Medikamenten. So wirkt beispielsweise das in der Rinde von Weiden enthal-
75 tene Salicin als Schmerzmittel und war
Ausgangspunkt für die Erforschung des
Schmerzmittels Aspirin.

Hanf • Seit Jahrhunderten wurden
aus den Fasern der Hanfpflanze Seile,
80 Textilien und Papier hergestellt. Hanf
wird auch in der Medizin zur Schmerz-
therapie und Behandlung psychischer
Krankheiten verwendet. Hanf ist aber
auch eine illegale Droge mit großer
85 Suchtwirkung.

Farbstoffe
Chlorophyll
Carotine

Schutzstoffe
Cutin
Öle
Carotine

Festigungsstoffe
Zellulose
Lignin

Nährstoffe
Stärke
Glukose

Abwehrstoffe
Nikotin
Koffein
Salicin

2 Inhaltsstoffe von Pflanzen

Pflanzen bauen aus dem Fotosynthese-Endprodukt Glukose
verschiedenste Stoffe wie Öle,
Holz, Farbstoffe oder Gifte auf.

3 Eine Hanfpflanze

Aufgaben

1 ○ Beschreibe Pflanzenstoffe, die du
auf Bild 1 entdecken kannst.

2 ○ Beschreibe mithilfe von Bild 2 die
Vielfalt von Pflanzenstoffen.

3 ◧ Erstelle eine Tabelle mit 5 Pflanzenstoffen und ordne ihnen jeweils
eine Funktion zu.

Vielfalt der Pflanzenstoffe

Holz

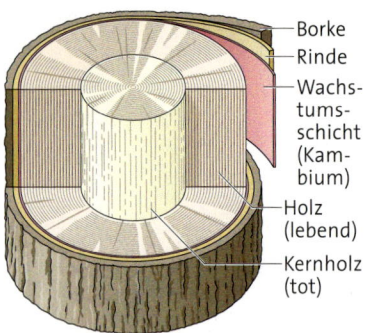

1 Baumstamm

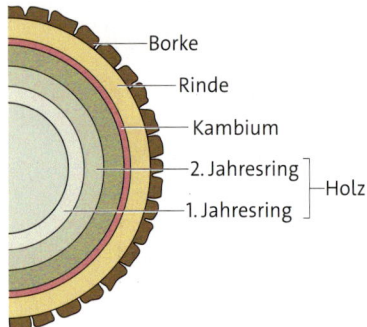

2 Querschnitt Baumstamm

Dickenwachstum Die Leitgefäße der Bäume werden von einer Wachstumsschicht, dem Kambium, gebildet. Es bildet nach innen die wasserleitenden Gefäße, nach außen die nährstoffleitenden Gefäße. Die Wassergefäße bilden lange Röhren. In ihre Wände wird der Festigungsstoff Lignin eingelagert. Im Laufe der Zeit sterben die Zellen der Wassergefäße ab und transportieren kein Wasser mehr. Das ist nicht schlimm, da das Kambium immer neue Leitgefäße bildet. Die Gesamtheit aller Wassergefäße ist das Holz. Nach außen gibt das Kambium eine schmale, als Rinde bezeichnete Schicht ab. Sie besteht aus Gefäßen, die die in den Blättern gebildeten Nährstoffe im Baum verteilen. Nach außen sterben diese Rindenzellen ab und bilden die rissige Borke. Auch um die Versorgung der immer größer werdenden Baumkrone zu gewährleisten, werden immer neue Leitgefäße gebildet. Dadurch wird der Stamm des Baumes immer dicker, man spricht vom Dickenwachstum. Wenn viele Nährstoffe verfügbar sind, beispielsweise im Frühjahr, können Wasserleitgefäße mit einem großen Durchmesser gebildet werden. Im Herbst gibt es weniger Nährstoffe, die Durchmesser der Gefäße sind dann gering. So entstehen die typischen Jahresringe. → 4

3

1 ○ Beschreibe mithilfe des Textes und von Bild 1 den Bau eines Baumstammes.

2 ○ Beschreibe das Dickenwachstum bei Bäumen. → 2 3

3 ◖ Erkläre, woraus Holz besteht.

4 ○ Ermittle das ungefähre Alter der in Bild 5 dargestellten Kiefer.

5 ● Beurteile, wann die Wachstumsbedingungen der Kiefer eher gut und wann eher schlecht waren.

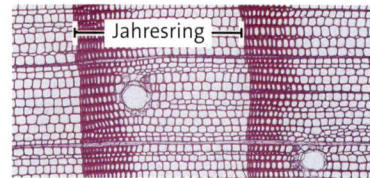

4 Jahresringe

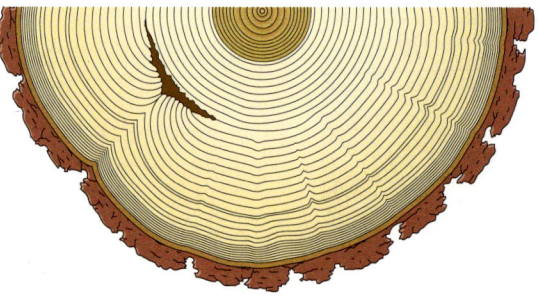

5 Querschnitt durch den Stamm einer Kiefer

Blattfarbstoffe

Um sich vor Kälte- und Trocken-
schäden zu schützen, werfen
die Bäume ihre Blätter im
Herbst ab. Zuvor verfärbt sich
das Laub gelb und rot. Dies ist
ein geordneter Prozess, bei dem
die Bestandteile des Blattes
wie das Chlorophyll zerlegt
und recycelt werden.

6 Herbstblätter

Beobachtung in der Natur:
Die Blätter sind erst grün,
später im Herbst gelb und rot.

Vermutungen:
A: Grün geht, Gelb und Rot
   kommen.
B: Grün geht, Gelb und Rot
   waren immer da.
C: Grün wandelt sich in Gelb
   und Rot um.

1 ○ Entscheide dich für eine
   Vermutung und notiere sie.

A Herauslösen der Farbstoffe

Materialliste: grüne Blätter,
Schere, Sand, Stößel, Mörser,
Pasteurpipette, Aceton

2 Schneide 5 Blätter mit der
   Schere in kleine Stücke.

3 Gib sie mit einer Prise Sand
   in den Mörser.

4 Zerkleinere das Gemisch mit
   dem Stößel bis daraus ein
   Brei wird.

5 Gib drei volle Pasteurpipetten
   Aceton zu dem Brei und ver-
   menge alles 2 Minuten lang.

B Auftrennen der Farbstoffe

Materialliste: Kieselgel-Platte
(alternativ Filterpapier), Mischung aus **A**, Pasteurpipette,
Föhn, 1:3 Aceton-Spiritus-
Mischung, Becherglas, Uhrglas

6 Ziehe auf der Kieselgel-Platte
   oder dem Filterpapier mit
   einem Bleistift 3 cm von einer
   schmalen Seite eine Linie.

7 Gib mit einer Pasteurpipette
   einen Tropfen aus **A** auf
   diese Linie und trockne den
   Fleck anschließend mit
   einem Föhn.

7 Herauslösung der Farbstoffe

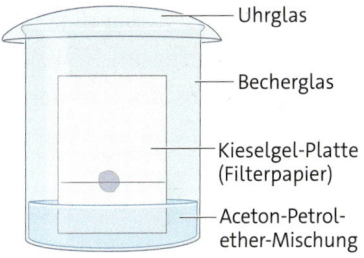

Uhrglas

Becherglas

Kieselgel-Platte
(Filterpapier)

Aceton-Petrol-
ether-Mischung

8 Kieselgel-Platte

8 Gib in ein Becherglas so viel
   von der Aceton-Spiritus-
   Mischung, dass der Boden
   1–2 cm hoch bedeckt ist.

9 Stelle die Kieselgel-Platte
   oder das Filterpapier in das
   Becherglas und decke es mit
   einem Uhrglas ab. → 8

10 Lass es 20 Minuten stehen.
    ○ Beschreibe deine Beob-
    achtung.

11 ◐ Überprüfe deine Vermu-
    tung von Aufgabe 1 und er-
    kläre die Versuchsergebnisse.

12 ● Erkläre, warum die Blätter
    in Versuch A zu einem Brei
    gequetscht werden müssen.

Zusammenfassung

Wasser- und Stofftransport • Pflanzen nehmen über ihre Wurzeln Wasser und darin gelöste Mineralstoffe auf und produzieren in ihren Blättern lebenswichtige Nährstoffe. Um das Wasser und die Nährstoffe in der Pflanze zu verteilen, besitzen sie Leitgefäße. Der Wassertransport in der Pflanze erfolgt mithilfe des Wurzeldrucks und des Verdunstungssogs, der durch die Abgabe von Wasser über die Blätter entsteht. Durch die geöffneten Spaltöffnungen kann Wasser verdunsten. Dadurch entsteht ein Sog, sodass Wasser aus der Wurzel in die Blätter gesaugt wird.

1 Die Pflanze welkt.

Aufbau von Pflanzen • Die Pflanzen bestehen aus den Grundorganen Wurzel, Spross und Blätter. Die Blätter der Pflanzen bestehen aus mehreren spezialisierten Geweben. Die Pflanzenzellen besitzen wie Tierzellen auch eine Zellmembran, einen Zellkern und Zellplasma. Zusätzlich haben Pflanzenzellen eine Zellwand zur Stabilisierung und eine Vakuole zur Speicherung von Stoffen. Alle grünen Bestandteile der Pflanzen besitzen in ihren Zellen Chloroplasten. Diese enthalten das Chlorophyll.

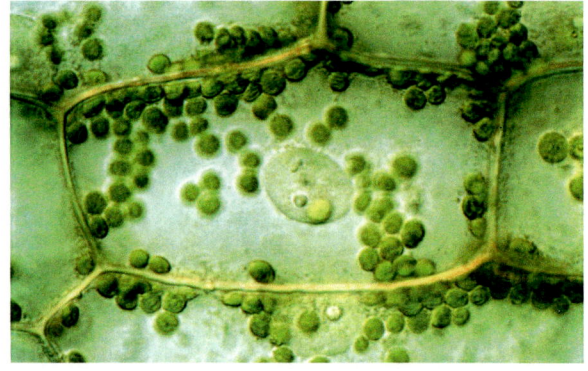

2 Pflanzenzelle

Fotosynthese und Zellatmung • Mithilfe von Strahlungsenergie sind Pflanzen in der Lage, aus Kohlenstoffdioxid und Wasser energiereiche Glukose herzustellen. Diesen Vorgang nennt man Fotosynthese. Als Nebenprodukt entsteht dabei der für alle Lebewesen lebenswichtige Sauerstoff. Dieser wird für die Zellatmung benötigt, bei der energiereiche Verbindungen zum Energiegewinn abgebaut werden.

3 Reife Kirschen

Wasser- und Stofftransport

1 ○ Beschreibe die Aufnahme von Wasser und darin gelösten Mineralstoffen aus dem Boden durch die Wurzeln.

2 ◐ Erläutere das Prinzip der Oberflächenvergrößerung am Beispiel der Wurzelhaare.

3 ◐ Erkläre, wie ein Baum das Wasser aus der Wurzel bis in die höchsten Blätter transportieren kann.

Laubblatt und Pflanzenzelle

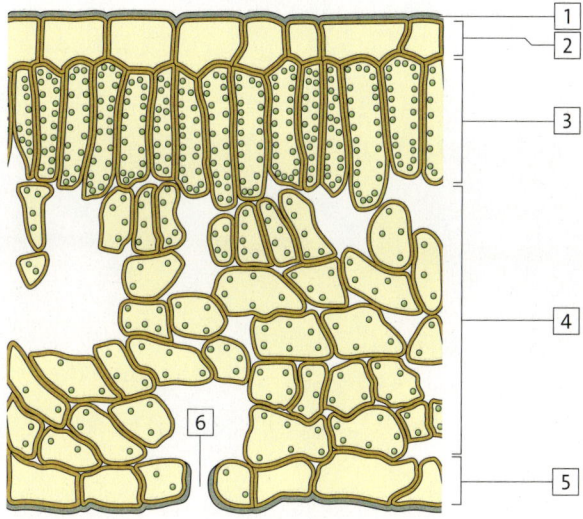

4 Querschnitt eines Laubblattes

4 Die Laubblätter von Pflanzen sind aus verschiedenen Zellen und Geweben aufgebaut.
a ○ Benenne die in Bild 4 nummerierten Zellen und Gewebe.
b ◐ Erkläre, in welcher Schicht die Fotosynthese hauptsächlich stattfindet.
c ● Erläutere die Funktion der Spaltöffnungen.

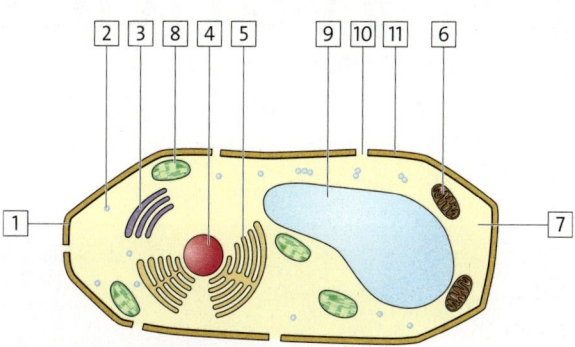

5 Pflanzenzelle

5 ◐ Ordne den Nummern in Bild 5 folgende Begriffe zu: Vakuole, Chloroplast, Zellmembran, Mitochondrium, Endoplasmatisches Retikulum, Zellwand, Dictyosom, Zellplasma, Ribosom, Zellkern, Tüpfel.

6 ◐ Nenne die Aufgaben der einzelnen Zellbestandteile einer Pflanzenzelle.

Fotosynthese und Zellatmung

7 ○ Nenne Lebensprozesse, für die Pflanzen Energie benötigen.

8 ○ Nenne die Wortgleichung der Fotosynthese.

9 ◐ Beschreibe Bedingungen, die die Fotosynthese beeinflussen.

10 ◐ Erläutere die Bedeutung der Fotosynthese für das Leben auf der Erde.

11 ○ Nenne drei verschiedene Stoffe, die Pflanzen aus dem Fotosyntheseprodukt Glukose herstellen und erläutere deren Nutzen für die Pflanze.

Ökosysteme im Wandel

Uhus sind die größten Eulen Deutschlands. Sie jagen oft Mäuse. In welcher Beziehung stehen sie zueinander?

Wiese, Wald, See oder auch ein Fluss – alle diese Beispiele sind Ökosysteme. Was zeichnet sie aus?

Der Mensch nutzt die Wälder. Wir benötigen Holz zum Heizen oder zum Bau von Möbeln. Welche Auswirkungen hat dies auf den Wald?

Die Wiese – ein Ökosystem

1 Bunte Wiese

Schaut man sich eine Wiese genauer an, kann man neben bunten Blumen und summenden Insekten auch noch viele andere Lebewesen entdecken.
5 Welche Gründe gibt es dafür?

Umweltfaktoren • Eine Wiese besteht aus ganz unterschiedlichen Bereichen. Ein Teil der Wiese ist vielleicht nur wenig bewachsen und das Sonnen-
10 licht dringt bis auf den Boden. Im anderen Teil gelangt durch den dichten Bewuchs kaum Licht nach unten. Auch der Boden kann unterschiedlich beschaffen sein. Im unteren Bereich
15 eines Tals, nahe an einem Bach, kann der Wiesenboden sehr feucht sein. Weiter oben am Hang gelegen ist er dagegen trocken. Manche Wiesen liegen an einem trockenen und war-
20 men Südhang, andere dagegen an einem kühleren Nordhang. Es gibt Wiesen auf mineralstoffreichen Böden, aber auch auf mineralstoff-armen Böden.
25 Alle diese Eigenschaften wie die Sonneneinstrahlung, die Temperatur oder die Feuchtigkeit, aber auch den Wind oder den Mineralstoffgehalt des Bodens bezeichnet man als Umwelt-
30 faktoren.

Lebensraum • Umweltfaktoren sind dafür verantwortlich, welche Lebensbedingungen an einem Ort, beispielsweise einer Wiese oder einem Wald,
35 herrschen. Ein solcher Ort kann eine Vielfalt von Tieren und Pflanzen beherbergen, man nennt ihn daher Lebensraum oder Biotop.

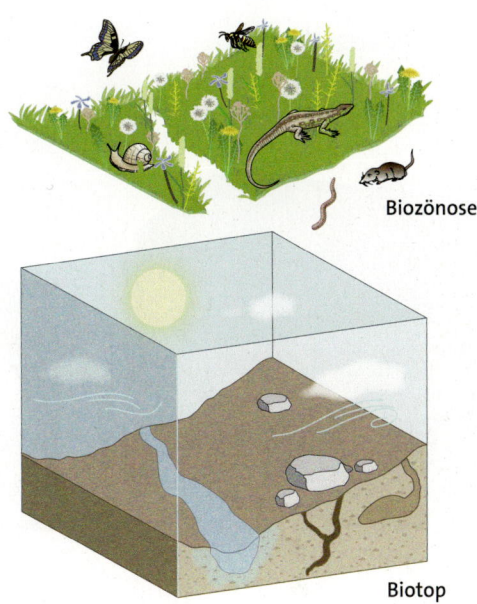

2 Ökosystem Wiese

Lebensgemeinschaft • Im Lebensraum
40 Wiese lassen sich viele verschiedene
Lebewesen finden. Schon auf den
ersten Blick fallen die bunten Blüten
der Pflanzen auf. Auf den Blüten wiederum sitzen Insekten wie Käfer oder
45 Bienen. Manche Blüten sind groß.
Andere sind dagegen klein und unscheinbar. An den Stängeln der Pflanzen haben Spinnen ihre Netze aufge-
spannt. Auf dem Wiesenboden kann
50 man Schnecken entdecken, zwischen
den Pflanzen verborgen wachsen
Moose. Alle Lebewesen, die in einem
Lebensraum leben, bilden eine Lebensgemeinschaft oder Biozönose.

55 **Ökosystem** • Jedes Lebewesen hat
Eigenschaften, mit denen es in einem
bestimmten Lebensraum leben kann.
Man sagt, Lebewesen sind angepasst
an einen Lebensraum. Auf einer

60 trockenen Wiese leben Tier- und Pflanzenarten, die an Trockenheit angepasst sind. Auf einer feuchten Wiese
findet sich dagegen eine andere
Lebensgemeinschaft. Die Einheit aus
65 Lebensraum und der dort zu finden-
den Lebensgemeinschaft heißt
Ökosystem.

> Lebensräume, die Biotope, sind ab-
> hängig von Umweltfaktoren. In je-
> dem Biotop leben unterschiedliche
> Lebewesen. Biotop und Biozönose
> sind ein Ökosystem.

Aufgaben

1 ○ Beschreibe mithilfe von Bild 2 die
Umweltfaktoren auf einer Wiese.

2 ◐ Erkläre den Begriff Ökosystem.

Die Wiese – ein Ökosystem

Ökosystem – ja oder nein?

In den drei Bildern sind drei Sachen dargestellt, die du bestimmt kennst: ein Aquarium, ein Schulhof und der Mond.

1 ○ Begründe, ob es sich bei den Bildern 1–3 jeweils um ein Ökosystem handelt.

1 Aquarium

2 Mond

3 Schulhof

Artenvielfalt von Wiesen

Viele unserer Wiesen werden genutzt, um Futter für Nutztiere wie beispielsweise Kühe zu gewinnen. Damit mehr Futter gewonnen werden kann, werden solche Wiesen sehr häufig gemäht. Man findet auf solchen Wiesen vor allem Gräser, da sie schnell wachsen können. In Untersuchungen kann man feststellen, dass sich die Artenzahlen vieler Lebewesen wie Insekten oder Pflanzen einer häufig gemähten Wiese von denen einer selten gemähten Wiese unterscheiden.

1 ○ Vergleiche die beiden Bilder. → 4 5

2 ◗ Stelle Vermutungen an, wie sich die unterschiedlichen Artenzahlen erklären lassen.

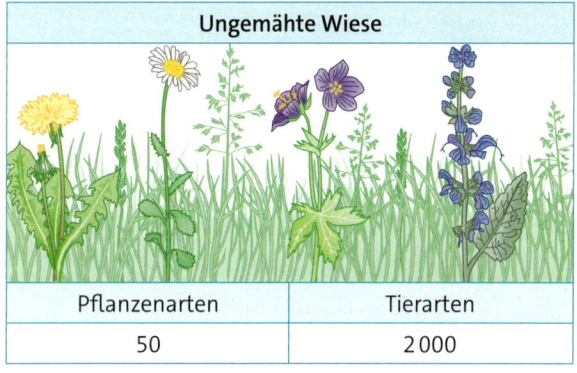

Ungemähte Wiese

Pflanzenarten	Tierarten
50	2 000

4 Ungemähte Wiese

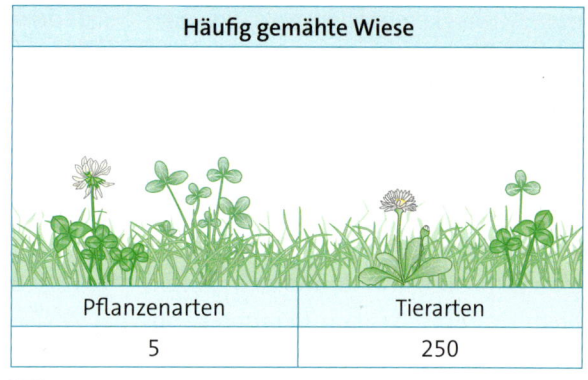

Häufig gemähte Wiese

Pflanzenarten	Tierarten
5	250

5 Häufig gemähte Wiese

6 Feuchtwiese

7 Trockenwiese

Uhrzeit	Temperatur in Grad Celsius	
	Messpunkt A	Messpunkt B
8.00 h	12	10
10.00 h	18	14
12.00 h	25	16
14.00 h	35	20
16.00 h	25	17
18.00 h	20	14

8 Messwerte zur Temperatur

Uhrzeit	Relative Luftfeuchtigkeit in Prozent	
	Messpunkt A	Messpunkt B
8.00 h	80	90
10.00 h	75	88
12.00 h	70	85
14.00 h	60	80
16.00 h	70	85
18.00 h	75	90

9 Messwerte zur Luftfeuchtigkeit

Umweltfaktoren

In einer Untersuchung wurden in einer Feuchtwiese und in einer Trockenwiese Temperatur und Luftfeuchtigkeit in einem Meter Höhe zu verschiedenen Zeitpunkten gemessen.

10 Mauereidechse

11 Wechselkröte

1 ○ Beschreibe die beiden Bilder. → 6 7

2 ○ Stelle die Messwerte für Temperatur und Luftfeuchtigkeit jeweils in einem Liniendiagramm dar. → 8 9

3 ◓ Vergleiche die beiden Kurven des Temperaturdiagramms und die beiden Kurven des Diagramms der Luftfeuchtigkeit.

4 ● Ordne die jeweiligen Kurven der Feuchtwiese oder der Trockenwiese zu und begründe deine Zuordnung.

5 In den Bildern 10 und 11 sind zwei Wiesenbewohner abgebildet.
◓ Ordne sie ihrer bevorzugten Wiese zu, auf der man sie eher antrifft. Begründe deine Zuordnungen.

Beziehungen zwischen Lebewesen

1 | Vogel (Ammer) mit erbeuteter Heuschrecke

Auf einer Wiese kann man Vögel beobachten, wie sie Insekten fangen. Welche Beziehungen bestehen zwischen den einzelnen Lebewesen
5 dieses Ökosystems?

Beziehungen • Die auffälligsten Lebewesen in der Lebensgemeinschaft einer Wiese sind die Pflanzen. Viele weitere Lebewesen, wie beispielsweise
10 Insekten, nutzen Pflanzen als Schutz oder als Nahrung. Insekten können von anderen Lebewesen, zum Beispiel von Vögeln, gefressen werden. Vögel wiederum benötigen pflanzliches
15 Material für den Nestbau oder als zusätzliche Nahrung.
Alle Lebewesen einer Lebensgemeinschaft sind untereinander in verschiedenartigen Beziehungen direkt oder
20 indirekt miteinander verbunden.

wird gefressen von...

Turmfalke

Goldammer

Graswanze

Pflanzen

2 | Nahrungskette

Nahrungskette • Grundlage für alle Nahrungsbeziehungen in einem Ökosystem sind die Pflanzen. Im Ökosystem Wiese dienen Pflanzen als wich-
25 tige Nahrung für viele Insekten. Diese pflanzenfressenden Insekten bilden die Nahrungsgrundlage für sich räuberisch ernährende Lebewesen, wie beispielsweise Laufkäfer. Diese wiederum
30 können von anderen Räubern wie Vögeln gefressen werden, von denen sich dann Greifvögel ernähren. ➔ **3** Solche Nahrungsbeziehungen, bei denen ein Lebewesen jeweils die
35 Nahrungsgrundlage für ein weiteres Lebewesen ist, bezeichnet man als Nahrungskette. ➔ **2**

Nahrungsnetz • Die meisten Lebewesen ernähren sich aber nicht nur
40 von einer Nahrungsquelle. Manche

pflanzenfressenden Insekten ernähren sich zusätzlich von kleineren Lebewesen oder von abgestorbenen Pflanzenresten. Viele Vögel fressen Insekten,
45 aber auch Pflanzensamen. Greifvögel wie Falken ernähren sich nicht nur von insektenfressenden Vögeln, sondern auch von pflanzenfressenden Mäusen. Die einzelnen Nahrungsketten eines
50 Ökosystems überlappen und kreuzen sich an vielen Stellen und bilden ein Nahrungsnetz. → 4

Konkurrenz • Neben Nahrungsbeziehungen gibt es noch andere Beziehun-
55 gen zwischen Lebewesen. Manche Lebewesen ernähren sich ähnlich oder bevorzugen gleiche Nistplätze. Da das Angebot an Nahrung oder Nistplätzen jedoch begrenzt ist, stehen diese Lebe-
60 wesen zueinander in Konkurrenz.

Symbiose und Parasitismus • Viele Blütenpflanzen sind zur Fortpflanzung darauf angewiesen, dass Insekten ihre Blüten besuchen und sie bestäuben.
65 Die bestäubenden Insekten können sich im Gegenzug vom Nektar der Blüte ernähren. Eine solche Beziehung, von der beide Partner profitieren, bezeichnet man als Symbiose. In an-
70 deren Fällen profitiert nur ein Partner, während der andere geschädigt wird. Dies bezeichnet man als Parasitismus.

> Alle Lebewesen eines Ökosystems stehen zueinander in direkter oder indirekter Beziehung als Räuber, Beute, Symbiosepartner, Parasit oder Konkurrent.

3 Turmfalke mit erbeutetem Vogel (Schwalbe)

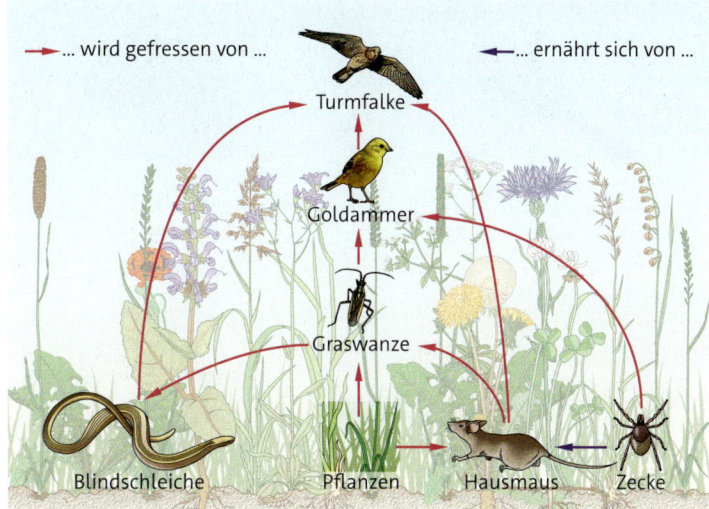

→ ... wird gefressen von ...   ← ... ernährt sich von ...

Turmfalke
Goldammer
Graswanze
Blindschleiche Pflanzen Hausmaus Zecke

4 Schema eines Nahrungsnetzes

Aufgaben

1 ○ Nenne drei Beziehungsformen zwischen Lebewesen.

2 ◐ Erläutere den Begriff „Nahrungskette" anhand von Beispielen aus dem Ökosystem Wiese. → 4

3 ◐ Erkläre den Begriff Konkurrenz.

Beziehungen zwischen Lebewesen

Nahrungsnetz im Ökosystem Wiese

Mäusebussard
Nahrung: kleine Vögel,
Mäuse, Reptilien

Erdhummel
Nahrung: Nektar

Graswanze
Nahrung: Pflanzensäfte

Zecke
Nahrung: Blut
von Säugetieren

Neuntöter
Nahrung: Wirbellose
und kleine Säugetiere

Feldmaus
Nahrung: Samen
und Kräuter

Wiesensalbei

Großes Heupferd
Nahrung: Pflanzen

Zauneidechse
Nahrung: Wirbellose

Kreuzspinne
Nahrung: Insekten

Weiche Trespe

Weinbergschnecke
Nahrung: Pflanzen

1 Lebewesen einer Wiese

1 ○ Erstelle für die abgebildeten Lebewesen (außer Zecke) zwei möglichst lange Nahrungsketten. Verwende Pfeile für: „wird gefressen von".

2 ◖ Erstelle für alle abgebildeten Lebewesen ein Nahrungsnetz.

3 ◖ Erkläre den Unterschied zwischen Nahrungskette und Nahrungsnetz.

4 ◖ Erläutere mögliche Folgen für das Nahrungsnetz, wenn beispielsweise durch Schädlingsbekämpfungsmittel die Wirbellosen größtenteils vernichtet werden.

5 ◖ Eine Wiese wird gemäht. Erläutere die Auswirkungen auf das Nahrungsnetz.

6 ● Durch ein Pflanzenvernichtungsmittel sterben viele Pflanzen in einem Lebensraum. Das Ökosystem ist zerstört. Erläutere diesen Sachverhalt.

Symbiose und Parasitismus

Symbiose • Viele Insekten, wie beispielsweise die Hummel, fliegen von Blüte zu Blüte, um den in den Blüten vorhandenen Nektar zu trinken. Bei manchen Blüten streifen sie an
5 den Staubblättern der Blüte entlang und der Pollen bleibt an der Hummel hängen. Beim Besuch der nächsten Blüte kann der Pollen an den Griffel gelangen und so die Pflanze bestäuben.
10 Manche Pflanzen, wie beispielsweise der Wiesen-Salbei, verfügen dazu sogar über einen Klappmechanismus. Durch die Kraft, mit der die Hummel versucht, an den Nektar zu gelangen, werden ihr die Staubbeutel auf
15 den Rücken gedrückt und pudern sie mit Pollen ein. Beim Besuch der nächsten Salbeiblüte bleibt der Pollen am Griffel hängen. Eine solche Beziehung zwischen Lebewesen, bei der beide Partner von dieser Beziehung
20 profitieren, nennt man Symbiose.

Parasitismus • Auf Gräsern und an Büschen halten sich häufig Zecken auf. Zecken sind keine Insekten, sondern mit den Spinnen verwandt. Eine Zecke wartet, bis sie von einem
25 vorbeilaufenden Säugetier abgestreift wird, und hält sich an dessen Fell fest. Dann sucht sie eine möglichst geschützte Stelle im Fell. Dort sticht sie das Säugetier mit ihren Mundwerkzeugen und ernährt sich von dessen Blut.
30 Nachdem sie sich vollgesogen hat, lässt sich die Zecke fallen. Eine solche Beziehung zwischen Lebewesen, bei der nur ein Partner von der Beziehung profitiert, der andere dagegen geschädigt wird, nennt man Parasitismus.

2 Wiesen-Salbei und Hummel

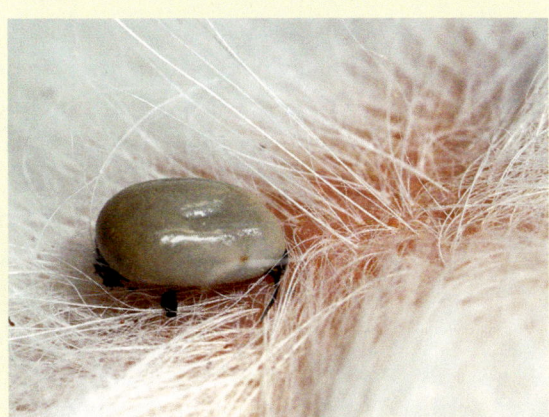

3 Vollgesogene Zecke im Fell eines Tieres

Neben Konkurrenz und Nahrungsbeziehungen gibt es noch weitere Beziehungen zwischen Lebewesen: Symbiose und Parasitismus.

Aufgabe

1 ◖ Erkläre die Begriffe Symbiose und Parasitismus.

Nachhaltigkeit

1 Müll

In Deutschland hat die Mülltrennung einen hohen Stellenwert in der Bevölkerung. Das soll die Natur und Rohstoffe schonen. Was steckt dahinter?

Nachhaltigkeit • Alle Stoffe, die wirtschaftlich genutzt werden, bezeichnet
man als Ressourcen. Ein gutes Beispiel
dafür ist Holz. Während des Mittel-
alters wurden in Europa zahlreiche
10 Wälder abgeholzt. Zum einen wurden
so Flächen für Viehweiden und Felder
gewonnen, zum anderen diente das
Holz als Bau- und Brennmaterial. Zu
Beginn des 19. Jahrhunderts waren nur
15 noch Waldreste in Europa übrig und
man musste erkennen: Soll auch in
Zukunft Holz verfügbar sein, dann
kann nur so viel abgeholzt werden,
wie auch wieder nachwächst. Diese
20 achtsame wirtschaftliche Nutzung
einer Ressource auf lange Sicht bezeichnet man als Nachhaltigkeit.

Wasser als Ressource • Das Wasser der
Welt reicht aus, um den Bedarf der
25 Weltbevölkerung zu decken. Jedoch
sind die Wasservorräte ungleich verteilt: In Wüstenregionen in Afrika oder
Asien gibt es deutlich weniger Wasser
als im fluss- und seenreichen Europa.
30 In Deutschland verbraucht ein Mensch
pro Tag etwa 100 Liter Wasser zum
Duschen, Trinken oder Putzen. Für die
Produktion von Nahrung und Konsum-
gütern wie Kleidung wird ebenfalls
35 Wasser benötigt. Dies bezeichnet man
als virtuelles Wasser. So ergibt sich ein
täglicher Wasserverbrauch von 4 000
bis 5 000 Litern pro Person in Deutschland. Sauberes Wasser, das wir zum Trin-
40 ken und Waschen benutzen, bezeichnet
man als Trinkwasser. Es stammt aus
Quellen und tief liegenden Gesteinsschichten. Durch übermäßigen Einsatz
von Düngern und Unkrautvernichtungs-
45 mitteln sowie durch Industrieabwässer
wird das Trinkwasser belastet. Um die
Wasserressourcen der Erde nachhaltig
zu nutzen, muss man Belastungen und
Übernutzung verhindern.

Kunststoffmüll • Kunststoffe werden
50 aus Erdöl gewonnen. Viele alltägliche
Produkte bestehen aus Kunststoff oder
werden in Kunststoff verpackt, wobei
viel Müll anfällt. Dieser wird in der
55 Natur nur sehr langsam von Pilzen
und Bakterien abgebaut. Vor allem in
den Weltmeeren sammelt sich Kunststoffmüll wie Einwegflaschen, Plastik-
tüten, Zahnbürsten und Eimer an.
60 Meeresströmungen verbreiten diesen
Müll weltweit.

Viele Tiere verfangen sich im Kunststoffmüll oder fressen ihn, da sie ihn für Nahrung halten. Das bedeutet meist
65 den Tod für die Tiere. → 2 Man kann Kunststoffmüll vermeiden, indem man Alternativen aus anderen Materialien nutzt, Produkte länger verwendet und diese dann sachgerecht entsorgt.

70 **Recycling** • Ressourcen wie die Bodenschätze Kupfer und Erdöl sind nur begrenzt auf der Erde vorhanden. Man kann sparsamer mit den Ressourcen umgehen, indem man den entste-
75 henden Abfall wiederverwertet. So entsteht ein Kreislauf, was man als Recycling bezeichnet. Ressourcen wie Metalle, Papier oder Kunststoffe können so wiederverwertet werden. Müll-
80 trennung trägt zum Recycling bei, da die Ressourcen nicht so aufwendig industriell getrennt werden müssen.

Verschiedene Interessen • Viele unserer Alltagsgegenstände können nicht zu
85 100 % nachhaltig produziert werden. In einem Smartphone befinden sich zum Beispiel viele seltene Metalle oder Kunststoffe. Zu deren Gewinnung wird in anderen Ländern Natur zerstört und
90 Menschen werden ausgebeutet. Wir verzichten aber ungern auf solche Alltagsgegenstände und deren Herstellung sichert auch Arbeitsplätze. Es gibt also verschiedene Interessen. Bei einer
95 nachhaltigen Entwicklung müssen daher die Umwelt, die Wirtschaft und die Menschen berücksichtigt werden. Im „Drei-Kreise-Modell" der Nachhaltigkeit ist dies gut veranschaulicht. → 3

2 Verendeter Vogel im Kunststoffmüll

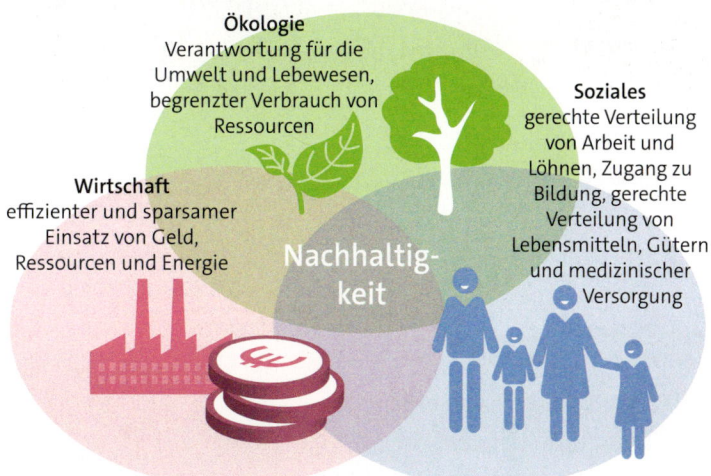

3 „Drei-Kreise-Modell" der Nachhaltigkeit

Eine nachhaltige Entwicklung schont Ressourcen und sichert langfristig deren Verfügbarkeit. Dabei müssen Interessen der Wirtschaft, der Umwelt und der Menschen vereinbart werden.

Aufgabe

1 Erkläre am Beispiel des „Drei-Kreise-Modells", was man unter Nachhaltigkeit versteht.

Nachhaltigkeit

Holz als Energieträger

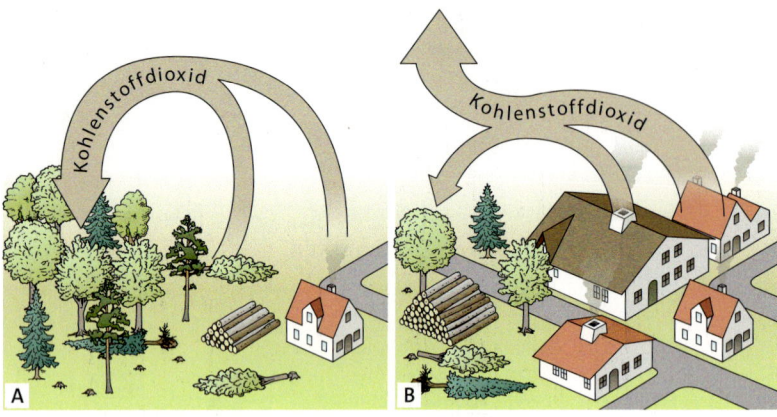

1 Heizen mit Holz

Holz ist ein erneuerbarer Energieträger. Viele Menschen heizen mit Holz. Dabei entsteht Kohlenstoffdioxid, das in zu großen Mengen zur Erderwärmung beiträgt.

1 ○ Vergleiche die Bilder A und B. → 1

2 ◐ Begründe mithilfe der Bilder, wann das Heizen mit Holz nicht mehr nachhaltig ist.

Badeenten

Im Jahr 1992 kam es zu einem Schiffsunglück, bei dem drei Containerladungen über Bord gingen, die sich öffneten. Darin befanden sich Badeenten aus Kunststoff. Monate später fand man die „Enten" an den Küsten Nordamerikas, Südamerikas und auch Australiens. Über 10 Jahre später wurden die „Enten" auch an der englischen Küste gefunden. Wissenschaftler nutzen dieses Beispiel als Beweis, dass Kunststoffmüll sich in den Weltmeeren verteilt.

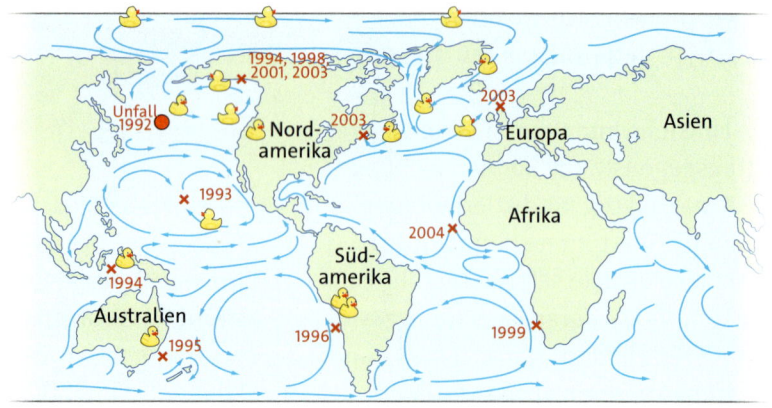

2 Verbreitung der Badeenten in den Weltmeeren

1 ◐ Beschreibe den Kartenausschnitt.

2 ◐ Erkläre, was dieses Schiffsunglück bewiesen hat.

3 ◐ Erläutere mögliche Gefahren durch Kunststoffmüll in den Weltmeeren.

4 ◐ Überlege dir Möglichkeiten, wie Kunststoffmüll ins Meer gelangt.

5 ● Überlege dir Maßnahmen, wie du Kunststoffmüll vermeiden kannst.

Ökologischer Rucksack

Jedes Produkt verbraucht Energie und Ressourcen, die auf den ersten Blick nicht zu sehen sind. Dies gilt für den gesamten Lebensweg eines Produkts: von der Rohstoffgewinnung über Herstellung, Verpackung, Transport und Gebrauch bis hin zur Entsorgung. Alle diese Stationen zusammengefasst werden auch als „Lebenszyklus eines Produkts" bezeichnet. Man spricht vom „ökologischen Rucksack". Er hilft uns zu verstehen, wie viel „Natur" wir durch unser Einkaufsverhalten verbrauchen und wie wir schonender damit umgehen können.

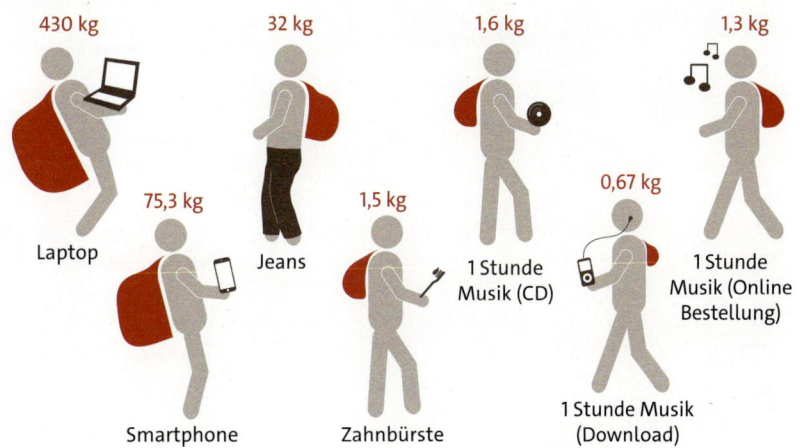

430 kg Laptop
75,3 kg Smartphone
32 kg Jeans
1,5 kg Zahnbürste
1,6 kg 1 Stunde Musik (CD)
0,67 kg 1 Stunde Musik (Download)
1,3 kg 1 Stunde Musik (Online Bestellung)

3 Ökologischer Rucksack von Produkten (Ressourcenverbrauch in kg)

1 Betrachte Bild 3.
a ○ Vergleiche die Werte für die einzelnen Produkte.
b ● Wähle aus Bild 3 zwei Produkte aus. Stelle Vermutungen für die unterschiedlich schweren Rucksäcke der beiden Produkte an.

2 ● Leite aus den Werten in Bild 3 Verhaltensweisen für dich ab, wie du deinen persönlichen Energie- und Ressourcenverbrauch verringern kannst.

Virtuelles Wasser

Als virtuelles Wasser bezeichnet man die Gesamtmenge des Wassers, die für die Produktion von Nahrungsmitteln, Gebrauchsgütern und Dienstleistungen benötigt wird. Im Bild sind verschiedene alltägliche Produkte dargestellt, die unterschiedliche Wassermengen für die Herstellung benötigen.

benötigte Menge Wasser für die Herstellung von....

...einem Computer 20.000 Liter
...einer Jeans 11.000 Liter
...1kg Weizen 1.300 Liter
...1kg Wassermelone 200 Liter
...1kg Rindfleisch 15.455 Liter
...1kg Schweinefleisch 4.800 Liter

4 Verbrauch von virtuellem Wasser

1 Betrachte Bild 4.
a ○ Vergleiche die Werte für die einzelnen Produkte.
b ◐ Stelle Vermutungen an, wie die Werte für die Produktion von Rindfleisch und Weizen zustande kommen.

2 ● Leite aus den Werten Verhaltensweisen für dich ab, wie du deinen Wasserverbrauch verringern kannst.

Die Stockwerke des Waldes

1 Sonneneinstrahlung in einem naturnahen Mischwald

Ein Wald besteht aus vielen verschiedenen Pflanzenarten. Aufgrund der unterschiedlichen Größe von Bäumen, Sträuchern, Moosen und Kräutern
5 **bilden sie einen Stockwerkbau. Wie kann man die einzelnen Stockwerke charakterisieren?**

Wurzelschicht • Über einer tief liegenden Gesteinsschicht befindet sich der
10 Erdboden. Er besteht aus biologischem Material wie abgestorbenen Pflanzenfasern und aus nicht biologischen Bestandteilen wie Lehm, Sand und Mineralstoffen. Die Zusammensetzung
15 und somit auch die Bodentemperatur und -feuchtigkeit sind je nach Boden sehr verschieden. Der Erdboden ist die Grundlage für alle Pflanzen, da hier ihre Wurzeln sind.

20 Damit verankern sie sich im Erdboden, halten ihn aber auch zusammen. So verhindern die Wurzeln der Pflanzen an Hängen, dass die Erde durch Regen weggespült wird. Der Erdboden ist
25 Lebensraum für viele Tiere wie Regenwürmer und Waldmäuse.

Moosschicht • Nur wenig Licht dringt bis in die flach auf dem Erdboden liegende Moosschicht vor. Viele Moose
30 speichern Wasser. Wegen der Kälte, die durch die Verdunstung entsteht, ist es hier konstant kühler als in den anderen Schichten. Die Moosschicht ist nicht überall vorhanden. In den
35 Moospolstern leben Einzeller wie Pantoffeltierchen und Tiere wie Spinnen und Tausendfüßer.

Krautschicht • Etwa 1 m hoch ist die Krautschicht, deren Ausprägung vom
40 Lichteinfall abhängt. In lichten Wäldern ist sie oft üppig. In dunklen Wäldern wachsen nur wenige Kräuter, die auch mit einer geringen Lichtmenge überleben können. Die Temperatur ist
45 hier höher und es ist trockener als in der Moosschicht. Viele Kräuter werden von Pflanzenfressern wie dem Reh gefressen und sind so eine wichtige Lebensgrundlage. Man findet hier die
50 Pilzfruchtkörper und Ameisennester. Zu den bekanntesten Pflanzen der Krautschicht gehören Farne, Buschwindröschen und Waldmeister.

Strauchschicht • Die etwa 5 m hohe
55 Strauchschicht wird von Sträuchern und jüngeren Bäumen gebildet und ist oft sehr dicht bewachsen. Hier ist es wärmer, heller und etwas windiger als in der Krautschicht. Junge Bäume
60 und viele Sträucher wie Hasel, Roter Holunder oder Eberesche sind mit ihren Früchten eine wichtige Nahrungsquelle für Eichhörnchen und viele Vogel- und Insektenarten.

65 **Baumschicht** • Die Höhe der Baumschicht hängt von den Baumarten und von Boden und Klima ab. Die Baumkronen sind dem Wind und der Sonne komplett ausgesetzt. Hier leben viele
70 Insekten wie Wanzen und Käfer sowie einige Vogelarten, die man am Boden fast nie sieht. An den Baumstämmen suchen auf das Klettern spezialisierte Vögel wie Kleiber, Baumläufer und
75 Spechte nach Nahrung.

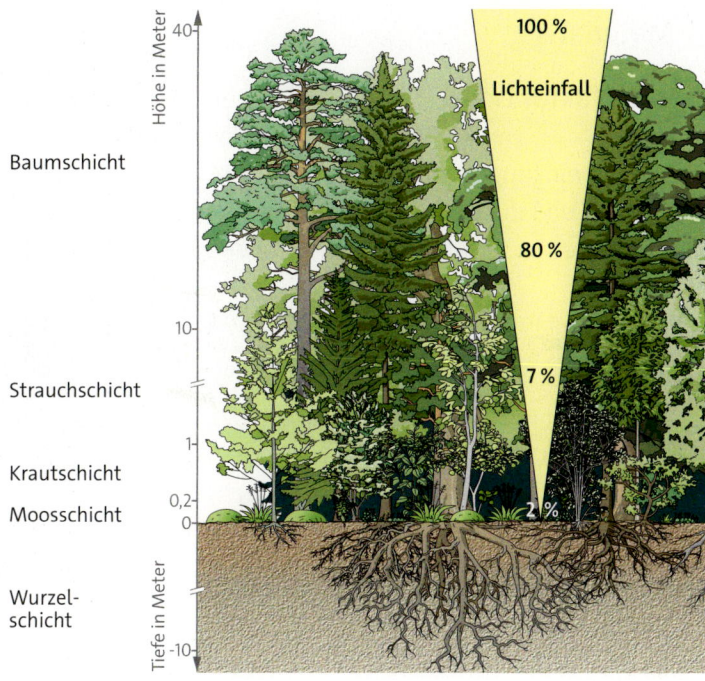

2 Stockwerkbau des Waldes

Der Wald gliedert sich in Wurzel-, Moos-, Kraut-, Strauch- und Baumschicht. Jede Schicht ist jeweils durch typische Pflanzen und bestimmte Bedingungen gekennzeichnet.

Aufgaben

1 ○ Beschreibe den Umweltfaktor Licht in einem Wald mithilfe von Bild 2.

2 ◖ Erkläre den Zusammenhang zwischen den Lichtverhältnissen und dem Stockwerkbau des Waldes.

3 Viele Kräuter blühen nur zu Beginn des Frühjahrs in einem Mischwald.
● Begründe diesen Sachverhalt.

Stockwerke des Waldes

Material A

Umweltfaktor Licht

In Bild 1 ist ein junger Mischwald dargestellt und in Bild 2 derselbe Mischwald etwa 20 Jahre später.

Bei beiden wurde in drei Höhen die Lichtmenge gemessen.

1 ○ Vergleiche die Ausprägung der Stockwerke. → [1] [2]

2 ◗ Erkläre die unterschiedliche Ausprägung der Kraut- und Strauchschicht. Beachte dafür die Angaben zum Lichteinfall.

40 m

5 m

1 m

[1] Junger Mischwald

40 m

5 m

1 m

[2] Mischwald

Material B

Forst und Mischwald

Seit dem 19. Jahrhundert wird der Wald stark wirtschaftlich genutzt. Man benötigte Holz als Baustoff und Energieträger. Die meisten Wälder in Deutschland sind heutzutage Nutzwälder. Sie werden als Forste bezeichnet.

Dort werden gezielt Bäume angepflanzt, die einen hohen Holzertrag bringen.

1 ○ Vergleiche die Bilder. → [3] [4] Beachte dabei vor allem die Ausprägung der Stockwerke, die Artenvielfalt und die Wuchsform der Bäume.

2 ◗ Erkläre die Auswirkungen menschlicher Bewirtschaftung auf die Artenvielfalt in einem Wald.

3 ● Erkläre, wie ein Förster seinen Wald nach deiner Meinung gestalten sollte. Beachte das Modell zur Nachhaltigkeit.

[3] Forst

[4] Naturnaher Mischwald

Material C

Umweltfaktor Wind

Ein natürlicher Waldrand nimmt langsam an Höhe zu. Er lässt sich parallel zu den Stockwerken des Waldes nach seiner Höhe in Krautsaum, Strauchgürtel und Waldmantel gliedern. Dieser fließende Übergang von offenem Gelände und Wald bietet einer Vielzahl von Tieren und Pflanzen Lebensraum. Bei einem Forst fehlt der Waldrand.

1 ○ Vergleiche mithilfe von Bild 5, wie der Waldrand eines Forstes und eines natürlichen Waldes aussieht.

2 ◑ Erkläre, welche Auswirkungen die unterschiedliche Gestalt des Waldrands von Forst und natürlichem Wald auf den Wind hat.

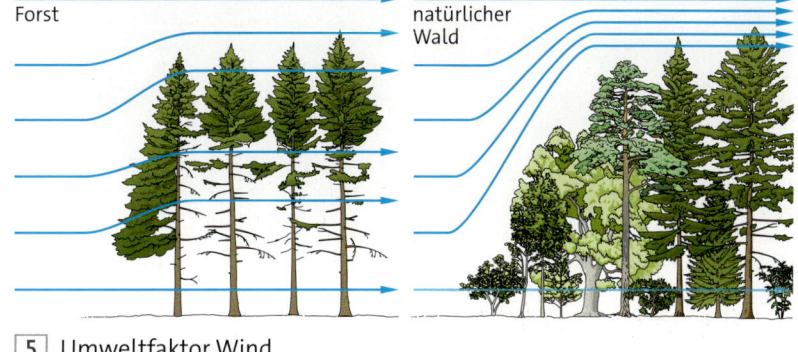

Forst

natürlicher Wald

5 Umweltfaktor Wind

Material D

Buchenblätter

Die Rotbuche ist die häufigste Laubbaumart in Mitteleuropa. Man kann bei ihr an einem Baum zwei Blatttypen unterscheiden. Sonnenblätter sind klein und dunkelgrün, Schattenblätter größer und hellgrün.

1 ◑ Vergleiche den Aufbau der beiden Blatttypen. Gehe dabei auf Gemeinsamkeiten und Unterschiede ein.

2 ◑ Erkläre die unterschiedlich kräftige Färbung der beiden Blatttypen.

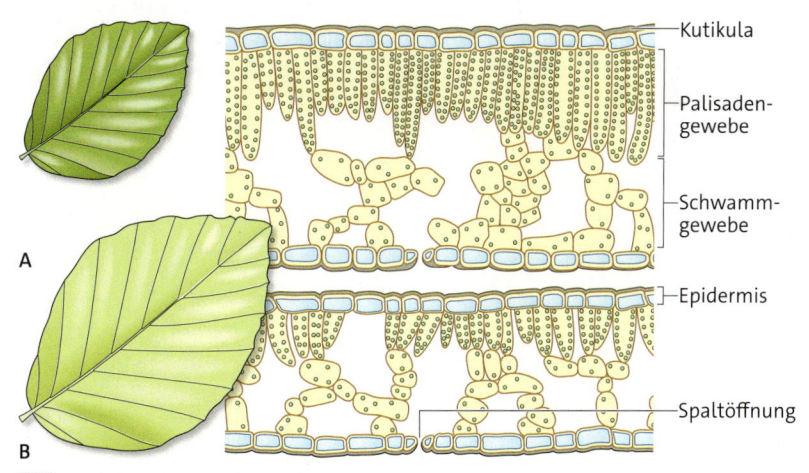

A

B

Kutikula

Palisadengewebe

Schwammgewebe

Epidermis

Spaltöffnung

6 Sonnenblatt (A) und Schattenblatt (B) der Rotbuche

3 ◑ Stelle Vermutungen an, wo man am Baum die jeweiligen Blatttypen finden kann.

4 ● Erkläre Vorteile, die sich für die Rotbuche durch den Besitz beider Blatttypen ergeben.

Wälder haben viele Gesichter

1 Buchen- und Fichtenwälder nebeneinander

Schaut man sich die Wälder der rheinischen Tiefebene an, so wird man feststellen, dass hier ganz andere Baumarten wachsen als im Hunsrück. 5 Doch auch im Hunsrück gibt es Wälder mit unterschiedlichen Baumarten. Wie kann man sich diese verschiedenen Wälder erklären?

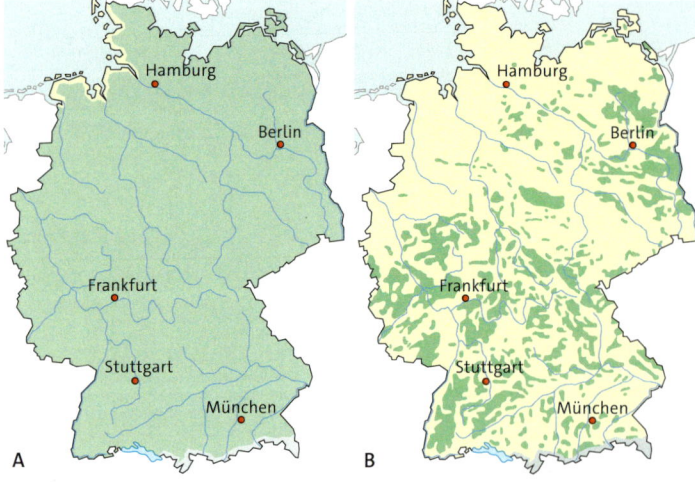

A   B

2 Waldfläche: **A** vor 5000 Jahren, **B** im Jahr 2010

Vom Urwald zum Forst • Unsere heu-10 tigen Wälder werden vor allem durch den Einfluss des Menschen bestimmt. Wirklich unberührte Urwälder gibt es bei uns nicht mehr. Vor 1200 Jahren begann der Mensch, die unberührten 15 Urwälder großflächig abzuholzen, weil die Bevölkerung wuchs und Ackerflächen, Bau- und Brennholz benötigt wurden. Eine geregelte Forstwirtschaft gibt es aber erst seit Anfang 20 des 19. Jahrhunderts. Seither wurden abgeholzte Flächen wieder mit neuen Bäumen bepflanzt. Dabei verwendete man oft andere Baumarten als jene, die vorher anzutreffen waren. Beson-25 ders beliebt sind dabei Fichten, Kiefern und amerikanische Douglasien. Diese wachsen schneller und liefern so mehr Holz als Eichen und Buchen, die sonst auf diesen Flächen wachsen würden. 30 Man spricht dann von einem Forst.

Der Forst • Durch das Anpflanzen anderer Baumarten verändert sich der Wald ganz erheblich. Die dicht gepflanzten Bäume verdunkeln den gesamten 35 Wald, sodass unter ihnen nur sehr wenige andere Pflanzen wachsen können. Deshalb fehlt die Kraut- und Strauchschicht. Tiere finden hier kaum Nahrung oder Versteckmöglichkeiten. Des-40 halb ist ein Forst artenarm. Wind kann ungehindert durch den Forst strömen, was zu großen Windschäden führen kann. Schädlinge wie der Borkenkäfer können sich schnell ausbreiten und so 45 große Schäden verursachen. Der Forst ist ein Nutzwald, der auf Holzproduktion ausgelegt ist.

Zurück zum Wald • Heute versucht man, zunehmend Forste wieder in na-
50 turnahe Wälder umzuwandeln. Man bezeichnet dies als Renaturierung. Da- zu pflanzt man gezielt wieder verschie- dene natürlich vorkommende Baum- arten oder man überlässt Teile des
55 Waldes der Natur. Der Artenreichtum nimmt dann zu und die Wälder sind nicht mehr so anfällig gegenüber Schädlingen und Windschäden.

Der Mischwald • In einem natürlichen
60 Wald kommen sowohl Laubbaumarten wie Eiche, Buche und Ahorn als auch Nadelbäume wie Fichten, Tannen und Kiefern vor. Man spricht dann von einem Mischwald. Der Mischwald ist
65 je nach Geländestruktur sehr vielfäl- tig: Lichtungen, Gewässer, Schluchten, Hänge und Hügel wechseln sich ab. Deshalb können hier viele verschie- dene Tier- und Pflanzenarten leben.

70 **Der Auwald** • Als Aue bezeichnet man flache Landschaften an fließenden Ge- wässern, die immer wieder überflutet werden. Durch den ständigen Wechsel zwischen Überflutung und Austrock-
75 nung entsteht ein ganz besonderer Le- bensraum. Nur speziell angepasste Tier- und Pflanzenarten können hier leben. Direkt am Ufer stehen krautige Pflanzen wie Schilf und Pestwurz. Weiden und
80 Erlen sind Baumarten der sich daran anschließenden Auwälder. Sie haben biegsames, weiches Holz und können so kaum durch Wasser und das mit ihm transportierte Geröll verletzt werden.
85 Sie bilden die Weichholzaue. → 3

3 Weichholzaue

Je weiter man sich vom Fluss entfernt, umso trockener wird das Gelände. Dann ändert sich auch das Aussehen des Waldes: Hier gibt es Eschen und
90 Eichen, die die sogenannte Hartholz- aue bilden. Den faszinierenden Lebens- raum Aue in ursprünglicher Form kann man heute an einigen Stellen in der Oberrheinischen Tiefebene zwischen
95 Wörth und Speyer finden.

Wälder aus wenigen angepflanzten Baumarten werden Forst genannt. Naturnahe Wälder sind Mischwäl- der. Der Auwald ist ein besonders artenreicher Wald von Flussauen.

Aufgabe

1 Erkläre, was man unter Renaturie- rung versteht und welche Bedeu- tung dies für die Artenvielfalt hat.

Wälder haben viele Gesichter

Lichtmenge im Wald

Die Lichtmenge ist ein entscheidender Umweltfaktor im Ökosystem Wald. Die einzelnen Baumarten beeinflussen die Menge des Lichteinfalls. Je nachdem, ob im Wald Laub- oder Nadelbäume dominieren, wird auch die Lichtmenge am Waldboden beeinflusst. Ein weiterer Faktor ist, wie dicht die Bäume im Wald stehen.

1 ◐ Vergleiche die Lichtmenge der jeweiligen Waldtypen in den beiden Monaten.

2 ◐ Erkläre die beiden Werte des Forstes.

3 ● Erkläre die unterschiedliche Lichtmenge im März und August beim Buchen- und Eichenwald.

4 ● Erkläre, warum man das Licht auf dem Freiland als Bezugsgröße braucht.

Waldtypen	Relative Licht- menge am Boden in Prozent	
	im März	im August
Buchenwald	70	4
Eichenwald	75	12
Kiefernwald	7	16
Fichtenforst	1	1
Freiland	100	100

1 | Waldtypen und Lichtstärke

Artenzahl im Wald

Die Anzahl der Pflanzen- und Tierarten in einem Wald hängt stark davon ab, wie sich der Wald zusammensetzt. Um das zu untersuchen, kann man die Verteilung der Biomasse heranziehen. Als Biomasse wird die Gesamtmasse aller Lebewesen, also der gesamten Biozönose, bezeichnet. Dazu zählen Blätter, Stämme, Äste, aber auch Tiere.

1 ○ Vergleiche die Verteilung der Biomasse in einem Mischwald und in einem Forst.

2 ◐ Erkläre die unterschiedliche Verteilung der Biomasse im Mischwald und im Forst.

3 ○ Vergleiche die Artenvielfalt in einem Mischwald und in einem Forst.

4 ● Begründe die unterschiedliche Artenvielfalt in einem Mischwald und in einem Forst.

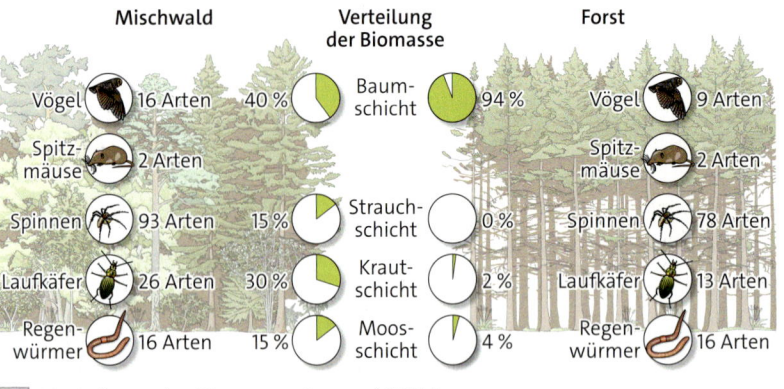

2 | Verteilung der Biomasse in zwei Wäldern

Umweltkonflikte lösen

Umweltkonflikt In dem Zeitungsartikel → 3 ist ein Umweltkonflikt dargestellt. Die meisten Menschen haben sofort eine Meinung dazu, ohne sich die Argumente dafür und dagegen anzuhören. Viele Menschen weichen jedoch nicht von ihrer Ansicht ab. Sie lehnen es ab, Argumente dafür und dagegen zu prüfen. Der Konflikt erhärtet sich. Lösungsmöglichkeiten für einen Umweltkonflikt zeichnen sich dann ab, wenn die Befürworter und Gegner sich zuhören. So geht man vor, wenn man einen Umweltkonflikt lösen will:

1 Argumente sammeln Befürworter und Gegner sammeln zunächst Argumente für ihre jeweiligen Ansichten. Die Argumente sollten dem Konfliktgegner so präsentiert werden, dass sie sich auf Fakten beziehen.
Beispiele:
– Befürworter: „Das Gewerbegebiet soll gebaut werden, da so neue Arbeitsplätze gefördert werden."
– Gegner: „Zum Schutz der Artenvielfalt sollen Waldgebiete erhalten werden. Das Waldgebiet soll daher nicht abgeholzt werden."

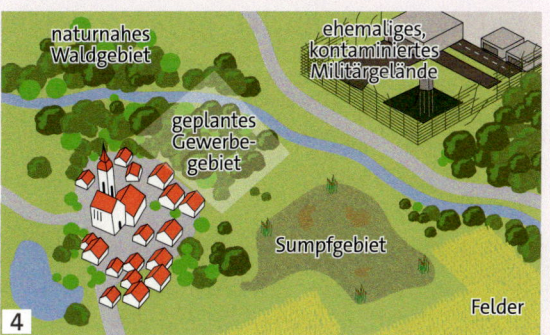

4

Verhärtete Fronten in Neustadt!

In der Stadt wird gestritten. Die Stadt möchte ein neues Gewerbegebiet errichten. Jedoch müsste dafür ein großes Waldgebiet abgeholzt werden. Die Stadt erwartet dadurch eine Vielzahl neuer Arbeitsplätze. Es könnten auch neue Einkaufsmöglichkeiten für die Bevölkerung, Freizeiteinrichtungen für Kinder, Straßen und Bushaltestellen für eine bessere Verkehrsanbindung entstehen. Vor allem Naturschützer sind gegen das Projekt. Durch die Abholzung könnten wichtige Nistplätze des im Wald seltenen Uhus zerstört werden. Auch andere seltene Tier- und Pflanzenarten wären bedroht. Andere Bürger fürchten, dass durch das neue Gebiet viel mehr Verkehr in die Stadt kommt. Sie fürchten auch um ihre Ruhe. Auch gehen viele ältere Menschen in dem Waldgebiet wandern. Nächste Woche soll eine Lösung zwischen den Fronten ausgehandelt werden.

3

2 Argumente prüfen Die Argumente müssen auf ihre Sachlichkeit überprüft werden. Am besten kann man die Argumente in einer Tabelle gegenüberstellen.

3 Lösungsansätze aufzeigen Wenn die Argumente geprüft wurden, haben Befürworter und auch Gegner berechtigte Interessen. Ziel muss es sein, beide Interessen zu wahren und so einen Kompromiss zu finden. Ein Lösungsansatz sollte sich daher am „Drei-Kreise-Modell" der Nachhaltigkeit orientieren.

Aufgaben

1 ○ Arbeitet zu zweit. Sammelt Argumente für und gegen den Bau des Gewerbegebiets.

2 ◗ Findet eine Lösung des Konflikts. Nutzt dazu auch die Karte in Bild 4.

Stoffkreislauf im Wald

1 Heizen mit Holz

Bei einem Kaminfeuer benutzt man oft Holz aus dem Wald. Beim Verbrennen des Holzes wird Energie frei. Wie kam die Energie ins Holz?

5 **Produzenten** • Die Energieumwandlung findet in den Blättern statt. Die meisten Blattzellen enthalten kugelförmige grüne Gebilde, die Chloroplasten. Sie sind der Ort der Fotosyn-
10 these. In den Chloroplasten wird mithilfe von Strahlungsenergie aus Wasser und Kohlenstoffdioxid Glukose und Sauerstoff gebildet. Die grünen

Pflanzen sind die einzigen Lebewesen,
15 die mithilfe der Strahlungsenergie zunächst Glukose und aus dieser dann viele andere energiereiche Stoffe wie Holz, Stärke oder Fette herstellen können. Deshalb werden grüne Pflanzen
20 als Produzenten bezeichnet. Einen Teil dieser Stoffe brauchen die Pflanzen für ihre eigenen Lebensprozesse.

Konsumenten • Menschen und Tiere nehmen energiereiche Stoffe auf. Sie
25 sind Konsumenten. Die Nahrung wird zu energieärmeren Stoffen abgebaut. Dazu benötigen Konsumenten Sauerstoff aus der Luft und geben Wasser, Kohlenstoffdioxid und Reststoffe ab.
30 Pflanzenfresser sind Konsumenten 1. Ordnung. Sie werden von kleinen Fleischfressern, den Konsumenten 2. Ordnung, gefressen. Große Fleischfresser sind Konsumenten 3. Ordnung.
35 Diese Beziehung der Tiere lässt sich als Nahrungskette darstellen. Da sich die meisten Tiere aber nicht nur von einer Nahrungsquelle ernähren und oft auch verschiedenen Räubern als Beute die-
40 nen, ergibt sich ein Nahrungsnetz.

Destruenten • Totes organisches Material wie Falllaub, Kot und Aas wird zunächst von Tieren wie Regenwürmern, Spingschwänzen und Asseln zerklei-
45 nert. Sie sind im eigentlichen Sinn also Konsumenten. Man bezeichnet sie als Zersetzer. Pilze und Bakterien bauen das zerkleinerte organische Material zu Wasser, Kohlenstoffdioxid und
50 Mineralstoffen ab. Man bezeichnet sie deshalb als Mineralisierer.

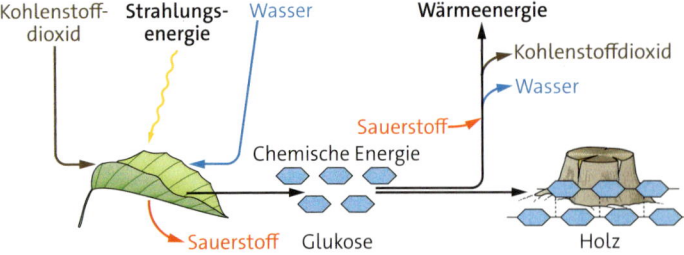

2 Energieumwandlung bei Pflanzen

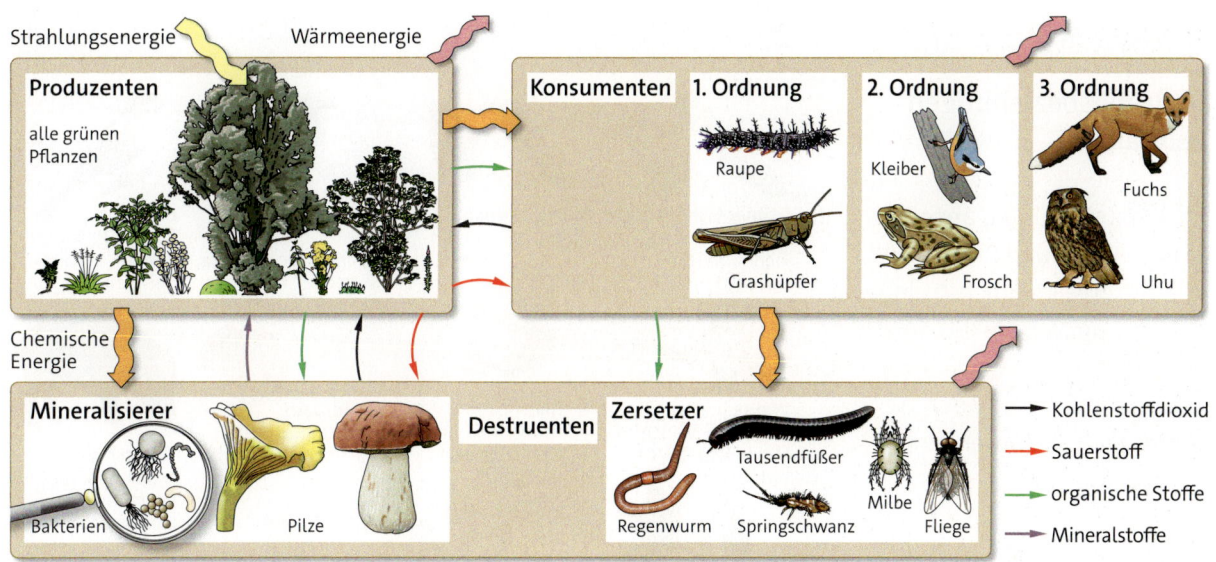

3 Stoffkreislauf und Energiefluss im Wald

Stoffkreisläufe • Die Abbaustoffe der Destruenten können von Produzenten wieder aufgenommen werden. So
55 ergibt sich ein Kreislauf: Die ursprünglichen Ausgangsstoffe werden beim Abbau durch Konsumenten und Destruenten wieder freigesetzt und stehen den Produzenten wieder zur Verfügung.
60 Der Stoffkreislauf beginnt erneut.

Energiefluss • Die Sonne liefert große Mengen an Energie. Grüne Pflanzen sind in der Lage, einen Teil der Lichtenergie in chemische Energie umzu-
65 wandeln. Dies geschieht im Aufbau von energiereichen Stoffen wie Glukose. Die chemische Energie wird in der Nahrungskette von Stufe zu Stufe weitergegeben. Die Energie durchfließt so das
70 Ökosystem. Man spricht daher von einem Energiefluss. Die von den Pflanzen aufgenommene Energie verlässt an jeder Stelle das Ökosystem in Form von

Wärmeenergie. Einen Teil der Energie
75 brauchen Pflanzen selbst für die Zellatmung. Diese wird als Wärmeenergie abgegeben. Den Konsumenten steht daher immer weniger Energie zur Verfügung. → **3** Bei ihren Lebensprozessen
80 wird wieder Energie als Wärmeenergie an die Umgebung abgegeben.

> Pflanzen stellen als Produzenten Sauerstoff und energiereiche Stoffe her. Konsumenten und Destruenten bauen diese Stoffe zu Wasser, Kohlenstoffdioxid und Mineralstoffen ab.

Aufgaben

1 ○ Beschreibe den Energiefluss des Ökosystems Wald mitilfe von Bild 3.

2 ◖ Erkläre die Rolle der Destruenten für das Ökosystem Wald.

Stoffkreisläufe im Wald

Material A

Nahrungsbeziehungen im Wald

1 ○ Erstelle für die abgebildeten Tier- und Pflanzenarten zwei möglichst lange Nahrungsketten.

2 ◐ Erstelle für alle dargestellten Lebewesen ein Nahrungsnetz.

Grüner Eichenwickler
Nahrung: junge Eichenblätter

Großer Puppenräuber
Nahrung: Raupen

Eichelhäher
Nahrung: Eicheln, Bucheckern, Früchte, Vogeleier, Jungvögel, Mäuse, Eidechsen

Buchfink
Nahrung: Samen, Beeren, Insekten, Spinnen

Waldkauz
Nahrung: Mäuse, kleine Vögel, Eichhörnchen

Eichhörnchen
Nahrung: Früchte, Samen, Insekten, Jungvögel, Vogeleier

Waldmaus
Nahrung: Eicheln, Bucheckern, Früchte

Wildschwein
Nahrung: Früchte, Wurzeln, Insekten, Larven, Mäuse, Jungvögel, tote Tiere

1   Rotbuche   Schwarzer Holunder   Eiche

Material B

Stoffkreislauf im Wald

1 ○ Ordne folgende Begriffe den Ziffern 1–6 in Bild 2 zu: Konsumenten 2. Ordnung, Zersetzer, Konsumenten 3. Ordnung, Mineralisierer, Produzenten, Konsumenten 1. Ordnung.

2 ◐ Beschreibe den Stoffkreislauf im Wald mithilfe von Bild 2.

3 ● Erläutere mögliche Folgen, wenn ein Großteil der Destruenten durch Umweltverschmutzung absterben würde.

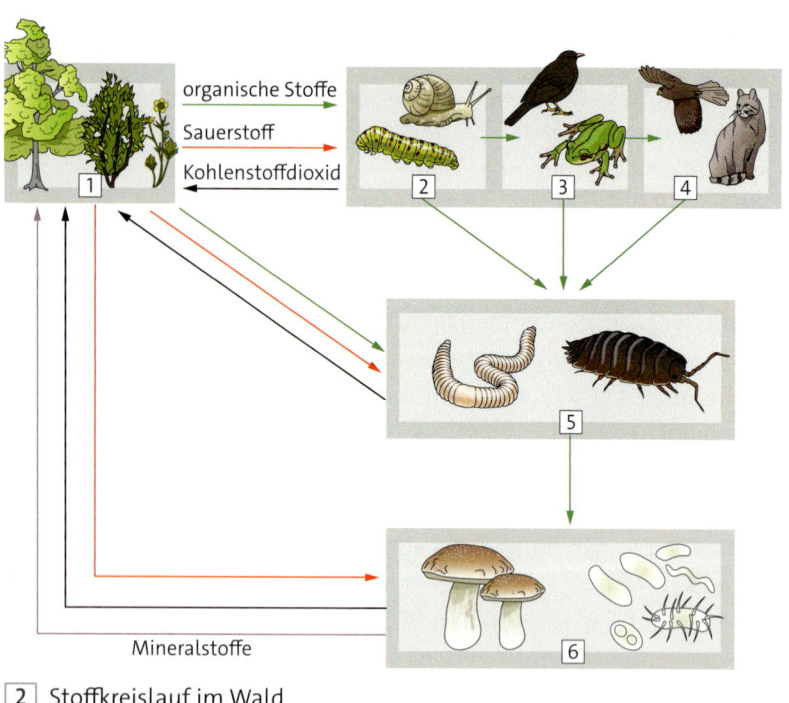

organische Stoffe
Sauerstoff
Kohlenstoffdioxid

Mineralstoffe

2   Stoffkreislauf im Wald

Räuber-Beute-Beziehung

Auf einer Versuchsfläche wurden Eichhörnchen und Baummarder gehalten. Den Eichhörnchen wurde eine konstante Menge an Nahrung zur Verfügung gestellt. Die Baummarder fressen die Eichhörnchen. Regelmäßig wurden die Tiere gezählt. → 3

1 🝔 Beschreibe das Diagramm.

2 ● Erkläre, warum sich die Anzahl an Eichhörnchen und Baummardern auf diese Weise entwickelt.

3 In einem natürlichen Wald folgt die Entwicklung der beiden Arten nicht dem dargestellten Kurvenverlauf.

● Begründe diese Aussage. Denke dabei an ein Nahrungsnetz.

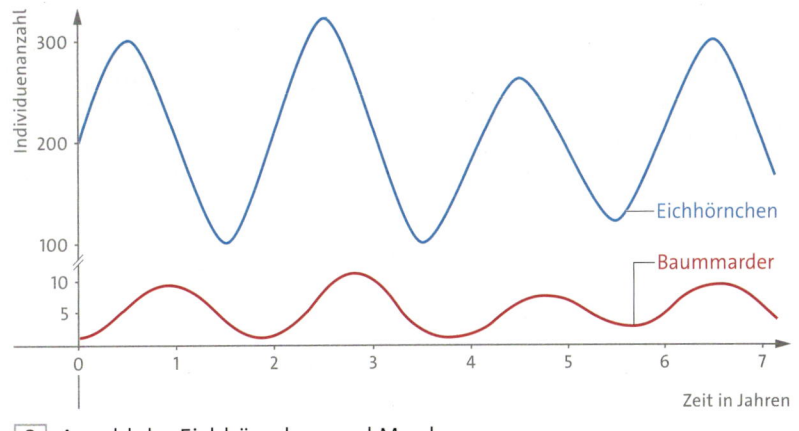

3 Anzahl der Eichhörnchen und Marder

Der Mensch hat Einfluss

Der Mensch hat durch sein Handeln großen Einfluss auf den Stoffkreislauf und daher auch auf den Energiefluss im Wald. → 4

1 🝔 Stelle anhand von Bild 4 den Einfluss des Menschen auf das Ökosystem Wald heraus.

2 ● Überlege, welche Auswirkungen das menschliche Handeln auf den Stoffkreislauf im Wald hat.

3 ● Überlege Maßnahmen, den Auswirkungen entgegenzuwirken.

Abholzung

Umweltverschmutzung

Übermäßige Bejagung

Anpflanzung nicht heimischer Arten

4

Stoffkreisläufe im Wald

Ökologisches Zusammenleben

Ökologische Toleranz • Jede Pflanzen- und Tierart benötigt bestimmte Umweltfaktoren, um leben zu können. So brauchen Sumpfpflanzen viel Wasser, Reptilien brauchen Wärme. Für
5 jeden Umweltfaktor gibt es einen Bereich, in dem die Art gut leben kann. So bevorzugen Reptilien eine Umgebungstemperatur von etwa 30 °C. Ist es etwas wärmer oder etwas kälter, können Reptilien trotzdem noch gut le-
10 ben. Es gibt also für jeden Umweltfaktor einen gewissen Toleranzbereich. Die Toleranzbereiche lassen sich in einem Diagramm darstellen. Betrachtet man zum Beispiel zwei Umweltfaktoren, ergeben sich im Diagramm Flächen, die
15 den Toleranzbereich der jeweiligen Art bezüglich der gemessenen Umweltfaktoren anzeigen. Außerhalb ihres Toleranzbereichs ist die eine Art kaum noch lebensfähig. → 2

Konkurrenz • Einige Arten in einem Ökosys-
20 tem benötigen ähnliche Ausprägungen von Umweltfaktoren. Beispielsweise brauchen die meisten Pflanzen viel Licht. Deshalb treten sie in Konkurrenz zueinander um den Umweltfaktor Licht. Nutria und Ente konkurrieren um
25 gleiche pflanzliche Nahrung → 1 , Raubtiere wie Dachs und Baummarder konkurrieren um die gleichen Beutetiere, viele Vögel konkurrieren um ähnliche Nistplätze. Verschiedene Anpassungen können die Konkurrenz
30 abmildern. So können verschiedene Orte genutzt werden: Der Dachs jagt am Boden, der Baummarder in den Bäumen. Verschiedene Jahreszeiten der Brut mildert die Konkurrenz der Vogelarten.

1 Nutria (Biberratte) und Ente konkurrieren

2 Toleranzbereiche

35 **Ökologische Nische •** Alle Umweltfaktoren zusammen, die auf eine Art einwirken, bilden eine ökologische Nische. Jede Tier- und jede Pflanzenart ist an ihre ökologische Nische und somit an ihre Umwelt angepasst. So erfüllt je-
40 de Art eine Funktion im Ökosystem und ermöglicht so ein Zusammenleben im Ökosystem.

> Jede Art hat für jeden Umweltfaktor einen Toleranzbereich. Die Gesamtheit aller Umweltfaktoren bildet eine ökologische Nische. Um Konkurrenz zu vermeiden, besetzen Arten unterschiedliche ökologische Nischen.

Aufgabe

1 ◐ Beschreibe mithilfe von Bild 2, was man unter ökologischer Toleranz versteht.

Toleranzbereiche

1 🞄 Beschreibe das Diagramm.

2 🞄 Vergleiche die Toleranzbereiche von Sumpfdotter-
blume, Heidelbeere und
Mauerpfeffer.

3 ● Stelle Vermutungen für die
Überlappungsbereiche der
Toleranzbereiche von Sumpf-
dotterblume und Heidelbeere
sowie von Heidelbeere und
Mauerpfeffer an.

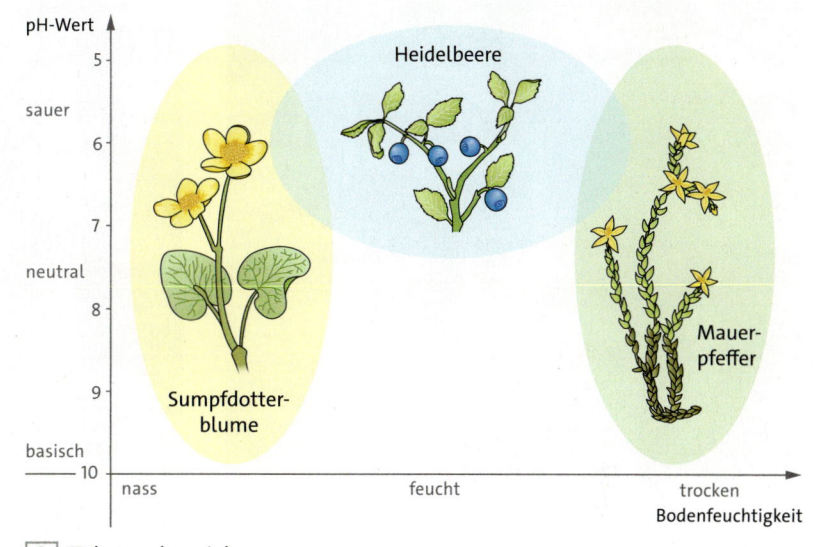

3 Toleranzbereiche

Konkurrenz bei Raubvögeln

1 ○ Beschreibe mithilfe der
Tabelle mögliche Konkurrenz-
situationen der beiden Vögel.

2 🞄 Erkläre, ob die Waldohr-
eule und der Habicht im
gleichen Wald leben können.

3 ● Erläutere mithilfe dieses
Beispiels den Begriff der
ökologischen Nische.

	Waldohreule	Habicht
Aufenthalts-ort	Rand von Mischwäldern und Nadelwäldern mit angrenzenden Wiesen und Feldern	Laub- und Mischwälder mit angrenzenden Wiesen und Feldern
Brutplatz	verlassene Nester von Greifvögeln, Krähen oder Elstern	Kronen hoher alter Bäume
Ernährungs-weise	kleine Vögel, Feld- und Rötelmäuse	kleine Vögel, Feld- und Rötelmäuse
Aktivitätszeit	Dämmerung, Nacht	Tag
Körperbau	bis 370 g, bis 36 cm	bis 1500 g, bis 63 cm

4 Konkurrenz zwischen Raubvögeln

Bedeutung und Gefährdung des Waldes

1 Wandern im Wald

2 Waldschäden

Ein Wald ist nicht nur Lebensraum für Pflanzen und Tiere. Er hat auch eine wirtschaftliche Bedeutung und bietet Erholung für Menschen. Welche Folgen
5 **hat das für den Wald?**

Erholung • Jogger, Wanderer, Mountainbiker, Pilz- und Beerensammler, Vogelbeobachter, Reiter oder Spaziergänger mit Hund – viele Menschen gehen im
10 Wald ihren Hobbys nach. Andere wollen einfach nur die Ruhe, die saubere Luft oder die Natur genießen. Gemeinsam haben sie alle ein Ziel: vom Alltagsstress entspannen. Da-
15 durch kommt dem Wald eine enorme Erholungsfunktion zu, vor allem in der Nähe größerer Städte.

Forstwirtschaft • Wälder sind auch von großer wirtschaftlicher Bedeutung.

20 Holz ist ein wichtiger Rohstoff, der unter anderem als Brennstoff, als Baustoff und für die Möbel- und die Papierherstellung genutzt wird. In der Forstwirtschaft und in den Holz
25 verarbeitenden Industrien arbeiten in Deutschland insgesamt mehr als eine Million Menschen. So schafft der Wald auch Arbeitsplätze.

Klima • Die Bäume im Wald produzie-
30 ren wie alle anderen grünen Pflanzen Sauerstoff. Gleichzeitig speichern sie dabei durch die Bildung von Holz große Mengen an Kohlenstoffdioxid. Dieses Gas entsteht in sehr großen
35 Mengen durch die Verbrennung fossiler Brennstoffe wie Kohle, Erdgas und Benzin. Durch diese Bindung von Kohlenstoff spielen Bäume eine wichtige Rolle beim Weltklima.

40 Nach Regenfällen gelangt das Wasser
zunächst nur langsam über Blätter,
Äste und Stamm zum Waldboden. Der
lockere und humusreiche Boden kann
genau wie Moospolster große Wasser-
45 mengen speichern. Auch so stabilisiert
der Wald das Klima. Versickerndes
Wasser wird von Schmutzstoffen gereinigt, da der Waldboden wie ein
Filter wirkt.

50 **Erosion** • Die Bäume halten mit ihren
Wurzeln den Boden fest. Daher wird
er auch bei sehr starkem Regen nicht
weggespült. Wind wird von Wäldern
ausgebremst. In Gebirgen ist der Wald
55 für viele Bergdörfer ein wichtiger
Schutz gegen Lawinen. Wälder bieten zudem Schutz vor Lärm.

Lebensraum • Unsere Wälder sind
Lebensraum für mehrere Tausend
60 Pflanzen- und Tierarten. Einige davon,
wie der Schwarzstorch und der Wald-
baumläufer, leben fast nur in Wäldern.

Wetterschäden • Neben Alterungs-
prozessen sind vor allem extreme
65 Wetterlagen für die Schädigung von
Bäumen verantwortlich. Frost- und
Hitzeperioden bewirken oft den Verlust von Nadeln, Blättern, Blüten oder
Früchten. Durch längere Dürreperioden
70 oder Überflutungen können Bäume
absterben. Waldbrände und Stürme
schädigen oder vernichten oft große
Waldflächen. Von Sturmschäden sind
besonders ebene, einheitliche Forste
75 betroffen, da die angepflanzten Fichten nur flache Wurzeln haben.

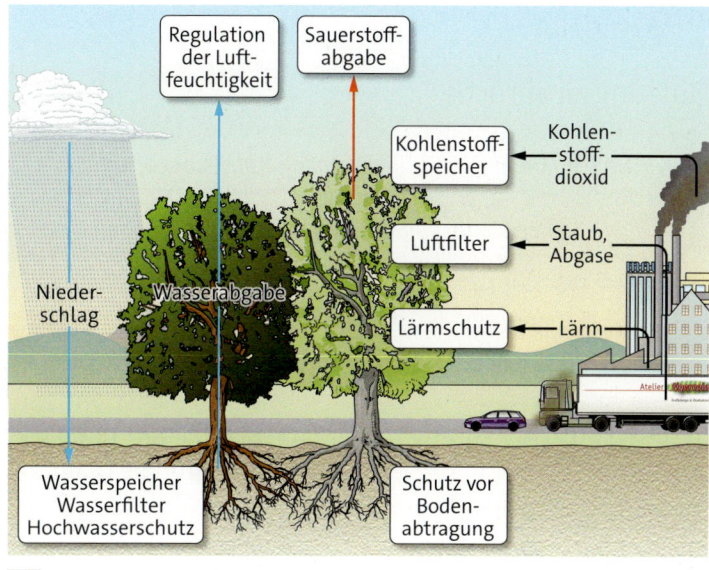

Regulation
der Luft-
feuchtigkeit

Sauerstoff-
abgabe

Kohlenstoff-
speicher

Kohlen-
stoff-
dioxid

Luftfilter

Staub,
Abgase

Nieder-
schlag

Wasserabgabe

Lärmschutz

Lärm

Wasserspeicher
Wasserfilter
Hochwasserschutz

Schutz vor
Boden-
abtragung

3 Funktionen des Waldes

Umweltschäden • Kranke oder verletzte
Bäume können von Borkenkäfern befallen werden, wodurch sie absterben.
80 Viele Schmetterlingsraupen fressen
junge Blätter der Laubbäume. Sie können bei Massenentwicklung große Gebiete kahl fressen. Auch Pilze und Viren
können Bäume zum Absterben brin-
85 gen. Diese natürlichen Waldschäden
sind nicht schlimm, können sich aber
in Forsten schnell ausbreiten.

4 Borkenkäfer

Der Lebensraum Wald verbessert
das Klima und verhindert Erosion.
Menschen nutzen den Wald zur
Holzgewinnung, Erholung und Frei-
zeitgestaltung.

Aufgabe

1 ○ Beschreibe mithilfe von Bild 3
die Funktionen des Waldes.

5 Borkenkäfer-
befall

Bedeutung und Gefährdung des Waldes

Material A

Nutzungsansprüche

Wir wollen jagen!

Wir wollen Holz verkaufen!

Wir wollen Mountainbike fahren!

Wir wollen uns erholen!

1 🝙 Jeder hat einen anderen Wunsch zur Nutzung des Waldes. Formuliere weitere Nutzungsansprüche.

Material B

Schadstufen

An Baumkronen erkennt man die Schädigung von Bäumen.

1 🝙 Beschreibe die verschiedenen Schadstufen.

2 🝙 Erläutere Folgen des Nadelverlusts für den Baum.

3 In Bild 2 sind die die Schadstufenanteile aller Bäume in Rheinland-Pfalz dargestellt.
🝙 Werte die Diagramme aus.

4 Wissenschaftler geben unter anderem folgende Gründe für die Entwicklung der Wälder an:
- häufige und längere Trockenphasen
- gute Bedingungen für wärmeliebende heimische und einwandernde Schädlinge

🝙 Erläutere Einflüsse des Klimawandels auf die heimischen Wälder.

Schadstufenverteilung aller Bäume in Rheinland-Pfalz

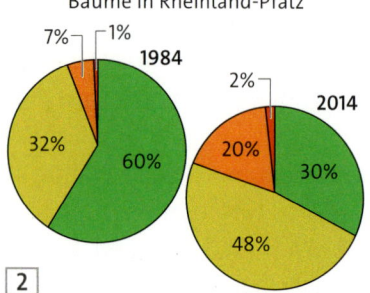

7% 1%
1984
32% 60%

2%
2014
20% 30%
48%

2

Zustand der Baumkrone					
Anteil der Nadeln	100–90 %	89–75 %	74–40 %	39–1 %	0 %
Anteil der gelben Nadeln	0–10 %	11–25 %	26–60 %	>60 %	
Schadstufe	unbeschädigt **0**	schwach beschädigt **1**	mittelstark beschädigt **2**	stark geschädigt **3**	abgestorben **4**

1 Schadstufen am Beispiel der Fichte

3 Tropischer Regenwald mit Palmölplantage

4 Raubbau im tropischen Regenwald

Regenwald in Gefahr

Bedeutung • Die tropischen Regenwälder in Südamerika, Afrika und Südostasien gehören zu den artenreichsten Lebensräumen der Erde. Mehr als 50 % aller bekannten Tier- und
5 Pflanzenarten leben hier. Fast täglich entdecken Forscher neue Arten. Durch ihre Größe entnehmen Regenwälder gewaltige Mengen Kohlenstoffdioxid aus der Atmosphäre und geben sehr viel Sauerstoff ab. Sie haben so-
10 mit einen erheblichen Einfluss auf das Klima der Erde.

Bedrohung • Trotz ihrer großen Bedeutung werden Regenwälder zerstört. Die Gründe dafür sind vielfältig. Um Ackerflächen und
15 Viehweiden zu gewinnen, werden große Flächen Regenwald abgeholzt oder durch sogenannte Brandrodung vernichtet. Viele Tiere können vor diesen Flammen nicht rechtzeitig fliehen und verbrennen qualvoll. Auf den
20 freien Flächen werden zumeist Plantagen beispielsweise für Kakao, Kaffee, Tabak, Bananen und Palmöl angelegt. Die heimischen Tiere werden auf den Plantagen als Schädlinge angesehen und gejagt. Auch durch Bergbau
25 ist der Regenwald bedroht. Im afrikanischen

Kongo beispielsweise wird der Lebensraum der seltenen Gorillas zerstört, um das Erz Coltan, was in jedem Smartphone enthalten ist, fördern zu können. Durch das feuchte Klima
30 im Regenwald ist das Holz der Tropenbäume besonders beständig. Daher wird es gern für teure Möbel und Bodenbeläge verwendet. Dafür werden die Bäume gefällt und teuer verkauft. Pro Minute geht eine Fläche in der Grö-
35 ße von 35 Fußballfeldern für immer verloren. Dies hat schlimme Folgen. Je weniger Bäume, desto weniger Kohlenstoffdioxid kann aufgenommen werden. Die Zerstörung des Regenwaldes bedroht das Überleben Tausender
40 Pflanzen- und Tierarten.

> Tropische Regenwälder gehören zu den artenreichsten Lebensräumen der Erde. Durch Abholzung sind sie stark gefährdet.

Aufgaben

1 ○ Nenne Gründe, warum der Mensch den Regenwald zerstört.

2 ◗ Überlege für dich Möglichkeiten, wie du in deinem Umfeld helfen kannst, die Regenwälder zu schützen.

Von der Quelle zur Mündung

1 Ein Fluss schlängelt sich durch die Landschaft.

In den Bergen entspringt ein Bach. Nahe der Quelle strömt das Wasser schnell. Weiter flussabwärts fließt es immer langsamer, bis es schließlich ins
5 Meer mündet. Welche Bereiche kann man in einem Fluss unterscheiden?

Zonierung eines Fließgewässers • Im Verlauf eines Flusses von der Quelle bis zu seiner Mündung ändern sich
10 viele Faktoren, die für Lebewesen wichtig sind. Dazu gehören beispielsweise Sauerstoffgehalt und Temperatur, aber auch der Untergrund, das Bett eines Fließgewässers. Die Fließ-
15 geschwindigkeit bestimmt auch den Nährstoffgehalt. → 5

Oberlauf • In der Nähe der Quelle strömt der Bach wegen des Gefälles schnell. Die Wassertemperatur ist
20 niedrig. Der Sauerstoffgehalt des Wassers ist hoch. Im Bachbett finden sich grobe Steine. Wegen der starken Strömung kommen nur wenig Lebewesen vor. Ein für diesen Bereich
25 typischer Fisch ist die Bachforelle. Weiter stromabwärts wird der Bach breiter. Seine Fließgeschwindigkeit nimmt ab. Die Temperatur ist immer noch niedrig, der Sauerstoffgehalt
30 hoch. Im Bachbett sind grobe und feinere Steine zu finden. Hier fühlt sich die Äsche wohl.

Mittellauf • Der Bach fließt allmählich langsamer, wird breiter und schließlich
35 zum Fluss. Strömungsgeschwindigkeit und Sauerstoffgehalt nehmen ab. Die Wassertemperatur nimmt zu. Das Flussbett wird feiner und besteht aus Kies und Sand. Der Fluss windet sich
40 durch die Landschaft. An manchen Stellen entstehen kleine Sandbänke und Inseln. Eine typische Fischart des Mittellaufs ist die Barbe.

Unterlauf • Der Fluss wird noch brei-
45 ter und fließt immer langsamer. Das Wasser wird wärmer und der Sauerstoffgehalt nimmt ab. Im Flussbett ist grober und feiner Sand zu finden. Im Unterlauf von Flüssen kommt häufig
50 der Brachsen vor.

Mündung • In der Nähe seiner Mündung fließt der Fluss sehr langsam. Der Sauerstoffgehalt ist niedrig, die Temperatur hoch. Der Grund be-
55 steht aus feinem Sand und Schlamm. Manchmal ist sogar der Einfluss des

2 | Oberlauf

3 | Mittellauf

4 | Unterlauf

Meeres zu spüren. Das Wasser kann salzhaltig sein und der Wasserstand ändert sich mit Ebbe und Flut. Ein 60 typischer Fisch ist die Flunder, die sowohl im Fluss als auch im Meer leben kann.

> Die Lebensbedingungen in einem Fließgewässer wie Sauerstoffgehalt, Temperatur und Fließgeschwindigkeit ändern sich von seiner Quelle bis zur Mündung. Dies wirkt sich auf alle Lebewesen im Fluss aus.

Aufgaben

1 ○ Nenne die fünf Bereiche, in die ein Fließgewässer unterteilt werden kann.

2 ◑ Vergleiche die Strömungsgeschwindigkeit und den Nährstoffgehalt im Oberlauf und an der Mündung eines Fließgewässers.

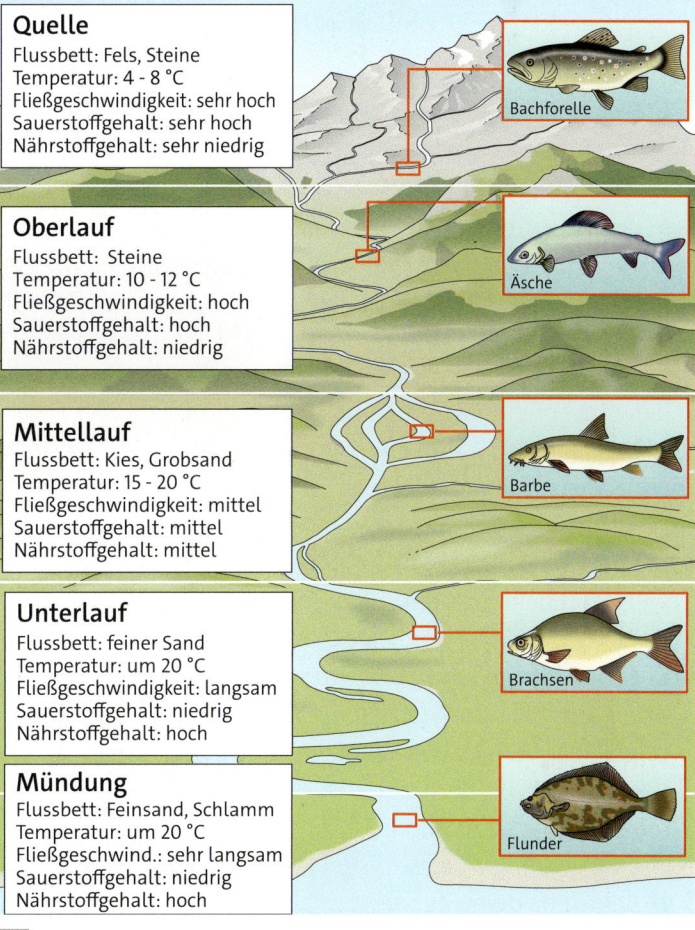

Quelle
Flussbett: Fels, Steine
Temperatur: 4 - 8 °C
Fließgeschwindigkeit: sehr hoch
Sauerstoffgehalt: sehr hoch
Nährstoffgehalt: sehr niedrig

Bachforelle

Oberlauf
Flussbett: Steine
Temperatur: 10 - 12 °C
Fließgeschwindigkeit: hoch
Sauerstoffgehalt: hoch
Nährstoffgehalt: niedrig

Äsche

Mittellauf
Flussbett: Kies, Grobsand
Temperatur: 15 - 20 °C
Fließgeschwindigkeit: mittel
Sauerstoffgehalt: mittel
Nährstoffgehalt: mittel

Barbe

Unterlauf
Flussbett: feiner Sand
Temperatur: um 20 °C
Fließgeschwindigkeit: langsam
Sauerstoffgehalt: niedrig
Nährstoffgehalt: hoch

Brachsen

Mündung
Flussbett: Feinsand, Schlamm
Temperatur: um 20 °C
Fließgeschwind.: sehr langsam
Sauerstoffgehalt: niedrig
Nährstoffgehalt: hoch

Flunder

5 | Zonierung eines Fließgewässers

Von der Quelle zur Mündung

Umweltfaktoren im Fließgewässer

In Bild 1 ist die Fließgeschwindigkeit, die Temperatur und der Sauerstoffgehalt eines Fließgewässers von seiner Quelle bis zu seiner Mündung dargestellt.

1 ○ Nenne den Bereich des Flusses mit der höchsten und den Bereich mit der niedrigsten Fließgeschwindigkeit.

2 ◗ Beschreibe den Zusammenhang zwischen der Wassertemperatur und dem Sauerstoffgehalt sowie den Zusammenhang zwischen Fließgeschwindigkeit und Sauerstoffgehalt. → 1

In den Steckbriefen 2 und 3 sind zwei typische Fischarten eines Fließgewässers abgebildet.

3 ○ Vergleiche die Lebensweise der beiden Arten.

4 ◗ Ordne die beiden Fischarten anhand ihres Steckbriefs dem Bereich des Fließgewässers zu, in dem sie leben. Nimm dazu Bild 1.

5 ● Begründe deine Zuordnungen.

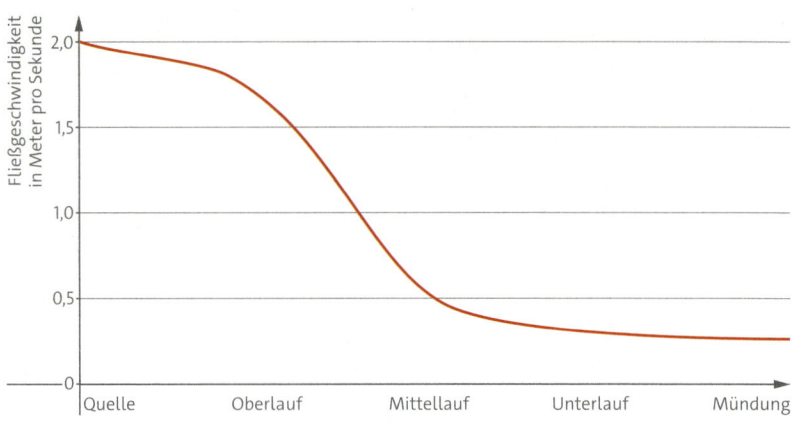

	Quelle	Ober-lauf	Mittel-lauf	Unter-lauf	Mün-dung
Temperatur in Grad Celsius	8	13	17	20	22
Sauerstoffgehalt in mg Sauerstoff pro L	12	19	8	6	5

1 Umweltfaktoren eines Fließgewässers

Kaulbarsch
Größe: bis 18 cm
Vorkommen: Fluss und Meer
Lebensweise: kann in Salzwasser und in Süßwasser leben, bevorzugt langsam fließende Gewässer, ernährt sich räuberisch von Kleinstlebewesen wie Flohkrebsen oder auch von Fischeiern.

Groppe
Größe: bis 15 cm
Vorkommen: Bäche
Lebensweise: benötigt Wasser mit hohem Sauerstoffgehalt, kalten und steinigen Untergrund, Beutefisch von Forellen, lebt räuberisch und frisst Kleinstlebewesen in Bodennähe, besitzt keine Schwimmblase.

Lebewesen in Fließgewässern

Leben in der Strömung • Neben Fischen wie der Forelle oder der Äsche kommen in Fließgewässern noch viele weitere Lebewesen vor. Alle diese Lebewesen müssen mit der Strömung zu-
⁵ rechtkommen. Direkt in der Strömung halten sich außer Fischen kaum Tiere auf. Die meisten Tiere leben daher in der Nähe des Grundes und halten sich unter oder hinter Steinen auf. Manche, wie die Köcherfliegenlarve, bauen
¹⁰ sich eine Wohnröhre und beschweren sie mit Steinen. Andere, wie die Larve der Eintagsfliege, haben einen stark abgeflachten Körper und bieten so der Strömung nur wenig Widerstand. Zusätzlich haben sie Krallen, mit denen
¹⁵ sie sich festhalten. Die Larven von Lidmücken haben auf ihrer Unterseite Saugnäpfe, mit denen sie sich am Untergrund festsaugen. Auch Pflanzen können in starker Strömung nicht wachsen. Hier gibt es oft nur Algenbe-
²⁰ wuchs auf Steinen. Weiter flussabwärts sind hingegen viele Wasserpflanzen zu finden.

Ernährung • Auch für ihre Ernährung verfolgen die Lebewesen des Fließgewässers unterschiedliche Strategien. Manche Tiere wie die
²⁵ Eintagsfliegenlarve weiden Algen von Steinen ab. Andere Tiere wie der Bachflohkrebs leben von Laub oder Resten anderer Lebewesen. Manche Köcherfliegenlarven sieben ihre Nahrung aus dem Wasser. Viele Steinfliegenlarven
³⁰ ernähren sich von feinen Teilchen des Grundes.

> Der wichtigste Faktor für die Lebewesen der Fließgewässer ist die Fließgeschwindigkeit.

4 Lidmückenlarve

5 Eintagsfliegenlarve

6 Köcherfliegenlarve

Aufgaben

1 ○ Beschreibe an zwei Beispielen, wie sich Lebewesen im Fließgewässer ernähren.

2 ◖ Erläutere Angepasstheiten von Tieren an die Strömung anhand von zwei Beispielen.

Von der Quelle zur Mündung

Gefährdung von Fließgewässern

Abwassereinleitung • Fließgewässer werden
schon lange vom Menschen genutzt. Flüsse
dienen als Transportweg oder zur Trinkwasser-
gewinnung. Oft werden aber auch Abfälle und
5 Ausscheidungen eingeleitet: das Abwasser. Es
stammt nicht nur aus Siedlungen, sondern auch
aus der Landwirtschaft und der Industrie. Durch
die im Abwasser enthaltenen Stoffe können
Lebewesen geschädigt werden oder sterben.

10 **Veränderung** • Um Flächen für Siedlung und
Landwirtschaft zu gewinnen, werden Flüsse seit
rund 150 Jahren in ihrem Lauf durch den Menschen verändert. Dämme werden gebaut, gewundene Flussläufe werden begradigt. Begra-
15 digungen dienen auch dazu, den Schiffsverkehr
auf dem Fluss zu erleichtern. Durch Begradi-
gungen werden häufig die natürlichen Über-
schwemmungsflächen an den Flüssen zerstört.
Dies führt zu einer erhöhten Gefahr von Über-
20 schwemmungen. Die für die Gewinnung von
Elektrizität genutzten Stauwehre tragen ebenfalls zur Veränderung der Fließgewässer bei. In
vielen Fällen verhindern sie die Wanderungen
von Fischen wie dem Lachs.

25 **Renaturierung** • An manchen Stellen wird versucht, gerade Flussläufe wieder in einen natür-
licheren Zustand mit Biegungen zu versetzen.
Dabei entstehen neue Lebensräume und Über-
schwemmungsflächen. Die Hochwassergefahr
30 kann so verringert werden. An viele Wehre werden heute sogenannte Fischtreppen gebaut, um
Wanderungen von Fischen wieder zu ermöglichen.

1 Veränderter, begradigter Fluss

Luftbild des
neuen Flussabschnitts
vom März 2012
(3 Monate nach der
Anbindung an die Lippe)

2 Renaturierung eines Fließgewässers

3 Fischtreppe

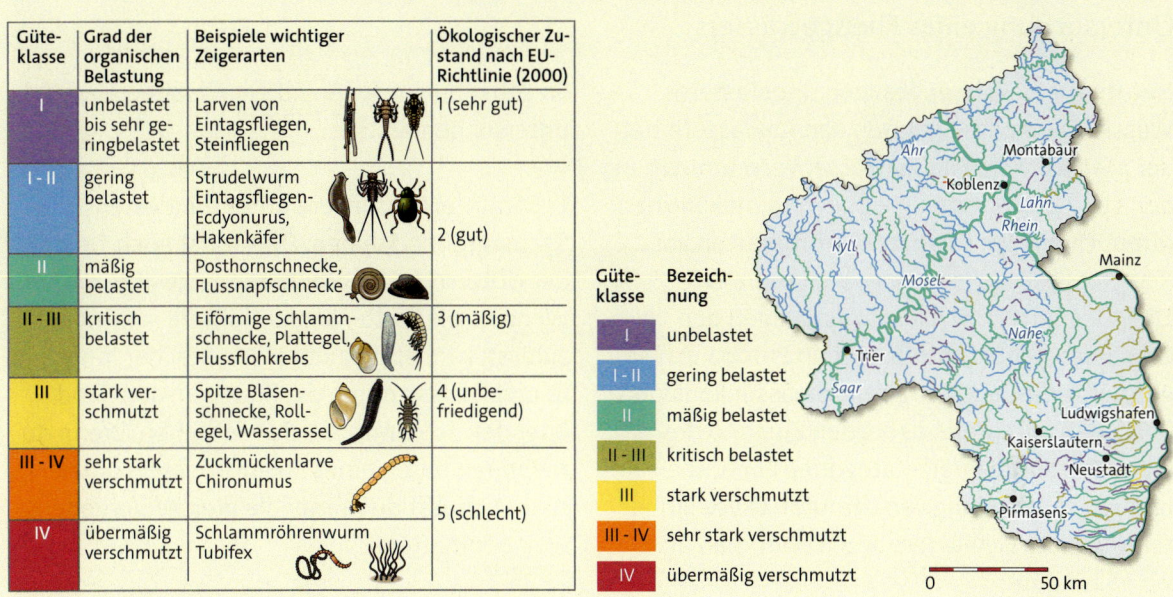

Güte-klasse	Grad der organischen Belastung	Beispiele wichtiger Zeigerarten	Ökologischer Zustand nach EU-Richtlinie (2000)
I	unbelastet bis sehr geringbelastet	Larven von Eintagsfliegen, Steinfliegen	1 (sehr gut)
I - II	gering belastet	Strudelwurm Eintagsfliegen-Ecdyonurus, Hakenkäfer	2 (gut)
II	mäßig belastet	Posthornschnecke, Flussnapfschnecke	
II - III	kritisch belastet	Eiförmige Schlammschnecke, Plattegel, Flussflohkrebs	3 (mäßig)
III	stark verschmutzt	Spitze Blasenschnecke, Rollegel, Wasserassel	4 (unbefriedigend)
III - IV	sehr stark verschmutzt	Zuckmückenlarve Chironumus	5 (schlecht)
IV	übermäßig verschmutzt	Schlammröhrenwurm Tubifex	

Güte-klasse	Bezeichnung
I	unbelastet
I - II	gering belastet
II	mäßig belastet
II - III	kritisch belastet
III	stark verschmutzt
III - IV	sehr stark verschmutzt
IV	übermäßig verschmutzt

0   50 km

4 Gewässergüteklassen und Gewässergüte in Rheinland-Pfalz

Zeigerarten • Die in Fließgewässern vorkommen-
35 den Lebewesen kommen unterschiedlich gut
mit Gewässerbelastungen zurecht. Steinfliegenlarven und Strudelwürmer sind beispielsweise
auf hohen Sauerstoffgehalt und gute Wasserqualität angewiesen. Andere Tiere wie die Larve
40 der Zuckmücke können auch in stark ver-
schmutztem und sauerstoffarmem Wasser
leben. Je nachdem, welche Tierarten man in
einem Fließgewässer findet, kann man auf die
Qualität des Wassers schließen. Die Lebewesen,
45 die man dafür heranzieht, heißen Zeigerarten.

Gewässergüte • Mithilfe der Zeigerarten lässt
sich die Qualität eines Fließgewässers besonders
leicht bestimmen. Die aktuelle Wasserqualität
kann aber auch mithilfe von Labormethoden
50 ermittelt werden. Diese Wasserqualität nennt
man Gewässergüte. Für jede der Güteklassen

gibt es spezifische Zeigerarten. Es werden
mehrere Güteklassen unterschieden, die von
„unbelastet" bis „übermäßig verschmutzt"
55 reichen. Aus den Daten zur Güteklasse können
Gewässergütekarten erstellt werden. → **4**

> Renaturierungen können zum Schutz
> gefährdeter Fließgewässer beitragen.
> Die Qualität von Gewässern und anderen
> Lebensräumen kann mithilfe von Lebewe-
> sen, den Zeigerarten, bewertet werden.

Aufgaben

1 ◖ Erläutere Möglichkeiten, wie man Fließgewässer renaturieren kann.

2 ◖ Erkläre, was man unter Gewässergüte
versteht.

Von der Quelle zur Mündung

Untersuchung eines Fließgewässers

Naturnahe Gewässer besitzen unbelastetes Wasser. Durch das Einleiten von Abwässern hat der Mensch viele Fließgewässer verschmutzt. In den stark veränderten Fließgewässern kommen nur noch wenige Pflanzen- und Tierarten vor.

Gewässergüte Um die Entwicklungen der Gewässer zu überprüfen, wird in Europa regelmäßig die Belastung der Gewässer kontrolliert. Man beschreibt dabei den Zustand des Gewässers in mehrere Kategorien von unbelastet bis übermäßig verschmutzt. Diese Einteilung eines Gewässers bezeichnet man als Gewässergüte.

Belastungen Die Belastung von Fließgewässern geschieht vor allem durch zu viele Nährstoffe. Werden diese abgebaut, wird dem Wasser Sauerstoff entzogen. Dann können viele Tiere wie Fische nicht mehr atmen.

Zeigerarten Neben chemischen und physikalischen Untersuchungen geben auch die Lebewesen Aufschluss über den Gewässerzustand. Vor allem wirbellose Tiere können leicht untersucht werden. Bestimmte Arten sind an spezielle Umweltbedingungen wie Nahrungsangebot oder Sauerstoffgehalt des Wassers angepasst. Findet eine Art geeignete Lebensbedingungen vor, kommt sie im Fließgewässer gehäuft vor. Das Vorkommen einer Art zeigt somit bestimmte Umweltbedingungen an. Man bezeichnet solche Arten deshalb als Bioindikatoren. → 1 Jeder Art wird ein bestimmter Indikatorwert zugeordnet.

So gehst du vor, wenn du ein Fließgewässer untersuchen willst:

1 Sammle Wassertiere unter mindestens 5 faustgroßen Steinen. Du kannst auch Tiere von der Unterseite der größeren Steine absammeln. Wenn es die Stelle, an der du Tiere sammelst, zulässt, kannst du auch einen Kescher langsam und vorsichtig durch die Pflanzen, den Sand oder den Schlamm am Boden ziehen. Wenn du mehrere Stellen eines Fließgewässers untersuchst, musst du immer die gleiche Vorgehensweise einhalten.

2 Setze die Tiere vorsichtig in eine mit Fluss- oder Bachwasser gefüllte Schale.

3 Bestimme die Tiere mithilfe von Bild 1. Zähle, wie viele Tiere von jeder Art vorkommen.

4 Addiere die Anzahl aller gefangenen Tiere. Multipliziere die Anzahl der Tiere für jede Art mit ihrem Indikatorwert. → 2 Addiere alle Indikatorwerte. → 3 Teile die Summe der Indikatorwerte durch die Summe aller gefangenen Tiere. So erhältst du deine Gewässergüte.

5 Setze am Schluss deiner Untersuchung die Tiere wieder vorsichtig zurück ins Gewässer.

Aufgabe

1 ○ Suche leicht begehbare Stellen an einem Fluss oder Bach. Untersuche an jeder Stelle das Gewässer und ermittle die Gewässergüte.

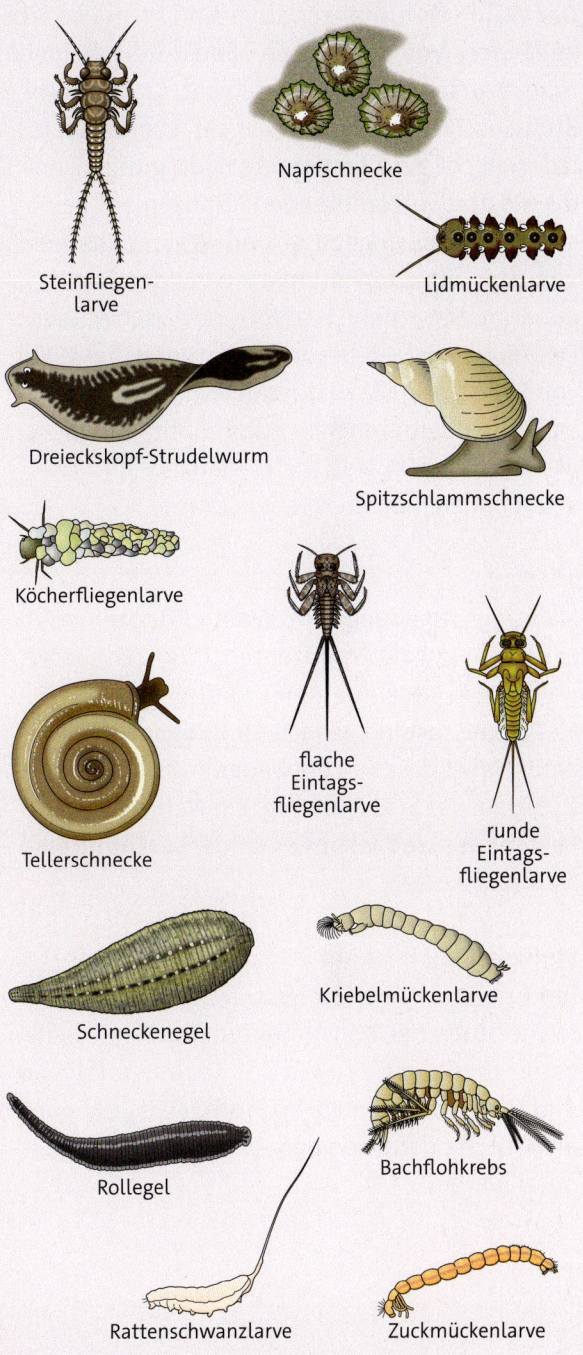

Napfschnecke

Steinfliegen-
larve

Lidmückenlarve

Dreieckskopf-Strudelwurm

Spitzschlammschnecke

Köcherfliegenlarve

flache
Eintags-
fliegenlarve

runde
Eintags-
fliegenlarve

Tellerschnecke

Kriebelmückenlarve

Schneckenegel

Rollegel

Bachflohkrebs

Rattenschwanzlarve

Zuckmückenlarve

1 Zeigerarten in Fließgewässer

Zeigerart	Indikatorwert
Steinfliegenlarve	1
Eintagsfliegenlarve, flach	1
Lidmückenlarve	1
Köcherfliegenlarve	1,5
Dreieckskopf-Strudelwurm	1,5
Tellerschnecke	2
Spitzschlammschnecke	2
Eintagsfliegenlarve, rund	2
Napfschnecke	2
Bachflohkrebs	2
Schneckenegel	2,5
Kriebelmückenlarve	2,5
Rollegel	3
Rote Zuckmückenlarve	3,5
Rattenschwanzlarve	4

2 Indikatorwerte von Zeigerarten

Name des Gewässers: _Lauter_

Ort: _Kaiserslautern_   Datum: _2. 7._

Tierart	Anzahl	Indikator-wert	Produkt
Steinfliegenlarve	12	x1	12
Lidmückenlarve	3	x1	3
Köcherfliegenlarve	18	x1,5	27
Tellerschnecke	4	x2	8
Bachflohkrebs	1	x2	2

Summe: 38   Summe: 52

Berechnung:

Summe Produkt	:	Summe Anzahl	**Gewässergüte**
52	:	38	= 1,2

3 Untersuchungsbogen

Ökosysteme im Wandel

Zusammenfassung

1 Naturnaher Mischwald

Der Wald • Naturnahe Wälder sind in Stockwerke gegliedert. Von unten nach oben unterscheidet man: Wurzelschicht, Moosschicht, Krautschicht, Strauchschicht und Baumschicht. Hierbei bietet jede Schicht ganz bestimmte Bedingungen, an die die dort vorkommenden Pflanzen auf besondere Weise angepasst sind. Wälder aus wenigen angepflanzten Baumarten werden Forst genannt. Naturnahe Wälder sind Mischwälder. Der Auwald ist ein besonders artenreicher Wald von Flussauen. Die Wälder liefern den Rohstoff Holz. Sie übernehmen Schutzfunktionen für Mensch und Umwelt. Viele Pflanzen- und Tierarten haben hier ihren Lebensraum.

Die Wiese – ein Ökosystem • Eine Wiese bietet einer Vielzahl von Lebewesen einen Lebensraum. Man bezeichnet sie daher als Lebensraum oder Biotop. Jeder Biotop ist von den vorherrschenden Umweltfaktoren wie Wind, Feuchtigkeit oder Temperatur abhängig. Die Gesamtheit der in einem Biotop vorkommenden Lebewesen bezeichnet man als Lebensgemeinschaft oder Biozönose. Biotop und Biozönose bilden zusammen ein Ökosystem. Alle Lebewesen eines Ökosystems stehen zueinander in direkter oder indirekter Beziehung als Räuber, Beute, Symbiosepartner, Parasit oder Konkurrent.

Nachhaltigkeit • Viele Lebensräume werden vom Menschen wirtschaftlich oder in der Freizeit genutzt. Wälder zum Beispiel dienen sowohl der Holzgewinnung als auch der Erholung. Eine nachhaltige Nutzung schont Ressourcen und sichert langfristig deren Verfügbarkeit.

Nahrungsbeziehungen im Wald • Pflanzen bezeichnet man als Produzenten. Pflanzenfresser nennt man Konsumenten 1. Ordnung. Fleischfresser sind je nach Stellung innerhalb einer Nahrungskette entweder Konsumenten 2., 3. oder sogar 4. Ordnung. Ein Nahrungsnetz besteht aus vielfach miteinander verknüpften Nahrungsketten.

Stoffkreislauf im Wald • Pflanzen stellen als Produzenten neben Sauerstoff auch energiereiche Stoffe her. Konsumenten und Destruenten bauen diese Stoffe zu Wasser, Kohlenstoffdioxid und Mineralstoffen ab. Im Stoffkreislauf können diese Stoffe dann von den Pflanzen wieder genutzt werden.

Die Wiese – ein Ökosystem

1 ○ Erkläre die Begriffe Biotop, Biozönose und Ökosystem.

2 ○ Nenne vier Umweltfaktoren, die auf die Lebewesen einer Wiese einwirken.

3 ◖ Erläutere je an einem Beispiel, was man unter Symbiose und Parasitismus versteht.

Der Wald

4 ○ Erstelle aus dem Nahrungsnetz zwei möglichst lange Nahrungsketten mit mindestens vier Gliedern. → 2

5 ● Erkläre mithilfe des Nahrungsnetzes, weshalb ein Ökosystem mit großer Artenvielfalt bei menschlichen Eingriffen stabiler ist als eines mit geringer Artenvielfalt. → 2

6 ● Erläutere mögliche Folgen auf das Nahrungsnetz, wenn sich die Zahl der Eichenwicklerraupen durch den Einsatz von Insektengiften stark verringern würde. → 2

7 ○ Begründe, weshalb Pflanzen als Produzenten bezeichnet werden.

8 ● Erkläre die Funktion von Zersetzern und Mineralisierern im Stoffkreislauf.

9 ◖ Erläutere, was man unter einer nachhaltigen Entwicklung versteht.

Fließgewässer

10 ◖ Beschreibe die Zonen eines Fließgewässers.

11 ○ Erläutere an einem Beispiel, wie Lebewesen an die Strömung eines Fließgewässers angepasst sind.

12 ◖ Beschreibe Gefährdungen von Fließgewässern.

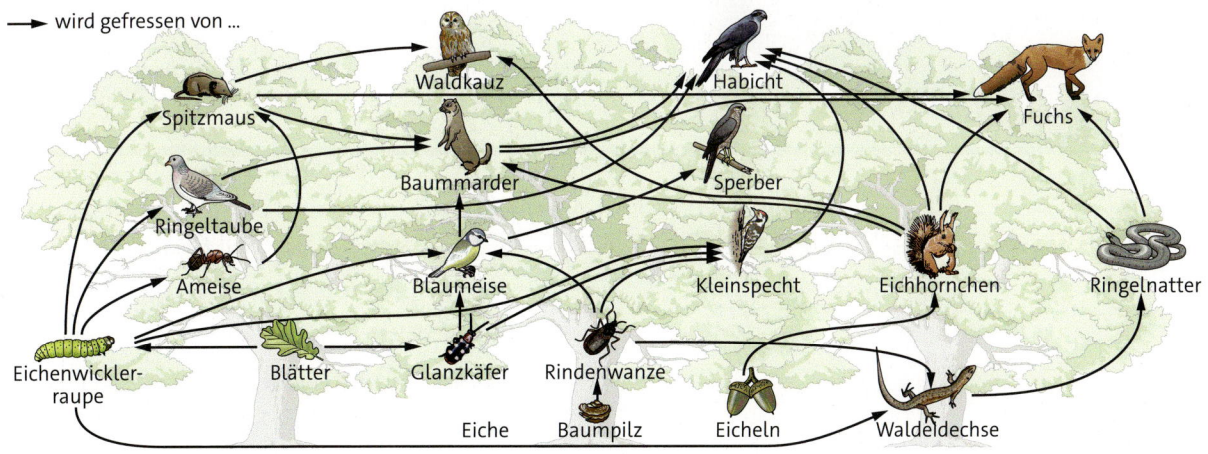

2 Nahrungsnetz im Wald

Erwachsen werden

In der Pubertät wächst das Verlangen nach Zärtlichkeit und Sexualität. Was ist unter Sexualität zu verstehen? Welche Formen der Sexualität gibt es?

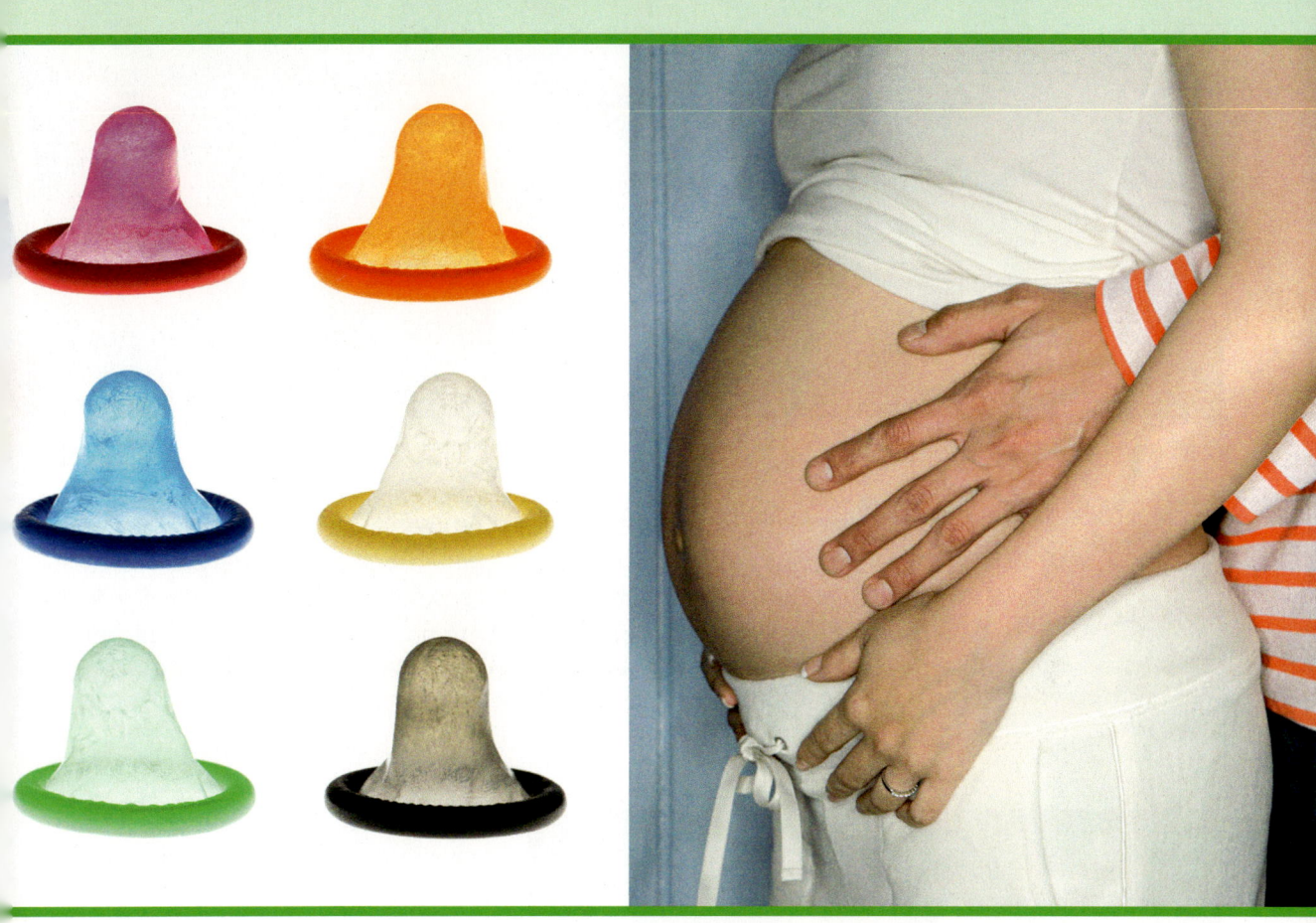

Kondome schützen vor ungewollter Schwangerschaft und sexuell
übertragbaren Infektionen.
Welche Verhütungsmethoden gibt
es und sind geeignet?

Wie kommt eine Schwangerschaft
zustande? Wie entwickelt sich ein
neuer Mensch? Was ist während
der Schwangerschaft zu beachten?

Liebe und Partnerschaft

1 Wenn aus Freunden Paare werden ...

Für Jugendliche sind Freunde oft wichtiger als die Familie. Aber auch in der Clique verändern sich die Beziehungen zueinander. Erste Liebespaare bilden 5 sich. Was heißt es, verliebt zu sein? Was ist Liebe? Was ist in einer Partnerschaft wichtig?

2 Verliebt auf Wolke 7

Auf Wolke 7 • Erstes Verliebtsein beginnt bei Mädchen und Jungen meistens 10 mit einer Schwärmerei. Du denkst nur noch an das hübsche Mädchen oder den coolen Jungen. Du hast das erste Mal das Gefühl, „Schmetterlinge im Bauch zu haben" und auf „einer 15 Wolke zu schweben. → 2 Du bekommst Herzklopfen, feuchte Hände, weiche Knie und wirst rot, wenn dich dein Schwarm nur ansieht.

Der Anfang der Liebe? • Das Verliebt- 20 sein ist die Vorstufe zur Liebe. Diese Zeit ist von großen Gefühlen bestimmt. Du bist glücklich, hast aber auch Angst vor einer Enttäuschung. In jemanden verliebt zu sein, der diese Gefühle nicht 25 erwidert, tut weh. Liebeskummer ist schwer zu verkraften.

Wenn zwei Verliebte sich gefunden haben, können sie sich im Alltag besser kennenlernen. Mit der Zeit ₃₀ zeigt sich, ob sie zueinander passen oder nicht.

Schon wieder Schluss? • Manchmal hat man sich aber den falschen Partner ausgesucht. Es stellt sich ₃₅ heraus, dass man sich nicht so gut versteht, da die Lebenseinstellungen zu verschieden sind. Die Trennung kann wehtun, aber Liebe lässt sich nicht erzwingen.

₄₀ **Was ist Liebe?** • Liebe ist mehr als ein Gefühl. Sie bedeutet auch, den anderen mit all seinen Schwächen und Stärken anzunehmen. Wenn zwei sich lieben, dann heißt es, gute ₄₅ und schlechte Zeiten miteinander zu teilen. Vertrauen, Ehrlichkeit, gegenseitige Rücksichtnahme und Treue spielen eine wichtige Rolle. Liebe weckt auch das Verlangen ₅₀ nach Zärtlichkeit und Sexualität. Sich zu berühren und miteinander zu schlafen kann für beide Partner ein schönes Erlebnis sein.

Partnerschaft • Der vertrauensvolle ₅₅ Umgang miteinander ist die Grundlage für eine Partnerschaft. Gemeinsames Handeln und Entscheiden ist für die meisten Paare heute wichtig. ► 3 Probleme lassen sich lösen, wenn die ₆₀ Partner offen miteinander reden. Jeder sollte seine eigenen Vorlieben und Abneigungen und die seines Partners kennen und respektieren.

3   Partner im Alltag

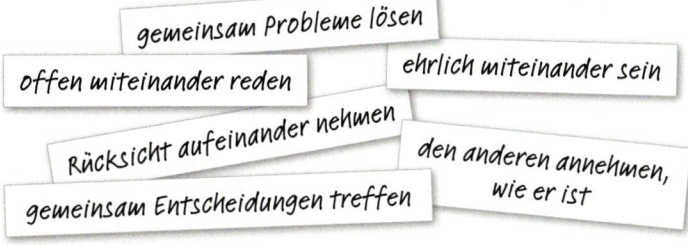

gemeinsam Probleme lösen

offen miteinander reden

ehrlich miteinander sein

Rücksicht aufeinander nehmen

den anderen annehmen, wie er ist

gemeinsam Entscheidungen treffen

4   Grundsätze einer Partnerschaft

Aus dem Verliebtsein kann Liebe entstehen. Vertrauen und gegenseitiger Respekt sind in einer Partnerschaft wichtig.

Aufgaben

1 ○ Erkläre die Redewendung „Verliebte schweben auf Wolke 7".

2 ◐ Vergleiche zwischen Verliebtsein und Liebe.

3 ◐ Erkläre mithilfe von Bild 4, was für eine Partnerschaft wichtig ist.

Liebe und Partnerschaft

Material A

Liebe und Partnerschaft

Materialliste: Sammlung von Fotos aus Zeitschriften zu den Themen Liebe und Partnerschaft → $\boxed{1}$ – $\boxed{3}$

$\boxed{1}$

1 ◯ Setzt euch in einen Stuhlkreis und legt die Fotos in der Mitte aus.

a Jeder wählt für sich drei Fotos aus, die ihm gefallen.

b Stelle nun deine Fotos vor. Erkläre, warum sie dir gefallen und welche Verbindung sie für dich zum Thema haben.

c Die Fotos könnt ihr in einer Collage gestalten und im Klassenraum aushängen.

$\boxed{2}$

$\boxed{3}$

Material B

Liebe ist …

Materialliste: Stifte, Plakate

1 ◯ Schreibt auf jedes Plakat einen der Satzanfänge. Hängt die Plakate in der Klasse aus.

2 ◯ Nun vollendet jeder für sich die Satzanfänge, ohne miteinander zu reden.

3 ◖ Vergleicht die Sätze und diskutiert sie.

- Ich bekomme Herzklopfen, wenn …
- Ich bin verliebt, wenn …
- Liebeskummer ist …
- Liebe bedeutet …

4

Material C

Vertrauen und Respekt

Stell dir vor, du bist mit einer Person auf einer einsamen Insel gestrandet.

1 ◖ Überlege, mit wem du am liebsten auf einer einsamen Insel stranden würdest. Begründe, weshalb du gerade diese Person gewählt hast.

2 ◖ Notiere fünf Eigenschaften, die dein Partner auf der Insel haben sollte.

3 ◯ Sammelt und ordnet die Eigenschaften nach ihrer Häufigkeit an der Tafel.

4 ◖ Stellt Vermutungen an, wieso einige Eigenschaften häufiger genannt werden als andere.

5 ◖ Diskutiert, welche Eigenschaften für ein enges Zusammenleben wichtig sind.

6 ● Tauscht euch über die Begriffe „Vertrauen" und „Respekt" aus.

Material D

Mein Traumpartner

Materialliste: pro Schüler
6 Karteikarten, Klebestreifen

1 ○ Malt ein großes Herz an
die Tafel und unterteilt es
in zwei Hälften. Beschriftet
die eine Hälfte mit „Mein
Traumpartner soll ...", die
andere mit „Mein Traum-
partner soll nicht ...".

2 ○ Schreibe jeweils drei
Eigenschaften auf, die dein
Traumpartner haben soll
und die er nicht haben soll.
Hefte die Karten in die ent-
sprechende Herzhälfte.

3 ○ Ordnet die Einträge
in den Herzhälften nach
Äußerlichkeiten und
Charaktereigenschaften.

4 ◑ Beurteilt die Wichtigkeit
von Äußerlichkeiten und
Charaktereigenschaften.

5 ◐ Diskutiert, welche Eigenschaften für eine Partnerschaft wichtig sind.

Material E

Wenn die Liebe endet ...

Nicole und Mario waren lange
Zeit ein Paar. Nicole hat sich
nun in Thomas verliebt. Mario
will Nicole für sich zurück-
gewinnen.

Materialliste: 3 Rollenkarten
(Nicole, Mario, Thomas),
1 Beobachtungskarte

1 ◐ Führt in Vierergruppen
das Rollenspiel durch.
Wählt drei Schüler, die
die Rollen übernehmen.
→ 5 – 7 Der vierte Schü-
ler beobachtet das Rollenspiel mit einem konkreten
Beobachtungsauftrag. → 8

2 ◐ Besprecht eure Erfahrungen während des Rollen-
spiels. Diskutiert die Beob-
achtungsergebnisse.

3 ◐ Überlegt gemeinsam,
wie man Partnerschaften
beenden sollte.

4 ● Diskutiert, wo Nicole
sich Unterstützung holen
kann.

Nicole ist seit Wochen total
verzweifelt. Anfangs tat
Mario ihr noch leid. Mittlerweile hat sie Angst vor ihm.
Sie kommt kaum noch zur
Ruhe und traut sich allein
nicht mehr auf die Straße.

5 Rollenkarte Nicole

Er verfolgt Nicole und ruft
sie ständig an. Rund um die
Uhr schickt er ihr SMS und
Mails. Er merkt, dass er
keinen Erfolg hat. Deshalb
beleidigt er Nicole nun bei
gemeinsamen Freunden und
in sozialen Netzwerken.

6 Rollenkarte Mario

Thomas versteht Nicoles Wün-
sche und Ängste. Er achtet
und respektiert ihre Gefühle.

7 Rollenkarte Thomas

Beobachte, wie sich die
„Liebenden" zueinander verhalten. Achte besonders auf:
• das Verhalten
  (Körpersprache)
• die Wortwahl
• die Stimmung
• Spielen die „Liebenden"
  realitätsnah?

8 Beobachtungskarte

Formen der Sexualität

1 Ein heterosexuelles Paar

Was ist Sexualität? Gehören Liebe und Sexualität zusammen? Und welche Formen der Sexualität gibt es?

Menschliche Sexualität • Bei Jugend-
5 lichen erwacht meist mit dem ersten Verliebtsein auch das Bedürfnis nach Sexualität. Unter Sexualität wird nicht nur Geschlechtsverkehr verstanden, sondern auch der Wunsch nach Lust,
10 Nähe und Zärtlichkeit. Sexualität gehört zu den Grundbedürfnissen des Menschen.

Liebe und Sex • Die Umfrage einer Jugendzeitschrift ergab, dass bei Jungen
15 Sex und Romantik weniger zusammenhängen als bei Mädchen. So konnten sich 12 % der Jungen und nur 6 % der Mädchen auch Sex ohne Liebe vorstellen. Für die Mehrheit der Jugendlichen
20 gehören aber Liebe und Sex zusammen.

Wo die Liebe hinfällt • In unserer Gesellschaft suchen Mädchen und Jungen, Frauen und Männer ihren Partner meistens beim anderen Geschlecht. Es
25 bilden sich heterosexuelle Paare. → 1 Es gibt aber auch noch andere Formen der Sexualität.
Einige Menschen fühlen sich von Personen desselben Geschlechts angezogen.
30 Sie sind homosexuell. Homosexuelle männliche Personen bezeichnet man als schwul. → 2 Frauen, die sich zu anderen Frauen hingezogen fühlen, bezeichnet man als lesbisch. → 3
35 Schwule und Lesben führen ganz normale Beziehungen genau wie heterosexuelle Paare auch. Sie erleben die gleichen Freuden, Probleme und Ängste. Sie können eine eheähnliche
40 Lebenspartnerschaft eingehen. Ebenso können sie Familien gründen oder auch Kinder adoptieren.

Was bin ich? • Einige Jugendliche sammeln erste sexuelle Erfahrungen mit
45 dem gleichen Geschlecht. Das bedeutet aber noch nicht gleich, dass man schwul oder lesbisch ist.
Auch heute noch trauen sich viele Menschen nicht, öffentlich dazu zu
50 stehen, dass sie schwul oder lesbisch sind. Sie haben Angst, als nicht „normal" zu gelten.

Bisexualität • Einige Menschen haben das Bedürfnis, sexuelle und emotio-
55 nale Beziehungen mit Personen beider Geschlechter einzugehen. Sie sind bisexuell. Bisexuelle Beziehungen bestehen häufig zwischen mehr als zwei Personen.

60 **Im falschen Körper** • Es gibt Menschen, die sich in ihrem Körper fremd fühlen. Menschen, die lieber Frau oder Mann sein möchten und wie das andere Geschlecht fühlen, sind transsexuell.
65 Meistens besteht der Wunsch, den eigenen Körper durch Behandlungen dem anderen Geschlecht anzugleichen.

Was wichtig ist • Entscheidend für
70 alle Formen der Sexualität ist, was dem Einzelnen und dem Partnern guttut. Auf Formen der Sexualität, die nicht der eigenen entspricht, sollte mit Respekt und Toleranz begegnet
75 werden. → 4

> Die Formen der Sexualität sind vielfältig. Jeder Form sollte mit Respekt und Toleranz begegnet werden.

2 Ein schwules Paar

3 Ein lesbisches Paar

4 Demonstration für die Gleichbehandlung von Homosexuellen in Berlin

Aufgaben

1 ○ Erkläre, was unter Sexualität zu verstehen ist.

2 ◐ Nimm Stellung zu der Aussage „Ohne Liebe kein Sex".

3 ◐ Erkläre die Begriffe Heterosexualität, Homosexualität, Bisexualität und Transsexualität.

Formen der Sexualität

Material A

Typisch männlich – typisch weiblich?

„Jungen sind cool, Mädchen sind romantisch." Diese und ähnliche Aussagen hast du sicher schon gehört. Aber lässt sich so leicht in typisch männlich und typisch weiblich einteilen?

1 ○ Ordne die Eigenschaften und Berufsfelder jeweils „typisch männlich" und „typisch weiblich" zu. → 1 Begründe deine Entscheidung.

2 ◐ Nimm Stellung zu der Aussage, dass es „typisch" weibliche und männliche Eigenschaften und Berufe gibt.

3 ◐ Beschreibe deinen Wunschberuf in zwei Sätzen. Erkläre, ob er typisch männlich oder typisch weiblich ist.

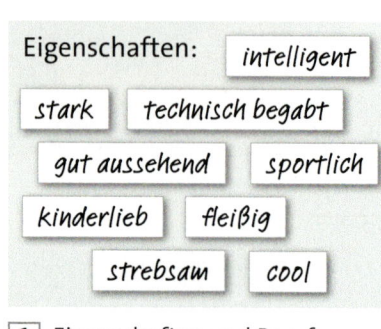

Eigenschaften: intelligent · stark · technisch begabt · gut aussehend · sportlich · kinderlieb · fleißig · strebsam · cool

Berufsfelder: Pflegebereich · Kfz-Werkstatt · Friseur · Kindergarten · Straßenbau · Labor · Arztpraxis · Gartenbau · Verkauf

1 Eigenschaften und Berufe

Material B

Wie tolerant bist du?

In eurer Clique entwickeln sich aus Freundschaften langsam Partnerschaften. Robin und Florian sind sowohl mit den Mädchen als auch mit den Jungen der Clique befreundet. Ihr habt schon lange beobachtet, dass die beiden sich gut verstehen. Sie besprechen gemeinsam Probleme, haben nahezu gleiche Ansichten und suchen ständig Blickkontakt. Jetzt steht fest, die beiden sind nicht nur Freunde, sondern ein Paar. Wie denkt ihr darüber?

1 ◐ Bildet Gruppen mit je vier Teilnehmern. Führt, ohne miteinander zu sprechen, ein Schreibgespräch durch.

a Jedes Gruppenmitglied schreibt seine Meinung zu Robin und Florian jeweils auf ein Blatt Papier. Anschließend reicht jedes Gruppenmitglied sein Blatt Papier im Uhrzeigersinn weiter.

b Nachfolgend liest jedes Gruppenmitglied die Meinung seines Nachbarn und ergänzt vor dem Weiterreichen einen Kommentar.

c Das Schreibgespräch ist beendet, wenn sich jeder auf dem Blatt geäußert hat.

d Besprecht eure Meinungen und Kommentare in der Gruppe.

2 ◐ Diskutiert in der Klasse, wie mit homosexuellen Partnerschaften im Freundeskreis umgegangen werden sollte.

2 Robin und Florian

Homosexuelle Partnerschaften

Das Bundesamt führt eine Vielzahl statistischer Erhebungen durch. Auch zu homosexuellen Partnerschaften liegen Daten vor.

1 Werte die Grafik aus.

a ○ Nenne den Gesamtanteil der homosexuellen Lebensgemeinschaften von 1997 bis 2013.

b ◐ Nenne den Anteil der homosexuellen Frauen und Männer im Jahr 2007.

2 ◐ Stelle Vermutungen zu den Gründen der Veränderungen von 1997 bis 2013 an.

3 ◐ Die Daten werden nach Befragungen erhoben. Erkläre wie verlässlich die Daten aufgrund dieser Tatsache sind.

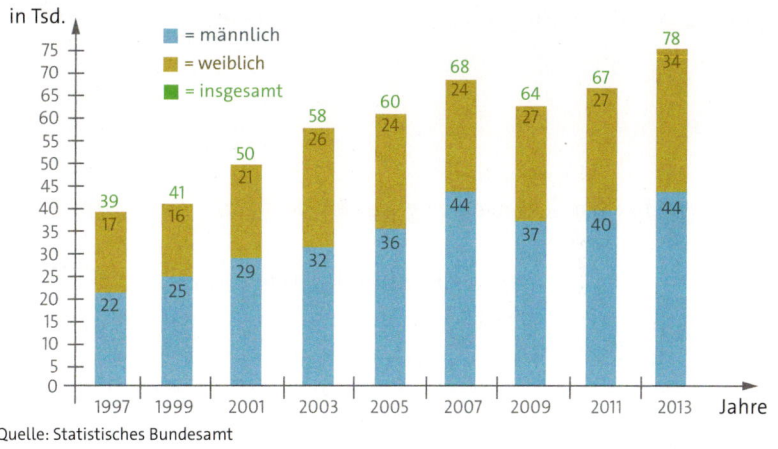

Quelle: Statistisches Bundesamt

3 Homosexuelle Partnerschaften in Deutschland

Sich „outen"

Bis zu 10 % der Bevölkerung sind homosexuell.
Auch Prominente wie Schauspieler, Politiker oder Sportler sind homosexuell.
Mit den Worten „Ich bin schwul, und das ist auch gut so" bekannte sich der Berliner Bürgermeister Klaus Wowereit 2001 zu seiner sexuellen Identität, er „outete" sich.
In den Jahren darauf bekannten sich immer mehr Promi-

nente zu ihrer Homosexualität. Viele erst nach dem Ausscheiden aus ihrer aktiven Karriere, wie 2014 der Fußball Nationalspieler Thomas Hitzlsperger. → 4

1 ○ Erkläre den Begriff „sich outen".

2 ◐ Nenne Gründe, warum sich gerade Prominente nicht oder erst nach ihrer Karriere zu ihrer homosexuellen Identität bekennen.

4 Thomas Hitzlsperger

Die Geschlechtsorgane

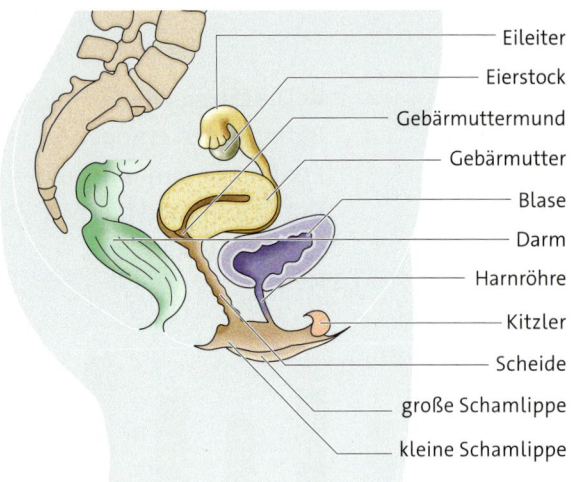

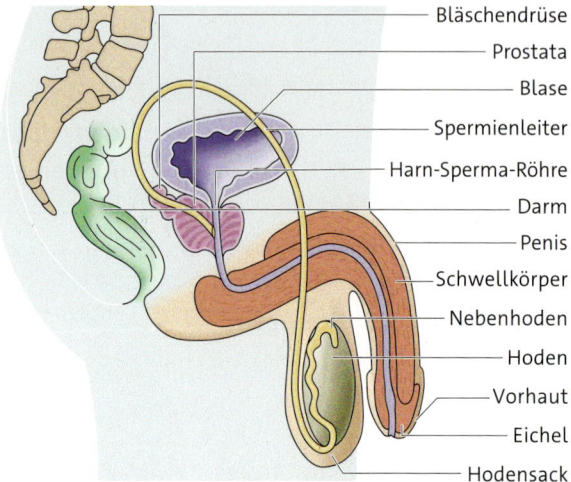

Eileiter
Eierstock
Gebärmuttermund
Gebärmutter
Blase
Darm
Harnröhre
Kitzler
Scheide
große Schamlippe
kleine Schamlippe

Bläschendrüse
Prostata
Blase
Spermienleiter
Harn-Sperma-Röhre
Darm
Penis
Schwellkörper
Nebenhoden
Hoden
Vorhaut
Eichel
Hodensack

1 Die weiblichen Geschlechtsorgane (von der Seite)

2 Die männlichen Geschlechtsorgane (von der Seite)

Bei jungen Mädchen liegt kurz hinter dem Scheideneingang das Jungfernhäutchen. Dieses dehnbare Häutchen hat eine kleine Öffnung.

Die weiblichen Geschlechtsorgane •
Die großen und kleinen Schamlippen umgeben den Scheideneingang und die Öffnung der Harnröhre. Der Kitzler
5 ist berührungsempfindlich und erregbar. Die Scheide ist ein Verbindungsgang zwischen den äußeren und den inneren Geschlechtsorganen. → 1
Am Ende der Scheide befindet sich der
10 Gebärmuttermund. Die Gebärmutter liegt wie die Eierstöcke und die Eileiter in der Bauchhöhle. In den beiden walnussgroßen Eierstöcken befinden sich etwa 400 000 winzige Eizellen.
15 Die reife Eizelle wird aus dem Eierstock in den Eileiter abgegeben.

Die männlichen Geschlechtsorgane •
Die Eichel an der Spitze des Penis wird von der Vorhaut geschützt. Sie ist be-
20 rührungsempfindlich und erregbar. Im Penis liegen die Schwellkörper, die sich mit Blut füllen und den Penis aufrichten können. Im Hodensack befinden sich die Hoden, die täglich mehrere

25 Millionen Spermienzellen bilden. → 2
Sind die Nebenhoden gefüllt, werden die Spermienzellen zusammen mit etwas Flüssigkeit nach außen abgegeben. Die Flüssigkeit wird von der
30 Prostata und der Bläschendrüse gebildet. Spermienzellen und Flüssigkeit zusammen heißen Sperma.
Muskeln können das Sperma durch den Spermienleiter und die Harn-
35 Sperma-Röhre nach außen drücken.
Die weiblichen und männlichen Geschlechtsorgane werden als primäre Geschlechtsmerkmale bezeichnet.

Die Geschlechtsorgane dienen der Fortpflanzung. Sie unterscheiden sich bei Frau und Mann.

Aufgabe

1 ◐ Beschreibe jeweils den Bau der weiblichen und der männlichen Geschlechtsorgane.

Material A

Die weiblichen Geschlechtsorgane

1 ○ Schreibe die Zahlen 1–6 in dein Heft. Beschrifte sie mit den richtigen Fachbegriffen.

2 ◗ Beschreibe die Lage des Jungfernhäutchens.

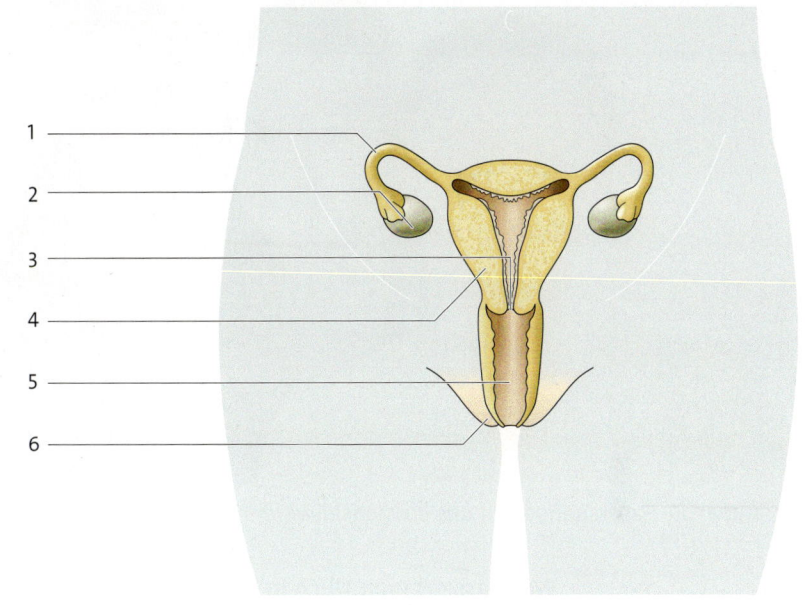

3 Die weiblichen Geschlechtsorgane (von vorne)

Material B

Die männlichen Geschlechtsorgane

1 ○ Schreibe die Zahlen 1–12 in dein Heft. Beschrifte sie mit den richtigen Fachbegriffen.

2 ◗ Beschreibe jeweils die Aufgaben der männlichen Geschlechtsorgane.

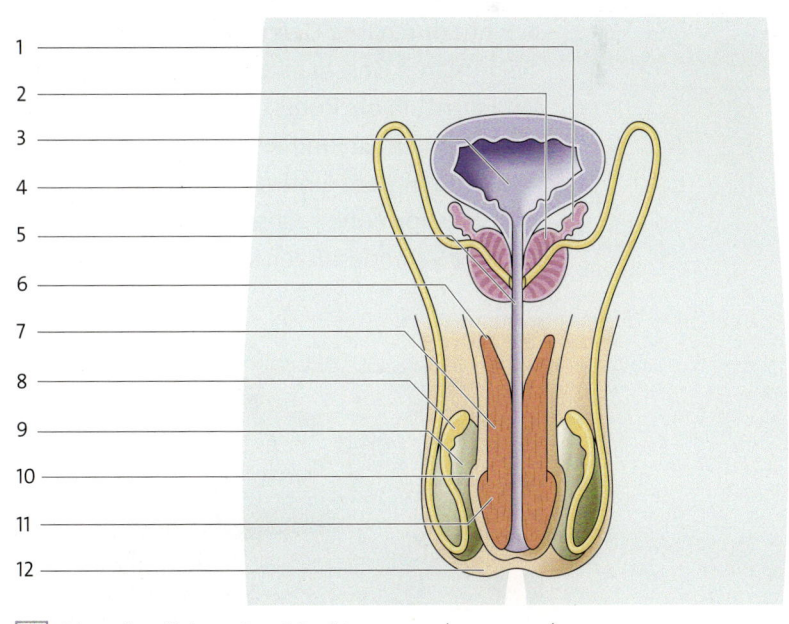

4 Die männlichen Geschlechtsorgane (von vorne)

Geschlechtshormone

1 Pubertät – aufregende Zeit des Erwachsenwerdens

Was passiert eigentlich in der Pubertät? Was ist die Ursache?

Die Pubertät • Während der Kindheit sind die Körper von Mädchen und
5 Jungen fast gleich. Sie unterscheiden sich nur durch ihre Geschlechtsorgane, die primären Geschlechtsmerkmale. Mit Eintritt in die Pubertät, meistens zwischen dem 12. und 16. Lebensjahr,
10 finden unter dem Einfluss der Geschlechtshormone seelische und körperliche Veränderungen statt.

2 Auseinandersetzungen mit den Eltern

Aufbruchsstimmung • Die seelischen Veränderungen äußern sich durch
15 Auseinandersetzungen mit erwachsenen Bezugspersonen wie Eltern oder Lehrern. → 2 Freunde und Gleichaltrige sind oft wichtiger. Gleichzeitig erwacht das Gefühlsleben. Mädchen
20 und Jungen beginnen zu flirten und zeigen vermehrtes Intresse an einem Sexualpartner.

Körperliche Veränderungen • Beim Mädchen wachsen Scham- und Ach-
25 selhaare, die Brüste mit den Milchdrüsen entwickeln sich, das Becken wird runder und breiter.
Bei den Jungen wachsen ebenfalls Scham- und Achselhaare, zudem setzt
30 der Bartwuchs ein. Der Kehlkopf vergrößert sich, der Junge kommt in den Stimmbruch, die Stimme wird tiefer. Die Muskulatur wird stärker, die Schultern breiter.

die sekundären
    Geschlechtsmerkmale
die Hirnanhangsdrüse
das Östrogen
das Progesteron
das Testosteron

35 Diese während der Pubertät ausgeprägten Merkmale werden auch als sekundäre Geschlechtsmerkmale bezeichnet.

Unsichtbare Veränderungen • Die be-
40 deutendsten Veränderungen vollziehen sich in den Geschlechtsorganen. Die Geschlechtszellen reifen und sind funktionsfähig. Bei Mädchen bildet sich die erste reife Eizelle. → 3 Danach
45 setzt die erste Regelblutung ein. Bei Jungen entwickeln sich reife Spermienzellen in den Hoden. → 4 Mädchen und Jungen sind nun geschlechtsreif. Sie können Kinder bekommen oder
50 zeugen.

Wie „entsteht" die Pubertät? • Das Zwischenhirn regt die Hirnanhangsdrüse an, Hormone zu bilden. → 5 Diese Hormone werden über das Blut zu den
55 Eierstöcken oder Hoden transportiert. Sie bewirken dort die Bildung der weiblichen oder männlichen Geschlechtshormone. In den Eierstöcken wird das bei Frauen überwiegende Östrogen
60 und Progesteron gebildet. Die Hoden produzieren das bei Männern überwiegende Testosteron. In den Geschlechtsorganen bewirken die Hormone das Heranreifen der Geschlechtszellen. Sie
65 haben aber auch auf das Gefühlsleben Einfluss und führen zu Stimmungsschwankungen.

> In der Pubertät verändern sich Verhalten und Körper der Heranwachsenden. Dies wird durch Geschlechtshormone ausgelöst.

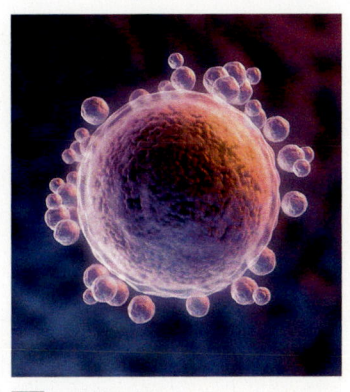

3 Die Eizelle

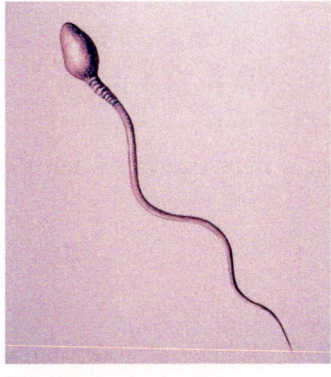

4 Die Spermienzelle

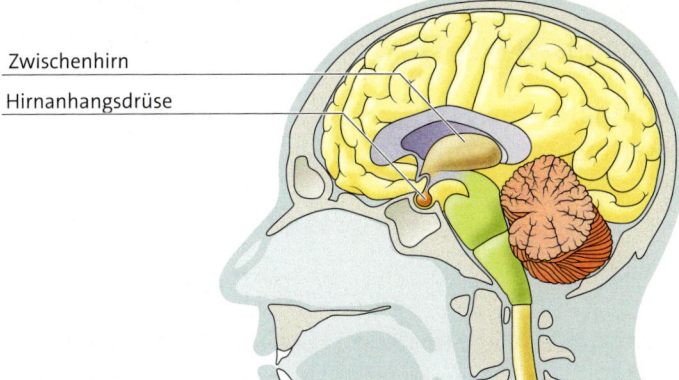

Zwischenhirn

Hirnanhangsdrüse

5 Gehirn mit Hirnanhangsdrüse

Aufgaben

1 ○ Erkläre den Unterschied zwischen primären und sekundären Geschlechtsmerkmalen.

2 ○ Beschreibe die seelischen und körperlichen Veränderungen.

3 ◖ Erkläre die Ursachen für die Veränderungen in der Pubertät.

4 ◖ Nenne die Geschlechtshormone für Frau und Mann.

Geschlechtshormone

Material A

Mädchen oder Junge?

1 ○ Betrachte Bild 1. Entscheide, ob es sich um ein Mädchen oder einen Jungen handelt.

2 ◐ Erkläre deine Entscheidung.

3 ○ Sammelt die Entscheidungen aller Mitglieder eurer Klasse in einer Strichliste. Diskutiert die unterschiedlichen Zuordnungen.

4 ◐ Nenne Gründe, weshalb eine eindeutige Geschlechtszuordnung nicht möglich ist.

Material B

Sekundäre Geschlechtsmerkmale

An öffentlichen Toiletten findet man oft Symbole.

1 ○ Erkläre, welche sekundären Geschlechtsmerkmale dargestellt werden.

2 ◐ Liste die sekundären Geschlechtsmerkmale bei Mädchen und Jungen in einer Tabelle auf. Markiere Veränderungen, die beide Geschlechter betreffen.

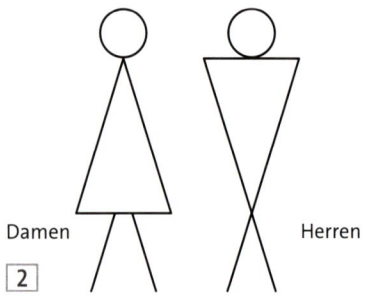

Damen   Herren

Material C

Bildung und Wirkung der Geschlechtshormone

Das Gehirn steuert die Bildung der weiblichen und männlichen Geschlechtshormone.

1 ◐ Erkläre die Bildung der Geschlechtshormone.

2 ◐ Beschreibe die Wirkung der Geschlechtshormone auf die Geschlechtsorgane.

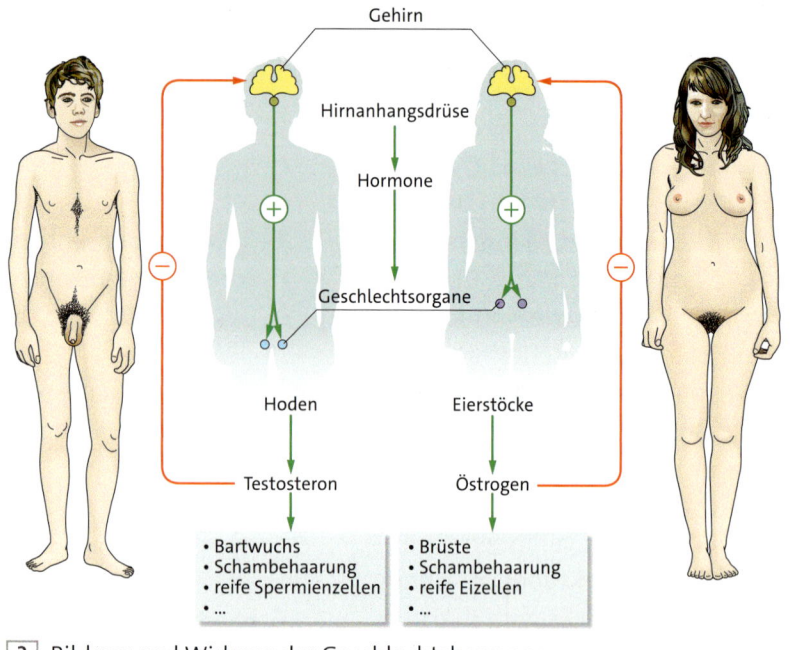

3 Bildung und Wirkung der Geschlechtshormone

Der Regelkreis der Hormone

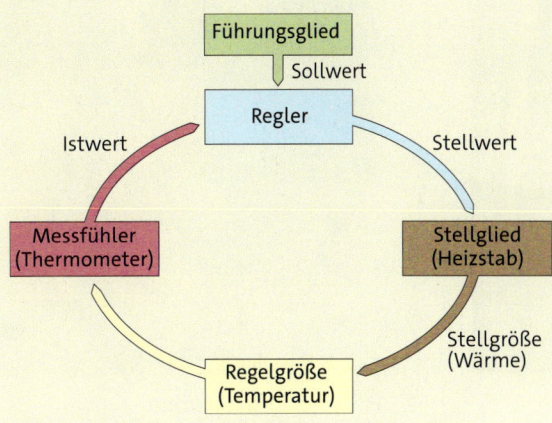

4 Regelkreis in der Technik

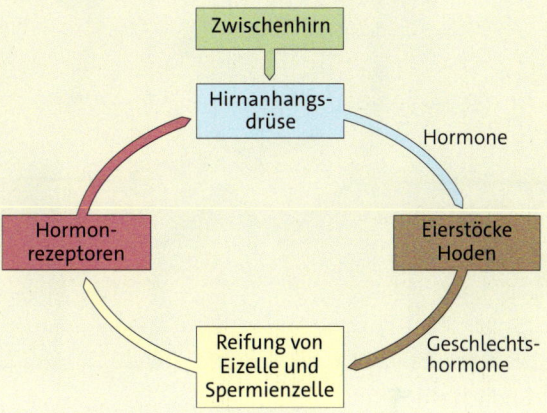

5 Regelkreis der Hormone

Hormonelle Steuerung • In der Pubertät schüttet die Hirnanhangsdrüse Hormone in den Blutkreislauf aus. Unter dem Einfluss dieser Hormone werden in den Geschlechts-
5 organen die Geschlechtshormone gebildet. Damit nicht unendlich viele Geschlechtshormone gebildet werden, wird ihre Menge im Blut über einen Regelkreis gesteuert.

Technische Steuerung • Steuerungsprozesse
10 werden in Regelkreisen dargestellt. Die Heizungsanlage eines Hauses hält eine konstante Temperatur in den Räumen. Sie regelt die Temperatur. Ein Messfühler, das Thermometer, kontrolliert permanent den Istwert.
15 Dieser Wert wird an den Regler geleitet und mit der angeforderten Temperatur, dem Sollwert, abgeglichen. Liegt die Temperatur in einem Raum unter dem Sollwert, leitet der Regler diese Information an das Stellglied,
20 den Heizstab. Der Heizstab heizt, der Raum wird wärmer. → 4

Modellübertragung • Das Prinzip der Technik lässt sich auf biologische Prozesse übertragen. Die Hirnanhangsdrüse kontrolliert per-
25 manent die Menge der im Blut vorhandenen Geschlechtshormone. Wenn viel Östrogen oder Testosteron im Blut vorhanden ist, bildet die Hirnanhangsdrüse weniger Hormone. Daraufhin produzieren die Eierstöcke weniger
30 Östrogen und die Hoden weniger Testosteron.
→ 5

> Die Ausschüttung der Geschlechtshormone wird durch den Regelkreis gesteuert.

Aufgaben

1 ● Erkläre das Prinzip eines Regelkreises.

2 ● Vergleiche den technischen Regelkreis mit dem hormonellen Regelkreis.

Der weibliche Zyklus

1 │ Endlich eine Frau …

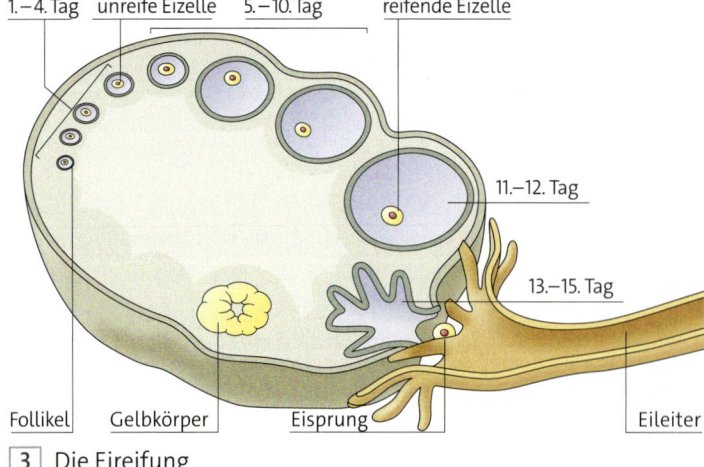

2 │ Hilfe bei Beschwerden

Wenn Mädchen zu Frauen werden, setzt auch bald eine monatliche Blutung ein. Was passiert dabei im Körper?

Jeden Monat wieder … • In den Eierstöcken von Mädchen liegen bei der Geburt etwa 400 000 unreife Eizellen vor. Mit Beginn der Pubertät bewirken die Geschlechtshormone bei Mädchen die Eireifung in den Eierstöcken.

Zwischen dem 9. und 15. Lebensjahr erfolgt die erste Eireifung, die eine Blutung auslöst.
Diese Eireifung erfolgt daraufhin etwa 40 Jahre lang regelmäßig und wird deshalb als Regelblutung oder Menstruation bezeichnet.
Die Menstruation wiederholt sich monatlich, daher spricht man von einem Kreislauf, einem Zyklus. Der Zyklus hat meist eine Länge von 25 bis 32 Tagen. Er kann stressbedingt aber auch deutlich länger oder kürzer sein.

Der weibliche Zyklus • In den Eierstöcken liegen unreife Eizellen in Bläschen, den Follikeln, vor. Die Hormone der Hirnanhangsdrüse bewirken das Heranreifen einer unreifen Eizelle in einem der beiden Eierstöcke.
Wenn der Follikel wächst, produziert er Östrogen. Das führt zu einer besseren Durchblutung der Gebärmutterschleimhaut. Nach 14 Tagen platzt der Follikel,

1.–4. Tag   unreife Eizelle   5.–10. Tag   reifende Eizelle

11.–12. Tag

13.–15. Tag

Follikel   Gelbkörper   Eisprung   Eileiter

3 │ Die Eireifung

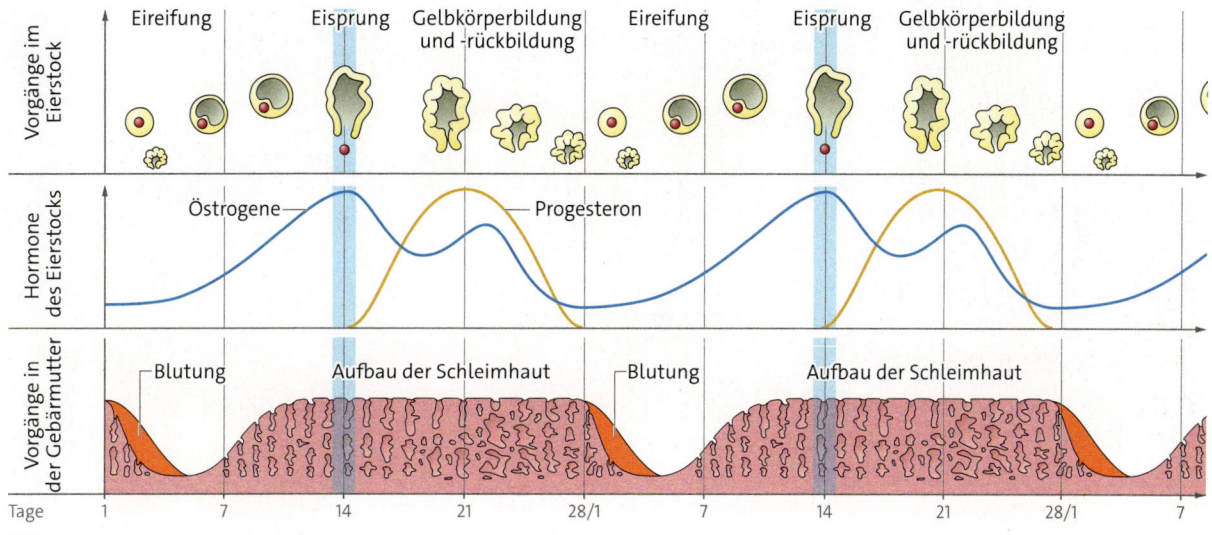

4 Der Menstruationszyklus

dann tritt die Eizelle in den Eileiter
über. Dieser Vorgang wird als Eisprung
35 bezeichnet. → ③ Nach dem Eisprung
wird der geplatzte Follikel gelblich.
Er wird daher Gelbkörper genannt.
Der Gelbkörper produziert nun kein
Östrogen mehr, sondern Progesteron.
40 Durch Ausschüttung des Progesterons
wird die Gebärmutterschleimhaut
noch stärker durchblutet und aufgebaut. → ④ Jetzt könnte sich eine
befruchtete Eizelle einnisten. Falls
45 keine Befruchtung erfolgt, löst sich
der Gelbkörper auf. Es wird kein Progesteron mehr produziert. Die aufgebaute Gebärmutterschleimhaut löst
sich ab und blutet durch die Scheide
50 aus. Die einsetzende Regelblutung
dauert meist 4 bis 5 Tage.

Menstruationsbeschwerden • Viele
Mädchen verspüren kurz vor Einsetzen
der Regelblutung ein Unwohlsein und
55 ein Ziehen im Unterleib und Rücken.

Mit Kräutertees, Wärme und Ruhe
können die Beschwerden gelindert
werden. Helfen diese Hausmittel nicht,
kann man einen Frauenarzt um Rat
60 fragen.

Monatshygiene • Das Blut der Menstruation wird mit Binden oder Tampons
aufgefangen. Tampons verletzen bei
sachgemäßer Anwendung das Jung-
65 fernhäutchen nicht.

Der weibliche Zyklus wird durch
Östrogen und Progesteron gesteuert. Die aufgebaute Gebärmutterschleimhaut wird als Blutung, die
Menstruation, ausgeschieden.

Aufgabe

1 ● Beschreibe den Einfluss der
Hormone auf den weiblichen
Zyklus. → ④

Der weibliche Zyklus

Der Zyklusverlauf

Der Zyklus wiederholt sich regelmäßig. Durch Hormone gesteuert baut sich die Gebärmutterschleimhaut monatlich einmal auf, um eine befruchtete Eizelle aufzunehmen. Erfolgt keine Befruchtung, wird die Gebärmutterschleimhaut wieder abgebaut und durch die Scheide ausgeschieden.

1 ○ Ordne die Bilder zum Verlauf des Zyklus in die richtige Reihenfolge.

2 ◐ Beschreibe die jeweils abgebildeten Vorgänge in den weiblichen Geschlechtsorganen.
Benutze folgende Fachbegriffe: Eizelle, Eierstock, Eileiter, Eisprung, Gebärmutterschleimhaut.

3 ◐ Nenne die Zeitspanne, in der sich eine befruchtete Eizelle einnisten kann. Ordne das passende Bild zu.

4 ◐ Erkläre, wieso sich die Gebärmutterschleimhaut ablöst.

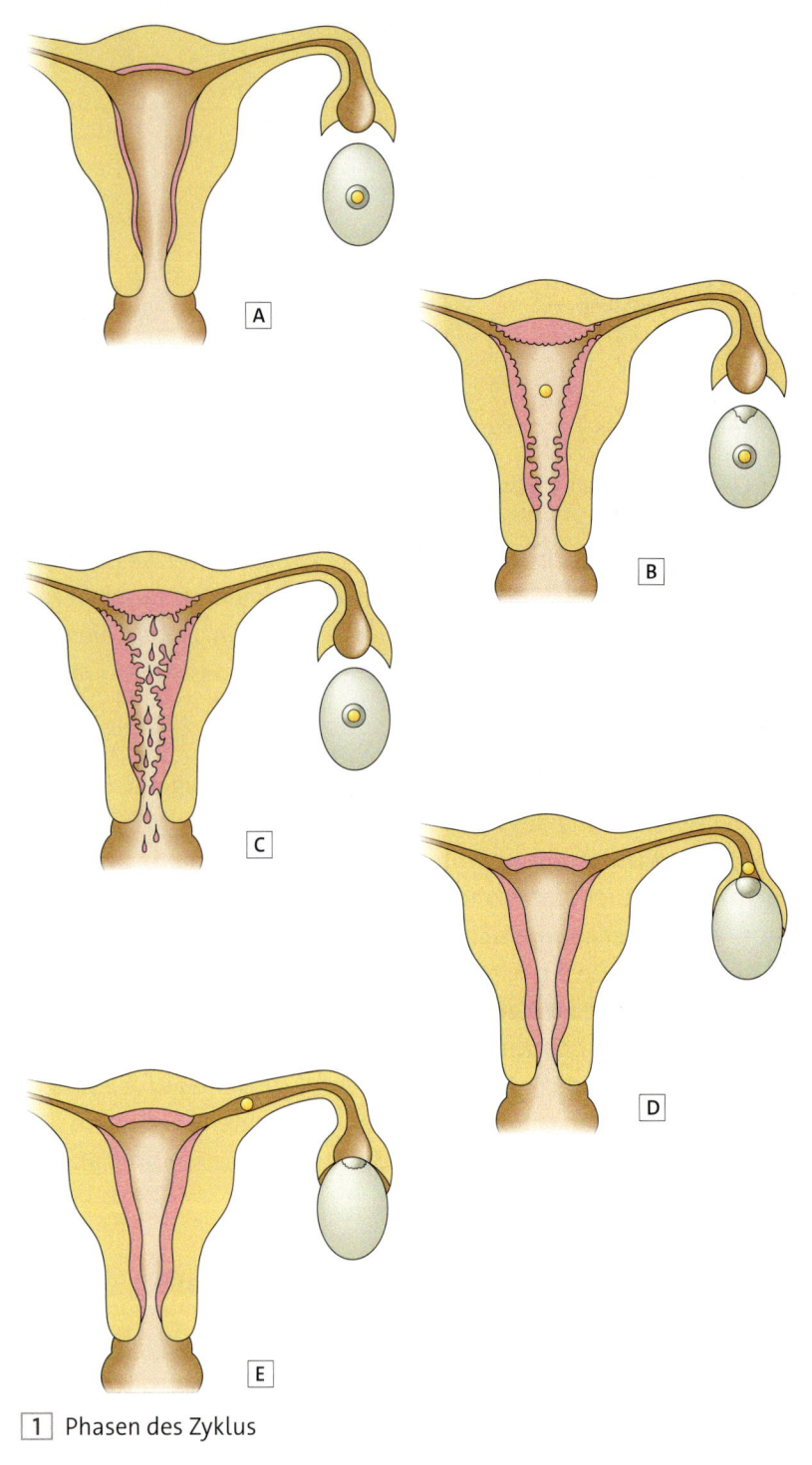

1 Phasen des Zyklus

Material B

Die Steuerung des Zyklus

1 ● Beschreibe die Steuerung der Vorgänge und die Auswirkungen auf Follikel und Gebärmutterschleimhaut.

2 ● Beschreibe die Reifung der Eizelle und den Eisprung unter Mitwirkung des Östrogens und Progesterons.

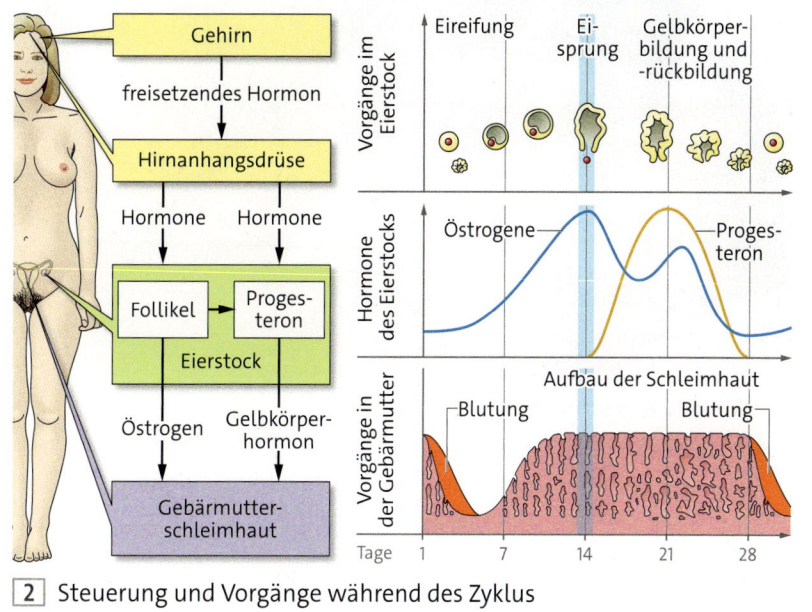

2 | Steuerung und Vorgänge während des Zyklus

Material C

Binden und Tampons

Viele Mädchen denken, dass sie während der Menstruation sehr viel Blut verlieren. Dabei sind es nur 50 bis 150 mL. Zudem befürchten sie, dass Binden oder Tampons das Blut nicht sicher auffangen.

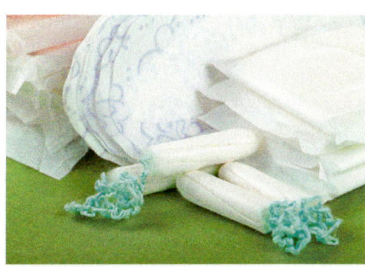

3 | Binden und Tampons

Materialliste:
Binden (normal), Tampons (mini, normal), Becherglas (200 mL), Wasser

1 ○ Untersuche die Binde.
a Notiere, wie die Binde verpackt ist. Erkläre.
b Notiere die Materialien, die verwendet werden, in ihrer Abfolge von oben nach unten. Trage dafür Schicht für Schicht ab.
c Erkläre, wodurch die Binde einen sicheren Schutz gegen Durchblutung bietet.

2 ○ Untersuche den Tampon (normal).
a Notiere, wie der Tampon verpackt ist. Erkläre.
b Notiere die Materialien, die verwendet werden.
c Überprüfe die Reißfestigkeit des Rückholfadens.

3 ◐ Berechne, wie viel Blut etwa pro Tag ausgeschieden wird.
a Versetze eine Binde und einen Tampon (mini) mit der berechneten Wassermenge.
b Triff Aussagen zur Sicherheit von Binde und Tampon.

Geschlechtsverkehr

1 Miteinander schlafen

Verliebte möchten sich nahe sein und miteinander schlafen.

Küssen, streicheln – Sex • Verliebte suchen die körperliche Nähe ihres Partners. Sie küssen und streicheln sich, auch an intimen Körperstellen. Das nennt man Petting. Die gesteigerte sexuelle Erregung erweckt den Wunsch, sich zu vereinigen, miteinander zu schlafen. → **1** Die sexuelle Erregung wirkt auf die Geschlechtsorgane. Der Penis wird stärker durchblutet. Er richtet sich auf und wird steif. Der Mann hat eine Erektion. Bei Frauen vergrößern sich Kitzler und Schamlippen. Die Scheide sondert eine Flüssigkeit ab, sie wird feucht und gleitfähig. Somit kann der Penis leicht und schmerzfrei in die Scheide hineingleiten.

Das Jungfernhäutchen • Viele Mädchen fürchten sich bei ihrem ersten Geschlechtsverkehr vor dem Einreißen des Jungfernhäutchens und vor Schmerzen. Wird ein Penis eingeführt, kann das Jungfernhäutchen so weit gedehnt werden, dass es einreißt. Das muss aber nicht sein. Schmerzen entstehen meist nicht, wenn das Jungfernhäutchen einreißt, sondern wenn ein Mädchen zu verkrampft ist oder nicht feucht genug. Außerdem bluten nur wenige Mädchen. Passiert es doch, sind es nur wenige Tropfen Blut.

Sexuelle Erregung • Durch die rhythmischen Bewegungen beider Partner beim Geschlechtsverkehr kann sich die sexuelle Erregung bis zum Höhepunkt, dem Orgasmus, steigern. Beim Mann erfolgt die Ejakulation, das Herausschleudern der Spermienzellen aus dem Penis. Bei der Frau ziehen sich Scheiden- und Gebärmuttermuskulatur zusammen. Beide Partner empfinden ein Lust- und Glücksgefühl. Manchmal müssen sich die Partner erst aufeinander einstellen, um einen Orgasmus zu erleben.

> Petting steigert die sexuelle Erregung. Beim Geschlechtsverkehr gleitet der Penis in die Scheide. Bei der Ejakulation werden Spermienzellen aus dem Penis geschleudert.

Aufgaben

1 ○ Erkläre den Begriff „Petting".

2 ◑ Beschreibe die Vorgänge in den Körpern von Mann und Frau bei sexueller Erregung und beim Geschlechtsverkehr.

Material A

Unsicherheit und Ängste

Jugendliche heute fühlen sich eigentlich gut aufgeklärt. Sie bekommen überall Informationen über Sexualität, werden dadurch aber manchmal eher verunsichert.

Der erste Geschlechtsverkehr und erste sexuelle Erfahrungen spielen eine wichtige Rolle. Erwartungen werden geweckt, bewusste und unbewusste Ängste erlebt.

1 ○ Lies die Aussagen.

2 ◐ Diskutiere mit deinem Partner die Aussagen.

3 ● Wählt zwei Nachrichten aus und macht den Absendern Lösungsvorschläge.

> Ich habe noch nie mit einem Jungen geschlafen. Ich habe Angst vor den Schmerzen. *Lucy*

> Ich habe eine neue Freundin, wir machen fast alles zusammen. Jetzt, nach zwei Wochen, möchte sie mit mir schlafen. Ich bin mir aber noch unsicher. *Leon*

> Mein Freund will mit mir schlafen. Was ist, wenn ich ihm nackt nicht gefalle? *Madeleine*

> Wir haben schon öfters miteinander geschlafen. Wieso haben wir nicht immer einen Orgasmus miteinander? *Katha u. Robin*

> Wir sind seit zwei Monaten zusammen, nun möchten wir ganz zusammen sein und miteinander schlafen. Wir haben Angst, etwas falsch zu machen. *Markus u. Daniela*

2 | Ich bin total verliebt, meine Freundin ist megatoll. Ich habe Angst, keinen hochzukriegen. *Marlon*

Material B

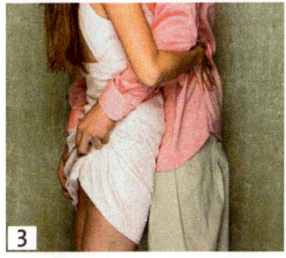   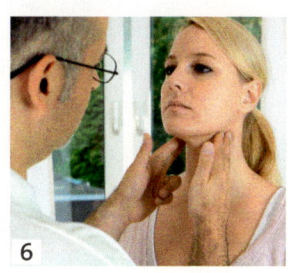

3   4   5   6

Anfassen erlaubt?

Körperliche Nähe wird von jedem anders empfunden. Sie wird je nach Situation gesucht oder abgelehnt.

1 ○ Beschreibe die Bilder 3–6. Erkläre die Situationen.

2 ◐ Nenne weitere Alltagssituationen, in denen das Anfassen erlaubt oder nicht erlaubt ist.

3 ● Nenne Möglichkeiten, um für dich unangenehme Situationen zu lösen.

4 ◐ Stelle eine Situation nach, in der du deutlich „Nein" sagst.

Verhütung

1 Verhütung ist Aufgabe beider Partner

Kevin und Lea genießen die Liebe. Ein Kind ist momentan nicht gewünscht. Wie können sie sich vor einer ungewollten Schwangerschaft schützen?

Verhüten – aber womit? • Es gibt eine große Vielfalt an Verhütungsmitteln. Beide Partner sollten sich über Verhütungsmethoden informieren und dann gemeinsam über ihr Verhütungsmittel entscheiden. → 1

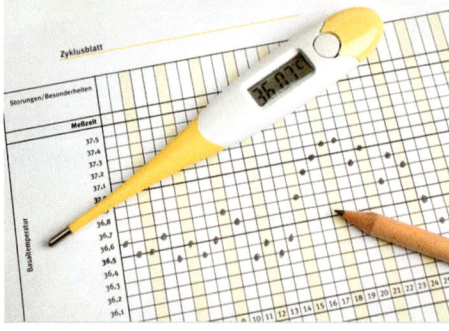

2 Die Temperaturmethode

„Ich passe schon auf" • Beim Coitus interruptus, dem unterbrochenen Geschlechtsverkehr, zieht der Mann vor der Ejakulation den Penis aus der Scheide. Das ist jedoch keine Verhütungsmethode! Denn schon vor dem Orgasmus werden über den Penis sogenannte Lusttröpfchen mit Spermienzellen abgegeben.

Natürliche Verhütung • Frauen, die über Monate einen sehr regelmäßigen Menstruationszyklus haben, können mithilfe eines Kalenders ihren Eisprung berechnen. Oft wird bei dieser Methode gleichzeitig die Temperatur täglich vor dem Aufstehen gemessen. Mit dem Eisprung steigt die Körpertemperatur leicht an. → 2 Diese Temperaturmethode erfordert viel Disziplin und einen sehr regelmäßigen Zyklus. Beide Methoden sind daher ungeeignet, weil sie nicht sicher sind.

Das Kondom • Kondome bestehen aus einer dünner Gummihaut und werden über den steifen Penis gerollt. ➔ [3] Die Spermienzellen können somit nicht in die Scheide gelangen. Kondome schützen nicht nur vor ungewollter Schwangerschaft, sondern auch vor sexuell übertragbaren Infektionen.

Verhütung mit Hormonen • Hormonpräparate sind die sichersten Verhütungsmittel. Pille und Minipille sind die Mittel, die am häufigsten genutzt werden. ➔ [4] Die Minipille unterscheidet sich von der Pille nur durch eine geringere Hormonmenge, deshalb ist sie für junge Erwachsene verträglicher. Hormonpräparate werden nur vom Frauenarzt verschrieben. Die Hirnanhangsdrüse bekommt aufgrund der Hormoneinnahme die Information, dass ausreichend Hormone im Blut sind. Die Eierstöcke bilden keine eigenen Geschlechtshormone. Dadurch wird das Heranreifen der Eizelle im Eierstock verhindert, eine Befruchtung ist nicht möglich. Die Gebärmutterschleimhaut wird nicht vollständig aufgebaut. Der Schleim am Muttermund wird so verändert, dass Spermienzellen nicht eindringen können. ➔ [5]

Die Pille danach • Für den Fall, dass Verhütungsmethoden fehlgeschlagen haben, gibt es die „Pille danach". Sie wird auch als Notfallverhütung bezeichnet und kann bei zeitnaher Einnahme eine ungewollte Schwangerschaft verhindern.

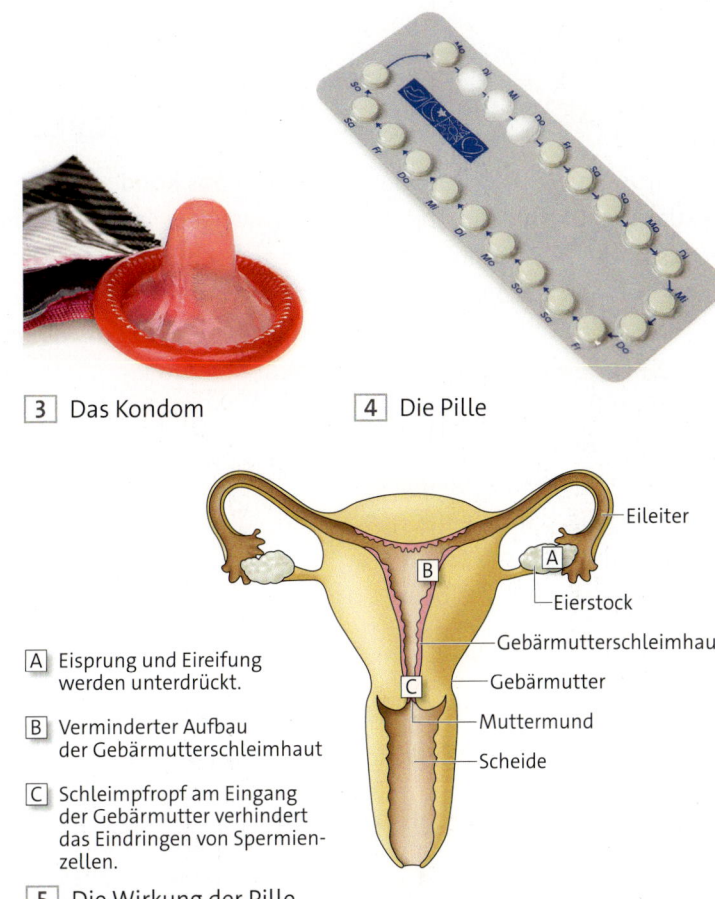

[3] Das Kondom   [4] Die Pille

[A] Eisprung und Eireifung werden unterdrückt.

[B] Verminderter Aufbau der Gebärmutterschleimhaut

[C] Schleimpfropf am Eingang der Gebärmutter verhindert das Eindringen von Spermienzellen.

Eileiter
Eierstock
Gebärmutterschleimhaut
Gebärmutter
Muttermund
Scheide

[5] Die Wirkung der Pille

Verhütung ist die Aufgabe beider Partner. Der verantwortungsvolle Umgang mit Verhütungsmitteln schützt vor einer ungewollten Schwangerschaft.

Aufgaben

1 🗨 Nenne und bewerte die unterschiedlichen Verhütungsmethoden bezüglich ihrer Sicherheit.

2 🗨 Erkläre die Wirkungsweise der Pille. ➔ [5]

Verhütung

Material A

Verhütung – weshalb?

Verhütung ist wichtig, um die Sexualität zu genießen und den „richtigen" Zeitpunkt für Kinder planen zu können.

1 ○ Zeichne ein Baby vergrößert in die Mitte eines DIN-A 4-Blattes.

a ◗ Notiere in vielen kleinen Sprechblasen um deine Zeichnung herum verteilt, was ein Paar vor und beim Geschlechtsverkehr beachten sollte.

b ◗ Vergleicht und besprecht eure Notizen in der Gruppe.

2 ● Begründe, weshalb Verhütung grundsätzlich wichtig ist.

1

Material B

Das Kondom

Damit das Kondom sicher vor Schwangerschaft und Krankheiten schützt, muss es richtig angewendet werden. Das kann mithilfe eines Penismodells geübt werden.

> Das Kondom wird vor dem Geschlechtsverkehr über den steifen Penis gezogen. Dabei hält die eine Hand es an der Spitze fest, die andere Hand rollt es ab. Das Kondom bildet eine Barriere, indem es die Spermienzellen in einem Reservoir an der Spitze auffängt. Wenn der Penis aus der Scheide gezogen wird, muss das Kondom festgehalten werden.

Materialliste: Klassensatz Kondome, 6–8 Penismodelle

1 Arbeitet in Vierergruppen mit je einem Penismodell und vier Kondomen. Übt nacheinander:

a ○ das richtige Überstreifen des Kondoms. (verfahrt dabei wie vorgegeben) → 2

b ○ das richtige Entfernen des Kondoms vom Penis

c ◗ Erklärt, was bei Anwendung eines Kondoms zu beachten ist.

2 ◗ Erklärt, wann ein Kondom nicht mehr ausreichend schützt.

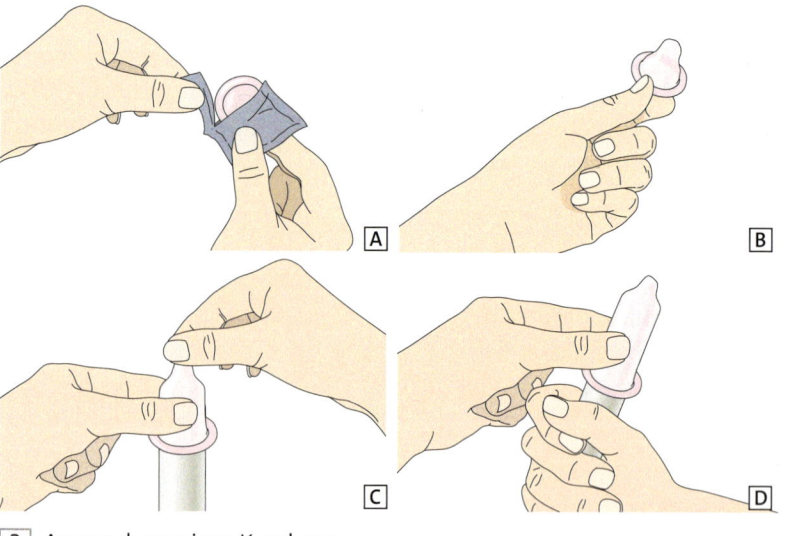

2 Anwendung eines Kondoms

Sexuell übertragbare Infektionen

Liebe erleben • Junge Erwachsene möchten ihre erwachende Sexualität genießen. Im Überschwang der Gefühle kann es dabei auch zu kurzfristigem Geschlechtsverkehr kommen.
5 Ungeschützter Geschlechtsverkehr birgt die Gefahr von sexuell übertragbaren Infektionen (STI).

Ansteckung • Auch die Geschlechtsorgane können von Krankheitserregern wie Pilzen,
10 Einzellern, Bakterien und Viren angegriffen werden. Die Infektionen können durch Petting und ungeschützten Geschlechtsverkehr erfolgen. Aber auch auf Toiletten, in Schwimmbädern oder in öffentlichen Whirlpools
15 besteht Infektionsgefahr.

Symptome • Ständiges Brennen und Jucken, Hautausschläge im Intimbereich und schlecht riechender Ausfluss aus Scheide oder Penis sind sichere Anzeichen für eine Infektion.

20 **Bakterielle Infektionen** • Bakterien lösen Erkrankungen wie Tripper, Chlamydien oder Syphilis aus. Als Folge kann es zu Entzündungen im Unterleib von Mann und Frau kommen. Bei der Syphilis können die Erreger sogar
25 die inneren Organe oder das Nervensystem schädigen. Unbehandelt führen diese bakteriellen Infektionen bei Frauen und Männern zu Unfruchtbarkeit.

Virusinfektionen • Neben dem Aids-Erreger,
30 dem HI-Virus, gibt es noch weitere Viren, die sexuell übertragen werden können. Das

3 Kampagne der Bundeszentrale für gesundheitliche Aufklärung zur Vermeidung von sexuell übertragbaren Infektionen

Hepatitis-B-Virus greift die Leber an und zerstört sie schließlich vollständig. Das HP-Virus kann Gebärmutterhalskrebs hervorrufen.

35 **Behandlung und Schutz** • Bei den ersten Anzeichen einer Infektion sollte so schnell wie möglich der Arzt aufgesucht werden. Bakterielle Infektionen werden mit Antibiotika behandelt. Gegen einige Virusinfektionen helfen
40 vorbeugend Schutzimpfungen. Kondome schützen weitgehend vor sexuell übertragbaren Infektionen.

> Sexuell übertragbare Infektionen müssen behandelt werden. Kondome bieten grundsätzlich einen guten Schutz vor einer Ansteckung.

Aufgabe

1 ◗ Nenne und beschreibe Symptome und Folgen sexuell übertragbarer Infektionen.

Schwangerschaft und Geburt

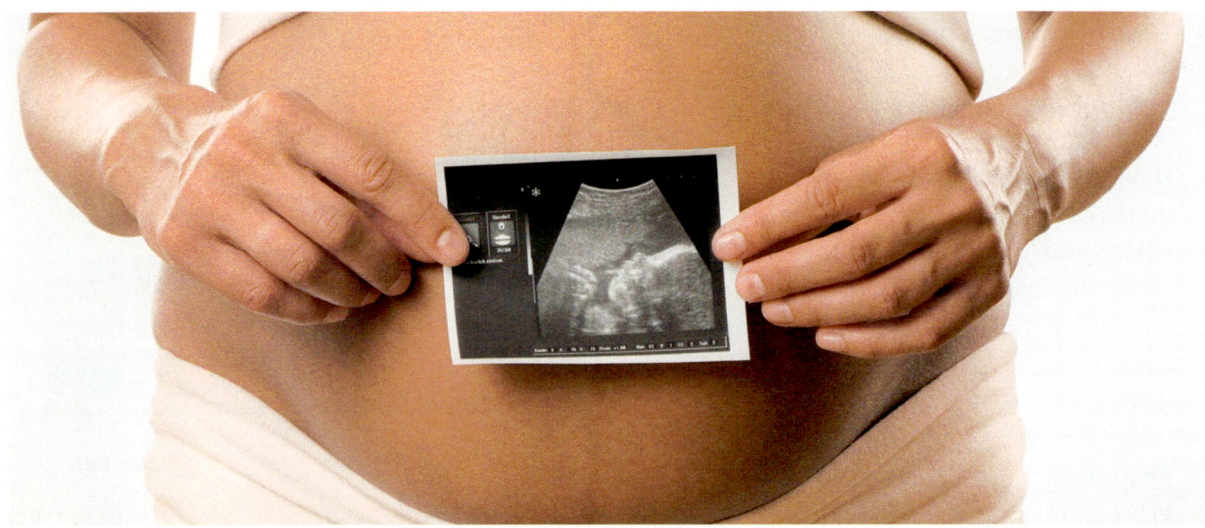

1 Im Bauch der schwangeren Frau wächst ein Kind heran.

Was passiert im Bauch einer Schwangeren? Wie verläuft die Entwicklung des Kindes bis zur Geburt?

Befruchtung, das Leben beginnt • Nach
5 dem Eisprung wandert die Eizelle durch den Eileiter. Nur im Eileiter kann sie von einer Spermienzelle befruchtet werden. Bei der Verschmelzung von Eizelle und Spermienzelle entsteht
10 die Zygote. Diesen Vorgang nennt man Befruchtung. Noch im Eileiter teilt sich die Zygote mehrfach, bis ein vielzelliger Keim entstanden ist, der Maulbeerkeim. → 2 Die Flimmerhärchen
15 des Eileiters transportieren ihn zur Gebärmutter. Der Keim entwickelt sich weiter zu einer hohlen Zellkugel, dem Bläschenkeim. Der Bläschenkeim nistet sich schließlich in der Gebär-
20 mutterschleimhaut ein.

Der Embryo • Die innere Zellschicht des Bläschenkeims entwickelt sich zum Embryo. Die äußere Zellschicht entwickelt sich zum Mutterkuchen,
25 der Plazenta. → 2 Sie versorgt den Embryo über die Nabelschnur mit Nährstoffen. Der Embryo entwickelt sich gut geschützt im Fruchtwasser der Fruchtblase. Schon in der 3. Woche
30 nach der Befruchtung schlägt sein Herz. Acht Wochen nach der Befruchtung sind die Gliedmaßen des Embryos deutlich sichtbar. Alle inneren Organe sind angelegt. → 3

35 **Der Fetus** • Ab der 9. Woche spricht man vom Fetus. Skelett und Gliedmaßen bilden sich aus. Er wird größer und nimmt an Gewicht zu. → 4 Der Fetus nimmt schon Reize aus der Um-
40 welt, wie Geräusche und Helligkeitsunterschiede, wahr. Das Geschlecht des Kindes lässt sich über ein Ultraschallbild feststellen. Mit etwas Glück sieht man, wie der Fetus schluckt, am
45 Daumen lutscht oder strampelt.

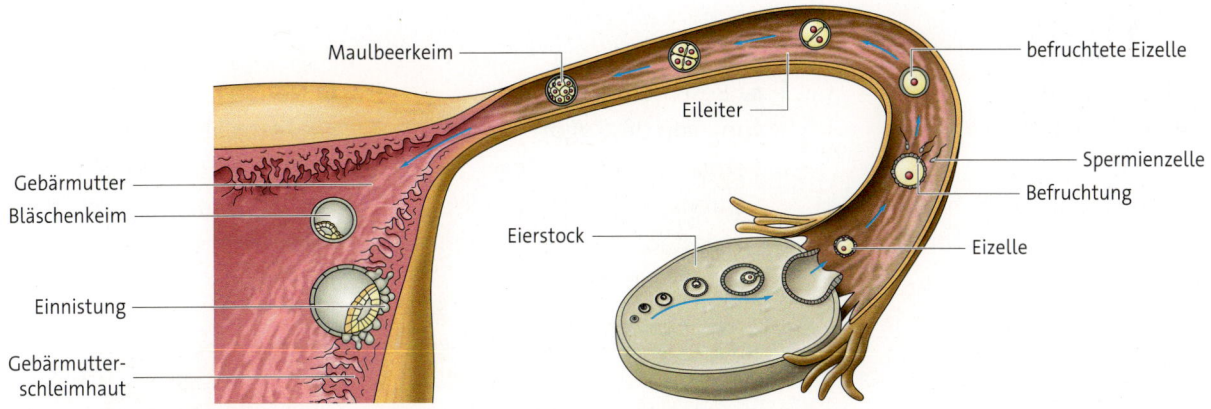

Maulbeerkeim

befruchtete Eizelle

Eileiter

Gebärmutter

Bläschenkeim

Spermienzelle

Befruchtung

Eierstock

Einnistung

Eizelle

**Gebärmutter-
schleimhaut**

2 Von der Befruchtung bis zur Einnistung

Das Leben in der Fruchtblase • Die Plazenta besteht weitgehend aus Blutgefäßen. Die Blutgefäßsysteme von Mutter und Kind liegen in der Plazenta so
50 dicht nebeneinander, dass Nährstoffe, Vitamine und Sauerstoff aus dem Blut der Mutter an den Fetus abgegeben werden. So wird die Versorgung des Fetus gesichert. Die Versorgung des
55 Fetus erfolgt über die Nabelschnur. Aber auch schädliche Stoffe wie Alkohol, Nikotin und Drogen werden über die Nabelschnur weitergegeben. Deshalb ist das Kind abhängig von der
60 gesunden Ernährung der Mutter. Eine gesunde Lebensführung mit ausreichend Schlaf und wenig Stress fördert die gesunde Entwicklung des Fetus.

Die Geburt • Nach etwa 38 Wochen
65 lösen Hormone die Wehen aus. Die Gebärmuttermuskulatur zieht sich in kürzer werdenden Abständen zusammen, der Muttermund öffnet sich. Der Kopf des Babys wird in die Scheide ge-
70 drückt. Presswehen schieben das Baby durch den Geburtskanal nach außen.

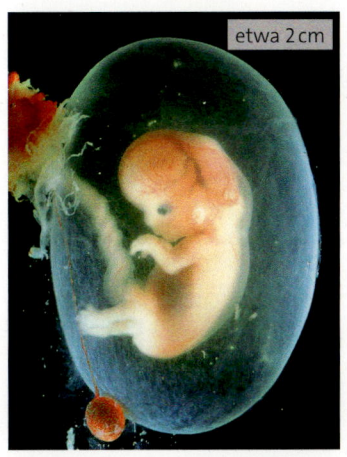

etwa 2 cm

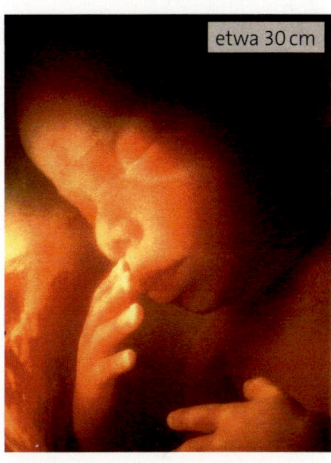

etwa 30 cm

3 Embryo in der 8. Woche

4 Fetus in der 23. Woche

Eine Schwangerschaft dauert etwa 38 Wochen. Die Plazenta versorgt den Fetus mit lebenswichtigen Stoffen. Die Wehen leiten die Geburt ein.

Aufgaben

1 ◖ Beschreibe die Vorgänge von der Befruchtung bis zur Einnistung. ➔ **2**

2 ● Erkläre, wie der Stoffaustausch zwischen Mutter und Kind erfolgt.

Schwangerschaft und Geburt

Entwicklung im Mutterleib

Im Mutterleib vollzieht sich die Entwicklung des Kindes.

1 🖊 Beschreibe die Entwicklung von der Zygote bis zum Fetus.
Schreibe zu jedem Entwicklungsstadium einen kurzen Text in dein Heft.

2 ⬤ Nenne die Woche, ab der ein Fetus als Frühgeburt mit ärztlicher Hilfe lebensfähig ist. Begründe, warum der Fetus nicht früher lebensfähig ist.

Schwanger-schaftswochen	1.–4.	5.–8.	9.–12.	13.–17.	18.–21.	22.–25.	26.–38.			
Bezeichnung	Zygote	Embryo		Fetus						
Körperlänge in cm	<1	2	9	16	25	30	35	40	45	52
Körperliche Entwicklung	Anlage der Organsysteme – Herz schlägt – Muskel und Nerven arbeiten			Entwicklung und Differenzierung der bereits angelegten Organe – trinkt Fruchtwasser – erste Bewegungen von der Mutter spürbar			Ausreifung und Wachstum der Organe und des Körpers – Lungen atmungsfähig – Kind mit ärztlicher Hilfe als Frühgeburt lebensfähig			

1 Die Entwicklungsstadien des Kindes

Verhalten in der Schwangerschaft

Embryo und Fetus werden aus dem Blut der Mutter über die Plazenta versorgt.

1 ⚪ Erkläre, was eine werdende Mutter tun und nicht tun sollte. ➞ **2**

2 🖊 Überlege, wie eine werdende Mutter unterstützt werden kann. Diskutiert eure Überlegungen in der Klasse.

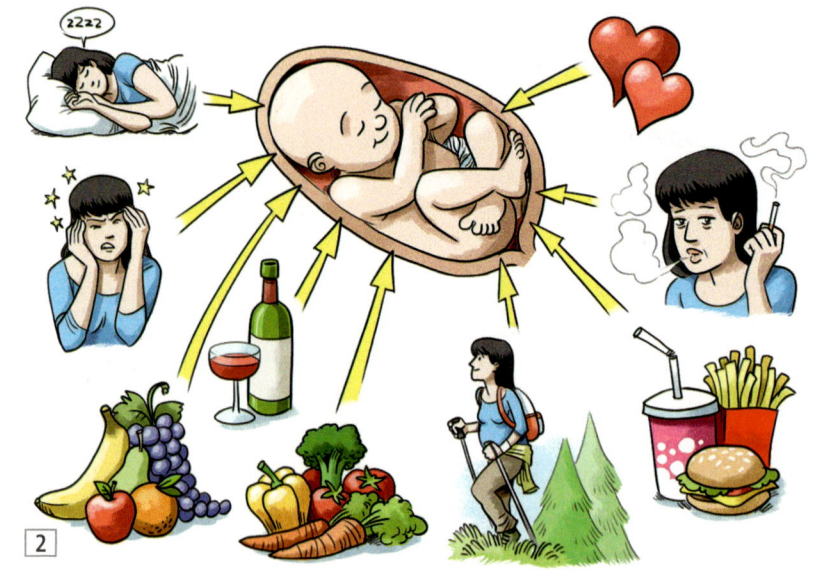

2

Zwillinge

3 Zwillinge (A und B eineiig, C und D zweieiig)

Zwei auf einmal • Ist eine Frau gleichzeitig mit zwei Kindern schwanger, werden Zwillinge geboren. Eineiige Zwillinge sehen sich zum Verwechseln ähnlich. →‎ 3A Zweieiige Zwil-
5 linge erkennt man oft nicht als Zwillingspaar, da sie sich nur wie Geschwister ähnlich sehen oder sogar Mädchen und Junge sind. →‎ 3C

Eineiige Zwillinge • Sie entstehen aus einer befruchteten Eizelle. In einem frühen Stadium
10 nach der Befruchtung teilt sich der Keim vollständig. Je nach dem Zeitpunkt der Trennung teilen sich die Embryonen Plazenta und Fruchtblase. →‎ 3B Die Gewebe können aber auch getrennt ausgebildet werden. Es entwi-
15 ckeln sich zwei genetisch identische Embryonen mit gleichem Geschlecht.

Zweieiige Zwillinge • Manchmal werden zwei Eizellen gleichzeitig reif, die dann von zwei verschiedenen Spermienzellen befruchtet
20 werden. Die Zygoten nisten sich in der Gebärmutterschleimhaut ein. Die Embryos liegen jeder in einer Fruchtblase. →‎ 3D Jeder Embryo wird über eine Plazenta versorgt.

> Eineiige Zwillinge entwickeln sich aus derselben Zygote. Zweieiige Zwillinge entwickeln sich aus zwei Zygoten.

Aufgabe

1 ◔ Erkläre, die Entwicklung von eineiigen und zweieiigen Zwillingen.

Künstliche Befruchtung

1 Beratungsgespräch bei unerfülltem Kinderwunsch

Manchmal bleiben Paare ungewollt kinderlos. Können sie sich ihren Wunsch nach einem eigenen Kind trotzdem erfüllen?

⁵ **Unerfüllter Kinderwunsch •** Die Gründe für Kinderlosigkeit bei Paaren im fortpflanzungsfähigen Alter mit regelmäßigem ungeschütztem Geschlechtsverkehr sind vielfältig. Ärzte und Kliniken ¹⁰ suchen in Beratungsgesprächen nach den Ursachen. → **1** Psychische Probleme, Stress, Drogenkonsum oder Einschränkungen der Geschlechtsorgane können die Ursache sein. Häufig sind ¹⁵ die Spermienzellen in ihrer Beweglichkeit eingeschränkt oder die Eileiter sind undurchlässig.

Befruchtung im Reagenzglas • Mithilfe der künstlichen Befruchtung können ²⁰ Ärzte vielen kinderlosen Paaren helfen. Die Befruchtung wird bei dieser Methode außerhalb des Körpers einge-

leitet. Der Arzt entnimmt nach einer Hormonbehandlung der Frau mehrere ²⁵ reife Eizellen dem Eierstock. In einem Reagenzglas mit Nährlösung werden die Eizellen mit den Spermienzellen des Mannes zusammengebracht. Die Befruchtung, Fertilisation, wird ³⁰ künstlich in einem Glas, „in vitro" (lateinisch), angeregt. Man nennt diese Methode In-vitro-Fertilisation (IVF). Die ersten Zellteilungen finden im Reagenzglas statt. Beim Embryotransfer ³⁵ werden mehrere Embryonen in die Gebärmutter übertragen. Man hofft, dass sich möglichst nur ein Embryo in der Gebärmutterschleimhaut einnistet.

Spermieninjektion • Wenn im Ejakulat ⁴⁰ keine oder befruchtungsunfähige Spermienzellen sind, wird eine einzelne Spermienzelle direkt mit einer feinen Pipette in die Eizelle injiziert. Diese Methode nennt man intrazelluläre ⁴⁵ Spermieninjektion (ICSI). Der Embryotransfer wird wie bei der In-vitro-Fertilisation vorgenommen.

> Einigen ungewollt kinderlosen Paaren kann durch Methoden der künstlichen Befruchtung geholfen werden.

Aufgaben

1 ◐ Nenne Ursachen für unerfüllten Kinderwunsch.

2 ● Erkläre Unterschiede und Gemeinsamkeiten zwischen IVF und ICSI.

Material A

In-vitro-Fertilisation (IVF)

Bei manchen Frauen sind die Eileiter undurchlässig. Wenn der Wunsch nach einem eigenen Kind besteht, können reife Eizellen der Mutter im Reagenzglas mit Spermienzellen des Vaters zusammengebracht werden. → 2

1 ◖ Erkläre, in welchem Fall eine In-vitro-Fertilisation vorgenommen werden kann.

2 ◖ Erkläre den Vorgang der IVF. Benutze folgende Begriffe: Hormonbehandlung, mehrere reife Eizellen, Reagenzglas, Spermienzellen, Zellteilungen, Embryo, Embryotransfer, Einnistung.

3 ● Erkläre, wieso es bei der IVF häufig zu Mehrlingsgeburten kommt.

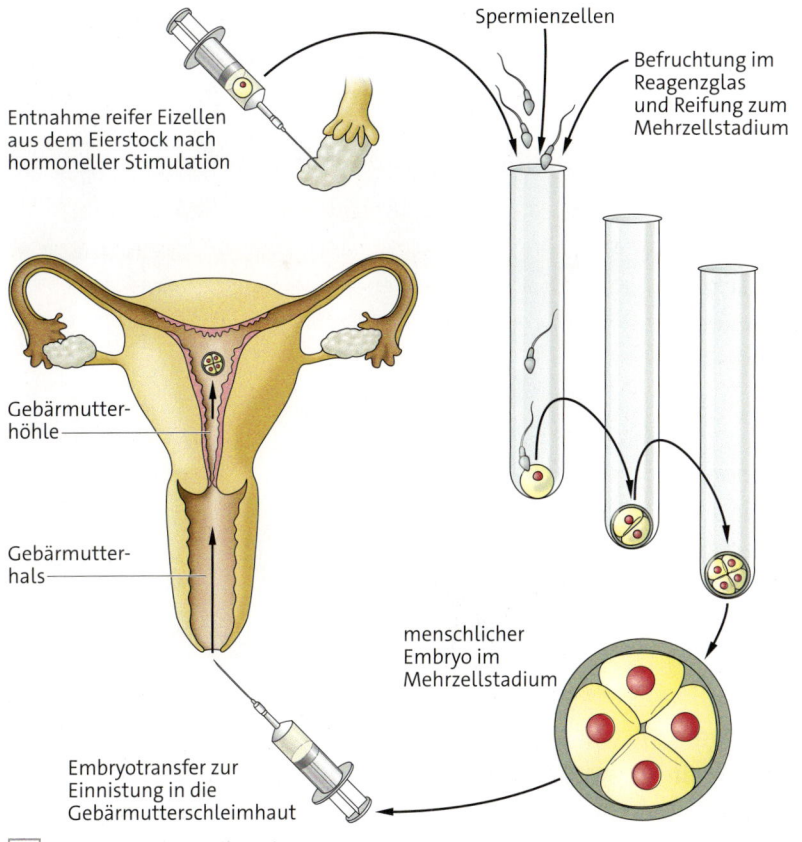

Spermienzellen

Befruchtung im Reagenzglas und Reifung zum Mehrzellstadium

Entnahme reifer Eizellen aus dem Eierstock nach hormoneller Stimulation

Gebärmutter-höhle

Gebärmutter-hals

menschlicher Embryo im Mehrzellstadium

Embryotransfer zur Einnistung in die Gebärmutterschleimhaut

2 Die In-vitro-Fertilisation

Material B

Spermieninjektion (ICSI)

Bei manchen Männern sind die Spermienzellen unbeweglich. Ärzte können mit einer feinen Injektionsnadel eine Spermienzelle dem Hoden entnehmen, die sie dann unter dem Mikroskop direkt in die Eizelle einsetzen. → 3

1 ◖ Erkläre, in welchem Fall eine ICSI vorgenommen werden kann.

2 ◖ Beschreibe den Vorgang der Spermieninjektion. → 3 4

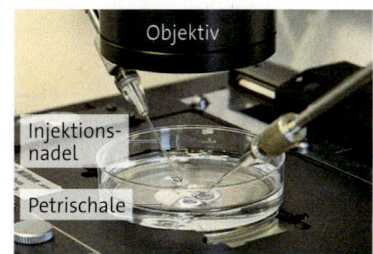

Objektiv

Injektions-nadel

Petrischale

3 Spermieninjektion in die Eizelle

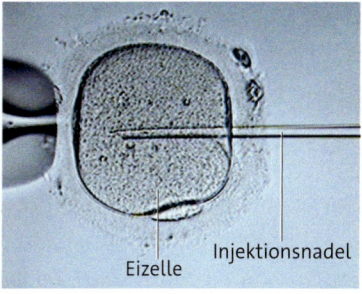

Injektionsnadel

Eizelle

4 Mikroskopisches Bild der ICSI

Zusammenfassung

Liebe und Partnerschaft • Aus Verliebtsein kann Liebe entstehen. Vertrauen und Respekt sind in einer Partnerschaft wichtig.

Formen der Sexualität • Es gibt Heterosexualität, Homosexualität, Bisexualität und Transsexualität. Jeder Form von Sexualität sollte mit Respekt und Toleranz begegnet werden.

Geschlechtsorgane und Geschlechtshormone • Die Geschlechtsorgane dienen der Fortpflanzung. In der Pubertät verändern Geschlechtshormone Verhalten und Körper. Die Geschlechtszellen reifen heran.

Der weibliche Zyklus • Er wird durch Östrogen und Progesteron gesteuert. Aufgebaute Gebärmutterschleimhaut wird als Blutung ausgeschieden.

Geschlechtsverkehr und Verhütung • Spermienzellen, die während des Geschlechtsverkehrs in die Scheide gelangen, können die Eizelle befruchten. Schutz vor ungewollter Schwangerschaft bieten die Pille und das Kondom. Das Kondom schützt zusätzlich vor sexuell übertragbaren Infektionen.

Schwangerschaft und Geburt • Aus der befruchteten Eizelle entsteht ein Embryo, der zum Fetus heranwächst. Er wird über die Plazenta versorgt. Wehen leiten nach ungefähr 38 Wochen die Geburt ein.

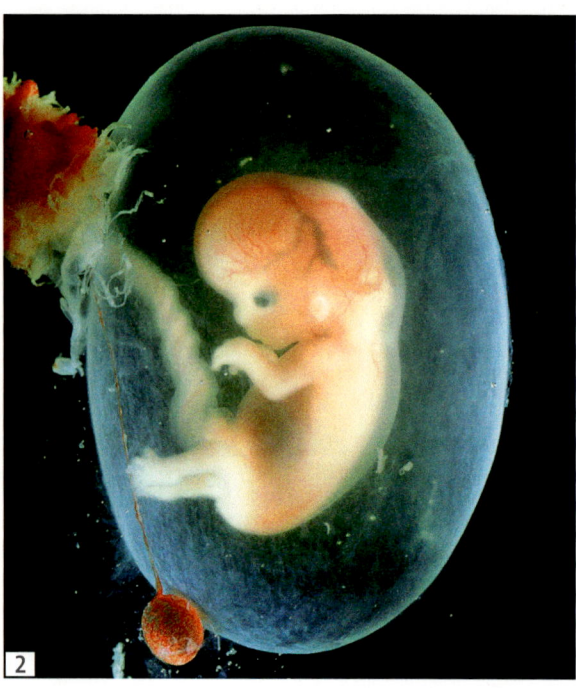

Künstliche Befruchtung • Einigen Paaren, die ungewollt kinderlos bleiben, kann durch Methoden der künstlichen Befruchtung geholfen werden.

Formen der Sexualität

1 ◐ Erkläre die Begriffe Heterosexualität, Homosexualität, Bisexualität und Transsexualität.

Geschlechtshormone

2 ○ Nenne die Geschlechtshormone für Mann und Frau.

3 ◐ Erkläre die Wirkungsweise der Geschlechtshormone.

Der weibliche Zyklus

4 ● Nenne die fehlenden Begriffe. → 3
Erläutere die Steuerung des Zyklus.

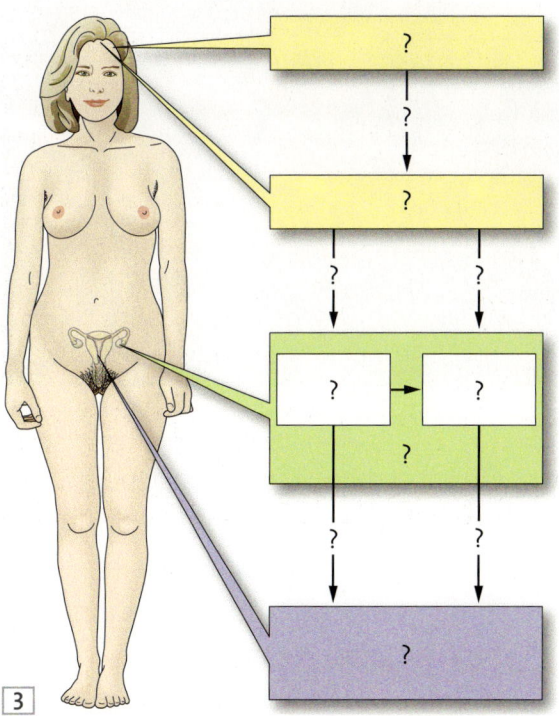

3

Verhütung

5 ◐ Erkläre den Begriff „Coitus interruptus". Bewerte ihn hinsichtlich der Sicherheit.

6 ● Erläutere die Wirkung der Pille. Erkläre jeweils genau, was bei A, B und C passiert. → 4

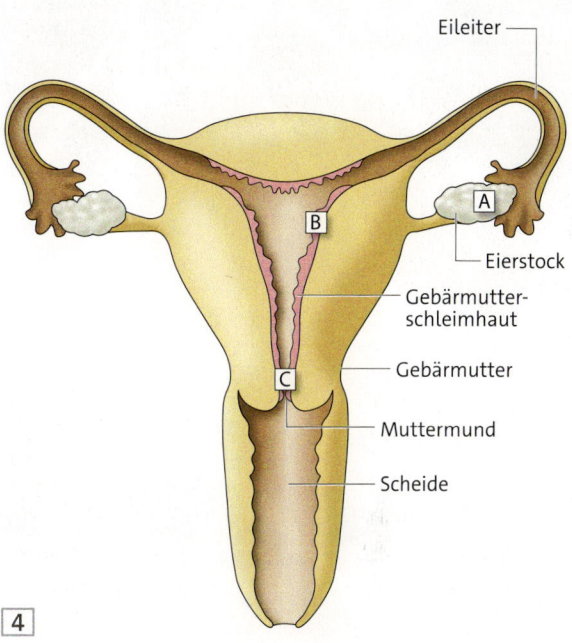

4

Schwangerschaft und Geburt

7 ◐ Beschreibe die Vorgänge bei der Befruchtung und der Einnistung.

Künstliche Befruchtung

8 ◐ Entscheide, welches Verfahren der künstlichen Befruchtung in welchem Fall zur Anwendung kommen kann:
a beeinträchtigte Eileiter
b beeinträchtigte Spermienzellen

Informationen empfangen und verarbeiten

Ob Lasershow, laute Musik oder Gedränge – auf einem Livekonzert ist man ununterbrochen vielen Einflüssen ausgesetzt. Wie kann man sie wahrnehmen?

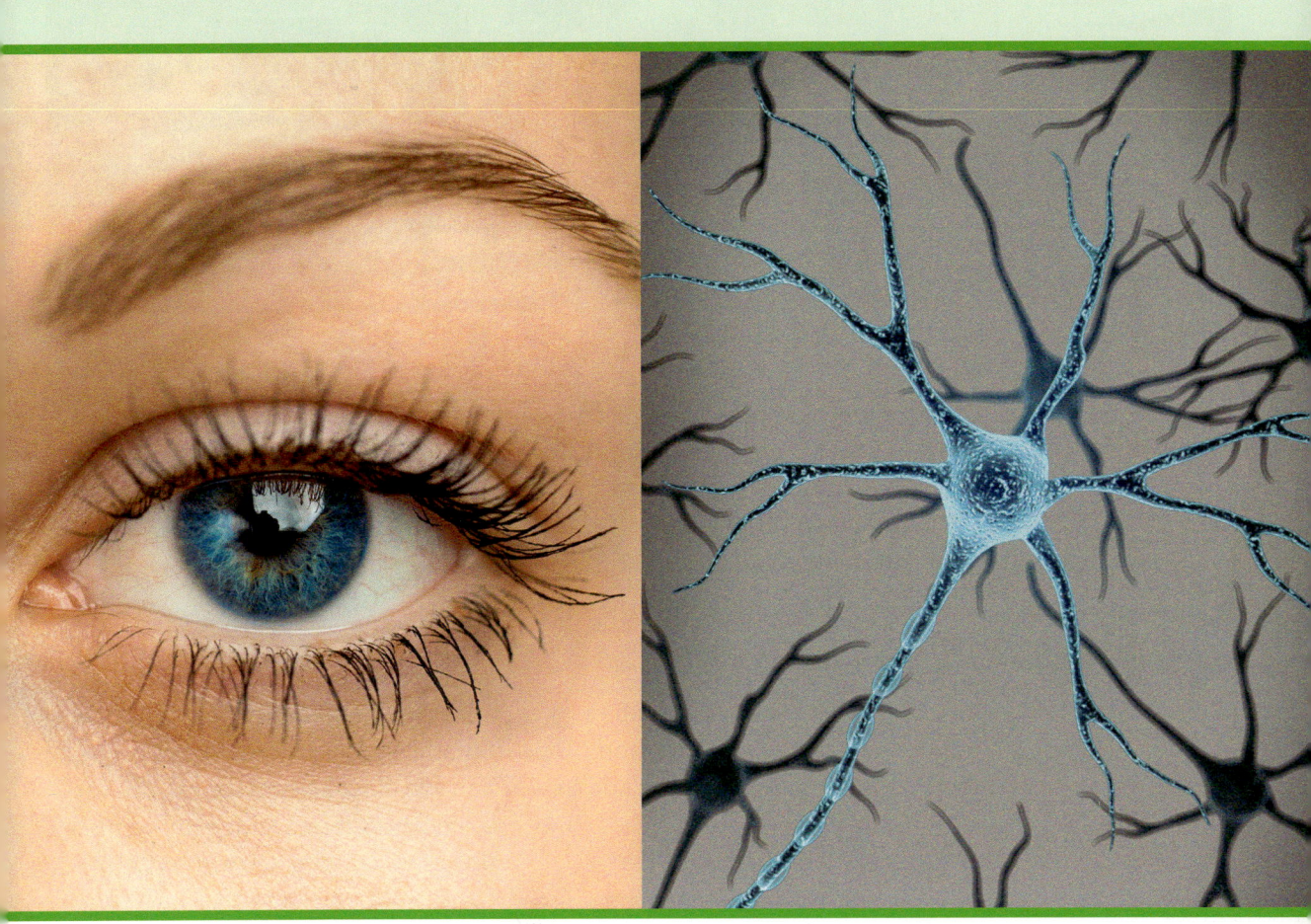

Das Auge dient dem Sehen. Viele Teile des Auges wirken an diesem komplexen Vorgang mit. Welches Bauteil erfüllt welche Aufgabe?

Unsere Nervengewebe bestehen aus Millionen von miteinander verbundenen Nervenzellen. Welche Vorgänge laufen in den Nervenzellen ab?

Vom Reiz zur Reaktion

1 Unser Körper ist vielen Einflüssen ausgesetzt.

Ähnlich einem Computer verarbeitet dein Körper in kürzester Zeit ununterbrochen eine Vielzahl von Eindrücken und Informationen, ohne dass du darüber nachdenkst. Welche Strukturen ermöglichen dem Körper diese Höchstleistungen?

Eingabe – Verarbeitung – Ausgabe • Wenn es um die Verarbeitung von Informationen geht, folgt dein Körper dem gleichen Prinzip wie ein Computer. Dieses Prinzip beschreibt die Eingabe, Verarbeitung und Ausgabe von Informationen. Es wird als EVA-Prinzip abgekürzt.

Reize • Uns umgebende Einflüsse wie Licht von Werbetafeln bezeichnet man als Reize. Sie stehen als Auslöser am Anfang der meisten Reaktionen. Sie gehen von einer Reizquelle aus. Die verschiedenen Reize werden in chemische und physikalische Reize unterteilt. → **2**

Sinne, Sinnesorgane, Sinneszellen • Zur körperlichen Wahrnehmung der Umwelt stehen dem Menschen seine Sinne zur Verfügung. Sie beschreiben die verschiedenen Fähigkeiten des Menschen, unterschiedliche Reize aufzunehmen. Hierzu zählen Sehsinn, Geruchssinn, Geschmackssinn, Tastsinn, Gehörsinn und Gleichgewichtssinn.

physikalische Reize   chemische Reize

Limonade

| Licht | Oberfläche und Temperatur | Schallwellen | chemische Stoffe in der Limonade | chemische Stoffe in der Luft |

| Sehen | Fühlen | Hören | Schmecken | Riechen |

2 Adäquate Reize

Die Aufnahme der Reize erfolgt durch die Sinnesorgane. Das Auge, die Nase, die Zunge, die Haut und das Ohr mit

35 Innenohr werden den jeweiligen Sinnen zugeordnet. Die in den Sinnesorganen enthaltenen Sinneszellen, die Rezeptoren, sind auf bestimmte Reize spezialisiert. Eine Sinneszelle ist da-

40 her nur für einen bestimmten Reiz empfindlich. Man spricht von einem adäquaten Reiz. Die Nase nimmt beispielsweise chemische Geruchsstoffe, aber keine Lichtreize auf. → 2

45 **System** • Damit ein Mensch die Höchstleistung der Informationsverarbeitung vollbringen kann, müssen Sinnesorgane, Nerven und das Gehirn ähnlich dem Computersystem eng zusammen-

50 arbeiten. Innerhalb des menschlichen Netzwerks spielen eigene Erfahrungen, Erinnerungen, Vorlieben, Angst oder Freude eine wichtige Rolle.

Wahrnehmung • Spätestens wenn die

55 Pizza als Reizquelle auf dem Esstisch steht, gehen von ihr Reize, beispielsweise chemische Stoffe in der Luft, aus. Diese werden in den Rezeptoren der Nase in elektrische Impulse umge-

60 wandelt. Diese werden über Nervenbahnen, die sensorischen Nerven, zur weiteren Verarbeitung in das Gehirn weitergeleitet. Vorlieben und Erfahrungen werden dabei berücksichtigt. An-

65 schließend werden vom Gehirn Befehle über motorische Nerven an Erfolgsorgane, z. B. die Muskeln, gesendet. Es kommt durch die Weitergabe der elektrischen Impulse dort zu einer

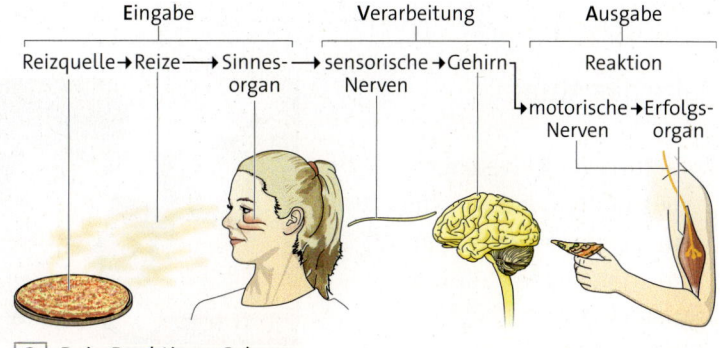

3 Reiz-Reaktions-Schema

70 Reaktion. Du greifst nach der Pizza. Aus Informationen, die wir durch die Sinneszellen aufnehmen, werden Reaktionen. Dieser Vorgang wird auch als Reiz-Reaktions-Schema bezeichnet. → 3

Die Wahrnehmung zahlreicher Reize aus unserer Umwelt erfolgt nach dem EVA-Prinzip. Hierbei bilden die Sinneszellen, das Gehirn und die Nerven ein verknüpftes System. Aus Informationen werden Reaktionen.

Aufgaben

1 ○ Übertrage die unten stehende Tabelle in dein Heft. Ergänze sie mit den noch fehlenden Inhalten.

Sinn	Sinnesorgan	Reiz
Gleichgewichtssinn	Innenohr	Lage des Körpers
...	...	...

2 ◖ „Dein Körper arbeitet wie ein Computer!" Erkläre diese Aussage mithilfe von Bild 3.

Vom Reiz zur Reaktion

Reize des Alltags

1 ○ Beschreibe, welchen Reizquellen und von ihnen ausgehenden Reizen die Personen in den Bildern ausgesetzt sind. → 1 2

2 ● Begründe, weshalb der menschliche Körper Höchstarbeit verrichtet.

1

2

Material B

Sinnesparcours

Materialliste: Augenbinde, Notizblock, Schreibmaterial

1 Sucht euch einen Partner und verteilt untereinander folgende Rollen: a) Begleiter, b) geführte Person.

2 Verbinde deinem Partner die Augen. Führe ihn vorsichtig aus dem Klassenraum hinaus auf den Schulhof. Begleite ihn bei einem Rundgang. Schreite als Begleiter bei Gefahr des Zusammenstoßes sofort ein. Nachdem der erste Rundgang abgeschlossen wurde, tauscht die Rollen. → 3
○ Nenne alle Reize, die du mit verbundenen Augen aus der Umwelt wahrnehmen kannst.

3 ◐ Welche Schwierigkeiten ergeben sich für einen blinden Menschen? Vergleiche deine Wahrnehmung mit verbundenen Augen und ohne Augenbinde.

4 ◐ Erkläre, weshalb blinde Menschen sich auch ohne Sehsinn in ihrer Umwelt zurechtfinden können. → 4

3

Blinde Menschen müssen sich vermehrt mithilfe des Hör-, Tast- und Geruchssinns zurechtfinden. Die Sinneszellen reagieren empfindlicher auf eintreffende Reize. Das Gehirn ist enorm anpassungsfähig und verarbeitet zum Beispiel die Hörinformationen zusätzlich im Bereich, in dem normalerweise die Sehinformationen verarbeitet werden. Es verarbeitet schneller die eintreffenden Informationen. So können Blinde mit viel Übung die Blindenschrift erlernen.

4 Blindenschrift

Material C

Torwart

1 ○ Zeichne die Pfeil-
diagramme in dein Heft.

2 ◐ Bringe die Aussagen aus
Bild 6 in die richtige Reihenfolge und trage sie in das
obere Pfeildiagramm ein.

3 ◐ Beschreibe die abgebildete
Reizreaktion des Torwarts.

4 ◐ Trage folgende Begriffe
in das zweite Pfeildiagramm
ein: Weiterleitung (motorische Nervenfasern), Weiterleitung (sensorische Nervenfasern), Erfolgsorgan
(Reaktion), Sinnesorgan, Verarbeitung, Reiz. Ordne sie
den Begriffen aus dem ersten
Pfeildiagramm sinnvoll zu.

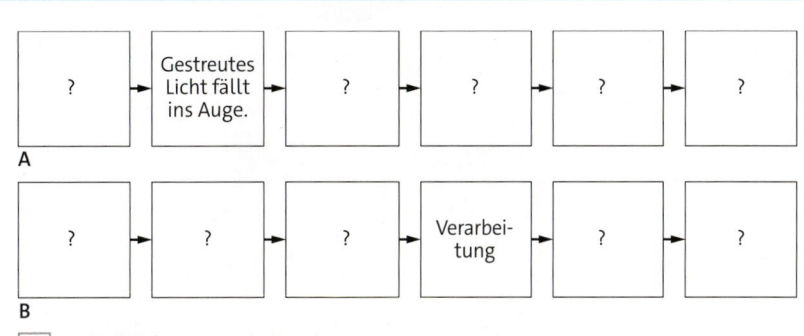

A

B

5 Reiz-Reaktions-Schemata

6

Material D

Reiz-Reaktions-Schema

1 ○ Beschreibe die im Bild
dargestellte Situation. → 7

2 ● Erstelle für die Situation
ein Reiz-Reaktions-Schema.

7

Das Auge – das Tor zur Welt

1 Das Auge als wichtigstes Tor zur Welt

Durch das Auge nehmen wir die meisten Reize aus der Umwelt wahr. Welche Bauteile des Auges ermöglichen uns das?

5 **Schützende Teile** • Das Auge ist in die knöcherne Augenhöhle eingebettet. So ist es vor Stößen geschützt.

Über die Augenbrauen wird abfließender Schweiß seitlich am Auge vorbei-
10 gelenkt. Berührt ein Gegenstand die Wimpern, schließen sich die Augenlider. Gelingt dies nicht schnell genug und ein Staubkorn gelangt ins Auge, wird sofort vermehrt Tränenflüssig-
15 keit gebildet. Das Staubkorn wird so herausgespült.

Die Schichten des Auges • Das Auge ist aus mehreren Schichten aufgebaut. Zur äußeren Schicht zählt die weiße und sta-
20 bile Lederhaut. Sie verleiht dem Auge seine Festigkeit. An ihr setzen Muskeln an, die das Auge bewegen. Im vorderen Bereich ist die Lederhaut durchsichtig. Diese etwa 0,5 Millimeter dicke Haut
25 nennt man Hornhaut. Fällt Licht auf das Auge, wird es dort ein erstes Mal gebrochen. Hinter der Hornhaut liegt die Augenkammer. Sie ist mit einer nährstoffreichen Flüssigkeit gefüllt und ver-
30 sorgt so die Hornhaut und die Linse mit lebenswichtigen Stoffen. → 3

Pupille • Hinter der Augenkammer befindet sich die Regenbogenhaut oder Iris. Sie ist der von außen sichtbare far-
35 bige Anteil des Augapfels. In ihrer Mitte findet sich eine Öffnung, die Pupille. Die Iris enthält Muskelfasern, mit denen sie die Weite der Pupille reguliert. Durch die Pupille gelangt das Licht ins
40 Innere des Auges. Durch das Vergrößern oder Verkleinern der Pupille wird die ins Innere gelangende Lichtmenge vergrößert oder verringert. Diese Anpassung an die Lichtverhältnisse be-
45 zeichnet man als Adaptation. → 2

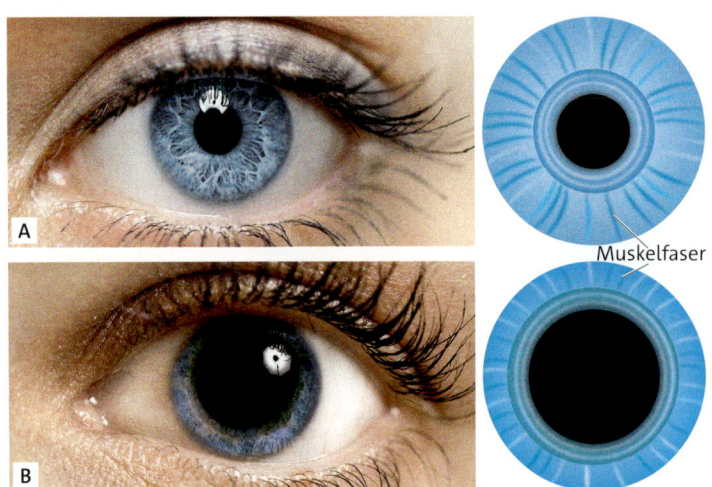

2 Adaptation: **A** bei starkem, **B** bei schwachem Lichteinfall

Linse und Glaskörper • Hinter der Pupille liegt die durchsichtige Linse. → 3 Sie ist über Linsenbänder am Ringmuskel befestigt und regelt so die
50 Lichtbrechung. Den größten Teil des Auges nimmt der gelartige Glaskörper ein. Er verleiht dem Auge Stabilität und entscheidet über die Augenform. Nach Hornhaut und Linse wird durch
55 den Glaskörper ein drittes Mal eine Lichtbrechung erreicht. Dies sorgt für eine bestmögliche Sehschärfe.

Netzhaut • Hinter dem Glasköper liegt die Netzhaut. Sie wird auch als Retina
60 bezeichnet. In ihr befinden sich die Lichtsinneszellen. Dahinter befindet sich die Pigmentschicht. Sie bewirkt durch einen schwarzen Farbstoff, dass das Licht absorbiert wird. Zwischen
65 der Pigmentschicht und der Lederhaut liegt die Aderhaut. Sie enthält viele Blutgefäße und versorgt so die angrenzenden Schichten mit Nährstoffen. → 3

70 **Auge als Kamera •** Wird ein Gegenstand beleuchtet, gelangt das vom Gegenstand gestreute Licht ins Auge. Hornhaut, Linse und Glaskörper brechen das Licht. Sie lenken das Licht auf
75 die Netzhaut. Mithilfe der Linse kann das Bild scharf gestellt werden. Es entsteht ein Bild, das auf dem Kopf steht, seitenverkehrt und verkleinert ist wie bei einer Kamera. Man hat dann noch
80 nichts gesehen. Die Lichtsinneszellen der Netzhaut haben lediglich Reize empfangen.

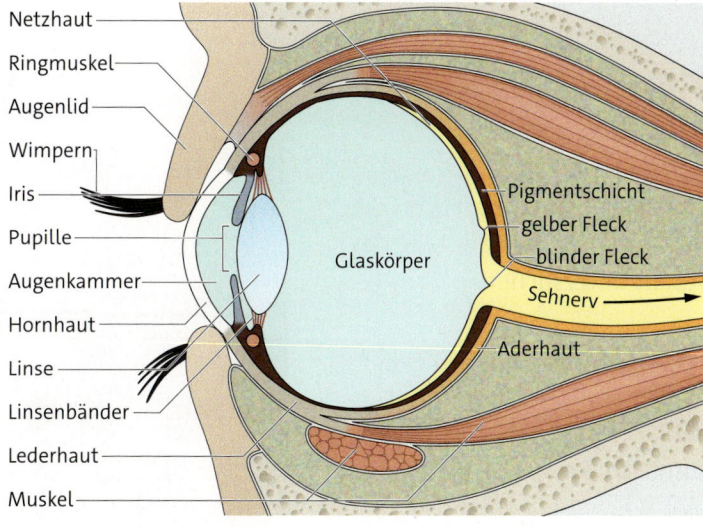

Netzhaut — Ringmuskel — Augenlid — Wimpern — Iris — Pupille — Augenkammer — Hornhaut — Linse — Linsenbänder — Lederhaut — Muskel

Pigmentschicht — gelber Fleck — blinder Fleck — Sehnerv — Aderhaut — Glaskörper

3 Bau des Auges

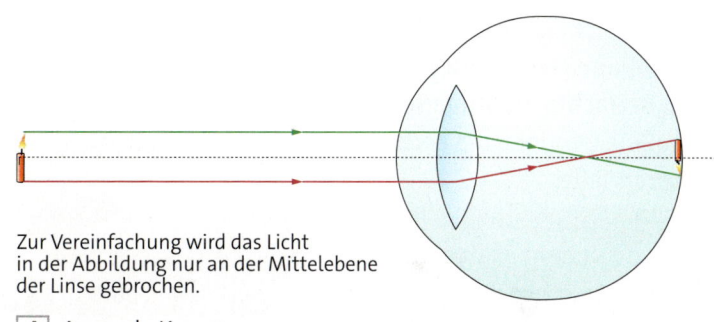

Zur Vereinfachung wird das Licht in der Abbildung nur an der Mittelebene der Linse gebrochen.

4 Auge als Kamera

Das Auge ist aus mehreren Schichten aufgebaut. Die Iris steuert die Größe der Pupille. Dadurch wird die Menge des einfallenden Lichts reguliert.

Aufgabe

1 ○ Nenne die Bestandteile des Auges mit ihren jeweiligen Aufgaben. Erstelle dazu eine Tabelle.

Das Auge – das Tor zur Welt

Präparation eines Schweineauges

Mithilfe einer Präparation kannst du die Bestandteile des Auges untersuchen.

Materialliste: Schweineaugen, Präparierschale, Schere, Skalpell, Zeitungspapier, Einweghandschuhe

1 Lege das Schweineauge in eine Präparierschale. Entferne vorsichtig die Gewebereste und Muskelreste. → 1
   ○ Betrachte das Auge von außen. Benenne die erkennbaren Teile.

2 Ritze mit dem Skalpell an der Oberseite des Auges ein kleines Loch in die Lederhaut, sodass du die Schere ansetzen kannst. Trenne dann die vordere und hintere Augenhälfte durch einen flachen Ringschnitt voneinander. → 3 Versuche dabei den Glaskörper nicht zu zerstören. Klappe das Auge auseinander.
   ○ Beschreibe, wie sich die Lederhaut und der Glaskörper anfühlen.
   ○ Vergleiche die beiden Augenhälften. Benenne die Bestandteile des Auges.

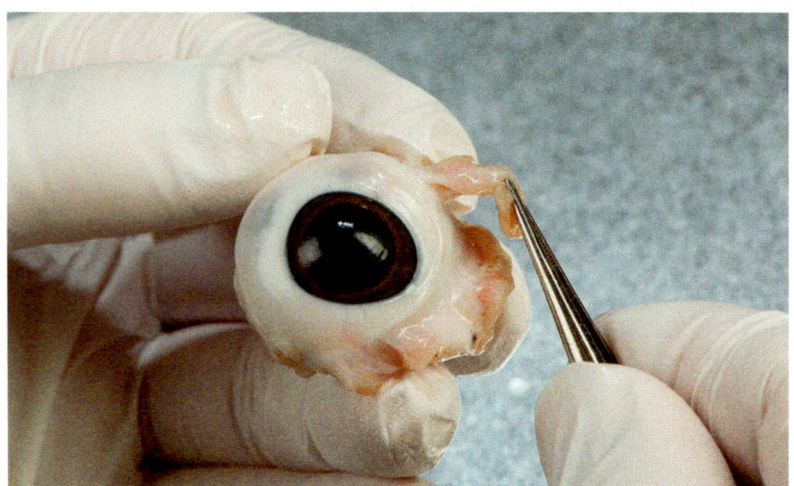

1 Entfernung der Gewebereste

2 Teile des Schweineauges

3 Präpariere nun die Linse heraus.

4 Lege die Linse auf eine bedruckte Stelle des Zeitungspapiers.
   ○ Beschreibe, was du sehen kannst.

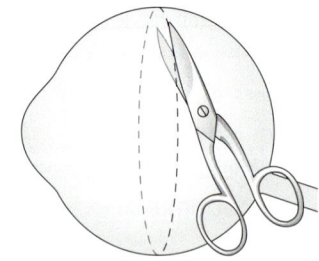

3 Ringschnitt

Strahlengänge

Prisma und Linsen • Wenn ein Lichtstrahl schräg auf die Oberfläche eines Prismas aus Glas trifft, wird die Richtung des Lichts geändert: Das Licht wird gebrochen. → 4   Wenn
5 der Lichtstrahl aus dem Prisma wieder heraustritt, wird er erneut gebrochen.
Sammellinsen brechen parallel einfallende Lichtstrahlen so, dass sie hinter der Linse zusammenlaufen. Zerstreuungslinsen brechen
10 parallel einfallende Lichtstrahlen so, dass sie hinter der Linse auseinanderlaufen.

Strahlengänge im Auge • Die Linse im Auge ist eine Sammellinse. Sie erzeugt zusammen mit der Hornhaut verkleinerte, umgedrehte Bilder.
15 Wir schauen uns den Lichtweg bei der Abbildung im Auge genauer an. → 5   Zur Vereinfachung zeichnen wir nur eine Brechung des Lichts an der Mittelebene der Sammellinse:
• Vom Punkt A des Gegenstands geht Licht in
20 viele Richtungen aus. Ein Teil davon trifft auf die Linse. Dies gilt auch für den Punkt B und alle anderen Punkte des Gegenstands.
• Die Richtung der Mittelpunktstrahlen wird von der Linse nicht verändert.
25 • Die Parallelstrahlen werden so gebrochen, dass sie hinter der Linse durch den Brennpunkt verlaufen.
• Der Bildpunkt A' entsteht dort, wo sich die Lichtstrahlen vom Punkt A hinter der Linse
30 kreuzen (Bildpunkt B' entsprechend).
Alle Bildpunkte zusammen ergeben ein umgedrehtes, verkleinertes Bild des Gegenstands. Man sieht den Gegenstand scharf, wenn sein Bild genau auf der Netzhaut liegt.

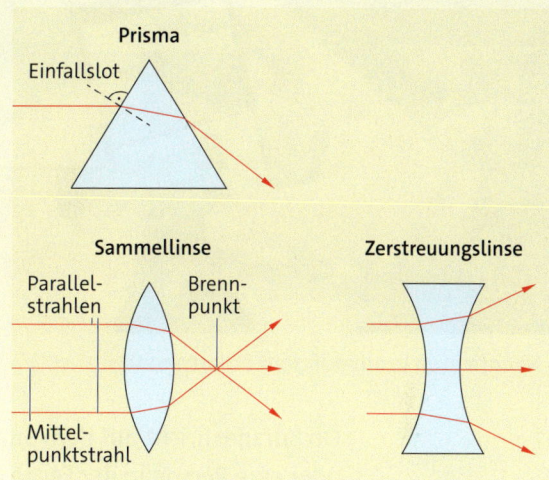

4   Prisma und Linsen

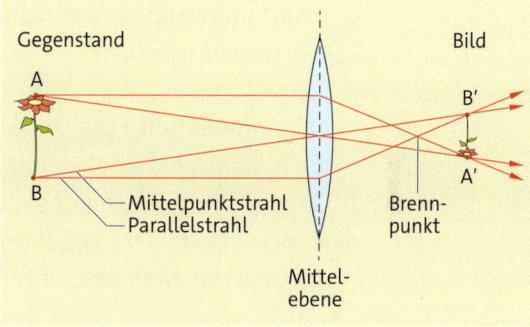

5   Strahlengänge an der Sammellinse

Aufgaben

1 ○ Vergleiche die Brechung von Parallelstrahlen bei einer Sammellinse und bei einer Zerstreuungslinse. → 4

2 ● Erkläre, warum hinter der Sammellinse ein umgedrehtes und verkleinertes Bild entsteht. → 5

Ein Bild entsteht

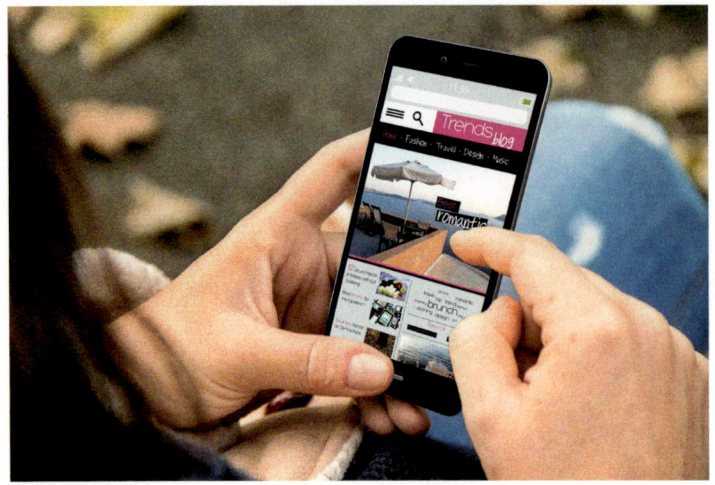

1 Nachrichten lesen auf dem Smartphone

Ob Kurznachricht auf dem Smartphone oder eine Person in der Ferne – ein normalsichtiger Mensch ist jedoch von Natur aus in der Lage, seine Umwelt
5 **scharf und deutlich wahrzunehmen. Wie ist dies möglich?**

Akkommodation • Die Linse ist elastisch. Damit man nahe oder ferne Gegenstände gleich gut sehen kann,
10 ist die Linse in der Lage, ihre Brechkraft anzupassen. Man bezeichnet diese

Fähigkeit als Akkommodation. Die Linse ist ringsherum über die Linsenbänder mit dem Ringmuskel verbunden.
15 ➝ 2 Spannt sich der Muskel beim Betrachten eines nahen Gegenstands an, nähert er sich der Linse. Die Linsenbänder sind dadurch entspannt. Der Zug auf die Linse lässt nach. Sie wölbt sich
20 und erreicht eine höhere Brechkraft. Man bezeichnet dies als Nahakkommodation. Sollen entfernte Gegenstände scharf gesehen werden, entspannt sich der Ringmuskel, die Linsenbänder
25 sind gespannt und der Zug auf die Linse wird verstärkt. Die Linse ist weniger stark gewölbt und weist eine geringe Brechkraft auf. So können weit entfernte Gegenstände scharf auf der Netz-
30 haut abgebildet werden. Man nennt dies Fernakkommodation. ➝ 2

Aufbau der Netzhaut • Die lichtempfindliche Netzhaut ist aus drei Schichten verschiedener Zellen aufgebaut.
35 Die äußere, dem Licht abgewandte Schicht besteht aus Lichtsinneszellen: den Stäbchen und den Zapfen.

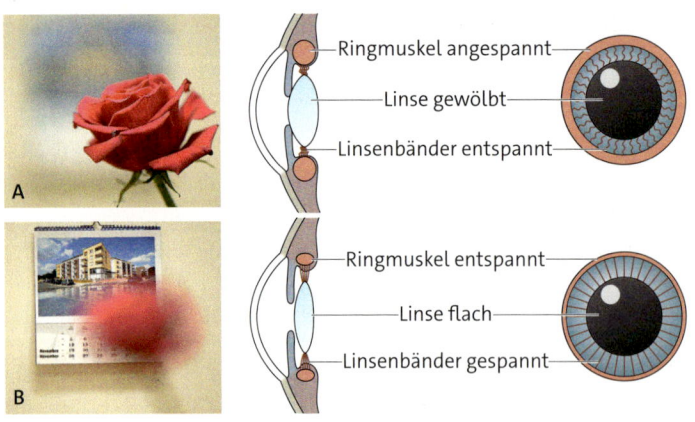

2 **A** Nahakkommodation, **B** Fernakkommodation

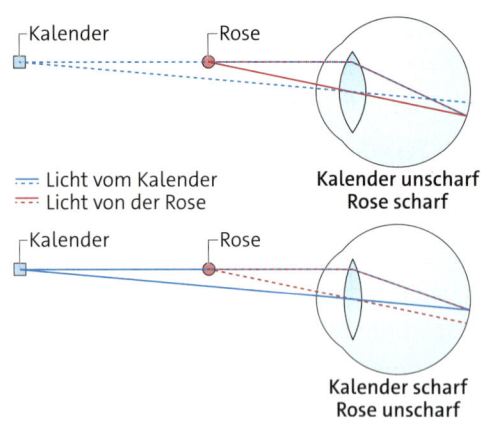

die **Akkommodation**
die **Stäbchen**
die **Zapfen**
der **gelbe Fleck**
der **blinde Fleck**

Die Stäbchen sind für das Hell-Dunkel-
Sehen zuständig. Die eher kegelförmi-
40 gen Zapfen dienen dem Farbensehen
und reagieren erst ab einer größeren
Lichtmenge. Zapfen und Stäbchen sind
unterschiedlich dicht auf der Netzhaut
verteilt. Direkt gegenüber der Pupille
45 befindet sich der gelbe Fleck. In ihm befinden sich ausschließlich Zapfen. Jeder
Zapfen ist nur dort mit einer Schaltzelle
verbunden. Er ist daher die Stelle des
schärfsten Sehens. Dort, wo der Seh-
50 nerv das Auge verlässt, gibt es keine
Lichtsinneszellen. Man bezeichnet diese Stelle als blinden Fleck. Die Anzahl
der Stäbchen nimmt zum Rand der
Netzhaut hin zu. Die erregten Lichtsin-
55 neszellen übertragen die Informationen
in Form von elektrischen Impulsen an
die Schaltzellen aus der mittleren
Schicht. Diese stehen mit der inneren
Schicht aus Nervenzellen in Verbin-
60 dung. Ihre Fortsätze münden in den
Sehnerv. Dieser leitet die Impulse an
das Gehirn weiter.

Sehpurpur • Lichtsinneszellen enthalten lichtempfindliche Sehfarbstoffe.
65 Stäbchen enthalten den Sehfarbstoff
Sehpurpur. Dieser zerfällt unter Licht-
einfluss in zwei Bauteile. Dabei entstehen elektrische Impulse, die durch die
nachfolgenden Schaltzellen und Ner-
70 venzellen als übersetzte Information
ans Gehirn weitergeleitet werden.
Anschließend wird der Sehfarbstoff
verzögert wieder aus seinen Bestandteilen aufgebaut. Der Sehfarbstoff
75 wird so recycelt. → 4 Auch die Zapfen
enthalten ähnliche Sehfarbstoffe.

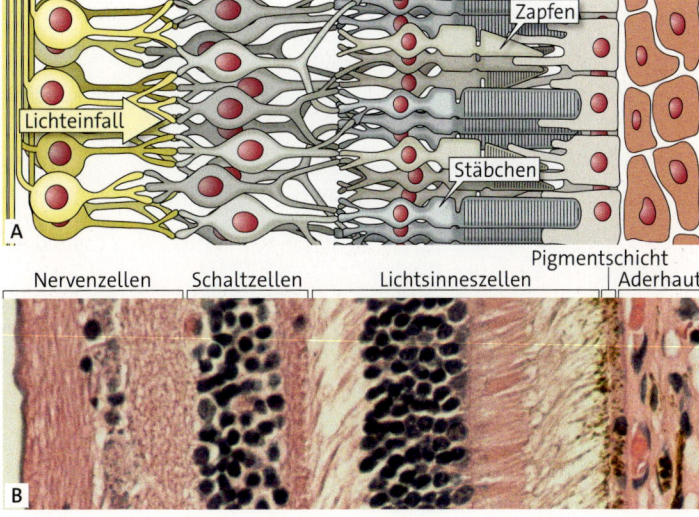

3 Bau der Netzhaut: **A** Schema, **B** lichtmikroskopische Aufnahme

Man unterscheidet Zapfen für blaues,
rotes und grünes Licht. Je nach Zusammensetzung des einfallenden Lichts
80 werden die verschiedenen Zapfen erregt. Dadurch sind viele Farbeindrücke
möglich.

In der Netzhaut befinden sich Lichtsinneszellen. Lichtreize werden
durch die Lichtsinneszellen in elektrische Impulse umgewandelt und
über den Sehnerv zur Verarbeitung
zum Gehirn geleitet.

Aufgaben

1 ○ Nenne die Schichten der Netzhaut und gib deren jeweilige Aufgabe an.

2 ◗ Erkläre, warum man in der
Dämmerung kaum Farben, sondern
nur Graustufen erkennen kann.

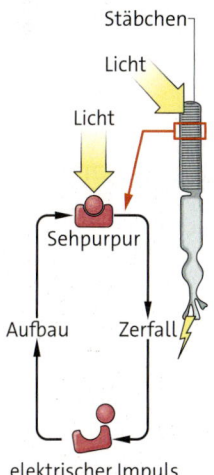

4 Zerfall und
Recycling des
Sehpurpurs

Ein Bild entsteht

Fehlsichtigkeit

Wird ein Bild auf der Netzhaut nicht scharf abgebildet, spricht man von Fehlsichtigkeit. Die Ursache liegt oft in der Länge des Augapfels. ➔ ⬚1⬚

5 **Kurzsichtigkeit** • Wenn weit entfernte Gegenstände nur unscharf auf der Netzhaut abgebildet werden, liegt eine Kurzsichtigkeit vor. Gegenstände in der Nähe können jedoch scharf auf der Netzhaut abgebildet werden. Werden
10 weit entfernte Gegenstände betrachtet, findet Fernakkommodation statt. Die Linse wird flacher gezogen. Jedoch ist die Brechkraft der Linse zu groß, sodass kein scharfes Bild auf der Netzhaut erzeugt wird. Das scharfe Bild des
15 Gegenstands liegt sozusagen vor der Netzhaut. ➔ ⬚1⬚ Damit man eine Kurzsichtigkeit ausgleicht, ist es notwendig, die Lichtstrahlen, die von einem weit entfernten Gegenstand ausgehen, zu streuen. Man braucht eine Brille
20 mit Zerstreuungslinsen. Damit wirkt man der zu großen Brechkraft der Linse entgegen.

Weitsichtigkeit • Bei einer Weitsichtigkeit können nah entfernte Gegenstände nicht scharf auf der Netzhaut abgebildet werden. Damit
25 man nah entfernte Gegenstände scharf wahrnimmt, ist es notwendig, dass die Linsenbänder erschlaffen und die Linse eine stark gewölbte Gestalt annimmt. Trotz der stärksten Linsenwölbung wird das scharfe Bild des Gegenstands
30 bei einer Weitsichtigkeit hinter der Netzhaut abgebildet. Weit entfernte Gegenstände können scharf abgebildet werden. Um Weitsichtigkeit auszugleichen, müssen die Lichtstrahlen

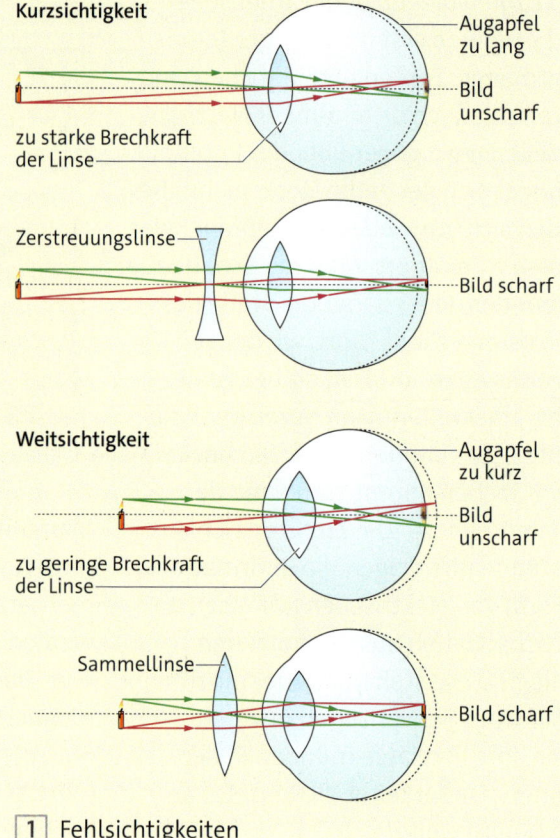

1 Fehlsichtigkeiten

naher Gegenstände stärker gebrochen werden.
35 Man braucht eine Brille mit Sammellinsen. Bei älteren Menschen lässt oft die Elastizität der Linse nach. Sie leiden an Altersweitsichtigkeit.

Aufgaben

1 ○ Beschreibe, an welcher Stelle im Auge ein scharfes Bild bei einem kurzsichtigen und bei einem weitsichtigen Menschen entsteht.

2 ◗ Erkläre, wie man Kurzsichtigkeit und Weitsichtigkeit korrigieren kann.

Material A

Richtig oder falsch?

1 ○ Betrachte die Aussagen A–E. Nenne die Aussagen, die richtig sind.

2 ◐ Formuliere die falschen Aussagen so um, dass sie fachlich richtig sind.

A Bei der Nahakkommodation ist der Ringmuskel entspannt. Dadurch werden die Linsenbänder angespannt, sodass die Linse weniger stark gewölbt ist.

B Am blinden Fleck sind nur Nervenfasern, aber keine Lichtsinneszellen vorhanden.

C Die Linse ist schwach gewölbt, wenn der Ringmuskel entspannt ist und die Linsenbänder angespannt sind.

D Das Bild eines Gegenstandes wird als scharf wahrgenommen, wenn es vor der Netzhaut liegt.

E Die Zapfen sind für das Hell-Dunkel-Sehen zuständig. Mit ihnen kann man verschiedene Grautöne unterscheiden.

Material B

Lichtsinneszellen

1 ◐ Beschreibe die Verteilung der Lichtsinneszellen in der Netzhaut.

2 ◐ Erkläre mithilfe des Diagramms, warum man den gelben Fleck als „Ort des schärfsten Sehens" bezeichnet.

3 ◐ Erkläre mithilfe der Bilder 2 und 3, weshalb am blinden Fleck kein Seheindruck möglich ist.

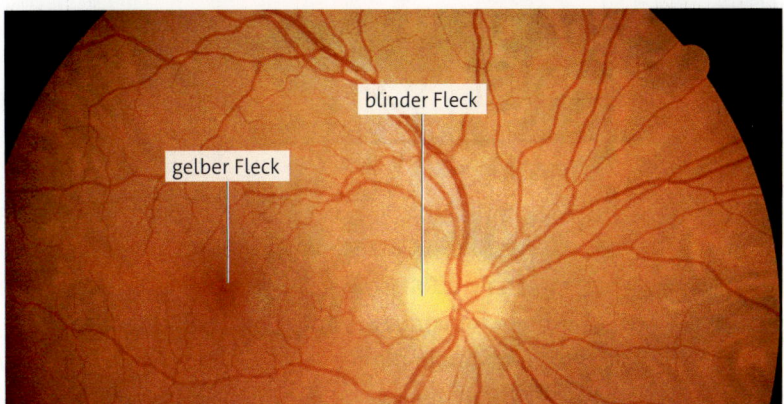

2 Der gelbe Fleck und blinde Fleck

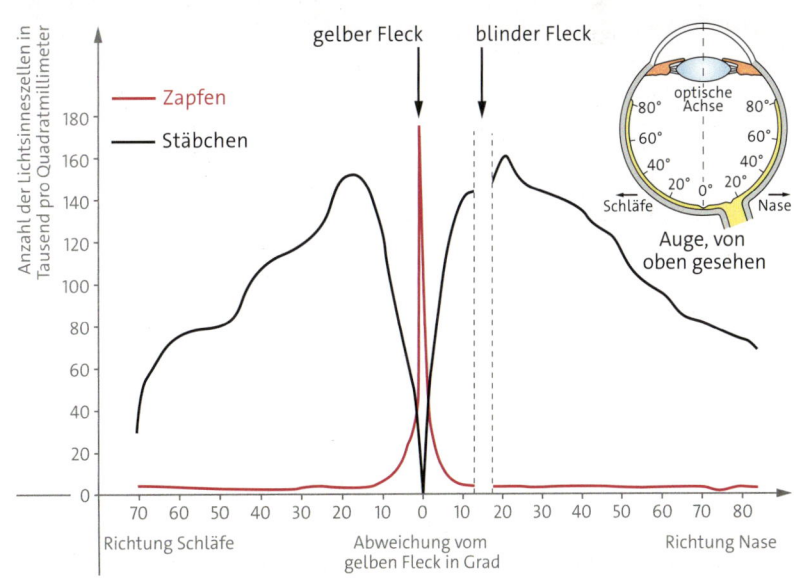

3 Verteilung der Lichtsinneszellen

Wie wir sehen

1 Siegtor von Mario Götze

Als Mario Götze sein Siegtor im WM-Finale 2014 schoss, saßen viele gespannt vor dem Fernseher. Die Bilder und Bewegungen von diesem Spiel 5 **können in vielen Farbtönen wahrgenommen werden. Wie funktioniert das?**

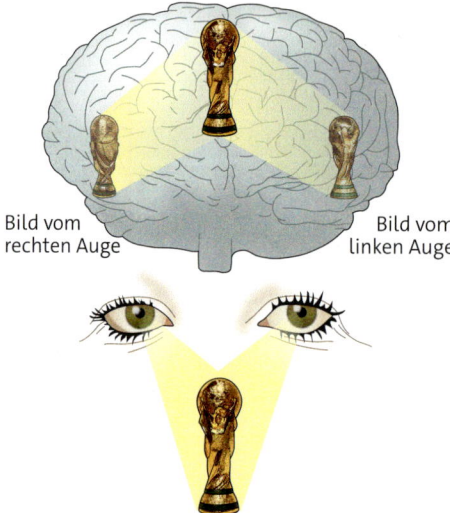

Bild vom rechten Auge

Bild vom linken Auge

2 Räumliches Sehen

Räumliches Sehen • Betrachtet man einen Gegenstand einmal mit dem lin-10 ken und einmal mit dem rechten Auge, ergeben sich zwei unterschiedliche Bilder. Jedes Auge nimmt unabhängig voneinander Informationen aus einem bestimmten Abschnitt des Gesichts-15 feldes auf. Betrachtet man den Gegenstand mit beiden Augen gleichzeitig, verarbeitet das Gehirn die Sinneseindrücke zu einem einzigen Seheindruck. → 2 Wenn man die vorderen Berei-20 che des Gegenstands von den hinteren unterscheiden kann, nimmt man ein dreidimensionales Bild des Gegenstands wahr. Man spricht vom räumlichen Sehen. Betrachtet man einen 25 Gegenstand nur mit einem Auge, ist das räumliche Sehen eingeschränkt.

Bewegte Bilder • Die bewegenden und bewegten Bilder eines WM-Finales auf dem Fernsehbildschirm nehmen wir 30 als fließende Bewegungen wahr. → 1 Um dies zu erreichen, muss die Bildfolge schneller sein als die Verarbeitungsgeschwindigkeit des Gehirns. Am Beispiel des Daumenkinos ist dies 35 einfach zu verstehen. Es besteht aus vielen Einzelbildern. Jedes einzelne erregt die Lichtsinneszellen. Durch das langsame Abklingen der Erregung der Zellen kommt es zu einer Überlage-40 rung der Informationen bei schneller Bildabfolge. Je schneller du das Daumenkino durchblätterst, desto fließender wirken die Bewegungen. Bei mehr als 16 Bildern pro Sekunde ent-45 steht im Gehirn der Eindruck eines bewegten Bildes.

Farbensehen • Die farbigen Bilder eines Displays setzen sich aus vielen blauen, roten und grünen Leuchtpunkten zu-
50 sammen. Im Auge reagieren die drei Zapfentypen in der Netzhaut auf das Licht der Leuchtpunkte. Treffen rotes, grünes und blaues Licht gleichzeitig auf einen kleinen Bereich der Netzhaut,
55 werden alle drei Zapfentypen gleichzeitig erregt. Im Gehirn werden diese Informationen zusammengefügt und ausgewertet. Licht wird als weiß wahrgenommen. Trifft nur grünes und rotes Licht
60 auf die Netzhaut, werden die blau empfindlichen Zapfen nicht angeregt. Man nimmt so die Farbe Gelb wahr. → 3

Verarbeitung • Die aufgenommenen Informationen werden über den Sehnerv
65 in einen speziellen Bereich des Gehirns weitergeleitet. Dort werden die Informationen verrechnet. Dieser Gehirnbereich ist für das Erstellen eines Seheindrucks verantwortlich. Man bezeichnet
70 den Bereich als das Projektionsfeld des Sehens. Es befindet sich im hinteren Bereich des Großhirns. Hier nimmt man ein Bild wahr. Die erstellten Eindrücke werden dann mit bereits im Gehirn ge-
75 speicherten Erfahrungen und Bildern abgeglichen. Diese gespeicherten Informationen befinden sich in einem anderen Bereich des Großhirns. Dieses heißt Assoziationsfeld des Sehens. Das Verb
80 assoziieren bedeutet, dass man etwas miteinander verknüpft. Entsteht ein Seheindruck im Projektionsfeld und stimmt dieser mit den gespeicherten Informationen im Assoziationsfeld
85 überein, wird ein Gegenstand erkannt.

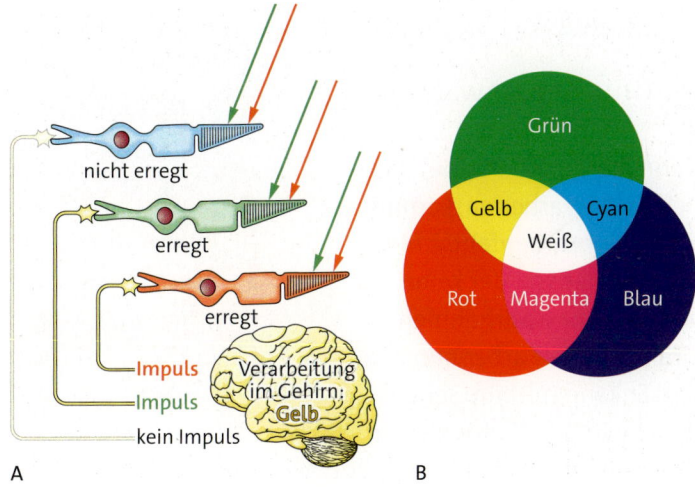

3 Farbwahrnehmung: **A** Erregung der Zapfen, **B** Farbmischung

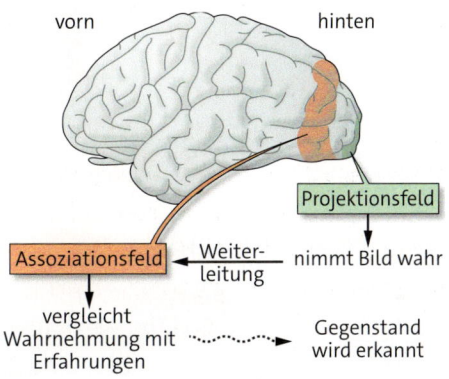

4 Verarbeitung im Gehirn

> Räumliche, bewegte und farbige Bilder werden im Gehirn verrechnet und so wahrgenommen.

Aufgaben

1 ○ Beschreibe mithilfe von Bild 2, wie man räumlich sehen kann.

2 ○ Nenne die Aufgaben des Assoziationsfeldes und die des Projektionsfeldes des Sehens.

Wie wir sehen

Material A

Rot-Grün-Sehschwäche

Wenn die Zapfen der Netzhaut nicht richtig arbeiten, kommt es zu einer Farbenfehlsichtigkeit. Ein Mensch, der keine Farben mehr wahrnehmen kann, hat eine Farbenblindheit. Er kann mithilfe seiner Stäbchen nur Grautöne erkennen und somit Kontraste wahrnehmen.

Die häufigste Farbsehschwäche ist die Rot-Grün-Sehschwäche. Etwa 8 Prozent der Männer und unter ein Prozent der Frauen leiden darunter. Mithilfe von Testbildern kann man herausfinden, ob jemand darunter leidet.

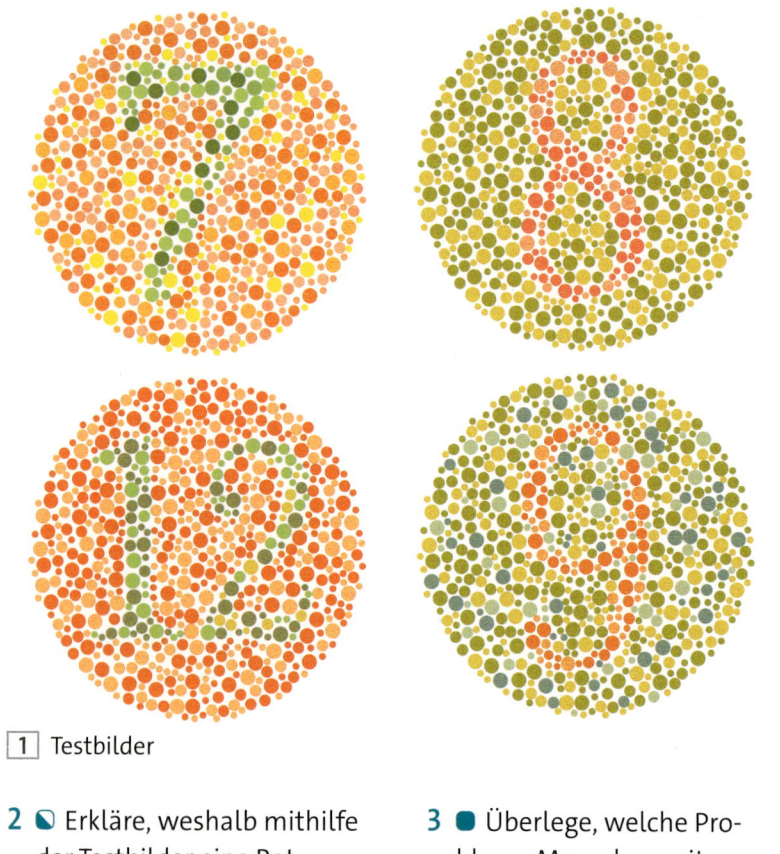

1 Testbilder

1 ○ Beschreibe die 4 Testbilder. Beschreibe die Gemeinsamkeiten.

2 ◗ Erkläre, weshalb mithilfe der Testbilder eine Rot-Grün-Sehschwäche erkannt werden kann.

3 ● Überlege, welche Probleme Menschen mit Rot-Grün-Sehschwäche in ihrem Alltag besitzen.

Material B

Sehen mit einem Auge

1 Halte dein rechtes Auge zu. Schaue mit dem linken Auge aus etwa 30 Zentimetern Entfernung auf den schwarzen Kreis. Nähere dich immer weiter dem Bild. Fixiere dabei den Kreis.

2 ○ Beschreibe deine Beobachtung.

3 ◗ Erkläre deine Beobachtung.

2 Stern und Punkt

Farben und Buchstaben

Lies deinem Partner schnell die Farben der abgedruckten Wörter vor – nicht den eigentlichen Text. Der Partner notiert in der Zeit die Anzahl deiner Fehler. Wechselt die Rollen.

gelb rot violett schwarz orange grün gelb blau gelb rot grün gelb schwarz orange lila grün rot weiß pink orange schwarz weiß gelb blau gelb grün schwarz violett pink rosa blau gelb orange weiß schwarz

3

1 ○ Haltet eure Ergebnisse im Heft fest und vergleicht sie.

2 ◑ Beschreibe die Erfahrungen bei der Durchführung des Versuchs.

3 ● Erkläre, wodurch diese Erfahrungen entstehen.

Wahrnehmung

Würfel können aufeinandergestellt oder nebeneinandergelegt werden. Mit einer bestimmten Anordnung der Würfel kann der Eindruck erweckt werden, dass einige in der Luft schweben.

4 Unmögliche Anordnung von Würfeln

Das Gehirn wird angeregt, dieses Objekt räumlich wahrzunehmen. Das Gehirn vergleicht den Seheindruck mit seinen Erfahrungen. Demnach können Würfel nur nebeneinander- oder aufeinandergelegt werden. Es kommt zu keiner Übereinstimmung der Informationen im Gehirn zwischen Projektionsfeld und Assoziationsfeld des Sehens. Der Eindruck eines nicht möglichen Objekts entsteht.
Man bezeichnet dies als optische Täuschung. → 4

1 ● Erkläre am Beispiel der Würfel, wie das Projektionsfeld und das Assoziationsfeld des Sehens zusammenarbeiten.

2 Betrachte Bild 5.
a ○ Beschreibe deine Wahrnehmung bei der Betrachtung des Bildes. → 5
b ● Stelle Vermutungen an, welche Vorgänge im Gehirn ablaufen.

5

Das Nervensystem

1 Aufschlag beim Volleyball

Volleyballspielen ist eine Sportart, die neben Schnelligkeit, Kraft und Ausdauer auch Präzision verlangt. Welche Teile des Körpers steuern die
5 komplexen Bewegungsabläufe?

Zentrales Nervensystem • Zusammen mit dem Rückenmark bildet das Gehirn das zentrale Nervensystem (ZNS).

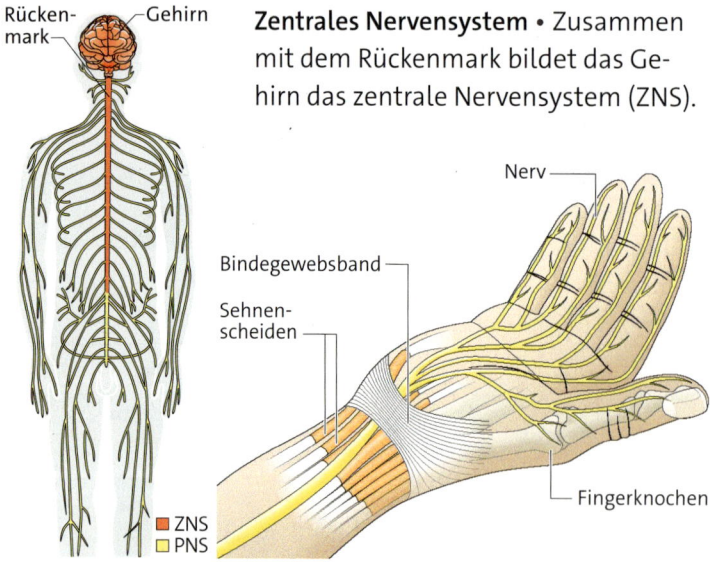

2 Das Nervensystem

Hier sind besonders viele Nervenzellen
10 gebündelt. Das zentrale Nervensystem bildet das Steuerungssystem aller wichtigen Vorgänge im Körper. Zum einen laufen hier alle auf den Körper einwirkenden Reize zusammen und
15 werden verarbeitet, zum anderen werden sämtliche Bewegungen des Körpers hier gesteuert. Neben unbewussten Vorgängen wie der Steuerung der Organtätigkeit ist das zentrale Nervensystem auch der Ort für das Lernen,
20 Fühlen und Denken.

Peripheres Nervensystem • Alle außerhalb des zentralen Nervensystems liegenden Teile bezeichnet man als
25 peripheres Nervensystem (PNS). Vom Rückenmark ausgehend verzweigen sich die Nerven in alle Körperregionen, also auch bis in die Fingerspitzen. Sie durchziehen den gesamten Körper.
30 → **2** Hierzu gehören Nerven, die die elektrischen Impulse von den Sinneszellen zum zentralen Nervensystem leiten. Sie werden als sensorische Nerven bezeichnet, da sie wie ein Sensor funktionieren.
35 tionieren. Elektrische Impulse vom zentralen Nervensystem zu den Körperzellen werden über motorische Nerven geleitet. So werden beispielsweise Muskeln bewegt.

40 **Das Gehirn •** Das beim Menschen im Durchschnitt 1,3 kg schwere Gehirn besteht aus über 100 Milliarden Nervenzellen. Jede Nervenzelle kann mit bis zu 10 000 weiteren verbunden sein.
45 Dieses dichte Geflecht ermöglicht eine rasche Weiterleitung von elektrischen

das zentrale Nervensystem
das Großhirn
das periphere Nervensystem
das Kleinhirn
der Hirnstamm

Impulsen. Das Gehirn ist vollständig vom Schädelknochen umgeben. Weiteren Schutz bieten Hirnhäute, die
50 sich zwischen dem Schädelknochen und dem Gehirn befinden. Das Gehirn ist von Flüssigkeit umgeben, was es gegen Erschütterungen schützt.

Das Großhirn • Das Gehirn ist in ver-
55 schiedene Teile gegliedert, die unterschiedliche Funktionen erfüllen. Beim Menschen ist das sogenannte Großhirn besonders stark entwickelt. Seine äußere Schicht ist von Furchen
60 durchzogen, die der Vergrößerung der Oberfläche dienen. So hat in der Großhirnrinde eine große Anzahl von Nervenzellen Platz. Die gut erkennbaren zwei Großhirnhälften sind über den
65 Balken miteinander verbunden und besitzen unterschiedliche Aufgaben: Sprache und logisches Denken erfolgen überwiegend in der linken Großhirnhälfte, die rechte ist für räumliches
70 Vorstellungsvermögen, Musikalität und Kreativität zuständig.

Das Kleinhirn • Im Bereich des Hinterkopfs liegt der zweitgrößte Teil des Gehirns, das Kleinhirn. Es ist zuständig
75 für die Koordination und das Erlernen von Bewegungsabläufen. → 1

Zwischenhirn und Hirnstamm • Unter dem Großhirn verborgen liegt das Zwischenhirn. Es steuert zusammen mit
80 dem Großhirn Gefühle wie Angst, Wut und lebenswichtige Vorgänge wie die Erhaltung der Körpertemperatur. Das Zwischenhirn ist außerdem mit der

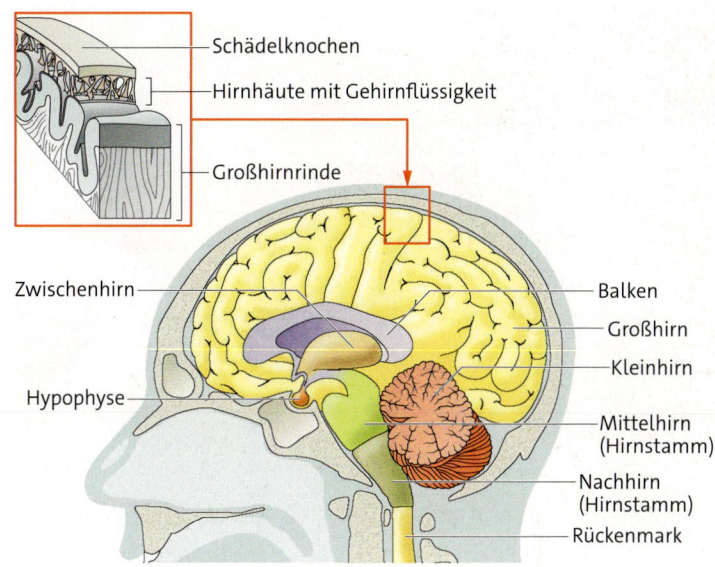

Schädelknochen

Hirnhäute mit Gehirnflüssigkeit

Großhirnrinde

Zwischenhirn

Hypophyse

Balken

Großhirn

Kleinhirn

Mittelhirn (Hirnstamm)

Nachhirn (Hirnstamm)

Rückenmark

3 Das Gehirn

erbsengroßen Hirnanhangsdrüse, der
85 Hypophyse, verbunden. Beide zusammen regulieren Vorgänge im Hormonsystem. Unter dem Zwischenhirn liegt der Hirnstamm. Dieser besteht aus dem Mittelhirn und dem Nachhirn.
90 Das Mittelhirn dient als Umschaltstelle zwischen Sinnesorganen und dem Zwischen- und Großhirn. Das Nachhirn steuert Vorgänge, die wir nicht willkürlich beeinflussen können, wie Atmung
95 und Herztätigkeit.

Das Nervensystem des Menschen besteht aus peripherem und zentralem Nervensystem. Gehirn und Rückenmark bilden zusammen das ZNS.

Aufgabe

1 Erkläre die Aufgabe von sensorischen und motorischen Nerven. → 2

Das Nervensystem

Gehirnteile

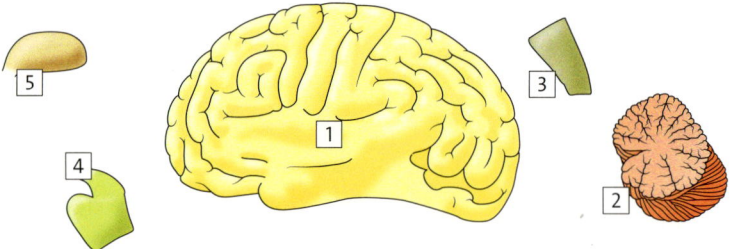

1 Gehirnteile

A Verschaltung von Sinnesorganen und Großhirn

B Denken, Sprache,
Kreativität

C Koordination, Erlernen
von Bewegungsabläufen

D Steuerung der Atmung und
der Herztätigkeit

E Steuerung lebenswichtiger
Körperfunktionen, Gefühle

1 ○ Benenne die mit den
Ziffern 1–5 gekennzeich-
neten Hirnteile in Bild 1.

2 ◐ Ordne den Hirnteilen ihre
jeweiligen Aufgaben aus
den Textboxen A–E zu.

Material B

Gehirnfelder

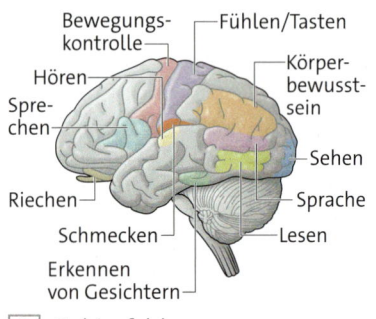

2 Gehirnfelder

Die äußere Schicht des Großhirns,
die Großhirnrinde, lässt sich in
verschiedene Felder einteilen.
Beim Sprechen ist ein anderes
Feld aktiv als beim Sehen.
Bei komplexen Tätigkeiten sind
mehrere Felder aktiv. Mit einer
besonderen Technik lassen sich
Bereiche der Großhirnrinde, die
besonders aktiv sind, sichtbar
machen. → 3

1 ○ Beschreibe Bild 2.

2 Auf den Bildern 3 A und B
sind verschiedene aktive
Bereiche der Großhirnrinde
dargestellt.
● Ordne die beiden Situationen A und B den passen-
den Bildern zu und begründe deine Auswahl.

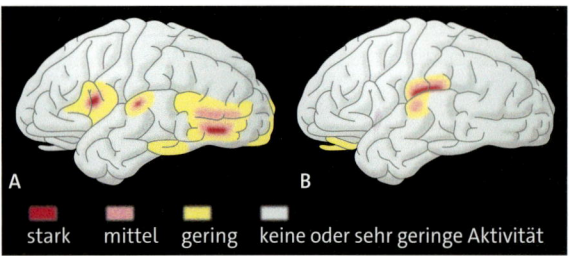

3 Gehirnaktivität

A Jonas liegt gemütlich auf seinem Bett und hört
Musik. Dabei isst er ein Stück Pizza.

B Sandra und Judith lesen sich ihre Notizen
durch, weil morgen ein Test geschrieben wird.
Sie versuchen sich gegenseitig die Funktion des
Nervensystems zu erklären.

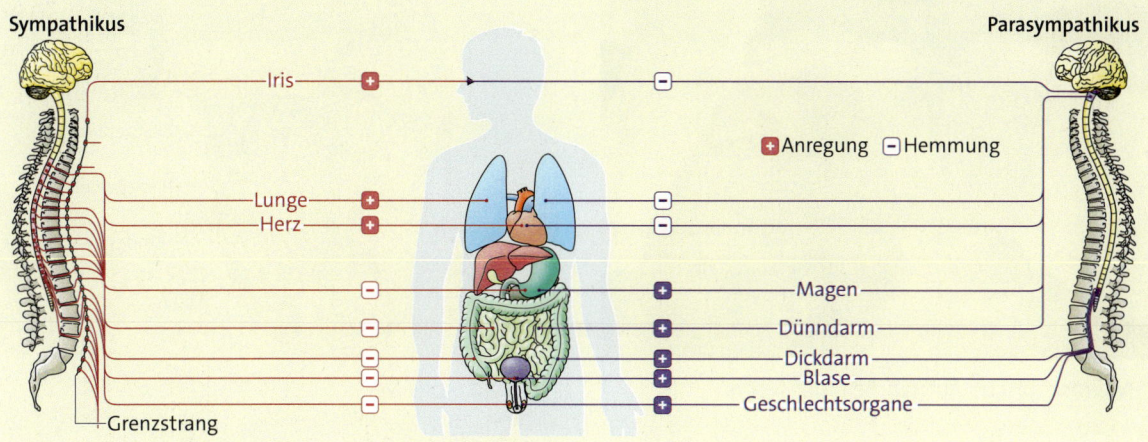

4 Funktionen des vegetativen Nervensystems

Das vegetative Nervensystem

Unwillkürliches Nervensystem · Viele Vorgänge des Körpers werden nicht wie Bewegungen bewusst gesteuert. Dazu zählen die Tätigkeiten der inneren Organe und das Schwitzen. Diese

5 werden vom unwillkürlichen, dem vegetativen Nervensystem, gesteuert. Den Teil des vegetativen Nervensystems, der für die Aktivierung des Körpers verantwortlich ist, nennt man Sympathikus. Die Sympathikusnerven treten

10 aus dem Rückenmark aus und verlaufen beidseits der Wirbelsäule. Von dort ziehen die Nerven in die inneren Organe. Den Teil des vegetativen Nervensystem, der für die Entspannung des Körpers zuständig ist, nennt man Para-

15 sympathikus. Seine Nerven gehen vom Gehirn und Rückenmark aus und führen in die gleichen Organe wie beim Sympathikus.

Sympathikus und Parasympathikus · Bei einem Wettkampf ist der Körper auf Leistung einge-

20 stellt. Die Atmung geht schneller, der Herzschlag ist erhöht. Die Leber gibt viel Glukose ins Blut ab. So gelangt viel Glukose und auch Sauerstoff zu den Muskeln. Die Schweißdrüsen geben vermehrt Schweiß ab, damit die entste-

25 hende Wärme abgeführt wird. Die Bewegungen des Magens und Darms werden zurückgefahren. Der Sympathikus steuert also die Organe, die notwendig sind, wenn der Körper Leistung bringen muss. Der Parasympathikus

30 fördert die Entspannung des Körpers sowie den Aufbau von Energiereserven. Er fördert die Aktivität des Verdauungssystems, der Ausscheidungs- und Geschlechtsorgane. Im Gegenzug hemmt er die Aktivität der Lunge,

35 des Herzens und der Schweißdrüsen. Der Sympathikus und Parasympathikus wirken also beide auf das Herz ein, der eine anregend, der andere hemmend. Sie sind Gegenspieler.

Aufgabe

1 🔾 Erkläre das Gegenspielerprinzip beim vegetativen Nervensystem. → 4

Nerven unter Spannung

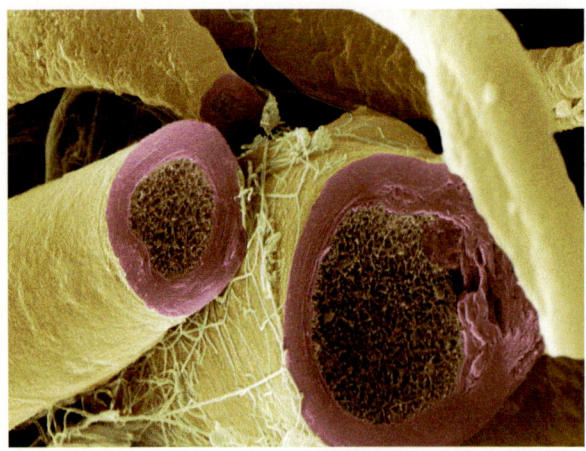

1 Mikroskopische Aufnahme eines Nervs

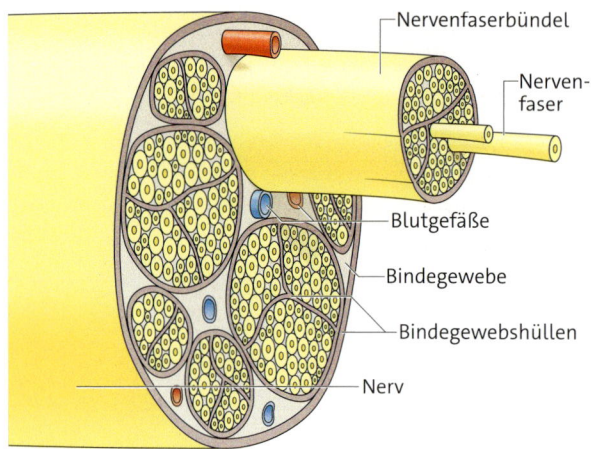

2 Bau eines Nervs

Die von außen auf den Körper einwirkenden Reize werden an das Gehirn weitergeleitet und dort verarbeitet. Wie erfolgt diese Weiterleitung durch
5 **den Körper?**

Der Nerv • Die Weiterleitung der elektrischen Impulse erfolgt über Nerven. Sie bestehen aus mehreren Bündeln vieler Nervenfasern, deren Zwischen-
10 räume mit Bindegewebe gefüllt sind. Zwischen den Nervenfaserbündeln verlaufen Blutgefäße, die den Nerv mit Nährstoffen und Sauerstoff versorgen. Die Nervenfaserbündel und der ge-
15 samte Nerv sind von Bindegewebshüllen umschlossen. Vom zentralen Nervensystem zu den entfernten Körperregionen trennen sich die Nervenfaserbündel auf und werden dadurch
20 zu dünneren Nervenfasern. → 2
In einem Nerv gibt es motorische und sensorische Nervenfasern, sodass Impulse innerhalb eines Nervs in beide Richtungen weitergeleitet werden
25 können.

Das Neuron • Die als Neuronen bezeichneten Nervenzellen im Körper sind alle ähnlich aufgebaut: Von dem Zellkörper mit seinen Bestandteilen gehen fein
30 verästelte Fortsätze, die Dendriten, ab. Diese stehen in engem Kontakt zu Sinneszellen oder anderen Nervenzellen. Am anderen Ende der Zelle befindet sich ein dünner, bis zu einem Meter
35 langer Fortsatz, das Axon. Dieses grenzt unmittelbar an Zielzellen oder an andere Nervenzellen.

Weiterleitung • Werden Sinneszellen wie die Lichtsinneszellen im Auge ange-
40 regt, so geben sie einen elektrischen Impuls ab. Dieser Impuls wird von Neuronen über die Dendriten aufgenommen. Er gelangt über den Zellkörper und das Axon wie in einer Einbahnstraße zu den
45 Endknöpfchen. Dort wird der Impuls auf eine Zielzelle übertragen. Diese Zielzelle wird angeregt. So ziehen sich Muskelzellen zusammen, Drüsenzellen geben Sekrete ab und Nervenzellen
50 leiten den Impuls wieder weiter. → 3

Zellkern
Zellkörper
Nervenfaser
Axon
Hüll-zelle
Dendrit
End-knöpf-chen
Synapse
Schnürring
Synapse
Muskel-faser
Impuls-weiterleitung

3 Bau eines Neurons

Isolation • Das Axon ist von einer Hüll-
zelle umwickelt. Diese dient wie bei
einem Kabel der elektrischen Isolation,
was die Weiterleitung des elektrischen
55 Impulses in der Nervenzelle ermöglicht. Das Axon mit der umgebenden
Hüllzelle bildet eine Nervenfaser. Diese
Umhüllung wird in regelmäßigen Abständen von den Schnürringen unter-
60 brochen. Die elektrischen Impulse
springen von Schnürring zu Schnürring.
Die Axone mit ihren Hüllzellen sind
von einer weiteren isolierenden Bindegewebshülle umgeben.

65 **Synapse** • Zwischen den Endknöpfchen
und der Zielzelle befindet sich ein
Spalt. Die elektrischen Impulse können diesen nicht überspringen. Um
den sogenannten synaptischen Spalt
70 überwinden zu können, werden chemische Überträgerstoffe genutzt.
Diese werden Transmitter genannt.
Sie lagern in Bläschen im Endknöpfchen. Kommt ein Impuls von der
75 Nervenzelle zum Endknöpfchen, so
verschmelzen die Bläschen mit der
Zellmembran. Das führt dazu, dass
die Transmitter in den synaptischen
Spalt gelangen. Sie durchqueren den
80 synaptischen Spalt und lagern sich an
Empfängerstellen der Zielzellen, an
Rezeptoren, an. Diese Bindung löst in
der Zielzelle erneut einen elektrischen
Impuls aus. Die Transmitter lösen sich
85 wieder vom Rezeptor und werden
durch Enzyme zerlegt. Die Bruchstücke
werden wieder von dem Endknöpfchen aufgenommen und zu neuen
Transmittern aufgebaut.

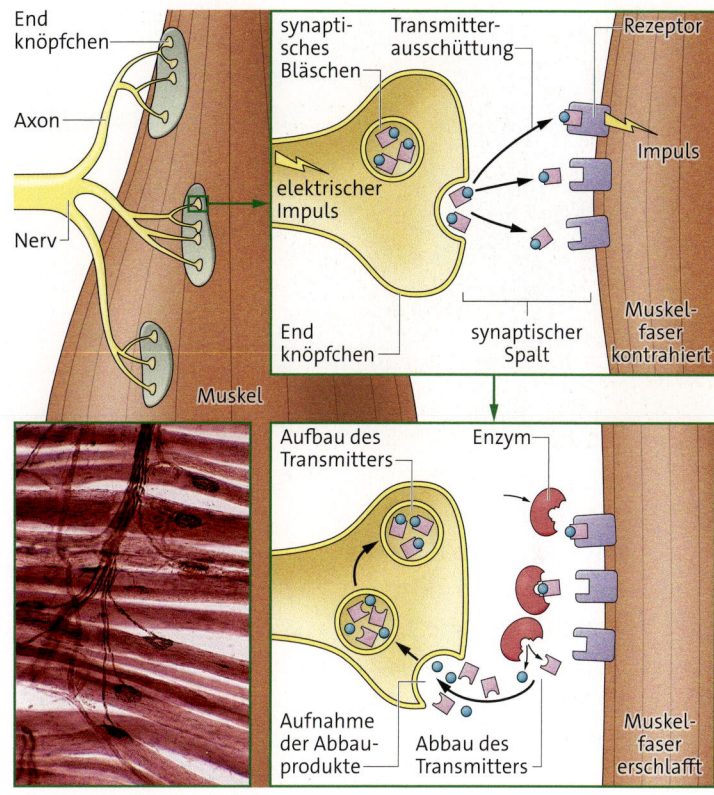

4 Informationsweiterleitung an einer Synapse

Die Übertragung der elektrischen
Impulse von Nervenzellen auf eine
Zielzelle findet an der Synapse
statt. Das Endknöpfchen des Axons,
den synaptischen Spalt und den angrenzenden Bereich der Zielzelle
bezeichnet man als Synapse.

Aufgaben

1 ○ Beschreibe mithilfe von Bild 2
   den Bau eines Nervs.

2 ◐ Beschreibe mithilfe von Bild 3 die
   Impulsweiterleitung an einer Nervenzelle.

Nerven unter Spannung

Material A

Synapse

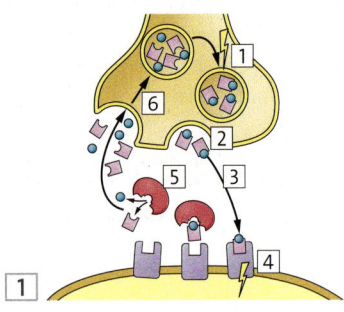

1

1 ○ Ordne den Zahlen in Bild 1 die passenden Textbausteine zu. Notiere sie in der richtigen Reihenfolge in dein Heft.

A Das synaptische Bläschen verschmilzt mit der Membran des Endknöpfchens. Die Transmitter werden in den synaptischen Spalt freigesetzt.

B Ein elektrischer Impuls wird an der Zielzelle ausgelöst.

C Die Bruchstücke der Transmitter wandern zurück ins Endknöpfchen. Dort werden sie wieder aufgebaut und gespeichert.

D Spaltungsenzyme lösen die Transmitter vom Rezeptor und zerlegen sie.

E Transmitter gelangen über den Spalt zu den Rezeptoren der Zielzelle und lagern sich an.

F Elektrische Impulse bewirken, dass die synaptischen Bläschen mit den Transmittern zur Membran des Endknöpfchens gelangen.

Material B

Nervengifte

1 In Bild 2 ist ein Endknöpfchen am Muskel dargestellt.

Botulinumtoxin (Botox) Dieses Gift stammt von speziellen Bakterien. Es verhindert das Verschmelzen der synaptischen Bläschen mit der Membran des Endknöpfchens. Es lähmt die Muskulatur. Die Muskeln können sich nicht mehr anspannen.

Curare Von den Ureinwohnern Südamerikas wurde dieses Gemisch aus Pflanzengiften früher genutzt, um zu jagen. Es wurde auch bei Operationen zur Muskelentspannung eingesetzt. Curare blockiert die Rezeptoren der Zielzelle dauerhaft.

Parathion Es wurde als Insektenvernichtungsmittel E 605 verwendet. Es ist für den Menschen hochgiftig und verboten. Es kann bei Hautkontakt zur Verkrampfung der Muskulatur führen. Parathion hemmt das Enzym, das die Überträgerstoffe wieder abbaut.

a ○ Nenne die Wirkorte der verschiedenen Gifte.

b ◗ Erkläre, wie die verschiedenen Gifte an der Synapse wirken. → 2

c ● Erläutere die unterschiedlichen Auswirkungen von Botulinumtoxin und Parathion auf den Muskel.

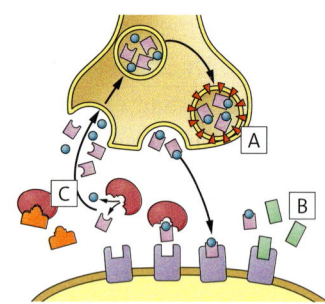

2 Wirkorte von Giften

Schnürringe

Die meisten Axone im Körper sind von Hüllzellen umgeben. Diese enthalten fettartige Stoffe, die das Axon elektrisch isolieren. Die Zwischenräume der Hüllzellen bezeichnet man als Schnürringe. Diese werden durch Bindegewebe isoliert. Die Leitungsgeschwindigkeit der elektrischen Impulse erreicht beim Menschen etwa 120 Meter pro Sekunde. In den Bildern ist ein Modell zur Erregungsleitung bei wenig entwickelten Tieren und höher entwickelten Tieren, zu denen auch der Mensch gehört, dargestellt. → 5

1 ◐ Vergleiche die beiden Modelle in Bild 5 A. Nenne Gemeinsamkeiten und Unterschiede.

2 ◐ Vergleiche die Axone. Nenne Gemeinsamkeiten und Unterschiede. → 5 B

3 ● Erkläre, welche Auswirkungen Schnürringe auf die Erregungsleitung beim Menschen haben.

4 ● Stelle Vermutungen an, welche Vorteile höher entwickelte Tiere dadurch besitzen.

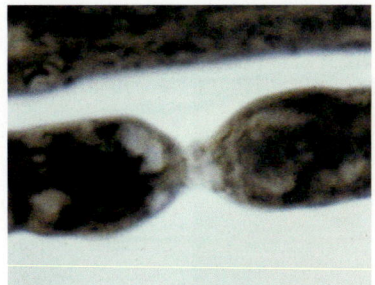

3 Schnürring an einem Axon

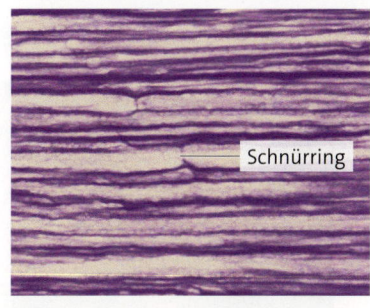

4 Nervengewebe (Längsschnitt)

Schnürring

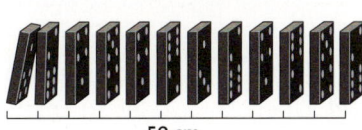

A langsame Zurücklegung des Weges | schnelle Zurücklegung des Weges

Stroh-halm

50 cm   50 cm

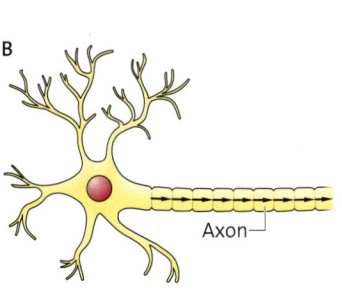

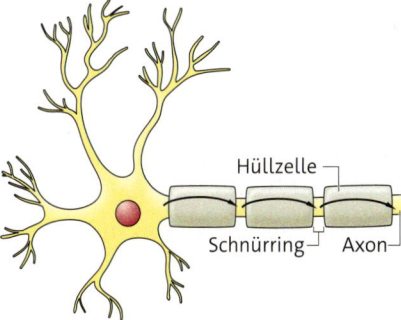

B

Axon

25 Meter pro Sekunde

Hüllzelle

Schnürring — Axon

120 Meter pro Sekunde

→ Impulsweiterleitung

5 Impulsleitung und Geschwindigkeit bei Tintenfisch und Mensch: **A** Modelle, **B** Axone

Nerven unter Spannung

Drogen erzeugen Abhängigkeit

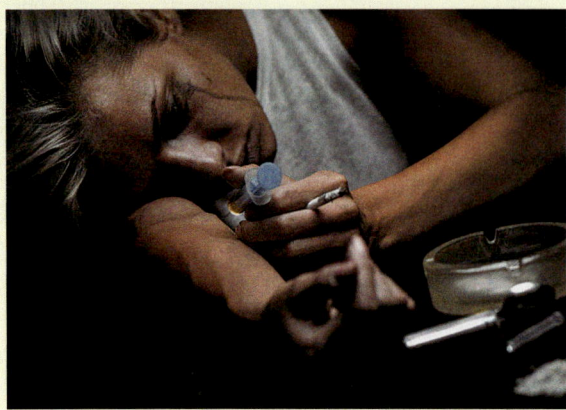

1 Drogenabhängige

Jeder weiß, dass Drogen gefährlich sind. Viele nehmen sie trotzdem und werden abhängig. Wieso wird man abhängig von Drogen?

Belohnungssystem • Im Gehirn entstehen Ge-
5 fühle wie Freude oder auch Wut. Nach einem Erfolgserlebnis wie einer guten Schulnote wird von Nervenzellen im Hirnstamm ein Trans-mitter, das Dopamin, ausgeschüttet. Über Synapsen werden Nervenimpulse an andere
10 Hirnbereiche weitergeleitet. Dies kann Glücks-gefühle verursachen.

Wirkung von Drogen • Als Drogen bezeichnet man alle Substanzen, die auf das Nervensystem einwirken. Dazu zählen sowohl legale Drogen
15 wie Alkohol oder das in Zigaretten und Shisha-tabak enthaltene Nikotin als auch illegale Dro-gen wie Heroin oder Marihuana. Je nach Droge können die Wirkungen unterschiedlich sein: Sie können die Wahrnehmung verändern oder
20 die Wirklichkeit vergessen lassen.

Wirkung auf Synapsen • Viele Drogen führen dazu, dass das Belohnungssystem große Men-gen an Dopamin in den synaptischen Spalt zwischen zwei Nervenzellen ausschüttet. Je
25 mehr Dopamin die Nervenzellen erregt, desto größer sind die entstehenden Glücksgefühle. So wirken Drogen auf das Belohnungssystem ein und erzeugen ebensolche Glücksgefühle und Wohlbefinden.

30 **Abhängigkeit** • Drogen können einerseits die massenhafte Ausschüttung von Transmittern wie Dopamin bewirken. Sie können aber auch die Bindung des Transmitters am Rezeptor ver-längern. Die Rezeptoren sind dann dauererregt.
35 Der Körper wird somit unempfindlicher gegen-über Dopamin. Damit ein Drogenabhängiger diese wachsende Unempfindlichkeit ausglei-chen kann, greift er zu immer größeren Mengen an Drogen oder zu stärkeren Drogen. Er ist ab-
40 hängig. Nimmt er keine Drogen mehr, kommt es zu Entzugserscheinungen wie Unwohlsein, Angstzuständen oder Wahnvorstellungen. Auch die übermäßige Nutzung von Internet und von Computerspielen kann wie echte Drogen
45 auf unser Belohnungssystem einwirken und so Abhängigkeit erzeugen.

„Drogenkarriere" • Der Übergang von einer Ge-wohnheit zur Sucht ist oft fließend. Schnell kann sich aus einer einfachen Angewohnheit
50 eine körperliche Abhängigkeit entwickeln. Diese wird wahrscheinlicher, wenn ein Betroffener nur wenig echte Glücksmomente erlebt. Diesen Mangel versucht er mit Suchtmitteln auszu-

gleichen. Meistens beginnen solche Menschen,
55 mit dem übermäßigen Genuss von Alkohol
und Tabak ihren Alltag zu vergessen. Viele sind
neugierig oder brauchen einen neuen Kick und
greifen zu den ersten illegalen Drogen wie zum
Beispiel Marihuana. Rauchen von Marihuana
60 kann zu Gedächtnisstörungen und schwerwiegenden psychischen Erkrankungen wie Depressionen führen.

Synthetische Drogen sind sehr gefährlich • Viele
Jugendliche lassen sich heutzutage von moder-
65 nen, im Labor hergestellten Drogen anlocken.
Man bezeichnet sie als synthetische Drogen.
Dazu zählen die Amphetamine wie zum Beispiel Ecstasy. Sie wirken stark aufputschend
und werden als Partydrogen eingesetzt.

70 **Crystal Meth** • Dieses künstlich im Labor hergestellte Amphetamin ist eine der gefährlichs-
ten modernen Drogen, da es sehr schnell und
dauerhaft abhängig macht. Crystal Meth erhöht
die Ausschüttung von Dopamin in den synapti-
75 schen Spalt der Nervenzellen. Langfristig führt
der Konsum von Crystal Meth zu enormen gesundheitlichen Schäden und kann bei Überdo-
sierung oder dauerhaftem Konsum zum Tod
führen. Jeden Tag sterben in Deutschland Ju-
80 gendliche oder Erwachsene durch den Konsum
von Crystal Meth.

„Legal Highs" • Unter „Legal Highs" versteht
man synthetisch hergestellte Drogen. Sie stellen einen schnell verfügbaren Ersatz zu den
85 illegalen Drogen wie Kokain oder Heroin dar.

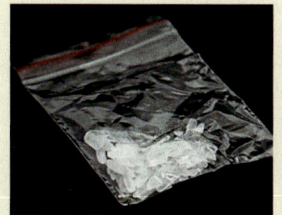
2 Crystal Meth

3 Legal Highs

Sie werden als „Badesalze" oder „Kräuter-
mischungen" im Internet zum Kauf angeboten.
Oft wissen Konsumenten nicht, was sie be-
inhalten. Daher besteht eine sehr hohe Gefahr
90 für den Körper. Da sich ihre Zusammensetzung
an Inhaltsstoffen ständig ändert, ist es schwer,
diese gesetzlich zu verbieten, weil man laut
Gesetz nur bestimmte Stoffe verbieten kann.

Suchtvorbeugung • Hobbys wie Sport, Reisen,
95 Musik und Unternehmungen mit Freunden bieten Herausforderungen und Ziele im Leben. Erreicht man Ziele aus eigener Kraft, stärkt dieser
Erfolg das eigene Selbstvertrauen. Hilfe kann
man sich bei Suchtberatungsstellen holen.

> Drogen beeinflussen unser Nervensystem.
> Alle Drogen sind sehr gefährlich und können
> Abhängigkeit erzeugen.

Aufgaben

1 ◐ Erkläre, weshalb Crystal Meth stark
abhängig machen kann.

2 ◐ Überlege, wie du dir selbst tägliche
Erfolgserlebnisse verschaffen kannst.

Der Reflex

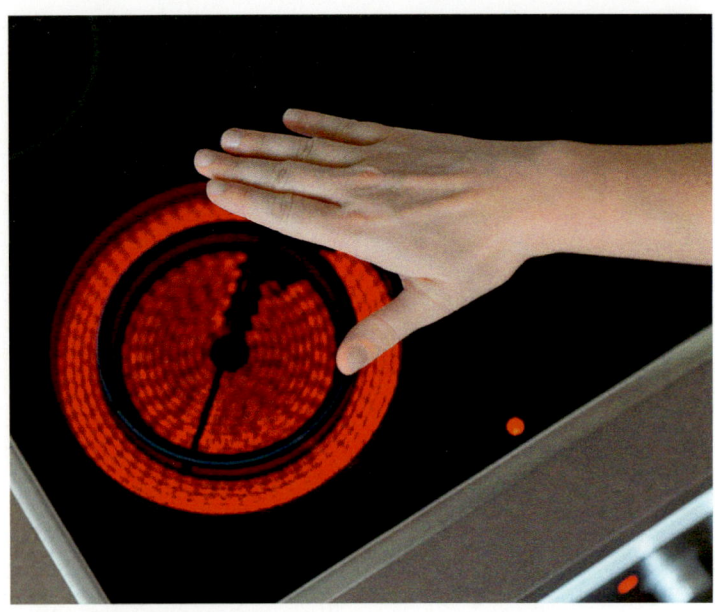

1 Heiße Herdplatte

Fasst man auf eine heiße Herdplatte, reißt man die Hand ohne nachzudenken ruckartig zurück. Wir werden uns erst später der Reaktion bewusst. Wie ist ₅ **das zu erklären?**

Das Rückenmark • Der etwa fingerdicke Nervenstrang des Rückenmarks verläuft geschützt innerhalb des Wirbelkanals der Wirbelsäule und hat eine ₁₀ Länge von etwa 45 cm. Zwischen den Wirbeln verlässt je ein Paar Rückenmarksnerven, auch Spinalnerven genannt, den Wirbelkanal und verläuft zu verschiedenen Körperteilen.

₁₅ **Reflexe** • Das Rückenmark stellt die Verbindung zwischen Gehirn und den Körperteilen dar. Es ist jedoch auch in der Lage, unabhängig vom Gehirn zu handeln, also Informationen selbst-₂₀ ständig zu verarbeiten. Reaktionen,

Band-
scheibe
Rücken-
mark
Wirbel
Spinalnerv

2 Rückenmark

die man nicht willentlich unterdrücken kann, nennt man Reflexe. Den Weg, den der Reiz in diesem Fall bis zur Reaktion zurücklegt, heißt Reflexbogen. ₂₅ Reflexe dienen dem Schutz des Körpers und laufen sehr schnell und immer nach dem gleichen Muster ab. Das Gehirn wird in den Prozess nicht eingebunden, wodurch die Reaktion wesent-₃₀ lich schneller ablaufen kann. Neben dem beschriebenen Rückziehreflex ist der Lidschlussreflex des Auges von Bedeutung für den Menschen. Der sogenannte Kniesehnenreflex verhindert ₃₅ oft ein Hinfallen beim Stolpern.

Querschnittslähmung • Durch einen Unfall kann das Rückenmark verletzt werden. Dann besteht keine Verbindung mehr zwischen Gehirn und den ₄₀ Nervenbahnen unterhalb der Verletzungsstelle. Sowohl die sensorischen als auch die motorischen Neuronen sind geschädigt. Deshalb können Betroffene unterhalb der Verletzungs-₄₅ stelle weder Schmerz empfinden noch die Körperteile bewegen. Man spricht von einer Querschnittslähmung.

> Das Rückenmark dient der Erregungsleitung zwischen Gehirn und Körper. Es steuert selbstständig Reflexe.

Aufgabe

1 ○ Erkläre, warum die Reaktion auf die heiße Herdplatte so schnell ablaufen kann. → 1

Material A

Reflexe

Bei einem Schlag auf die Kniesehne wird der Streckmuskel gedehnt. In den Sinneszellen des Muskels entstehen elektrische Impulse. Dadurch hebt sich der Unterschenkel mit einem kleinen Ruck. Diese Reaktion auf den Reiz bezeichnet man als Kniesehnenreflex. → 3

1 Beschreibe den Reflexbogen beim Kniesehnenreflex.

2 Begründe, warum die in Bild 3 dargestellte Reaktion als Reflex bezeichnet wird.

3 Wenn man bei einem Baby die Handinnenfläche mit einem Finger berührt, umgreift es den Finger. Man bezeichnet diesen Reflex als Greifreflex. Er dient dem Festhalten an der Mutter.
 Entwirf mithilfe folgender Begriffe einen Reflexbogen für den Greifreflex: Reaktion, sensorische Nervenfaser, Berührung (Reiz), Umgreifen des Fingers, motorische Nervenfaser.

4 Betrachte die Bilder 5 und 6. Ergänze die Tabelle mit den dargestellten Reflexen.

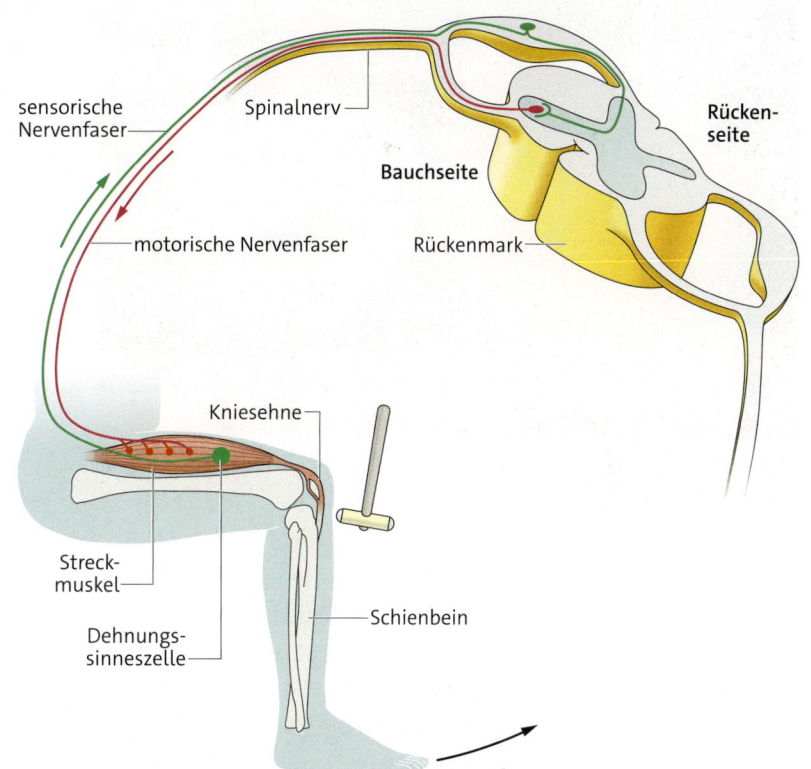

sensorische Nervenfaser — Spinalnerv — Rückenseite — Bauchseite — motorische Nervenfaser — Rückenmark — Kniesehne — Streck-muskel — Dehnungs-sinneszelle — Schienbein

3 Reflexbogen des Kniesehnenreflexes

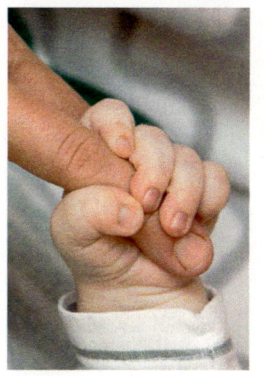

4 Greifreflex

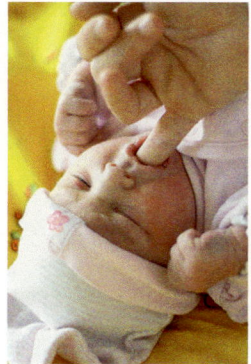

5 Saugreflex

6 Hustenreflex

Name des Reflexes	Auslösender Reiz	Reaktion	Funktion des Reflexes
Greifreflex	Berührung	Greifen	Festhalten an der Mutter

Regulation des Blutzuckerspiegels

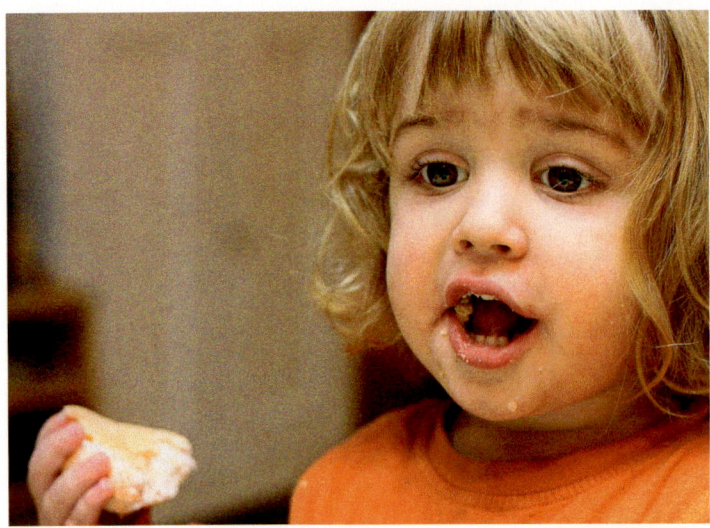

[1] Kind isst ein Brötchen.

Nach einer kohlenhydratreichen Mahlzeit entsteht durch die Verdauung viel Glukose, die ins Blut aufgenommen wird. Je nach Aktivität der Körperzellen
5 ist der Glukosebedarf unterschiedlich. Wie wird die verfügbare Menge an Zucker im Blut konstant gehalten?

Hormone • Neben der Informationsverarbeitung mithilfe des Nervensystems
10 gibt es ein weiteres Informationssystem des Körpers. Hier werden Signale mithilfe von chemischen Stoffen, den Hormonen, über den Blutkreislauf im gesamten Körper weitergegeben. Hor-
15 mondrüsen schütten diese Hormone bei Bedarf aus. Ein bestimmtes Hormon wirkt nur auf die Zellen, deren Oberfläche Empfängerstellen, die Rezeptoren, für dieses Hormon tragen.
20 Ein Hormon passt wie ein Schlüssel in das jeweilige Schloss. Die Zielzellen mit den passenden Rezeptoren erzeugen eine Reaktion auf das Signal. Ist die Reaktion ausgeführt, merkt der Kör-
25 per, dass eine weitere Ausschüttung der Hormone nicht mehr nötig ist. Die Produktion wird dann eingestellt. Dies nennt man einen Regelkreis. → [2]

Blutzuckerregulierung • Nach einer
30 kohlenhydratreichen Mahlzeit steigt der Zuckergehalt des Blutes an. Nach sportlicher Aktivität sinkt er natürlicherweise, da viel Glukose durch die Zellatmung abgebaut wird. Bei einem
35 gesunden Menschen bewegt sich der Blutzuckergehalt zwischen 0,7 und 1,1 g Glukose pro Liter Blut. Bestimmte Glukoserezeptoren im Blut messen ständig den Blutzuckerspiegel und melden
40 dem Gehirn die Werte. Daraufhin wird die Bauchspeicheldrüse vom Gehirn veranlasst, Hormone auszuschütten. Die Regulation des Glukosegehalts im Blut wird durch zwei Hormone, das In-
45 sulin und das Glukagon, bestimmt.

Zielzelle mit passendem Rezeptor

Signal zur Einstellung der Hormonausschüttung

Hormondrüse

Blutgefäß

Hormone

Rezeptor

Zielzelle

A

B

[2] Hormone: **A** Schlüssel-Schloss-Prinzip, **B** Regelkreis

Beide Hormone werden in den Zellen
der Bauchspeicheldrüse, den Langer-
hans- Inseln, gebildet. Insulin senkt
den Blutzuckerspiegel, Glukagon hebt
50 ihn an. Sie wirken wie Gegenspieler.

Insulin • Durch die Aufnahme kohlen-
hydrathaltiger Nahrung steigt der
Blutzuckerspiegel an. Dieser Anstieg
regt die Ausschüttung des Insulins in
55 der Bauchspeicheldrüse an. Das Insulin
gelangt über das Blut zu allen Körperzellen und lagert sich an spezifische
Rezeptoren an. Diese Bindung folgt
dem Schlüssel-Schloss-Prinzip und
60 macht die Zellmembran durchlässiger
für Glukose. Die Glukose aus dem Blut
kann in die Zellen aufgenommen und
als Glykogen gespeichert werden.
Als Folge sinkt der Blutzuckerspiegel
65 wieder. Das Signal zur Ausschüttung
des Insulins nimmt ab, da die Glukoserezeptoren im Blut dem Gehirn ein Absinken des Glukosespiegels gemeldet
haben.

70 **Glukagon** • Bei hohem Energieverbrauch, zum Beispiel beim Sport, sinkt
der Blutzuckerspiegel unter ein normales Level ab. Dann schüttet die
Bauchspeicheldrüse das Hormon Glu-
75 kagon in die Blutbahn. Das bewirkt
den Abbau des in der Leber gespeicherten Glykogens. Dieses besteht aus
vielen Glukosebausteinen und dient
als Glukosespeicher. Glukagon regt
80 Enzyme an, Glykogen zu Glukose abzubauen. Glukose wird dann ins Blut
abgegeben, der Blutzuckerspiegel
steigt wieder an.

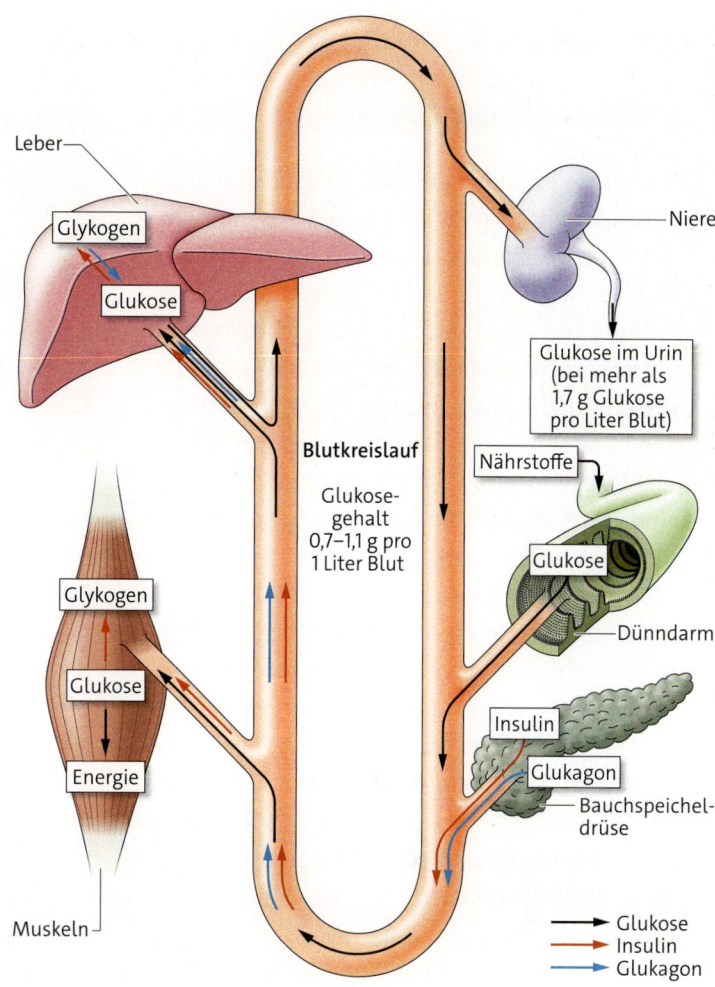

3 | Regelung des Blutzuckerspiegels

Die Bauchspeicheldrüse produziert
die beiden blutzuckerregulierenden
Hormone Insulin und Glukagon.
Insulin senkt den Blutzuckerspiegel,
Glukagon hebt ihn an. Die Hormone
wirken als Gegenspieler.

Aufgabe

1 🔵 Erkläre mithilfe von Bild 2 die
Wirkungsweise von Hormonen.

Regulation des Blutzuckerspiegels

Diabetes – eine Volkskrankheit

Diabetes • Ist die Regulierung des Blutzuckerspiegels mithilfe des Insulins gestört, spricht
man von der Erkrankung Diabetes. Der Blutzuckerspiegel ist dauerhaft erhöht. In die
5 Zellen kann keine oder nur wenig Glukose
aufgenommen werden. Bei dieser Krankheit
unterscheidet man zwei Typen: Bei Diabetes
Typ 1 werden durch das Immunsystem die
insulinproduzierenden Zellen der Bauchspei-
10 cheldrüse zerstört. So kann nicht genügend
Insulin gebildet werden. Bei Diabetes Typ 2 ist
die Funktion der Insulinrezeptoren der Körperzellen gestört. In diesem Fall kann Glukose
nicht mehr richtig von den Körperzellen auf-
15 genommen werden. Der dauerhaft hohe Blutzuckerspiegel führt zu Schäden an Nieren,
Nerven und Herz-Kreislauf-System.

Eine Volkskrankheit • Etwa 7 Prozent der
Weltbevölkerung, also etwa 380 Millionen
20 Menschen, leiden an Diabetes. Rund 95 Prozent der betroffenen Personen leiden an Diabetes Typ 2. Von dieser Form des Diabetes sind
vor allem Menschen mit Übergewicht und
schlechter Lebensführung betroffen. Unge-
25 sunde Ernährung und zu wenig sportliche
Betätigung spielen eine große Rolle. Dies gilt
besonders auch für Kinder, die zunehmend
vom Diabetes Typ 2 betroffen sind. Früher
nahm man einen „Alters-Diabetes" an, da
30 viele ältere Menschen an Diabetes leiden.
Das hängt damit zusammen, dass sie lange
Zeit einen zu hohen Zucker- und somit auch
Insulinspiegel im Blut hatten. Die Schäden
traten aber erst im Alter auf.

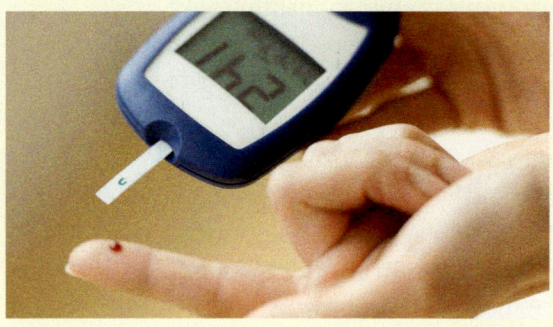

1 Messen des Blutzuckerspiegels

35 **Therapie** •
Patienten mit
Diabetes Typ 1
müssen sich das
Insulin spritzen.
40 Um die Insulin-
menge anpassen
zu können, wird
mithilfe eines Blut-
zuckermessgeräts

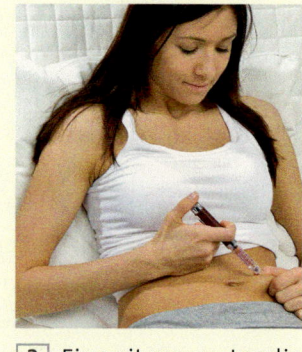

2 Einspritzen von Insulin

45 der Blutzucker-
spiegel mehrmals täglich gemessen. Patienten mit Diabetes Typ 2 müssen sich kohlen-
hydratarm ernähren. Meist unterstützen sie
die Therapie durch Medikamente.

> **Bei Diabetes steht den Körperzellen nicht
> genügend Glukose zur Verfügung.**

Aufgaben

1 ◐ Vergleiche die beiden Diabetes-Typen.

2 ● Stelle Vermutungen an, weshalb
Diabetes-Erkrankungen voraussichtlich
zunehmen werden.

Kooperation von Insulin und Glukagon

1 ○ Beschreibe die Wirkung von Insulin mithilfe des Schemas in Bild 3.

2 ◐ Ergänze das Schema → 4 für Glukagon und seiner Wirkung in deinem Heft.

3 ● Erkläre die wechselseitigen Aufgaben der Hormone Insulin und Glukagon im Körper.

4 Hat ein Patient einen zu niedrigen Blutzuckerspiegel, bezeichnet man dies als Unterzuckerung.
● Erläutere mögliche Folgen für den Körper.

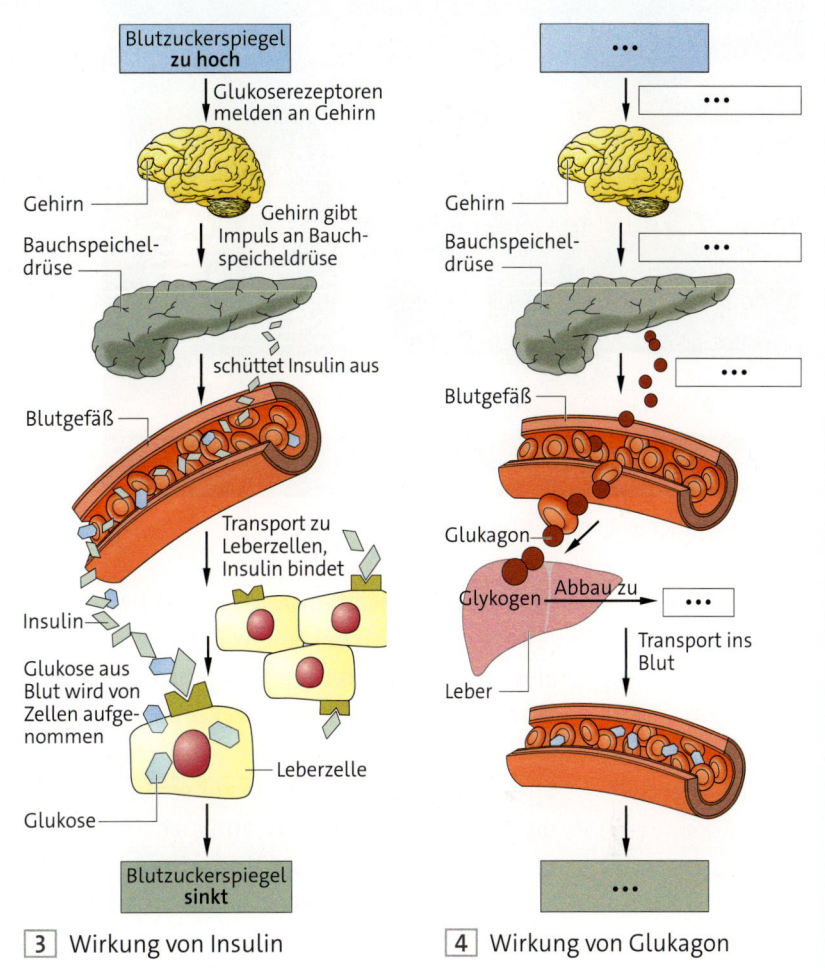

3 Wirkung von Insulin

4 Wirkung von Glukagon

Zuckerbelastungstest

Bei einem Zuckerbelastungstest tranken zwei Personen, Martin und Yusuf, Glukoselösung. Bei ihnen wurde in regelmäßigen Abständen die Höhe des Blutzuckerspiegels gemessen. → 5

1 ◐ Vergleiche die Werte des Zuckerbelastungstests der beiden Personen. → 5

2 ◐ Erkläre, welche der beiden Personen an Diabetes leidet.

Zeit	Martin	Yusuf
→ Trinken der Glukoselösung		
9 Uhr	1,50	0,90
10 Uhr	2,65	1,30
11 Uhr	2,90	1,05
12 Uhr	2,50	0,90

5 Blutzuckergehalt des Blutes in Gramm pro 1 Liter

Stress

1 Jugendliche bei einer Klassenarbeit

Wenn du dich nicht ausreichend vorbereitest, gerätst du bei einem Test oder einer Klassenarbeit leicht unter Stress. Was passiert dann in deinem Körper?

5 **Stress** • Bei einer Klassenarbeit schlägt das Herz schneller, die Atmung ist rascher. Man hat das Gefühl, hellwach zu sein. Oft verspürt man auch Angst. Alle Veränderungen des Körpers auf
10 eine belastende Situation bezeichnet man als Stress. Der Körper reagiert so auf Reize in der Umwelt. Er kann sich auch selbst unter Stress setzen, wenn man zum Beispiel unbedingt ein gutes
15 Ergebnis bei einer Klassenarbeit schreiben möchte.

Kurzzeitstress • In einer Stresssituation reagiert der Körper. Von einem Bereich des Zwischenhirns, dem Hypothalamus,
20 läuft die Erregung über das Rückenmark zu den Organen. Das Herz schlägt schneller. Auch die Hormondrüsen werden angeregt. Auf beiden Nieren sitzen wie kleine Kappen die Nebennieren.
25 Sie geben ihre Hormone Adrenalin und Noradrenalin in die Blutbahn ab. Sie wirken an vielen Stellen des Körpers. So erhöhen sie die Herzfrequenz, fördern den Abbau von Glykogen in
30 Muskeln und der Leber und erweitern die Bronchien, sodass mehr Sauerstoff aufgenommen werden kann. Dadurch können die Zellen besser mit Glukose versorgt werden. Vorgänge im Körper,
35 die viel Energie verbrauchen, können so schneller ablaufen. Die Blutgefäße von Gehirn, Herz und Muskulatur werden erweitert, die der Verdauungsorgane jedoch verengt. Dadurch werden die
40 Organe besser versorgt, die in einer Stresssituation leistungsfähiger sein müssen. Eine Stresssituation kann lebensrettend sein. Die Ausschüttung von Adrenalin erhöht für kurze Zeit die
45 Leistungsfähigkeit. So konnten unsere Vorfahren sich besser einem angreifenden Tier stellen oder aber flüchten. Man bezeichnet dies als Fight-or-flight-Reaktion.

50 **Stress ist auf Dauer schädlich** • Im Alltag begegnet man oft Situationen, die dauerhaft stressig sind – wenn man zum Beispiel ständig in der Schule überfordert ist oder auch wenn es in
55 der Familie ständig Streitigkeiten gibt. Auch lange Krankheiten oder Mobbing fördern Stress. Alle aufgezählten Situationen dauern längere Zeit an. Es kommt im Körper zu Stress, man nennt
60 dies Langzeitstress.

Cortisol • Der Hypothalamus ist ein Teil des Zwischenhirns und eine Hormondrüse. Er regt eine andere Hormondrüse, die Hypophyse, an. Diese schüttet das
65 Hormon ACTH aus. Es regt die Nebennierenrinde an, ein anderes Hormon, das Stresshormon Cortisol, auszuschütten. Stehen wir unter Dauerstress, wird zu viel Cortisol ausgeschüttet. Was nor-
70 malerweise unserem Körper hilft, mit Stresssituationen kurzfristig klarzukommen, wird nun zur Gefahr. In den dauerhaft verengten Blutgefäßen kann es zu Ablagerungen kommen. Der Blutdruck
75 steigt. Dies kann in den schlimmsten Fällen zu einem Herzinfarkt oder auch einem Schlaganfall führen. Cortisol hat auch Auswirkungen auf die Sexualhormone. Bei Frauen, die unter langen
80 Stresssituationen leiden, kann der Eisprung ausbleiben, bei Männern kann dies sogar zur Impotenz führen. Cortisol schwächt auch das Abwehrsystem des Körpers, sodass man öfter krank wird.
85 Der Langzeitstress hat also immer negative Folgen für den Körper. Wenn man unter Langzeitstress leidet, sollte man sich unbedingt an Ärzte und Psychologen wenden. Regelmäßiges Sporttrei-
90 ben kann helfen, Stress abzubauen.

> Alle Veränderungen des Körpers auf eine belastende Situation bezeichnet man als Stress.

Aufgabe

1 ○ Beschreibe die Wirkung von Adrenalin auf den Körper. → 2

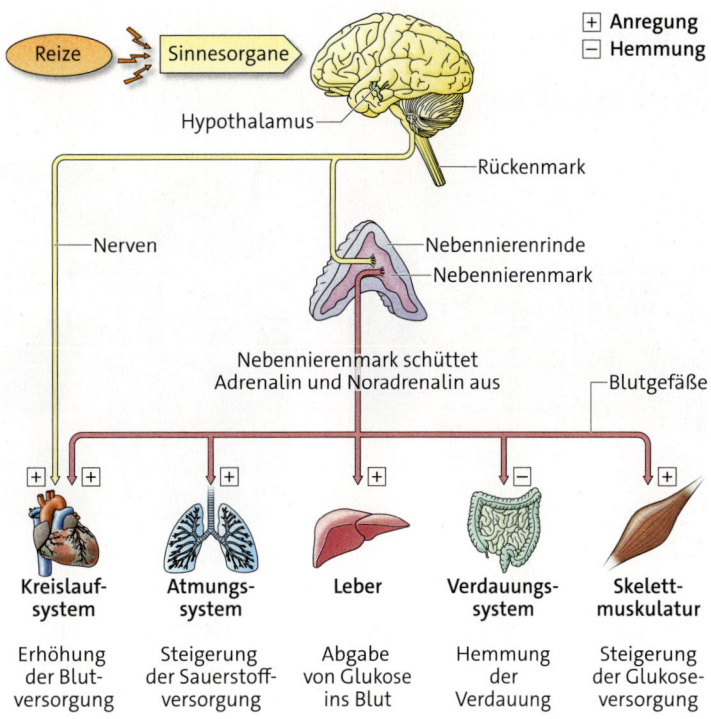

2 Wirkung von Kurzzeitstress

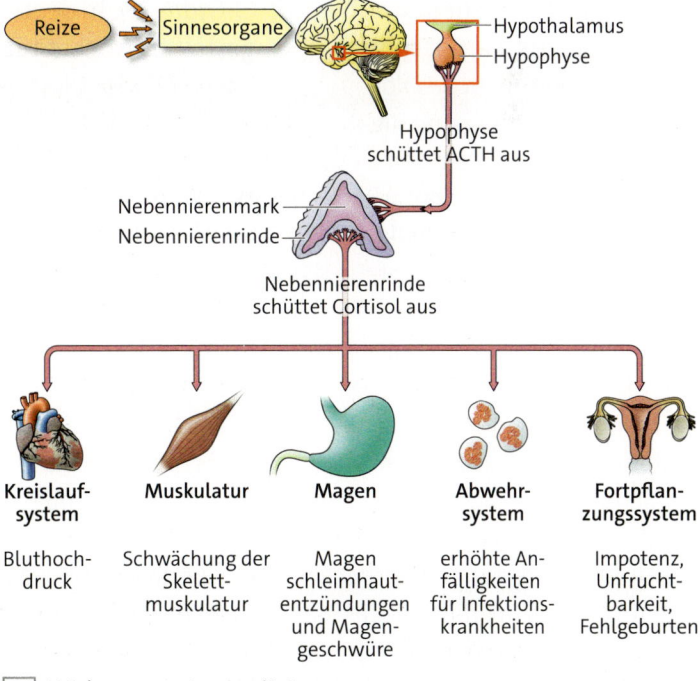

3 Wirkung von Langzeitstress

Stress

Stresssituationen

1 Geburtstagsparty

2 Mobbing in der Schule

3 Clubbesuch

Man empfindet Stress persönlich nicht immer belastend. Für manche ist der Sportunterricht oft angenehm. Wenn man zum Beispiel am Startblock des 100-Meter-Laufs steht und auf den Startschuss wartet, spürt man Veränderungen des Körpers. Der Herzschlag und die Atmung sind schneller und auch die Aufmerksamkeit ist erhöht. Die Leistungsfähigkeit des Körpers wird dadurch erhöht. Man bezeichnet eine solche positive Belastung als Eustress. Eine belastende Situation, wie enormer lang anhaltender Leistungsdruck in der Schule, wirkt sich negativ auf den Körper aus. Reize aus der Umwelt, die auf den Körper also unangenehm, bedrohlich oder überfordernd wirken, bezeichnet man als Disstress.

1 ○ Ordne die in den Bildern 1–3 dargestellten Situationen folgenden Stressformen zu: Eustress oder Disstress.

2 ○ Ordne die in der Liste dargestellten Stresssituationen nach Eu- oder Disstress.
→ 4

3 ● Erkläre die Stressreaktion im Körper, wenn man beim Spicken erwischt wird. Nimm das Bild 2 auf Seite 321 zu Hilfe.

4 ○ Nenne Situationen in deinem Schulalltag, wann du Stress empfindest.

5 ◗ Überlege dir Maßnahmen, durch die du Stress im Schulalltag vermeiden kannst.

Liste von Stresssituationen

1) Dauererkrankung

2) verliebt sein

3) ungewollter Schulwechsel

4) Überprüfung in einem schwachen Fach

5) Tod der Großmutter

6) Konzertbesuch

7) in der Schule gemobbt werden

8) beim Spicken erwischt werden

4

Hormone im Überblick

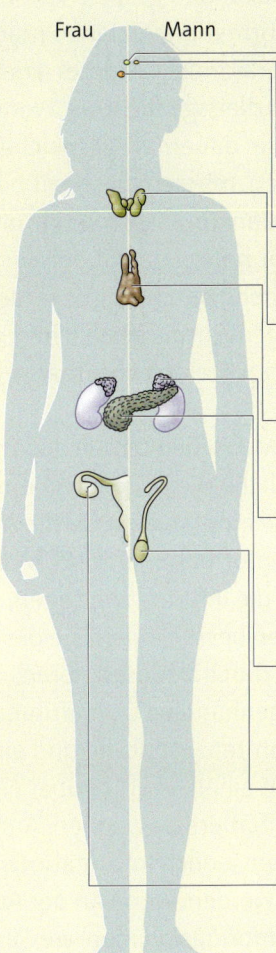

Frau   Mann

Hypothalamus: Der Hypothalamus ist eine Region des Zwischenhirns, die die Verbindung zwischen dem zentralen Nervensystem und dem Hormonsystem ist. Er produziert Hormone, welche die Hypophyse entweder hemmen oder anregen, Steuerungshormone für andere Hormondrüsen auszuschütten.

Epiphyse: Die Epiphyse befindet sich oberhalb des Zwischenhirns. Sie bildet das Hormon Melatonin, das den Schlaf-Wach-Rhythmus reguliert.

Hypophyse: Die unter dem Zwischenhirn gelegene Hypophyse schüttet Wachstumshormone und Steuerungshormone aus. Wachstumshormone regulieren das Körperwachstum. Steuerungshormone regen andere Hormondrüsen an, ihre Hormone auszuschütten.

Schilddrüse: Die Schilddrüse liegt unterhalb des Kehlkopfs – wie ein Schild – vor der Luftröhre. Sie produziert Thyroxin, welches das Körperwachstum, die Gehirnentwicklung und Stoffwechselvorgänge beeinflusst.

Thymus: Die Thymusdrüse befindet sich hinter dem Brustbein. Thymosin, das Hormon der Thymusdrüse, steuert das Körperwachstum und reguliert die Differenzierung der Zellen des Immunsystems.

Nebennieren: Die Nebennieren liegen wie Kappen an beiden Seiten der Nieren. Sie bestehen aus Nebennierenrinde und Nebennierenmark. Das Nebennierenmark bildet Adrenalin und Noradrenalin, welche die Herz-Kreislauf-Aktivität steigern und Energiereserven freisetzen, zum Beispiel bei Stresssituationen. Die Nebennierenrinde setzt Cortisol frei, das den Stoffwechsel von Kohlenhydraten reguliert und Entzündungsreaktionen im Körper hemmt.

Bauchspeicheldrüse: Die Bauchspeicheldrüse liegt quer unter dem Magen. Sie produziert Insulin und Glukagon. Insulin sorgt für die Versorgung der Zellen mit Glukose und senkt somit den Blutzuckerspiegel. Glukagon ist der Gegenspieler des Insulin, indem es den Blutzuckerspiegel anhebt.

Hoden: Hoden sind die männlichen, außerhalb des Bauchraumes befindlichen Geschlechtsdrüsen. Sie bilden männliche Geschlechtshormone, welche die Entwicklung der männlichen Geschlechtsmerkmale fördern und die Bildung von Spermien stimulieren.

Eierstöcke: Eierstöcke sind die weiblichen Geschlechtsdrüsen und befinden sich im Unterleib der Frau. Die von den Eierstöcken gebildeten weiblichen Geschlechtshormone fördern die Entwicklung der weiblichen Geschlechtsmerkmale. Außerdem regeln sie den Menstruationszyklus, die Freisetzung von Eizellen und die Schwangerschaft.

5   Hormone im Überblick

Aufgabe

1 ○ Erstelle in deinem Heft eine Tabelle. Ergänze die Tabelle für die in Bild 5 dargestellten Hormondrüsen und ihrer Hormone. Ergänze die Wirkungen der Hormone mit Stichworten. Nutze die Vorlage. → **6**

Hormon-drüse	Lage im Körper	Hormone	Wirkung
Epiphyse	oberhalb des Zwischenhirns	Melatonin	Regulation des Schlaf-Wach-Rhythmus
6 …	…	…	…

Wie funktioniert Lernen?

1 Die Kunst des Lernens

**Jeder Mensch kennt das Gefühl, sich
etwas nicht merken zu können. Auch
das Einüben bestimmter Fähigkeiten
fällt nicht jedem leicht. Wie merkt**
5 **man sich etwas, wie lernt man?**

Lernen • Fähigkeiten wie Fahrradfahren,
Jonglieren, Klavierspielen oder Kochen
muss man lernen. Auch Wissen wie
Jahreszahlen, biologische Zusammen-
10 hänge und das Anwenden von mathe-
matischen Formeln muss erlernt
werden. Ein Prozess, bei dem man Informationen aus seiner Umwelt aufnimmt, verarbeitet und speichert, so-
15 dass sie zu einem späteren Zeitpunkt
wieder abgerufen werden können,
wird als Lernen bezeichnet.

Das Gehirn • Lernen findet im Gehirn
statt. Es ist in der Lage, sich umzubil-
20 den, das heißt neue Synapsen zu bilden.
Zudem können bereits existierende
Axone dicker werden, sodass sich die
Weiterleitung der Impulse verbessert.
Beide Effekte sind Voraussetzungen für
25 das Lernen.

Gedächtnis • Einige Reize und Informationen aus der Umwelt werden im Gehirn gespeichert. Die Reize werden für
einige Millisekunden gespeichert und
30 gefiltert. Informationen, denen man
mehr Aufmerksamkeit widmet, kommen in das Arbeitsgedächtnis. Wenn
Informationen dauerhaft gespeichert
werden sollen, müssen diese mit be-
35 reits vorhandenem Wissen verknüpft
werden. Informationen, mit denen man
sich tief greifend beschäftigt, werden
im Langzeitgedächtnis gespeichert und
sind von dort jahrelang abrufbar. → 3

40 **Lerntypen •** Menschen lernen auf
unterschiedliche Weise, je nachdem,
welche Sinne empfänglich für die Aufnahme von Informationen sind. Manche müssen die Information sehen,
45 andere lernen besser, indem sie die
Information durch Vorlesen hören.
Auch das eigenhändige Durchführen
einer bestimmten Handlung und ein
Gespräch mit einem Partner über eine
50 Information fördern das Lernen. Am
besten können jedoch Informationen
gespeichert werden, wenn an der Aufnahme der Information mehrere Sinne
beteiligt sind und das Erlernte ange-
55 wendet wird.

Lernmethoden • Je nach Lerntyp kann
man verschiedene Lernmethoden anwenden. Menschen, die Informationen
am besten durch Sehen erlernen, ar-
60 beiten beispielsweise mit Karteikarten
oder erstellen sich Schemas. Menschen,
die am besten im Gespräch lernen,
reden mit anderen über das Thema.

Einflüsse • Lernen wird durch mehrere
65 Faktoren begünstigt. Ist man besonders aufmerksam und lässt sich nicht
von anderen Dingen ablenken, so erleichtert dies den Lernprozess. Die
Motivation, das zu Lernende zu kön-
70 nen, ist ebenso förderlich wie echtes
Interesse daran. Informationen, mit
denen man eine emotionale Verbindung hat, werden ebenfalls besser
erlernt. Beispielsweise werden Infor-
75 mationen über das geliebte Haustier
schneller erlernt als Stoffwechselvorgänge in der Zelle. Kann man eine
gelernte Information später abrufen,
so ist dies ein Erfolgserlebnis, was die
80 Lernmotivation nachhaltig fördert.

Nachhaltiges Lernen • Um neue Informationen im Langzeitgedächtnis zu
speichern, ist es wichtig, sie mit bereits vorhandenem Wissen zu ver-
85 knüpfen. Vor allem in den Naturwis-
senschaften kann man so schneller
Zusammenhänge erkennen und lernen. Durch mehrfaches Wiederholen
und Anwenden prägt sich die Informa-
90 tion ein und ist so gelernt.

Angst und Stress • Das Gefühl von
Angst behindert nachhaltiges Lernen.
So ist kurz vor einer angsteinflößen-
den Mathearbeit das Merken der
95 wichtigsten Formeln zwar möglich,
jedoch sind diese Formeln kaum an-
wendbar auf neue Aufgaben. Angst
vor Versagen behindert das Lernen
und damit das Abrufen des Wissens.
100 Eine ähnliche Wirkung besitzt lang
anhaltender Stress.

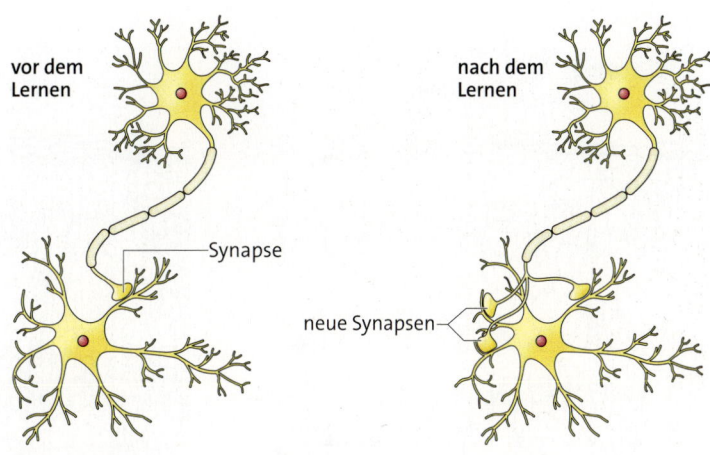

vor dem Lernen

nach dem Lernen

Synapse

neue Synapsen

2 Bildung neuer Synapsen durch Lernen

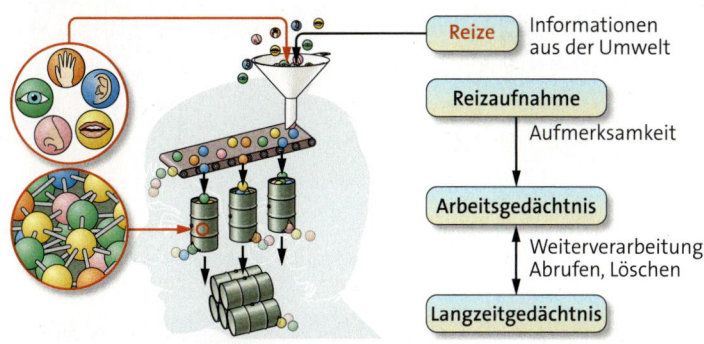

Reize — Informationen aus der Umwelt

Reizaufnahme

Aufmerksamkeit

Arbeitsgedächtnis

Weiterverarbeitung, Abrufen, Löschen

Langzeitgedächtnis

3 Gedächtnismodell

Beim Lernen werden Informationen
aus der Umwelt aufgenommen
und gespeichert. Dabei werden im
Gehirn neue Verbindungen geschaf-
fen und ausgebaut. Unterschiedliche Einflüsse wie Motivation und
Emotionen sowie Angst und Stress
beeinflussen das Lernen.

Aufgabe

1 ○ Nenne ein Thema, welches dich in
deinem bisherigen Schulunterricht
besonders interessiert hat. Beschreibe Einflüsse, die das bestärkt haben.

Wie funktioniert Lernen?

Material A

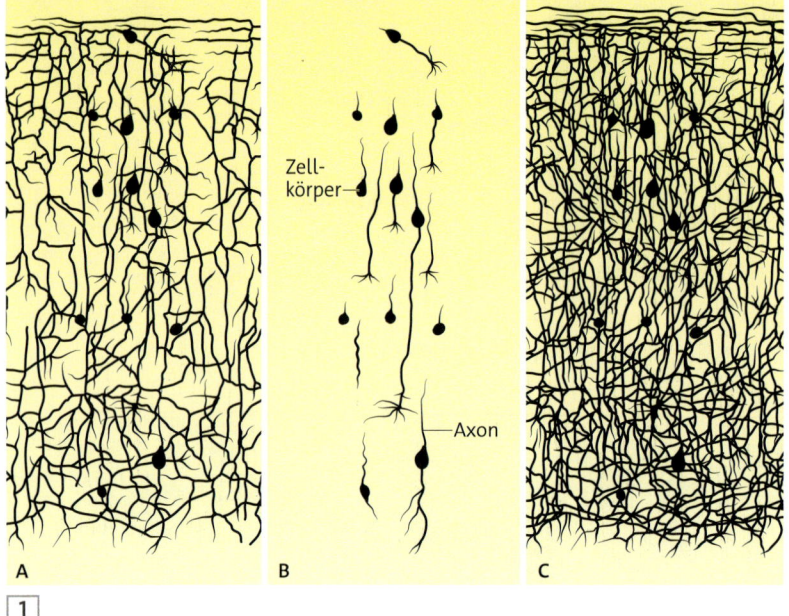

A

B Zell-körper Axon

C

1

Synapsen verschalten sich

1 ⬭ Beschreibe die Bilder 1 A–C.

2 ◗ Ordne die Bilder A–C einem Neugeborenen, einem 3 Monate alten Säugling und einem 24 Monate alten Kind zu. Begründe deine Zuordnungen.

3 ◗ Erläutere, was diese Entwicklung mit Lernen zu tun hat.

Material B

Das Üben

1 Setze dich aufrecht an den Tisch. Lege die Hand, mit der du schreibst, entspannt auf den Tisch. Ordne jedem Finger folgende Zahl zu:

Daumen: 1
Zeigefinger: 2
Mittelfinger: 3
Ringfinger: 4
kleiner Finger: 5

2 Tippe nun folgende Zahlen 5-mal mit den Fingern auf den Tisch.

33455432112332234554321123211

3 ⬭ Beschreibe deine Beobachtungen. Betrachte vor allem den 1. und 5. Versuch.

4 ⬤ Erläutere, wie sich deine Abfolge vom ersten Versuch bis zum letzten verändert hat.

5 ◗ Entwirf eine Zahlenfolge mit 30 Ziffern, von der du meinst, dass sie schneller einzuüben ist.

6 ⬤ „Übung macht den Meister!" Erkläre dieses Sprichwort.

Lernstörungen

Erkennung in der Schule • Der Begriff der Lernstörung wird oft gleichgesetzt mit den Begriffen der Lernschwäche oder Schulleistungsstörung. In der Regel wird er im Zusammen-
5 hang mit Schule gebraucht, da hier Leistung, Leistungsmessung und -bewertung alltäglich vorkommen. Eine Lernstörung kann daran erkannt werden, dass Betroffene die ihnen gestellten Aufgaben und Anforderungen nur
10 schwer erfüllen können. Zudem benötigen sie für die Bearbeitung viel mehr Zeit als ihre Mitschüler. Beides führt langfristig zu schlechteren Noten und zumeist zu einem geringeren Selbstwertgefühl und sogar zu Depressionen.

2 Verzweifelter Schüler beim Lernen

Was ist mehr?

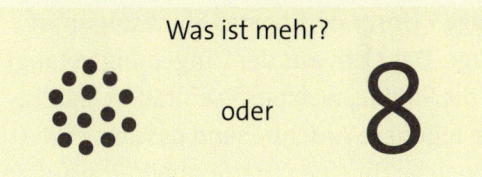

oder 8

3 Die Beantwortung fällt Dyskalkulie-Betroffenen schwer.

15 **Dyskalkulie •** Unter der Dyskalkulie versteht man umgangssprachlich eine Rechenschwäche. Betroffene haben Probleme beim Umgang mit Zahlen und den Grundrechenarten. Dyskalkulie hängt aber nicht mit der Intelli-
20 genz zusammen. Es gibt viele Betroffene, die hochintelligent sind. Studien belegen, dass Dyskalkulie mit einer Beeinträchtigung des Arbeitsgedächtnisses zusammenhängt. Hier werden komplexe Informationen kurzzeitig
25 verarbeitet.
Soll beispielsweise eine Textaufgabe gelöst werden, müssen die Informationen bereits beim Lesen miteinander verknüpft werden. Dies fällt Betroffenen schwer, da für sie Zah-
30 len und Mengen nicht zusammenhängen.
→ 3 Verschiedene Übungen fördern die Mengenwahrnehmung der Betroffenen, die dann Zahlen besser in Verbindung setzen können.

35 **Legasthenie •** Personen, die Schwierigkeiten beim Lesen und Schreiben haben, ohne eine unterdurchschnittliche Intelligenz zu haben, leiden unter Lese-Rechtschreib-Schwäche oder Legasthenie. Das gelesene Wort wird
40 nicht wiedererkannt, was zu stockendem Lesen führt. Gelesenes wird inhaltlich nicht erfasst. Auch bei häufigem Üben fällt die Rechtschreibung schwer. Früherkennung und spezielles Training können Betroffenen helfen.

Dyskalkulie und Legasthenie sind Lernstörungen.

Aufgabe

1 🖉 Erläutere an einem Beispiel, was man unter einer Lernstörung versteht.

Zusammenfassung

Vom Reiz zur Reaktion • Aus unserer Umwelt wirken ständig unterschiedliche Reize auf unseren Körper ein. Deren Wahrnehmung erfolgt nach dem EVA-Prinzip. Die von den Sinneszellen aufgenommenen Reize werden dabei über Nerven zum Gehirn geleitet. Dort erfolgt die Verarbeitung. Anschließend sendet das Gehirn über Nerven Impulse an Zielorgane wie Muskeln. Es kommt zur Reaktion auf den Reiz.

Das Auge • Unser wichtigstes Sinnesorgan ist das Auge. Das Licht aus der Umgebung gelangt durch die Pupille, welche die einfallende Lichtmenge reguliert. Anschließend passiert es die Linse, welche für eine scharfe Abbildung auf der Netzhaut sorgt. In der Netzhaut befinden sich die Lichtsinneszellen. Durch sie werden die Lichtreize in elektrische Impulse umgewandelt. Diese werden über den Sehnerv zum Gehirn geleitet. Dort werden die Impulse zu einem Bild verarbeitet. Die eigentliche Wahrnehmung findet also im Gehirn statt.

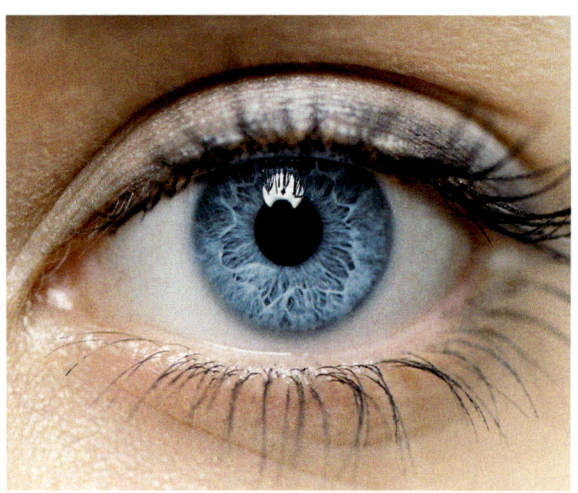

1 Das Auge

Das Nervensystem • Es gliedert sich in das periphere und das zentrale Nervensystem. Als zentrales Nervensystem bezeichnet man das Gehirn und das Rückenmark. Das Rückenmark leitet die Impulse des Gehirns an den Körper weiter, ist aber auch Schaltzentrale für den Körper. Reflexe sind schnell und immer gleich ablaufende, unbewusste Reaktionen des Körpers. Nervenzellen sind die kleinste Einheit des Nervensystems. Sie nehmen Impulse über die Dendriten auf und leiten sie über Axone zu den Endknöpfchen.

Hormone • Neben dem Nervensystem gibt es im menschlichen Körper noch eine zweite Möglichkeit, Informationen weiterzuleiten: das Hormonsystem. Die verschiedenen Hormone werden über den Blutkreislauf transportiert und wirken jeweils nur an bestimmten Geweben oder Zellen. Manche Hormone werden durch die Einwirkung äußerer Reize vom Körper ausgeschüttet, zum Beispiel wenn wir unter Stress stehen. Stress ist eine Reaktion unseres Körpers auf belastende Situationen. Er macht uns kurzzeitig leistungsfähiger, kann uns auf Dauer aber schädigen.

Lernen • Ein Prozess, bei dem man Informationen aus seiner Umwelt aufnimmt, verarbeitet und diese speichert, sodass sie zu einem späteren Zeitpunkt wieder abgerufen werden können, wird als Lernen bezeichnet. Viele Einflüsse wie Motivation, Angst oder Stress beeinflussen das Lernen.

Vom Reiz zur Reaktion

1 ○ Nenne die Aufgaben von motorischen und sensorischen Nervenfasern.

2 ◐ Erkläre, was man unter einem adäquaten Reiz versteht.

3 ● Erläutere an einem Beispiel, wie es zur Wahrnehmung eines Reizes aus der Umwelt kommt. Gehe dabei auf das EVA-Prinzip ein.

Das Auge

4 ○ Nenne die Schutzeinrichtungen des Auges und ihre jeweiligen Aufgaben.

5 ○ Benenne die in Bild 2 nummerierten Bestandteile des Auges und ordne ihnen ihre jeweiligen Aufgaben zu.

6 ● Erkläre die Vorgänge der Akkommodation im Auge.

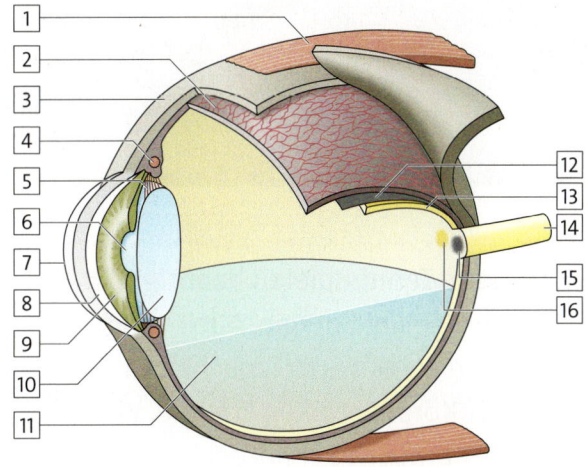

2 Bau des Auges

Das Nervensystem

7 ○ Benenne die mit Ziffern gekennzeichneten Bauteile eines Neurons. ➔ 3

8 ◐ Erkläre, wie die Informationsübertragung an einer Synapse funktioniert.

9 ● Erkläre mithilfe des Aufbaus des zentralen Nervensystems die Auswirkungen einer Querschnittslähmung.

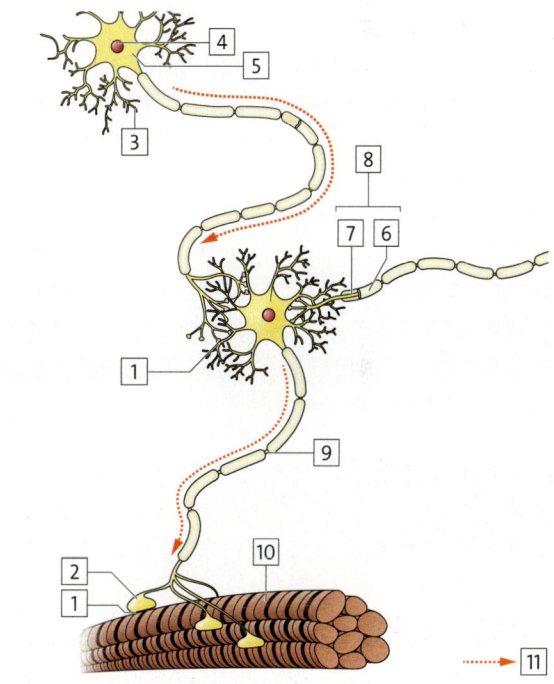

3 Bau eines Neurons

Hormone

10 ◐ Erkläre die Wirkungsweise von Hormonen mit dem Schlüssel-Schloss-Prinzip.

11 ◐ Erkläre, was man unter Stress versteht.

Sport und Ernährung

Beim Tennisspielen benötigt der Körper viel Energie. Auch wenn man keinen Sport macht, braucht der Körper ständig Energie. Wie viel braucht der Körper?

Wie schaffen es die Muskeln, den kompletten Körper an einer Stange hochzuziehen?

Wenn man regelmäßig joggt, kann man wesentlich schneller und länger laufen als jemand, der nie joggt. Welche Auswirkungen hat Training auf den Körper?

Energiebedarf des Körpers

1 Nährstoffe im Burger – Wie viel Energie braucht der Körper?

Lebens-mittel	Ener-gie (kJ pro 100 g)
Hack-fleisch	1243
Bratwurst	1436
Spaghetti	1520
Pommes frites	1351
Mayon-naise	3058
Tomaten-soße	1428
Ketchup	436
Kopfsalat	71
Karotten	172
Cola	185
Apfelsaft	197
frische Erdbeeren	155

2 Energiegehalt

„All you can eat!" – Viele Restaurants werben mit einem solchen Spruch. Viele Menschen essen zu viel und nehmen große Mengen an Nährstoffen auf.
5 Wie viel Nährstoffe braucht der Körper?

Nährstoffbedarf • In unseren Nahrungsmitteln sind Fette, Kohlenhydrate und Eiweißstoffe in unterschiedlichen Mengen enthalten. Der Körper
10 benötigt abwechslungsreiche Nahrung, die alle Nährstoffe enthält.

Bau- und Betriebsstoffe • Fette, Kohlenhydrate und Eiweißstoffe haben im Körper verschiedene, nicht gegenseitig
15 austauschbare Aufgaben. Eiweißstoffe dienen hauptsächlich als Baustoffe für Körperstrukturen wie Muskeln und Organe. Kohlenhydrate und Fette sind Energielieferanten, die die ständige
20 Energieversorgung des Körpers sicherstellen. Sie werden deshalb als Betriebsstoffe bezeichnet. Kohlenhydrate sind Energieträger, die schnell zur Verfügung stehen. Fette dagegen dienen
25 als Energiespeicher.

Energiebedarf • Damit der menschliche Körper wachsen kann und seine Funktionen aufrechterhält, benötigt er Energie. Diesen Energiebedarf deckt
30 er über Nahrungsmittel. Der Energiegehalt von Nahrungsmitteln wird in Kilojoule (kJ) oder Kilokalorien (kcal) angegeben. ➔ **2** Nährstoffe liefern jedoch unterschiedlich viel Energie:
35 1 Gramm Kohlenhydrate oder Eiweißstoffe liefert jeweils 17 kJ (4 kcal), 1 Gramm Fett entspricht 37 KJ (9 kcal).

Grundumsatz • Die Energie, die der Körper benötigt, damit er seine Organe
40 und deren lebenswichtige Funktionen wie Atmung, Kreislauf und Stoffwechsel in Ruhe aufrechterhält, bezeichnet man als Grundumsatz. Er ist abhängig von Alter, Größe, Geschlecht und Ge-
45 wicht. Frauen haben aufgrund von weniger Muskelmasse durchschnittlich einen geringeren Grundumsatz als Männer, weil Muskelmasse auch im Ruhezustand viel Energie verbraucht.

50 **Leistungsumsatz** • Über den Grundumsatz hinausgehende körperliche und geistige Tätigkeiten, wie Radfahren oder Lesen, benötigen mehr Energie. Je höher die Aktivität, desto höher ist
55 auch der Leistungsumsatz und demnach auch der Energiebedarf.

Gesamtumsatz • Addiert man zum Grundumsatz den Leistungsumsatz, erhält man den Gesamtumsatz. Er gibt
60 an, wie viel Energie der Körper braucht, um lebensnotwendige Funktionen aufrechtzuerhalten und auch körperliche und geistige Arbeit zu leisten.

Energieüberschuss • Nimmt der Körper
65 mehr Energie auf, als er verbraucht, speichert er diese in Form von Fett ab. So kann er in Mangelsituationen auf Energiereserven zurückgreifen. Der Gesamtumsatz des Körpers ist dabei
70 niedriger als die durch Essen und Getränke zugeführte Energie. Mangelnde Bewegung und das übermäßige Essen kohlenhydrat- und fettreicher Nahrung fördern Übergewicht. → 1

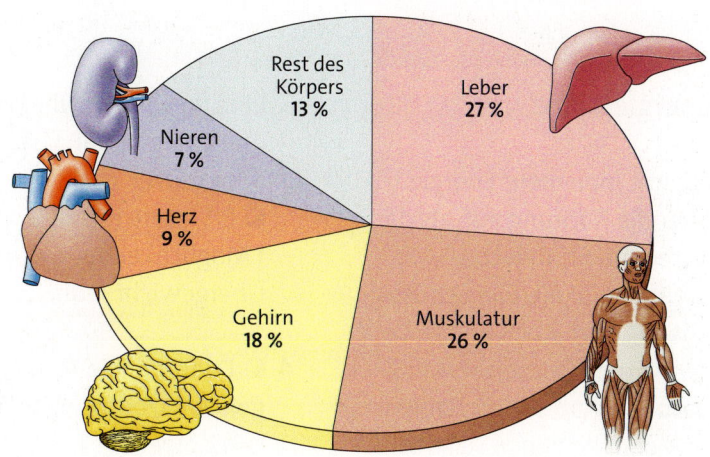

3 Anteil verschiedener Organe am Grundumsatz des Körpers

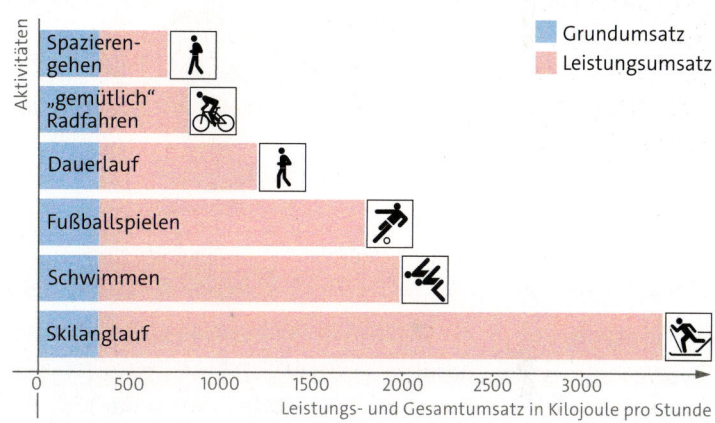

4 Leistungs- und Gesamtumsatz bei verschiedenen Tätigkeiten

Nährstoffe nutzt der Körper als Bau- und Betriebsstoffe. Sie liefern Energie in Form von Fett und Kohlenhydraten.

1 kcal = 4,186 kJ

Aufgaben

1 ⃝ Erkläre, was man unter Grund- und Leistungsumsatz versteht.

2 ◖ Erkläre, was passiert, wenn man mehr isst, als man verbraucht.

Energiebedarf des Körpers

Energiebilanz

Nimmt man mehr Energie über die Nahrung auf, als der Körper im Stoffwechsel verbrennt, wird die überschüssige Energie als Fett im Fettgewebe des Körpers gespeichert. Insbesondere an Bauch, Beinen und dem Po bilden sich Fettdepots. Wenn man abnehmen möchte, muss man Fett „verbrennen".
Daraus kann der Körper Energie gewinnen.
Erst wenn der Körper mehr Energie aus den Fettdepots gewinnt als über das zugeführte Fett und die Kohlenhydrate der Nahrung, baut man Fett ab.
Das Verhältnis von Energiezufuhr im Vergleich zum Energieverbrauch bezeichnet man als Energiebilanz. Nimmt man mehr Energie auf, als man verbraucht, ist diese positiv.

1 ○ Beschreibe mithilfe von Bild 1, wann die Energiebilanz des Körpers ausgeglichen ist.

2 ◖ Erkläre mithilfe von Bild 1, wann der Körper Fett im Fettgewebe speichert.

3 Eine Person hat Übergewicht. Ihre Energiebilanz ist seit Jahren positiv.
◖ Erläutere mithilfe von Bild 1 Möglichkeiten, wie sie ihr Übergewicht reduzieren kann.

4 ◖ Erläutere die Auswirkungen von Übergewicht auf den Körper. → 3

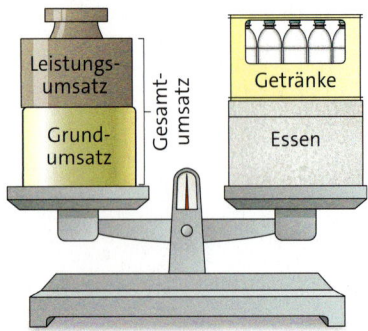

1 Energiebilanz

2 Übergewichtige Jugendliche

Übergewicht ist ein Problem Unsere moderne Gesellschaft bietet jedem Einzelnen vielfältige Möglichkeiten, an Essen zu gelangen. Bei Lieferdiensten kann man sich sogar bequem auf der Couch sitzend zu jeder Zeit Essen per App liefern lassen. Die Werbung lockt zusätzlich ständig mit energiereichen Lebensmitteln. Die Kombination aus diesem reichhaltigen Lebensmittelangebot und der Gefahr des Bewegungsmangels führen auf Dauer zur Gefahr von Übergewicht. Starkes Übergewicht kann auf Dauer zu gesundheitlichen Problemen führen. Die Sehnen und Gelenke sind überlastet. Dies kann zu Dauerschäden wie zum Beispiel Haltungsschäden führen. Es kann zu Fettablagerungen in den Blutgefäßen kommen. Dies ist eine häufige Ursache für Arteriosklerose und auch Herzinfarkte und Schlaganfälle. Heute ist man sich auch ziemlich sicher, dass eine Fehlernährung und Übergewicht entscheidende Ursachen für Diabetes Typ 2 sind.

3

Energiebedarf

1 Bei jeder Bewegung und für alle Lebensvorgänge wie Wachstum benötigt der Körper Energie. Die Tabelle zeigt Unterschiede im Energiebedarf von Mädchen und Jungen verschiedenen Alters.

a ○ Vergleiche den Energiebedarf von Jungen und Mädchen.

b 🐾 Erkläre die Unterschiede zwischen Jungen und Mädchen.

c ○ Berechne deinen persönlichen Energiebedarf (Grundumsatz) für einen Tag.

	Mädchen		Jungen	
Alter (in Jahre)	10–14	15–18	10–14	15–18
Bedarf an Energie pro kg Körpergewicht pro Tag	188 kJ	167 kJ	269 kJ	192 kJ
Grundumsatz	7 532–9 204 kJ		10 460–12 552 kJ	
Anteil der Muskelmasse	27–43 %		37–57 %	

4 Energiebedarfe von Mädchen und Jungen

5 Schokolade, 2245 kJ pro 100 g

6 Apfel, 218 kJ pro 100 g

7 Banane, 373 kJ pro 100 g

2 In den Bildern 5–7 sind verschiedene süße Lebensmittel gezeigt. Der Energiegehalt ist pro 100 g angegeben.

a ○ Berechne, wie viel Gramm Äpfel oder Bananen du essen könntest, um auf die gleiche Energiemenge, die in einer Tafel Schokolade (100 g) enthalten ist, zu kommen.

b Du hast zu viel Schokolade gegessen und 2 000 kJ mehr zu dir genommen, als du eigentlich benötigst. In der Tabelle sind einige sportliche Tätigkeiten aufgelistet.
○ Berechne, wie lange du diese Tätigkeiten betreiben müsstest, um die zusätzliche Energie aufzubrauchen.

Aktivität	Leistungsumsatz pro 30 Minuten in Kilojoule
Schlafen	0
Liegen	42
Sitzen, Essen, Lesen, Fernsehen	54
Stehen	92
Sitzend schreiben, Teilnahme am Unterricht	130
Zu Fuß gehen 5 km/h	393
Radfahren 10 km/h	352
Radfahren 20 km/h	976
Fußballtraining	971
Dauerlauf 15 km/h	1 616

8 Leistungsumsatz verschiedener Tätigkeiten

3 Ein 14-jähriger Schüler wiegt 50 kg. Er hat folgenden Tagesablauf: 9 Stunden Schlaf, 6 Stunden Schule, 30 Minuten Radfahren zur Schule mit 10 km/h, 15 Minuten Heimfahrt mit 20 km/h, 2 Stunden Hausaufgaben, 2 Stunden Fußballtraining, die übrige Zeit lesen, fernsehen und schlafen.

a ● Ermittle den Leistungsumsatz des Schülers.

b ● Ermittle seinen Gesamtumsatz.

Sport hat Einfluss auf den Körper

1 | Jugendliche beim Basketballspielen

Während du Basketball spielst, merkst du körperliche Veränderungen. Du bist aus der Puste, dein Herz schlägt schneller und irgendwann bist du körperlich
5 **erschöpft. Deinem Körper mangelt es an Sauerstoff und Energie. Warum ist das so?**

Energiebereitstellung • Bei einem Basketballspiel müssen die Muskeln
10 im Körper viel Arbeit verrichten. Insbesondere die Muskeln der Gliedmaßen und des Rumpfes werden stark beansprucht. Für ihre Arbeit benötigen die Muskelzellen Glukose und Sauerstoff.
15 Beide Stoffe werden während der Zellatmung in Kohlenstoffdioxid und Wasser umgewandelt. Durch die Zellatmung gewinnt der Körper Energie. Ein Teil dieser Energie wird von den
20 Muskelzellen zur Kontraktion genutzt. So kann die chemische Energie in Form energiereicher Stoffe wie Glukose von den Muskelzellen in Bewegungsenergie umgewandelt werden. Die restliche
25 durch Zellatmung gewonnene Energie wird als Wärmenergie frei. Bei einer stark erhöhten Muskeltätigkeit wie beim Sport findet in den Körperzellen mehr Zellatmung statt als in Ruhe.
30 Dafür brauchen die Muskeln mehr Glukose und Sauerstoff.

Atemfrequenz • Während der körperlichen Anstrengung beim Basketballspielen wird die Atmung schneller.
35 Dabei wird die Anzahl der Atemzüge pro Minute erhöht. Dies bezeichnet man als Atemfrequenz. Sie kann von etwa 15 bis 20 Atemzügen pro Minute bei Entspannung auf über 50 Atemzü
40 ge pro Minute beim Sport ansteigen. Auch die Menge an eingeatmeter Luft pro Atemzug wird deutlich größer.

Puls • Um den eingeatmeten Sauerstoff zu den Muskeln bringen zu kön
45 nen, muss beim Sport mehr Blut durch die Blutgefäße gepumpt werden. Der Puls wird schneller und kräftiger. Den Rhythmus des Pulses kann man leicht am Handgelenk ertasten. Er entspricht
50 der Anzahl der Herzschläge. In körperlicher Ruhe beträgt der Puls etwa 60 bis 80 Herzschläge pro Minute. Man bezeichnet dies als Ruhepuls. Bei körperlichen Belastungen kann der
55 Puls sogar Werte von bis zu 190 Herzschlägen pro Minute betragen. Man bezeichnet dies als Belastungspuls. Nach Beendigung der körperlichen Belastung nähert sich der Puls langsam
60 wieder den Werten des Ruhepulses an.

Leistungsfähigkeit • Durch eine Erhöhung der Atemfrequenz gelangt mehr Sauerstoff ins Blut. Durch die Erhöhung der Herzschläge pro Minute
65 fließt das Blut schneller durch die Blutgefäße. Dadurch kann in kurzer Zeit mehr Sauerstoff und Glukose in den Muskelzellen bereitgestellt werden. Auch das bei der Zellatmung in den
70 Muskelzellen abgegebene Kohlenstoffdioxid kann beim Ausatmen schneller aus dem Körper transportiert werden.

Training • Wenn man regelmäßig Sport treibt, sieht man körperliche Ver-
75 änderungen. Man sagt, dass der Körper trainiert ist. Jemand, der beispielsweise regelmäßig joggt, kann schneller und länger laufen als ein Untrainierter. Untersucht man Sportler, kann man
80 feststellen, dass sie ein größeres Lungenvolumen besitzen. Untrainierte Erwachsene haben ein Lungenvolumen von durchschnittlich 5 Litern, ein Hochleistungssportler kann ein
85 Lungenvolumen von bis zu 8 Litern besitzen. Die Lungenoberfläche des Leistungssportlers ist so deutlich vergrößert. Pro Atemzug kann mehr Sauerstoff aufgenommen und Kohlenstoff-
90 dioxid abgegeben werden. Atmet der Leistungssportler in der gleichen Frequenz wie ein Untrainierter, kann er in dieser Zeit viel mehr Sauerstoff ins Blut aufnehmen. Da mehr Sauerstoff zu den
95 Muskelzellen gelangt, kann dort durch die Zellatmung mehr Glukose in Bewegungsenergie umgewandelt werden. Oft ist das Herz des Sportlers größer, die Herzmuskeln sind dicker. So kann

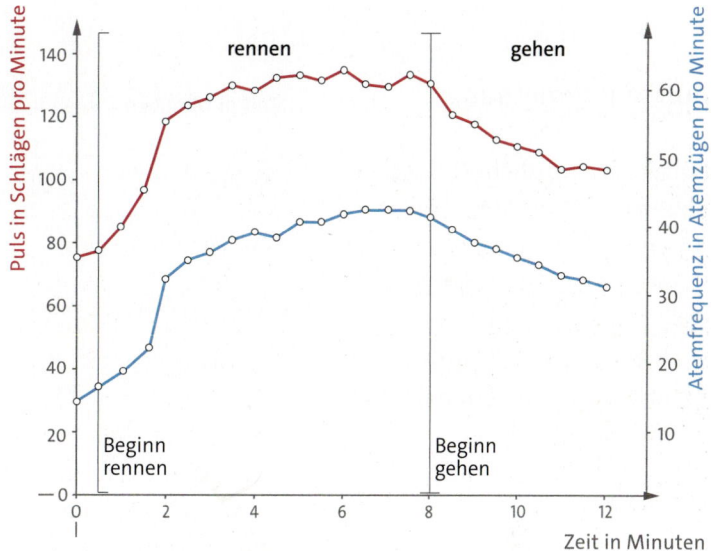

2 Veränderung von Atemfrequenz und Puls bei körperlicher Belastung

100 auch deutlich mehr Blut bei der Kontraktion durch den Körper gepumpt werden. Auch die über den Körper verteilte Skelettmuskulatur ist vergrößert.

> Um beim Sport die Energie für die Muskeln bereitzustellen, findet mehr Zellatmung statt. Dadurch wird mehr Sauerstoff benötigt. Durch Training wird der Körper leistungsfähiger.

Aufgaben

1 ○ Beschreibe mithilfe von Bild 2, wie sich der Puls und die Atemfrequenz während des Sports verändern. → 2

2 ◖ Erkläre die Auswirkungen von Training auf den Körper. → 2

Sport hat Einfluss auf den Körper

Material A

Pulsschlagmessung

Bei einem sportlichen, unsportlichen und durchschnittlichen Jugendlichen wurde der Puls in Ruhe eine Minute lang gemessen. Danach machten die Versuchspersonen 3 Minuten lang Kniebeugen. Direkt danach wurde ihr Puls noch mal gemessen. 3 Minuten nach der körperlichen Belastung wurde erneut der Puls gemessen.

Zeit in Minuten	Herzschläge pro Minute		
	Admir	Felix	Leon
Zeitpunkt „0" (Ruhepuls)	75	56	85
nach 3 Minuten Belastung (Belastungspuls)	120	100	140
nach 3 Minuten Pause (Erholungspuls)	95	65	120

1 Pulsschlagmessung bei 3 Jugendlichen

1 ◐ Erstelle aus den Werten der Tabelle ein Liniendiagramm. Nutze dafür unterschiedliche Farben.

2 ◐ Erkläre, welche der Kurven eher einem trainierten und welche eher einem untrainierten Jugendlichen zuzuordnen sind.

3 ◐ Miss deinen eigenen Ruhe-, Belastungs- und Erholungspuls. Zeichne deine Kurven ins Diagramm ein. Vergleiche deine Kurven mit denen im Diagramm.

4 ● Beurteile deinen eigenen Trainingszustand.

Material B

Herzfrequenz

Leistungsfähigkeit Die körperliche Leistungsfähigkeit sagt aus, wie gut bestimmte Aktivitäten bei körperlicher Belastung durchgeführt werden können. Aktivitäten können Rennen, Radfahren und Schwimmen sein. Eine mögliche Belastung ist beim Radfahren zum Beispiel die Steigung der Straße.

1 ◐ Beschreibe das abgebildete Diagramm. → 2

2 ● Erkläre anhand des Diagramms die Auswirkungen von Training.

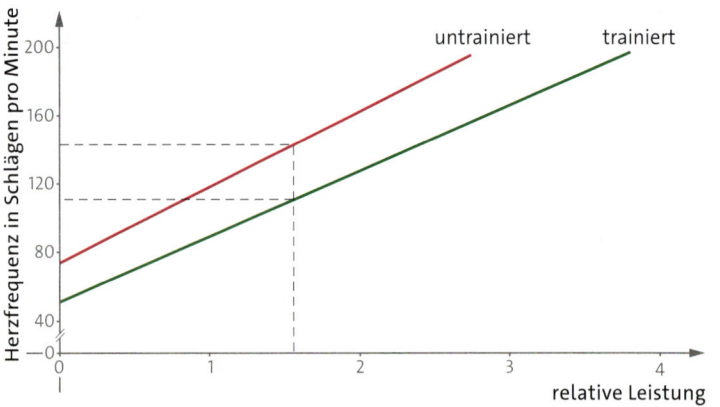

2 Herzfrequenz und Leistung bei 2 Personen

Laktat

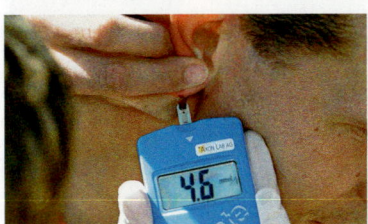

3 Laktatmessung am Ohr mit Testgerät

Am Anfang der Vorbereitung zur neuen Saison wird bei allen professionellen Fußballmannschaften ein bestimmter Leistungstest durchgeführt. Man bezeichnet diesen als Feldstufentest. → **4** Dabei läuft ein Sportler zuerst mit einer niedrigen Geschwindigkeit und dann mit steigendem Tempo Runden auf einer 400-Meter-Bahn. Nach einer festgelegten Laufstrecke von 1200 bis 2000 Metern wird die Laktatkonzentration des Sportlers bei den unterschiedlichen Geschwindigkeiten gemessen. Kann ein Sportler auf einer Runde die Geschwindigkeit nicht halten, wird der Test abgebrochen. Eine wichtige Größe ist dabei die Laktatkonzentration im Blut. Je schneller jemand eine gewisse Strecke rennen kann, ohne die Laktatgrenze bei einem relativen Wert von 4 zu erreichen, desto fitter ist er.

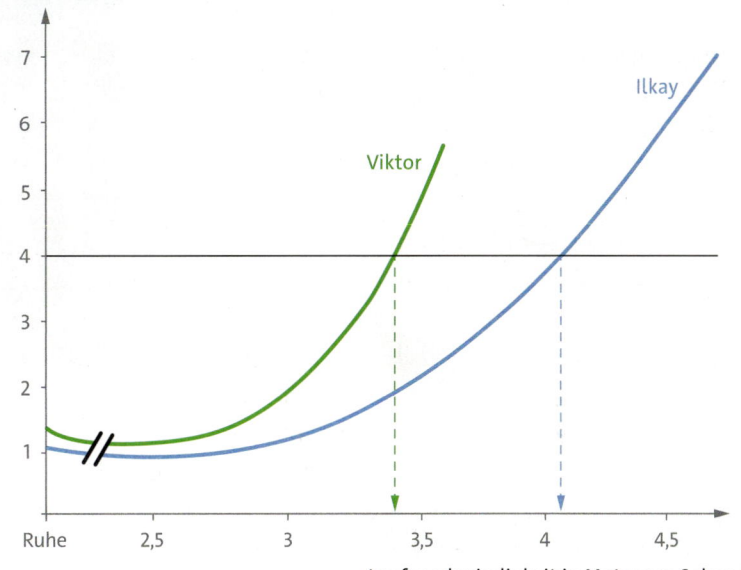

relative Laktatkonzentration im Blut

Viktor

Ilkay

Laufgeschwindigkeit in Meter pro Sekunde

4 Feldstufentest

Laktat Bei der Energiebereitstellung im Muskel entsteht Laktat als Stoffwechselprodukt im Muskel. Um die Muskeln mit Energie zu versorgen, reicht normalerweise die Atmung. Durch die Zellatmung wird aus Glukose und Sauerstoff Energie für die Muskeltätigkeit gewonnen. Ist die Belastung zu groß, mangelt es an Sauerstoff. Glukose wird auf einem anderen Weg „verbrannt", um Energie zu erzeugen. Dabei entsteht Milchsäure im Muskel. Dies ist der Ausgangsstoff für Laktat. Dieses sammelt sich im Blut und im Muskel. Je niedriger die Laktatkonzentration bei einer gleichen Belastung ist, desto fitter ist man.

5

1 ◒ Erkläre die Entstehung von Laktat im Körper. → **5**

2 ◒ Beschreibe das Diagramm des Feldstufentests. → **4**

3 ● Begründe anhand der Kurven, welche Person fitter ist. → **4**

4 ● Betrachte Bild 3. Vermute, was ein Trainer diesem Sportler raten wird.

Sport hat Einfluss auf den Körper

Leistungsfördernde Stoffe und Doping

Leistung steigern • Höher, schneller, weiter!
Ob Fußballprofi oder Freizeitsportler, viele Menschen versuchen gezielt ihre Leistungsfähigkeit
im sportlichen Bereich zu steigern. Meistens
5 geht es dabei um einen Zugewinn an Kraft oder
Ausdauer. Mit dem richtigen Training kann man
schon nach wenigen Wochen erste Resultate
erzielen. Um noch schneller zu Ergebnissen zu
gelangen gibt es eine Vielzahl an leistungsför-
10 dernden Stoffen, die dies unterstützen.
Die Wirkungsweisen dieser Stoffe können sehr
unterschiedlich sein. Einige kann man in jeder
Drogerie kaufen, andere dagegen sind in vielen
Ländern sogar illegal.

15 **Nahrungsergänzungsmittel** • Neben dem Training benötigt der Körper zum Beispiel zum Aufbau von Muskeln die richtige Zufuhr an Nähr-
und Mineralstoffen. Eine ausgewogene, gesunde
Ernährung ist hierbei besonders wichtig. Es gibt
20 aber auch eine große Auswahl an Nahrungsergänzungsmitteln, mit denen man dem Körper
zusätzlich Mineralstoffe, Vitamine oder auch
Proteine zuführen kann. Diese werden meist
als Tabletten, Pulver oder Flüssigkeiten zu sich
25 genommen. Besonders proteinhaltige Präparate
werden im Freizeit- und Profisport eingenom-
men, damit das Wachstum der Muskeln gefördert wird. Die erhöhte Aufnahme von Proteinen
belastet jedoch die Leber und die Nieren. Daher
30 sollte bei der Verwendung solcher Präparate
darauf geachtet werden, ausreichend zu trinken.
Eine langfristig zu hoch dosierte Einnahme kann
zu schwerwiegenden Krankheiten wie Gelenk-
entzündung führen. Die meisten Nahrungser-

1 Bodybuilder

2 Proteinhaltige Präparate

35 gänzungsmittel sind frei verkäuflich. Man sollte
vor einer Einnahme dieser Präparate dennoch
vorher seinen Arzt aufsuchen um mögliche
Nebenwirkungen zu besprechen.

Doping • Viele Profisportler nehmen illegale
40 und oft auch gesundheitsschädliche Stoffe zur
Leistungssteigerung zu sich, um bessere Ergebnisse in sportlichen Wettkämpfen zu erzielen.
Dies bezeichnet man als Doping. Es gibt viele
verschiedene Arten des Dopings wie zum Bei-
45 spiel die Einnahme von Anabolika oder das
Blutdoping. Sie alle sind verboten.

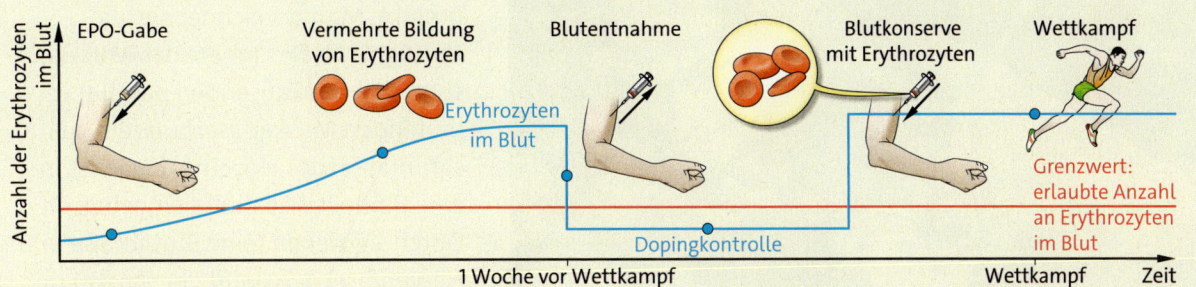

Diagram labels:
Anzahl der Erythrozyten im Blut

EPO-Gabe · Vermehrte Bildung von Erythrozyten · Blutentnahme · Blutkonserve mit Erythrozyten · Wettkampf

Erythrozyten im Blut

Dopingkontrolle

Grenzwert: erlaubte Anzahl an Erythrozyten im Blut

1 Woche vor Wettkampf · Wettkampf · Zeit

3 | Blutdoping

Anabolika • Zur Steigerung der Muskelkraft nehmen einige Sportler Hormone, die das Muskelwachstum anregen. Man bezeichnet sie
50 als Anabolika. Diese ähneln dem männlichen Geschlechtshormon Testosteron und führen zu einer Zunahme an Muskelmasse. Anabolika haben jedoch auch viele Nebenwirkungen. Sie schädigen das Herz-Kreislauf-System und die
55 Leber. Frauen können durch die Einnahme von Anabolika vermännlichen, das heißt, dass ihre Stimmen tiefer werden, die Brust schrumpft und der Körperbau männliche Formen annimmt.

Blutdoping • Beim Blutdoping wird die Ausdau-
60 erleistung durch eine künstliche Erhöhung der Erythrozytenanzahl im Blut verbessert. Dadurch kann der Körper mehr Sauerstoff aufnehmen und zu den Muskeln transportieren. Fälle von Blutdoping sind zum Beispiel aus dem Rad- und
65 Schwimmsport bekannt. Hierzu nehmen die Sportler bereits lange vor dem Wettkampf EPO (Erythropoetin) zu sich. Dieses Hormon regt die Bildung von Erythrozyten an. So kann die Anzahl der Erythrozyten im Blut erhöht werden. Es gibt
70 jedoch im Leistungssport eine Obergrenze der Erythrozytenanzahl, die nicht überschritten werden darf. Dies wird bei regelmäßigen Doping-

kontrollen überprüft. Um bei diesen Kontrollen nicht aufzufallen, wird einem Sportler, der Blut-
75 doping betreibt, etwa eine Woche vor dem Wettkampf das erythrozytenreiche Blut entnommen. Die Erythrozyten werden von den restlichen Blutbestandteilen getrennt. Das nun erythrozytenärmere Blut wird dem Blutkreis-
80 lauf wieder zugeführt. So kann der dopende Sportler der Dopingkontrolle normale Werte vorlegen. Das Blutdoping fällt den Kontrolleuren nicht auf. Erst kurz vor dem Wettkampf werden dem Sportler die Blutkonserven mit
85 den Erythrozyten gespritzt. So erhöht sich die Anzahl an Erythrozyten in seinem Blut.

> Die Nutzung von illegalen, meist schädlichen Stoffen im Profisport bezeichnet man als Doping.

Aufgaben

1 🖉 Erkläre die Wirkung von EPO mithilfe von Bild 3.

2 ● Bewerte den Gebrauch von Nahrungsergänzungsmitteln im Freizeitsport.

Aufbau und Funktion der Muskeln

1 Frau beim Klettern in der Kletterhalle

Um an der Kletterwand nach oben zu kommen, muss man sich mit den Beinen abdrücken und mit den Armen hochziehen. Dabei kann man beob-
5 achten, wie sich die verschiedenen Muskeln immer wieder anspannen und anschließend entspannen. Wie funktioniert das?

Muskeln • Der menschliche Körper be-
10 sitzt über 650 Muskeln. Mehr als 400 Muskeln setzen dabei direkt am Knochen an. Man bezeichnet sie daher als Skelettmuskulatur. Sie ermöglichen es, dass ein Mensch in der Lage ist,
15 sich selbstständig und bewusst zu bewegen.

Bau eines Skelettmuskels • Ein Skelettmuskel ist über eine reißfeste und elastische Sehne direkt am Knochen

20 befestigt. Die Sehne geht aus einer festen Haut hervor, die den Muskel umgibt. Man bezeichnet sie als Muskelhaut. Das Innere des Muskels setzt sich aus Tausenden parallel ver-
25 laufenden Muskelfaserbündeln zusammen. Jedes einzelne davon ist in eine Bindegewebshülle eingebettet. Durch sie ziehen feine Blutgefäße und Nervenfasern. So wird der Muskel mit
30 Sauerstoff und Nährstoffen versorgt. Jedes Muskelfaserbündel besteht aus vielen Muskelfasern. Diese bestehen aus mehreren miteinander verschmolzenen Muskelzellen.

35 **Myosin- und Aktinfilamente** • Eine einzige Muskelfaser enthält Hunderte lang gestreckte Proteinfäden. Man bezeichnet sie als Muskelfibrillen. Jede einzelne Fibrille ist nur etwa ein tau-
40 sendstel Millimeter dick und besteht aus einer Vielzahl hintereinanderliegender gleich aufgebauter Einheiten. Sie setzen sich aus zwei verschiedenen faserartigen Proteinen zusammen.
45 Man nennt sie Filamente. Die Aktinfilamente bilden Gerüste, die durch Myosinfilamente miteinander verbunden sind. An den Myosinfilamenten befinden sich kleine Fortsätze, die
50 Myosinköpfe. Diese verbinden die beiden Filamente miteinander. Die abwechselnd leicht versetzte Anordnung der Myosin- und Aktinfilamente lässt die Muskelfibrille unter dem Mikros-
55 kop als quer gestreift erscheinen. Man bezeichnet die Skelettmuskulatur daher auch als quer gestreifte Muskulatur. → **2**

Muskelkontraktion • Im entspannten
60 Zustand des Muskels besteht keine Bindung zwischen Aktin- und Myosinfilamenten. Wird die Muskelfaser durch einen Nervenimpuls angeregt, gleiten die Filamente aneinander vorbei. Für
65 die Anspannung, also die Kontraktion eines Muskels, sind die Myosinköpfe der Myosinfilamente verantwortlich. Bei einer Kontraktion haften diese kurzzeitig an den Aktinfilamenten und
70 klappen in eine Richtung um, sodass sich Aktin- und Myosinfilamente ineinander verschieben. Das Umklappen aller Myosinköpfe bewirkt somit eine Verkürzung der Muskelfasern und der
75 gesamte Muskel zieht sich zusammen und wird dicker. → 2 Nach der Kontraktion lösen sich die Myosinköpfe und gehen wieder in ihre Ausgangsstellung zurück.

80 **Bewegung** • Muskeln können sich zwar zusammenziehen, aber nicht aktiv wieder entspannen. Sie brauchen dazu immer einen Gegenspieler, der sie in den Ausgangszustand zurück-
85 zieht. Dadurch werden die Aktin- und Myosinfilamente in ihren Entspannungszustand zurückgeführt. Dieser Gegenspieler ist meist ein weiterer Muskel, der am gleichen Knochen an-
90 setzt. Ein bekanntes Beispiel ist das Zusammenspiel von Bizeps und Trizeps am Oberarm. → 2

> Bei einer Muskelkontraktion verkürzen sich die Muskelfasern. Dabei gleiten Myosin- und Aktinfilamente aneinander vorbei.

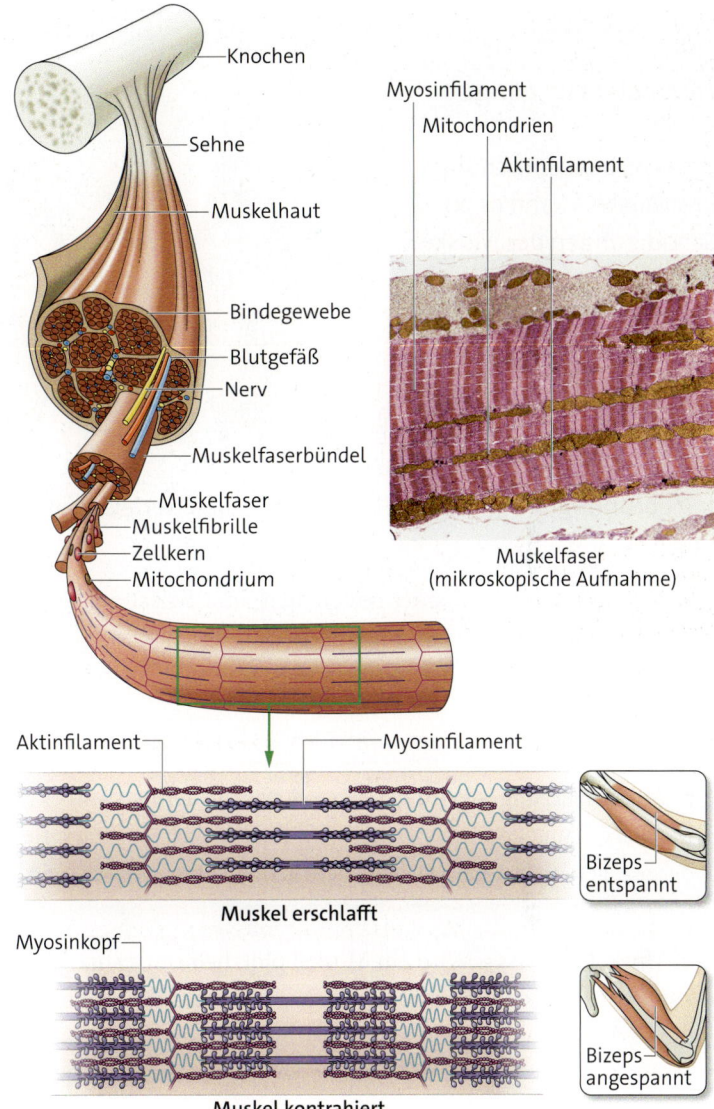

Knochen
Sehne
Muskelhaut
Bindegewebe
Blutgefäß
Nerv
Muskelfaserbündel
Muskelfaser
Muskelfibrille
Zellkern
Mitochondrium

Myosinfilament
Mitochondrien
Aktinfilament

Muskelfaser
(mikroskopische Aufnahme)

Aktinfilament — Myosinfilament

Muskel erschlafft

Bizeps entspannt

Myosinkopf

Muskel kontrahiert

Bizeps angespannt

2 Aufbau eines Muskels

Aufgaben

1 ○ Beschreibe den Bau einer Muskelfaser. → 2

2 ● Erkläre mithilfe von Bild 2, wie eine Muskelkontraktion abläuft.

Aufbau und Funktion der Muskeln

Muskelverletzungen

Bei Überbeanspruchung des Muskels kann es zu Schädigungen des Muskels kommen.

1 ○ Ordne die Muskelverletzungen a–d den in Bild 1 dargestellten Schemazeichnungen zu. Begründe deine Zuordnungen.

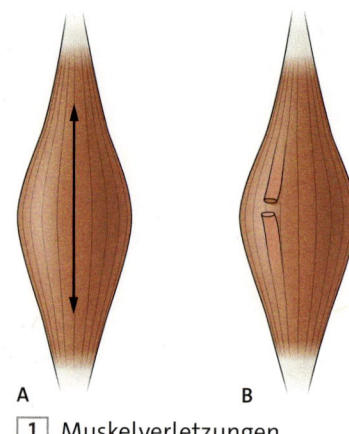 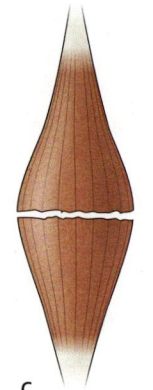 

A   B   C   D

1 Muskelverletzungen

a Muskelkater – Bei starker oder dauerhafter Belastung kann es einige Stunden später zum Muskelkater kommen. Das sind viele winzige Verletzungen der Muskelfasern, was zu kleinen Entzündungen im Muskel führt.

b Muskelzerrung – Wird der Muskel stark gedehnt, kann es zur Muskelzerrung kommen. Dabei wird die Muskelfaser stark auseinandergezogen, wobei der Muskel aber nicht sichtbar verletzt wird.

c Muskelfaserriss – Wird ein Muskel plötzlich stark angespannt, kann eine Muskelfaser oder sogar ein Muskelfaserbündel reißen. In die Verletzung fließt Blut, was deutlich durch die Haut zu sehen ist.

d Muskelriss – Bei extremer Belastung kann ein Muskel komplett durchreißen. Dies kann nur durch eine Operation behandelt werden.

2 ◐ Vergleiche mithilfe von Bild 1 eine Muskelzerrung mit einem Muskelfaserriss. Erkläre, bei welcher Verletzung der Muskel nicht mehr funktionsfähig ist.

3 Je schneller die Erstversorgung einer Muskelverletzung, desto schneller erfolgt eine Heilung.
◐ Begründe die Aussage mithilfe der PECH-Regel. → 2

PECH-Regel Unter der PECH (Pause – Eis – Compression – Hochlagern)-Regel versteht man Behandlungsmaßnahmen von Muskelverletzungen. Ziel ist es, den Schaden am Muskel so gering wie möglich zu halten. Sofort nach der Verletzung muss der betroffene Körperteil ruhig gestellt werden. Durch Kühlung des Muskels mit Kühlmitteln werden die Blutgefäße verengt, sodass Blutungen und Schwellungen vermindert werden. Ein angelegter Kompressionsverband verlangsamt zusätzlich die Ausweitung der Blutung und Schwellung. Der verletzte Körperteil sollte dann hochgelegt werden, damit der Rückfluss des Blutes verbessert wird.

2

ATP – ein mobiler Energieüberträger

3 ATP – ein mobiler Energieüberträger

4 ATP und Muskelkontraktion

Energiebereitstellung • Bei der Zellatmung werden Glukose und Sauerstoff zu Wasser und Kohlenstoffdioxid umgewandelt. Durch diesen Stoffwechsel wird Energie bereitge-
5 stellt und auf einen in jeder Zelle vorhandenen Energieüberträger übertragen. Dieser ist frei beweglich und steht so überall in der Zelle zur Verfügung.

Energieüberträger • Dieser Energieüberträger
10 besteht aus Adenosin, an das ein bis drei Phosphatreste gebunden sein können. Die Energie steckt in der Bindung dieser Phosphatreste. Je mehr Phosphatreste gebunden sind, desto mehr Energie ist in dem Energie-
15 überträger gespeichert. Man kann sich das vorstellen wie eine Kutsche, an die bis zu drei Pferde angespannt werden können. Durch das Anspannen von drei Pferden kann die Kutsche schneller bewegt werden als von einem Pferd.
20 ▸ **3** Sind drei Phosphatreste an Adenosin gebunden, spricht man von Adenosintriphosphat, kurz ATP. Adenosindiphosphat, also ADP, hat zwei Phosphatreste, Adenosinmonophosphat, kurz AMP, nur einen.

25 **Muskel** • Muskeln benötigen viel Energie, daher enthalten sie viel ATP. Dieses bindet an Myosin. ▸ **4A** Dadurch streckt sich Myosin zu Aktin. ▸ **4B** Soll der Muskel angespannt werden, wird ein Phosphatrest von ATP abge-
30 spalten. So entstehen ADP und ein freier Phosphatrest. Die frei werdende Energie wird zum Umklappen des Myosinköpfchens genutzt. Dadurch zieht sich Myosin an Aktin entlang. ▸ **4C** Das kann man sich vorstellen wie beim
35 Bankziehen im Sportunterricht. Es lösen sich ADP und der Phosphatrest vom Myosin. Deshalb lösen sich auch Myosin und Aktin voneinander. Das Myosinköpfchen klappt zurück, der Zyklus beginnt erneut. So schieben
40 sich Aktin und Myosin immer weiter ineinander, der Muskel spannt sich an.

> ATP wird während der Zellatmung gebildet und ist der Energieüberträger in der Zelle.

Aufgabe

1 ● Erkläre, wie aus dem ATP Energie freigesetzt wird.

Trainingsmethoden

1 Skifahrer

Als Skifahrer braucht man Ausdauer, um längere Zeit auf den Skiern zu stehen und genügend Kraft, Richtungsänderungen durchzuführen. Wie kann man 5 **seine Ausdauer und Kraft verbessern?**

Ausdauer • Die Fähigkeit des Körpers, eine sportliche Leistung in der höchsten Belastung über einen Zeitraum zu verbringen, bezeichnet man als Aus 10 dauer. Je länger man diese Belastung leisten kann, desto höher ist die Ausdauer.

Ausdauertraining • Es hat das Ziel, die Ausdauer zu erhöhen. Regelmäßiges 15 Joggen, Radfahren oder Schwimmen baut Muskelmasse auf und regt die Fettverbrennung an. Durch Aktivierung des Stoffwechsels, wird das Immunsystem gestärkt. Ausdauer 20 training hat positive Auswirkungen auf das Herz-Kreislauf-System. Es mindert das Herzinfarktrisiko.

Krafttraining • Es hat das Ziel, die Kraft zu steigern und die Muskelmasse zu 25 erhöhen. Durch regelmäßige Beanspruchung mit Gewichten werden die Muskeln belastet. Dadurch werden im Muskel zusätzliche Eiweißstoffe aufgebaut. So erhöht sich die Anzahl der 30 Muskelfibrillen und Mitochondrien in den Muskelfasern. Dadurch kann bei folgenden Beanspruchungen mehr Energie zur Verfügung gestellt werden. Langfristig werden die Muskelfa 35 sern dicker. Krafttraining führt also zu mehr Muskelmasse. Dies ermöglicht eine bessere Kraftentfaltung.

Höhentraining • Ein mehrwöchiges Höhentraining bietet Leistungssport 40 lern einen zusätzlichen Trainingsreiz. Die verfügbare Menge an Sauerstoff in Gebirgen ist für den Körper geringer. Der Körper reagiert darauf, indem er vermehrt Erythrozyten bildet. Ist der 45 Sportler wieder im Flachland, hat er für die höhere Verfügbarkeit von Sauerstoff über einen gewissen Zeitraum mehr Erythrozyten. Der Körper ist leistungsfähiger, da er mehr Sauerstoff 50 zu den Muskeln transportieren kann. Dieser Effekt ähnelt dem Blutdoping. Jedoch kann es gefährlich sein, denn die höhere Anzahl an Erythrozyten macht das Blut dicker. Blutgefäße kön 55 nen verstopfen.

> Durch Training kann man seine Ausdauer und Kraft steigern.

Aufgabe

1 🌐 Erkläre, wie Höhentraining die körperliche Leistung steigert.

Material A

Wirkungen des Krafttrainings

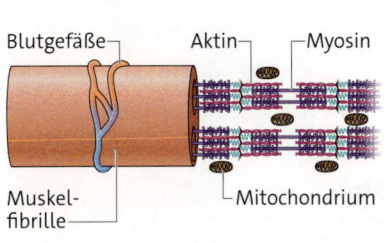

Blutgefäße — Aktin — Myosin

Muskel-
fibrille — Mitochondrium

A untrainiert

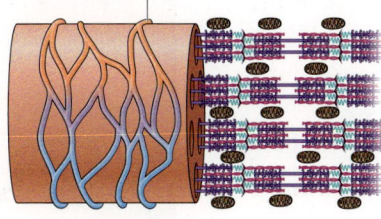

Blutgefäße

B trainiert

2 Wirkungen des Krafttrainings

1 Betrachte die Muskelfibrille A und B.

a ○ Vergleiche die beiden Muskelfibrillen im Hinblick auf Blutversorgung, Energiebereitstellung und ihrem Aufbau.

b ◗ Erkläre, welche Auswirkungen Krafttraining auf die Leistungsfähigkeit des Muskels hat.

Material B

Training im Fitnessstudio

Viele Jugendliche und junge Erwachsene gehen ins Fitnessstudio, um abzunehmen oder Muskeln aufzubauen. Man kann zum Beispiel Ausdauertraining und Krafttraining miteinander kombinieren. Wichtig dabei ist, dass man vor allem beim Krafttraining darauf achtet, abwechselnd mehrere Muskelpartien zu trainieren. Man bezeichnet dies als ganzheitliches Training. Zu einem effektiven Training gehören auch genügend Regenerationspausen für den Körper und eine gesunde Ernährung.

1 Betrachte die Trainingspläne von Paul und David.

a ○ Vergleiche die beiden Trainingspläne.

b ◗ Begründe, welcher der beiden Jugendlichen ein ganzheitliches Training verfolgt.

c ● Gib der anderen Person Empfehlungen, wie er sein Training im Hinblick auf ein ganzheitliches Training verbessern kann.

2 Ein von einem Trainer angeleitetes Krafttraining am Gerät birgt für Jugendliche keine Gefahren. Die Kraft der im Alltag viel beanspruchten Muskeln wird gesteigert. Jedoch sollte auf zu intensives Training mit schweren und freien Gewichten unbedingt verzichtet werden.

◗ Stell dir vor, du willst ins Fitnessstudio gehen. Erstelle für dich einen Trainingsplan. Was musst du dabei alles beachten?

Mo	Di	Mi	Do	Fr
1 h Joggen	— Ruhetag —	1 h Schwimmen	— Ruhetag —	2 h Krafttraining - ganzer Körper

3 Trainingsplan von Paul

Mo	Di	Mi	Do	Fr
45 Min. Krafttraining - Arme 45 Min. Krafttraining - Beine	1 h Krafttraining - Brust	1 h Krafttraining - Rücken	1,5 h Krafttraining - Rücken 1,5 h Krafttraining - Brust	1 h Krafttraining - Arme

4 Trainingsplan von David

Sport und Ernährung

Zusammenfassung

Energiebedarf • Unser Körper benötigt zum Leben eine regelmäßige Zufuhr von Nährstoffen über die Nahrung. Zu den Nährstoffen zählen die Proteine, die Kohlenhydrate und die Fette. Proteine dienen dabei hauptsächlich als Baustoffe für die Bildung von Muskeln und Organen. Kohlenhydrate und Fette dagegen stellen als Betriebsstoffe Energie für die Lebensprozesse zur Verfügung. Wird dem Körper mit der Nahrung mehr Energie zugeführt, als dieser benötigt, wird diese in Form von Fett gespeichert.

1 Burger mit Pommes frites

Bewegung • Wenn man Sport treibt, benötigt der Körper mehr Energie. Vor allem die Muskelzellen benötigen dazu viel Sauerstoff und Glukose für die Zellatmung. Durch eine Erhöhung der Atemfrequenz kann mehr Sauerstoff den Muskeln zur Verfügung gestellt werden. Das Herz beginnt schneller zu schlagen, um den Sauerstoff und auch die Glukose schneller im Körper zu verteilen.

Muskeln und Training • Der Mensch besitzt mehr als 650 Muskeln. Etwa 400 davon sitzen an unseren Knochen und ermöglichen uns Bewegungen. Wenn wir uns bewegen wollen, wird vom Gehirn ein Impuls zum Muskel gesendet. Erreicht dieser Nervenimpuls den Muskel, ziehen sich die Muskelfasern zusammen. Der Muskel kontrahiert. Durch Training kann Muskelmasse aufgebaut und die Versorgung der Muskeln verbessert werden.

2 Jugendliche beim Basketball

3 Skifahrer

Energiebedarf

1 ○ Nenne Lebensvorgänge, für die der Körper Energie benötigt.

2 ◑ Erkläre, was man unter Grundumsatz, Leistungsumsatz und Gesamtumsatz versteht.

3 ◑ Erkläre, weshalb Männer einen höheren Grundumsatz als Frauen besitzen.

4 ○ Erkläre, was man unter Energiebilanz versteht.

5 ◑ Erläutere mögliche Folgen, wenn man mehr Energie über die Nahrung zuführt, als man durch Stoffwechselvorgänge verbraucht.

6 ○ Nenne mögliche Folgen von Übergewicht.

Bewegung

7 ◑ Erkläre, von welchen Faktoren die körperliche Leistungsfähigkeit abhängt.

8 ● Begründe, weshalb durch Training die körperliche Leistungsfähigkeit steigt.

9 ◑ Erkläre, weshalb einem warm wird, wenn man sich bewegt.

Muskeln und Training

10 ◑ Erkläre, was man unter Laktat versteht.

11 ○ Benenne die in Bild 4 nummerierten Teile eines Skelettmuskels.

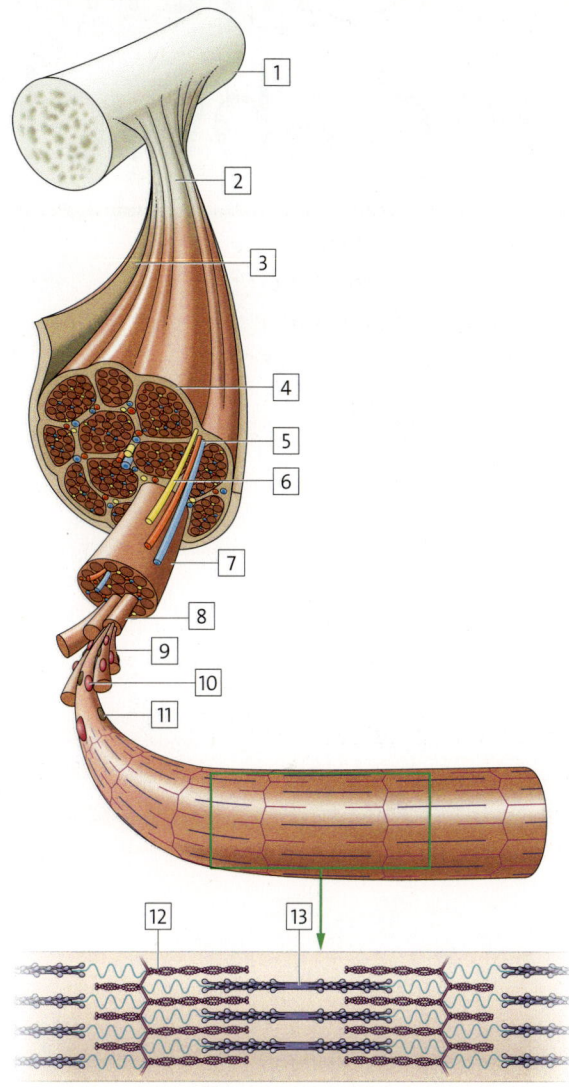

4 Bau eines Skelettmuskels

12 ◑ Jeder Muskel der Skelettmuskulatur hat einen Gegenspieler. Erkläre, weshalb dies für unsere Bewegungen nötig ist.

13 ◑ Beschreibe den Ablauf einer Muskelkontraktion.

Krankheitserreger erkennen und abwehren

Beim Arzt kann man sich gegen verschiedene Krankheiten impfen lassen. Warum ist man so vor Krankheiten geschützt?

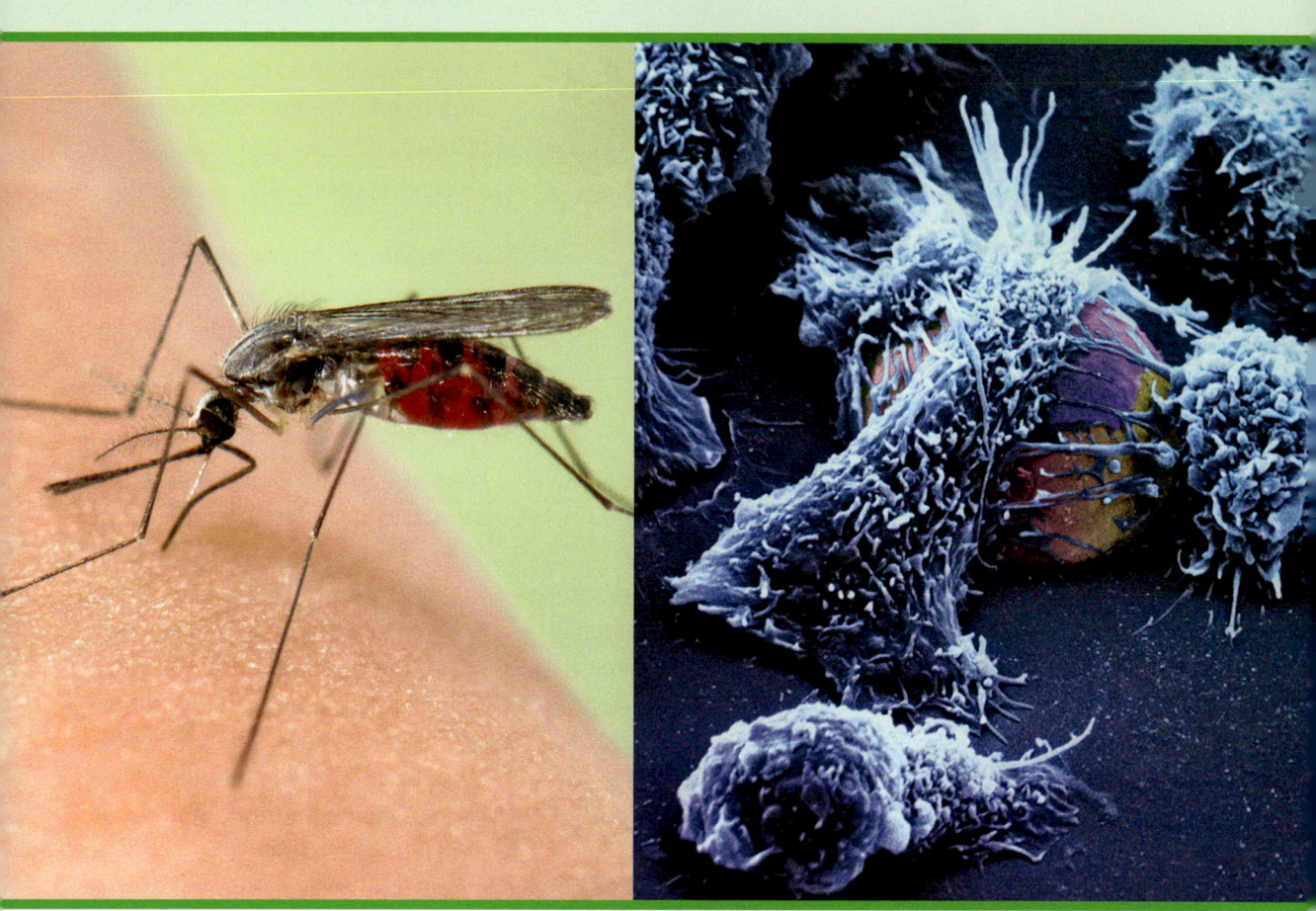

Durch den Stich der Anopheles-
mücke kann eine Krankheit
übertragen werden. Was macht
diesen Stich so gefährlich?

Ein Kampf zwischen Zellen!
Das Immunsystem bekämpft
eingedrungene Erreger. Wie
arbeitet unser Immunsystem?

Infektionskrankheiten – ein Überblick

1 Krankheitserreger im Körper machen sich bemerkbar.

Jeder hat es schon einmal erlebt: Man wacht morgens mit leichten Halsschmerzen und einer verstopften Nase auf. Zwei Tage später kommen 5 erhöhte Körpertemperatur, Husten und Kopfschmerzen hinzu. Wie konnte es zu einer Ansteckung mit Krankheitserregern kommen und welche Auswirkungen haben sie auf den Körper?

2 Niesen

3 Anopheles-Stechmücke

10 **Krankheitserreger sind überall** • Krankheiten, die durch Erreger hervorgerufen werden, nennt man Infektionskrankheiten. Dabei handelt es sich bei den meisten Krankheitserregern um 15 Bakterien oder Viren. Aber auch Pilze, Parasiten oder andere einzellige Lebewesen können Krankheiten verursachen. Sie befinden sich in der Luft, in Boden und Wasser, in Nahrungsmit- 20 teln, auf der Kleidung und auf nahezu allen Gegenständen, die wir anfassen.

Ansteckung • Gelangen Krankheitserreger in den Körper, spricht man von Ansteckung oder Infektion. Häufig 25 gelangen Erreger durch Husten oder Niesen eines Infizierten mit feinsten Flüssigkeitströpfchen in die Luft und können so von anderen Menschen über die Atemluft aufgenommen werden. 30 Man nennt dies Tröpfcheninfektion.

Weitere Infektionswege • Die Haut schützt uns vorm Eindringen von Krankheitserregern. Über Wunden können diese aber in den Körper ge- 35 langen. Durch mangelnde Hygiene kann auch der Säureschutzmantel der Haut geschädigt sein. Dies kann das Eindringen von Krankheitserregern fördern. In einigen Fällen werden 40 Krankheitserreger auch über Tiere, beispielsweise durch Bisse oder Insektenstiche, auf den Menschen übertragen. ➡ 3 Auch beim Essen und Trinken kann man sich anstecken. 45 Krankheitserreger können durch verunreinigte Nahrungsmittel und Wasser aufgenommen werden.

Verlauf einer Infektionskrankheit •
Nach der Infektion schließt sich die
50 sogenannte Inkubationszeit an, in der
sich die Erreger explosionsartig vermehren, aber noch keine typischen
Krankheitserscheinungen, die Symptome, zu erkennen sind. Die Inkuba-
55 tionszeit bezeichnet somit den Zeitraum zwischen Infektion und Ausbruch
der Krankheit und kann wenige Stunden bis zu mehreren Jahren dauern.
Typische Symptome eines grippalen
60 Infekts sind Husten, Schnupfen, erhöhte Körpertemperatur, Glieder- und
Kopfschmerzen. → 4 Verursacht
werden sie oft durch Giftstoffe, die die
Krankheitserreger im Körper ausschei-
65 den. Wenn man krank ist, hat man oft
Fieber. Bei einer höheren Körpertemperatur kann das Immunsystem schneller
die Krankheitserreger bekämpfen.

Gesundung • Wenn der Körper es
70 schafft, die weitere Vermehrung der
Krankheitserreger zu verhindern und
sie abzutöten, klingen die Krankheitserscheinungen ab. Der Körper erholt
sich und man wird gesund. Der Zeit-
75 raum bis zum völligen Gesundwerden
wird auch Rekonvaleszenz genannt.
Der Krankheitsverlauf kann durch Einnahme von Medikamenten verkürzt
werden. Gesunde Ernährung und
80 ausreichend Bewegung stärken das
Immunsystem. Dadurch kann Infektionskrankheiten vorgebeugt werden.

> Infektionskrankheiten verlaufen in
> vier Phasen: Infektion, Inkubations-
> zeit, Erkrankung und Gesundung.

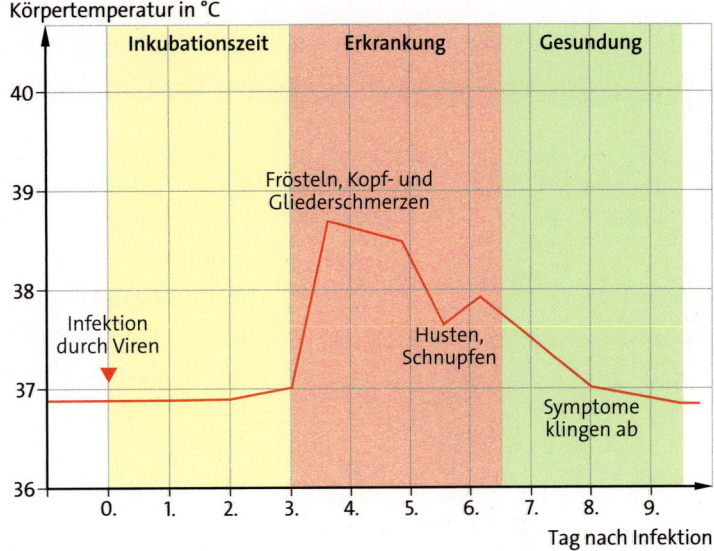

4 Krankheitsverlauf des grippalen Infekts

Aufgaben

1 ○ Nenne Wege, wie Krankheitserreger in den Körper gelangen können.

2 ○ Erkläre, was man unter Tröpfcheninfektion versteht.

3 ◗ Bild 4 zeigt die vier Phasen eines
grippalen Infekts. Welche Informa-
tionen bezüglich der zugehörigen
Symptome und Zeitspanne für jede
Phase kannst du entnehmen?
Ergänze die Tabelle.

Fieber:
Unter Fieber ver-
steht man die Er-
höhung der Kör-
pertemperatur
über 38 °C. Fieber
ist eine Reaktion
des Körpers auf
eindringende
Krankheitserre-
ger. Das Immun-
system kann bei
höheren Körper-
temperaturen
schneller die Er-
reger bekämpfen.

Phase	Symptome	Zeitspanne in Tagen
Infektion	keine	0 Tage
...	...	...
...	...	...
...	...	...

Infektionskrankheiten – ein Überblick

Schutzbarrieren – Wie sich der Körper vor Eindringlingen schützt

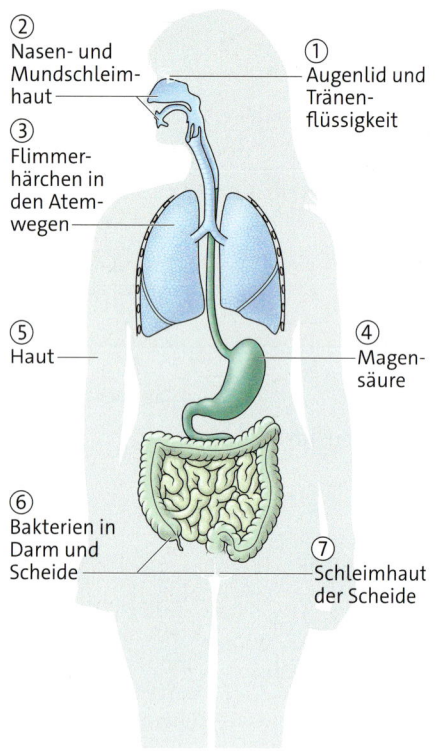

② Nasen- und Mundschleimhaut

① Augenlid und Tränenflüssigkeit

③ Flimmerhärchen in den Atemwegen

⑤ Haut

④ Magensäure

⑥ Bakterien in Darm und Scheide

⑦ Schleimhaut der Scheide

1 Schutzbarrieren unseres Körpers

Sie ist das größte Organ und schützt vor dem Eindringen von Erregern. Außerdem verhindert ihr Säureschutzmantel aus Wasser, Talg und Schweiß die Ansiedlung und Vermehrung von Bakterien. (a)

Sie tötet Krankheitserreger ab, die mit der Nahrung aufgenommen werden. (b)

Es schützt das Auge vor Trockenheit und säubert es von Erregern und Verunreinigungen. (c)

Diese Schleimhäute sind bereits mit ungefährlichen Bakterien besiedelt, die eindringende Krankheitserreger bekämpfen können. Auch können Erreger und Verunreinigungen haften bleiben. Durch Niesen können diese aus dem Körper transportiert werden. (d)

Verunreinigungen und Krankheitserreger, die im Nasen- und Rachenraum noch nicht festgehalten wurden, werden von ihnen zum Kehlkopf transportiert und dort heruntergeschluckt. (e)

Sie besiedeln diese Bereiche, um zu verhindern, dass sich schädliche Krankheitserreger dort ansiedeln können. (f)

Sie ist mit einem pH-Wert von 4 bis 4,5 leicht sauer und verhindert somit die Vermehrung von eingedrungenen Krankheitserregern und tötet sie ab. (g)

1 ◗ Ordne den mit Ziffern 1–7 gekennzeichneten Schutzbarrieren unseres Körpers → 1 jeweils eine Funktion von a–g zu. Nutze dafür die Tabelle. Beschreibe die einzelnen Funktionen in eigenen Worten.

2 ◗ Formuliere in einem Satz, welche Bedeutung die Schutzbarrieren für den Körper haben.

3 ● Zwei Schüler unterhalten sich. Nimm Stellung zu deren Aussage:
„Es ist nicht gut, wenn man jeden Tag mehrmals duscht. Das schadet der Gesundheit!"

Nr.	Schutzbarriere	Buchstabe	Funktion
1	Augenlid	c	Es schützt das ...

Infektionskrankheiten

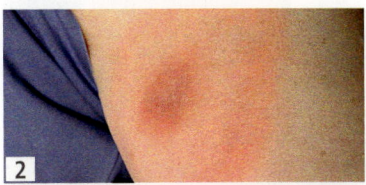

2

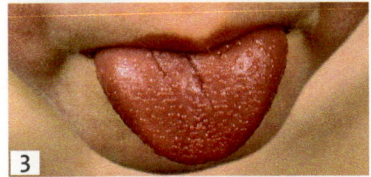

3

4

5

1 ○ Ordne den geschilderten Krankheiten die Bilder zu. Begründe deine Zuordnungen.

2 ◐ Fertige zu zwei Krankheiten einen Steckbrief an. Informiere darin über die Art des Erregers, den Übertragungsweg, die Inkubationszeit und die Symptome.

3 ● Stelle Vermutungen an, wie man sich vor einer Infektion mit den beschriebenen Krankheiten schützen kann.

Tripper (Gonorrhoe) ist eine der am häufigsten auftretenden Geschlechtskrankheiten und wird durch Geschlechtsverkehr übertragen. Dabei verursacht diese Bakterieninfektion etwa 2–3 Tage nach der Infektion bei Männern schmerzhafte Entzündungen der Harnröhre, häufiges Brennen beim Wasserlassen und bei Frauen eitrige Ausflüsse aus der Scheide. Bleibt die Krankheit unbehandelt, kann sie durch Verkleben der Eileiter zu Unfruchtbarkeit führen.

Scharlach tritt meist im Kindesalter auf, weshalb man hierbei von einer typischen Kinderkrankheit spricht. Symptome der Krankheit sind ein roter Rachen, eine „Himbeerzunge", Fieber, Kopfschmerzen und Schmerzen beim Schlucken. Scharlach wird von Bakterien verursacht, die durch feinste Flüssigkeitströpfchen in die Luft gelangen und so von anderen Menschen aufgenommen werden können. Die Krankheit bricht etwa 2–4 Tage nach der Infektion aus.

Borreliose ist eine bakterielle Erkrankung. Durch den Biss einer Zecke können die Bakterien in den Körper gelangen. Die Zecke ist der Überträger der Bakterien. Nach der Übertragung zeigen sich etwa nach 5–29 Tagen die ersten Symptome. An der Bissstelle zeigt sich oft ein typischer Hautausschlag: ein roter Fleck mit einem hellroten Ring. Auch allgemeine Symptome wie Kopf- und Gliederschmerzen und Fieber treten auf. Bei fortschreitendem Krankheitsverlauf können auch Lähmungen auftreten. In Süddeutschland herrscht ein hohes Infektionsrisiko. 30–50 % der Zecken sind von den Bakterien befallen. Bei rechtzeitigem Erkennen der Krankheit kann diese mit Medikamenten behandelt werden.

Tollwut wird von einem Virus verursacht, das durch den Biss von infizierten Tieren, meist Hunden oder Füchsen, übertragen wird. Infizierte Wildtiere erkennt man daran, dass sie ihre Scheu vor Menschen verlieren und aus ihrem Mund vermehrt Speichel tropft. Nach einem Biss bricht die Krankheit erst nach 1–3 Monaten aus. Beim Menschen macht sich die Krankheit durch Kopfschmerzen, Krämpfe der Atemmuskulatur und starken Durst bemerkbar. Auch hier tritt dann starker und schäumender Speichelfluss auf. Unbehandelt führt die Tollwut zum Tod.

Bakterien sind überall

1 Bakterien begegnen uns überall.

Bakterien sind so winzig klein, dass wir gar nicht bemerken, dass wir ihnen ständig und überall ausgesetzt sind. Welche verschiedenen Rollen spielen
5 **Bakterien in unserer Umwelt?**

Bakterien sind überall • Bei jedem Atemzug, den wir tätigen, bei allen Gegenständen, die wir anfassen, beim Essen und Trinken kommen wir stets
10 mit Bakterien in Kontakt. ➞ 1 Dabei sind die meisten für Menschen, Tiere und Pflanzen harmlos und erfüllen, entgegen ihrem Ruf, äußerst wichtige Aufgaben.
15 Milliarden von Bakterien unterstützen die Verdauung im Darm oder sorgen auf der Haut und in Schleimhäuten dafür, dass andere Krankheitserreger nicht in den Körper gelangen. Andere
20 Bakterien können auch wirtschaftlich genutzt werden. Mit ihnen kann man aus Milch zum Beispiel Joghurt oder Käse herstellen. In der Natur spielen Bakterien eine wichtige Rolle bei Zer-
25 setzungsprozessen von organischem Material wie abgestorbenen Pflanzenteilen oder toten Tieren und sichern somit den Kreislauf der Stoffe. Einige Bakterien verursachen allerdings auch
30 Krankheiten wie Hirnhautentzündung, Tuberkulose oder auch Geschlechtskrankheiten wie die Syphilis. ➞ 3

Der Bau eines Bakteriums • Bakterien sind winzige einzellige Lebewesen.
35 Sie sind meist nur wenige Tausendstel Millimeter groß und zählen daher zu den Mikroorganismen. Nach außen hin wird ein Bakterium von einer Zellwand begrenzt. Zusätzlich sind manche Bak-
40 terien von einer schleimhaltigen Hülle, der Kapsel, umgeben. An der Zellwandinnenseite folgt die Zellmembran. Ein weiteres Kennzeichen von Bakterien ist, dass sie im Gegensatz zu pflanz-

45 lichen oder tierischen Zellen keinen
Zellkern besitzen. Die Erbinformation
liegt hier frei im flüssigen Zellinneren,
dem Zellplasma. Manche Bakterien besitzen eine oder mehrere Geißeln, mit
50 denen sie sich fortbewegen können.

Bakterienformen • Nach der äußeren
Form unterscheidet man mehrere
Bakteriengruppen: Stäbchenbakterien
(Bazillen), Kugelbakterien (Kokken),
55 Schraubenbakterien (Spirillen oder
Spirochäten) und die kommaförmigen
Vibrionen. → 2 3

Vermehrung von Bakterien • Unter
günstigen Bedingungen wie Feuchtig-
60 keit, Wärme und Nahrung vermehren
sich Bakterien etwa alle 20 Minuten
durch Zellteilung. Schon nach wenigen
Stunden entstehen dann Bakterien-
kolonien, die aus unzähligen dicht bei-
65 ananderliegenden Einzelbakterien
bestehen und mit dem bloßen Auge
erkennbar sind. Bei ungünstigen Umweltbedingungen wie extremer Hitze,
Kälte oder Trockenheit können Bakte-
70 rien Sporen bilden. Eine Spore ist eine
Art Kapsel, die man auch als Überdau-
erungsform von Bakterien bezeichnet.

> Bakterien sind kleine einzellige
> Lebewesen. Sie können sich durch
> Zellteilung schnell vermehren.
> Neben ihrer wichtigen Rolle als Zer-
> setzer von organischem Material
> in der Natur und beim Verdauungs-
> vorgang des Menschen sind sie als
> Krankheitserreger für eine Vielzahl
> von Krankheiten verantwortlich.

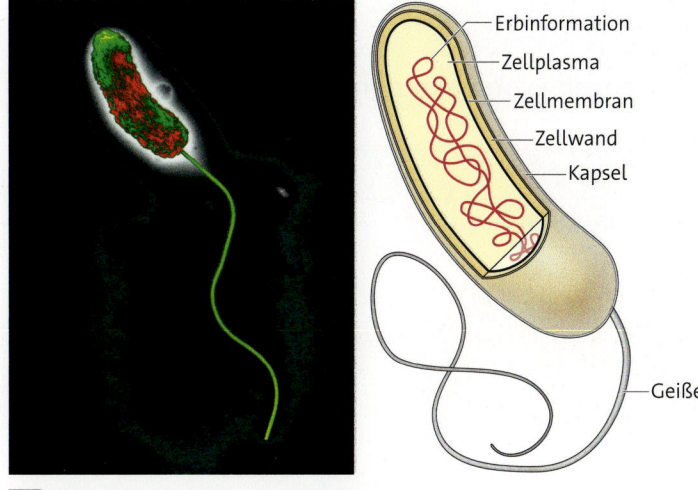

Erbinformation
Zellplasma
Zellmembran
Zellwand
Kapsel

Geißel

2 Bau eines Bakteriums (Vibrion)

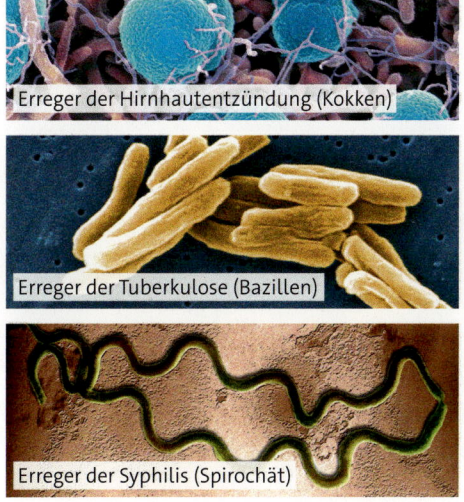

Erreger der Hirnhautentzündung (Kokken)

Erreger der Tuberkulose (Bazillen)

Erreger der Syphilis (Spirochät)

3 Verschiedene Bakterienformen

Aufgaben

1 ○ Beschreibe den Bau eines
Bakteriums.

2 ◗ Erstelle eine Mindmap zur
Bedeutung der Bakterien.

Bakterien sind überall

Material A

Vermehrung von Bakterien

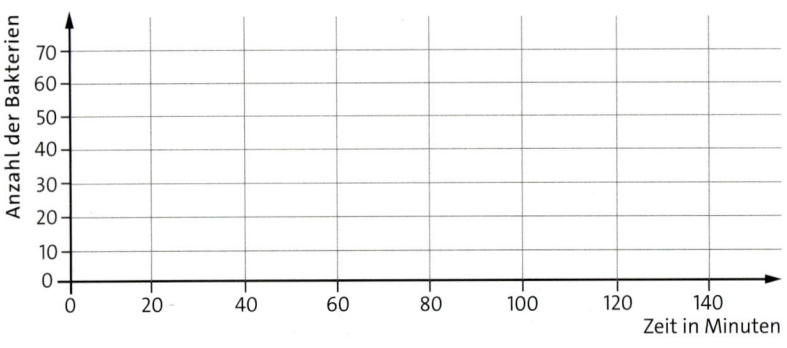

Zeit in Minuten	0	20	40	60	80	100	120
Anzahl der Bakterien	1	...	...	...	...	...	...

1 ○ Zeichne ein Koordinatensystem wie in Bild 1 und übernimm die Tabelle in dein Heft.

2 ● Berechne, wie viele Bakterienzellen sich nach 120 Minuten entwickeln. Ergänze die Tabelle.

3 ◖ Erstelle aus den Werten der Tabelle ein Liniendiagramm.

4 ◖ Vermute, wie die Kurve weiter verlaufen wird.

1 Vermehrung von Bakterien (bei ausreichend Platz und Nahrung)

Material B

Vermehrung von Bakterien im Kulturgefäß

In Bild 2 ist dargestellt, wie sich die Anzahl der Bakterien in einem Kulturgefäß im Laufe der Zeit ändert. Vermehren sich Bakterien auf einem Nährboden, so kommt es durch den rasanten Anstieg der Bakterienanzahl irgendwann zu Mangel an Nahrung und Platz, sodass eine Konkurrenzsituation entsteht.

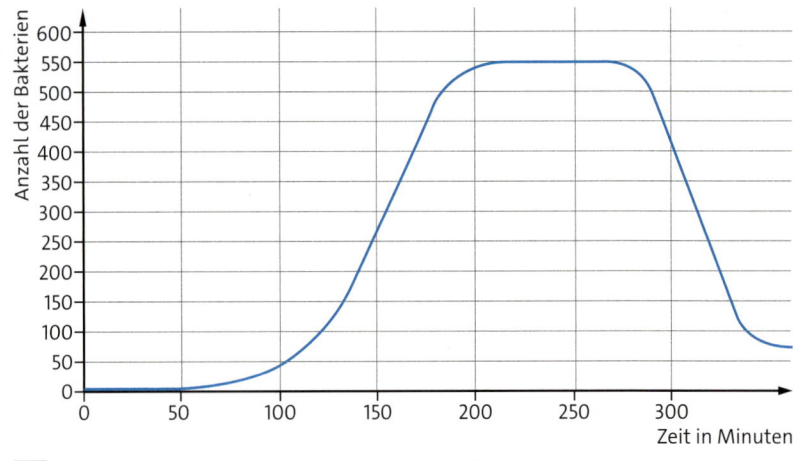

2 Vermehrung von Bakterien in einem Kulturgefäß

1 ◖ Beschreibe das Diagramm in Bild 2.

2 ● Erkläre den Kurvenverlauf. → 2

Infektionswege der Salmonellose

3 | Infektionswege der Salmonellose

Die Salmonellose ist eine durch Bakterien, den Salmonellen, hervorgerufene Krankheit, die häufig durch das Essen von nicht ausreichend erhitzten Eier- oder Milchspeisen, Mayonnaise, Fleisch- und Wurstwaren übertragen wird, weil sich darin Salmonellen sehr schnell vermehren können. Tiere infizieren sich über die Aufnahme von verseuchtem Futter und Abwasser.

Die genannten Bakterien setzen sich nach dem Verzehr in Magen und Darm fest und scheiden Giftstoffe aus, die die Schleimhäute angreifen. Dadurch kommt es neben Symptomen wie Kopfschmerzen und Übelkeit zu Erbrechen und Durchfall. Durch das Berühren von infiziertem Kot oder Urin können die Bakterien auch in seltenen Fällen von Mensch zu Mensch übertragen werden.

4

1 🖎 Beschreibe mithilfe von Bild 3, wie man sich mit Salmonellose anstecken kann.

2 ● Erkläre, wie man den Infektionskreislauf durchbrechen kann, um sich vor einer Infektion zu schützen.

3 🖎 Du hast einige Lebensmittel zur Auswahl. → 5 Wähle davon drei aus, die du im Sommer bei hohen Temperaturen eher ablehnen würdest. Begründe deine Wahl.

5 | Verschiedene Lebensmittel

Viren als Krankheitserreger

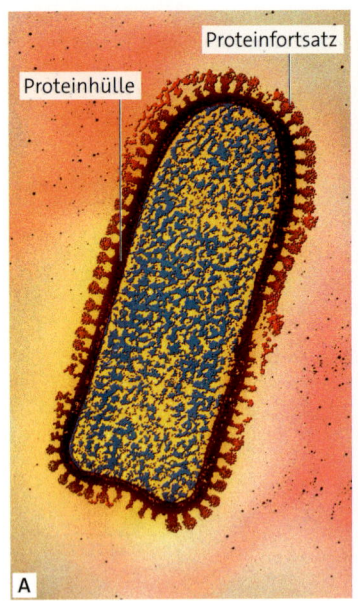

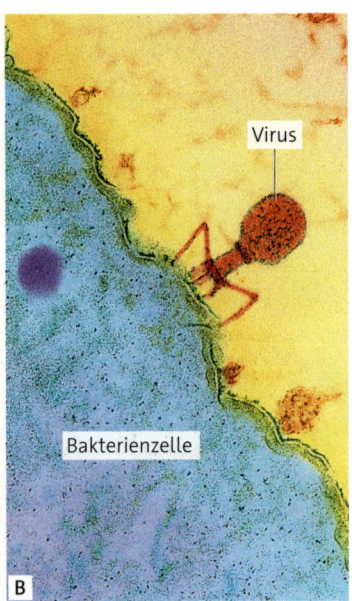

1 Viren: **A** Tollwutvirus, **B** Virus befällt Bakterienzelle

Sind Viren Lebewesen? • Viren besitzen keinen eigenen Stoffwechsel und sind somit nicht in der Lage, sich selbststän-
25 dig zu vermehren. Hierfür sind sie auf andere Bakterien-, Pflanzen- oder Tier-zellen, auf sogenannte Wirtszellen, an-gewiesen.

Vermehrung • Kommt ein Virus mit
30 einer Wirtszelle in Kontakt, gibt es sei-ne Erbinformation in die Wirtszelle ab. Das stellt den Stoffwechsel der Wirts-zelle so um, dass diese in kürzester Zeit zahlreiche neue Virusbausteine pro-
35 duziert, die sich dann zu neuen Viren zusammensetzen. Durch Platzen der Wirtszelle werden die Viren freigelas-sen und können andere Wirtszellen befallen. Jedes Virus befällt immer nur
40 eine Art von Wirtszellen. Man sagt, Viren sind wirtsspezifisch. Daher ver-ursachen Viren beim Menschen auch die unterschiedlichsten Krankheiten, da jeweils andere Wirtszellen ange-
45 griffen werden.

Neben Bakterien gelten Viren als häu-figste Verursacher für verschiedene Krankheiten beim Menschen. Allerdings ist meistens der Einsatz von Medika-
5 menten bei durch Viren verursachten Krankheiten nutzlos. Worin unter-scheiden sich Viren von Bakterien?

Bau von Viren • Viren sind wesentlich kleiner als Bakterien. Sie haben einen
10 Durchmesser von nur knapp einem zehntausendstel Millimeter und kön-nen deshalb nur mithilfe eines Elek-tronenmikroskops betrachtet werden. Alle Viren haben einen ähnlichen
15 Grundbauplan: Sie bestehen nur aus Erbinformation und einer Proteinhülle mit zahlreichen Fortsätzen. Trotzdem gibt es eine riesige Vielfalt an Viren, die sich in ihrer Hülle und in ihren Erb-
20 informationen voneinander unter-scheiden. → **1**

> Viren sind kleine Krankheitserreger, die aus Erbinformation und einer Proteinhülle bestehen. Sie zählen nicht zu den Lebewesen und be-nötigen zur Vermehrung bestimmte Wirtszellen, die dabei zerstört werden.

Aufgabe

1 ◐ Begründe mithilfe der Kenn-zeichen des Lebendigen, ob Viren Lebewesen sind.

Material A

Bakterien und Viren

1 ○ Nenne die Fachbegriffe für die mit Zahlen gekenn- zeichneten Teile der Bakterienzelle und eines Virus.

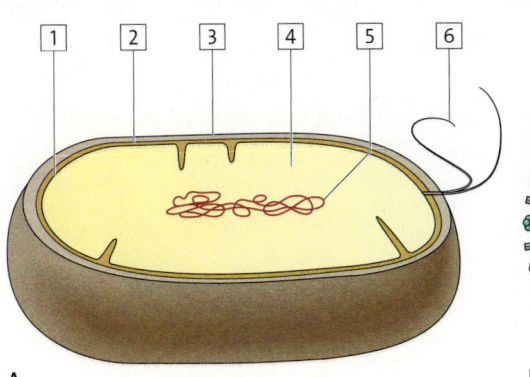

A

B

2 Bau eines Bakteriums (A) und Virus (B)

2 ◐ Vergleiche den Bau der Bakterienzelle und eines Virus.

3 ◐ Vergleiche die Bedingungen, die Bakterien und Viren brauchen.

4 ● Ein Virus ist 100-mal kleiner als ein Bakterium. Vermute, welchen Vorteil Viren dadurch haben.

Material B

Vermehrung von Viren

1 ○ Ordne die Beschreibungen der Phasen des Vermehrungszyklus A–E den Bildern 3–7 zu.

2 ◐ Bringe die Phasen in eine sinnvolle Reihenfolge und notiere die Beschreibungen A–E entsprechend geordnet in dein Heft.

3 ◐ Ein Virus ist immer wirtsspezifisch. Erkläre diesen Sachverhalt.

A   Die Wirtszelle produziert neue Virusbausteine.

B   Das Virus befällt eine gesunde Zelle.

C   Die Wirtszelle platzt und die neuen Viren werden freigesetzt.

D   Das Virus wurde von der Wirtszelle aufgenommen.

E   Die Erbinformation des Virus wird freigesetzt und programmiert so den Stoffwechsel der Wirtszelle um.

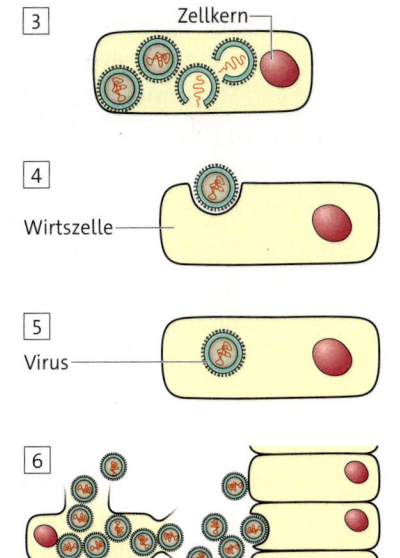

3   Zellkern

4   Wirtszelle

5   Virus

6

7   Erbinformation

Antibiotika

1 Alexander Fleming

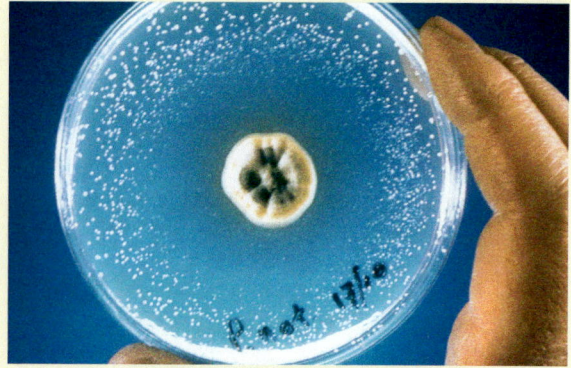

2 Schale mit Bakterien und Schimmelpilzen

Eine zufällige Entdeckung • Der schottische Mediziner Alexander Fleming forschte an verschiedenen Bakterien und beimpfte dafür Nährböden mit Bakterienkulturen, um deren Ver-
5 mehrung zu beobachten. Dabei entdeckte er 1928, dass einer seiner Nährböden, den er wochenlang beiseitegestellt hatte, durch Wachstum von Schimmelpilzen verunreinigt war. Eigentlich sollte der verunreinigte Nährboden
10 entsorgt werden, aber dann fiel Fleming auf, dass in der näheren Umgebung der Schimmelpilze keine Bakterien zu finden waren. Daraufhin untersuchte er den Pilz näher und fand heraus, dass dieser einen bakterientöten-
15 den Stoff absondert. Diesen Stoff nannte er Penicillin. Der Name stammt vom wissenschaftlichen Artnamen des Schimmelpilzes: *Penicillium notatum.*

Penicillin rettete Leben • Fleming ebnete mit
20 der Entdeckung des Penicillins den Weg zur effektiven Bekämpfung von bakteriellen Infektionen, die besonders während des Zweiten Weltkriegs zahlreiche Todesopfer forderten. Viele Soldaten starben während des Krieges nämlich
25 nicht direkt an ihren Schussverletzungen, sondern an den Infektionen durch Bakterien, die über die Wunden in den Körper gelangten. Als Anerkennung für seine Entdeckung erhielt Fleming 1945 den Nobelpreis für Medizin.

30 **Industrielle Herstellung** • Als es ab 1941 möglich war, Penicillin in großen Mengen herzustellen, konnten sehr viele Verwundete gerettet werden. Heute gibt es mehr als 8 000 antibakteriell wirkende Medikamente. Man fasst sie unter dem
35 Begriff Antibiotika zusammen. Einige Antibiotika kann man von Stoffwechselendprodukten anderer Bakterien oder von Pilzen direkt gewinnen. Andere werden auf künstlichem Weg hergestellt. Antibiotika können Bakterien abtöten,
40 das Wachstum dieser hemmen oder ihre Vermehrung verhindern. Es gibt Antibiotika, die nur gegen bestimmte Bakterien wirken. Solche, die gegen verschiedene Bakterien gleichermaßen wirksam sind, nennt man Breitbandantibiotika.

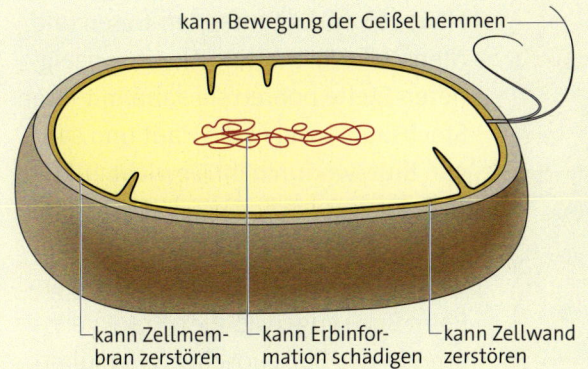

kann Bewegung der Geißel hemmen

kann Zellmem-
bran zerstören

kann Erbinfor-
mation schädigen

kann Zellwand
zerstören

3 Wirkung von Antibiotika

Die Wirkung von Antibiotika • Antibiotika schädigen Bakterien auf unterschiedliche Weise: Einige zerstören die Zellmembran der Bakterien oder die Zellwand, andere verlangsamen die Beweglichkeit der Geißel und somit die Fortbewegung des Bakteriums. Es gibt außerdem Antibiotika, die die Erbinformation einer Bakterienzelle schädigen können. Hingegen können sie den menschlichen Zellen nichts anhaben. Allerdings kann es bei der Einnahme von Antibiotika manchmal zu Nebenwirkungen kommen. Hierbei ist oft das Verdauungssystem betroffen, da das Antibiotikum nicht nur die krank machenden Bakterien abtötet, sondern auch die nützlichen Bakterien des Darms.

Antibiotika werden wirkungslos • Die zu häufige oder fehlerhafte Einnahme von Antibiotika führt dazu, dass mit der Zeit immer mehr Bakterien unempfindlich gegen ein Antibiotikum werden. Wenn sich Bakterien durch Zellteilung vermehren, kann sich mit jeder Zellteilung deren Erbinformation verändern. Die Bakterienkultur wird zunehmend widerstandsfähiger. Man bezeichnet dies als Resistenz. Manche Bakterien sind in der Lage Resistenzen untereinander auszutauschen. Dadurch kann eine ganze Bakterienkultur resistent werden. Deswegen sollte man ein Antibiotikum beispielsweise nie zu früh absetzen, da die noch verbliebenen Bakterien wieder zufälligen Veränderungen ihrer Erbinformation unterliegen und somit Resistenzen entwickeln können.

> Antibiotika werden zur Bekämpfung bakterieller Infektionskrankheiten eingesetzt. Unter bestimmten Bedingungen wie zu häufiger oder fehlerhafter Einnahme können Bakterien Resistenzen entwickeln, wodurch die Antibiotika unwirksam werden.

Aufgaben

1 ○ Beschreibe, wie Alexander Fleming das Penicillin entdeckt hat. → **2**

2 ◖ Erkläre ausführlich mithilfe von Bild 3, wie Antibiotika Bakterien schädigen können.

3 ● Im Gegensatz zu Bakterien dringen Viren in die Zellen des Körpers ein und vermehren sich in ihnen. Erkläre, weshalb Antibiotika deshalb nur gegen Bakterien wirksam sind.

4 ● Erkläre, was man unter einer Resistenz versteht und welche Auswirkungen Resistenzen auf die Wirkung von Antibiotika haben.

Parasiten schädigen Menschen

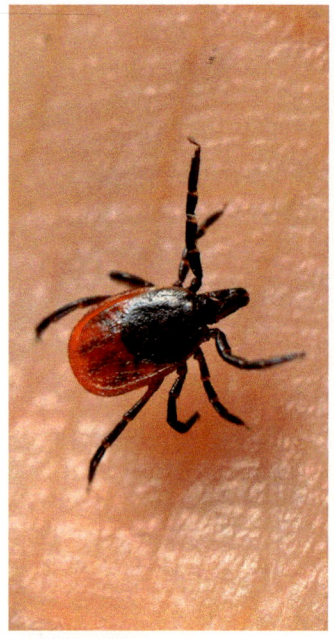
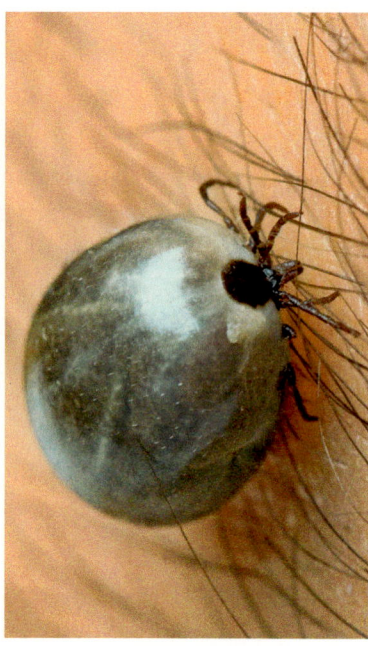

[1] Ein Zeckenweibchen: leer und mit Blut vollgesaugt

[2] Bandwurm

Insbesondere in den Sommermonaten wird geraten, nach einem Aufenthalt im Wald oder im kniehohen Gras die Haut auf das Vorhandensein von
5 Zecken zu untersuchen. Welche Gefahren gehen von diesen unscheinbaren Spinnentieren aus?

Leben von anderen Tieren • Es gibt Tiere, die auf oder in anderen, meist
10 größeren Lebewesen leben und sich von diesen ernähren. Solche Tiere nennt man Parasiten. Ein Lebewesen, das von einem Parasiten befallen wird, bezeichnet man als Wirt. Dabei wird
15 der Wirt vom Parasiten geschädigt. Der Parasit kann auch Krankheitserreger in sich tragen, die er an den Wirt überträgt. Zu den Parasiten zählen Zecken, Bandwürmer, bestimmte
20 Einzeller, Flöhe und Läuse.

Ernährungsweise von Zecken • Zecken ernähren sich vom Blut anderer Lebewesen. Sie sitzen meist an Grashalmen und können sich leicht an Haaren und
25 Haut von vorbeilaufenden Tieren und Menschen festhalten. An einer geeigneten Stelle bohren sie dann mit ihrem Stechsaugrüssel in die Haut und saugen Blut, wodurch ihr Gewicht auf das
30 100- bis 200-Fache ansteigen kann.

Zecken übertragen Krankheitserreger • Beim Blutsaugen können Krankheitserreger wie Borreliosebakterien übertragen werden. Die Borreliose ist an
35 einem charakteristischen Hautausschlag erkennbar und kann mit Antibiotika behandelt werden. Ohne Behandlung können Gehirn und Herz dauerhaft geschädigt werden. Neben
40 der Borreliose können Zecken auch FSME (Frühsommer-Meningoenzephalitis) übertragen. Diese Viruserkrankung löst grippeähnliche Symptome aus und kann ohne medizinische Behandlung
45 zu bleibenden Schäden wie Hirnhautentzündung und Lähmungen führen. Eine Impfung in häufiger betroffenen Regionen wird empfohlen.

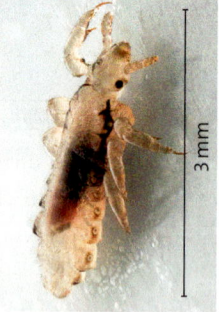

4 mm

3 mm

[3] Parasiten: **A** Floh, **B** Laus

der Parasit
der Wirt
die Zecke
die Malaria

Malaria – eine Tropenkrankheit • An-
50 ders als in Deutschland verursachen
Stechmücken in den Tropen nicht nur
lästige Stiche, sondern sie können
auch viele bedrohliche Krankheiten
übertragen. Ein Beispiel hierfür ist die
55 Krankheit Malaria, die durch parasiti-
sche Einzeller, die Plasmodien, verursacht wird. Jährlich sterben weltweit
bis zu einer Million Menschen an dieser Krankheit. Übertragen werden die
60 Malaria-Erreger von der weiblichen
Anopheles-Stechmücke.

4 Anophelesmückenweibchen

Verlauf der Krankheit • Durch einen
Stich gelangen die Plasmodien in den
menschlichen Körper und befallen dort
65 die roten Blutzellen. Sie vermehren
sich in ihnen, bis sie durch deren Platzen in die Blutbahn entlassen werden
und somit weitere rote Blutzellen
befallen können. Auf das schlagartige
70 Freisetzen der Erreger und ihrer Giftstoffe aus den roten Blutzellen reagiert
der Körper mit Fieberschüben, weshalb
die Krankheit auch als Wechselfieber
bezeichnet wird. Des Weiteren können
75 die Organe nicht mehr mit genügend
Sauerstoff versorgt werden, was unbehandelt zu Krampfanfällen, Herz-
Kreislauf-Stillständen und sogar zum
Tod führen kann.

80 **Schutz und Vorbeugung** • Schützen
kann man sich, indem man neben dem
Schutz vor Stichen zusätzlich Tabletten
einnimmt, die die Vermehrung der
Plasmodien verhindern. Eine Impfung
85 gibt es bislang nicht.

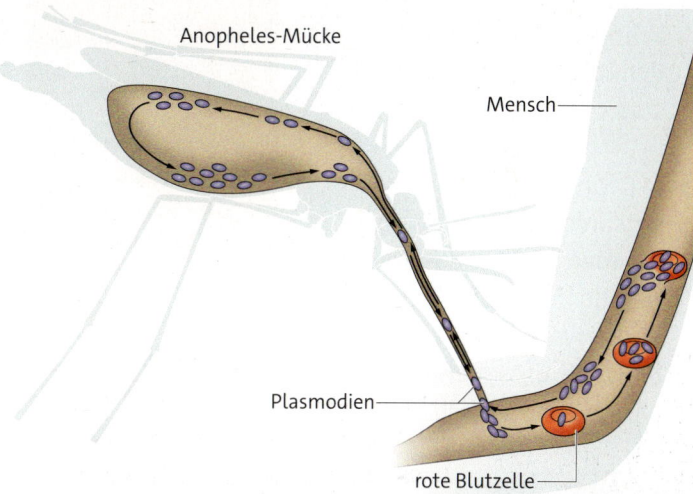

Anopheles-Mücke

Mensch

Plasmodien

rote Blutzelle

5 Übertragung von Plasmodien durch eine Anopheles-Stechmücke

Parasiten ernähren sich von anderen Lebewesen. Häufig schädigen
sie dabei den Wirt oder es werden
Krankheitserreger übertragen.

Aufgaben

1 ◐ Erkläre den Begriff Parasit.

2 ◐ Notiere zu FSME und Malaria jeweils Informationen zu: Überträger,
Erreger, Symptome und Behandlung.

Parasiten schädigen Menschen

Schutz vor Parasiten

1 ○ Ordne die Bilder 1–4 der Anophelesmücke, der Zecke, der Kopflaus und dem Floh zu.

2 ◗ Beschreibe, welche Schutzmaßnahmen auf den Bildern A–H dargestellt sind.

3 ◗ Ordne den Parasiten entsprechende Schutzmaßnahmen zu. Lege dazu eine Tabelle in deinem Heft an und vervollständige sie. (Beachte, dass mehrere Zuordnungen möglich sind!)

Schutz vor ...	Maßnahmen
... Zecken	Man sollte ...

4 ● Stelle für jeden Parasiten Vermutungen an, an welchen Orten eine erhöhte Gefahr des Befalls besteht.

Kopfläuse leben zwischen den Kopfhaaren des Menschen. Mit ihren Mundwerkzeugen ritzen sie die Kopfhaut an und lecken das austretende Blut auf. Diese Tiere lösen juckende Quaddeln und Pusteln auf der Haut aus. An Plätzen und Einrichtungen, wo viele Menschen zusammen sind, können sich Kopfläuse und auch Flöhe schneller ausbreiten.

Flöhe haben ähnlich wie Zecken einen Stechsaugrüssel, mit dem sie in die Haut ihrer Wirte stechen und deren Blut saugen. Beim Menschen leben sie meist zwischen den Haaren auf dem Kopf. Flöhe können von Haustieren auf den Menschen überspringen. Man kann Haustieren vorbeugend ein Flohhalsband anlegen.

Vorsicht: Fuchsbandwurm!

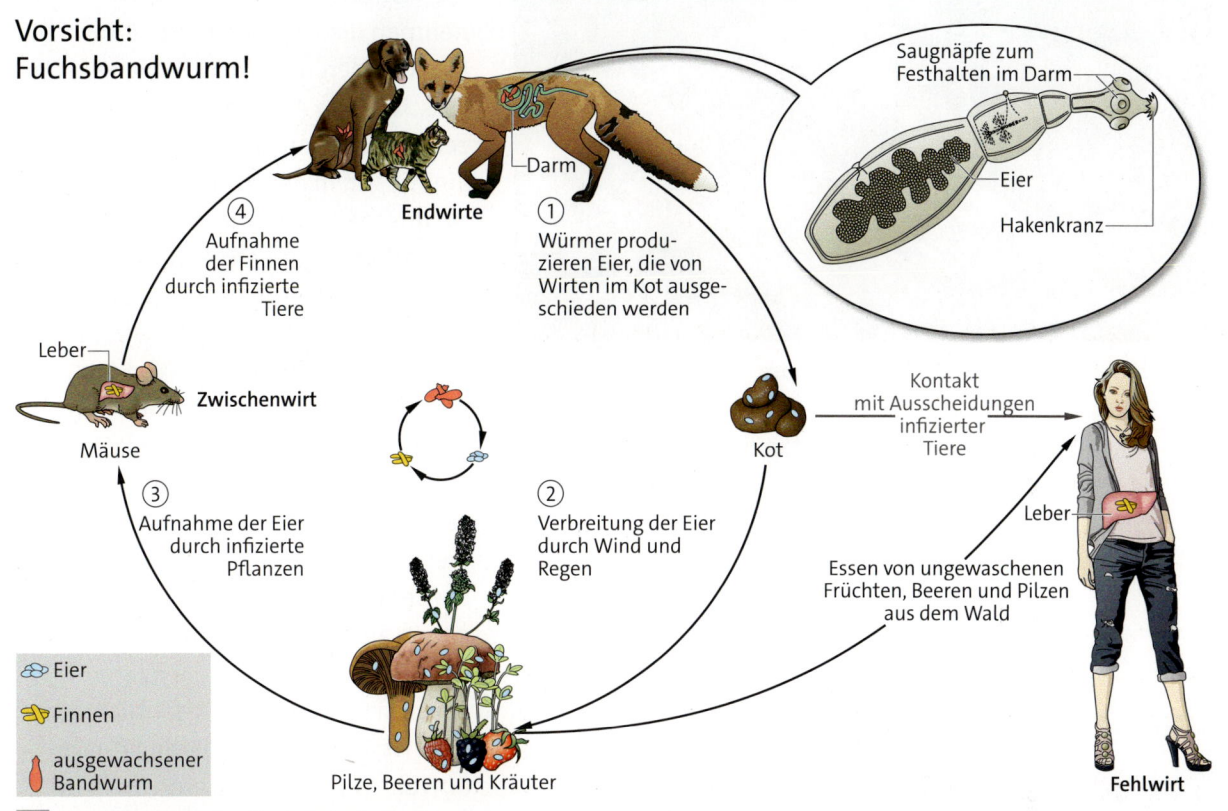

Saugnäpfe zum Festhalten im Darm

Eier

Hakenkranz

Darm

Endwirte

① Würmer produzieren Eier, die von Wirten im Kot ausgeschieden werden

④ Aufnahme der Finnen durch infizierte Tiere

Leber

Zwischenwirt

Mäuse

③ Aufnahme der Eier durch infizierte Pflanzen

Kot

Kontakt mit Ausscheidungen infizierter Tiere

Leber

② Verbreitung der Eier durch Wind und Regen

Essen von ungewaschenen Früchten, Beeren und Pilzen aus dem Wald

Eier

Finnen

ausgewachsener Bandwurm

Pilze, Beeren und Kräuter

Fehlwirt

5 Lebenszyklus des Fuchsbandwurms

Der Fuchsbandwurm ist nur etwa drei Millimeter groß. Er lebt im Darm von Füchsen, befällt aber auch Hunde und Katzen. Für den Fuchs ist dieser Bandwurm unschädlich. Gelangen dessen Eier jedoch in andere Lebewesen wie Mäuse oder Menschen, entwickeln sich aus den Eiern Larven. Diese Larven der Bandwürmer nennt man Finnen. Die Finnen schädigen die Leber, was langfristig zum Tod des Wirtes führt. Während seiner Entwicklung wechselt der Fuchsbandwurm den Wirt, da der Zwischenwirt gefressen wird. Der Zwischenwirt (Maus) beherbergt die Larven und der Endwirt (Fuchs) die ausgewachsenen Parasiten.

3 ◐ Begründe, warum Haustiere wie Hunde und Katzen regelmäßig entwurmt werden sollten.

4 ◐ Nenne Möglichkeiten, wie man sich vor der Infektion mit einem Fuchsbandwurm schützen kann.

5 ● Begründe, warum der Mensch auch als Fehlwirt des Fuchsbandwurms bezeichnet wird.

1 ○ Beschreibe die Entwicklung des Bandwurms von 1–4 in Bild 5.

2 ○ Erkläre, wie man sich mit dem Fuchsbandwurm infizieren kann.

Stark in der Abwehr – das Immunsystem

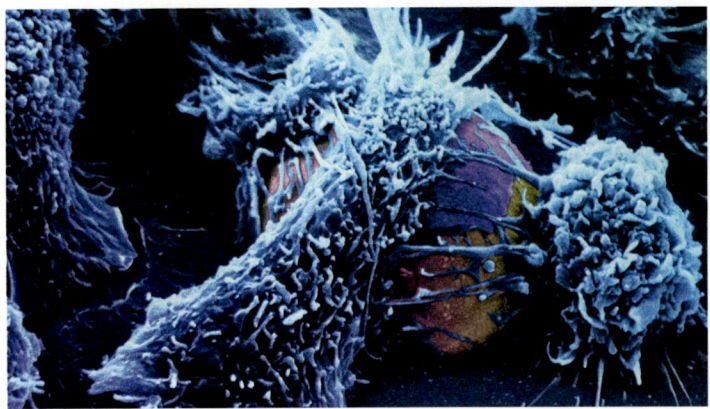

1 Riesenfresszelle (blau) frisst Bakterium.

Obwohl im Alltag unzählige Krankheitserreger lauern, sind wir trotzdem meistens gesund. Wie setzt sich der Körper zur Wehr?

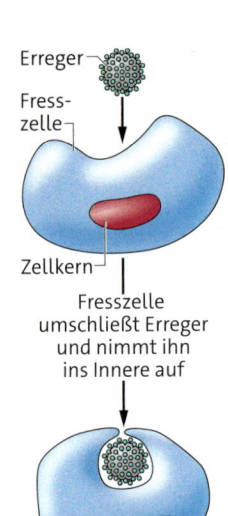

Erreger
Fresszelle
Zellkern

Fresszelle umschließt Erreger und nimmt ihn ins Innere auf

Fresszelle löst Erreger auf

2 Fresszelle baut Erreger ab.

Die erste Abwehr • Um überhaupt in
den Körper zu gelangen, müssen Krankheitserreger einige Barrieren überwinden: Die Schleimhäute an unseren
Körperöffnungen wie Mund, Nase und
Geschlechtsorgane produzieren eine
feuchte Schutzschicht, die Abwehrstoffe enthält. Die mit der Nahrung aufgenommenen Krankheitserreger werden größtenteils von der Magensäure
im Magen abgetötet. Zudem ist die
menschliche Haut mit einem Säureschutzmantel überzogen, der die Ansiedlung und Vermehrung von Krankheitserregern verhindert. Dennoch
gelingt es einigen Bakterien, Viren oder
Pilzen, diese Barrieren zu durchbrechen.

Das Immunsystem greift ein • Wenn es
Krankheitserregern tatsächlich gelingt,
weiter in den Körper vorzudringen, beginnt das Abwehrsystem des Körpers,
das Immunsystem, mit seiner Arbeit.
Die Hauptfunktion in der Abwehr übernehmen die weißen Blutzellen, die Leukozyten, deren unterschiedliche Arten
verschiedene Aufgaben erfüllen. Fresszellen erkennen Krankheitserreger beim
Eindringen in den Körper und machen
sie unschädlich. Sie nehmen die Erreger
ins Zellinnere auf. Dort werden die Erreger aufgelöst. → **2** Da Fresszellen in
der Lage sind, ihre Gestalt zu verändern,
können sie auch die Blutbahn verlassen
und sich im Gewebe zwischen den Zellen auf die Suche nach Fremdkörpern
machen oder auch abgestorbene oder
verletzte Körperzellen beseitigen. Da die
Fresszellen alle möglichen Eindringlinge
aufnehmen, bezeichnet man diese Vorgänge auch als unspezifische Abwehr.

Spezifische Abwehr • Wesentlich effektiver ist aber die spezifische Immunabwehr. Durch das Zusammenspiel
spezialisierter Zellen werden Erreger
gezielt bekämpft. Diese Zellen werden
im Knochenmark gebildet. Einige reifen
dort, andere in der Thymusdrüse heran.
Gelangen Erreger, zum Beispiel Viren
ins Blut, zerlegen spezielle Riesenfresszellen die Erreger. Sie präsentieren die
Antigene an ihrer Außenseite. So informieren sie andere Zellen des Immunsystems, die T-Helferzellen, über die
Art des Eindringlings. Die T-Helferzellen aktivieren daraufhin Plasmazellen,
die spezifische Antikörper gegen die Erreger im Blut und im Gewebe bilden.
Sie sind so geformt, dass sie genau auf
die Antigene des Erregers passen, und
machen diesen so unschädlich. Diese

das Immunsystem
die Fresszelle
die unspezifische Abwehr
die spezifische Abwehr

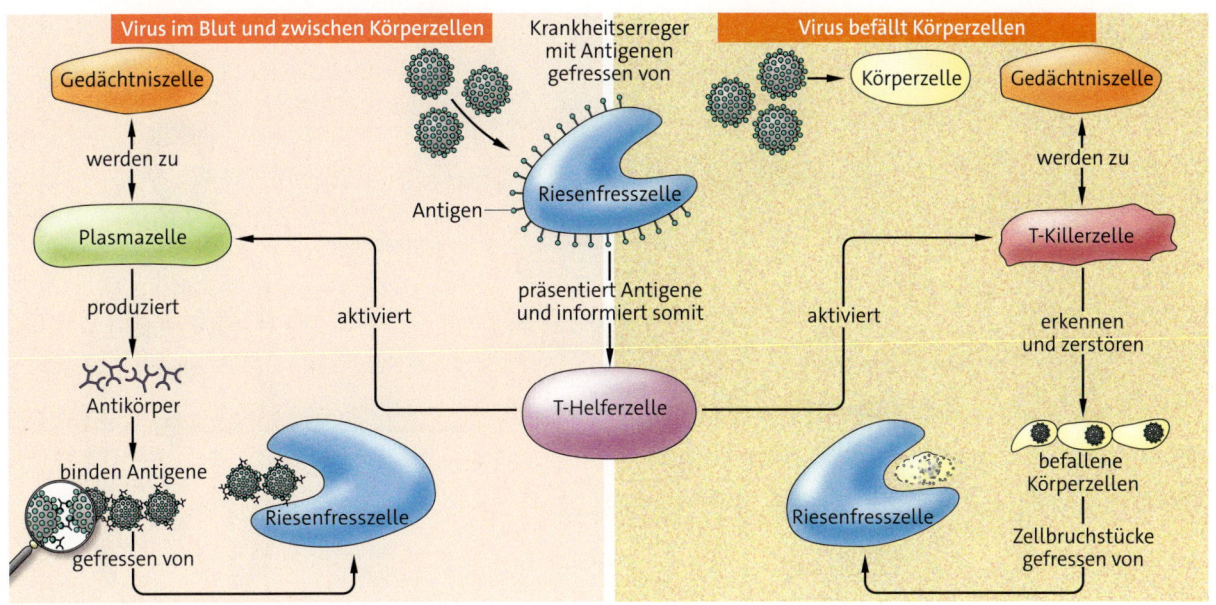

| Virus im Blut und zwischen Körperzellen | Krankheitserreger mit Antigenen gefressen von | Virus befällt Körperzellen |

3 Ablauf der spezifischen Immunabwehr

65 spezifische Reaktion von Antigen und Antikörper erfolgt nach dem Schlüssel-Schloss-Prinzip. Riesenfresszellen vernichten dann die verklumpten Erreger. Befallen Viren Körperzellen, aktivieren 70 die T-Helferzellen T-Killerzellen, die die befallenen Körperzellen erkennen und abtöten. Die zerstörten Körperzellen und Virusbausteine werden dann von den Riesenfresszellen beseitigt. Da die 75 aktivierten T-Killerzellen und die gebildeten Antikörper gezielt nur eine bestimmte Art von Krankheitserreger abwehren, bezeichnet man diese Art der Abwehr als spezifische Immunabwehr.

80 **Erreger bleiben im Gedächtnis** • Einige der aktivierten T-Killerzellen und Plasmazellen wandeln sich in Gedächtniszellen um. Diese speichern Informationen über die Eigenschaften des 85 bekannten Erregers, sodass bei einem

erneuten Befall mit dem gleichen Erreger sofort sehr viele passende Antikörper und T-Killerzellen gebildet werden können. Die Krankheit bricht in der 90 Regel nicht wieder aus. Man ist gegenüber dieser Krankheit unempfindlich und daher immun.

Bei der unspezifischen Abwehr werden Eindringlinge jeglicher Art von den Fresszellen bekämpft. Dagegen sind bei der spezifischen Abwehr verschiedene Zellen des Immunsystems beteiligt, die gezielt nur eine Art von Krankheitserregern bekämpfen.

Aufgabe

1 ◐ Erstelle eine Tabelle aller beteiligten Zellen der spezifischen Immunabwehr mit ihren jeweiligen Aufgaben.

Stark in der Abwehr – das Immunsystem

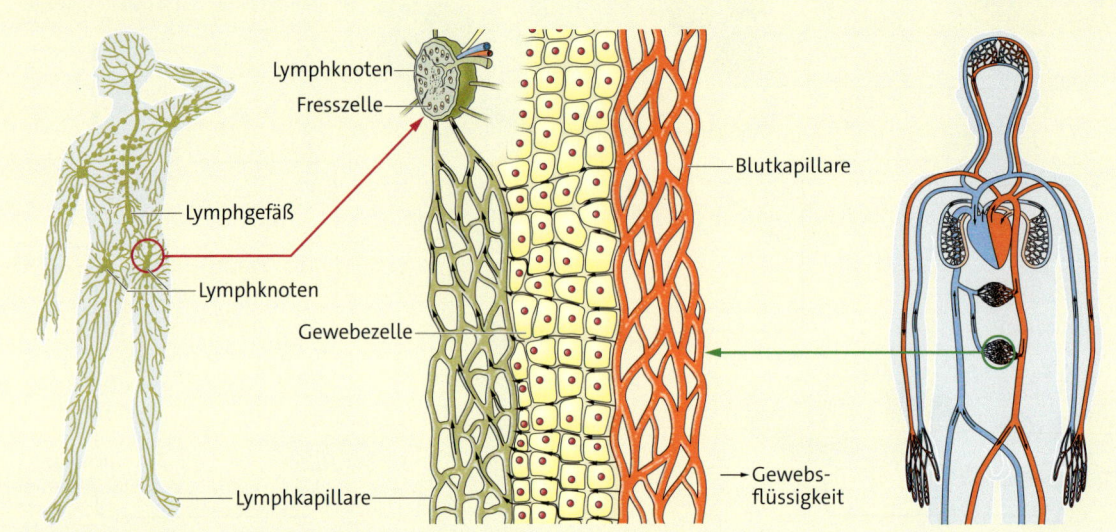

1 Lymphsystem und Blutgefäßsystem arbeiten zusammen.

Lymphsystem

Lymphsystem • Wie auch das Blutgefäßsystem durchzieht das Lymphsystem den gesamten Körper. → 1 An den Blutkapillaren gelangt ein Teil des Blutplasmas in das umliegende
5 Gewebe und durchtränkt dieses wie ein Schwamm. Das dient der Versorgung der Gewebszellen ebenso wie dem Abtransport von Stoffwechselprodukten. Diese sogenannte Gewebsflüssigkeit tritt in die Lymphkapillaren
10 ein. Dort vermischt sie sich mit Enzymen und Abbauprodukten der Eiweiß- und Fettverdauung und wird als Lymphe bezeichnet. Das Lymphgefäßsystem stellt auch einen wichtigen Teil der Immunabwehr dar. Außer
15 im Blut und im Gewebe findet man Fresszellen vor allem hier. Diese entfernen aus der Lymphe Giftstoffe, abgestorbene Zellen oder Krankheitserreger, indem sie diese abbauen. Entlang der größeren Lymphgefäße befinden

20 sich Lymphknoten, in denen sich besonders viele Fresszellen befinden. → 1 Bei einer Infektion sammeln sich vermehrt Zellen des Immunsystems in den Lymphknoten, die der Infektion am nächsten liegen. Dadurch
25 schwellen die Lymphknoten an und können schmerzen. Dies kann beispielsweise bei einer Mandelentzündung zu Schluckbeschwerden führen. Ärzte können die Schwellung der Lymphknoten durch Abtasten feststellen
30 und so auf eine Infektion schließen.

Aufgaben

1 ○ Nenne die Aufgaben des Lymphsystems.

2 ◓ Erkläre, wie Blutgefäß- und Lymphsystem zusammenarbeiten.

3 ● Erkläre die Funktion der Lymphknoten bei der Immunabwehr. → 1

Material A

Entzündungsreaktion

Wenn man sich zum Beispiel einen Holzsplitter einfängt, kann es richtig schmerzen. Man spricht von einer Entzündung. Was ist das genau?

1 ◐ Beschreibe den Ablauf einer Entzündungsreaktion in einem Fließschema. → 3

2 ◐ Begründe, ob die Entzündungsreaktion Teil der spezifischen oder unspezifischen Immunabwehr ist.

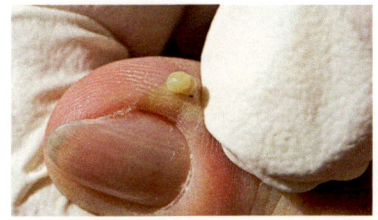

2 Eiter

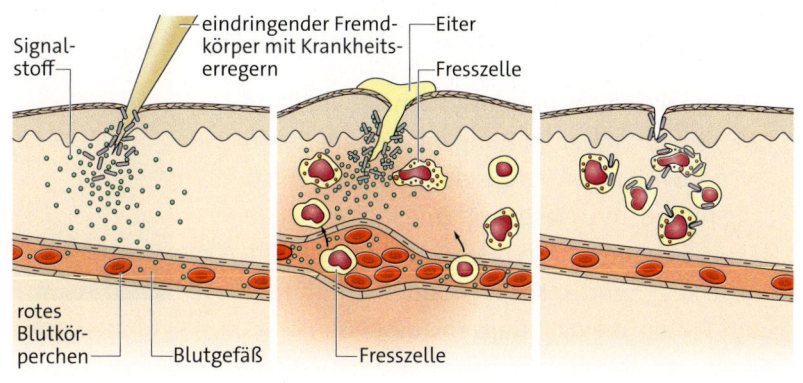

3 Entzündungsreaktion

Entzündungsreaktion Sie entsteht, wenn viele Krankheitserreger auf einmal in den Körper eindringen und auch Gewebe verletzt ist. Das Gewebe schwillt an, rötet sich und schmerzt. Dies entsteht dadurch, dass die verletzten Körperzellen Signalstoffe freisetzen. Dadurch werden Abwehrmechanismen des Körpers ausgelöst: Die Blutgefäße werden durchlässiger, so können die Fresszellen leichter ins geschädigte Gewebe gelangen. Die Fresszellen zerstören die eingedrungenen Krankheitserreger. Durch aufgenommene Giftstoffe sterben die Fresszellen ab. Körpereigene Zellen, Krankheitserreger und abgestorbene Fresszellen bilden zusammen eine gelbliche Flüssigkeit, den Eiter. → 2 Dieser wird nach außen abgegeben.

Material B

Spezifische Immunabwehr

1 ◐ Ordne den Ziffern des Pfeilschemas die passenden Zellen zu.

2 ◐ Erkläre mit dem Schlüssel-Schloss-Prinzip, weshalb man hier von der spezifischen Immunabwehr spricht.

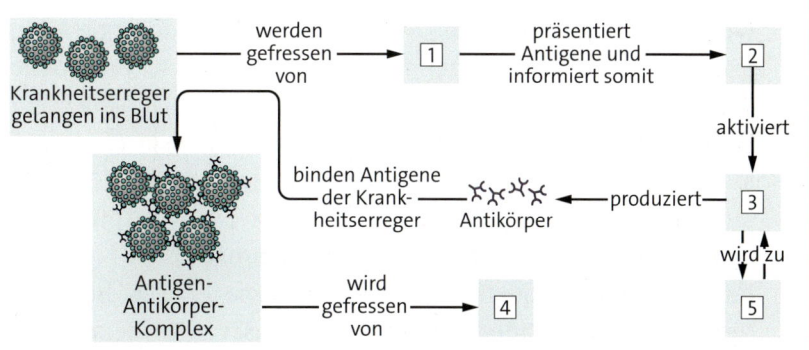

4 Spezifische Immunabwehr (Ausschnitt)

Stark in der Abwehr – das Immunsystem

Allergien

Überreaktion des Immunsystems • Für einige Menschen ist der Frühling mit unangenehmen Nebenwirkungen verbunden: Sie müssen ständig niesen, ihre Nase läuft und ihre Augen ju-
5 cken. Es handelt sich hierbei um eine allergische Reaktion. Ihr Körper reagiert empfindlich auf Pollen, die die Pflanzen aussenden. Der Kontakt mit Pollen ist ganz natürlich, da jeder Mensch die mikroskopisch kleinen Pollen mit
10 der Luft einatmet. Bei Menschen mit einer Allergie wird allerdings vom Körper eine Abwehrreaktion ausgelöst, da das Immunsystem den Pollen als gefährlichen Eindringling einstuft.

Stoffe lösen Allergien aus • Alle für den Körper
15 eigentlich harmlosen Stoffe, die bei manchen Menschen allergische Reaktionen auslösen, nennt man Allergene. Dazu zählen neben Pollen auch Tierhaare, verschiedene Lebensmittel oder auch Ausscheidungen von Milben, die zur
20 Hausstauballergie führen können.

Vorgänge im Körper • Beim ersten Kontakt mit einem Allergen stellt das Immunsystem passende Antikörper her. Diese haften sich auf eine bestimmte Form von weißen Blutzellen,
25 die Mastzellen. Diese erste Phase der allergischen Reaktion bezeichnet man auch als Sensibilisierung. Bei einem Zweitkontakt verbindet sich das Allergen mit den Antikörpern auf den Mastzellen, welche dann ein Hormon
30 ausschütten. Dieses löst typische allergische Reaktionen wie das Anschwellen der Schleimhäute, erhöhte Produktion von Schleim sowie Verengung von Luftröhre und Bronchien aus.

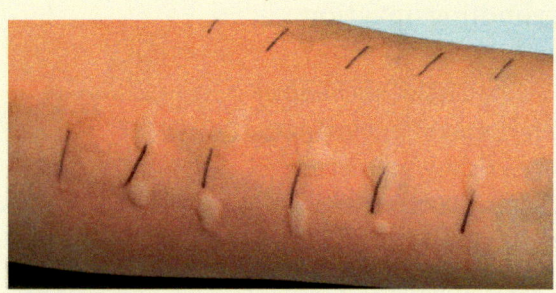

1 Allergietest

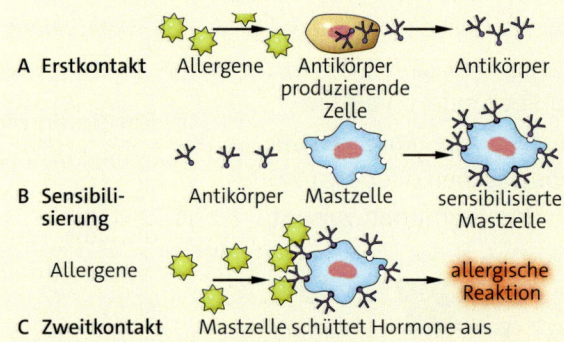

A Erstkontakt Allergene · Antikörper produzierende Zelle · Antikörper

B Sensibilisierung · Antikörper · Mastzelle · sensibilisierte Mastzelle

Allergene

C Zweitkontakt · Mastzelle schüttet Hormone aus · allergische Reaktion

2 Allergische Reaktion im Körper

Diagnose • Mit einem Allergietest findet man
35 heraus, ob und wie stark man auf verschiedene Stoffe reagiert. Ein Arzt tropft verschiedene Testsubstanzen mit unterschiedlichen Allergenen auf die Haut. Mit einer Nadel sticht er durch die Tropfen in die Haut. Durch eine Rö-
40 tung und Schwellung erkennt der Arzt das auslösende Allergen. Zur Milderung einer allergischen Reaktion können Medikamente helfen. Ohne Beschwerden leben Allergiker nur, wenn sie den Kontakt mit dem Allergen vermeiden.

Aufgabe

1 ◖ Beschreibe den Ablauf einer allergischen Reaktion mithilfe von Bild 2.

Autoimmunerkrankungen

Autoimmunerkrankungen • Das Immunsystem erkennt und bekämpft Fremdkörper und Krankheitserreger im Körper. Es gibt jedoch auch Krankheiten, bei denen das Immunsystem irr-
5 tümlicherweise körpereigene Zellen als Fremdkörper erkennt. Diese werden dann angegriffen, was zur Zerstörung ganzer Gewebe führen kann. Solche Krankheiten bezeichnet man als Autoimmunerkrankungen. Sie sind meist gene-
10 tisch veranlagt.

Multiple Sklerose • Bei dieser Krankheit zerstört das Immunsystem die Hüllzellen der Nervenzellen. ➔ 3 Dadurch kann der elektrische Impuls nur noch langsam weitergeleitet werden.
15 So kann es zu Muskelschwäche, Sprach- und Sehstörungen, Einschränkung der Wahrnehmung und Koordinationsproblemen kommen. Die Krankheit ist derzeit unheilbar, Medikamente mildern lediglich die Symptome.

20 **Morbus Crohn** • Bei dieser Erkrankung handelt es sich um eine dauerhafte Entzündung der Schleimhaut des Verdauungstrakts. Dabei greift das Immunsystem Teile vor allem von der Speiseröhre, und des Dünn- und Dickdarms
25 an. Meist leiden die Erkrankten unter lang anhaltenden Durchfällen, Bauchkrämpfen und Müdigkeit. Der Gewichtsverlust ist erheblich.

Diabetes Typ 1 • Bei Diabetes Typ 1 zerstört das Immunsystem die insulinproduzierenden
30 Zellen der Bauchspeicheldrüse. Dies führt zu einem zunehmenden Insulinmangel. Die Zellen können nur wenig Glukose aufnehmen.

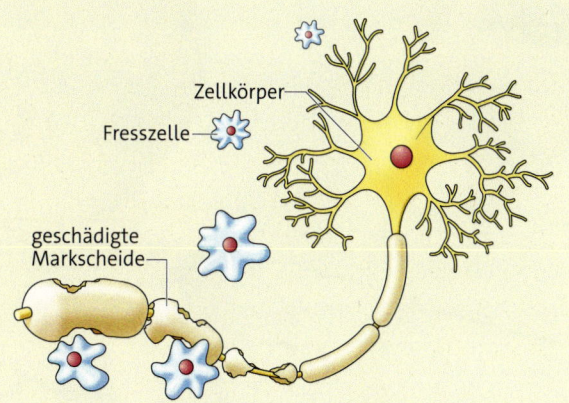

Zellkörper
Fresszelle
geschädigte Markscheide

3 Zerstörte Markscheiden bei der Multiplen Sklerose

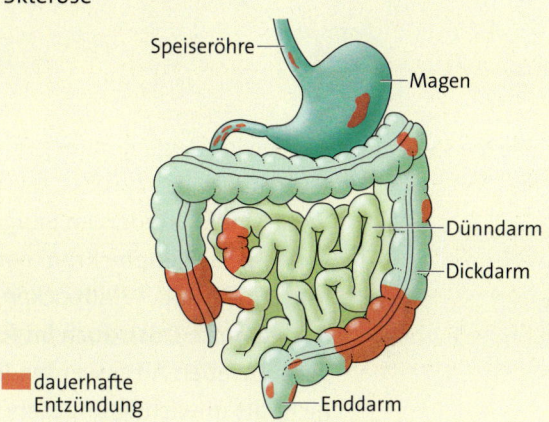

Speiseröhre
Magen
Dünndarm
Dickdarm
dauerhafte Entzündung
Enddarm

4 Entzündungen des Verdauungstrakts bei Morbus Crohn

Bei Autoimmunerkrankungen greift das Immunsystem körpereigene Zellen an.

Aufgaben

1 ○ Erkläre, was man unter einer Autoimmunerkrankung versteht.

2 ◐ Beschreibe mithilfe von Bild 3 die Auswirkungen von Multipler Sklerose.

Impfen kann Leben retten

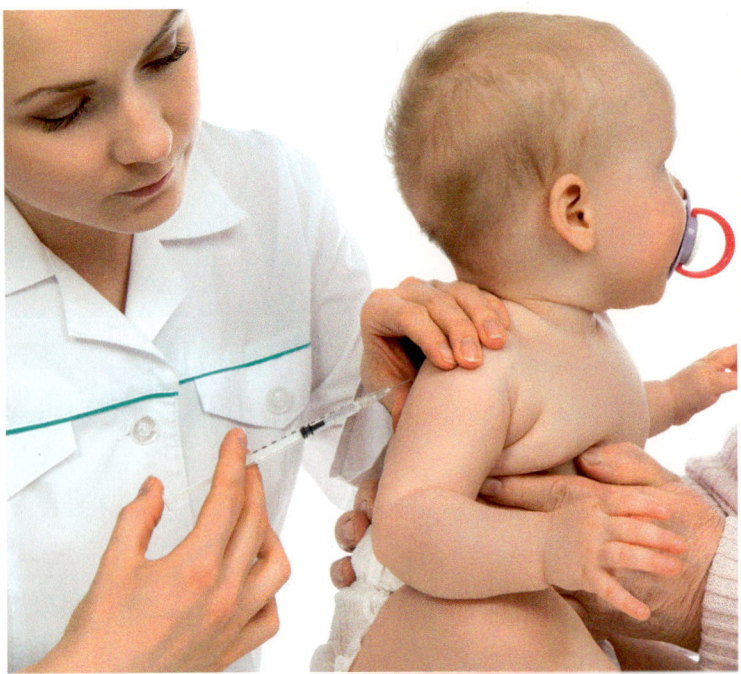

1 Die meisten Kinder werden im Säuglingsalter geimpft.

Viele Kinder werden im Säuglingsalter gegen verschiedene Krankheiten wie Masern, Röteln, Windpocken oder Tetanus geimpft. Doch auch im fort-
5 geschrittenen Alter werden Impfungen nicht als unwichtig angesehen. Jedes Jahr im Herbst rufen die Gesundheitsämter zur Grippeimpfung auf. Was passiert im Körper nach einer Impfung?

10 **Aktive Immunisierung** • Beim Impfen werden künstlich hergestellte oder abgeschwächte Erreger, manchmal auch künstlich hergestellte Antigene, ins Blut gespritzt. Diese Impfstoffe ver-
15 ursachen zwar keine Krankheit, lösen aber eine Abwehrreaktion im Körper aus. Dadurch werden zu dem Erreger passende Antikörper und dann auch Gedächtniszellen gebildet.

20 Gelangen nun „echte" Krankheitserreger, gegen die geimpft wurde, in den Körper des Menschen, kann der Körper schneller reagieren: Die gespeicherten Gedächtniszellen vermehren sich sehr
25 schnell und es können sofort passende Antikörper gebildet werden. Der Vermehrung der Erreger wird schnell entgegengewirkt und die Krankheit bricht meist gar nicht oder nur sehr schwach
30 aus. Die Gedächtniszellen werden nach einigen Jahren wieder abgebaut, sodass manche Impfungen nochmals wiederholt werden sollten. Da das Immunsystem des Menschen bei die-
35 ser Impfung selbst Antikörper bildet und den Erreger somit aktiv bekämpft, nennt man diese Art der Impfung aktive Immunisierung oder auch Schutzimpfung.

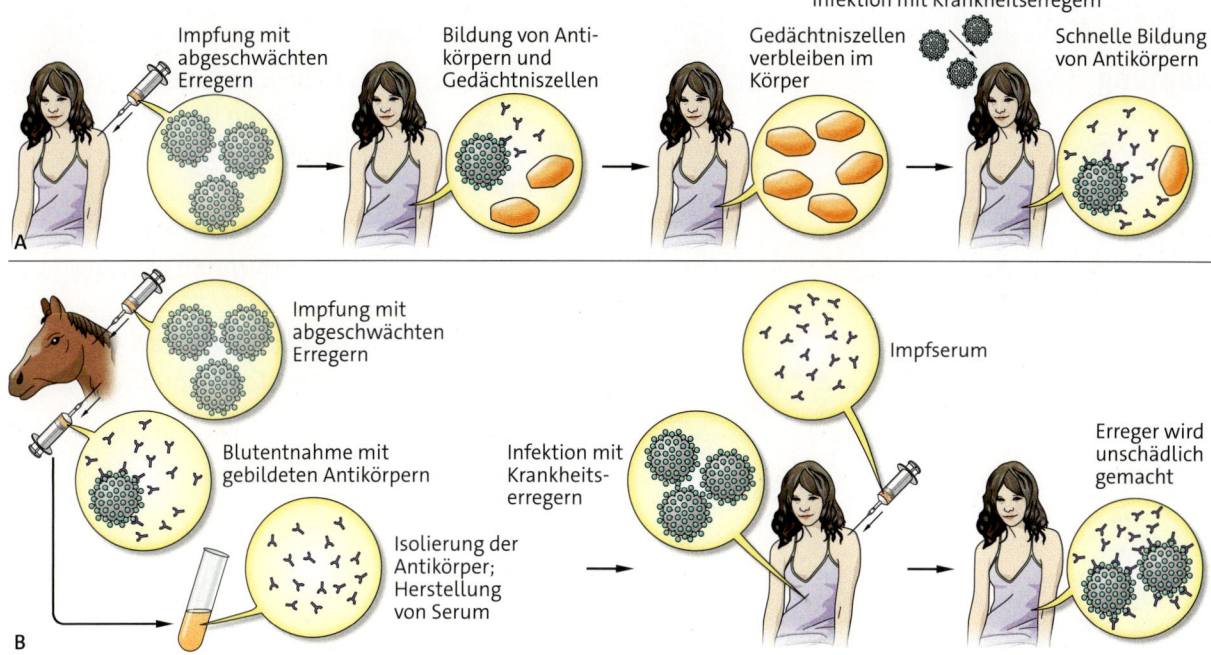

Infektion mit Krankheitserregern

Impfung mit abgeschwächten Erregern

Bildung von Antikörpern und Gedächtniszellen

Gedächtniszellen verbleiben im Körper

Schnelle Bildung von Antikörpern

A

Impfung mit abgeschwächten Erregern

Blutentnahme mit gebildeten Antikörpern

Isolierung der Antikörper; Herstellung von Serum

Infektion mit Krankheitserregern

Impfserum

Erreger wird unschädlich gemacht

B

2 **A** aktive Immunisierung, **B** passive Immunisierung

Passive Immunisierung • Schafft es der Körper nicht, die Krankheitserreger selbst zu bekämpfen, werden direkt die passenden Antikörper gespritzt. Diese bekämpfen unmittelbar den Krankheitserreger und tragen somit zur schnelleren Heilung bei. Man bezeichnet diese Art der Impfung als passive Immunisierung oder auch Heilimpfung. Die Antikörper werden gewonnen, indem man größeren Säugetieren abgeschwächte Erreger ins Blut spritzt. Daraufhin produzieren diese Antikörper. Die gebildeten Antikörper werden entnommen und zu einem Impfserum verarbeitet, das im Fall einer Erkrankung dem Patienten verabreicht wird. Da der Körper bei dieser Art von Impfung die Antikörper nicht selbst bildet, spricht man auch von passiver Immunisierung. Im Gegensatz zur aktiven Immunisierung besteht hier kein Langzeitschutz, da der Körper keine Gedächtniszellen bildet und speichert.

> Bei der aktiven Immunisierung bildet der Körper durch Spritzen abgeschwächter Erreger Gedächtniszellen, die bei einer erneuten Infektion schnell Antikörper bilden. Bei der passiven Immunisierung werden Antikörper gespritzt, die den Krankheitserreger direkt bekämpfen.

Aufgabe

1 🖎 Beschreibe den Vorgang der aktiven Immunisierung mithilfe von Bild 2.

Impfen kann Leben retten

Impfung

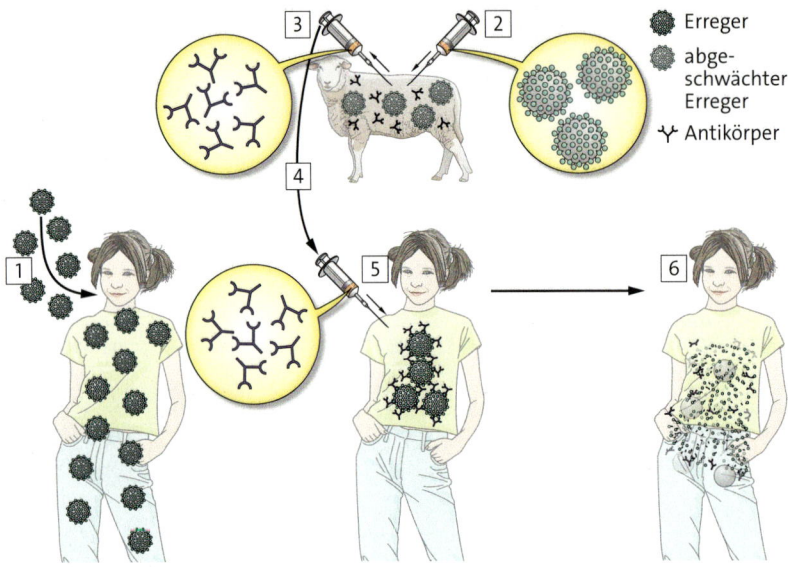

Erreger

abge-
schwächter
Erreger

Antikörper

1 Passive Immunisierung

1 ○ Beschreibe den im Bild 1 gezeigten Vorgang. Beginne mit der 1.

2 ◐ Erkläre die Vorteile dieser Art der Immunisierung.

3 ● Erkläre die Nachteile dieser Art von Immunisierung.

Historisches Experiment

2 Edward Jenner

Im Jahre 1798 wagte der englische Arzt Edward Jenner ein gefährliches Experiment. Er infizierte einen Jungen mit harmlosen Pockenviren. Wenige Wochen danach verabreichte er demselben Jungen die gefährlichen, echten Pockenviren. Diese waren wie die harmlosen Pockenviren artgleich aufgebaut. Was ist mit dem Jungen passiert? Der Junge war immun. Im Jahr 1798 veröffentlichte Jenner seine Ergebnisse und musste erleben, dass man ihn lächerlich zu machen versuchte. Seine Methode setzte sich dennoch durch.

3

1 ○ Nenne die Methode, die Edward Jenner „erfunden" hat.

2 ◐ Erkläre, weshalb der Junge durch die Infektion mit Pockenviren auch gegen die gefährlichen Pockenviren geschützt war.

Impfen – ja oder nein?

Spätestens seit dem Ausbruch der sogenannten Schweinegrippe im Jahr 2009 ist die Unsicherheit in der Bevölkerung groß: Soll man sich – und vor allem den Nachwuchs – gegen alles impfen lassen?

Hier sind einige Argumente der Impfbefürworter und Argumente der Impfgegner dargestellt.

1 ○ Ordne die abgebildeten Argumente den Impfbefürwortern und den Impfgegnern zu.

2 ◖ Erstelle ein Werbeplakat eines Medikamentenherstellers und ein Protestplakat eines Impfgegners über das Impfen.

Schutz Dritter Ein weiteres Argument greift bei der Rötelnimpfung: Für Kinder ist die Infektion an sich ungefährlich. Erkranken aber Schwangere, kann dies zu schweren Fehlbildungen des ungeborenen Kindes führen.

Nebenwirkungen (1) Ein Impfstoff soll die körpereigene Abwehr anregen. Oft kommt es zur Rötung und Schwellung der Einstichstelle. Auch allgemeine Krankheitszeichen wie Fieber oder Gelenkschmerzen können auftreten. Bei anfälligen Kindern kann das Fieber auch starke Fieberschübe auslösen. Solche Impfreaktionen beobachtet man bei jeder 30. Impfung. Es bleibt meist kein dauerhafter Schaden.

Ausbreitung verhindern Die meisten Seuchen sind bei uns zwar selten, aber noch nicht endgültig besiegt. Nur wenn weiterhin der größte Teil der Bevölkerung geimpft ist, kehren Kinderlähmung oder Diphtherie nicht zurück oder können sogar endgültig ausgerottet werden. Durch ungeimpfte Reisende können Krankheiten jederzeit wieder eingeschleppt werden.

Religion Manche Menschen lehnen Impfungen aus religiösen Gründen ab, da sie glauben, alles was ihnen widerfährt, sei Gottes Wille.

Schutz vor Krankheit Impfungen sollen vor Gefahren einer Krankheit schützen. Der Tetanus-Erreger kommt überall in unserer Umwelt vor. Durch Verletzungen kann der Erreger in den Körper eindringen. Tetanus kann zu lebensgefährlichen Lähmungen führen. Daher sollte man sich gegen Tetanus impfen lassen.

Geld Ein Impfstoff ist um vieles günstiger als die wochenlange Behandlung von schwer kranken Patienten.

Nebenwirkungen (2) In ganz seltenen Fällen haben Impfungen schwerste Nebenwirkungen, die dauerhafte Schäden oder Behinderungen verursachen können.

Impfkrankheit Wenn das Immunsystem des Geimpften geschwächt ist, zum Beispiel bei alten und kranken Menschen, kann eine sogenannte Impfkrankheit entstehen. Das bedeutet, dass genau die Krankheit, gegen die man den Körper schützen wollte, ausbricht. Meist verläuft diese Impfkrankheit vergleichsweise schwach. Das ist zum Beispiel nach einer Masernimpfung möglich, allerdings nur in 2 Prozent der Fälle, oft in einer leichten Form mit Fieber und abgeschwächtem Hautausschlag.

Infektionskrankheiten nehmen überhand

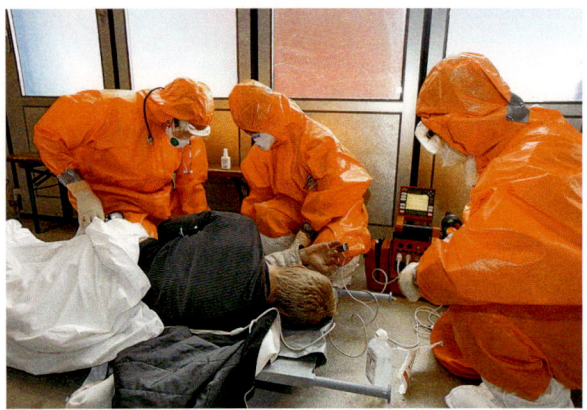

1 Behandelnde Ärzte in Schutzkleidung

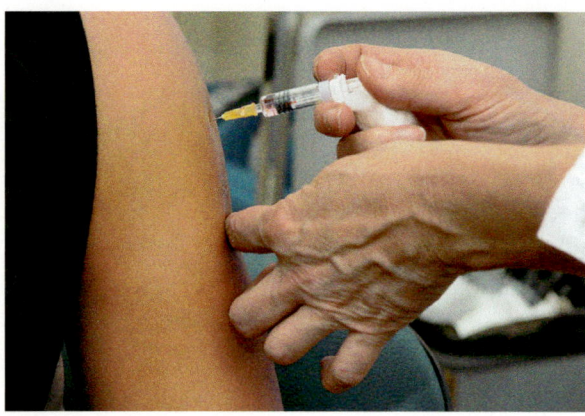

2 Impfen gegen Masern

Zu Beginn des Jahres 2015 breitete sich in Berlin eine Masern-Epidemie aus. Innerhalb von 10 Tagen wurden so viele neue Infektionen gemeldet wie im ge-
5 **samten Jahr 2014. Bis März hatten sich bereits über 800 Menschen mit Masern infiziert. Wie schafft es eine Infektionskrankheit, sich innerhalb kurzer Zeit so stark auszubreiten?**

10 **Epidemie** • Nimmt in einem bestimmten Zeitraum die Anzahl von Erkrankungsfällen einer Krankheit schlagartig zu, spricht man von einer Epidemie. Dabei ist das gehäufte Auftreten oft
15 örtlich begrenzt und betrifft meist nur ein Land oder auch nur eine Stadt. Neben der Masern-Epidemie zählen die Vogelgrippe in China 2013/14 und Ebola in Westafrika 2014 zu den
20 bekanntesten Epidemien der letzten Jahre.

Schnelle und effektive Ausbreitung • Epidemien entstehen meist, wenn ein neuer krank machender Erreger oder
25 eine neue Erregervariante auftritt, welche dem Immunsystem unbekannt ist. Im Fall der Masern geht man davon aus, dass der plötzliche Ausbruch durch die schon jahrelang anhaltende
30 Impfmüdigkeit verursacht wurde. Weiterhin gibt es Krankheitserreger, die sich sehr leicht und somit schnell durch Tröpfchen- oder Schmierinfektion ausbreiten. Eine Verbreitung von
35 Krankheitserregern und somit von Infektionskrankheiten über Grenzen hinaus ist auf die zunehmende Mobilität der Menschen zurückzuführen. Dabei breiten sich Erreger am schnellsten
40 über Reisen mit Bahn und Flugzeug aus. Man vermutet, dass so auch die Masernwelle nach Berlin kam.

> Unter Epidemien versteht man ein gehäuftes Auftreten von Erkrankungsfällen in einer Region.

Aufgabe

1 ○ Erkläre, welche Faktoren den Ausbruch einer Epidemie begünstigen.

Material A

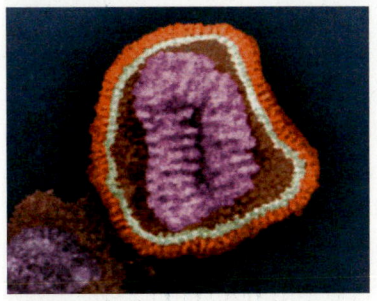

3 Influenzavirus (Elektronen-
mikroskopische Aufnahme)

Viren können sich verändern

Viren verändern häufig die
Antigene auf ihrer Oberfläche.
Bekannt dafür ist vor allem
das Grippe- oder Influenzavirus. Es kann sich jedes Jahr
verändern.

1 ◐ Betrachte Bild 4 und beschreibe, wie sich im Laufe
der Jahre das ursprüngliche
Influenzavirus verändert
hat.

2 ● Begründe, weshalb die
durch eine überstandene
Grippe erworbene Immuni-
tät nicht vor einer weiteren
Grippe im nächsten Jahr
schützt.

3 ● Erkläre, warum die Fähigkeit der Viren, sich zu verändern, die Ausbreitung von
Epidemien fördert.

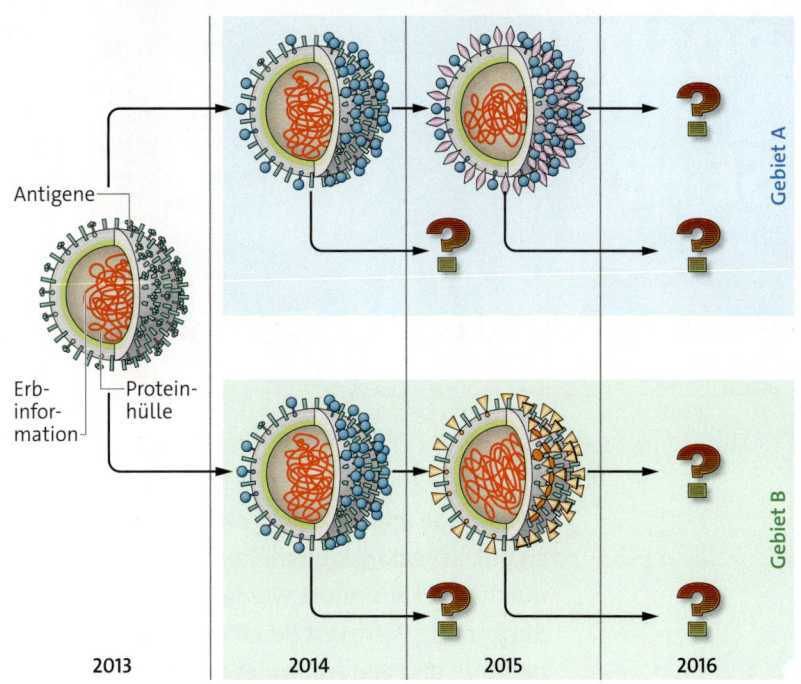

Antigene

Erb-
infor-
mation

Protein-
hülle

Gebiet A

Gebiet B

2013   2014   2015   2016

4 Veränderungen der Influenza-Viren

Influenza

Die Influenza oder Virusgrippe ist eine schwere Infektionskrankheit
der Schleimhäute der Atmungsorgane. Sie wird beim Menschen und
bei Tieren durch Influenzaviren ausgelöst. Die Infektion mit den Viren erfolgt meist über kleinste Flüssigkeitströpfchen, die beim Atmen,
Husten, Niesen oder Sprechen entstehen und in der Luft schweben.
Eine Influenzainfektion führt zu hohem Fieber, Kopf- und Gliederschmerzen und Schüttelfrost. Durch nachfolgende bakterielle Infektion kann es zu einer Lungenentzündung oder einer Hirnhautentzündung kommen. Vor allem ältere und geschwächte Menschen können
daran sterben. Eine Impfung im Vorfeld oder eine überstandene Influenza beugen auch einer erneuten Infektion nur unzureichend vor.
Die Antigene auf der Oberfläche der Influenzaviren ändern sich immer wieder. Die Vielfalt der einzelnen Viren ist sehr groß und ständig
in Veränderung. Deshalb hilft eine Impfung meist nicht. Jedes Jahr ist
eine neue Impfung notwendig.

5

HIV – Angriff auf das Immunsystem

1 Plakat zum Welt-Aids-Tag

Wie Grippe oder Masern gehört Aids zu den Infektionskrankheiten, die durch Viren ausgelöst werden. Sie forderte weltweit bereits 40 Millio-
5 **nen Tote und gehört immer noch zu den bedrohlichsten Krankheiten. Warum ist Aids so gefährlich?**

Aids und HIV • Die englische Abkürzung Aids kann mit „erworbene Im-
10 munschwäche-Beschwerden" übersetzt werden. Hierbei handelt es sich um eine Infektionskrankheit, bei der das Immunsystem geschädigt wird und so nicht mehr richtig funktioniert.
15 Erreger anderer Krankheiten können daher von dem geschädigten Immunsystem nicht mehr effektiv bekämpft werden. So haben Infektionen, die bei gesunden Menschen nach kurzer Zeit
20 auskuriert sind, bei Aids-Patienten schwerwiegende Folgen. Ausgelöst wird Aids durch das menschliche oder humane Immunschwächevirus, kurz HIV.

25 **Infektionswege** • Verschiedene Körperflüssigkeiten wie Blut, Sperma, Scheidenflüssigkeit und Muttermilch können bei infizierten Patienten das HI-Virus in großen Mengen enthalten.
30 Wenn diese infektiösen Körperflüssigkeiten mit Schleimhäuten oder kleineren Verletzungen von gesunden Menschen in Kontakt kommen, kann das HI-Virus übertragen werden. Speichel,
35 Tränen oder Urin enthalten dagegen nur sehr wenige HI-Viren, weshalb eine Übertragung über diese Körperflüssigkeiten unwahrscheinlich ist. Das Virus ist außerhalb des Körpers nur kurze
40 Zeit überlebensfähig und kann durch hygienische Maßnahmen zuverlässig unschädlich gemacht werden.

Angriff auf die T-Helferzellen • Wie alle Viren benötigt das HI-Virus für seine
45 Vermehrung Wirtszellen. Dafür benutzt das HI-Virus vor allem die T-Helferzellen des Immunsystems. Nach einem Befall mit einem HI-Virus wird die T-Helferzelle zerstört und es gelangen viele
50 neue HI-Viren in die Blutbahn. Mit der Dauer der Infektion steigt die Zahl der HI-Viren im Körper so immer weiter an, während die Anzahl der T-Helferzellen dagegen stetig abnimmt. Die immer
55 weniger werdenden T-Helferzellen können ihre Aufgabe im Immunsystem nicht mehr wahrnehmen. Deshalb werden bei einer Infektion mit einem anderen Krankheitserreger die Abwehr-
60 zellen des Immunsystems nicht mehr aktiviert. Das HI-Virus macht das Immunsystem also anfällig für alle möglichen Krankheitserreger.

Phasen einer HIV-Infektion • Eine Infektion mit dem HI-Virus verläuft in mehreren Phasen: Kurz nach der Ansteckung
treten häufig grippeähnliche Beschwerden wie Fieber, Durchfall, Müdigkeit
oder Kopfschmerzen auf, die nach zwei
bis drei Wochen wieder vollständig
verschwinden. In dieser sogenannten
akuten Phase vermehrt sich das HI-Virus
vorübergehend sehr stark. Die zweite
Phase, die verborgene Phase, verläuft
zunächst ohne Beschwerden und kann
sich über mehrere Jahre erstrecken. In
dieser Zeit schafft es das Immunsystem,
die Virusvermehrung so weit zu kon-
trollieren, dass keine Beschwerden auftreten. Die Anzahl der T-Helferzellen
sinkt nur langsam, aber stetig.

Aids-Phase • Die weitere Abnahme der
Anzahl an T-Helferzellen schwächt das
Immunsystem so stark, dass selbst
harmlose Krankheitserreger nicht mehr
bekämpft werden können. Die Symptome der akuten Phase treten zunächst
erneut auf. Damit beginnt die letzte
Phase einer HIV-Infektion, die Aids-
Phase. Durch das nun stark geschädigte
Immunsystem treten viele Krankheiten
auf. Neben lebensbedrohlichen Infektionen wie Lungenentzündungen und
verschiedenen Krebsarten kommt es
auch zu Nervenentzündungen und
Gehirnschädigungen. Letztlich verursachen diese Erkrankungen den Tod
des Patienten.

Behandlung • Mittlerweile gibt es zahlreiche Medikamente, die die Vermehrung der HI-Viren unterdrücken und so

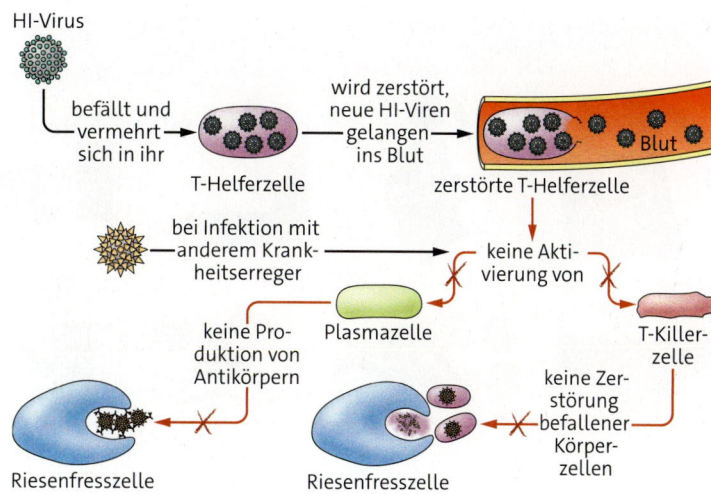

2 Wirkung des HI-Virus im Körper

das Immunsystem entlasten. Betroffene können Jahrzehnte mit HIV be-
schwerdefrei leben. Allerdings gelingt
es damit nicht, das Virus aus dem Körper zu entfernen. Eine HIV-Infektion ist
heute (Stand 2016) unheilbar.

> Aids ist eine unheilbare Krankheit,
> die durch HI-Viren verursacht wird.
> Diese befallen die T-Helferzellen,
> wodurch das Immunsystem stark
> geschwächt wird. Der Körper kann
> sich nicht mehr gegen andere
> Krankheitserreger wehren.

Aufgaben

1 ○ Erkläre die Begriffe HIV und Aids.

2 ◐ Begründe mithilfe von Bild 2,
warum sich HIV-Infizierte nicht so
gut gegen andere Krankheitserreger
wehren können und daher öfter
krank werden.

HIV – Angriff auf das Immunsystem

Material A

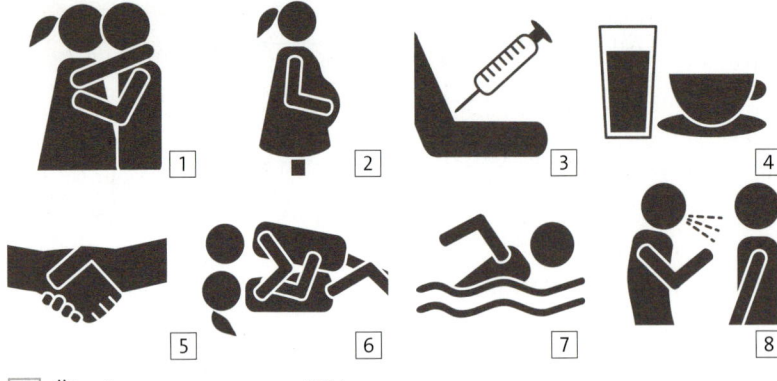

1 Übertragungswege von HIV

Übertragungswege von HIV

1 Erstelle eine Tabelle zu den Übertragungswegen von HIV. → 2

a ○ Nenne die dargestellten Situationen. → 1

b ◐ Begründe, ob man sich in den dargestellten Situationen mit HIV infizieren kann.

Nr.	Situation	Risiko	Begründung
1	Küssen	sehr gering	Die Anzahl an HI-Viren ist so gering, dass eine Infektion unwahrscheinlich ist.
2	...	...	...

2

Material B

HIV-Test

1 ○ Nenne den Bestandteil des Blutes, der mit dem HIV-Test nachgewiesen wird.

2 ◐ Erkläre mithilfe von Bild 3, wann ein HIV-Test positiv verläuft.

3 ● Begründe, warum man ein HIV-positives Ergebnis auch schon vor Ablauf der 12 Wochen erhalten könnte.

HIV-Test Der HIV-Antikörpertest stellt immer noch das gebräuchlichste Verfahren zum Nachweis einer HIV-Infektion dar. Nach einer Ansteckung mit HI-Viren bildet der Körper wie bei anderen Infektionen spezielle Antikörper, die genau auf die HI-Viren passen und diese unschädlich machen sollen. Dies kann bei verschiedenen Menschen unterschiedlich lange dauern, meist etwa 3 bis 12 Wochen. Das Testergebnis wird als „positiv" bezeichnet, wenn Antikörper im Blut nachgewiesen wurden. Durch eine mögliche Verzögerung in der Bildung von Antikörpern kann man von einem zuverlässigen HIV-negativen Testergebnis erst nach 12 Wochen sprechen. Man kann sich anonym bei Ärzten, der Aidshilfe oder Gesundheitsämtern auf HIV testen lassen.

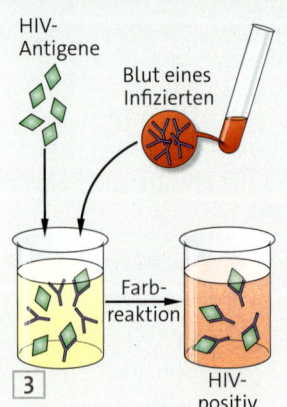

3

Material C

Verlauf einer HIV-Infektion

1 ◐ Beschreibe die beiden Diagramme. ➔ 4A 4B

2 ◐ Erkläre den Zusammenhang zwischen der Anzahl von T-Helferzellen und HI-Viren während der Phasen einer HIV-Infektion.

Bei einer HIV-Infektion werden die T-Helferzellen allmählich zerstört. Es findet dennoch eine Immunantwort statt. Es werden Antikörper gebildet, die die HI-Viren verklumpen. Jedoch kann dies die Vermehrung der HI-Viren nicht stoppen.

3 ◐ Begründe, weshalb die Krankheitserscheinungen in der Aids-Phase schwerwiegender sind als in der akuten Phase.

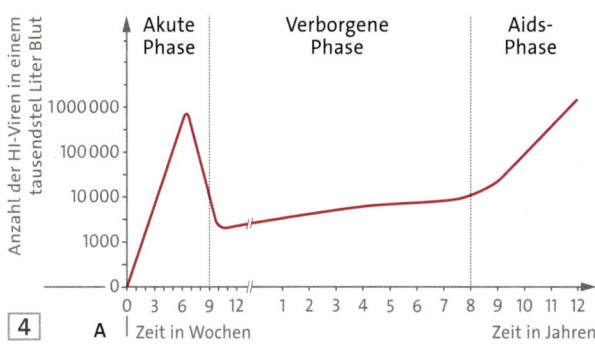

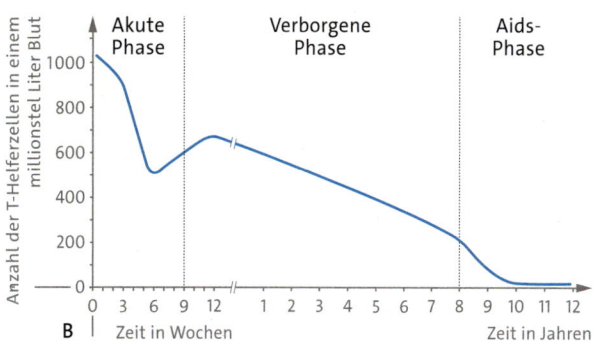

4 | A

Material D

Die Gesellschaft und HIV

1 ○ Notiere Alltagssituationen, in denen HIV-Infizierte Vorurteilen und Zurückhaltung anderer Menschen begegnen.

2 ◐ Überlege, woher diese Vorurteile kommen könnten.

3 ◐ Überlege, wie man die Gesellschaft besser über HIV und Aids aufklären könnte.

„Obwohl ich dachte, dass sich die meisten Menschen ein bisschen mit HIV und Aids auskennen, bekam ich nach meinem Outing trotzdem täglich zu spüren, dass mich die Menschen anders sahen als vorher. Auch meine Freunde entfernten sich von mir und fragten mich nicht mehr, ob ich mit ins Schwimmbad oder ins Kino kommen will. Von anderen erfuhr ich, dass sie Angst hatten, sich anzustecken. Meine Familie dagegen brach eher in Panik aus. Alle dachten, ich würde schon bald sterben. Ich zog mich immer mehr zurück und irgendwann glaubte ich selbst daran, dass ich für andere eine Gefahr darstellte. Als meiner Mutter bewusst wurde, wie sehr mich das alles belastet, ließ sie sich in den verschiedensten Einrichtungen über HIV und Aids informieren und las viel darüber. Sie trommelte den Rest der Familie und meine Freunde zusammen und versuchte sie aufzuklären und ihnen die Angst zu nehmen. Seitdem ist es wieder besser geworden. Meinen Freunden konnte ich verzeihen, weil ich denke, dass die meisten Menschen, auch wahrscheinlich ich, erst mal so reagieren."

Norbert, 23 Jahre, vor 5 Jahren mit HIV infiziert

Krankheitserreger erkennen und abwehren

Zusammenfassung

Infektionskrankheiten • Sie werden durch viele unterschiedliche Krankheitserreger verursacht. Ein grippaler Infekt verläuft in vier Phasen: Das Eindringen der Krankheitserreger in den Körper wird als Ansteckung oder Infektion bezeichnet. In der darauffolgenden Inkubationszeit vermehren sie sich, ohne Krankheitserscheinungen, die Symptome, auszulösen. Mit dem Ausbruch der Krankheit treten typische Symptome wie Husten oder Schnupfen auf, bis es schließlich zur Gesundung des Körpers kommt.

1 | Niesende Frau

Bakterien, Viren und Parasiten • Bakterien sind winzig kleine einzellige Lebewesen. Oft sind sie nur einen tausendstel Millimeter groß. Sie vermehren sich durch Zellteilung und spielen eine wichtige Rolle als Zersetzer von organischem Material oder beim Verdauungsvorgang des Menschen. Als Krankheitserreger sind sie jedoch auch für eine Vielzahl von Krankheiten verantwortlich.

Viren sind noch kleiner als Bakterien. Sie bestehen aus einer Proteinhülle, die die Erbinformation umschließt. Sie betreiben keinen Stoffwechsel und können sich nicht eigenständig vermehren, sie sind deshalb keine Lebewesen. Für ihre Vermehrung sind sie auf Wirtszellen angewiesen, die dabei geschädigt werden. Parasiten sind Lebewesen, die sich von einem anderen Lebewesen, einem Wirt, ernähren. Zu den Parasiten zählen Lebewesen wie Läuse, Zecken, Bandwürmer, aber auch bestimmte Einzeller. Meist schädigen sie ihren Wirt und können Krankheiten verursachen.

Immunsystem • Das Immunsystem schützt uns vor Krankheitserregern und sorgt dafür, dass wir nach einer Erkrankung wieder gesund werden. Bei der unspezifischen Immunabwehr bekämpfen Fresszellen jegliche Art von Eindringlingen. Wesentlich effektiver ist aber die spezifische Immunabwehr. Durch das Zusammenspiel spezialisierter Zellen werden Krankheitserreger gezielt bekämpft. Durch die Bildung von Gedächtniszellen kann bei einer erneuten Infektion die Immunabwehr schneller ablaufen. Durch eine Impfung kann man sich vor Krankheiten schützen. Bei der aktiven Immunisierung werden abgeschwächte Erreger gespritzt, die zur Bildung von Gedächtniszellen führen. Die passive Immunisierung wird bei bereits erkrankten Menschen eingesetzt. Es werden passende Antikörper gespritzt, die die Krankheitserreger bekämpfen.

Aids • Diese Krankheit wird durch HI-Viren verursacht. Sie befallen die T-Helferzellen, wodurch die körpereigene Abwehr zunächst geschwächt und schließlich zerstört wird.

Infektionskrankheiten

1 ○ Beschreibe, wie sich der Körper gegen das Eindringen von Krankheitserregern schützt.

2 ○ Nenne die vier Phasen einer Infektionskrankheit.

3 ◖ Zeichne ein einfaches Schema, wie sich die Körpertemperatur im Verlauf eines grippalen Infekts verändert.

4 ◖ Erkläre, was man unter Tröpfcheninfektion versteht.

Bakterien, Viren und Parasiten

5 In Bild 2 ist eine Salmonelle dargestellt, die sich gerade teilt.
a ○ Ordne die Salmonelle einer der folgenden Bakterienformen zu: Kugelbakterien, Stäbchenbakterien, Vibrionen oder Spirochäten.
b ◖ Beschreibe Möglichkeiten, wie Antibiotika auf ein Bakterium wirken können.

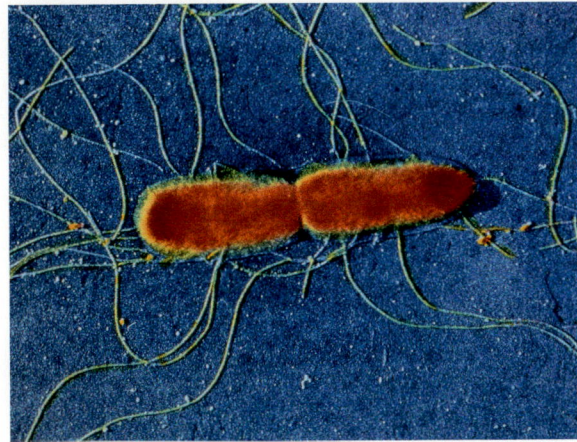

2 | Salmonelle

6 ◖ Erkläre, warum Viren auf eine Wirtszelle angewiesen sind.

7 ○ Nenne Beispiele für Parasiten des Menschen.

8 ◖ Beschreibe Möglichkeiten, sich vor Parasiten zu schützen.

Das Immunsystem

9 ◖ Beschreibe die Vorgänge bei der unspezifischen Immunabwehr.

10 ◖ Nenne die Aufgaben folgender Zellen bei der spezifischen Immunabwehr: T-Helferzelle, Riesenfresszelle, Gedächtniszelle, T-Killerzelle.

11 ● Erkläre, wie es zur Bildung von Gedächtniszellen kommt.

12 ● Erläutere das Schlüssel-Schloss-Prinzip am Beispiel der spezifischen Immunabwehr.

13 ● Begründe, warum man die aktive Immunisierung als Schutzimpfung und die passive Immunisierung als Heilimpfung bezeichnet.

14 Auf vielen Plakaten wird für den Gebrauch von Kondomen geworben, um sich vor HIV zu schützen.
a ◖ Nenne die 3 Phasen einer HIV-Infektion und beschreibe sie kurz.
b ● Erkläre, ab wann man vom Krankheitsbild Aids spricht.

Individualität und Entwicklung

Kinder sehen den Eltern oft sehr ähnlich, sind aber dennoch verschieden. Wie ist das zu erklären?

Grüne, blaue oder auch braune Augen. Die Augenfarbe ist ein Merkmal, das bei jedem Menschen unterschiedlich ist. Wie lassen sich unterschiedliche Augenfarben genetisch erklären?

Ein weißes und ein graues Eichhörnchen. Das weiße Eichhörnchen ist ein Albino. Wie entsteht Albinismus?

Zellkern und Vererbung

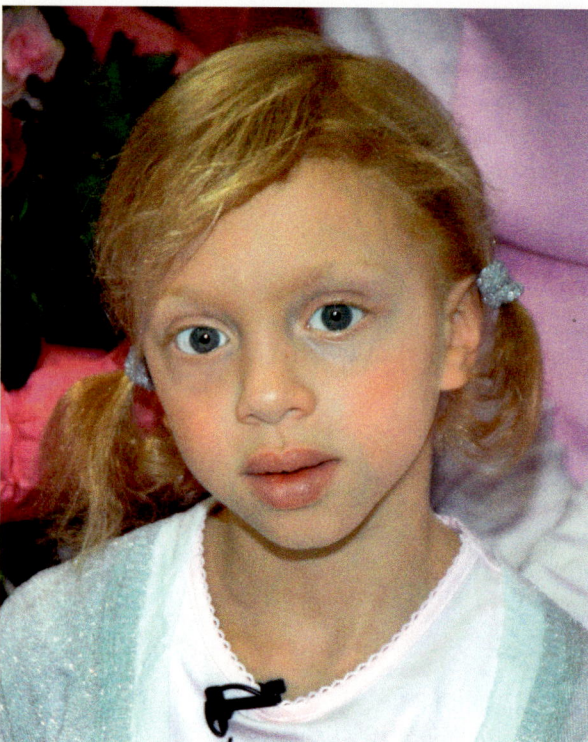

1 Boris Becker und seine Tochter – ähnlich und doch verschieden

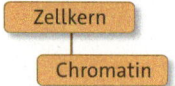

Kinder sehen ihren Eltern oft sehr ähnlich. Auch zwischen Geschwistern gibt es Ähnlichkeiten. Wie kommt es dazu, dass Familienmitglieder sich
5 **ähneln und doch verschieden sind?**

Der Zellkern • Der Zellkern ist die Steuerzentrale der Zelle. Er enthält die Erbinformation in der DNA. Diese liegt in langen Fäden, den
10 Chromatinfäden, vor. Diese Fäden liegen ungeordnet im Zellkern.

Was wird vererbt? • Beim Menschen werden zum Beispiel Anlagen für die Merkmale Gesichtsform oder Augen-
15 farbe vererbt. Diese Merkmale bleiben das ganze Leben gleich. Andere Merk-

male wie die Haarfarbe können sich durch die Umwelt verändern. Sie werden durch ein Zusammenspiel von ver-
20 erbten Anlagen und Umweltfaktoren bedingt. Umweltbedingt sind auch Narben, die beispielsweise durch einen Unfall erworben wurden, oder die Fähigkeit, Ski oder Fahrrad fahren zu
25 können. Umweltbedingte Merkmals-änderungen werden nicht vererbt.

Neukombination der Anlagen • Bei der geschlechtlichen Fortpflanzung ver-schmilzt eine Spermienzelle mit einer
30 Eizelle. Aus der befruchteten Eizelle, der Zygote, entsteht dann durch viele Zellteilungen schließlich das Kind. Das Kind bekommt dabei Erbinformationen

vom Vater und von der Mutter. Die Anlagen der Eltern werden dabei neu kombiniert. Das erfolgt bei jeder Befruchtung anders. Deswegen sind sich Eltern, Kinder und Geschwister untereinander zwar ähnlich, aber doch verschieden.

Die Erbinformation • Die Anlagen für alle Merkmale befinden sich im Zellkern. → 2 3 Im Lichtmikroskop ist er gut zu erkennen. Der Zellkern ist die Steuerzentrale der Zelle. Er enthält lange Chromatinfäden, die durcheinander liegen. → 3A 3C Vor der Zellteilung formieren sich die Chromatinfäden zu geordneten Strukturen, den Chromosomen. Diese sind gut im Lichtmikroskop erkennbar. → 3B 3D Die Chromosomen sind die Träger der Anlagen und somit der Erbinformation.

> Alle Lebewesen vererben Anlagen an ihre Nachkommen. Dabei werden die Anlagen zur Merkmalsausprägung von Mutter und Vater neu zusammengestellt. Die Anlagen befinden sich im Zellkern.

Aufgaben

1 ○ Beschreibe den Unterschied zwischen Anlage und Merkmal.

2 ◓ Erläutere das Sprichwort „Der Apfel fällt nicht weit vom Stamm".

3 ◓ Erkläre, wie die Anlagen bei der geschlechtlichen Fortpflanzung neu kombiniert werden.

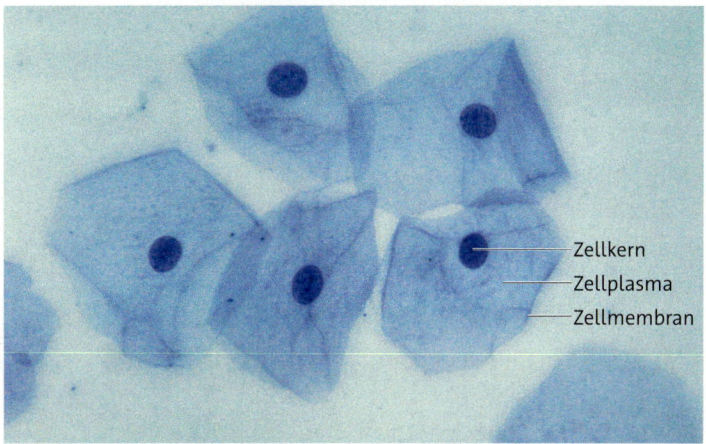

2 Zellen der menschlichen Mundschleimhaut

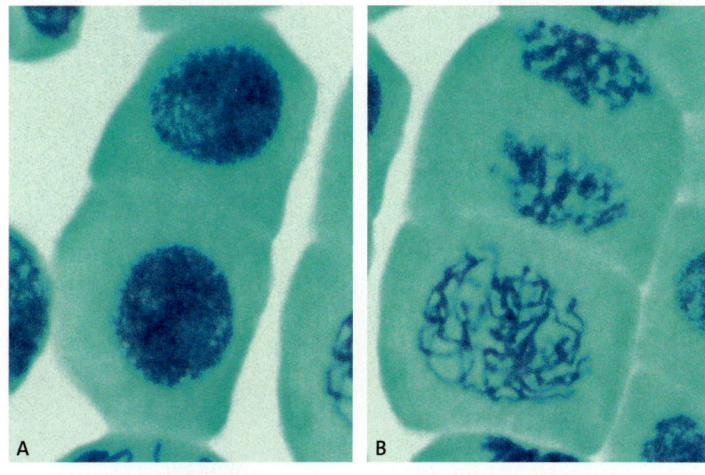

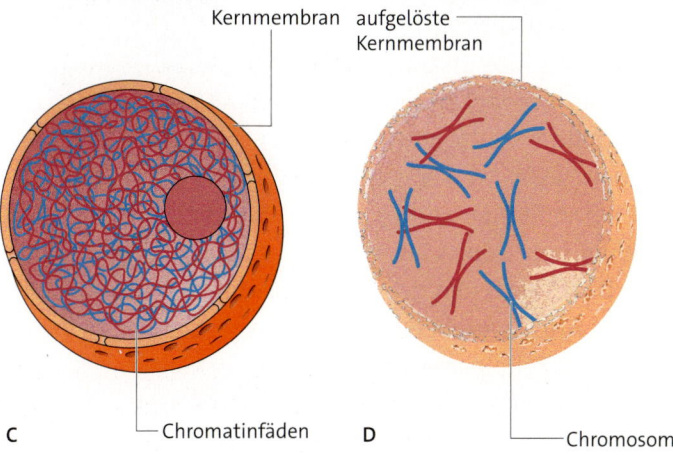

3 Zellkern mit Chromatin (A, C) und mit Chromosomen (B, D)

Zellkern und Vererbung

Weitergabe der Erbinformation

Kinder tragen Anlagen beider Eltern. Wie ist das möglich?

1 ○ Beschreibe den dargestellten Vorgang. Benutze die Begriffe: Spermienzelle, Eizelle, Befruchtung, Erbinformation beider Eltern, Zygote, Zellteilungen, Mensch.

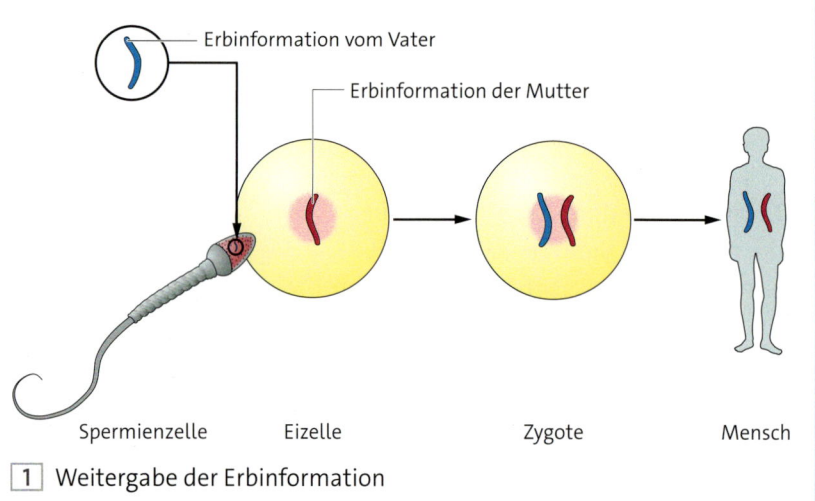

Erbinformation vom Vater

Erbinformation der Mutter

Spermienzelle   Eizelle   Zygote   Mensch

1 Weitergabe der Erbinformation

Der Zellkern – die Steuerzentrale der Zelle

Bei der mikroskopischen Untersuchung von Zellen ist der Zellkern am auffälligsten. → 2 Seinen Aufbau kann man in der Schemazeichnung erkennen. → 3 Der wichtigste Bestandteil ist das Chromatin. Es befindet sich im Kernplasma und enthält die Anlagen zur Ausprägung von Merkmalen. In der Kernhülle, der Kernmembran, befinden sich Kernporen. Durch sie findet der Stoffaustausch zwischen Kernplasma und Zellplasma statt. Das Kernkörperchen ist an der Produktion von Ribosomen beteiligt.

1 ○ Schreibe die Zahlen 1–3 in dein Heft. Benenne sie mit den richtigen Fachbegriffen. → 2

2 ◐ Schreibe die Zahlen 4–8 in dein Heft. Benenne sie mit den richtigen Fachbegriffen. → 3

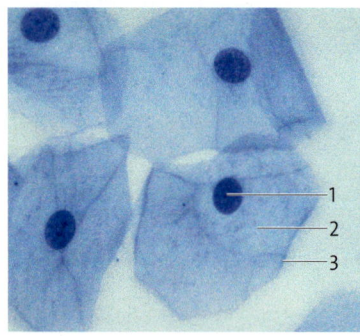

2 Die Mundschleimhautzelle (Lichtmikroskopaufnahme)

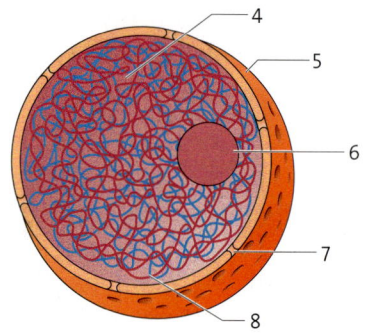

3 Schemazeichnung des Zellkerns

Bedeutung des Zellkerns

1 ○ Beschreibe schrittweise den Versuch von Hämmerling.

2 ◖ Vervollständige Bild 5 in deinem Heft mithilfe deiner Kenntnisse.

3 ◖ Erkläre die Ergebnisse des Versuchs.

Die Schirmalge ist eine Grünalge. Sie kann bis zu 10 cm groß werden. Die Pflanze besteht nur aus einer einzigen Zelle. Man erkennt drei unterschiedliche Abschnitte: den Fuß, den Stiel und den Schirm. Bereits vor über 70 Jahren führte der Biologe Hämmerling Experimente zur Bedeutung des Zellkerns mit diesen Algen durch. Er wählte diese Algen aus, da man bestimmte Teile von der Alge abtrennen konnte und diese dann vollständig nachwuchsen. Für seine Versuche arbeitete Hämmerling mit zwei unterschiedlichen Arten, die sich im Aussehen des Hutes voneinander unterschieden. Er schnitt von beiden Arten den Fuß mit dem dort befindlichen Zellkern ab. Danach nahm er eine Pipette und saugte vorsichtig die Zellkerne aus den Füßen heraus. Dann gab er vorsichtig mit der Pipette den Zellkern der einen Art in den Fuß der anderen Art. So vertauschte er beide Kerne. Jetzt musste er nur noch warten und beobachten, wie die Algen die abgeschnittenen Stiele und Hüte nachwachsen ließen.

4 Schirmalgen

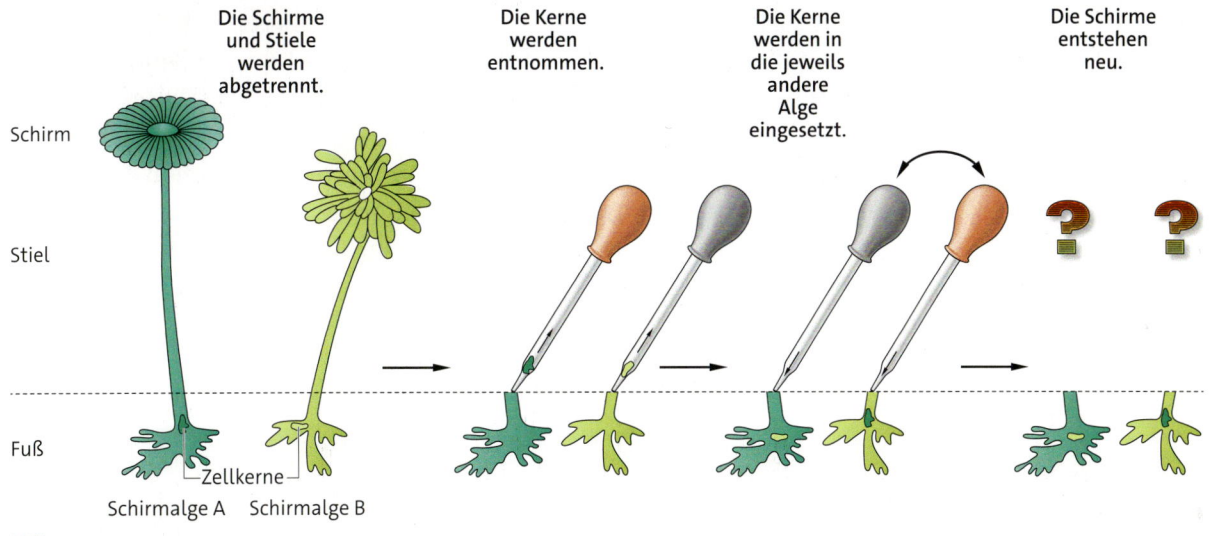

5 Der Versuch von Hämmerling

Chromosomen

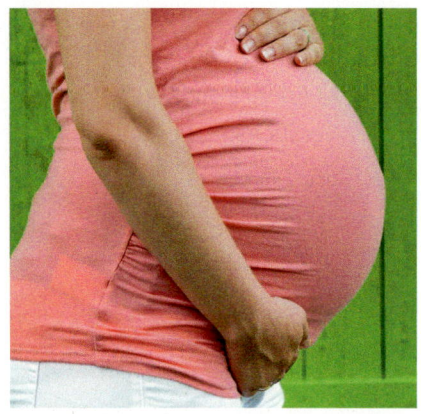

1 Ein Babybauch

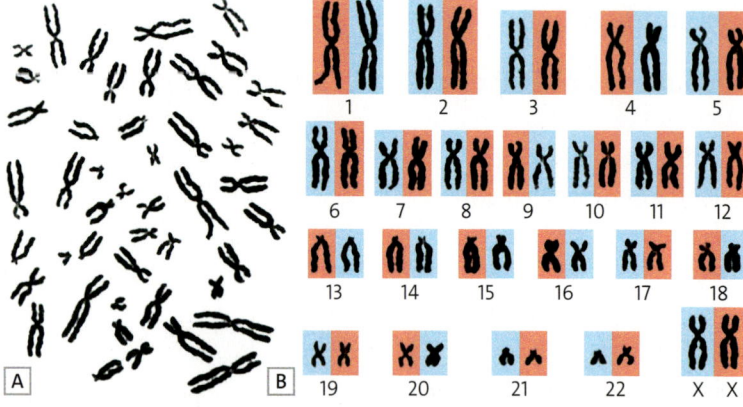

A B 19 20 21 22 X X

2 Karyogramm, **A** ungeordnet, **B** geordnet

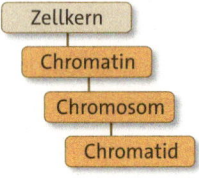

Zellkern
Chromatin
Chromosom
Chromatid

Betrachtet man einen Zellkern, so zeichnen sich zu bestimmten Phasen Strukturen ab. Was sind das für Strukturen und woraus bestehen sie?

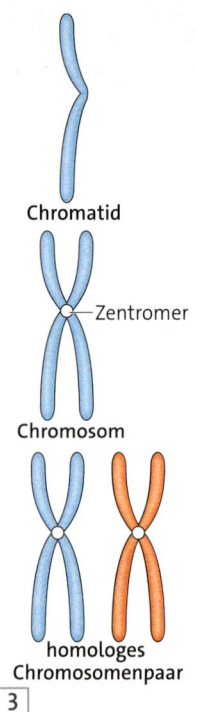

Chromatid

Zentromer

Chromosom

homologes
Chromosomenpaar

3

5 **Chromosomen** • Nur kurz vor der Zellteilung verdichten sich die wirren Chromatinfäden zu geordneten Strukturen, den Chromosomen. Ein Chromatinfaden verdichtet sich dabei zu einem
10 Chromatid. Zwei identische Chromatiden bilden zusammen ein Chromosom.
→ 3 Damit die Chromatiden nicht auseinanderdriften, sind sie am Zentromer miteinander verbunden.

15 **Chromosomenpaare** • In jeder Körperzelle liegt von jedem Chromosom ein Partner vor. Zusammen bilden sie ein homologes Chromosomenpaar. Ein Chromosom kommt vom Vater, das an-
20 dere von der Mutter. Die Struktur der Chromosomen ist gleich. Ihre Informationen für die Ausprägung von einem Merkmal stehen an der gleichen Stelle. Die Erbinformation der homologen
25 Chromosomen kann aber verschieden

sein. Nur ein Chromosomenpaar kann sich unterscheiden: die Gonosomen. Diese legen das Geschlecht fest. Ein Mädchen hat zwei X-Chromosomen, ein
30 Junge hat ein X- und ein Y-Chromosom. Alle anderen Chromosomen heißen Autosomen.

Karyogramm • Ein Mensch hat 46 Chromosomen, also 23 Chromosomenpaare.
35 Um sich einen besseren Überblick zu verschaffen, kann man die Chromosomen ordnen. Dabei sind Chromosomengröße und die Lage des Zentromers wichtig. → 2

Chromosomen bestehen aus zwei
identischen Chromatiden, die wiederum aus einem Chromatinfaden
bestehen. Chromosomen liegen als
Paar in jeder Körperzelle vor.

Aufgabe

1 ○ Erkläre den Begriff homologes Chromosomenpaar.

Material A

Karyogramme

Die Bilder 4 und 5 zeigen Karyogramme von zwei verschiedenen Personen.

1 ○ Erkläre jeweils begründet, ob es sich um das Karyogramm eines Mannes oder einer Frau handelt.

2 ◑ Erkläre, nach welchen Kriterien die Chromosomen geordnet wurden.

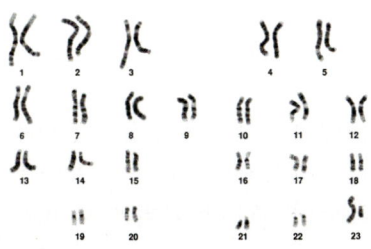

4

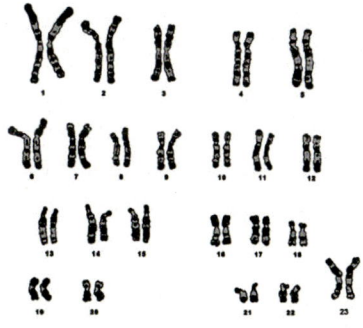

5

Material B

Chromosomen

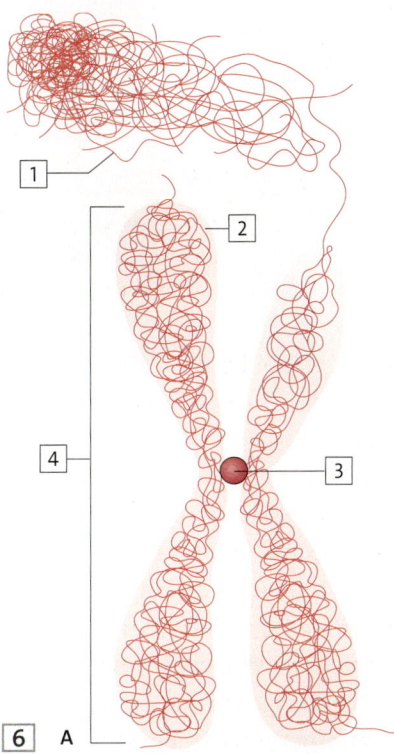

6 **A**

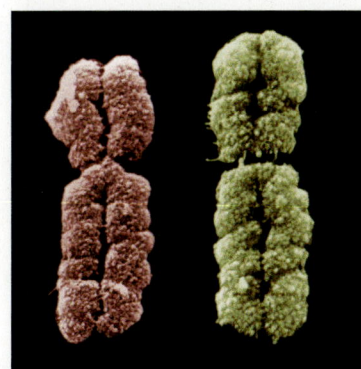

B Autosomen

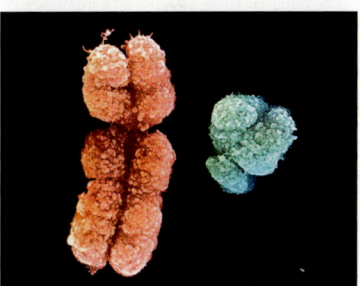

C Gonosomen: X- und Y-Chromosom

1 ○ Benenne die in Bild 6 mit Ziffern dargestellten Strukturen.

Materialliste: Pfeifenputzer, Druckknopf, Bleistift

2 ○ Baue mithilfe von Pfeifenputzern und einem Druckknopf ein Chromosomenmodell. Wickle die Pfeifenputzer um einen Bleistift. So kannst du die Verdichtung des Chromatins verdeutlichen.

3 ◑ Erläutere, warum es von deinem Chromosom noch ein weiteres, homologes geben muss.

4 ● Vermute, warum sich das Chromatin zu Chromosomen verdichtet.

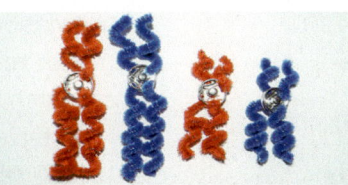

7 Chromosomenmodell

Mitose und Zellteilung

1 Wachstum eines Menschen

Ein Mensch entwickelt sich aus einer einzigen Zelle. Damit aus dieser ein Mensch mit etwa 100 Billionen Zellen werden kann, müssen sich die Zellen 5 **fortgesetzt vermehren. Wie wird dabei sichergestellt, dass in jeder Zelle die identische Erbinformation vorliegt?**

Kernteilung • Bei der Teilung einer Zelle wird zunächst der Zellkern geteilt. Der 10 Zellkern enthält alle wichtigen Informationen für die Lebensvorgänge des Menschen. → 2A In jede neu entstehende Zelle muss die vollständige Erbinformation weitergegeben werden. 15 Dafür müssen zwei Bedingungen erfüllt sein: Zum einen muss die Erbinformation vor der Teilung kopiert und damit verdoppelt werden, und zum anderen muss die Verteilung auf die 20 Tochterzellen gleichmäßig erfolgen. Die Verteilung auf die Tochterzellen geschieht in vier Phasen.

Prophase • Vor Beginn der Kernteilung, erkennt man im Zellkern keine Chromo- 25 somen. Erst in der Prophase verdichten sich die Chromatinfäden zu Chromosomen. Die beiden Chromatiden eines Chromosoms tragen die identische Erbinformation. Die Kernmembran und das 30 Kernkörperchen lösen sich auf. → 2B

Metaphase • Mithilfe von Spindelfasern werden die Chromosomen nebeneinander in der Mitte der Zelle angeordnet. → 2C

35 **Anaphase** • Die Chromosomen trennen sich in die zwei identischen Chromatiden. Diese werden durch die Verkürzung der Spindelfasern zu den entgegengesetzten Zellpolen gezogen. Am Ende der 40 Anaphase befindet sich die vollständige Erbinformation an beiden Zellpolen, da die beiden Chromatiden eines Chromosoms identisch sind. → 2D

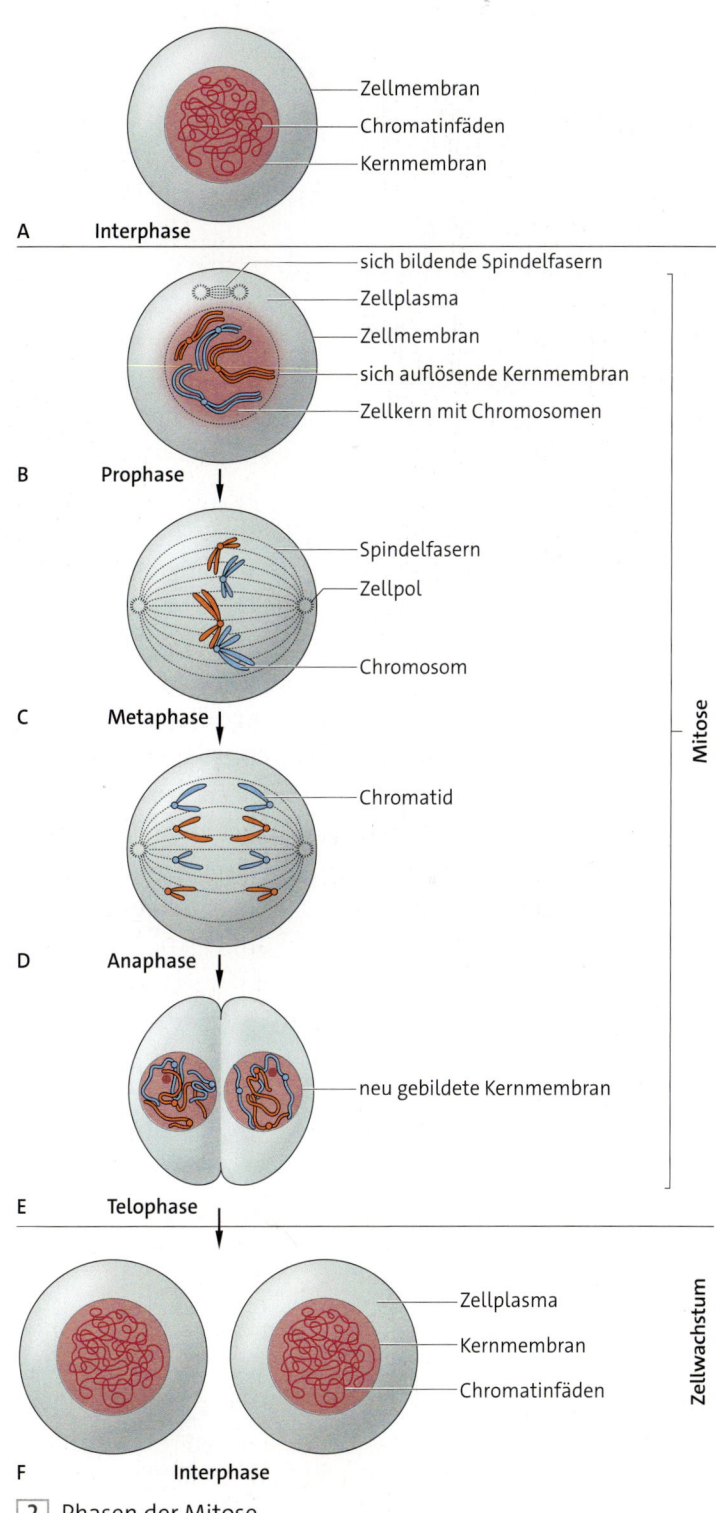

Telophase • In der letzten Phase der
45 Kernteilung, der Telophase, lösen sich
die Spindelfasern auf und zwei Kernmembranen und Kernkörperchen
werden neu gebildet. ⭢ 2E Jeder der
beiden neu entstandenen Zellker-
50 ne enthält jetzt die identische und
vollständige Erbinformation, da jeder
Kern jeweils ein identisches Chromatid
enthält. Auch alle Zellbestandteile und
das Zellplasma werden auf beide Tochterzellen aufgeteilt. Danach werden die
55 Zellen durch eine Membran getrennt.
Den gesamten Vorgang der Zell- und
Kernteilung nennt man Mitose.

Interphase • Zwischen zwei Mitosen erfolgt die Bildung von Zellbestandteilen
60 und das Zellwachstum. Die verdichte-
ten Chromatiden lösen sich zu unge-
ordneten Chromatinfäden auf. Fast jede Zelle liegt meist in dieser Interphase
vor, da hier alle Stoffwechselprozesse
65 ablaufen können. ⭢ 2F Erst kurz vor
der Mitose werden die Chromatiden
verdoppelt, sodass in jeder Zelle die
Chromosomen wieder aus zwei Chromatiden bestehen.

> In der Mitose werden die Chromati-
> den des Chromosoms getrennt und
> geordnet auf die Zellpole verteilt.
> Durch die anschließende Teilung des
> Zellplasmas entstehen zwei Tochter-
> zellen mit gleicher Erbinformation.

Aufgabe

1 🍃 Erkläre die Bedeutung der Mitose.

die Mitose
die Prophase
die Metaphase
die Anaphase
die Telophase

A   Interphase
— Zellmembran
— Chromatinfäden
— Kernmembran

B   Prophase
— sich bildende Spindelfasern
— Zellplasma
— Zellmembran
— sich auflösende Kernmembran
— Zellkern mit Chromosomen

C   Metaphase
— Spindelfasern
— Zellpol
— Chromosom

D   Anaphase
— Chromatid

E   Telophase
— neu gebildete Kernmembran

F   Interphase
— Zellplasma
— Kernmembran
— Chromatinfäden

Mitose

Zellwachstum

2 Phasen der Mitose

Mitose und Zellteilung

Material A

Chromosomen sichtbar machen

Chromosomen kann man besonders gut bei pflanzlichen Zellen sichtbar machen.

Materialliste: Zwiebel, Erlenmeyerkolben, Skalpell, Reagenzglas mit Stopfen, 50%ige Karminessigsäure, Siedesteinchen, Reagenzglashalter, Bunsenbrenner, Pinzette, Objektträger und Deckgläschen, Pasteurpipette, Wasser, Filterpapier

Achtung • Karminessigsäure ätzt. Schutzbrille tragen!

1 Setze die Zwiebel auf einen mit Wasser gefüllten Erlenmeyerkolben. Nach einigen Tagen bildet sie Wurzeln.

Schneide 3 bis 4 mm lange Wurzelspitzen mit dem Skalpell ab. → 1A

2 Gib die Wurzelspitzen in ein Reagenzglas mit Karminessigsäure. Verschließe es mit einem Stopfen und lass alles einige Stunden lang stehen. → 1B

3 Erhitze das Reagenzglas kurz mit einigen Siedesteinchen über einer Brennerflamme. → 1C

4 Lege die Wurzelspitzen mit einer Pinzette auf einen Objektträger. Teile sie der Länge nach mit einem Skalpell. Gib einen Tropfen Wasser hinzu und lege das Deckglas auf. → 1D

5 Lege zwei Lagen Filterpapier auf das Deckglas und quetsche die Wurzelspitzen vorsichtig etwas mit dem Daumen. → 1E

a ○ Mikroskopiere das Präparat.

b ◓ Suche verschiedene Teilungsphasen der Mitose. Zeige sie deinem Partner. Erkläre ihm, um welche Phase es sich handelt, und erläutere ihm, was in dieser Phase passiert.

c ● Suche dir eine Mitosephase aus, die du möglichst genau abzeichnest. Benenne die Phase. Beschrifte deine Zeichnung.

d ● Erkläre, wieso man in der Wurzelspitze besonders viele Mitosephasen erkennen kann.

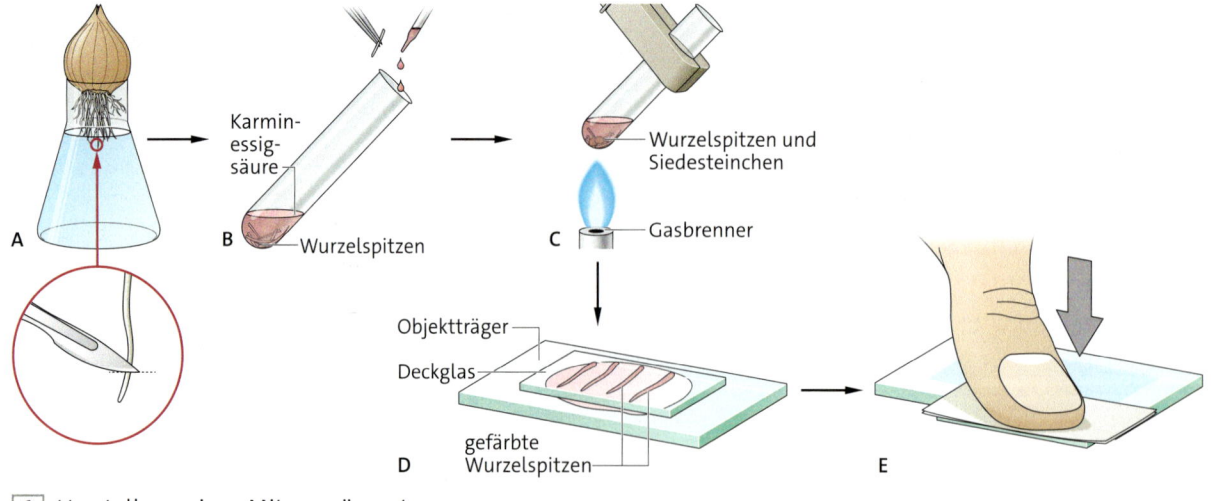

A

Karminessigsäure

B Wurzelspitzen

C Gasbrenner / Wurzelspitzen und Siedesteinchen

Objektträger
Deckglas
gefärbte Wurzelspitzen
D

E

1 Herstellung eines Mitosepräparats

Mitose in Pflanzenzellen

Die Bilder zeigen typische Mitosephasen in Zellen der Wurzelspitze einer Pflanze.

1 ○ Benenne die Phasen A–E. Ordne sie den Schemadarstellungen auf der Basisseite zu.

2 ○ Benenne die in Bild E mit Ziffern gekennzeichneten Strukturen.

3 ○ Ordne die Phasen in die richtige Reihenfolge.

4 ◐ Erkläre die Aufgabe der Spindelfasern während der Mitose.

5 ● Begründe, welche der abgebildeten Phasen nicht zur Mitose gehört.

6 Betrachte die Tabelle zur Dauer von Interphase und Mitose bei verschiedenen Zelltypen.
a ◐ Werte die Tabelle aus.
b ● Vermute, warum die Interphase im blutbildenden Knochenmark so kurz ist.

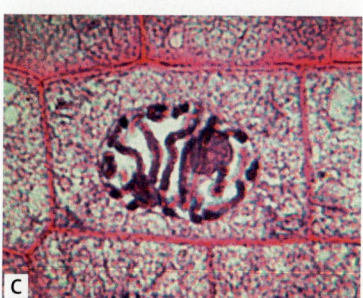
C

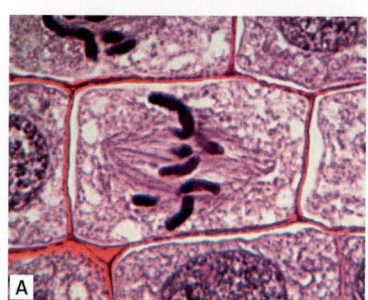
A

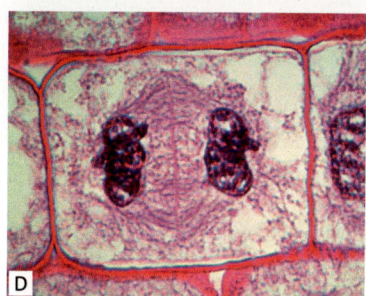
D

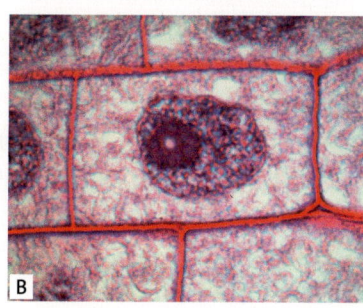
B

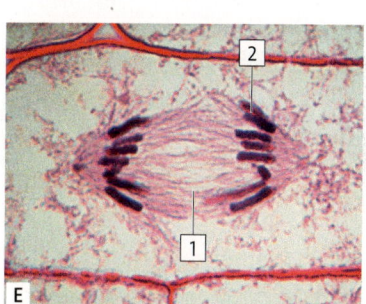
E

Zelltyp	Interphase bis zur Verdopplung der Erbinformation (in Stunden)	Dauer der Verdopplung der Erbinformation am Ende der Interphase (in Stunden)	Mitose (in Stunden)
blutbildendes Knochenmark	2	8	0,7
Dünndarm	6	8	0,7
Speiseröhre	170	8	0,7
Haut	989	8	0,7
Leber	9 990	8	0,7

2 Dauer von Mitose und Interphase in Stunden

Bildung der Geschlechtszellen – Meiose

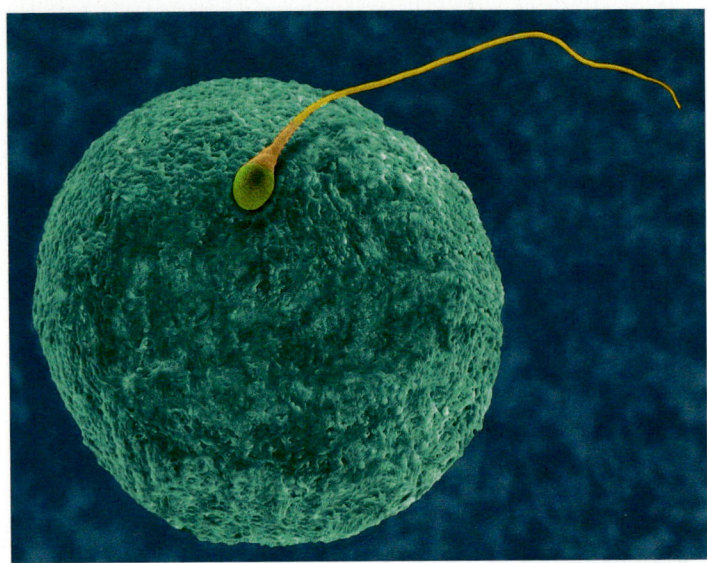

1 Eizelle mit Spermienzelle

Menschen haben zeitweise 46 Chromosomen in den Körperzellen. Wenn Ei- und Spermienzelle verschmelzen, müssten eigentlich 92 Chromosomen
5 in der neuen Zelle sein, was zum Tod führen würde. Wie wird diese Verdopplung verhindert?

Bildung der Geschlechtszellen • Die Eizelle wird im Eierstock der Frau gebil-
10 det. Die Spermienzellen entstehen in den Hoden und Nebenhoden des Mannes. Bei der Bildung der Geschlechtszellen findet eine Halbierung der Anzahl der Chromosomen statt. Aus einem di-
15 ploiden, doppelten Chromosomensatz wird zunächst ein haploider, einfacher Chromosomensatz und anschließend ein haploider Chromatidensatz. Diesen Vorgang nennt man Meiose.

20 **Verschmelzen der haploiden Geschlechtszellen** • Die Spermien- und Ei-

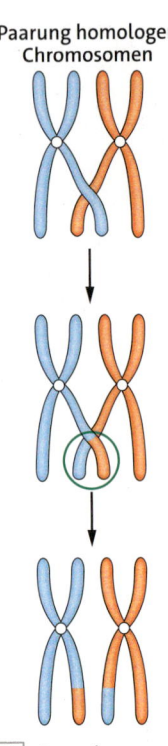

Paarung homologer Chromosomen

2 Crossing-over

zellen des Menschen enthalten einen haploiden Satz von jeweils 23 Chromatiden. Bei der geschlechtlichen Fort-
25 pflanzung verschmelzen die Kerne der Eizelle und Spermienzelle. → 1 Die so befruchtete Eizelle enthält dann wieder den diploiden Satz mit 46 Chromatiden. Bei der Mitose wurden die identischen
30 Hälften eines Chromosoms auf die neue Zelle verteilt. Die Tochterzelle hatte also genau die gleiche Information wie die Mutterzelle.
Bei der geschlechtlichen Fortpflanzung
35 soll jedoch eine große Vielfalt erreicht werden. Dies geschieht bei der Meiose.

Prophase I • Nach der Interphase verdichten sich die Chromatinfäden zu Chromosomen. Homologe Chromoso-
40 men tauschen jetzt Abschnitte untereinander aus. Diesen Prozess nennt man Crossing-over. → 2 3A

Metaphase I • Nun ordnen sich die homologen Chromosomen in der Zellmitte
45 paarweise gegenüber. Die Spindelfasern beginnen sich auszubilden. → 3B

Anaphase I • Von diesen Spindelfasern werden die homologen Chromosomen zu den gegenüberliegenden Zellpolen
50 gezogen. → 3C

Telophase I • Nun bilden sich die Kernmembranen. Beide Kerne haben nur 23 Chromosomen. Da der doppelte Chromosomensatz auf einen einfachen
55 reduziert wird, nennt man diese Teilung auch Reduktionsteilung. Um aber Geschlechtszellen mit je einem Chromatid

zu erhalten, gibt es noch einen zweiten Teil der Meiose. → 3D

Neukombination der Chromosomen • Wenn in der Meiose jeweils eines der beiden homologen Chromosomen zu einer Zellseite transportiert wird, ist es Zufall, mit welchen anderen der 22 Chromosomen es dorthin gelangt. Dadurch entstehen neue Kombinationen an Chromosomen.

Zweite Reifeteilung • In den beiden gebildeten haploiden Zellen besteht jedes Chromosom noch aus zwei Chromatiden. Aufgrund des Crossing-over sind diese aber nicht identisch. Der zweite Teilungsschritt der Meiose verläuft wie eine Mitose und beginnt mit der Prophase II. → 3E In der Metaphase II ordnen sich die Chromosomen in der Zellmitte an. → 3F In der Anaphase II gelangen die Chromatiden zu den Zellpolen. → 3G In der Telophase II werden die neuen Zellkerne gebildet. → 3H Das Ergebnis der beiden Teilungsschritte sind 4 Zellen mit jeweils 23 Chromatiden.

Es entsteht nur eine Eizelle • Beim Mann entstehen aus einer Zelle vier Spermienzellen. Bei der Frau bilden sich eine sehr große Eizelle und drei kleinere sogenannte Polkörperchen. Nur die Eizelle kann befruchtet werden.

> Bei der Meiose entstehen haploide Geschlechtszellen. Die Erbinformation wird durch unterschiedliche Verteilung und Crossing-over durchmischt.

Erste Reifeteilung

Zweite Reifeteilung

A **Prophase I** — Chromatin, sich auflösende Kernmembran, Zellmembran, Crossing-over

E **Prophase II** — Zellmembran, sich auflösende Kernmembran

B **Metaphase I** — homologes Chromosomenpaar, sich bildende Spindelfasern

F **Metaphase II** — sich bildende Spindelfasern

C **Anaphase I** — Zellpol

G **Anaphase II** — Zellpol

D **Telophase I** — neu gebildete Zellmembran, neu gebildete Kernmembran

H **Telophase II** — neu gebildete Kernmembran, neu gebildete Zellmembran

bei Frauen — Eizelle, Zellkern, 3-Polkörperchen, diese sterben ab

bei Männern — Zellkern, Spermienzellen

3 Meiose

Aufgaben

1 🖲 Erkläre den Begriff Reduktionsteilung.

2 🔴 Erkläre, wie mithilfe der Metaphase II Vielfalt ermöglicht wird.

Bildung der Geschlechtszellen – Meiose

Material A

Crossing-over

Das Crossing-over kann man mithilfe eines Knetmodells veranschaulichen.

Materialliste: blaue und rote Knete, 8 Zettel, 8 Reißzwecken, Stift und Messer

1 Baue das Modell wie in Bild 1 dargestellt nach.

2 Durchtrenne die Chromosomen mit dem Messer an den in Bild 1 markierten Stellen.

3 Führe den Prozess des Crossing-over durch, indem du die beiden abgeschnittenen Teile der Chromosomen vertauschst.

4 ⬭ Beschreibe die möglichen Merkmalskombinationen der Chromatiden.

5 ◗ Erläutere die Ergebnisse deines Modellversuchs.

6 ⬤ Erläutere die Bedeutung des Crossing-over für die genetische Vielfalt der Lebewesen.

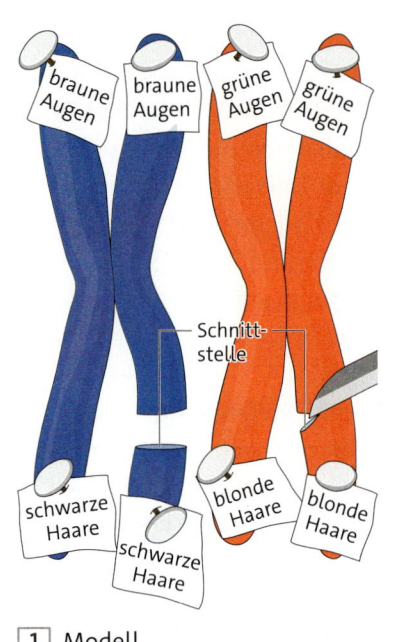

[1] Modell

Material B

Meiose und Mitose im Vergleich

1 ◗ Vergleiche Mitose und Meiose mithilfe deiner Kenntnisse und Bild 2 nach folgenden Kriterien: Funktion, Anzahl der entstandenen Tochterzellen, Anzahl der Chromatiden in den Tochterzellen, Chromosomensätze nach der Zellteilung. Erstelle dazu eine Tabelle.

2 ◗ Begründe, in welcher Phase es sich entscheidet, ob eine Spermienzelle ein X- oder Y-Chromosom erhält.

3 ⬤ Erkläre, warum bei der Mitose kein Crossing-over erwünscht ist.

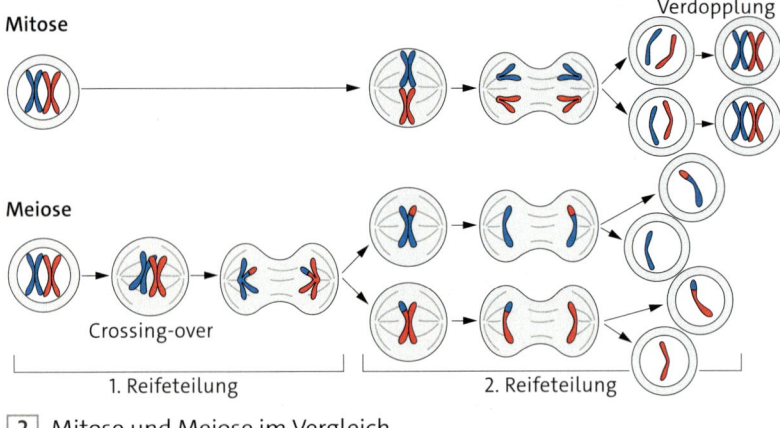

[2] Mitose und Meiose im Vergleich

Neukombination

Angenommen in einer Zelle gibt es nur zwei homologe Chromosomenpaare. Dann ergeben sich bereits zwei verschiedene Möglichkeiten der Verteilung der homologen Chromosomen, wenn man Crossing-over nicht berücksichtigt.

1 Übertrage das Schema aus Bild 3 in dein Heft.

2 ○ Vollziehe die beiden Teilungsschritte der Meiose nach, indem du in deinem Heft die fehlenden Chromosomen und Chromatiden ergänzt.

3 Bei der 1. Reifeteilung werden die homologen Chromosomenpaare aufgeteilt. Durch diesen zufälligen Prozess ergeben sich viele Möglichkeiten der Verteilung von Chromosomen. → 4
◐ Erläutere die Bedeutung der Neukombination der Chromosomen.

4 ● Erkläre, wie Crossing-over diese Neukombination beeinflusst.

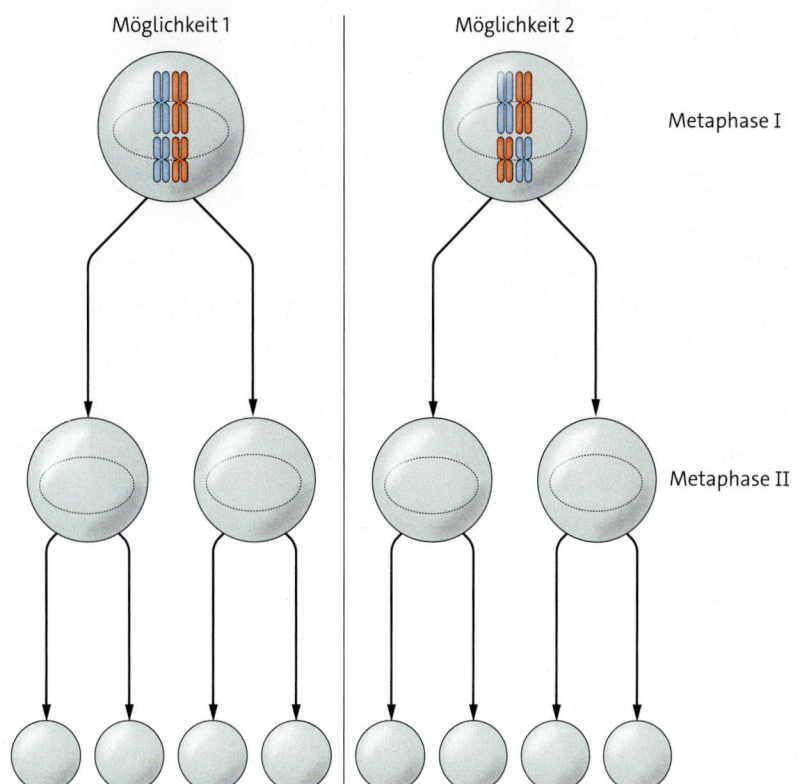

3 Kombinationsmöglichkeit der Chromatiden in den Geschlechtszellen

Organismus	Chromosomen-anzahl	Formel		Kombinations-möglichkeiten
Fruchtfliege	8	2^4	=	16
Walderdbeere	14	2^7	=	128
Mensch	46	2^{23}	=	8 388 608
Goldfisch	94	2^{47}	= 140 737 488 355 328

4 Kombinationsmöglichkeiten der Chromosomen (ohne Crossing-over)

DNA – Träger der Erbinformation

1 Watson und Crick vor ihrem DNA-Model

Um 1952 entschlüsselten James Watson und Francis Crick den genetischen Code. Wie ist die Erbinformation in der DNA verschlüsselt?

Aufbau der DNA • Die DNA ist aus an-
einandergereihten Bausteinen, den
Nukleotiden, aufgebaut. Jedes Nukleotid besteht aus einem Phosphat, dem
Zucker Desoxyribose und einer der vier
10 Basen Adenin, Thymin, Guanin oder
Cytosin. Über das Phosphat sind die

Nukleotide miteinander verbunden.
Sie bilden so einen Strang. Die DNA
besteht aus zwei solchen Strängen,
15 die sich gegenüberliegen. Diese sind
umeinandergewunden und bilden deshalb eine sogenannte Doppelhelix.
Diese bildet das verdrehte Gerüst der
DNA und gibt der DNA Stabilität. Die
20 Basen sind zueinander geordnet. → **2**
Man kann sich das vorstellen wie eine
gewundene Strickleiter, wobei die Basen die Sprossen sind, die Stränge aus
Zucker und Phosphat bilden die Seile.

25 **Basenpaarung** • Die Basen sind nicht
willkürlich zueinander geordnet. Es
lagern sich immer zwei bestimmte
Basen gegenüber an, nämlich Adenin
und Thymin sowie Guanin und Cytosin.
30 Liegt auf dem einen Strang Adenin,
dann befindet sich auf dem gegenüberliegenden Strang Thymin und
umgekehrt. Man spricht von komplementärer Basenpaarung.

35 **Code** • Die Reihenfolge der Basen auf
der DNA bestimmt den genetischen
Code. Ein DNA-Strang teilt sich in
Informationsabschnitte, die Gene.

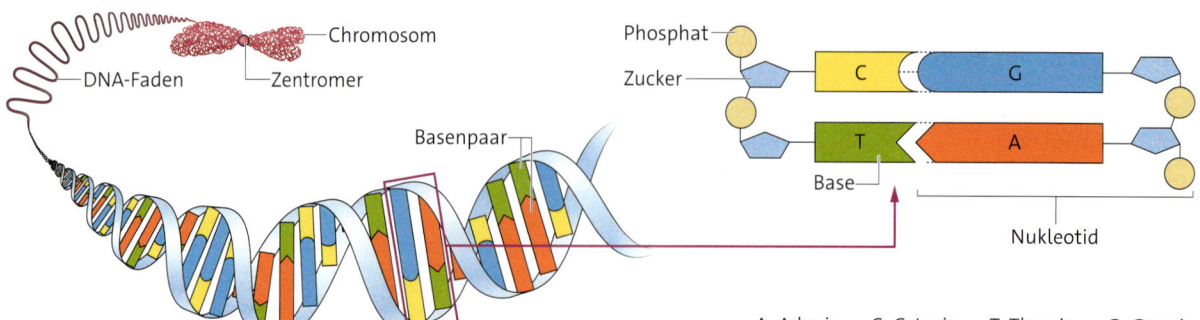

2 Feinbau eines Chromosoms

A: Adenin   C: Cytosin   T: Thymin   G: Guanin

Verdopplung der DNA • In jeder Kör-
40 perzelle des Menschen befinden sich
46 Chromosomen. Bevor sich eine
Zelle in der Mitose teilt, muss die DNA
der Chromosomen kopiert werden. Nur
so können danach beide Tochterzellen
45 die gleiche Erbinformation besitzen
wie die Mutterzelle. Man nennt den
Vorgang des Kopierens DNA-Verdopp-
lung oder identische Replikation.

Ablauf der Replikation • Zunächst muss
50 die Doppelhelix der DNA entwunden
werden. Danach trennen sich die beiden Stränge der DNA zwischen den
locker gebundenen Basen, ähnlich wie
beim Öffnen eines Reißverschlusses.
55 An die nun zugänglichen Basen lagern
sich die jeweils passenden Nukleotide
an, die frei im Kern vorhanden sind.
→ 3 Die angelagerten Nukleotide
werden untereinander zu einem durch-
60 gehenden Strang verknüpft. So entstehen zwei DNA-Fäden, die jeweils einen
alten und einen neuen DNA-Strang
enthalten. Die alten DNA-Stränge dienen also als komplementäre Kopiervor-
65 lage für die neuen Stränge. Da die DNA
aller 46 Chromosomen auf diese Weise
verdoppelt wird, erhalten bei der Mitose beide Tochterzellen die vollständige Erbinformation der Mutterzelle.

70 **Fehler der Replikation** • Normalerweise
verläuft die Replikation relativ fehler-
frei. Nur eines von einer Milliarde
Nukleotide wird falsch angelagert.
Oft ist das aber nicht so schlimm, nur
75 an bestimmten Stellen der DNA kann
das größere Schäden verursachen.

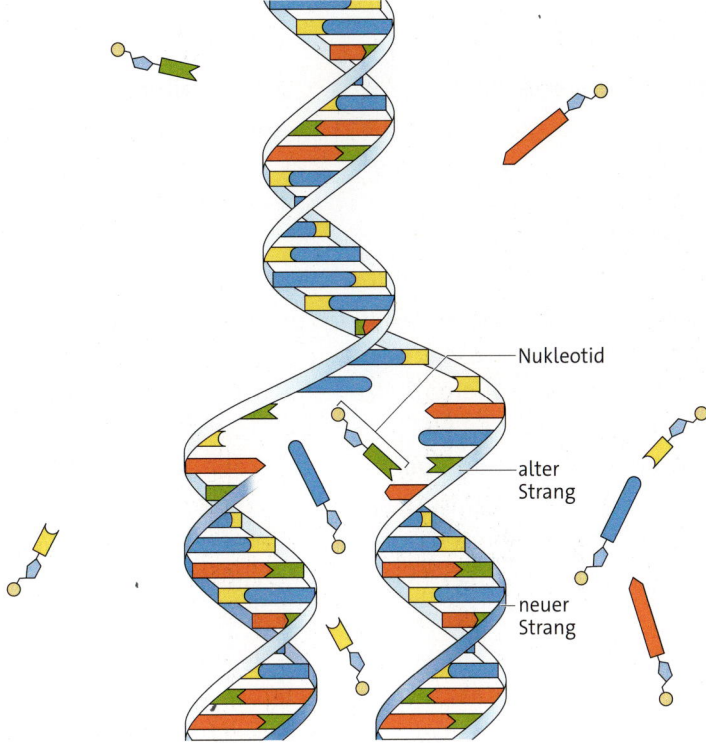

Nukleotid

alter
Strang

neuer
Strang

3 Replikation der DNA vor der Mitose

Zwei Stränge aus Zucker und Phos-
phat bildet das gewundene Gerüst
der DNA. Zwischen diesen beiden
Strängen befinden sich die Basen.
Ihre Abfolge ist der genetische
Code. Vor der Zellteilung muss die
DNA kopiert werden.

Aufgaben

1 ◯ Nenne die Bestandteile eines
Nukleotids.

2 ◐ Beschreibe den Aufbau der DNA.

3 ◐ Erkläre mithilfe von Bild 3, wie
die DNA kopiert wird.

DNA – Träger der Erbinformation

Isolierung von DNA

Es gibt Firmen, bei denen man Schmuck mit seiner eigenen DNA bestellen kann.
Den Interessenten wird dafür zuvor DNA aus Zellen der Mundschleimhaut isoliert. Wie kann man denn DNA isolieren?

Materialliste: Pasteurpipette, Fleckenteufel (für Blut), Spatel, Spülmittel, destilliertes Wasser, Reibeschale mit Stößel, Beeren, 10 mL-Messzylinder, Wasserbad, Trichter, Rundfilter, Eisbad, Isopropanol, Holzstäbchen

A Herstellen der Aufschlusslösung

1 Mische 20 Tropfen Fleckenteufel, 5 Spatel Spülmittel und 100 mL destilliertes Wasser in einem Becherglas.

B Isolierung der DNA

2 Zerreibe in einer Reibschale mit dem Stößel eine Beerenfrucht zu feinem Mus. Gib einen Spatel des Beerenmuses in das Becherglas und vermische es mit 10 mL der Aufschlusslösung. Die Lösung wird nun 15 Minuten im Wasserbad bei 37 °C erwärmt.

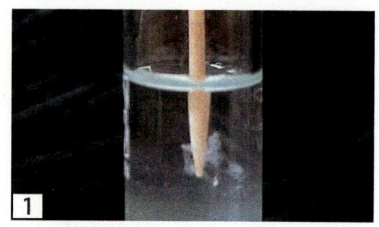

3 Filtriere die noch warme Lösung durch einen Rundfilter. Stelle das gewonnene Filtrat in ein Eisbad zum Abkühlen. Versetze nun 5 mL des eiskalten Filtrates tropfenweise mit 10 mL eiskaltem Isopropanol. Die ausgefallene „DNA" wird nun mit einem Holzstäbchen „herausgefischt".
◐ Schreibe ein Versuchsprotokoll.

Basenzusammensetzung

In der Tabelle ist der prozentuale Anteil der verschiedenen Basen für verschiedene Lebewesen dargestellt.

1 ◐ Ergänze die Tabelle mit den fehlenden Prozentangaben in deinem Heft.

2 ◐ Erkläre den Begriff der komplementären Basenpaarung.

3 ◐ Vergleiche die Basenzusammensetzung des Menschen mit der von Weizen und Hefe.

4 ● Erkläre, warum der Mensch und die Hefe trotz der prozentualen Übereinstimmung der Basen so unterschiedlich sind.

Organismus	Adenin	Thymin	Guanin	Cytosin
Mensch	31 %	31 %	19 %	19 %
Schaf	30 %	?	?	?
Weizen	?	?	23 %	?
Hefe	?	?	?	19 %

2 Basenzusammensetzung

DNA-Replikation

1 ◐ Vervollständige in deinem Heft die beiden DNA-Stränge während der DNA-Replikation. Zeichne zwei vollständige DNA-Fäden in dein Heft.

2 ◐ Erkläre die Bedeutung der freien Nukleotide für die DNA-Replikation.

3 ● Ordne die DNA-Replikation einer der dargestellten Phasen zu. ➔ 4 – 6 Begründe deine Zuordnung.

4 Bei der Zellteilung erhalten alle Tochterzellen durch die DNA-Replikation die gesamte Erbinformation der Mutterzelle.
● Erläutere diesen Sachverhalt.

5 ● Erkläre, warum sich die DNA nur zwischen den Basen auftrennen kann.

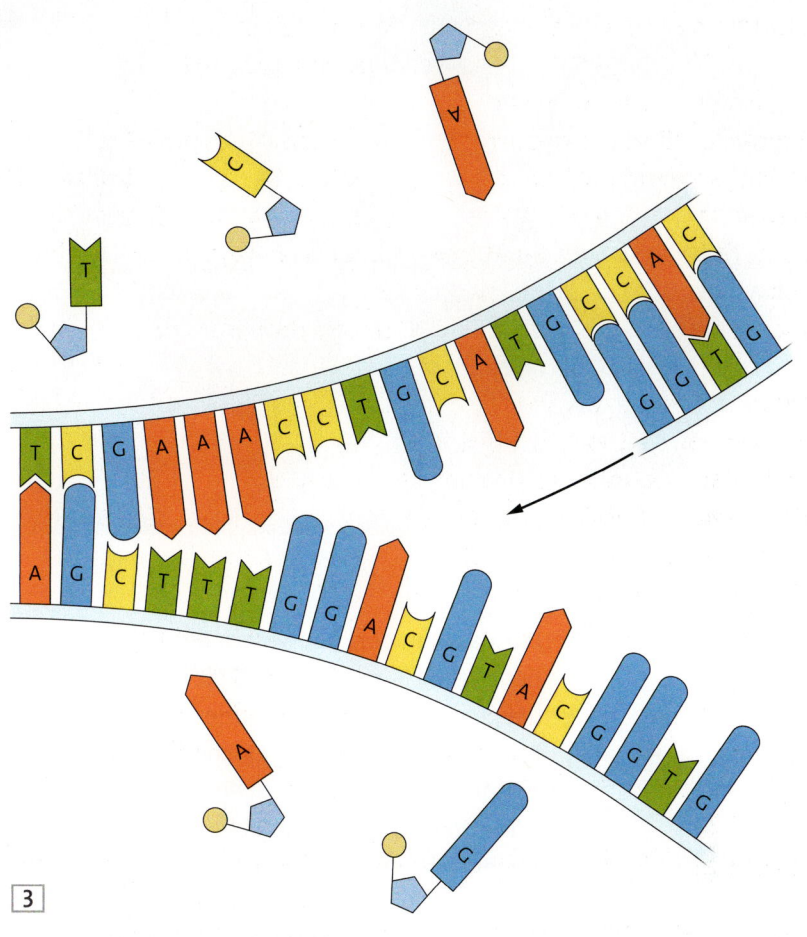

3

Freie Nukleotide Sie befinden sich im Zellkern. Enzyme bauen aus mit der Nahrung aufgenommenen Stoffen die Nukleotide in der Zelle auf. Sie stehen für die DNA-Replikation zur Verfügung.

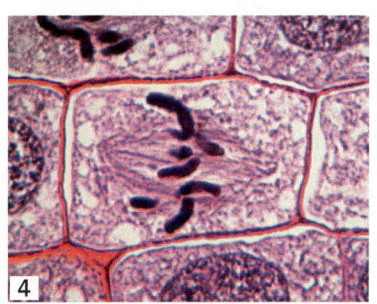

4

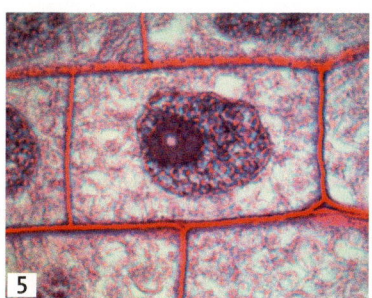

5

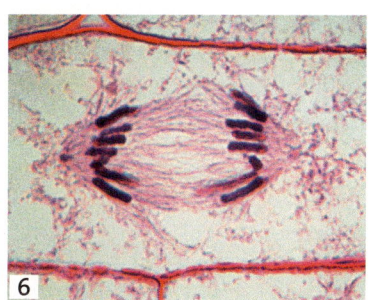

6

Vom Gen zum Merkmal

1 | Jeder Mensch sieht anders aus.

Der Bauplan der Lebewesen, die DNA, befindet sich im Zellkern. Dort liegen die genetischen Informationen, die ein Lebewesen ausmachen. Doch wie wird
5 aus diesen Informationen ein Merkmal? Wie entsteht zum Beispiel die braune Augenfarbe eines Menschen?

DNA ist Träger der Erbinformation • Ein bestimmter Abschnitt auf der DNA, ein
10 Gen, enthält die Information für die Bildung eines Proteins. Die Gesamtheit der Gene eines Menschen nennt man Genotyp, die äußeren Merkmale, die daraus entstehen, nennt man Phänotyp.

15 **Abschreiben – übersetzen – produzieren** • Um die genetischen Informationen aus dem Zellkern in ein Merkmal umzuwandeln, muss erst einmal der genetische Code für das Merkmal im
20 Zellkern abgeschrieben werden.

Danach wird diese Abschrift aus dem Kern zu speziellen Produktionsstätten, den Ribosomen, im Zellplasma transportiert und in Aminosäureketten über-
25 setzt. Diese werden dann zu Proteinen zusammengebaut. Proteine sind an der Ausbildung von Merkmalen beteiligt. Zum Beispiel helfen spezielle Proteine, die Enzyme, aus einem Ausgangsstoff
30 den Farbstoff Melanin herzustellen. Melanin ist für die Ausprägung der Haut- oder Augenfarbe notwendig. ➞ 2

Aufbau der Proteine • Grundbausteine aller Proteine, auch der Enzyme, sind
35 20 verschiedene Aminosäuren. Diese können in unterschiedlicher Reihenfolge untereinander verknüpft werden. So entstehen Ketten, die eine dreidimensionale Form annehmen. Ein Protein ent-
40 steht. Je nach Reihenfolge der Aminosäuren entstehen unterschiedliche

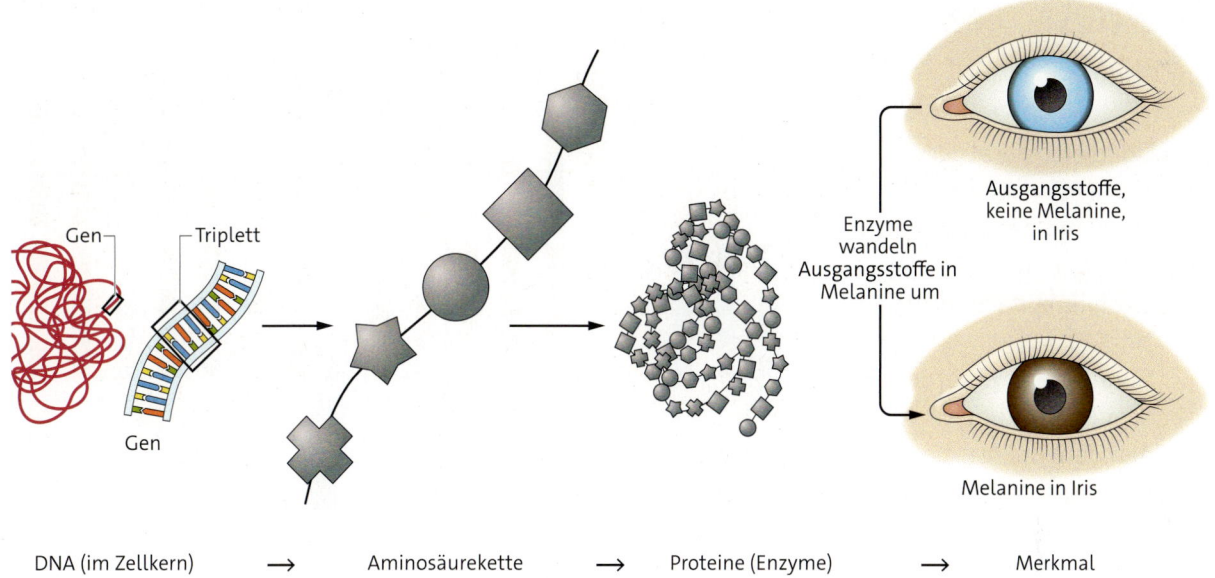

DNA (im Zellkern) $\longrightarrow$ Aminosäurekette $\longrightarrow$ Proteine (Enzyme) $\longrightarrow$ Merkmal

2 Vom Gen zum Merkmal (vereinfachte Darstellung mit Beteiligung eines von drei Enzymen)

Proteine. Welches Protein entsteht, wird von der Reihenfolge der Nukleotide auf der DNA bestimmt. Diese
45 Reihenfolge bezeichnet man als den genetischen Code.

Triplett • Eine bestimmte Abfolge von drei Nukleotiden, ein Triplett, in der DNA legt eine bestimmte Aminosäure
50 fest. Unterschiedliche Reihenfolgen der Nukleotiden codieren somit für unterschiedliche Aminosäuren, die wiederum unterschiedliche Proteine bilden.

Proteine • Die gebildeten Proteine kön-
55 nen entweder als Baustoff für die Zelle dienen oder als Enzyme arbeiten und zum Beispiel den Farbstoff Melanin bilden. Da jeder Mensch eine andere DNA hat, entstehen bei dem Vorgang vom
60 Gen zum Protein auch unterschiedliche Merkmale, jeder sieht anders aus.

Gene enthalten die Bauanleitung für ein Protein. Die Reihenfolge der Basen auf der DNA bestimmt die Reihenfolge der Aminosäuren im Protein. Proteine sind an der Ausbildung von Merkmalen beteiligt.

Aufgaben

1 Erläutere die Begriffe Phänotyp und Genotyp.

2 Erkläre, was man unter dem genetischem Code versteht.

3 Beschreibe mithilfe von Bild 2, wie die genetische Information in ein Merkmal umgesetzt wird.

407

Vom Gen zum Merkmal

Material A

Der Code

1 ○ Übersetze die als DNA codierte Information. → 1 Beginne mit den ersten drei Basen des unteren Strangs. Lies von links nach rechts.

2 ○ Nenne die Strukturen, die bei der Herstellung von Proteinen dem Buchstaben und dem ganzen Wort entsprechen.

3 ◐ Beschreibe Folgen, wenn der im Strang lila gefärbte Teil der DNA verloren geht.

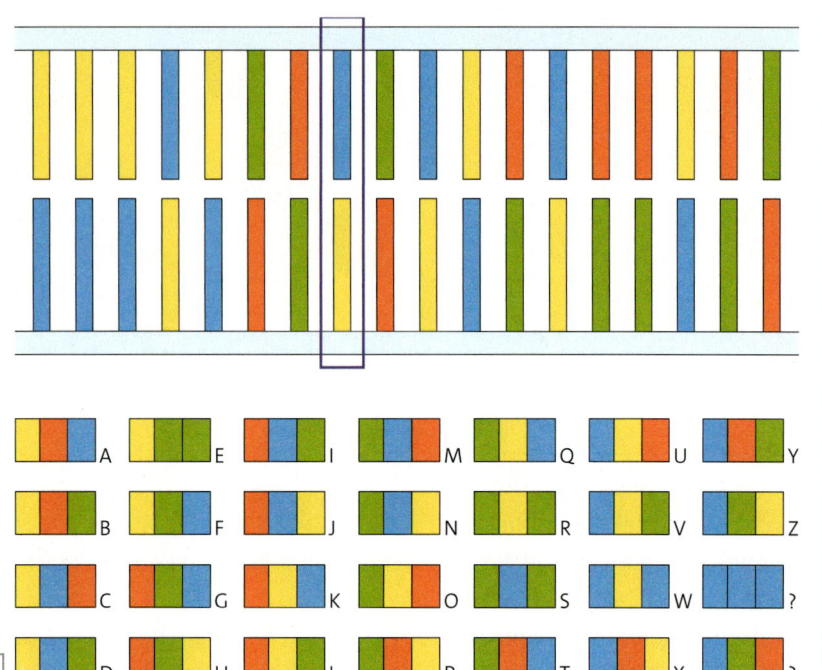

Material B

Der Fehlerteufel

Auf manchen Zetteln hat sich ein Fehler eingeschlichen.

1 ◐ Entscheide, ob die Aussagen A–E richtig oder falsch sind. Begründe deine Entscheidung.

2 ◐ Formuliere die falschen Aussagen so um, dass sie richtig sind.

> **A** Die Gesamtheit aller Merkmale bezeichnet man als Genotyp.

> **B** Die DNA, der Träger der Erbinformation, befindet sich im Zellplasma. Durch die Abschrift und Übersetzung der DNA entstehen Proteine. Ein Beispiel hierfür ist das Melanin.

> **C** Die Reihenfolge der Nukleotide in der DNA legt die Reihenfolge der Aminosäuren im Protein fest.

> **D** Die Grundbausteine aller Proteine im Körper sind 20 verschiedene Aminosäuren.

> **E** An der Ausbildung von Merkmalen sind oft viele Enzyme beteiligt. Wenn ein Enzym ausfällt, wird das Merkmal trotzdem ausgeprägt.

2 Nelken

Blütenfarbe

Die Information zur Bildung des Blüttenfarbstoffs ist in der DNA gespeichert. Nelken gibt es in unterschiedlichen Blütenfarben. Untersucht man die Blütenblätter mikroskopisch, kann man erkennen, dass in den Vakuolen der Zellen rot blühender Nelken ein roter Farbstoff enthalten ist. In den Vakuolen von weiß blühenden Nelken ist kein Farbstoff enthalten.

1 ◐ Beschreibe mithilfe von Bild 3, wie es zur Entstehung der roten Blütenfarbe in den Vakuolen kommt.

2 ◐ Erkläre den Zusammenhang zwischen dem Vorhandensein von Enzymen und der Bildung roter Blütenfarbe. ➔ 4

3 ● Erkläre mithilfe von Bild 3 und 4, wie es zur gelben Blütenfarbe kommen kann.

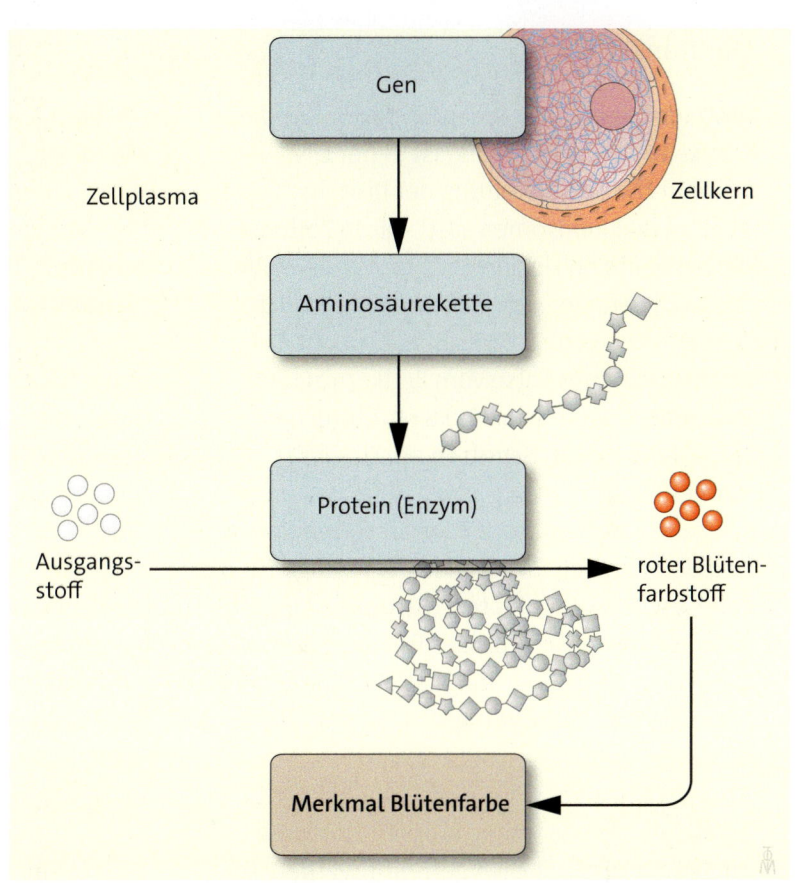

3 Vom Gen zum Merkmal

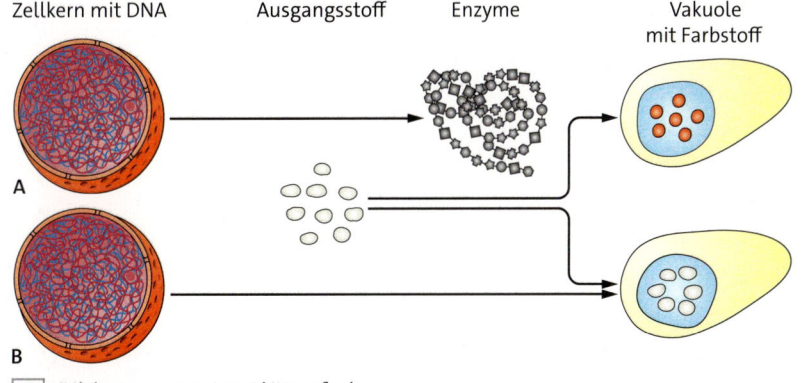

4 Bildung von roter Blütenfarbe

Vom Gen zum Merkmal

Die Transkription

Proteinbiosynthese • Die Information für die Herstellung von Proteinen ist in der DNA verschlüsselt. Die Herstellung der Proteine findet aber an den Ribosomen statt. Diese Zellorga-
5 nellen befinden sich im Zellplasma der Zelle. Die DNA befindet sich jedoch gut geschützt im Zellkern und verlässt diesen auch nicht. Die Information muss also vom Zellkern zu den Ribosomen gelangen. Die Herstellung der Pro-
10 teine läuft in zwei Schritten ab. Zunächst wird der benötigte DNA-Abschnitt, das Gen, abgeschrieben. Diese Abschrift verlässt den Kern und dient an den Ribosomen als Vorlage für die Übersetzung in ein Protein. Beide Vorgänge zu-
15 sammen, die Abschrift oder Transkription und die Übersetzung oder Translation, bezeichnet man als Proteinbiosynthese.

Abschreiben eines Gens • Um eine Abschrift eines Gens herzustellen, müssen zunächst die
20 beiden Stränge der DNA getrennt werden, sodass die Basen frei zugänglich sind. Einer der beiden Stränge dient als Vorlage für die Abschrift. Daran lagern sich im Zellkern befindliche freie Nukleotide an. Dabei können sich
25 immer nur die passenden freien Nukleotide an die Nukleotide der DNA anlagern. Die Nukleotide der Abschrift unterscheiden sich von den DNA-Nukleotiden. Statt des Zuckers Desoxyribose enthalten sie den Zucker
30 Ribose, und die Base Thymin der DNA wird durch Uracil ersetzt. Das hängt damit zusammen, dass Desoxyribose und Thymin die DNA sehr stabil machen, was aber bei der Abschrift weniger wichtig ist.

35 Da diese Nukleotide Ribose statt Desoxyribose enthalten, spricht man bei der Abschrift von Ribonukleinsäure, kurz RNA. Die RNA-Nukleotide werden schließlich zu einem Einzelstrang verknüpft. Die entstandene RNA ist eine kom-
40 plementäre Abschrift des Gens. Sie verlässt den Kern durch die Kernporen und bringt die in der DNA verschlüsselte Information zu den Ribosomen. → $\boxed{2}$ Daher wird sie Boten-RNA genannt. Diesen Vorgang des Abschreibens
45 nennt man Transkription.

> Die Herstellung der Proteine teilt sich in zwei Phasen. Bei der ersten Phase, der Transkription, wird ein Gen abgeschrieben. Es entsteht die einzelsträngige Boten-RNA. Sie verlässt den Kern.

Aufgaben

1 ○ Nenne die Orte in der Zelle, an denen die Transkription und die Translation ablaufen.

2 ◐ Erkläre den Aufbau und die Aufgabe der Boten-RNA.

3 ● Beschreibe den Ablauf der Transkription mithilfe von Bild 1.

4 ● Erkläre, wieso es sinnvoll ist, dass die Zelle eine Boten-RNA bildet.

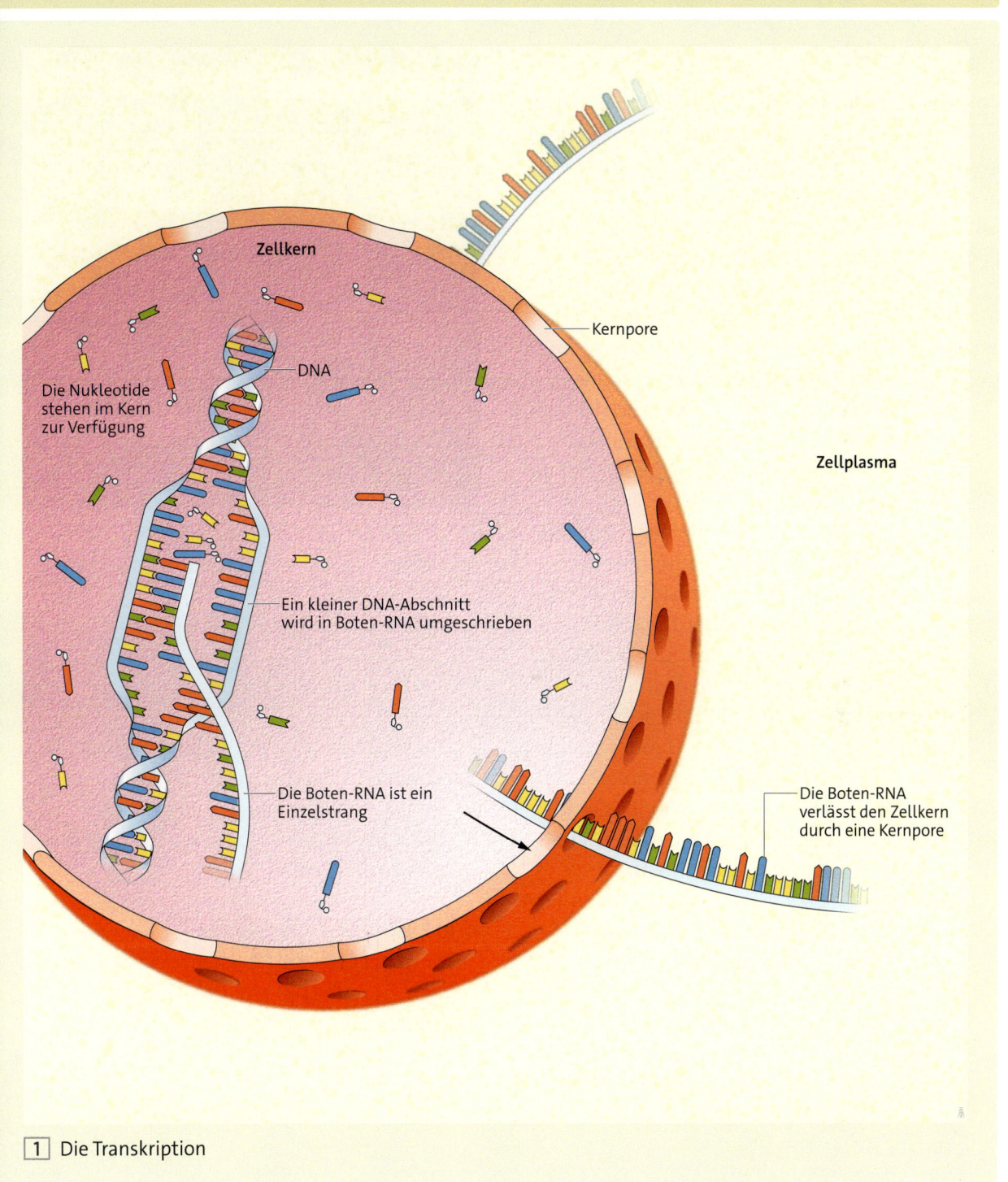

Zellkern

Kernpore

DNA

Zellplasma

Die Nukleotide
stehen im Kern
zur Verfügung

Ein kleiner DNA-Abschnitt
wird in Boten-RNA umgeschrieben

Die Boten-RNA ist ein
Einzelstrang

Die Boten-RNA
verlässt den Zellkern
durch eine Kernpore

1 Die Transkription

Vom Gen zum Merkmal

Die Translation

Übersetzen in ein Protein • Ist die Boten-RNA an
den Ribosomen angelangt, beginnt die Protein-
herstellung. → 1 2 Dafür werden Aminosäuren benötigt. Diese befinden sich im Zellplasma
5 und müssen zu den Ribosomen transportiert
werden. Das übernehmen Transport-RNAs. Es
gibt für jede Aminosäure Transport-RNAs. Die
verschiedenen Transport-RNAs binden auf der
einen Seite eine bestimmte Aminosäure, am
10 gegenüberliegenden Ende haben sie eine Abfolge von drei Basen. Man spricht auch hier von
einem Basentriplett. Jedes Triplett der Transport-RNA passt genau zu einem Triplett auf der
Boten-RNA. → 2
15 Die Transport-RNAs binden mit ihren Tripletts
im Ribosom an die passenden Tripletts der
Boten-RNA. Danach verbinden sich im Ribosom
die Aminosäuren miteinander. Daraufhin
werden sie von ihrer Transport-RNA getrennt.
20 Die Transport-RNA verlässt ohne ihre Aminosäure das Ribosom und wird später mit einer
neuen Aminosäure verknüpft. Dieser gesamte
Ablauf wiederholt sich, bis die komplette
Boten-RNA in die vorgegebene Aminosäure-
25 kette übersetzt wurde. Die Aminosäurekette
faltet sich danach zu einem Protein.
Den Vorgang der Übersetzung einer Boten-RNA
und die daraus folgende Produktion eines
Proteins nennt man Translation.

> Bei der Translation wird die Boten-RNA in
> den Ribosomen in eine bestimmte Abfolge
> von Aminosäuren übersetzt. Aus dieser
> entsteht ein Protein.

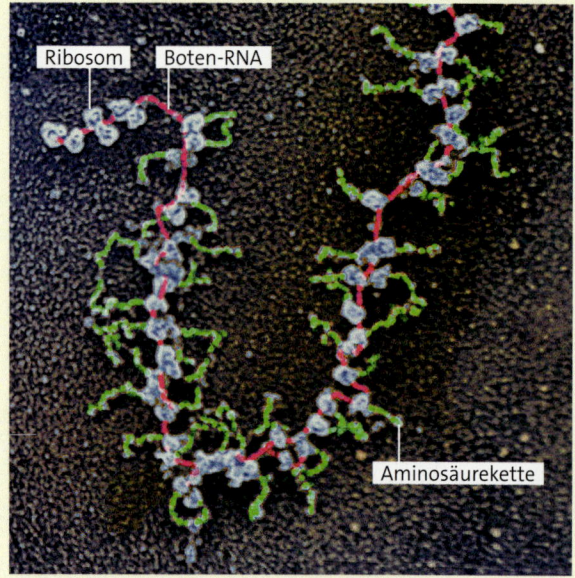

1 Translation an Ribosomen (mikroskopische
Aufnahme)

Aufgaben

1 ○ Nenne den Ort der Translation in der Zelle.

2 ○ Nenne das Produkt, das bei der Translation
entsteht.

3 ◖ Beschreibe den Aufbau und die Aufgabe
der Transport-RNA.

4 ◖ Erkläre, was passieren muss, nachdem die
Transport-RNA das Ribosom verlassen hat.

5 ◖ Beschreibe den Ablauf der Translation mithilfe von Bild 2.

6 ○ Nenne die Aufgaben der Ribosomen.

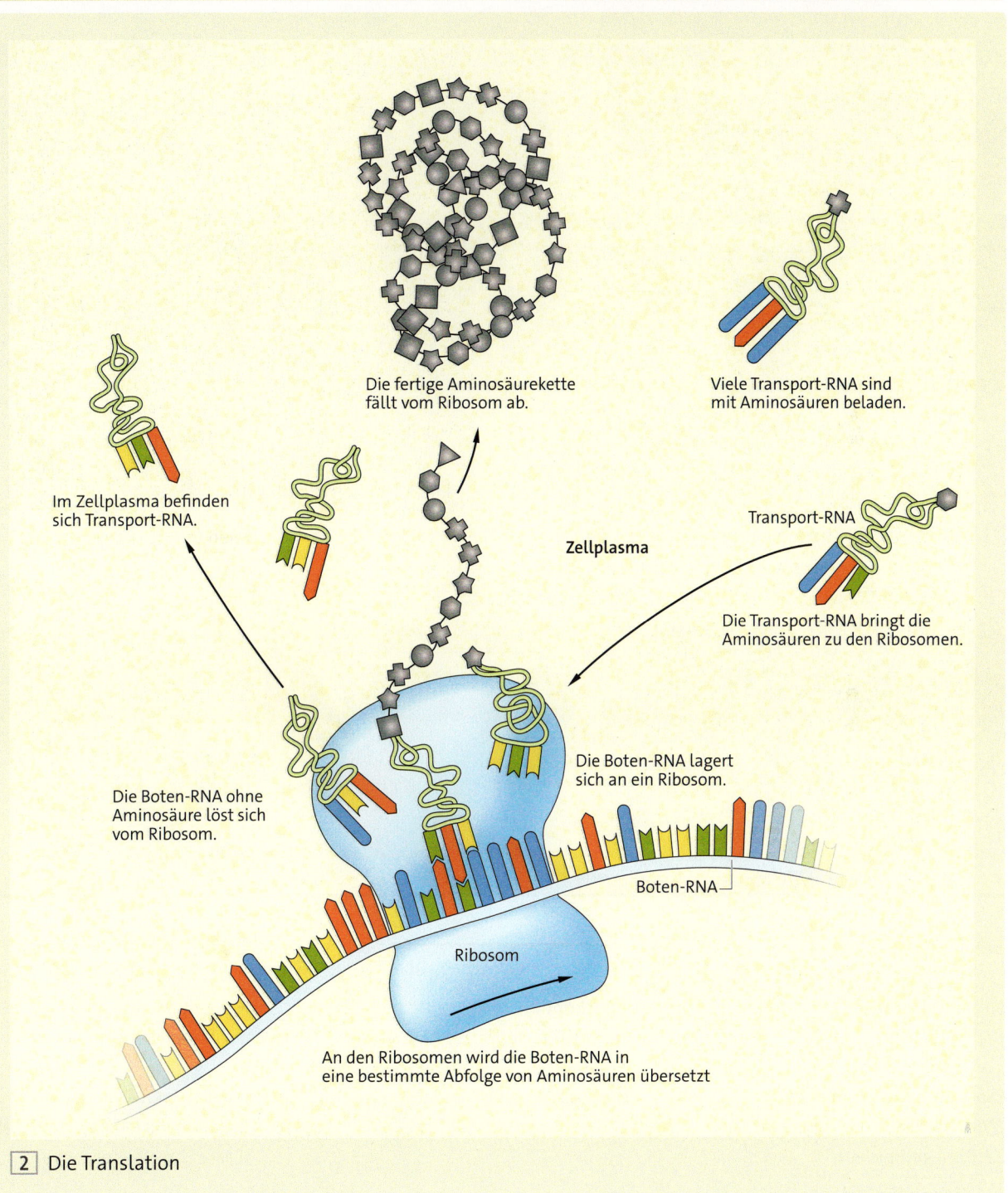

Die fertige Aminosäurekette
fällt vom Ribosom ab.

Viele Transport-RNA sind
mit Aminosäuren beladen.

Im Zellplasma befinden
sich Transport-RNA.

Zellplasma

Transport-RNA

Die Transport-RNA bringt die
Aminosäuren zu den Ribosomen.

Die Boten-RNA ohne
Aminosäure löst sich
vom Ribosom.

Die Boten-RNA lagert
sich an ein Ribosom.

Boten-RNA

Ribosom

An den Ribosomen wird die Boten-RNA in
eine bestimmte Abfolge von Aminosäuren übersetzt

2 Die Translation

Proteinbiosynthese im Überblick

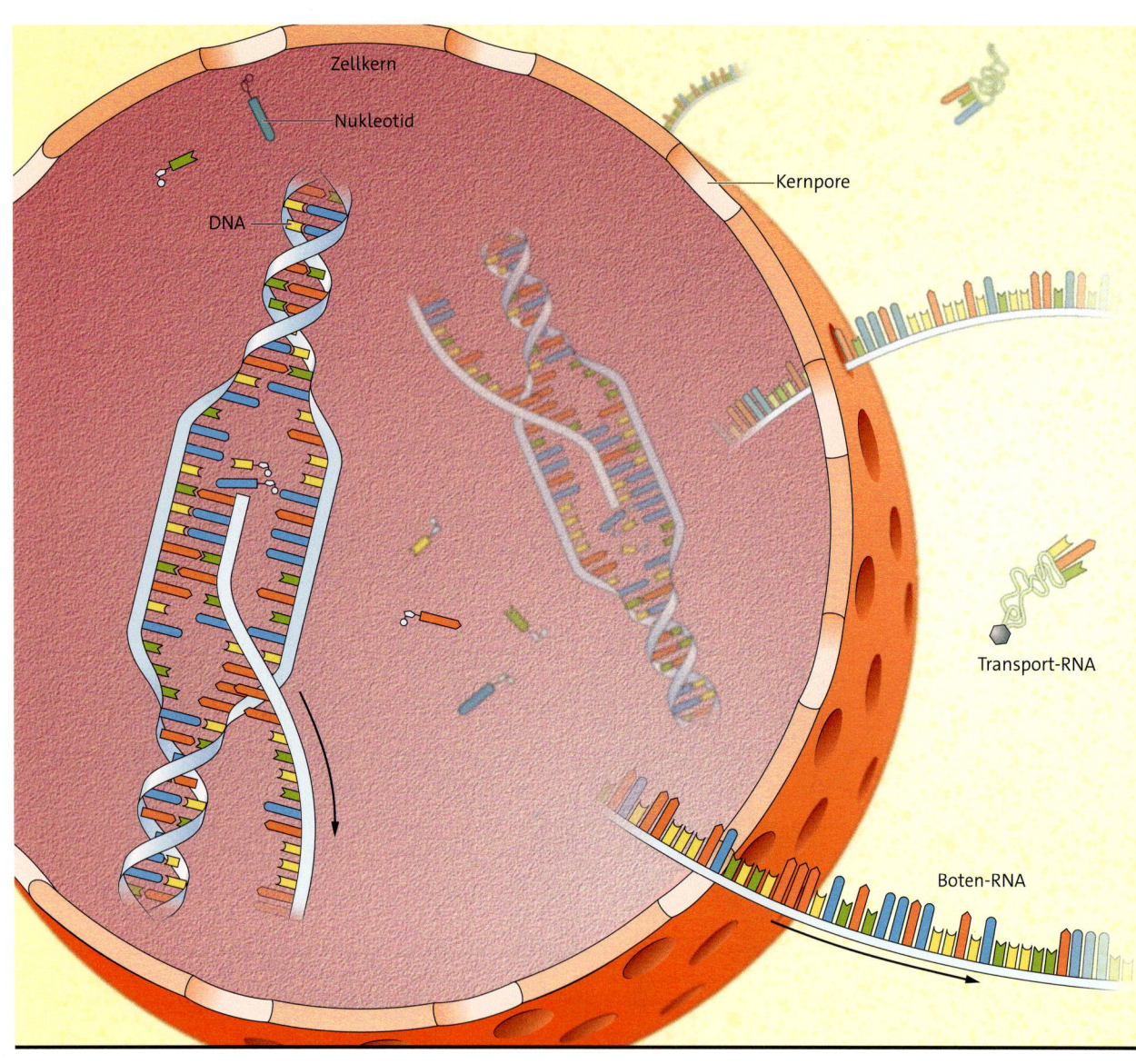

Zellkern

Nukleotid

DNA

Kernpore

Transport-RNA

Boten-RNA

DNA

Nukleotidabfolge,
doppelsträngig

Die Informationen für die
Merkmale ist in den Genen im
Zellkern gespeichert.

⟶

Transkription
Die Abfolge der Nukleotide der
DNA wird in eine Abfolge von RNA-
Nukleotiden umgeschrieben. Die
Boten-RNA wird gebildet.

Boten-RNA

Nukleotidabfolge,
einsträngig

Die Boten-RNA verlässt den
Zellkern und lagert sich im Zellplasma an ein Ribosom an.

1 Proteinbiosynthese

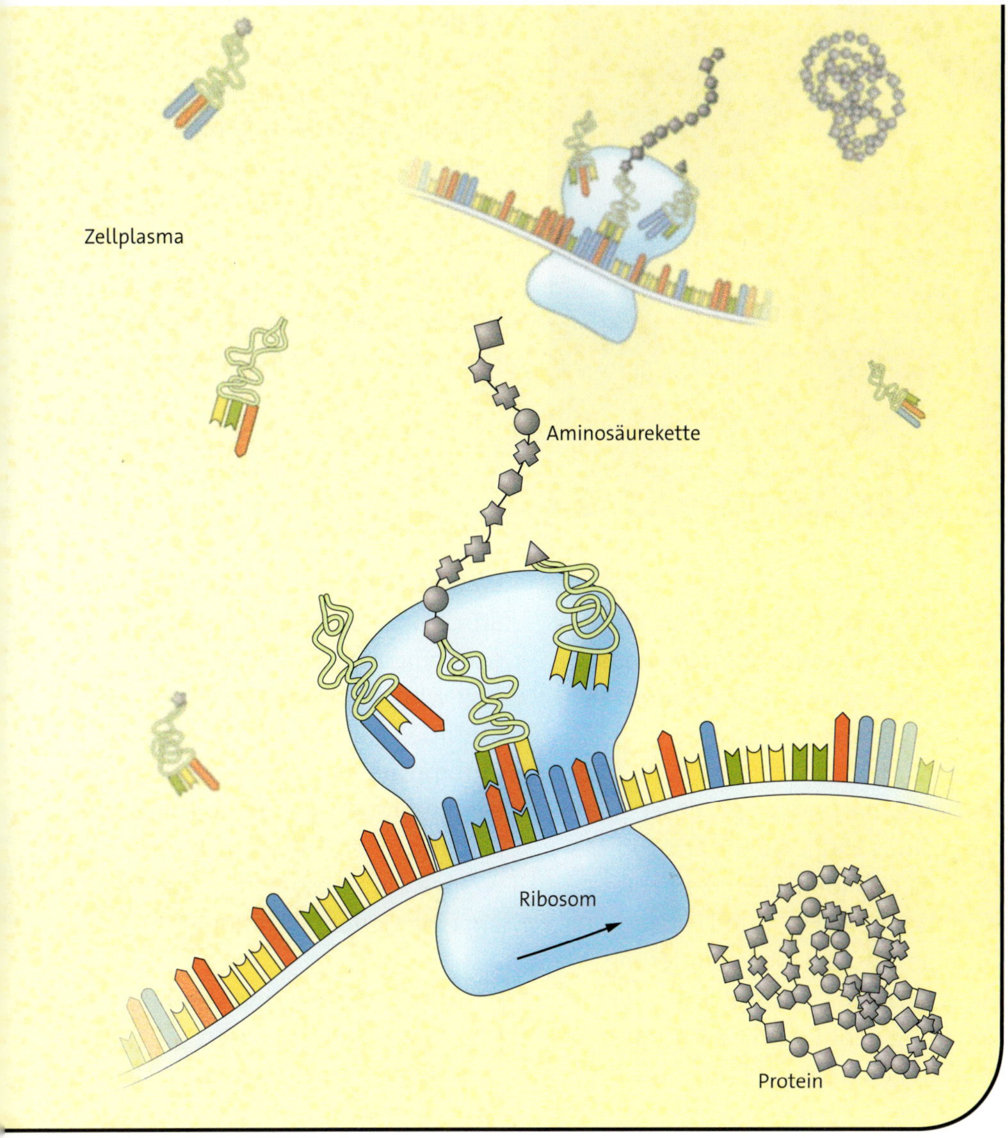

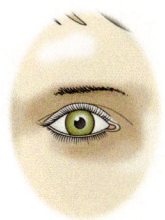

Zellplasma

Aminosäurekette

Ribosom

Protein

Protein →→→ Merkmal

Translation
Die Nukleotidabfolge der
Boten-RNA wird in eine
Aminosäurekette übersetzt.
Ein Protein wird gebildet.

Aminosäurekette

Die Aminosäurekette
bestimmt die räumliche
Struktur eines Proteins
und damit seine Funktion.

Stoffwechsel
Bestimmte Proteine, die
Enzyme, helfen bei Stoff-
wechselvorgängen. So sind
sie an der Ausprägung eines
Merkmals beteiligt.

Beispiele:
Augenfarbe
Haarfarbe

Genmutationen

1 Gorilla mit Albinismus

Snowflake war der einzige bekannte weiße Gorilla. Tiere mit Albinismus fallen besonders auf. Wie kommt es zu dieser Erscheinungsform?

5 **Mutationen** • Tiere und Menschen mit Albinismus können den Farbstoff Melanin nicht bilden. Sie haben außergewöhnlich helle Haut und Haare. → 1 Ursache dafür ist die Veränderung 10 eines einzigen Gens. Solch eine Veränderung nennt man Genmutation. Mutationen treten zufällig auf.

Geschlechtszellen • Mutationen in Geschlechtszellen der Eltern haben 15 auf sie selbst keine Auswirkung. Gelangt aber das mutierte Gen in die Zygote, tragen auch alle Körperzellen, die daraus hervorgehen, dieses Gen. Der Albinismus ist ein Beispiel dafür. 20 Die Haar- und Hautfarbe der Eltern ist normal. Die Nachkommen haben helle Haut und Haare.

Körperzellen • Mutationen in Körperzellen können entweder wirkungslos bleiben oder aber dazu führen, dass die betroffene Zelle ihre Aufgabe nicht mehr erfüllen kann. Manchmal stirbt die Zelle dann ab. Es kann aber auch passieren, dass sich die Zelle ungehemmt 30 teilt und damit zur Krebszelle wird. Die Zellen verfügen aber über ein wirkungsvolles Reparatursystem. Dieses erkennt die meisten Fehler und beseitigt sie mithilfe von Enzymen. 35 Mutationen in Körperzellen werden nicht an die Kinder vererbt.

Weitere Mutationsformen • Wenn ein Stück eines Chromosoms verloren geht oder hinzukommt oder falsch einge40 fügt wird, liegt eine Chromosomenmutation vor. Auch die Gesamtheit der Chromosomen einer Zelle, das Genom, kann betroffen sein. Befinden sich im Zellkern einer Zelle zu viele oder zu 45 wenige Chromosomen, handelt es sich um eine Genommutationen.

> Genmutationen sind Veränderungen in einem einzelnen Gen. Sie treten zufällig auf und können sowohl Körperzellen als auch Geschlechtszellen betreffen.

Aufgaben

1 ○ Erkläre den Begriff Genmutation.

2 ◑ Erläutere Auswirkungen einer Mutation von einer Geschlechtszelle und einer Körperzelle.

Material A

Genmutationen

Genmutationen sind Verän-
derungen in der Basenabfolge.
In Bild 2 sind drei Genmutationen im Vergleich zur normalen
DNA dargestellt.

1 ○ Beschreibe die Veränderungen. Benutze die Text-
  zettel als Hilfe.

2 ● Stelle Vermutungen zu
  den Folgen der Genmuta-
  tionen auf.

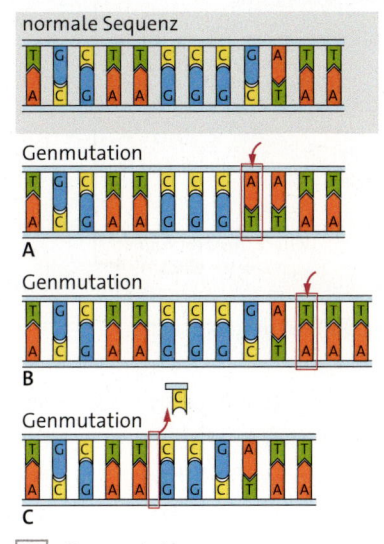

2 Genmutationen

Einzelne oder mehrere
Nukleotide gehen verloren.

Nukleotide werden aus-
getauscht.

Zusätzliche Nukleotide
werden in die DNA
eingebaut.

Material B

Sichelzellenanämie

Die Sichelzellenanämie ist
Folge einer Genmutation. Sie
führt zu einer Veränderung
des roten Blutfarbstoffs. Die
Erythrozyten nehmen in sau-
erstoffarmer Umgebung eine
Sichelform an. Sie verstopfen
dann die kleinen Blutgefäße.
Außerdem werden diese
Erythrozyten schneller abgebaut, was zu einer Blutarmut,
einer Anämie, führt. Das kann
Folgen für wichtige Organe
des Menschen haben, da sie
nicht ausreichend mit Sauerstoff versorgt werden.

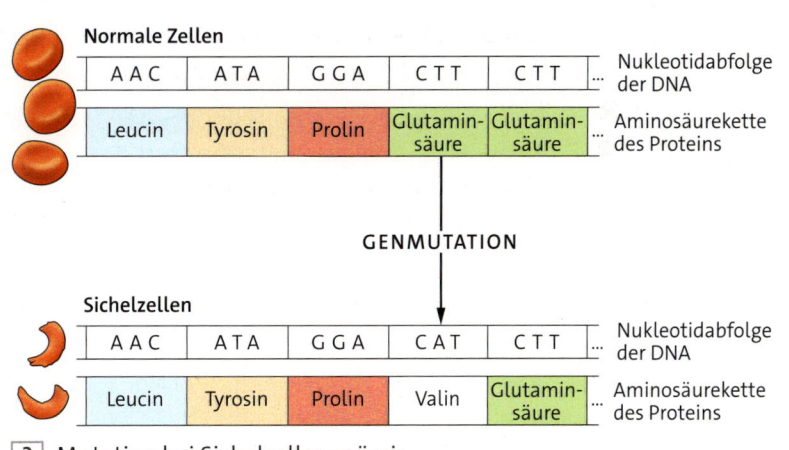

3 Mutation bei Sichelzellenanämie

1 ○ Erkläre den Zusammen-
  hang zwischen der Basenabfolge der DNA und der
  Aminosäurekette des Blutfarbstoffs.

2 ◐ Erkläre, um welche Muta-
  tionsform es sich handelt.

3 ● Erkläre Auswirkungen
  dieser Mutation auf die
  Proteinbildung.

Die erste und zweite Mendelsche Regel

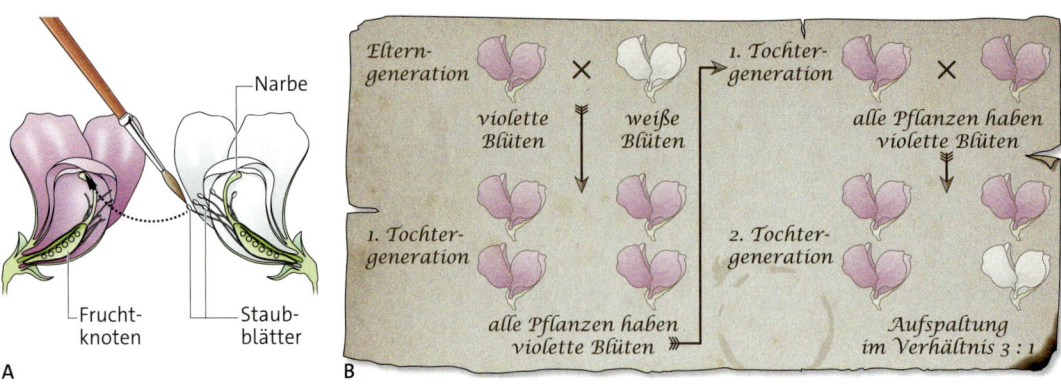

Narbe

Frucht-knoten

Staub-blätter

A

Eltern-generation

violette Blüten × weiße Blüten

1. Tochter-generation

alle Pflanzen haben violette Blüten »

1. Tochter-generation

alle Pflanzen haben violette Blüten ×

2. Tochter-generation

Aufspaltung im Verhältnis 3 : 1

B

1 Versuchsobjekt Erbse: **A** Bestäubung, **B** Kreuzungsversuche

2 Gregor Mendel (1822–1884)

Johann Gregor Mendel war Mönch und Naturforscher. Er beobachtete, dass manche Pflanzen weiß blühten, obwohl die Elternpflanzen violette
5 Blüten hatten. Daraufhin begann er zu experimentieren. Welche Entdeckungen konnte er dabei machen?

Erste Mendelsche Regel • Mendel beschränkte sich bei seinen Experimen-
10 ten zunächst auf die Beobachtung eines einzigen Merkmals, der Blüten-farbe. → **1** Einige seiner Pflanzen zeigten über mehrere Generationen hinweg die gleiche Blütenfarbe, sie
15 waren reinerbig. Er entnahm Pollen

von einer Erbsenpflanze, die weiß blühte, und bestäubte damit eine Erb-senpflanze, die violett blühte. → **1A** Aus den Samen der bestäubten Pflan-
20 ze wuchs die 1. Tochtergeneration. Alle heranwachsenden Pflanzen hatten violette Blüten. Sie waren untereinan-der gleich, also uniform. → **1B** Diese Beobachtungen seiner Versuche
25 brachten Mendel zum Nachdenken. Er führte deshalb weitere Experimente durch.

Zweite Mendelsche Regel • Mendel fragte sich nun, was mit den Anlagen
30 zur Ausprägung der weißen Blüten-farbe passiert war. Daher kreuzte er die Pflanzen der 1. Tochtergeneration untereinander. → **2B** Es entstand die 2. Tochtergeneration. Obwohl er die
35 weiße Blütenfarbe in der 1. Tochter-generation nicht finden konnte, tauchte sie in der 2. Tochtergeneration wieder auf. Statistisch hatte von vier Pflanzen eine weiße Blüten, die anderen drei
40 hatten violette Blüten. Die Anlage zur Ausprägung der weißen Blütenfarbe war erhalten geblieben. Die Pflanzen

Erste Mendelsche Regel = Uniformitätsregel
Kreuzt man zwei reinerbige Lebewesen, die sich in einem Merkmal unterscheiden, so sind die Nachkommen in der 1. Tochtergeneration in Bezug auf dieses Merkmal gleich. Alle Nachkommen in der 1. Tochtergeneration sind mischerbig.

Zweite Mendelsche Regel = Spaltungsregel
Kreuzt man die mischerbigen Lebewesen der 1. Tochtergeneration untereinander, so treten die Merkmale bei den Nachkommen in der 2. Tochtergeneration beim dominant-rezessiven Erbgang im Zahlen-verhältnis 3:1 im Phänotyp auf. Das Verhältnis der Genotypen liegt bei 1:2:1.

3 Erste und zweite Mendelsche Regel

in der 1. Tochtergeneration mussten
also die Anlagen für violette und für
45 weiße Blüten in sich getragen haben,
ohne dass die Anlagen der weißen
Blüten ausgeprägt wurden.

Dominant-rezessiver Erbgang • Bei der
1. Tochtergeneration wurde das Merk-
50 mal nicht ausgeprägt. Anlagen, die
auf jeden Fall ausgeprägt werden,
nennt man dominant. Anlagen, die
nicht ausgeprägt werden, wenn sie
gemeinsam mit einer dominanten
55 Anlage vorkommen, sind rezessiv.

Reinerbig – mischerbig • Die Lebewesen der 1. Tochtergenerationen tragen
die Anlagen für zwei Merkmale, auch
wenn nur eines ausgeprägt wird.
60 Sie sind mischerbig. Trägt ein Lebewesen zwei gleiche Anlagen, wie es bei
der Elterngeneration der Fall war, so
spricht man von reinerbigen Lebewesen.

65 **Kreuzungsschema** • Die Ergebnisse
und die Auswertung eines dominant-
rezessiven Erbgangs stellt man in
Form eines Kreuzungsschemas dar.
→ 4 5 Hier werden dominante
70 Anlagen durch Großbuchstaben, rezessive durch Kleinbuchstaben kennt-
lich gemacht. Die weiße oder violette
Blütenfarbe wird über das entsprechende Gen codiert.

> Mendel hatte erkannt, dass
> Merkmalsausbildungen in einem
> bestimmten Zahlenverhältnis
> auftreten.

4 Kreuzungsschema zur ersten
Mendelschen Regel

5 Kreuzungsschema zur zweiten
Mendelschen Regel

Aufgaben

1 ○ Erkläre die Begriffe dominant,
rezessiv, reinerbig und mischerbig.

2 ◐ Erkläre die Mendelschen Regeln
mithilfe der Bilder 4 und 5.

Die erste und zweite Mendelsche Regel

Material A

Meerschweinchen

In Zuchtvereinen verfolgt man das Ziel, immer neue Meerschweinchenrassen zu züchten. Dafür sollen beispielsweise schwarze Meerschweinchen mit weißen Meerschweinchen gekreuzt werden. Die Meerschweinchen sind auf die Fellfarbe bezogen reinerbig. Die Anlage für die Fellfarbe schwarz ist dominant.

1 ○ Erstelle Kreuzungsschemata bis zur 2. Tochtergeneration.

2 ○ Nenne das Zahlenverhältnis von Geno- und Phänotypen in der 2. Tochtergeneration.

3 ◐ Erkläre, weshalb man bei den schwarzen Meerschweinchen nicht eindeutig vom Phänotyp auf den Genotyp schließen kann.

1 | Meerschweinchen

Material B

Fellfarbe bei Mäusen

Die Zuchtform der Hausmaus kann unter anderem ein schwarzes oder ein graues Fell haben. Der Erbgang ist dominant-rezessiv.

1 Übertrage das Schema in dein Heft. → [3]
○ Notiere die Anlagen der Geschlechtszellen, die die schwarze und die graue Maus bilden.

2 ○ Ergänze in deinem Heft die fehlenden Genotypen für die Nachkommen. Male die Phänotypen passend aus.

3 ◐ Nenne die Anteile reinerbiger und mischerbiger Nachkommen. Erkläre das Ergebnis.

4 ● Man kann durch die 1. Tochtergeneration Rückschlüsse auf den Genotyp der Eltern ziehen. Stelle Vermutungen an, welche Bedeutung das für die Züchtung hat.

Eltern-generation schwarz  grau
aa Aa

1. Tochter-generation
? ? ? ?

2 | Vererbung der Fellfarbe

Intermediärer Erbgang

3 | Wunderblumen

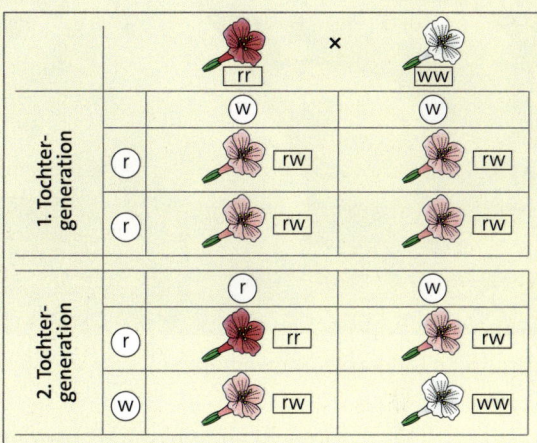

4 | Kreuzungsschema des intermediären Erbgangs

Intermediärer Erbgang • Etwa 40 Jahre nach Mendel führte der deutsche Botaniker Karl Correns Kreuzungsversuche mit Wunderblumen durch. Er kreuzte reinerbig rot blühende
5 mit reinerbig weiß blühenden Wunderblumen. Die Nachkommen hatten alle die gleiche Blütenfarbe. Sie waren also uniform und mischerbig, wie es laut der Uniformitätsregel zu erwarten war. Jedoch waren sie nicht weiß
10 oder rot, sondern rosa. Da sich keine Anlage vollständig durchsetzt, sondern das Merkmal im Erscheinungsbild zwischen den beiden Eltern liegt, spricht man von einem zwischenelterlichen oder intermediären Erbgang.

15 **2. Kreuzung** • Die mischerbigen rosa blühenden Wunderblumen der 1. Tochtergeneration kann man nun untereinander kreuzen. Dann treten in der 2. Tochtergeneration alle drei bisher aufgetretenen Phänotypen von Eltern und
20 der 1. Tochtergeneration im Verhältnis 1:2:1 auf.

Das heißt, es kommen sowohl rote, weiße als auch rosafarbene Blüten vor. Die beiden rosa blühenden Pflanzen sind dann ebenfalls mischerbig. Die weiß und rot blühenden
25 Pflanzen sind wieder reinerbig. Der Phänotyp ist also gleich dem Genotyp.

> Bei intermediären Erbgängen kann man am Phänotyp direkt den Genotyp erkennen.

Aufgabe

1 ◐ Erkläre mithilfe der 1. Tochtergeneration, worin der scheinbare Widerspruch zu Mendels Ergebnissen beim dominant-rezessiven Erbgang liegt.

2 ● Erkläre mithilfe der 2. Tochtergeneration, warum Mendels Erkenntnisse doch noch bestätigt werden.

Die dritte Mendelsche Regel

1 | Deutsche Landrasse (Schweinerasse)

In der Landwirtschaft werden immer neue Schweinerassen gezüchtet. Die Deutsche Landrasse wurde speziell für einen hohen Fleischertrag gezüchtet.
5 **Sie hat sogar eine Rippe mehr als ältere Schweinerassen. Warum?**

Kombinationszüchtung • Der Mensch ist daran interessiert, für ihn günstige Merkmale der Tiere zu verstärken. Das
10 kann durch Zucht erreicht werden. Schweine sollen zum Beispiel schnell an Gewicht zunehmen und einen hohen Fleischertrag erzielen. Dies nennt man Zuchtziele. Auch bei der Deut-
15 schen Landrasse wurden dafür verschiedene Schweinerassen gekreuzt, die schnell an Gewicht zunahmen.

Einige dieser Rassen waren braun oder gefleckt. Auch heute noch kommen in
20 einem Wurf der schnell wachsenden Deutschen Landrasse gefleckte und braune Ferkel vor. Diese Merkmale können also unabhängig mit der Gewichtszunahme kombiniert werden.
25 Was hat das mit den Erkenntnissen Gregor Mendels zu tun?

Neukombinationsregel • Mendel untersuchte Erbsenpflanzen, die sich in zwei Merkmalen, nämlich Samenfarbe und
30 Samenform, unterschieden. In einem dominant-rezessiven Erbgang kreuzte Mendel reinerbige Pflanzen mit gelben, glatten Samen mit reinerbigen Pflanzen mit grünen, runzeligen Samen. → 4
35 Die Samen der 1. Tochtergeneration waren alle uniform. Sie hatten gemäß der ersten Mendelschen Regel gelbe, glatte Samen. In der 2. Tochtergeneration ergab sich aber ein unerwartetes
40 Ergebnis. Neben den Merkmalskombinationen der Elterngeneration und der

---

Dritte Mendelsche Regel = Neukombinationsregel
Kreuzt man zwei Lebewesen, die sich in zwei (mehreren) Merkmalen reinerbig unterscheiden, treten in der 2. Tochtergeneration neben den Merkmalskombinationen der Elterngeneration neue Merkmalskombinationen auf.

2 | Dritte Mendelsche Regel

---

1. Tochtergeneration fand Mendel jetzt auch Erbsenpflanzen mit gelben, runzeligen und solche mit grünen, glatten
45 Samen. Es traten also neue Merkmalskombinationen auf. Dies geht nur, wenn die Anlagen unabhängig voneinander vererbt werden. Das ist der Fall, wenn die Anlagen auf zwei unter-
50 schiedlichen Chromosomen liegen oder durch Crossing-over voneinander getrennt wurden. Bei den Erbsen liegen beispielsweise Anlagen für Farbe und Oberflächenform der Samen auf
55 unterschiedlichen Chromosomen. Die Anlagen können also neu kombiniert werden. Daraus leitete Mendel seine dritte Regel ab, die Neukombinationsregel. → 3

60 **Variabilität** • Heute wissen wir, dass die Anlagen zur Ausprägung von Merkmalen auf den Chromosomen liegen. Während der Meiose werden die Chromosomen auf die Geschlechtszellen
65 aufgeteilt. Die Anlagen für die Ausprägung der Samenfarbe und Samenform liegen auf verschiedenen Chromosomen. Daher können sie unabhängig voneinander vererbt werden. Auch
70 durch die Kreuzung von Lebewesen, die sich in mehreren Merkmalen unterscheiden, entstehen neue Kombinationen von Merkmalen. Dadurch erhöht sich die genetische Variabilität.

> Bei der Kreuzung zweier Individuen, die sich in mehreren Merkmalen reinerbig unterscheiden, treten in der 2. Tochtergeneration neue Merkmalskombinationen auf.

3 | Kreuzungsschema zur dritten Mendelschen Regel

Aufgaben

1 ◑ Nenne die Besonderheit, die bei der 3. Mendelschen Regel auftritt.

2 ● Beschreibe Änderungen von der 1. zur 2. Tochtergeneration bei der dritten Mendelschen Regel.

Die dritte Mendelsche Regel

Züchtung von Weinreben

In der Landwirtschaft werden viele Pflanzen speziell über lange Zeiträume gezüchtet, sodass diese zum Beispiel höheren Ertrag bringen oder nicht mehr so anfällig gegenüber Schädlingen sind. Im Weinbau versuchen Winzer Rebsorten zu züchten, die vor allem gegenüber schädlichen Pilzen resistent sind. Ein Winzer hat nun eine süße, aber sehr pilzanfällige Rebsorte und eine pilzresistente Sorte mit bitteren Früchten. Die Anlagen für bitter und pilzanfällig sind dominant.

1 Betrachte das Kreuzungsschema in Bild 2. Übernimm das Kreuzungsquadrat der 2. Tochtergeneration in dein Heft.

a ○ Ergänze die möglichen Genotypen der 2. Tochtergeneration.

b ○ Nenne den Genotyp, der süß und pilzresistent ist.

c ◐ Erkläre an diesem Beispiel die 3. Mendelsche Regel.

2 ◐ Erläutere die Bedeutung der Neukombination von Merkmalen für die Züchtungsforschung.

3 ● Erkläre, in welchen Phasen der Meiose die Neukombination von Merkmalen ermöglicht wird.

1 Weinrebe

2 Kreuzungsschema

Elterngeneration Phänotyp	zuckrig (z) pilzanfällig (P)	×	bitter (Z) pilzresistent (p)	
Genotyp	zz PP		ZZ pp	
Geschlechtszellen	zP		Zp	

1. Tochtergeneration				
Kreuzungsquadrat	♀ \ ♂		Zp	
	zP		ZzPp	
Phänotyp	bitter pilzanfällig	×	bitter pilzanfällig	
Genotyp	Zz Pp		Zz Pp	
Geschlechtszellen	ZP Zp		ZP Zp	
	zP zp		zP zp	

2. Tochtergeneration Kreuzungsquadrat	♀ \ ♂	ZP	Zp	zP	zp
	ZP	?	?	?	?
	Zp	?	?	?	?
	zP	?	?	?	?
	zp	?	?	?	?
Phänotypen		? …	? …	? …	? …

Hochleistungskühe

Die moderne Hochleistungskuh wurde aus alten Rinder-
rassen gezüchtet. Für die
Kreuzung nutzte man eine
Rinderrasse, die sehr schnell-
wüchsig war, allerdings nur
wenig Milch gab. Die andere
eingekreuzte Rasse gab viel
Milch. Sie wuchs aber nur
langsam. Die Bauern wollten
eine neue Rinderrasse, die
schnell wächst und viel Milch
gibt.

Es handelt sich um einen dominant-rezessiven Erbgang.
Hohe Milchleistung und
schnelles Wachstum werden
rezessiv vererbt.

1 ◖ Überlege dir, welchen
Genotyp mit welchen Merk-
malen die Bauern züchten
möchten.

2 ● Sammle Argumente für
und gegen die Kombinati-
onszüchtung.

3 ● Wie weit darf Züchtung
gehen? Nimm Stellung zu
dieser Frage.

Hochleistungskühe Während eine Kuh 1960 noch durchschnittlich 4 000 Liter Milch im Jahr gab, geben Hochleistungskühe wie die Holsteiner Schwarzbunte heute schon bis zu 10 000 Liter Milch Das ist ein beeindruckender Zuchterfolg. Während eine ältere Rinderrasse durchaus 20 Jahre alt werden konnte, bringt es eine Hochleistungskuh heute auf nur wenige Jahre. Dann ist sie „verbraucht" und reif für den Schlachthof. Eine Kuh gibt nur 1 Jahr lang, nachdem sie ein Kalb geboren hat, Milch. Sie muss daher kontinuierlich Kälber gebären und wird deswegen bereits kurz nach dem Kalben erneut besamt. Für das Leben im Stall werden den Kühen bereits als Kälber die Hörner entfernt, damit sie sich nicht gegenseitig verletzen. Das schnelle Wachstum der Hochleistungskühe kann nur durch Fütterung mit großen Mengen an speziellem Kraftfutter erreicht werden. Für den Anbau der Pflanzen für das Kraftfutter werden große landwirtschaftliche Flächen gebraucht. Bei der Verdauung des Futters produzieren Kühe große Mengen an Treibhausgasen wie Kohlenstoffdioxid und Methan. Diese verstärken den Klimawandel. Es entstehen auch große Mengen an Gülle, die die Bauern auf ihre Felder ausbringen. Dies kann zur Überdüngung und Verschmutzung des Grundwassers führen. Durch die hohe Milchleistung der Kühe kann Milch zu sehr günstigen Preisen angeboten werden. So können sich auch ärmere Menschen diese leisten. Da die Kühe in Ställen gehalten werden und das Kraftfutter ständig verfügbar ist, kann das ganze Jahr unabhängig von Wetter und Jahreszeit Milch produziert werden.

3 Holsteiner Schwarzbunte

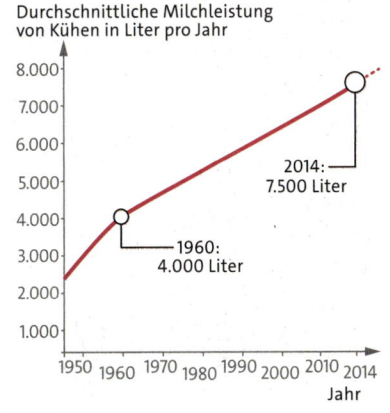

Durchschnittliche Milchleistung von Kühen in Liter pro Jahr

2014:
7.500 Liter

1960:
4.000 Liter

4 Milchleistung von Kühen

Vererbung beim Menschen

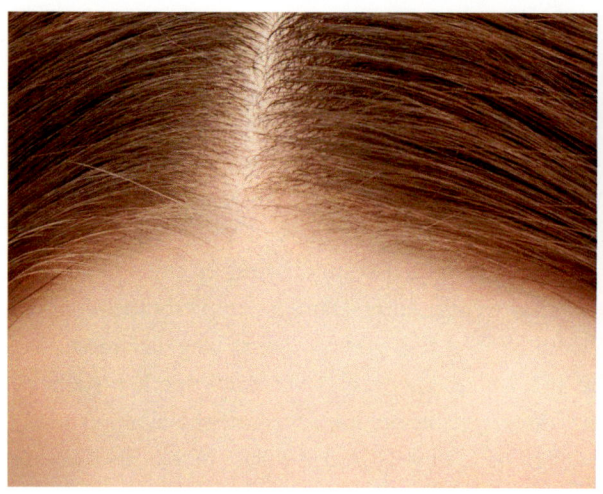 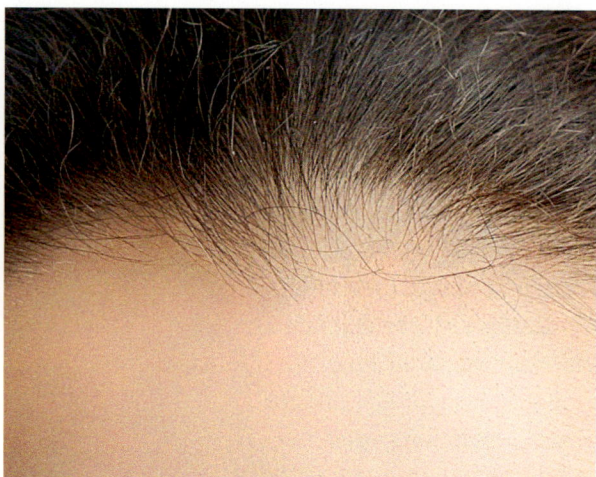

1 Gerader Haaransatz und spitz zulaufender Haaransatz

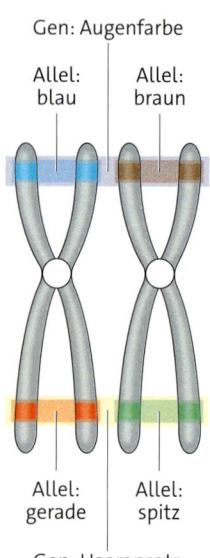

Gen: Augenfarbe

Allel: blau   Allel: braun

Allel: gerade   Allel: spitz

Gen: Haaransatz

2 Allele

Allel: unterschiedliche Ausprägungsformen eines Gens

Einige Menschen haben einen geraden Haaransatz, bei anderen erkennt man einen spitz zulaufenden Haaransatz in der Mitte der Stirn. Dieses Merkmal ⁵ **ist genetisch bedingt. Wie wird es vererbt?**

Erbgänge beim Menschen • Wie bei Pflanzen und Tieren folgen die Erbgänge beim Menschen den Mendel-¹⁰schen Regeln. Die Methoden zur Untersuchung von Erbgängen unterscheiden sich allerdings grundsätzlich, weil man mit Menschen aus ethischen Gründen keine Kreuzungsversuche ¹⁵ durchführen kann. Deswegen nutzt man andere Methoden.

Familienforschung • Eine Methode ist die Familienforschung. Hier werden einzelne Merkmale über mehrere ²⁰ Generationen verfolgt und in Form von Stammbäumen dargestellt. Mithilfe der Vererbungsregeln kann man herausfinden, wie das Merkmal vererbt wird.

Beim Allel spitzer Haaransatz handelt ²⁵ es sich um ein dominantes Allel. Alle Personen mit spitzem Haaransatz müssen daher mindestens ein dominantes Allel haben. Alle Personen mit geradem Haaransatz haben die reinerbig rezessiven Anlagen. Diese werden ³⁰ häufig mit Kleinbuchstaben, hier aa, gekennzeichnet.

Allgemeingültig • Das Wissen über die Vererbung eines bestimmten Merkmals kann auf andere Familien ³⁵ übertragen werden. Das Allel zur Ausprägung eines spitzen Haaransatzes ist immer dominant.

Aufgaben

1 ◑ Erkläre, was man unter Familienforschung versteht.

2 ○ Nenne die beiden Genotypen für eine Person mit spitzem Haaransatz.

Methode

Stammbäume lesen und auswerten

Stammbäume • Beziehungen zwischen Familienmitgliedern und das Auftreten besonderer Merkmale werden in Form eines Stammbaums dargestellt. Dabei werden Männer mit Quadraten und Frauen mit Kreisen symbolisiert. Merkmalsträger werden farbig markiert. Die Personen einer Generation werden auf gleicher Höhe angeordnet. Eltern werden durch eine waagerechte Linie zwischen den Symbolen verbunden. Von dieser Linie gehen deren Kinder, die nächste Generation, ab. → ⬚3

1. Auffällige Stellen suchen
Suche auffällige Stellen im Stammbaum, die Rückschlüsse geben, ob ein Merkmal dominant oder rezessiv vererbt werden. → ⬚4

2. Genotypen zuordnen und entscheiden
Ordne allen Personen ihre möglichen Genotypen zu und entscheide, ob das Merkmal dominant oder rezessiv vererbt wird.

Aufgabe

1 ◖ Ordne den Personen im Stammbaum die passenden Genotypen zu. → ⬚5

Symbole:

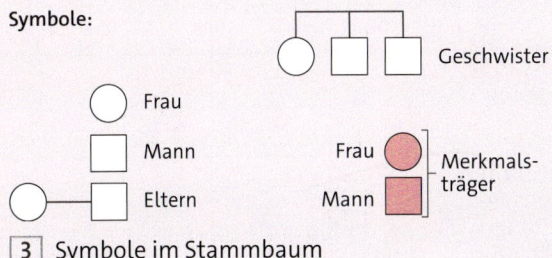

⬚3 Symbole im Stammbaum

Hinweis für ein **dominant** vererbtes Merkmal

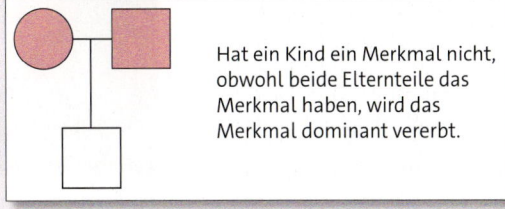

Hat ein Kind ein Merkmal nicht, obwohl beide Elternteile das Merkmal haben, wird das Merkmal dominant vererbt.

Hinweis für ein **rezessiv** vererbtes Merkmal

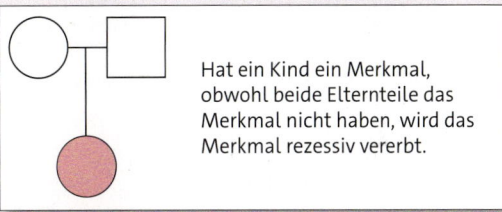

Hat ein Kind ein Merkmal, obwohl beide Elternteile das Merkmal nicht haben, wird das Merkmal rezessiv vererbt.

⬚4 Kombinationsmöglichkeiten

⬚5 Stammbaum zum Merkmal „Zungenrollen"

Vererbung beim Menschen

Ohrläppchen

Die Ohrläppchen können am unteren Rand angewachsen oder frei hängend sein. → 1 2 Das Merkmal ist genetisch bedingt. Das Allel für angewachsene Ohrläppchen ist rezessiv.

1 ⬭ Übertrage den Stammbaum in dein Heft. → 3

2 ◐ Erkläre, welche Personen im Stammbaum das Merkmal „angewachsenes Ohrläppchen" tragen. Notiere dein Ergebnis.

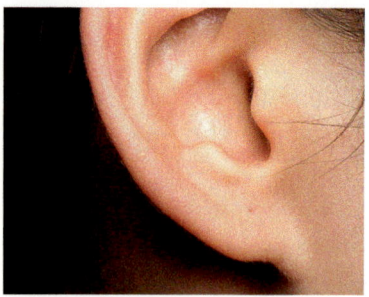

1 „Ohrläppchen angewachsen"

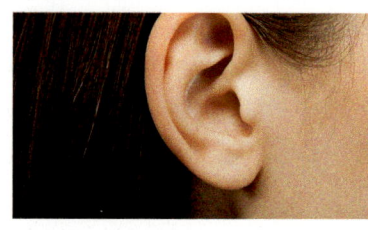

2 „Ohrläppchen frei hängend"

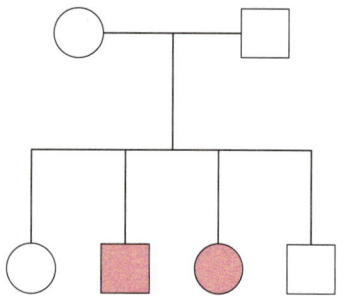

3 Stammbaum einer Familie mit dem Merkmal „angewachsenes Ohrläppchen"

 Frau  Merkmalsträgerin

Mann Merkmalsträger

4 Symbole des Stammbaums

Dominant oder rezessiv?

Aus dem Auftreten der Merkmale bei Eltern und ihren Kindern kann man ableiten, wie ein Merkmal vererbt wird.

1 ◐ Überprüfe für jeden in der Tabelle aufgeführten Erbgang, ob das Merkmal dominant oder rezessiv vererbt werden kann. → 7
Übertrage dafür jeden Erbgang zweimal in dein Heft. Verfahre wie im ersten Beispiel A. → 5 6

2 ⬭ Übertrage die Tabelle in dein Heft. → 7 Trage deine Ergebnisse ein.

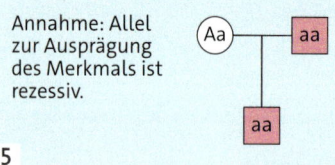

Annahme: Allel zur Ausprägung des Merkmals ist rezessiv.

5

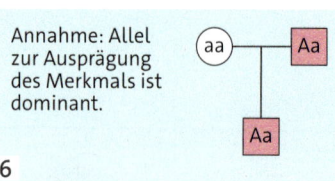

Annahme: Allel zur Ausprägung des Merkmals ist dominant.

6

Erbgang	rezessiv	dominant
A	X	X
B		
C		
D		
E		

7 Tabelle ergänzen

Gonosomaler Erbgang

Auf dem X-Chromosom liegen Erbinformationen für viele wichtige Körperfunktionen und Merkmale. Da Männer nur ein X-Chromosom besitzen, werden bei ihnen auch rezessiv vererbte Merkmale des X-Chromosoms ausgeprägt. Bei Frauen wird ein rezessives Merkmal nur ausgeprägt, wenn die Anlagen auf beiden X-Chromosomen vorliegen. Sie können jedoch rezessive Anlagen in jedem Fall an die Nachkommen weitergeben. ➞ 8

Hinweis für ein gonosomal-dominant vererbtes Merkmal des X-Chromosoms

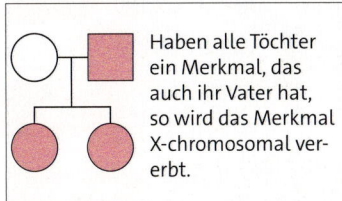

Haben alle Töchter ein Merkmal, das auch ihr Vater hat, so wird das Merkmal X-chromosomal vererbt.

Hinweis für ein gonosomal-dominant vererbtes Merkmal des Y-Chromosoms

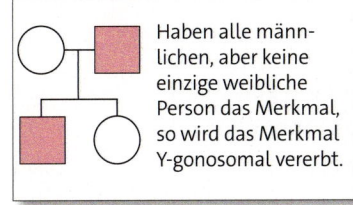

Haben alle männlichen, aber keine einzige weibliche Person das Merkmal, so wird das Merkmal Y-gonosomal vererbt.

8 Erbgang eines gonosomalen, dominanten Merkmals

1 In Bild 9 sind drei Stammbäume abgebildet.

a ◯ Begründe, bei welchem der Stammbäume es sich um einen Y-chromosomalen Erbgang handeln könnte.

b ◖ Begründe, bei welchem der Stammbäume es sich um einen X-chromosomalen Erbgang handeln könnte.

2 ● Nenne die Genotypen aller Personen im Stammbaum C. ➞ 9

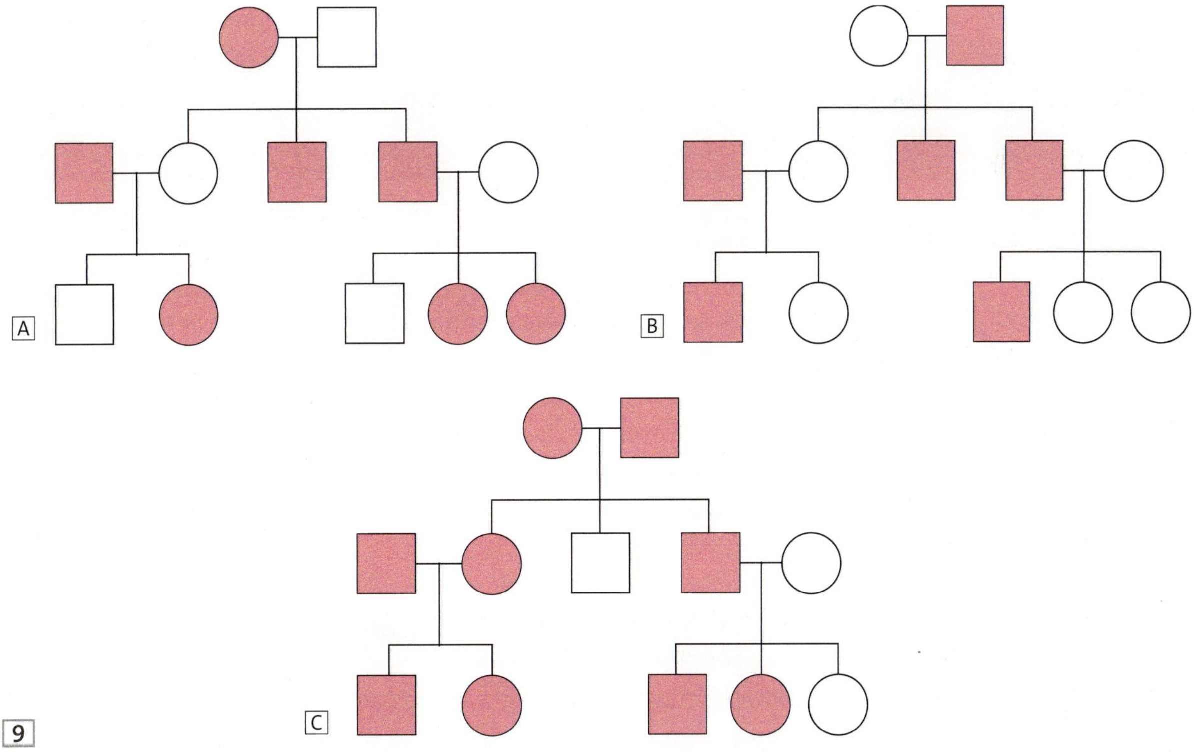

9

A

B

C

Vererbung der Blutgruppen

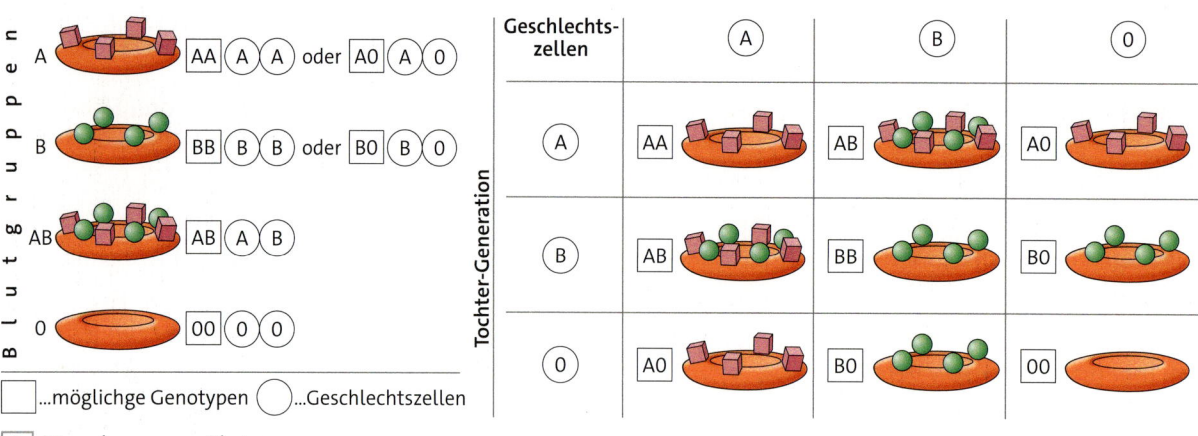

1 Vererbung von Blutgruppen

Jeder Mensch hat eine genetisch festgelegte Blutgruppe. Wie werden Blutgruppen vererbt?

Antikörper erkennen Antigene •
⁵ Erythrozyten tragen auf ihrer Oberfläche Strukturen, die der Zellerkennung dienen, die Antigene. → 1 Diese legen die vier Blutgruppen A, B, AB und 0 fest. Bei einem Menschen mit der Blut-
¹⁰ gruppe A tragen die Erythrozyten das Antigen A auf ihrer Oberfläche.

Kodominant • Das Antigen auf der Zelloberfläche der Erythrozyten ist kein Gen. Es handelt sich um Zucker-Eiweiß-
¹⁵ Ketten, die der Zellerkennung dienen. Das Antigen wird aber durch ein Gen codiert. Das Gen liegt in drei verschiedenen Allelen vor: A, B und 0. Je nach Kombination der Allele wird entweder
²⁰ die Blutgruppe A, B, AB oder 0 ausgebildet. Die Anlagen für A und B sind gegenüber 0 dominant. Die Blutgruppe 0 kann also nur ausgeprägt werden, wenn die rezessiven Anlagen reinerbig
²⁵ vorliegen. Für die Blutgruppe A und B

gibt es jeweils zwei mögliche Genotypen: AA oder A0 und BB oder B0. Die Blutgruppe AB wird beim Genotyp AB gebildet. Hier wirken A und B gleicher-
³⁰ maßen dominant und prägen Antigen A und B auf der Oberfläche der Erythrozyten aus. Erbgänge, die zu solch einem Ergebnis führen, sind kodominant. Die Vererbung folgt den Mendelschen
³⁵ Regeln.

Rhesussystem • Neben dem AB0-System gibt es auch noch das Rhesussystem. Es wurde nach einem Protein auf den Erythrozyten von Rhesusaffen benannt.
⁴⁰ Dieses Protein wird Rhesusfaktor genannt und kann bei Bluttransfusionen Verklumpungen verursachen. Der Rhesusfaktor wird dominant vererbt, sodass die meisten Menschen
⁴⁵ rhesuspositiv, Rh+, sind.

Aufgabe

1 🔹 Nenne die möglichen Genotypen der Blutgruppen A, B, AB und 0.

Material A

Vererbung der Blutgruppen

Die Blutgruppen werden nach den Mendelschen Regeln vererbt.

1 ○ Übertrage den Stammbaum A in dein Heft. Ordne den Kindern die möglichen Genotypen zu.

2 ◐ Übertrage den Stammbaum B in dein Heft. Ermittle die möglichen Genotypen und Phänotypen der Kinder. Erkläre den Unterschied zu Stammbaum A.

3 ◐ Erstelle zusätzlich zum Stammbaum A zwei weitere Stammbäume, bei denen die Eltern die Blutgruppe A und B haben. → 2C Ermittle auch hier die möglichen Blutgruppen der Kinder.

4 ○ Nenne den Genotyp mit der Blutgruppe A, deren Kind die Blutgruppe B hat.

5 ○ Erkläre, ob es möglich ist, dass eine Frau mit der Blutgruppe A und ein Mann mit der Blutgruppe B ein Kind mit der Blutgruppe 0 haben können.

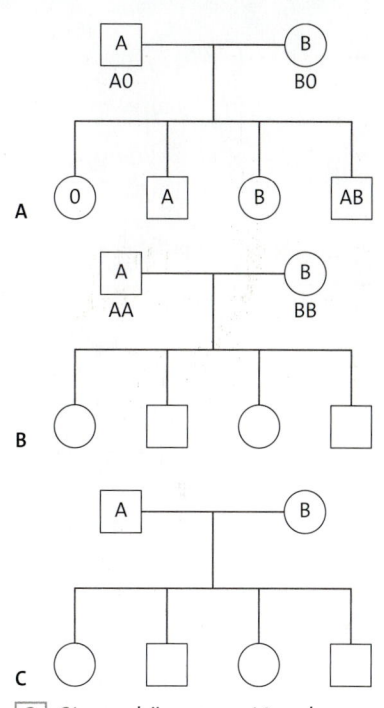

2 Stammbäume zur Vererbung der Blutgruppen

Material B

Stammbaumanalyse

1 ◐ Nenne die im Stammbaum fehlenden, mit Fragezeichen markierten Blutgruppen.

2 ● Begründe mithilfe eines Kreuzungsschemas, mit welcher Wahrscheinlichkeit ein zweites Kind der Eltern 7 und 8 die Blutgruppe B erben könnte.

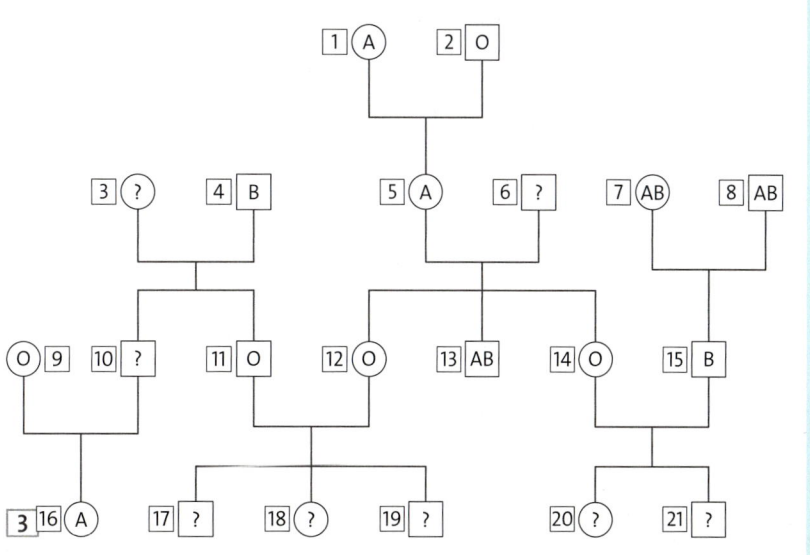

Genetisch bedingte Erkrankungen

1 Viele Menschen mit Down-Syndrom können ein weitgehend eigenständiges Leben führen.

Weltweit leben zirka 5 Millionen Menschen mit dem Down-Syndrom. Was ist die Ursache?

Verschiedene Symptome • Menschen
5 mit dem Down-Syndrom erkennt man an charakteristischen Merkmalen.
→ **1** Sie haben ein eher rundes Gesicht und schmale, bisweilen leicht schräg sitzende Augen. Ihre Hände
10 sind etwas breiter und die Finger kürzer. Sehr häufig treten Herzfehler auf. Durch ein geschwächtes Immunsystem sind betroffene Menschen anfälliger für Infektionskrankheiten. Wenn
15 gleichzeitig verschiedene Symptome vorliegen, nennt man das Syndrom. Menschen mit Down-Syndrom sind ein wichtiger Teil unserer Gesellschaft. Sie gehen wie andere Kinder und Ju-
20 gendliche ganz normal in die Schule,

verabreden sich mit Freunden, machen eine Ausbildung oder arbeiten ganz geregelt in Betrieben und Ämtern. Diese Integration von Kindern und
25 Erwachsenen in die Gesellschaft bezeichnet man als Inklusion.

Geistige und motorische Entwicklung • Kinder mit Down-Syndrom sind in ihrer geistigen und körperlichen Entwicklung
30 langsamer. So lernen sie zum Beispiel später sprechen als andere Kinder. Wenn die Kinder früh gefördert werden, können sie jedoch ihre individuellen Möglichkeiten gut ausschöpfen. Die
35 Entwicklung verläuft sehr individuell. Manche Menschen mit Down-Syndrom brauchen ihr Leben lang Hilfe, andere können ein weitgehend eigenständiges Leben führen. Sie sind sehr hilfsbereit
40 gegenüber anderen Menschen.

Ursachen • Menschen mit Down-Syndrom haben 47 Chromosomen statt 46 in jeder Körperzelle. Bei ihnen ist das Chromosom 21 dreifach vorhan-
45 den. Daher wird diese genetisch bedingte Erkrankung auch als Trisomie 21 bezeichnet. → 2 Es handelt sich also um eine Genommutation. Das zusätzliche Chromosom bewirkt, dass man-
50 che Gene vermehrt und andere vermindert ausgeprägt werden. Meistens stammt das zusätzliche Chromosom von der Eizelle. Der Grund hierfür ist eine Fehlverteilung der Chromosomen
55 bei der Meiose.

Katzenschreisyndrom • Die vom Katzenschreisyndrom betroffenen Kinder erkennt man daran, dass sie nach der Geburt in charakteristisch hohen
60 Tönen schreien. In vielen Fällen bleiben sie in ihrer geistigen Entwicklung zurück. Ursache für das Katzenschreisyndrom ist das Fehlen eines kleinen Stücks des Chromosoms 5. → 3
65 Es handelt sich also um eine Chromosomenmutation. Wie auch bei der Trisomie 21 ist das Katzenschreisyndrom nicht heilbar, da sich der genetische Defekt in jeder Zelle des Körpers
70 befindet. Die Symptome können aber durch medizinische Behandlung und individuelle Förderung abgemildert werden.

> Veränderungen in der Anzahl oder der Struktur der Chromosomen führen zu genetisch bedingten Erkrankungen.

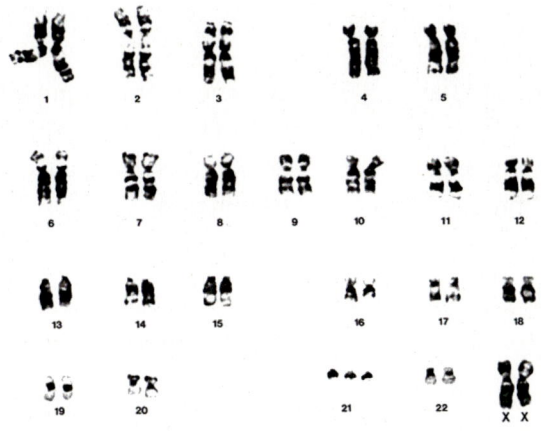

2 Karyogramm einer Trisomie 21

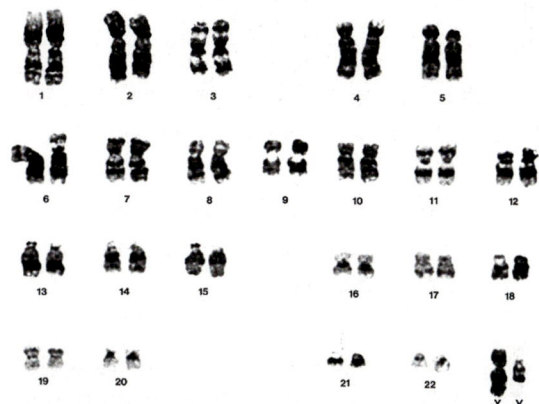

3 Karyogramm beim Katzenschreisyndrom

Aufgaben

1 ◗ Erkläre den Begriff Syndrom.

2 ◗ Vergleiche die Ursachen für die Trisomie 21 und das Katzenschreisyndrom. → 2 3

Genetisch bedingte Erkrankungen

Material A

Down-Syndrom-Risiko

Alle Untersuchungen bestätigen einen Zusammenhang zwischen dem Alter der Mutter und der Wahrscheinlichkeit, ein Kind mit Down-Syndrom zu bekommen.

1 ○ Erkläre, was ein Risiko 1:400 bedeutet.

2 ◑ Beschreibe das Diagramm.

3 ◑ Werte das Diagramm aus.

> Die Bildung der späteren Eizellen beginnt bei einer Frau bereits während ihrer Embryonalentwicklung. Mit steigendem Alter der Frau altern also auch ihre Eizellen. Es erhöht sich die Wahrscheinlichkeit einer fehlerhaft ablaufenden Meiose.

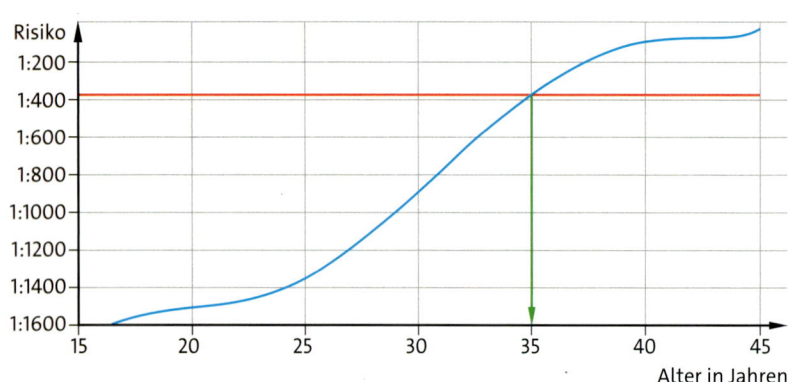

1 Einfluss des Alters der Mutter

Material B

Fehler bei der Meiose

Fehler in der Meiose können dazu führen, dass die Anzahl der Chromosomen verändert ist. Entweder entstehen Geschlechtszellen, die ein Chromosom zu viel oder zu wenig haben. Nach der Befruchtung ist das entsprechende Chromosom dann dreimal (Trisomie) oder nur einmal (Monosomie) vorhanden.

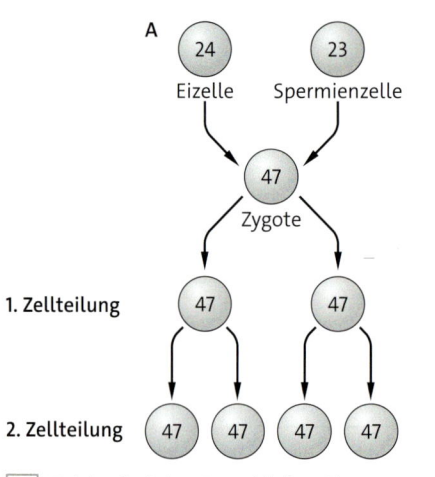

2 Fehler bei der Anzahl der Chromosomen in jeder Zelle

1 ○ Ordne den Bildern A und B die Begriffe Trisomie und Monosomie begründet zu.

2 ○ Erkläre, welche Veränderung dem Down-Syndrom zugrunde liegt.

3 ◑ Nenne genau den Vorgang, bei dem es zur Fehlverteilungen der Chromosomen kommen kann.

Vorgeburtliche Diagnostik

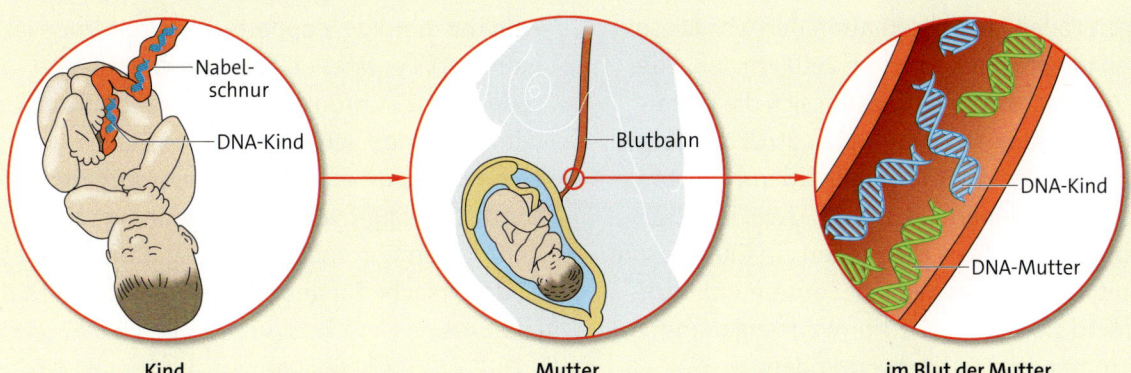

Kind   **Mutter**   **im Blut der Mutter**

3   Im Blut der Mutter befindet sich während der Schwangerschaft auch DNA des Kindes.

DNA-Bluttest • Heute besteht die Möglichkeit, schon vor der Geburt das Genom des Kindes untersuchen zu lassen. Wenn im Rahmen von vorgeburtlichen Untersuchungen eine erhöhte
5 Wahrscheinlichkeit einer Trisomie 21 erkannt wird, kann seit 2012 ein für Mutter und Kind risikofreier Test durchgeführt werden. Dafür entnimmt man ab der 10. Schwangerschaftswoche etwas Blut. Hierin befinden sich neben
10 der DNA der Mutter kleine DNA-Stücke des Kindes, die über die Nabelschnur in die mütterliche Blutbahn übergetreten sind. → 3
Die kleinen Stücke werden dem mütterlichen Blut entnommen, im Labor vervielfältigt und
15 sortiert und den einzelnen Chromosomen zugeordnet. Aus dem Vergleich kann mit hoher Sicherheit eine Aussage über eine vorliegende Trisomie 21 getroffen werden.

Herausforderungen • In Zukunft müssen sich
20 werdende Eltern verstärkt damit auseinandersetzen, was sie über ihr Kind wissen möchten. Forscher können schon heute das gesamte

Genom des Kindes entschlüsseln. Sie erkennen viele genetisch bedingte Erkrankungen,
25 die im späteren Leben ausbrechen könnten – oder auch nicht. Das Verfahren ist noch sehr teuer und in Deutschland auch verboten. Die entscheidende Frage ist aber, wie die Gesellschaft mit diesen Möglichkeiten umgeht und
30 welche Einstellung sie zu Menschen mit Beeinträchtigung haben wird.

> Neue diagnostische Verfahren können Auskunft über die Wahrscheinlichkeiten genetisch bedingter Erkrankungen geben.

Aufgaben

1   ◐ Erkläre die Durchführung des DNA-Bluttests. → 3

2   ● Nenne Möglichkeiten und Herausforderungen, die die Weiterentwicklungen in der vorgeburtlichen Diagnostik mit sich bringen.

Zusammenfassung

Zellkern und Vererbung • Der Zellkern enthält die Erbinformationen in der DNA. Diese liegt in langen Fäden, den Chromatinfäden, vor. Diese Fäden liegen ungeordnet im Zellkern. Im Laufe des Zellwachstums verdichten sich die wirren Chromatinfäden zu geordneten Strukturen, den Chromosomen. Ein Chromatinfaden verdichtet sich dabei zu einem Chromatid. Zwei identische Chromatiden bilden zusammen ein Chromosom. Damit die Chromatiden nicht auseinanderdriften, sind sie etwa im Zentrum am sogenannten Zentromer miteinander verbunden.

Mitose und Zellteilung • In der Mitose teilt sich der Zellkern. Dabei werden die Chromatiden des Chromosoms getrennt und geordnet auf die Zellpole verteilt. Durch die anschließende Teilung des Zellplasmas entstehen zwei erbgleiche Tochterzellen.

Erbinformation • Die Erbinformation aller Lebewesen ist die DNA. Sie besteht aus einem Doppelstrang und ist aus Nukleotiden aufgebaut. Die Erbinformation ist in der Abfolge der vier verschiedenen Basen gespeichert.

1 | Watson und Crick mit ihrem DNA-Modell

Bildung der Geschlechtszellen • Bei der Meiose finden zwei Teilungen nacheinander statt. Dabei wird der diploide, doppelte, Chromosomensatz halbiert. Es entstehen haploide Geschlechtszellen mit 23 Chromosomen. Die Erbinformation wird dabei neu gemischt. Bei der Meiose kommt es zur Neukombination von Chromosomen. Durch Crossing-over werden Gene zwischen homologen Chromosomen ausgetauscht. Dies ist die Ursache für genetische Vielfalt innerhalb einer Art.

Vom Gen zum Merkmal • Gene enthalten die Bauanleitung für ein Protein. Die Reihenfolge der Basen auf der DNA bestimmt die Reihenfolge der Aminosäuren im Protein. Proteine besitzen als Enzyme sowie als Bau- und Botenstoffe wichtige Aufgaben im Körper. Sie sind an der Ausbildung von Merkmalen beteiligt.

Veränderung der Erbinformation • Mutationen sind spontane und ungerichtete Veränderungen der Erbinformation. Man unterscheidet Gen-, Genom- und die Chromosomenmutationen.

Vererbungsregeln • Gregor Mendel formulierte nach einer Vielzahl von Kreuzungsversuchen die ersten Vererbungsregeln. Er stellte aufgrund seiner Experimente die Uniformitätsregel, die Spaltungsregel und die Neukombinationsregel auf.

Erbinformation

1 ◯ Beschreibe den Aufbau eines Chromosoms.

2 ◯ Beschreibe das Karyogramm eines gesunden Menschen.

3 ◯ Benenne die in Bild 2 mit Ziffern gekennzeichneten Bausteine der DNA.

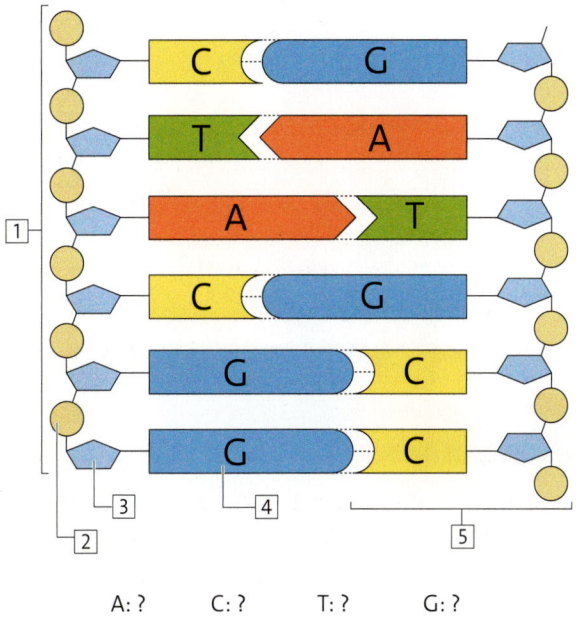

A: ?   C: ?   T: ?   G: ?

2 Bau der DNA

4 ◖ Erkläre, was man unter komplementärer Basenpaarung versteht.

5 ◯ Nenne die 4 Phasen der Mitose und beschreibe sie je in Stichworten.

6 ◖ Erkläre die Bedeutung der Zellteilung und des Zellwachstums für das Wachstum des Körpers.

7 ◖ Erkläre die Bedeutung der Meiose für die genetische Vielfalt.

Vom Gen zum Merkmal

8 ◯ Erkläre, was man unter einem Gen versteht.

9 ◯ Erkläre die Begriffe Genotyp und Phänotyp.

10 ◖ Beschreibe den Weg vom Gen zum Merkmal.

11 ◯ Nenne den Ort der Transkription und den Ort der Translation in der Zelle.

Veränderung von Erbinformationen

12 ◖ Erkläre die Unterschiede zwischen Genommutation und Genmutation.

Vererbung

13 ◯ Nenne die drei Mendelschen Regeln und erkläre sie kurz.

14 ◖ Stelle ein Kreuzungsschema für einen dominant-rezessiven Erbgang zweier reinerbiger Mäuse auf, die sich im Merkmal Fellfarbe unterscheiden. Braun ist dabei dominant über Weiß.

Biowissenschaften

In der Gentechnik greift der Mensch gezielt in das Erbgut ein. Wie ist das möglich und welche Verfahren gibt es?

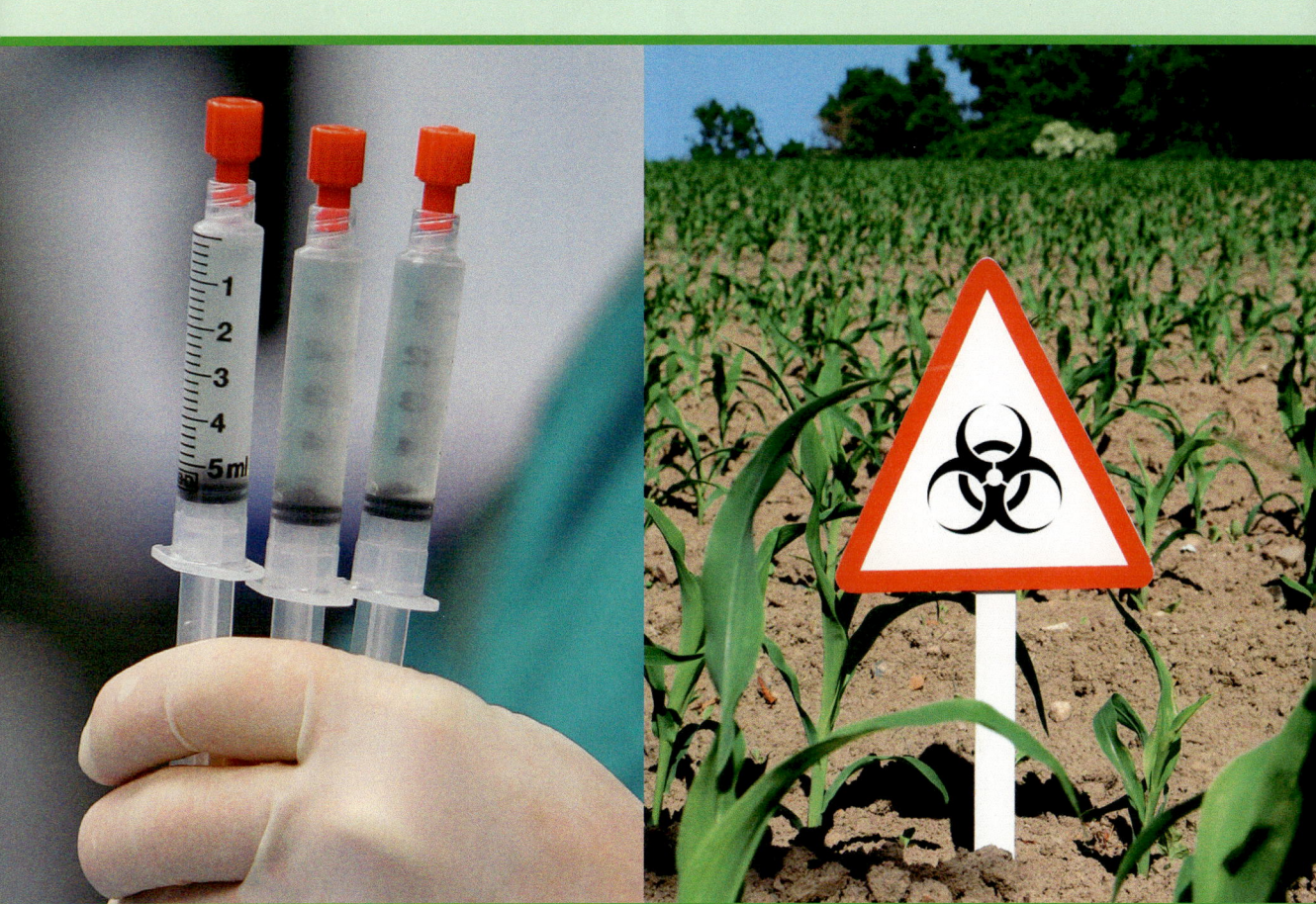

Welche Anwendung findet die Gentechnik in der Medizin?

Was sind transgene Pflanzen und wie entstehen sie?

Gentechnik in der Medizin

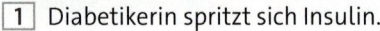
1 Diabetikerin spritzt sich Insulin.

2 Herstellung von Insulin in einem Bioreaktor

In der Gentechnik werden gezielt Eingriffe in das Erbgut eines Organismus vorgenommen. Welchen Nutzen hat der Mensch davon?

5 **Rote Gentechnik** • Ein Einsatzgebiet der Gentechnik ist die Medizin. Hier wird sie zur Erkennung und Behandlung von Krankheiten und zur Entwicklung von Medikamenten genutzt. Die medi-
10 zinische Nutzung der Gentechnik wird auch als Rote Gentechnik bezeichnet.

Behandlung von Diabetes • Diabetiker können nicht genügend Insulin bilden. Die Aufnahme von Zucker in die
15 Zellen ist gestört. Daher müssen sich Diabetiker Insulin spritzen. → 1
Früher hat man das Insulin aus Schweinen gewonnen. Der Einsatz von tierischem Insulin war möglich, weil es
20 dem menschlichen Insulin ähnlich ist. Jedoch kam es immer wieder zu Unver-

träglichkeiten. Heute wird Insulin mithilfe von Bakterien hergestellt. Dieses Insulin ist besser verträglich und kann
25 außerdem in großen Mengen günstig hergestellt werden. → 2

Ein Code für alle • Bakterienzellen unterscheiden sich zwar von menschlichen Zellen, doch sind sie in der Lage, Insulin
30 herzustellen. Das kann nur funktionieren, wenn die Bakterien die genetische Information für das menschliche Insulin auch „lesen" können. Dies ist tatsächlich der Fall, denn die Abfolge der Basen A,
35 C, G und T hat in einem Bakterium die gleiche Bedeutung wie bei einem Menschen. Egal ob Pilz, Hefe, Bakterium oder Mensch, der genetische Code ist für alle Lebewesen gleichermaßen
40 gültig. Man bezeichnet den genetischen Code daher auch als universell. Aber wie überträgt man die Erbinformation auf Bakterien?

Genfähre • Bakterien haben neben dem
45 Bakterienchromosom zusätzlich kleine
DNA-Ringe, die Plasmide.→ 3 Da
Plasmide relativ einfach aus Bakterien
entfernt und wieder in sie eingefügt
werden können, kann man sie als „Gen-
50 fähre" nutzen. Dafür muss man das
menschliche Gen für Insulin in die
Plasmide der Bakterien einbauen. Die
Übertragung von Genen zwischen verschiedenen Arten wird als horizontaler
55 Gentransfer bezeichnet.

Gentechnisch veränderte Bakterien • Aus
einer menschlichen Zelle der Bauchspeicheldrüse wird mit einem Schneide-
enzym das Insulingen herausgeschnit-
60 ten. → 3 Dann werden der Bakterienzelle auf die gleiche Weise Plasmide
entnommen. Wenn das Insulingen
dieselben „Schnittstellen" wie das Plasmid hat, fügt es sich in dieses ein. Die
65 Schnittstellen werden durch ein Bindeenzym verbunden. Das neu kombinierte
Plasmid enthält DNA von Bakterien und
Menschen. Nach Rückführung dieses
Plasmids in das Bakterium ist ein gen-
70 technisch veränderter Organismus entstanden. Organismen, denen ein DNA-
Abschnitt eines anderen Lebewesens in
das eigene Erbgut eingesetzt wurde,
bezeichnet man als transgen. Die Bak-
75 terien mit dem Insulingen werden in
einem Bioreaktor vermehrt und dann
zerstört, um das Insulin zu gewinnen.

> Die Rote Gentechnik wird in der
> Medizin genutzt. Durch horizonta-
> len Gentransfer können transgene
> Organismen erzeugt werden.

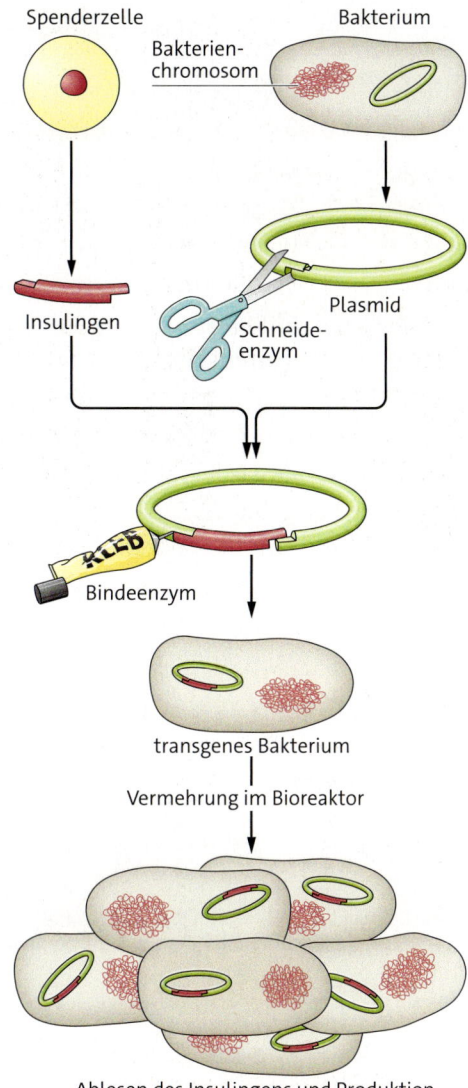

3 Gentechnische Herstellung von Insulin

Aufgaben

1 ○ Erkläre den Begriff Rote Gentechnik.

2 ◐ Erläutere die gentechnische Herstellung von Insulin.

441

Gentechnik in der Medizin

Medikamente aus Milch

Heute gibt es auch schon gentechnisch veränderte Tiere.
Aus der Milch transgener
Schafe, Ziegen, Kühe und
Kaninchen lassen sich medi-
zinisch wertvolle Wirkstoffe
gewinnen. Seit 2006 gibt es
den auf diese Weise hergestellten Wirkstoff Antithrombin.
Antithrombin ist ein Protein,
das die Blutgerinnung hemmt.
Es verhindert damit die Verstopfung der Blutgefäße.

Durch verschiedene Erkrankungen kann der Antithrombinwert
beim Menschen zu niedrig sein.
Daher ist der Wirkstoff ein
wichtiges Medikament.
Für die Herstellung des Wirk-
stoffs wird ein menschliches
Gen für Antithrombin in einen
Ziegenembryo eingeschleust.
Das Antithrombin wird nur in
den Milchdrüsen der Ziege
gebildet. Aus der Milch wird
anschließend der Wirkstoff
gewonnen. Das so gewonnene
Antithrombin ist für den
Menschen gut verträglich.

1 ○ Nenne transgene Tierarten, die für die Herstellung
von Medikamenten verwen-
det werden.

2 ◗ Erkläre, wie transgene
Tiere entstehen.

3 ◗ Erkläre, welche Aufgabe
Antithrombin im Körper des
Menschen hat.

4 ◗ Erkläre, an welcher Stelle
der Gewinnung von Anti-
thrombin ein gentechni-
scher Eingriff stattfindet.

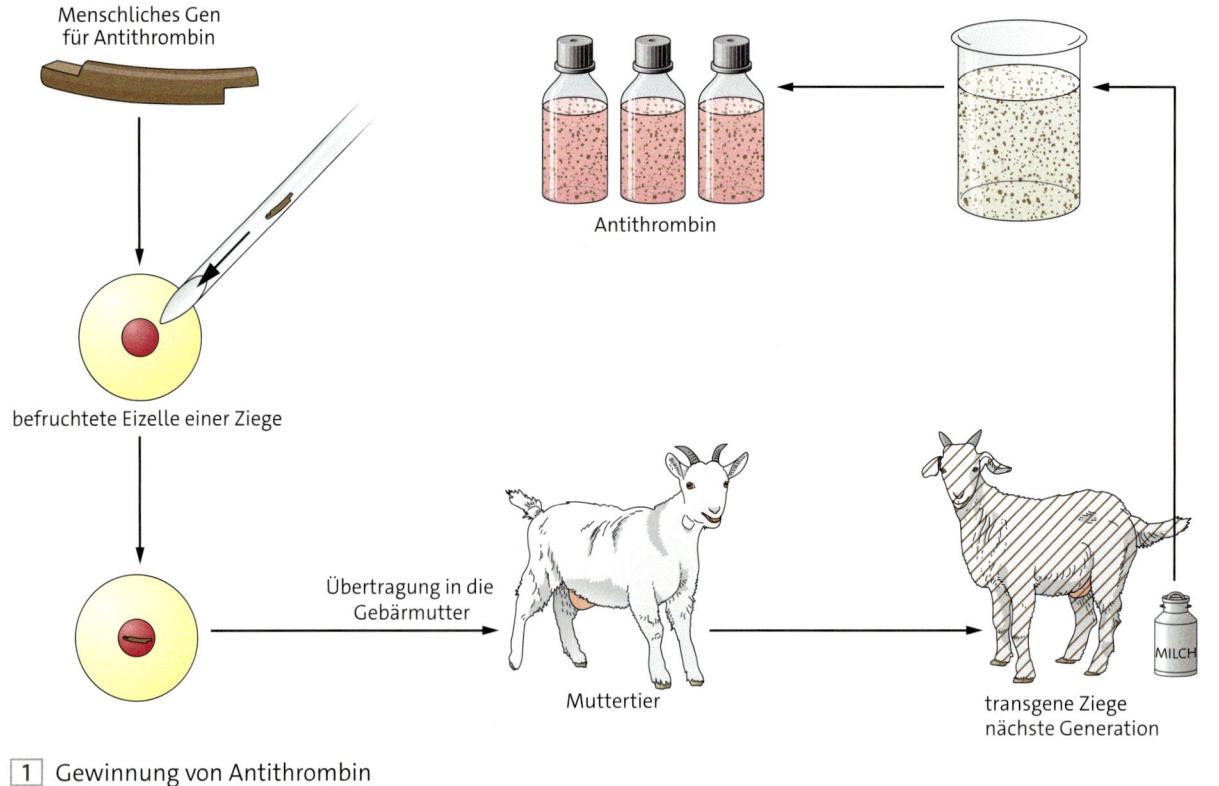

Menschliches Gen
für Antithrombin

Antithrombin

befruchtete Eizelle einer Ziege

Übertragung in die
Gebärmutter

Muttertier

transgene Ziege
nächste Generation

MILCH

1 Gewinnung von Antithrombin

Gentherapie und Stammzellentherapie

Gentherapie • Als Gentherapie bezeichnet man das Einfügen von Genen in Zellen oder Gewebe eines Menschen, um Erbkrankheiten oder Gendefekte zu behandeln. Dabei handelt
5 es sich um eine relativ neue Methode. Sie zielt darauf ab, die Zielzelle durch den Austausch des defekten mit einem intakten Gen in die Lage zu versetzen, für den Organismus wichtige Proteine herzustellen. Ein Virus dient da-
10 bei als Genfähre. Viren haben die Eigenschaft, ihre Gene in menschliche Zellen einzuschleusen. Diese Eigenschaft nutzt man hier, um das gesunde Gen in die Zelle zu bringen.

Hoffnung bei Mukoviszidose • Bei dieser un-
15 heilbaren Krankheit leiden die Betroffenen daran, dass Schleim die Atemwege und andere Organe verstopft. Ursache ist ein Gendefekt. Das Protein für die Verflüssigung von Schleim fehlt. Bei der Gentherapie wird das intakte
20 Gen aus einer Spenderzelle in den Körper der Betroffenen zum Beispiel mithilfe einer viralen Genfähre eingeschleust. Das Protein für die Verflüssigung kann von den Zellen nun gebildet werden. Noch ist die Gentherapie kein All-
25 heilmittel. Es wird weiter daran geforscht in der Hoffnung, zukünftig weitere unheilbare Krankheiten zu behandeln.

Stammzellentherapie • Ein weiteres Verfahren zur Behandlung von unheilbaren Krankheiten
30 ist die Stammzellentherapie. Stammzellen sind Zellen, die sich unbegrenzt vermehren lassen und die alle Zelltypen des Körpers bilden können. Hierbei werden zwei Typen unterschieden.

Embryonale Stammzellen • Sie können alle Ge-
35 webe und Organe des Menschen entwickeln. Sie werden aus künstlich befruchteten Embryonen gewonnen. Dafür wird der Zellkern einer Spendereizelle entfernt und durch einen Zellkern des Erkrankten ersetzt. Aus dem Embryo
40 werden die Stammzellen entnommen und zu gesunden Zellen weiterentwickelt. Diese gesunden Zellen können dann dem Erkrankten zurückverpflanzt werden. Bei diesem Verfahren werden die Embryonen zerstört. Dieses
45 Vorgehen ist ethisch umstritten und daher in Deutschland verboten.

Adulte Stammzellen • Sie werden aus dem Nabelschnurblut von Babys oder aus dem Knochenmark von Erwachsenen gewonnen. Sie
50 können jedoch nicht mehr alle Gewebe und Organe bilden und vermehren sich auch nur begrenzt. Adulte Stammzellen werden bereits erfolgreich zur Behandlung von Leukämie eingesetzt. Dabei bekommt der Erkrankte ge-
55 sunde Stammzellen eines geeigneten Spenders transplantiert.

Aufgaben

1 🖿 Beschreibe das Verfahren der Gentherapie.

2 🖿 Beschreibe das Verfahren der Stammzellentherapie.

3 🖿 Erkläre den Unterschied zwischen embryonalen und adulten Stammzellen.

Gentechnik in der Landwirtschaft

1 Der Maiszünsler

2 Raupe des Maiszünslers

3 Geschädigte Maispflanze

Mais ist eine wichtige Nutzpflanze des Menschen. Ein gefürchteter Schädling der Pflanze ist die Raupe des Maiszünslers. Sie verursacht enorme wirtschaftliche Verluste. Wie kann man die Verluste mithilfe der Gentechnik verringern?

Schäden • Der Maiszünsler ist ein Schmetterling. → 1 Seine Raupe bohrt sich in den Stängel der Maispflanze und frisst sich nach unten durch. → 2 Dadurch bricht dieser ab und die Maiskolben können nicht mehr geerntet werden. → 3 Die befallenen Pflanzen erbringen weniger Ertrag und sind anfälliger für Schimmelpilze.

Bekämpfungsmöglichkeiten • Neben vorbeugenden Maßnahmen wie dem frühzeitigen Ernten vor Befall können Schlupfwespen ausgebracht werden. Diese legen ihre Eier in die Eier des Maiszünslers und zerstören sie damit. Überwiegend werden aber chemische Spritzmittel eingesetzt. Hierbei kommen neben dem Maiszünsler auch weitere Insekten zu Schaden.

Bekämpfung mithilfe von Bakterien • Eine biologische Maßnahme ist der Einsatz von Pflanzenschutzmitteln, die aus dem Bakterium Bacillus thuringiensis (Bt) gewonnen werden. Das Bakterium produziert ein Gift, welches die Raupen des Maiszünslers tötet. Für Pflanzen, Wirbeltiere und den Menschen ist es unschädlich. Bei der Anwendung muss der Landwirt sehr genau auf den Zeitpunkt achten. Denn wenn sich die Raupen bereits im Inneren der Stängel befinden, erreicht sie das Gift nicht mehr. Da es vom Regen abgespült wird, muss bisweilen mehrfach gespritzt werden.

Gentechnisch veränderter Mais • Mithilfe der Gentechnik ist es bereits Ende der 1990er Jahre gelungen, das Gen des Bodenbakteriums Bacillus thuringiensis (Bt), welches für die Herstellung des Gifts verantwortlich ist, auf den Mais zu übertragen. So ist eine transgene Maissorte, der Bt-Mais, entstanden. Im Labor haben Forscher zunächst das Gen mit dem Bauplan für das Gift aus dem Bodenbakterium isoliert. Anschließend wurde dieses Gen in eine Maiszelle eingefügt. Aus dieser Zelle hat man dann eine komplette Pflanze herangezogen. → 4 Diese Pflanze stellt nun das Gift in ihren Zellen selbst her und schützt sich dadurch selber vor der Raupe des Maiszünslers. Die Ernteverluste sind geringer und die Umwelt wird geschont, da der Landwirt auf den Einsatz von chemischen Spritzmitteln verzichten kann.

Grüne Gentechnik • Neben dem Bt-Mais hat man auch andere transgene Nutzpflanzen erzeugt. So gibt es Zuckerrüben, die unempfindlich gegen einen krank machenden Pilz sind. Baumwolle oder Raps wurden unempfindlich gegen Unkrautvernichtungsmittel gemacht. Die Zahl gentechnisch veränderter Pflanzen ist weltweit stark angestiegen. Dennoch gibt es zahlreiche Kritiker dieser Entwicklung. Sie befürchten Risiken für die Gesundheit. Nutzt der Mensch die Gentechnik, um die Eigenschaften von Pflanzen zu optimieren und sie gegenüber Krankheiten weniger anfällig zu machen, spricht man von Grüner Gentechnik.

4 Aus Zellkulturen entstehen ganze Pflanzen.

> Gentechnisch veränderter Mais kann selbst ein Gift gegen seinen Schädling herstellen. Mit der Grünen Gentechnik versucht der Mensch die Eigenschaften von Pflanzen zu optimieren.

Aufgaben

1 ○ Beschreibe, wie der Maiszünsler die Pflanze schädigt.

2 ○ Erkläre die Herkunft und die Wirkungsweise des Bt-Gifts.

3 ◖ Erkläre, welche gentechnischen Veränderungen am Mais vorgenommen wurden.

4 ○ Nenne weitere Beispiele für transgene Pflanzen.

5 ○ Erkläre den Begriff „Grüne Gentechnik".

445

Gentechnik in der Landwirtschaft

Pro und kontra Bt-Mais

Der Anbau von Bt-Mais ist umstritten. In Deutschland ist er seit dem Jahr 2009 wegen möglicher Risiken verboten. In anderen Ländern der Welt, wie zum Beispiel Amerika, ist der Anbau hingegen üblich.

1 🔵 Erkläre deinem Partner die Aussage der einzelnen Zitate. ▸ 3

2 🔵 Ordne die einzelnen Aussagen den Befürwortern und Gegnern des Bt-Mais zu. Begründe deine Zuordnungen.

3 🔵 Schreibe einen Artikel für die Schülerzeitung, in der du begründet für oder gegen die Aufrechterhaltung dieses Verbots argumentierst.

1 Demonstration von Greenpeace gegen den Anbau von transgenem Mais in Deutschland

2 Anbau von transgenem Mais in den USA

> **A** Beim Anbau von Bt-Mais kann man auf den Gebrauch von chemischen Spritzmitteln verzichten.

> **E** Beim Anbau von Bt-Mais könnten die Maiszünsler mit der Zeit unempfindlich gegen das Gift werden. Die Schäden wären riesig.

> **B** Bt-Mais-Saatgut ist teuer.

> **F** Der Anbau von Bt-Mais garantiert eine gute Ernte.

> **C** Honig kann Pollen von Bt-Mais enthalten.

> **D** In Europa gibt es keine Wildpflanzen, die sich mit Bt-Mais kreuzen lassen.

> **G** Das Bt-Gift könnte auch auf andere Insekten wirken.

3 Aussagen zum Bt-Mais

Goldener Reis

Weltweit leiden 125 Millionen Menschen, vor allem in Entwicklungsländern, an Vitamin-A-Mangel. Das kann zur Erblindung und zu einer erhöhten Anfälligkeit gegen Infektionskrankheiten führen. Vitamin A entsteht im Körper aus Betacarotin, das mit der Nahrung aufgenommen wird. Gentechniker erfanden zur Lösung dieses Problems den Goldenen Reis. Dafür fügten sie je ein Gen vom Mais, von einem Bodenbakterium und von der Osterglocke in das Genom der Reispflanze ein. Durch diese Veränderungen produziert die Pflanze in den Reiskörnern Betacarotin. Daher auch die goldgelbe Farbe. → 4 In normalen Reispflanzen entsteht Betacarotin nur in den Blättern.

1 ○ Nenne die Folgen eines Vitamin-A-Mangels.

2 ◐ Beschreibe, wie man Goldenen Reis gentechnisch herstellt.

3 ◐ Erkläre die Veränderung der Eigenschaften in den Körnern des Goldenen Reis, die durch das Einfügen von drei Fremdgenen erreicht wurden.

4 Goldener Reis und normaler Reis

Ist da Gentechnik drin?

Unter dem Begriff Genfood versteht man Lebensmittel, bei deren Herstellung gentechnische Verfahren angewendet wurden. Beispiel hierfür sind der Bt-Mais, der Goldene Reis oder auch Tomaten, die besonders lange haltbar sind, ohne weich zu werden. In Deutschland werden zwar keine gentechnisch veränderten Pflanzen angebaut, aber es werden gentechnisch veränderte Lebensmittel aus anderen Ländern importiert.

In Deutschland müssen Lebensmittel, die gentechnische veränderte Pflanzen enthalten, gekennzeichnet werden. Auf der Verpackung steht dann „genetisch verändert" oder „aus genetisch verändertem Mais/Soja hergestellt". Bioprodukte müssen gentechnikfrei sein. Zu erkennen ist dies an der Kennzeichnung „gentechnikfrei" oder an dem Biosiegel.

BiO
DE-034-Öko-Kontrollstelle

5 Kennzeichnung von Lebensmitteln

1 ◐ Untersucht im Discounter, Supermarkt und Bioladen Lebensmittel hinsichtlich der Kennzeichnung. Prüft hauptsächlich Produkte, die Soja oder Mais enthalten.

2 ○ Haltet eure Ergebnisse in einer Tabelle fest.

3 ◐ Erklärt, welche Unterschiede es im Angebot zwischen den verschiedenen Läden gibt.

Zusammenfassung

Gentechnik in der Medizin • In der Gentechnik werden gezielt Eingriffe in das Erbgut eines Organismus vorgenommen.
In der Medizin wird sie zur Herstellung von Medikamenten und zur Behandlung unheilbarer Krankheiten eingesetzt. Sie wird als Rote Gentechnik bezeichnet.

Als gentechnische Verfahren spielt der horizontale Gentransfer eine bedeutende Rolle. Hierbei werden Gene zwischen verschiedenen Arten übertragen. Bakterien oder Viren werden dabei als Genfähre genutzt. Es entstehen transgene Organismen.

Mithilfe transgener Bakterien wird für den Menschen gut verträgliches Insulin hergestellt.

Bei der Gentherapie werden intakte Gene und bei der Stammzellentherapie gesunde Zellen in den Körper des Erkrankten gebracht. An beiden Verfahren wird noch geforscht.

Gentechnik in der Landwirtschaft • Nutzt man die Gentechnik im Bereich der Landwirtschaft, spricht man von der Grünen Gentechnik. Hierbei wird versucht die Eigenschaften von Pflanzen zu optimieren.

Der transgene Bt-Mais enthält das Gen des Bodenbakteriums Bacillus thuringiensis (Bt). Somit stellt diese wichtige Nutzpflanze das Gift gegen seinen Fressfeind, den Maiszünsler, selbst her.

Weitere Beispiele für transgene Pflanzen finden sich bei der Zuckerrübe, dem Raps, der Baumwolle und dem Reis. Sie sind unempfindlich gegenüber Krankheiten oder Unkrautvernichtungsmitteln.

In vielen Ländern werden transgene Nutzpflanzen großflächig angebaut und verarbeitet. In Deutschland ist aufgrund möglicher Risiken der Anbau hingegen verboten.

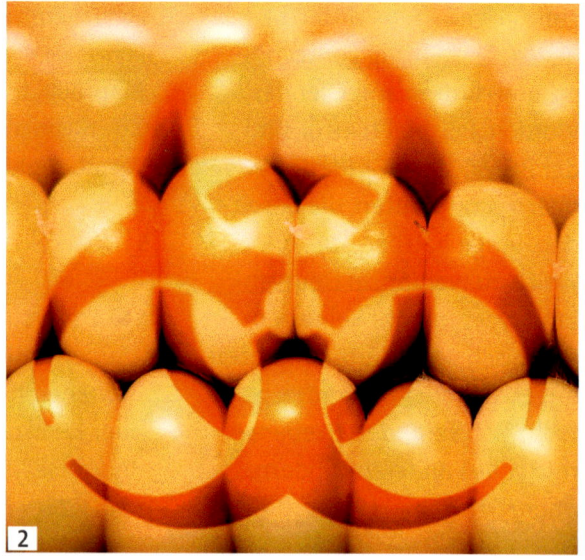

1

2

Gentechnik in der Medizin

1 ○ Erkläre den Begriff Gentechnik.

2 ◐ Beschreibe den Aufgabenbereich der Roten Gentechnik.

3 ◐ Erkläre, warum Bakterien als Genfähren geeignet sind.

4 ● Beschreibe die Herstellung eines transgenen Bakteriums. → 3

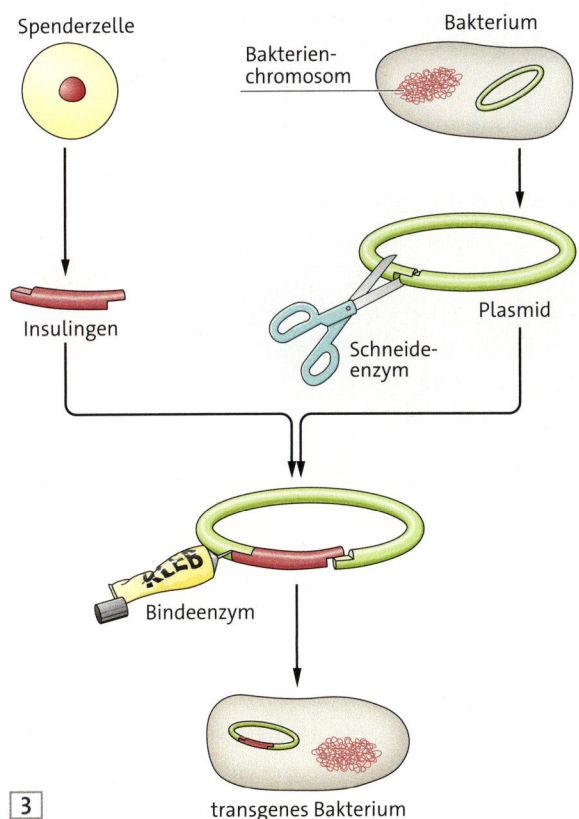

Spenderzelle

Bakterien-chromosom

Bakterium

Insulingen

Plasmid

Schneide-enzym

Bindeenzym

3

transgenes Bakterium

5 ● Erläutere den Einsatz transgener Bakterien bei der Insulinherstellung.

Gentechnik in der Landwirtschaft

6 ◐ Erläutere die Ziele der Grünen Gentechnik.

7 ◐ Beschreibe die Bilder 4–6.

4

5

6

8 ◐ Erkläre die Bezeichnung „Bt- Mais".

9 ● Erläutere die Herstellung von Bt-Mais.

10 ○ Nenne zwei weitere Beispiele für transgene Pflanzen.

Biologische Anthropologie

Es wird oft gesagt, dass der Mensch vom Affen abstammt. Stimmt das?

Vor Jahren fand man das Skelett eines Vorfahren von uns. Man gab ihm den Namen „Lucy". Was war das Besondere an diesem Fund?

Seit Jahren wächst die Weltbevölkerung stark an. Welche Probleme sind damit verbunden?

Ist der Mensch ein Affe?

1 Pavianfamilie im Zoo

Oft hört man: „Der Mensch stammt vom Affen ab." oder „Der Mensch ist ein Primat." Was stimmt denn nun?

Primaten • Der Mensch gehört zur
5 Säugetiergruppe der Primaten, welche sich vor etwa 80 Millionen Jahren entwickelte. Die meisten Primaten haben Greifhände zum Klettern und Nägel. Ihre Augen sind nach vorn gerichtet.
10 Sie haben ein relativ großes Gehirn und ein ausgeprägtes Sozialverhalten.

Primatengruppen • Lemuren sind sehr ursprüngliche Primaten mit einem spitzen Gesicht und kommen nur auf Mada-
15 gaskar vor. Krallen- und Kapuzineräffchen stammen aus Amerika. Paviane und Meerkatzen haben Schwänze, die Menschenaffen dagegen nicht.

Menschenaffen • Innerhalb dieser
20 Gruppe sind Mensch und Schimpanse am nächsten miteinander verwandt. Dies bedeutet jedoch nicht, dass der Mensch vom Schimpansen abstammt, beide hatten aber vor 7 Millionen Jah-
25 ren einen gemeinsamen Vorfahren. Gibbons zählen zu den kleinen Menschenaffen. Allen fehlt der Schwanz.

> Der Mensch gehört zur Gruppe der Menschenaffen. Mensch und Affen haben gemeinsame Vorfahren.

Aufgabe

1 ○ Nenne die Merkmale von Primaten.

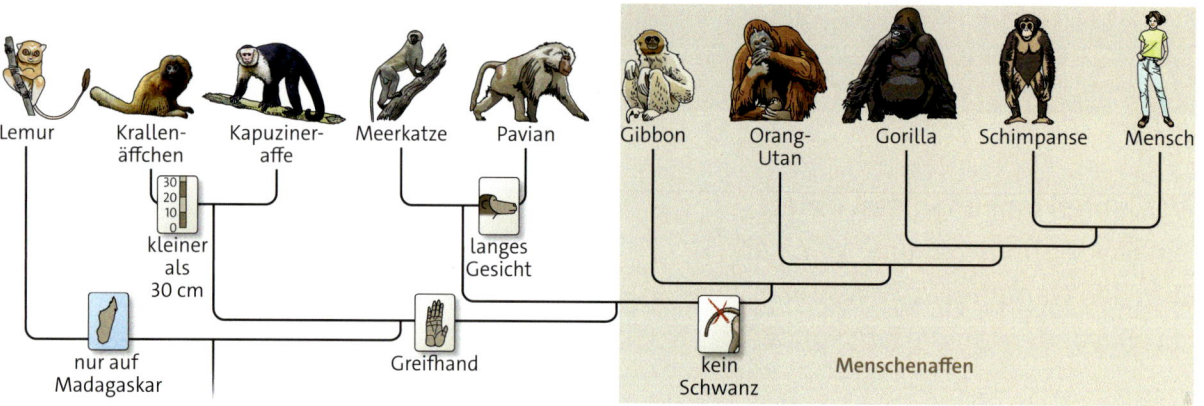

2 Stammbaum der Primaten

3 Lemur

Lemuren Zu den Lemuren gehören etwa 100 Arten, die nur auf Madagaskar vor der Ostküste Afrikas vorkommen. Viele Arten sind nachtaktiv und haben große Augen. Sie haben lange und dünne, aber kräftige Arme und Beine. Damit können sie gut in den Bäumen klettern. Alle Arten ernähren sich von Blättern und Früchten, manche Arten fressen zusätzlich Nektar, Pollen und Insekten.

4 Schimpanse

Schimpansen Diese zu den Menschenaffen zählende Art ist ein Allesfresser. Den Hauptteil der Nahrung bilden allerdings Früchte, Beeren und Blätter. Gelegentlich fressen sie Insekten und selten jagen sie sogar kleinere Affenarten. Schimpansen bewegen sich meist auf allen vier Gliedmaßen im sogenannten Knöchelgang fort. Dabei stützen sie sich mit der Rückseite der mittleren Fingerglieder ab. Selten gehen Schimpansen für kurze Zeit aufrecht.

Vergleich von Lemur, Menschenaffe und Mensch

Der Lemur, der Schimpanse und auch der Mensch gehören zu den Primaten. In der Grafik sind Merkmale im Körperbau der drei in Bezug auf die Ernährungsweise und Fortbewegung gezeigt.

1 🖎 Vergleiche die Merkmale von Lemur, Schimpanse und Mensch in Bezug auf ihre jeweilige Fortbewegung. Ziehe Rückschlüsse auf ihre jeweilige Fortbewegung und Lebensweise.

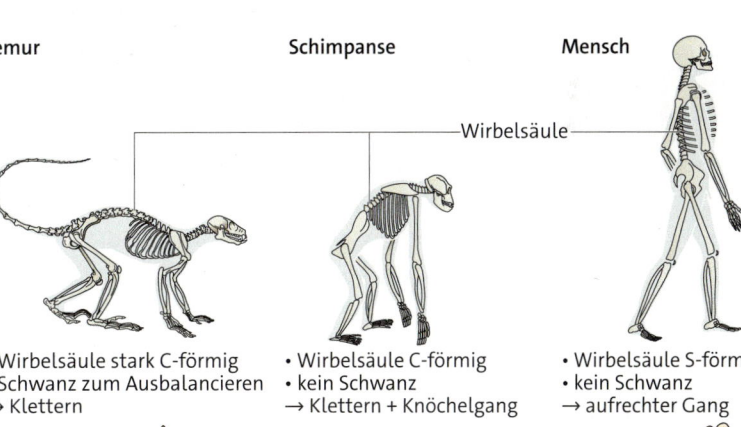

Lemur
• Wirbelsäule stark C-förmig
• Schwanz zum Ausbalancieren
→ Klettern

• Greifhand, kurzer Daumen
• Greiffuß
→ Klettern, Früchte pflücken

Schimpanse
• Wirbelsäule C-förmig
• kein Schwanz
→ Klettern + Knöchelgang

• Greifhand, kurzer Daumen
• Greiffuß
→ Klettern, Früchte pflücken

Mensch
• Wirbelsäule S-förmig
• kein Schwanz
→ aufrechter Gang

• Greifhand, langer Daumen
→ Werkzeuggebrauch
• Standfuß → Gehen

Wirbelsäule

5 Vergleich von Lemur, Schimpanse und Mensch

Entwicklung des Menschen

Australopithecus afarensis

Homo habilis

Homo erectus

1 Der Lebensraum der frühen Menschen

2 Fußspuren von Laetoli

Trotz vieler Fossilfunde ist unser Wissen über die Abstammung des Menschen immer noch lückenhaft und es bleiben viele Fragen offen: Woher stammt der
5 **Mensch?**

Stammesgeschichte • Wann und wo sich unsere eigentlichen Vorfahren entwickelten, können wir aufgrund von Fossilfunden nicht sicher sagen.
10 Vieles spricht dafür, dass dies vor etwa 200 000 Jahren in Afrika geschah. Von hier aus brach der moderne Mensch Homo sapiens („wissender Mensch") vor rund 100 000 Jahren auf und brei-
15 tete sich über die ganze Erde aus.

Entwicklung des Menschen • Die Menschheitsgeschichte begann, als die Vorfahren von Menschen und Schimpansen räumlich getrennt wurden.

20 Wissenschaftler vermuten, dass die Trennung vor etwa 5,5 bis 6,5 Millionen Jahren stattgefunden hat. In Afrika gab es zu dieser Zeit einen Klimawandel. Die Wälder Ostafrikas
25 verschwanden und es entwickelte sich eine offene Baumsavanne. → 1 Die Vorfahren des Menschen mussten nun größere Strecken zwischen den Bäumen zurücklegen. Manche For-
30 scher meinen, dass der aufrechte Gang bei diesem Lebensraum einen Vorteil darstellte.

Der aufrechte Gang • Die ältesten Knochenreste, die eindeutig von aufrecht
35 gehenden Lebewesen stammen, sind etwa 4 Millionen Jahre alt. Sie wurden in Ostafrika gefunden und stammen vom Australopithecus, was so viel wie Südaffe bedeutet. Dieser
40 war etwa 120 bis 150 cm groß und benutze bereits Steine als einfache Werkzeuge. 3,7 Millionen Jahre alte versteinerte Fußabdrücke, vermutlich von einem erwachsenen Australopithecus
45 und einem Kind, sind ein überzeugender Beweis für den aufrechten Gang. → 2 Im Jahre 1974 machte man einen bedeutenden Fund. Man entdeckte in
50 Afrika mehrere Knochen, die einer Frau der Art Australopithecus afarensis zugeordnet werden konnten. Man gab ihr den Namen Lucy. Sie hatte große Backenzähne und einen massiven
55 Kiefer. Dies deutet auf eine harte pflanzliche Ernährung hin, was langes und gründliches Kauen erforderlich macht. → 1

der Homo sapiens
der Australopithecus
der Homo habilis
der Homo erectus

Werkzeugherstellung • Aus der Zeit vor
60 etwa 2,5 Millionen Jahren stammen die
ersten Funde von hergestellten Stein-
werkzeugen. Mit diesen konnte Fleisch
von Knochen abgeschabt werden. Diese Werkzeugmacher nannte man Ho-
65 mo habilis, der „geschickte Mensch".
Ihr Gebiss veränderte sich und sie hatten kleinere Backenzähne. Dies deutet
auf eine veränderte Ernährung hin. Sie
aßen wohl schon vermehrt Fleisch.

70 **Beherrschung des Feuers** • Fossilfunde
von vor etwa 1,9 Millionen Jahren bis
etwa 200 000 Jahren zeigen eine Weiterentwicklung des bisherigen Typs.
Durch die Vergrößerung des Schädels
75 entstand ein menschenähnliches
Gesicht. Es war Platz für ein größeres
Gehirn. Die Beine dieser Menschenart
waren nun länger als die Arme. Man
bezeichnet ihn daher als Homo erec-
80 tus, „der aufgerichtete Mensch". In der
Nähe der Fossilfunde fand man Spuren
von Feuerstellen. Er konnte Feuer be-
herrschen. Dies ermöglichte, die Nahrung zu kochen. Gekochte Nahrung ist
85 besser verdaulich. So konnten mehr
Nährstoffe zur Weiterentwicklung des
Gehirns bereitgestellt werden. Das
Feuer ermöglichte auch, in kältere Gebiete auszuwandern. Homo erectus
90 war die erste Menschenart, die Afrika
verlassen hat. Er war der Vorfahre des
modernen Homo sapiens, aber auch
des Neandertalers.

Der Neandertaler • Im Jahre 1856
95 fanden Bauarbeiter im Neandertal bei
Düsseldorf Knochen eines Menschen.

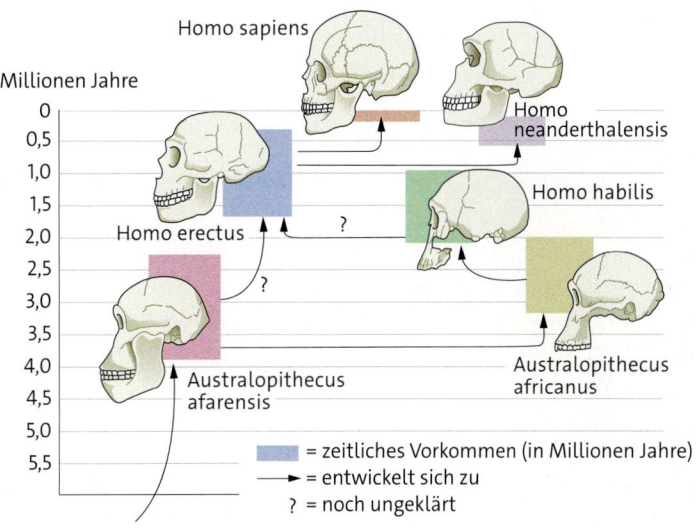

3 Stammbaum des Menschen

Er gehörte zur Art des Neandertalers
(Homo neanderthalensis), welcher bis
vor etwa 30 000 Jahren in Europa lebte.
100 Er war etwa 1,60 m groß und wog etwa
60 bis 80 kg. Fossilfunde deuten darauf
hin, dass er Waffen und Werkzeuge be-
nutzte. Im Vergleich zu Homo sapiens
war der Neandertaler stämmiger und
105 hatte dickere Überaugenwülste.
Interessanterweise hatte er ein etwa
10 Prozent größeres Gehirnvolumen
als der heutige Mensch.

Fossilfunde belegen, dass der Ur-
sprung des Menschen in Afrika liegt.

Aufgaben

1 ○ Nenne die Merkmale von Australopithecus und Homo erectus.

2 ◑ Erkläre die Bedeutung des Feuers
für die Menschheitsentwicklung.

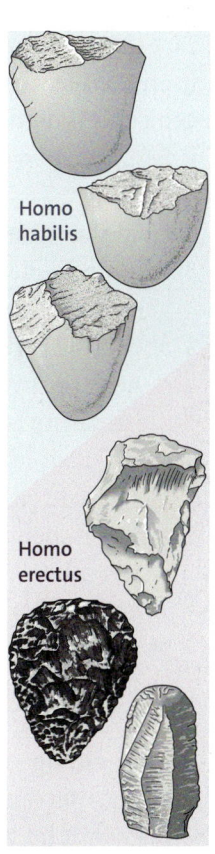

Homo
habilis

Homo
erectus

4 Steinwerk-
zeuge

Entwicklung des Menschen

„Out of Africa"

1 Rekonstruktion des Neandertalers

Besiedlung Europas • Eine Million Jahre alte Fossilien belegen, dass Homo erectus der erste ₅ Vorfahre des Menschen war, der Afrika verlassen hat. Er lebte vor etwa 650 000 Jahren in Europa. Der Neandertaler ₁₀ stammte vom Homo erectus ab und besiedelte etwa 250 000 Jahre lang Europa. Der Jetztmensch, Homo sapiens, entwickelte sich vor etwa 200 000 Jahren ₁₅ nicht aus dem Neandertaler, sondern ebenfalls aus dem Homo erectus in Afrika.

Entstehung des Homo sapiens • Auch heute wird noch über die Herkunft des Homo sapiens gestritten. Die meisten Wissenschaftler sind ₂₀ aber davon überzeugt, dass sich Homo sapiens in Afrika entwickelte. Von dort hat er sich über die gesamte Erde verbreitet. Man spricht von der „Out-of-Africa-Hypothese". Als Beweis dient das älteste Fossil eines Homo sapiens, das im ₂₅ afrikanischen Äthiopien gefunden wurde. Es ist etwa 160 000 Jahre alt. Durch genetische Untersuchungen wurde festgestellt, dass der Vorfahre des modernen Menschen vor etwa 200 000 Jahren in Afrika gelebt hat.

₃₀ **Ausbreitung •** Durch weitere Fossilfunde konnte die Ausbreitung des Homo sapiens nachverfolgt werden. Er lebte vermutlich bis vor etwa 110 000 Jahren nur in Afrika.

Von dort breitete er sich zuerst in Richtung ₃₅ Asien und dann zu den anderen Kontinenten aus. Erst vor etwa 40 000 Jahren besiedelte der Homo sapiens Europa. Er lebte zeitgleich mit dem Neandertaler in Europa. Manche Forscher glauben, dass es zu Kämpfen zwischen ₄₀ beiden Gruppen kam. Andere glauben, dass sie sich sogar miteinander gepaart haben. Der Neandertaler ist vor etwa 40 000 Jahren ausgestorben. Es wird vermutet, dass er an sich geänderte Umweltbedingungen schlech- ₄₅ ter angepasst war. Er könnte aber auch anfälliger gegenüber Krankheitserregern gewesen sein als der Homo sapiens. → 2

Aufgabe

1 ◗ Begründe, warum Ostafrika als Wiege der Menschheit bezeichnet wird.

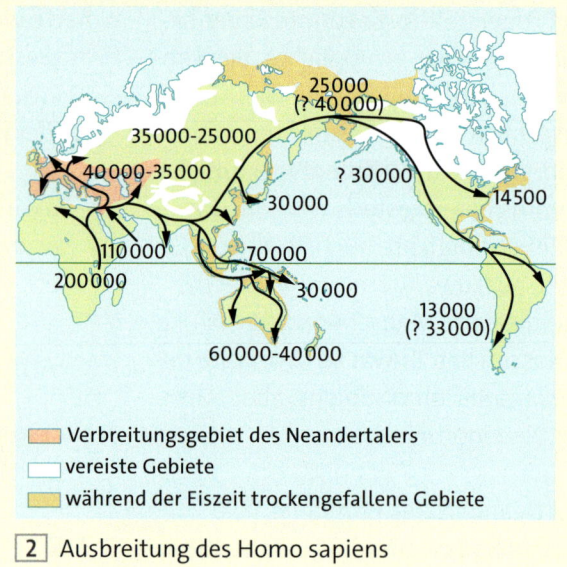

■ Verbreitungsgebiet des Neandertalers
□ vereiste Gebiete
■ während der Eiszeit trockengefallene Gebiete

2 Ausbreitung des Homo sapiens

Aufrechter Gang

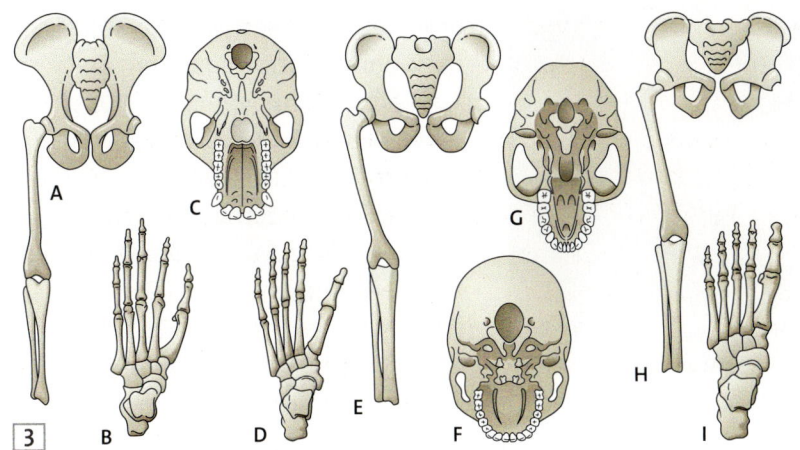

3

In Bild 3 sind Skelettteile von einem Schimpansen, einem Australopithecus und einem Homo sapiens gezeigt. Leider ist irgendetwas durcheinandergeraten.

1 ◐ Ordne die Fußskelette, die Schädel und die Becken mit Beinen dem Schimpansen, Australopithecus und dem Homo sapiens zu. Begründe deine Zuordnungen.

Aufrechter Gang Folgende Merkmale ermöglichten den aufrechten Gang: Die Doppel-S-Form der Wirbelsäule stabilisiert den Oberkörper. Das Becken ist in der Mitte und unten schaufelartig verbreitert, damit die Organe nicht nach unten fallen. Die Zehen sind verkürzt und die Fersen verlängert. Dadurch kann man besser stehen. Das Hinterhauptsloch, welches Verbindung zwischen Kopf und Wirbelsäule ist, hat sich verschoben, sodass der Kopf mittiger auf der Wirbelsäule sitzt. Je x-förmiger die Beine sind, desto besser wird die Belastung verteilt.

Hirnvolumen und Energiebedarf

1 ○ Beschreibe das Diagramm.

2 ◐ Erkläre mithilfe des Diagramms den Zusammenhang zwischen der Zubereitung von fleischlicher Nahrung und der Größe des Gehirns.

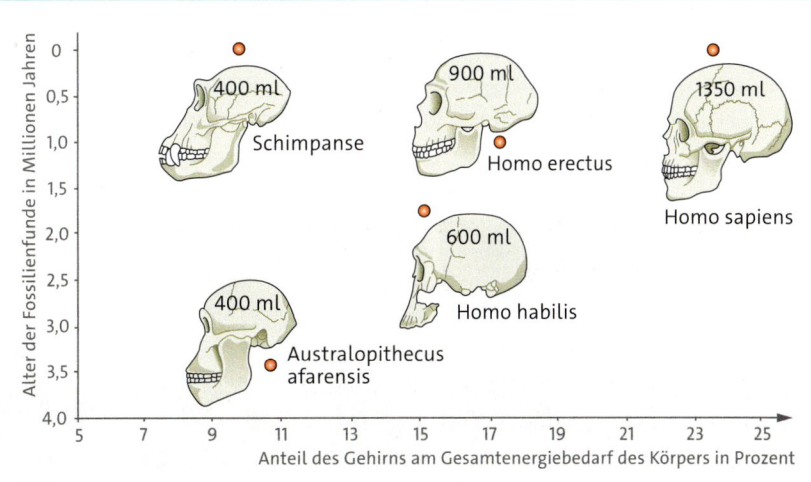

4 Gehirnentwicklung und Energiebedarf

Kulturelle Evolution

1 Höhlenmalerei in der Grotte Chauvet in Südfrankreich

Biologische Evolution • Die Entwicklung von affenartigen Vorfahren bis zum modernen Menschen dauerte mehrere Millionen Jahre. Während dieser biologischen Evolution hat sich das Gehirn enorm vergrößert. Beim Australopithecus war es mit 400 g so schwer wie das Gehirn eines Schimpansen. Die durchschnittliche Masse des Gehirns moderner Menschen liegt bei 1350 g. Mit der Größe und der höheren Komplexität des Gehirns wuchsen auch Lernfähigkeit, planvolles Denken und handwerkliches Geschick unserer Vorfahren.

Neben der biologischen Evolution, der Entwicklung des Menschen im Lauf der Erdgeschichte, lässt sich auch eine kulturelle Evolution beobachten. Kultur – was ist das eigentlich?

Kultur • Kultur bezeichnet im weitesten Sinne alles, was der Mensch selbst gestaltend hervorbringt. Dazu zählen die Herstellung von Werkzeugen, Kunstwerken oder auch Religion. Unsere Vorfahren erlernten diese Fähigkeiten durch Nachahmung. Dadurch wurde das Wissen von Generation zu Generation weitergegeben.

Werkzeuge und Waffen • Gefundene Werkzeuge, Schmuck oder Malereien helfen, die kulturelle Entwicklung des Menschen nachzuvollziehen. Diese Kulturfossilien können unterschiedlichen Epochen zugeordnet werden. In der Altsteinzeit vor etwa 2,5 Millionen Jahren fertigte der Mensch Waffen vor allem aus Stein und Holz. Später in der Jungsteinzeit vor etwa 12 000 Jahren entwickelten sich erste Handwerke wie Töpferei und Weberei. In der Bronze- und Eisenzeit vor 2 500 bis 4 000 Jahren wurden die ersten Werkzeuge aus Metall hergestellt.

2 Werkzeuge: **A** Faustkeil (Altsteinzeit), **B** Pfeilspitzen aus Feuerstein (Jungsteinzeit), **C** Messerklinge (Bronzezeit)

Durch Werkzeuge war der Mensch in der Lage, sich aktiv an die Umwelt anzupassen. In dem Sinne ist auch Kleidung ein Werkzeug. Dadurch konnte der Mensch auch kältere Gebiete besiedeln. Ein weiterer Meilenstein der technischen Entwicklung war die Entwicklung der Landwirtschaft in der Jungsteinzeit. Der Mensch wandelte sich vom Jäger und Sammler zum Ackerbauern. Aus den Urwäldern machte er Ackerflächen. So konnte er Pflanzen zur eigenen Ernährung anbauen. Der Mensch begann, in festen Siedlungen zu leben, und fing an, Tiere zu züchten. Aus Wildtieren wurden so Nutz- und Arbeitstiere. Ein ähnlicher technischer Fortschritt war wesentlich später die Entwicklung der Dampfmaschine im Jahre 1765. Es entstanden Fabriken mit Dampf betriebenen Maschinen. Dadurch konnten Produkte schneller und in großen Mengen produziert werden. Man bezeichnet dies als Industrielle Revolution.

Sprache und Schrift • Der Mensch ist durch seine Sprache in der Lage, über Vergangenes zu berichten. So können auch erlernte Fähigkeiten und Wissen weitergegeben werden. Erste Menschen konnten wahrscheinlich durch Lautäußerungen die Jagd in der Gruppe organisieren und so den Jagderfolg steigern. Erste Ansätze einer Schrift waren Kerben in Holz oder auch Striche an Wänden. Später entwickelte sich eine erste Bild- und Zeichenschrift. So konnte Wissen dauerhaft gespeichert und abgerufen werden. → 4

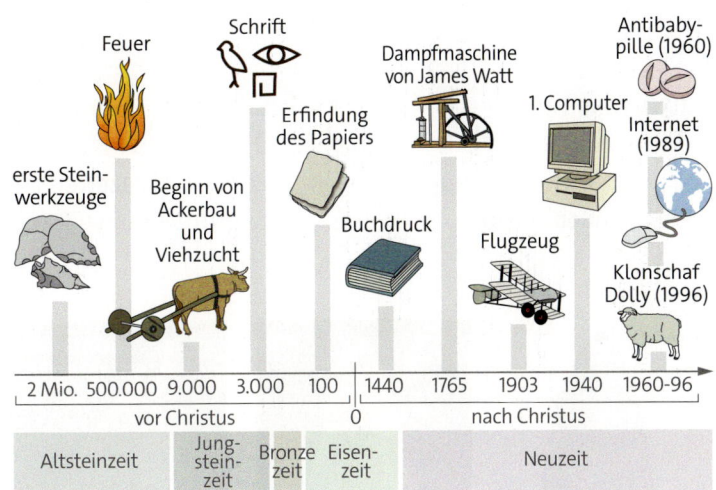

3 | Meilensteine in der kulturellen Evolution des Menschen

Kunst und Religion • Einige steinzeitliche Höhlenmalereien, aber auch figürliche Darstellungen sind bereits über 30 000 Jahre alt. → 3 | Häufig versuchten die Menschen damals, ihre Beutetiere in Zeichnungen darzustellen. → 1 | Bis heute zeigt sich das künstlerische Schaffen der Menschen in den Bereichen Malerei und Bildhauerei. Gräberfunde mit Grabbeigaben sind ein Beweis dafür, dass sich die Menschen schon vor 100 000 Jahren Gedanken über ein Leben nach dem Tod machten.

4 | Zeichenschrift

> Die kulturelle Evolution ist gekennzeichnet durch die Entwicklung von Werkzeugen, Kunst und religiösen Vorstellungen.

Aufgabe

1 ◯ Erkläre die Begriffe biologische Evolution und kulturelle Evolution.

Kulturelle Evolution

Kulturfossilien

Kulturfossilien sind Zeugen
menschlicher Kultur.

1 🖊 Ordne die einzelnen
Bilder 1–5 den folgenden
Entstehungszeiten zu.
Begründe deine Zuordnung.

a ca. 1 000 000 v. Chr.
b ca. 300 000 v. Chr.
c ca. 7 500 v. Chr.
d ca. 90 000 v. Chr.
e ca. 1 500 v. Chr.

1 2 3 4 5

Steinbohrer

Vor etwa 4 000 Jahren entwickelten die Menschen der Jungsteinzeit einfache Maschinen
zur Herstellung von Werkzeugen und Waffen. Darunter auch
die erste Bohrmaschine, mit der
kreisrunde Löcher in Steine ge-
bohrt werden konnten.

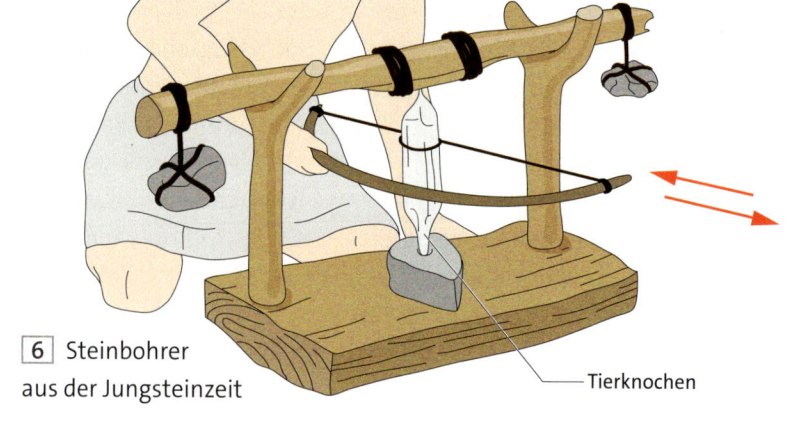

6 Steinbohrer
aus der Jungsteinzeit

Tierknochen

1 🖊 Erkläre mithilfe von Bild 6
den Aufbau und die Funk-
tionsweise der ersten Bohrmaschine.

2 🖊 Erläutere mögliche Vorteile eines auf diese Weise
hergestellten Steinbeils.

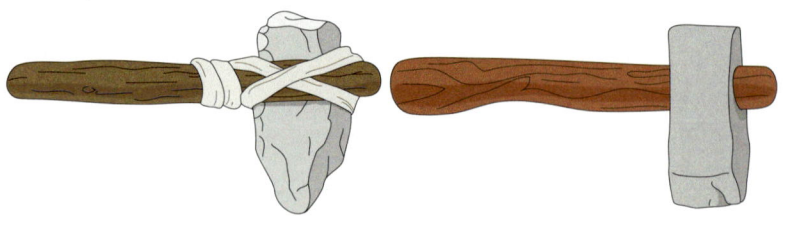

7 Steinbeil ohne und mit durchbohrter Steinklinge

Veränderungen in der Jungsteinzeit

Die Altsteinzeit begann vor etwa 2,6 Millionen Jahren und endete vor etwa 12 000 Jahren. Eine genaue Zeitangabe ist nicht möglich, da sich der Übergang zu der sich anschließenden Jungsteinzeit (ca. 12 000 bis ca. 2 000 v. Chr.) weltweit unterschiedlich vollzog. Dieser Zeitabschnitt der Menschheitsgeschichte war jedoch von entscheidenden Veränderungen geprägt, die alle Lebensbereiche der Menschen betrafen und die kulturelle Entwicklung deutlich beschleunigte. In Nord- und Mitteleuropa vollzog sich der Wechsel von Alt- zu Jungsteinzeit später als zum Beispiel im östlichen Mittelmeerraum. Zum Ende der Altsteinzeit lebten nur wenige Hunderttausend Menschen weltweit. Nach Beginn der Jungsteinzeit kam es zu einem Bevölkerungswachstum. Schon etwa 8 000 v. Chr. waren es schon mehrere Millionen Menschen.

8   Lebensbild Altsteinzeit

9   Lebensbild Ende Jungsteinzeit (Übergang zur Bronzezeit)

1   ◐ Vergleiche die beiden Lebensbilder im Hinblick auf: Wohnformen, Wirtschaftsweisen, Werkzeuge, Waffen, Ernährung, Kleidung. Stelle die Unterschiede in einer Tabelle zusammen.

2   ◐ Erläutere mögliche Vorteile, die sich aus den veränderten Lebens- und Wirtschaftsweisen ergeben haben.

3   ● Vermute, welche Faktoren das Bevölkerungswachstum von der Alt- zur Jungsteinzeit förderten.

Der Mensch und seine Zukunft

1 Ein Blick in die Zukunft?

Seit Mitte des 20. Jahrhunderts findet eine Explosion des Wissens statt. Man schätzt, dass sich das Wissen etwa alle drei Jahre verdoppelt. Welche Folgen
5 ergeben sich daraus für die Zukunft der Menschheit? Wohin führt die kulturelle Evolution?

Zukunftsfragen • Während die biologische Evolution zu einer Anpassung der
10 Lebewesen an die Umwelt führt, versucht der Mensch umgekehrt, die Umwelt an seine Bedürfnisse anzupassen. Diese Entwicklung hat jedoch nicht nur Vorteile, sondern wirft viele ungelöste
15 Probleme auf. Diese können nur von allen Menschen gemeinsam gelöst werden.

Bevölkerungsentwicklung • Die kulturelle Evolution hat die Lebensbedingungen
20 für die Menschen entscheidend verbessert. Dies ist ein wesentlicher Grund für die schnelle Zunahme der Weltbevölkerung. Über die längste Zeit der Menschheitsgeschichte wuchs die Bevölkerung
25 der Erde nur sehr langsam. Nahrungsmangel und Krankheiten sorgten dafür, dass sich hohe Sterberaten und hohe Geburtenraten die Waage hielten. ▶ 2

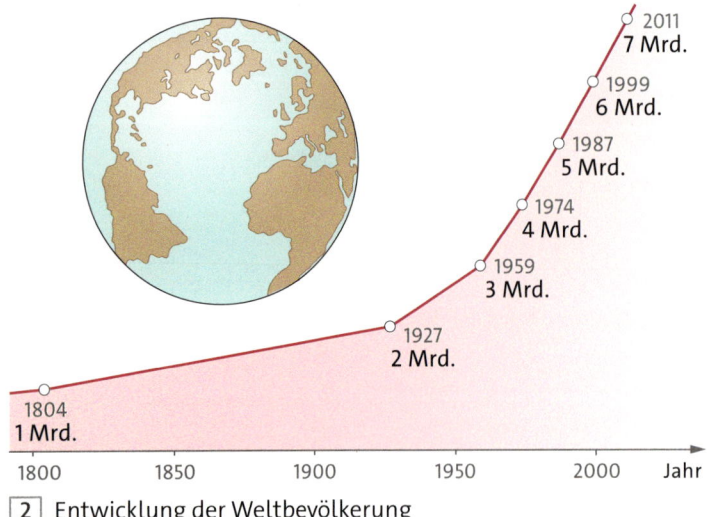

2 Entwicklung der Weltbevölkerung

2011 7 Mrd.
1999 6 Mrd.
1987 5 Mrd.
1974 4 Mrd.
1959 3 Mrd.
1927 2 Mrd.
1804 1 Mrd.

Die Zahl der Steinzeitmenschen wird
30 auf wenige Hunderttausend geschätzt.
Bei Christi Geburt schätzte man die
Weltbevölkerung bereits auf etwa
300 Millionen. → 2 Heute ist die
Erde in manchen Regionen längst über-
35 bevölkert. Jede Sekunde wächst die
Weltbevölkerung um durchschnittlich
2,6 Erdenbürger. Im Jahr 2015 lebten
etwa 7,3 Milliarden Menschen auf der
Erde. Das Bevölkerungswachstum hat
40 eine Grenze überschritten, die die
Lebensgrundlagen aller gefährdet.

Umweltzerstörung • Die Zerstörung der
Umwelt zählt zweifellos zu den größten Problemen der Menschheit. Die
45 Versorgung der wachsenden Erdbevöl-
kerung mit Nahrung bleibt nicht ohne
Folgen. Viele Flächen werden zur Schaf-
fung von Wohnraum versiegelt oder in
landwirtschaftliche Nutzflächen um-
50 gewandelt. Auch die Verschmutzung
von Luft, Wasser und Boden nimmt zu.
Wichtige Ökosysteme wie die tropischen Regenwälder werden vernichtet.
Viele Pflanzen und Tiere sind vom Aus-
55 sterben bedroht. Der Mensch vernichtet die Biodiversität.

Veränderung des Weltklimas • Das
Klima auf dem Planeten unterliegt
immer natürlichen Schwankungen.
60 Doch in den letzten Jahren ist ein sehr
deutlicher Anstieg der Temperatur zu
verzeichnen. Noch vor 150 Jahren lag
die durchschnittliche Temperatur bei
13,7 °C. Heute messen wir im Durch-
65 schnitt schon deutlich über 14 °C. Eine
der Ursachen liegt in der steigenden

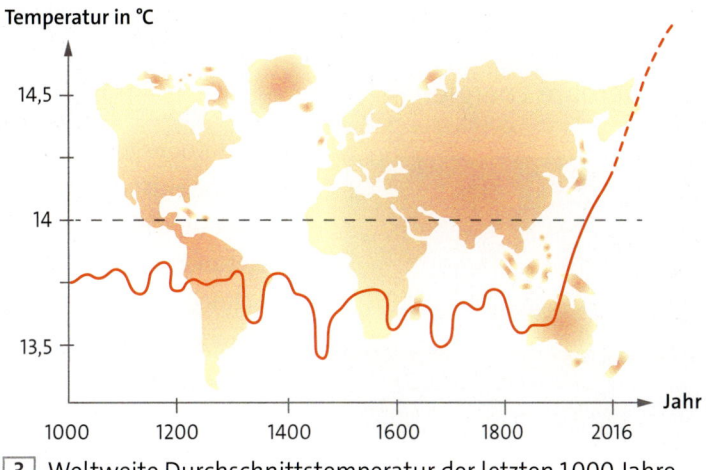

3 Weltweite Durchschnittstemperatur der letzten 1000 Jahre

Konzentration von Kohlenstoffdioxid,
das durch die Verbrennung von fossilen Brennstoffen wie Erdgas, Erdöl und
70 Kohle frei wird. Es sammelt sich in
der Atmosphäre und verhindert dort
die Rücksendung der Wärmestrahlen
in den Weltraum. Es entsteht ein
Treibhauseffekt mit weitreichenden
75 Folgen, wie dem Rückgang der Eis-
schichten der Erde und dem damit
verbundenen Ansteigen des Meeres-
spiegels. → 3

Der Mensch ist in der Lage, die
Umwelt seinen Bedürfnissen anzupassen. Die Menschheit trägt eine
große Verantwortung im Umgang
mit ihrem Lebensraum.

Aufgabe

1 ◐ Beschreibe die Temperaturent-
wicklung im letzten Jahrtausend.
Begründe die Zunahme in den letzten einhundert Jahren. → 3

Der Mensch und seine Zukunft

Material A

Erneuerbare Energien

1 Erneuerbare Energien

1 ○ Erkläre, was man unter erneuerbaren Energien und nachwachsenden Rohstoffen versteht.

2 ◖ Erläutere an einem Beispiel, wie man mithilfe von nachwachsenden Rohstoffen fossile Energieträger ersetzen kann.

3 Die Bundesregierung beschloss im Jahre 2014, dass bis zum Jahr 2035 55 bis 60 Prozent unseres Energiebedarfs aus erneuerbaren Energieträgern gewonnen werden sollen.
● Erläutere Chancen und Probleme, die sich aus der verstärkten Nutzung von erneuerbaren Energieträgern und nachwachsenden Rohstoffen ergeben.

78 % unseres Energiebedarfs werden nach wie vor mit Erdöl, Erdgas und Kohle gedeckt. Da sie vor Jahrmillionen aus toten Pflanzen und Tieren entstanden sind und unter der Erde lagern, werden sie als fossile Energieträger bezeichnet. Als erneuerbare Energieträger bezeichnet man Energieträger, die praktisch unerschöpflich sind oder sich schnell erneuern können. Zu ihnen zählen die Sonnenenergie, die Windenergie oder auch die Energie, die aus Wasserbewegungen gewonnen wird. Es gibt auch Pflanzen, die gezielt angebaut werden, um daraus Energie zu erzeugen. Man bezeichnet sie als nachwachsende Rohstoffe. Im Gegensatz zu den fossilen Energieträgern belasten erneuerbare Energieträger und nachwachsende Rohstoffe die Umwelt weniger stark als die fossilen Energieträger, beispielsweise haben sie einen geringeren Ausstoß von Kohlenstoffdioxid. Für den Anbau der Pflanzen oder auch den Aufbau von Windkrafträdern werden große Flächen benötigt. Durch den Einsatz von Insektengiften wird der Ertrag der nachwachsenden Rohstoffe gesteigert. Dadurch wird Lebensraum für Tiere und Pflanzen zerstört.

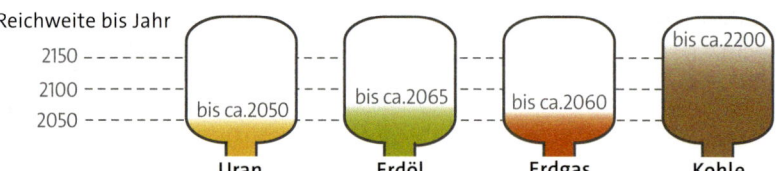

2 Reserven an fossilen Energieträgern

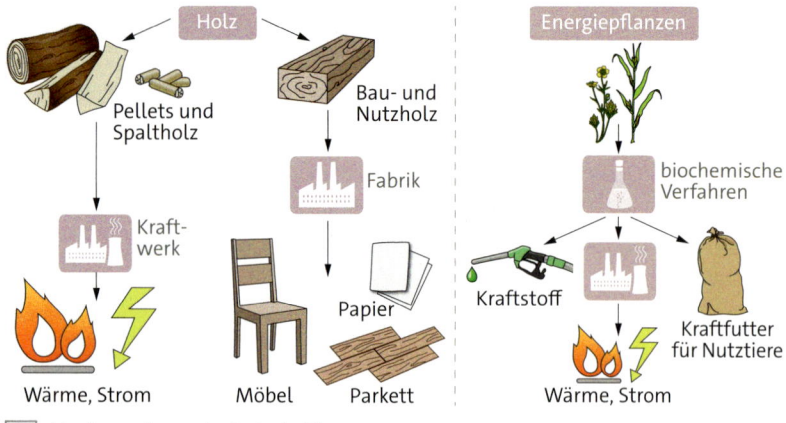

3 Nachwachsende Rohstoffe

Material B

Ohne Energie läuft nichts

Der moderne Lebensstil wie das Nutzen vieler technischer Geräte verbraucht viel Energie. Indien, China oder auch Brasilien sind wirtschaftlich stark aufsteigende Länder, deren Bevölkerung sich immer mehr den amerikanischen und europäischen Verhältnissen annähert.

1 ◐ Vergleiche mithilfe von Bild 4 die Entwicklung der Weltbevölkerung und des Energiebedarfs miteinander.

2 Betrachte die Tabelle mit den Werten zum Energieverbrauch nach Ländern.
a ○ Erkläre, was man unter Primärenergie versteht.
b ○ Nenne die drei Länder mit dem größten Anstieg ihres Energieverbrauchs in den letzten 20 Jahren.
c ● Leite ab, wer im Jahr 2013 die drei größten Energieverbraucher pro Kopf waren.

3 ● Finde eine Erklärung für den starken Anstieg des weltweiten Energiebedarfs.

4 ◐ Überlege, wie man den weltweiten Energieverbrauch reduzieren könnte.

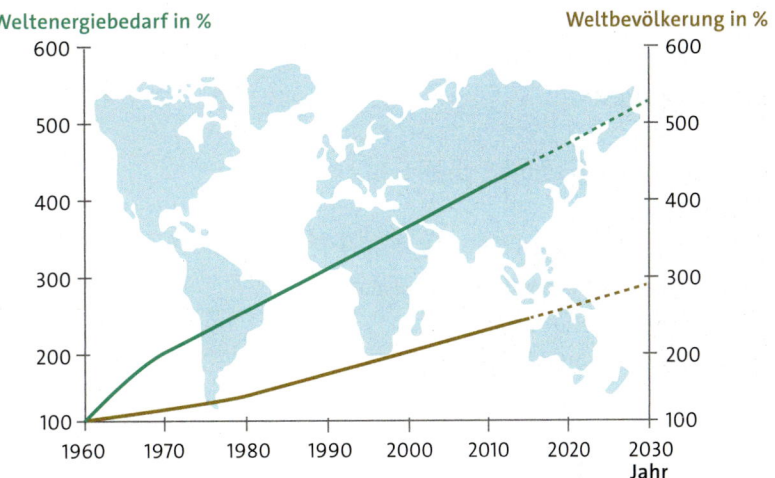

Weltenergiebedarf in %   Weltbevölkerung in %

4 | Bevölkerungsentwicklung und Energiebedarf (1960 = 100 %)

Primärenergie Als Primärenergie bezeichnet man die Energie, die direkt aus den Energieträgern gewonnen wird. Dazu zählen zum Beispiel fossile Energieträger oder auch erneuerbare Energieträger. Der Verbrauch von Primärenergie wird in Öleinheiten gemessen. Eine Öleinheit entspricht der Menge an Energie, die beim Verbrennen von 1 Kilogramm Erdöl freigesetzt wird. Diese kann man auch auf die anderen Energieträger übertragen.

Rang (2013)	Land	1990	2000	2013	Anteil am weltweiten Energieverbrauch in % (2013)	Anteil in % an Weltbev. (2013)
1.	China	664,6	980,3	2852,4	22,4	19,25
2.	USA	1968,4	2313,7	2265,8	17,8	4,49
3.	Russland	863,8	619,4	699,0	5,5	2,02
4.	Indien	180,7	295,8	595,0	4,7	17,73
5.	Japan	434,1	518,0	474,0	3,7	1,79
6.	Kanada	251,5	303,0	332,9	2,6	0,49
7.	Deutschland	349,6	333,0	325,0	2,6	1,14
8.	Brasilien	125,0	185,8	284,0	2,2	2,85
9.	Südkorea	90,0	193,9	271,3	2,1	0,69
10.	Frankreich	219,7	258,7	248,4	2,0	0,88

5 | Primärenergieverbrauch in Millionen Tonnen Öleinheiten

Anhang

Operatoren

Keine Missverständnisse mehr bei Aufgaben

Die meisten Aufgaben in diesem Buch beginnen mit einem Verb:
- **Nenne** die fünf ...
- **Beschreibe** die die Vermehrung eines ...
- **Begründe**, weshalb die ...
- **Erläutere** an einem Beispiel ...
- ...

Diese Verben geben an, was du tun sollst.

Ordne

Teile in Gruppen ein. Lege z. B. Listen an.

Aufgabe: Ordne die Enzyme Proteasen, Lipasen, Maltase und Amylasen verschiedenen Bildungsorten im Körper zu.

Lösung:
Proteasen: Magen, Bauchspeicheldrüse und Dünndarm
Lipasen: Bauchspeicheldrüse und Dünndarm
Maltase: Dünndarm
Amylasen: Mundhöhle und Bauchspeicheldrüse

Beschreibe

Formuliere so genau (mit Fachwörtern), dass man sich alles vorstellen kann.

Aufgabe: Beschreibe die Vermehrung eines Virus.

Lösung: Ein Virus kann sich nicht selbst vermehren. Es benötigt zur Vermehrung eine Wirtszelle. Trifft ein Virus auf eine Zelle, bleibt es mit seinen Proteinfortsätzen an der Oberfläche der Zelle haften. Die Erbinformation des Virus stellt den Stoffwechsel der Wirtszelle so um, dass Virusbausteine hergestellt werden. Die Bausteine fügen sich zu neuen Viren zusammen. Die Wirtszelle platzt und setzt eine große Anzahl von Viren frei, die weitere Zellen befallen können.

Erläutere

Erkläre ausführlich und liefere Beispiele.

Aufgabe: Erläutere an einem Beispiel das Schlüssel-Schloss-Prinzip bei Enzymen.

Lösung: Ein Enzym kann seine Aufgabe, zum Beispiel die Spaltung eines Stoffes, nur erfüllen, wenn die Struktur des Enzyms zu der des Stoffes passt, der gespalten werden soll. So kann das Enzym Amylase die Stärke spalten. Amylase und Stärke passen zusammen wie ein Schlüssel, der in ein bestimmtes Schloss passt. Nur so können sich Enzym und Stoff für eine kurze Zeit miteinander verbinden, sodass die Spaltung in Gang gesetzt wird.

Nenne

Notiere Namen oder Begriffe.

Aufgabe: Nenne Verdauungsorgane, die am Abbau von Fetten beteiligt sind.

Lösung: Bauchspeicheldrüse, Leber, Gallenblase und Dünndarm

Erkläre – Begründe

Notiere eine oder mehrere Ursachen.

Aufgabe: Begründe, weshalb die körperliche Leistungsfähigkeit kurz nach einer Erythrozytenspende herabgesetzt ist.

Lösung: Wenn Erythrozyten entnommen werden, ist die Sauerstoffversorgung des Körpers entsprechend geringer. Das ist der Grund für die herabgesetzte körperliche Leistungsfähigkeit.

Eine Vermutung anstellen

Überlege mögliche Gründe oder Auswirkungen. Begründe deine Antwort.

Aufgabe: Stelle Vermutungen an, weshalb Amphibien besonders gefährdet sind.

Lösung: Amphibien sind zur Fortpflanzung auf Gewässer angewiesen. Diese werden immer seltener. Außerdem werden Amphibien bei ihren Wanderungen oft überfahren. Dies könnten Gründe für die Gefährdung von Amphibien sein.

Vergleiche

Stelle Gemeinsamkeiten und Unterschiede dar.

Aufgabe: Vergleiche Insekten und Wirbeltiere im Hinblick auf Körperbau und Skelett.

Lösung:

	Insekten	Wirbeltiere
Körperbau	Gliederung in – Kopf – Brust mit 6 Beinen – Hinterleib	Gliederung in – Kopf – Rumpf mit Beinen, Flügeln oder Flossen
Skelett	Außenskelett ohne Knochen und Wirbelsäule	Innenskelett mit Wirbelsäule

Zeichne

Gib dir Mühe, ein genaues und vollständiges Bild anzufertigen.

Aufgabe: Zeichne vier bis fünf Zellen der Zwiebelschuppenhaut und beschrifte sie.

Lösung:
Objekt: Rote Zwiebel
Präparat: Zellen der Zwiebelhaut
Vergrößerung 400x

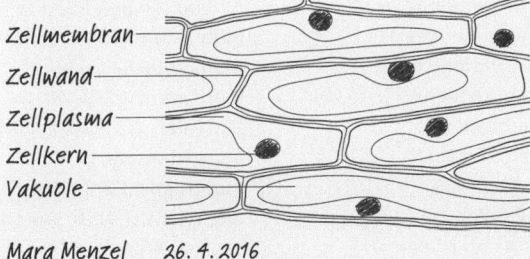

Zellmembran
Zellwand
Zellplasma
Zellkern
Vakuole

Mara Menzel   26. 4. 2016

Stichwortverzeichnis

Hinweis: Fett gedruckte Begriffe sind Lernwörter.

A

ABO-System 134
Abdruck 89 ff., 104, 114
Abfallprodukt 160 f., 198
Abschlussgewebe 190 f.
Abwehr
• **spezifische** 368 f.
• **unspezifische** 368 f.
Abwehrstoff 368
Adaptation 292 f.
Adrenalin 320 f.
Affe 462 f.
Ähnlichkeit 100 f., 114, 388
AIDS 277, 380 f.
Akkommodation 296 f.
Aktinfilament 342 f.
Aktivität 69, 333
Allergie 372
Alveole 140 f.
Aminosäure 145, 154 f., 159, 406, 412, 436
Aminosäurekette 154, 159, 406 f., 412
Amphibie 48 f., 70 f.
Amylase 150, 159
Analogie 100 f., 114
Anaphase 394 f., 398 f.
Angepasstheit 63, 109
Anlage 388 f., 418 f., 423
Antibiotika 362 f.
Antigen 134 f., 368 f., 374, 430
Antikörper 134 f., 368 f., 372, 374 f., 384, 430
Archaeopteryx 104 ff.
Art 10, 14 ff., 108 f., 112
Artbildung 99
Artensterben 112
Arterie 118 f., 122, 161
Arterienpumpe 122
Arteriosklerose 123
Assoziationsfeld 301
Atemfrequenz 336 f., 348
Atemloch 39
Atemmuskulatur 142
Atmung 140
ATP 345
Aufrechter Gang 454
Ausatmen 141, 337

Auslese 97, 114
Außenhaut 168
Außenskelett 22 f., 32, 38, 82
Außenverdauung 32
äußere Befruchtung 46, 83
Australopithecus 454 ff.
Autoimmunerkrankung 373
Auwald 229, 250
Axon 308 f., 328

B

Bachforelle 42 f., 46, 242
Bakterienzelle 14 f., 363, 441
Bakterium 14 f., 356 f., 363
Basenpaarung 402
Basentriplett 412
Bauchspeichel 149 f., 159
Bauchspeicheldrüse 154 f., 158 f., 181, 316 ff.
Baumschicht 225, 250
Bedecktsamer 75, 104
Befruchtung 83, 269 f., 275, 278 f., 282 ff.
• **äußere** 46, 83
• **innere** 66 f.
• **künstliche** 282, 284
Bein 19, 82
• gegliedertes 19, 25
• Insektenbein 25
• Laufbein 25
Beute 217, 232, 250
Bewegung 11, 82, 343, 348
Bewegungsmangel 123, 334
Binde 271
Biodiversität 14 f.
Biotop 212 f., 250
Biozönose 213
Bisexualität 259, 284
Blattfarbstoff 198, 204
blinder Fleck 293
Blindschleiche 58
Blutarmut 133, 417
Blütenaufbau 77, 82
Blütenstand 75
Bluterkrankheit 139
Blutfluss 122, 138, 181
Blutgefäß 118 f., 130 f., 138 f.
Blutgerinnung 138 f.
Blutgruppe 134 f., 430 f.
Blutkreislauf 118 f., 316
• geschlossenes 70
• offenes 23

Blutplasma 130 f., 135
Blutspende 135
• Plasmaspende 136
• Vollblutspende 135
Blutstillung 138 f.
Blutzelle 130 f., 138, 365
Blutzuckerspiegel 316 ff.
Boten-RNA 410 f.
Bronchie 140 f., 180
Brückentier 104
Brutpflege 69
Brutzelle 28
Bt-Mais 444 f.
Buntbarsch 111

C

Charles Darwin 108 f., 114
Chloroplast 14 f., 191, 195, 198 f., 208
Chromatid 392, 399, 436
Chromatin 388 f., 392, 398, 436
Chromosom 389, 392, 398, 416, 436
Chromosomenmutation 416, 433, 436
Chromosomenpaar 392
Cortisol 321
Crossing-over 398

D

Darwinfink 108 f., 114
Destruent 232 f., 250
Diabetes 318
Dialyse 162 f.
Dickenwachstum 206
Dictyosom 169, 195
Diffusion 140 f.
Dinosaurier 92 f., 104
diploid 398, 436
DNA 388, 402 f., 406 f., 436
dominant 419, 422
dominant-rezessiv 419, 422, 426
Doping 340 f.
Doppelhelix 402 f.
Dorn 193
Dottersack 46 f., 59, 83
Down-Syndrom 432 f.
Drogen 312 f.
Druck 89
Dünndarmzotte 149, 155

E

Ei 61, 64 f.
Eiablage 28, 39
Eierstock 262, 265, 275, 279, 282
Eihaut 64
Eiklar 64
Eileiter 262, 275, 278 f., 282
Einatmen 140
Einzeller 14 f., 384
Eisprung 268 f., 274 f., 278
Eiszeit 99
Eiweißstoff 144 f., 154 f., 332
Ejakulation 272 f.
EKG 128
Embryo 46, 52, 64, 278 f.
Energiebedarf 332 f., 348
Energiebereitstellung 336 f., 345
Energiefluss 233
Energiegewinnung 178, 202
Entwicklung 10 f.
Entzündung 371
Enzym 150 f., 436
Epidemie 378
ER 169, 195
Erbinformation 388 f., 402 f., 436
Erbkrankheit 139, 453
Erdaltertum 92 f.
Erdfrühzeit 92 f.
Erdmittelalter 93
Erdneuzeit 93
Erdzeitalter 92 f.
Erektion 272
Ernährung 144 f., 332 f.
Erosion 239
EVA-Prinzip 288 f., 328
Evolution 92, 94
Evolutionstheorie 108 f., 114
Erythrozyt 130 f.

F

Facettenauge 22 f., 82
Familienforschung 426 ff.
Farbensehen 297, 301
Farbstoff 204 f., 297
Farn 72 f.
Feder 60 f., 83
Fehlsichtigkeit 298
Fell 67, 71
Festigungsstoff 204 f.

Bildquellenverzeichnis

Titelfoto: Masterfile, Shutterstock/Brent Hofacker 123RF/Renjith Krishnan: 287.r. | Abele, Georg: 196.1 | action press/AGF s.r.l./REXaction press: 300.1, München-action press: 261.4, Cathrin Müller: 291.6, Katrin Hauer: 388.r., PPTB PRESS: 388.l., /Rex Features: 7.o., 386., Thomas Eisenkrätzer: 54.1, Tony Kershaw/SWNSaction press: 387.r. | Agentur Bridgeman: 451.l.u., 454.1 l. | Agentur Focus/Gelderblom/eye of science: 357.2, Dr Keith Wheeler/Science Photo Library: 196.5, ISM/2008 Jean-Claude Révy: 167.9, Meckes/Ottawa/eye of science: 132.1, SPL: 357.3 o., SPL/AMI IMAGES: 357.3 u., SPL/Dr. Elena Kiseleva: 412.1, SPL/JAMES KING-HOLMES: 164.1, SPL/MARTYN F. CHILLMAID: 156.2, SPL/Steve Gschmeissner : 140.2, SPL/Susumu Nishinaga: 138.2 | akg-images/De Agostini Picture Lib.: 460. 1(4.v.l.), Gerard Degeorge: 459.4, Science Photo Library: 402.1, 418.2, 436.1 | Alamy/Alex Ramsay: 460. 1(2.v.l.), Michele Burgess: 453.3 | Arco Images/Wegner, P.: 420.1 l. | Baum, Stefanie: 394.1 (2.v.l.), Berufsverband der Augenärzte Deutschlands e.V. (BVA): 299.2 | Biodisc/Visuals Unlimited, Inc.: 206.4 | Blend Images/Jon Feingersh: 7.m., 438. | Bossek, H., Hoppegarten: 214.2 | Bundeszentrale für gesundheitliche Aufklärung (BZgA): 277.3, 380.1 | Caro Fotoagentur/Michael Ruff: 243.3 r. | CDC-Center for Disease Control and Prevention: 352.3, 365.3 | christian.schwier.de: 322.2 | ClipDealer/Prill Mediendesign & Fotografie: 168.1, Colourbox: 253.l. (6), 268.2, 440.1, Colourbox/lev dolgachov: 426.1 l. | Corbis: 132.3, Corbis /CHAIWAT SUBPRASOM/Reuters: 439.l., Christian Gautier/Biosphoto: 40.4, Wim van Egmond/Visuals Unlimited: 13.8, Andrew Brookes: 448.1, Brooke Auchincloss/Onoky: 268.1, Carolina Biological/Visuals Unlimited: 390.3, DR GONZALO MOSCO-SO/Science Photo Library: 279.3, 284.1, Eric Audras/Onoky: 264.2, FLPA/John Watkins: 217.3, FLPA/Malcolm Schuyl: 60.1, George D. Lepp: 364.3 A, 366.4, Javier Trueba Rodriguez/Science Photo Library: 458.2 B, Keith Wheeler/Science Photo Library: 192.1, Kim Taylor/Nature Picture Library: 33.5 o., Murray Cooper/Minden Pictures: 241.1, Norbert Schaefer: 281.3 A, Photo Quest Ltd/Science Photo Library: 131.3 B, Sven Hagolani: 273.5, the food passionates: 197.7, Thomas J. Deerinck/Science Photo Library: 130.1, Walter Geiersperger: 460. 1(3.v.l.), Wim van Egmond/Visuals Unlimited, Inc.: 13.9, 14.1 | DGK: 374.1 r., doc-stock: 134.1, 351.r., 368.1 | DRK-Deutsches Rotes Kreuz: 135.4 | EHEIM GmbH & Co. KG: 214.1 | F1online: 7.u., 10.1, 197.6, 272.1, 274.1, 322.1, 425.3, 446.2, 447.5, 450., 451.r., F1online/Fotofeeling/Westend61: 66.1 | Forschungsanstalt für Waldökologie und Forstwirtschaft Rheinland-Pfalz: 240.2 | Fotolia/Africa Studio: 275.3, 340.2, Andreas Safreider: 20.4, bildergala: 439.r., Boggy: 6.m, 330., bpstocks: 275.4, Brian Jackson: 256.2, by RioPatuca: 352.2, 384.1, Capnord: 115.6, clown business: 322.3, Csschmuck: 103.5, Dan Race: 273.6, Dirk Rueter: 61.4 r., diversepixel: 462.1, Erwin Wodicka: 355.5, farbkombinat: 366.G, Focus Pocus LTD: 259.2, fotoknips: 190.2, Franz Pfluegl: 406.1, Gelpi: 185.r., gkrphoto: 154.1, Gouraud Studio: 256.3, grafikplusfoto: 264.1, 346.1, 348.3, Henrik Larsson: 20.5, 82.1, hfox: 50.3, 61.4 L, hxdyl: 6.o., 286., Ingo Hoffmann: 314.1, ipapina: 238.1, Jag_cz: 205.3, Jean-Paul CHASSENET: 366.H, Joerg Lantelme: 292.1, Johnny Beanstalk: 111.4, Kaesler Media: 313.2, 394.1 (4.v.l.), Kletr: 33.3 L, kolidzei: 20.2, Lagom: 316.1, lev dolgachov: 258.1, 336.1, 348.2, M. Schuppich: 220.1 (6x), 259.3, Manuel Tennert: 394.1 (3.v.l.), Maria Vazquez: 260.2, Maridav: 140.1, mikhailg: 111.3, mite: 73. 2 r.o., Monkey Business: 4.o., 116.1, nanyyy: 12.o.l., Nejron Photo: 342.1, ninell: 428.2, Ocskay Bence : 271.3, Paulus Rusyanto: 324.1, pixelunikat: 76.1, PointImages: 312.1, Raymond Thill: 79.8 C, Ryhor Bruyeu/Grigory Bruev: 185.l., Sebastian Kaulitzki: 124.1, tankist276: 340.1, vrabelpeter1: 73. R.u., W. Heiber Fotostudio : 255.3 | Getty Images: 196.3 l. und r. | Glow Images: 5.u., 252., 284.2, Alfred Schauhuber: 78.2, Heritage Images: 458.2 A, 460. 1(5.v.l.) | Hinz, Lothar: 27.B | Image Source/Isadora Getty Buyout: 253.r., Simon Stone: 253.l. | imagebroker.com: 87.r.o., 273.4, 371.2, Holger Weitzel: 246.3, Horst Sollinger: 22.1, Jurgen & Christine Sohns/FLPA: 453.4, Malcolm Schuyl/FLPA: 416.1, Volker Lautenbach: 221.2 | imago: 38.1, 80.1, 118.1, 162.1, 266.1, 315.5, 339.4, 366.C, blickwinkel: 27.2, 74.6, 78.4, 244.3, Christian Mang: 259.4, epd: 283.3, imagebroker: 73.2 o.l., 290.2, Jochen Tack: 456.1, wolterfoto: 214.3 | InfraTec GmbH: 121.2, 121.3 | Ingo Arndt/SAVE: 112.1 | INTERFOTO/FLPA/Neil Bowman: 444.1, 449.6, imagebroker/Siegfried Grassegger: 76.2, Science & Society: 458.2 C | iStockphoto/AVTG: 224.1, 250.1, Israel Herv: 215.10 | Juniors@WILDLIFE: 108.1 m., 108.1 r., D. Harms: 444.2, 444.3, 449.4, 449.5, F. Stich: 24.3, K.Bogon: 57.5, O. Giel: 219.3, R. Nagel: 87.r.u., W. Fiedler.: 245.6 | Kassal, Stefan: 236.1 | König, Marko: 245.5 | Küster, Hansjörg: 228.1 | Launer Annette, Remseck: 79.8 E, Lichtbildarchiv Keil: 65.5 (3) | Masterfile: I.1 | mauritius images: 48.2, AGE: 101.3, 176.1, 351.L., Alamy: 30.2, 33.3 r., 40.1, 40.2, 79.8 B, 104.1, 110.1, 137.3, 245.4, 246.1, 357.3 m., 366.2, 393.5, 420.1 r., 454.2, Alamy/Arterra Picture Library: 50.2, Alamy/Corbin17: 89.5, Alamy/incamerastock: 391.4, Alamy/Jochen Tack: 378.1, Alamy/Scenics & Science: 193.4, Alamy/The Natural History Museum: 451.L.o., Alamy/Zoonar GmbH: 74.7, Alamy/Zoonar GmbH: 75.11, Alfred Albinger: 11.3 r., bilderlounge: 254.2, David & Micha Sheldon: 226.2, Frank Hecker/Alamy: 74.2, Frank Lukasseck: 190.1, Fritz Rauschenbach: 24.4, 26.1, 27.D, 115.7, 219.2, Gerard Lacz: 28.1, 90.1, imagebroker: 192.2, 242.1, imagebroker.com/Winfried Schäfer: 16.1, imagebroker/Alfred & Annaliese Trunk: 215.11, imagebroker/Arco Images/Hinze, Kerstin: 30.1, imagebroker/Christian Huetter: 3.o., imagebroker/Christian Huetter: 8., imagebroker/John Eveson/FLPA: 30.5, imagebroker/Marko König: 99.2 o., imagebroker/Norbert Michalke: 232.1, Johnér: 211.r., Kerstin Layer: 229.3, ddp images/Picture Press: 56.1; Minden Pictures: 68.1, 114.1, 115.8, 239.5, 356.1 L., nature picture library: 9.r., Nikky: 274.1, Phototake: 362.2, 397.A, 397.B, 397.C, 397.D, 397.E, 398.1, 405.4, 405.5, 405.6, Phototake/Carolina Biological Supply Company: 167.7, 167.8, Robert Knöll: 212.1, Ronald Wittek: 52.1, Science Photos Library: 318.1, 343.2 ob. | Science Source: 13.7, 149.5, 164.2, 265.4, 311.3, 311.4, 355.2, 360.1 L., 392.2, 393.6, UE.1, SuperStock: 355.4, United Archives: 216.1, Westend61: 273.3, 278.1, 281.3 C, 352.1 | Mikroskope Beyersdörfer: 172.1 | Minden Pictures/Silvia Reiche/Foto Natura: 29.3 (4) | MINKUSIMAGES: 24.1, 31.7, 65.3, 65.3, 117.L., 138.1, 138.1, 138.1, 145.2 A, 145.2 B, 145.2 C, 188.1, 204.1, 292.1, 292.1 294.1, 294.2, 320.1 | Okapia/Andreas Hartl: 25.8, 47.5, Aubert/BSIP: 378.2, Bernd Kunz/SAVE: 37.6, Bertus Webbink/KINA: 244.2, Biophoto Associates/Science Source: 199.4, Breck P. Kent: 89.6, 115.3, Christen: 47.3, 47.4, Christophe Sidamon-Pesson/BIOS: 226.4, Didier Sement/BIOS: 48.1, Dr. Gilbert S. Grant: 74.9, Dr. Thorsten Katz: 74.3, Dr.Frieder Sauer: 101.4, Ernst Schacke/Naturbild: 74.1, Frank Hecker: 41.6, Gladden W. Willis: 66.1, Hans Lang/imagebroker: 96.2, Hans Reinhard: 42.1, Harald Lange: 64.1, Harold Taylor, ABIPP/OSF: 189.5, Helmut Göthel: 39.4, Ingo Arndt: 54.2, Ingo Schulz: 87.L., Institut Pasteur/CNRI: 385.2, J.C. RÊvy/ISM: 4.u., 184., 194.1 B, 208.2, Jean Lecomte/BIOS: 41.7, Jens C. Schmitz: 30.3, J-L Klein & M-L Hubert: 39.3, Johannes Hofmann: 454.1 Hintergrund), Jürgen Vogt-Mössingen: 74.8, Kage Mikrofotografie: 25.7, 38.2, 117.r., 131.3 A, 160.1 r., LADE-OKAPIA/L. Reupert: 74.5, LADE-OKAPIA /M. Rosenfeld: 445.4, LADE-OKAPIA/Pölking: 211.L., Lothar Lenz: 20.3, Lothar Lenz: 82.2, Manfred Danegger: 58.2, Manfred Ruckszio: 74.4, Michel Gunther/BIOS: 366.A, NAS/Andrew J. Martinez: 33.4 L., NAS/Biophoto Associates: 132.4, NAS/James H. Robinson: 27.C, NAS/M. Abbey: 175.3, 175.4, 175.5, NAS/M.I. Walker: 389.4, NAS/Ralph Eagle: 297.4, NAS/SIU: 372.1, NAS/Stem Jems: 132.2, NAS/Tom McHugh: 3.u., NAS/Tom McHugh: 86., 106.1, Neil Bromhall/NAS: 279.4, Neufried: 353.3, Nigel Cattlin/FLPA/Holt St.: 77.5, 79.8 F, 12.3 + 4, 186.1, 208.1, Normann Hochheimer: 440.2, P. Arnold, Inc./Darlyne A. Murawski: 366.1, Raimund Cramm: 99.2 u., Rene Arnault: 89.4, 115.4, Stefan Arendt/Imagebroker: 238.2, Stoelwinder Fotografie/BIOS: 96.1, Thomas Roger/BIOS: 96.3, Tim Faasen/KINA: 239.6, Volker Miske: 50.5 | PantherMedia Commercial/ThePlejades: 33.4 r. | Phage: 360.1 r. | PHIL/Public Health Image Library: 379.3 | Photoshot: 96.4 | picture-alliance: 75.12, picture alliance/blickwinkel/A: 46.1, blickwinkel/Benny Trapp: 215.6, blickwinkel/H: 34.1, blickwinkel/pinkannjoh: 11.3 L., dpa: 89.3, 115.5, 313.3, 454.1 m., 458.1, 110.o.,446.1, dpa/dpaweb: 447.4, Royal Press / A. Nieboer: 182.1, Royal Press /A. Nieboer: 122.1, United Archives/WHA: 362.1, Evolve/Phot: 115.9, ASA/Philippe Crochet: 304.1, Frank May: 422.1, Okapia KG: 421.3, SGS/Science Photo Library: 308.1, Wissenschaftliche Rekonstruktionen: W. Schnaubelt/N. Kieser (Wildlife Art für Hessisches Landesmuseum Darmstadt): 454.1 r. | Reschke, Ed/Arnold, Peter: 309.4 | Schmid, Karsten: 315.4, Shutterstock/Africa Studio: 358.3, Aleksandr Markin: 331.r., Andrey_Popov: 256.1, Anton Vakhlachev: 303.4, Blackzheep: 356.1 (2.v.r.)1, bonchan: 409.2, Canon Boy: 287.L., Catalin Petolea: 331.L., Cornfield: 215.7, Craig Taylor: 23.3, D. Kucharski K. Kucharska: 37.3, 364.1 L., Damian Money: 50.4, David Pereiras: 356.1 (2.v.l.), Denis Kuvaev: 432.1, Denis Vrublevski: 144.1, devil79sd: 364.1 B, Dima Sidelnikov: 334.2, Dmitry Lobanov: 318.2, 374.1 L., Dream79: 356.1 r., Edyta Pawlowska: 394.1 (6.v.l.), eveleen: 302.1 (4), Everett Historical: 108.2, Gang Liu: 428.1, Georgejmclittle: 296.1, Georgios Kollidas: 376.2, Iryna Dobrovynska: 366.B, Johanna Goodyear: 292.2 B, Juergen Faelchle: 207.6, Jumos: 30.6, Kalcutta: 366.E, Kletr: 366.3, Maleo: 198.1, 208.3, Marek R. Swadzba: 50.1, Maridav: 366.D, Markus Mainka: 327.1, Martin Fowler: 50.6, Michael Pettigrew: 104.2, Michelle D. Milliman: 291.7, Monkey Business Images: 254.1, 290.1, muratart: 177.3, My Good Images: 394.1 (1.v.l.), Natursports: 88.1, Nitr: 335.6, Nixx Photography: 130.2, Olga Larionova: 193.5, omphoto: 335.5, OZaiachin: 300.1, Pakhnyushcha: 12.o.r., panyajampatong: 290.4, Petr Jilek: 364.1 r., Photographee.eu: 315.6, Piotr Krzeslak: 292.2 A, 328.1, prizzz: 103.4, Rich Carey: 241.2, Shebeko: 72.1, Brent Hofacker: I.1, Siberia - Video and Photo: 394.1 (5.v.l.), Smileus: 243.3 m., Stefan Schurr: 243.2, Stephane Bidouze: 139.4, stephane106: 366.F, stockelements: 288.1, Syda Productions: 6.u., 350., Taiga: 387.L., Tatiana Volgutova: 193.6, ULKASTUDIO: 424.1, valzan: 335.7, visdia: 464.1, wawritto: 18.1, Yuganov Konstantin: 426.1 r., Zeljko Radojko: 80.2, Zvonimir Atletic: 81.3 | Theuerkauf H., Gotha: 364.2 | Topic Media: 108.1 l., 114.2, Christian Huetter: 78.5, imagebroker.com: 9.l., 47.6, 392.1, imagebroker/ Justus de Cuveland: 79.8 A, imagebroker/Ingo Schulz: 79.8 D, imagebroker/martin schrampf: 160.1 l., pix: 78.6, pm: 27.A, Günter Roland: 53.r., Kurt Möbus: 78.3, Lothar Lenz: 52.2 l., Lothar Lenz: 53.m., Partsch: 52.2 m., 52.2, r., Reinhard Hölzl: 77.4, Walther Rohdich: 53.l. | ullstein bild/Schellhorn: 460. 1(1.v.l.) | Ulrike Austenfeld, Ulrike: 393.8, 404.1 | vario images/Chromorange: 448.2, McPHOTO: 24.2 | VISUM/Ralf Niemzig: 332.1, 348.1 | VWPics/Javier Torrent: 33. 5 u. | Walter, Johannes: 126.2, UE.1 | Wasserverband Obere Lippe / NZO-GmbH /Luftbild: Geobasis NRW: 246.2 | Wikipedia: 191.3 A | Your Photo Today/A1PIX: 81.4, 128.1, 282.1, 283.4, Superbild: 5.o., 210.; Agentur Focus/Eye of Science: 63.4; picture alliance / Arco Images G: 76.2